KB105812

아리스토텔레스의 심리철학

Aristotle's Philosophy of Mind

by Yoo, Weon-Ki

Copyright ⓒ Yoo, Weon-Ki, 2023
All rights reserved.

ACANET, PAJU KOREA 2023.

이 책은 저작권법에 따라 보호를 받는 저작물이므로 무단 전재와 무단 복제를 금하며
이 책 내용의 전부 또는 일부를 이용하려면 반드시 저작권자와 아카넷의 동의를 얻어야 합니다.

대우학술총서

642

아리스토텔레스의
심리철학

유원기 지음

아카넷

이 책에서 우리는 영혼과 육체의 관계에 대한 아리스토텔레스(Ἀριστο-
τέλης, 기원전 384–322)의 견해를 어떻게 이해할 것인가의 문제를
다룬다. 그가 영혼과 육체라는 용어들을 소개했던 최초의 인물은 아
니지만, 그 용어들을 통해 생물과 무생물의 차이점을 체계적으로 분
석하고 논의했던 최초의 인물임은 분명하다. 아리스토텔레스는 생물
을 외적인 도움이 없이 스스로 운동을 시작하는 '자기운동자'라 규정
하는데, 이와 관련하여 그는 다음과 같은 다양한 물음을 제기한다.
자기운동은 다른 종류의 운동과 어떻게 다른가? 자기운동은 어떻게
시작되는가, 또는 자기운동의 내적 구조는 무엇인가? 자기운동이란
정확히 어떤 의미인가? 최소한 생존에 필요한 영양분이나 먹이 섭취
를 위해 외부 환경으로부터 지속적으로 영향을 받는 생물에게 자기
운동은 어디까지 가능한가? 최초의 운동자라고 말해지는 신과의 관
계 속에서 자기운동이 과연 가능한가, 그리고 가능하다면 어떻게 가

능한가? 자기운동에서 영혼의 역할 또는 기능은 무엇이고, 그런 영혼과 육체는 어떤 관계에 있는가? 자기운동에 필요한 육체기관들에는 어떤 것들이 있는가? 이 책에서 우리는 이러한 질문들에 대한 답변을 시도하며, 충분히 답변되지 않은 질문들에 대해서는 최소한 그것들에 답변할 수 있는 토대를 갖추게 될 것이다. 특히, 이 책은 그간 국내외에서 많이 연구되지 않았던 장소운동의 문제에서 출발하여, 장소운동의 유발과 관련된 다양한 영혼의 능력들이나 심리적 요소들, 그리고 그러한 능력들의 실현에 필요한 물리적 요소들이나 육체기관 (신체기관)들의 성질과 특징에 대해 논의한다.

지난 20여 년 동안 아리스토텔레스에 대한 국내 연구자들의 관심과 연구가 양적으로는 물론이고 질적으로도 많은 발전이 있었다. 고대 그리스는 우리의 시대와 환경이 다르지만, 우리가 우리의 과학을 잠시 내려놓고 생각해 보면 그들이 생각했던 것들은 대체로 상식적인 듯이 들린다. 물론 고대 그리스 철학의 견해나 이론 가운데는 오늘날 전혀 유효하지 않고 다만 과거의 잔재로 취급될 만한 것도 있지만, 그 가운데 일부는 오늘날 우리가 긴 시간 동안 잊고 있었거나, 또는 전혀 생각하지 못했던 것을 깨닫게 해줄 내용을 담고 있다는 점에서 고대 철학 연구의 가치를 찾아볼 수 있다.

이 책은 필자의 박사학위논문(1999, Aristotle on Self-Motion, Bristol University)에서 다루었던 논의 주제를 중심으로 하며, 지난 20여 년간 연구했던 새로운 내용을 부분적으로 덧붙여 집필한 것이다. 그간 이 주제와 관련하여 필자의 견해와 다른 주장을 제시하는 해외 연구물들이 새롭게 출간되기도 했으나, 필자에게는 크게 설득력이 있거나 결정적인 것으로 보이지 않았고, 따라서 아리스토텔레스에 대한 필자의 기본적인 관점은 달라지지 않았다. 필자가 이 책의 제1, 3, 5, 6장에서 다룬 주제들 가운데 일부는 각 장과 관련하여 아래 열거된 논문들과 저서의 일부에서 논의된 바 있다. 그러나 제3장 3.3을 제외한 대부분은 전체적으로 재구성 및 재서술되었고 또한 생략된 부분도 있으므로 아래의 자료논문들을 함께 참고하면 좋을 것이다.

〈제1장 자기운동자의 문제〉

유원기(2009), 『자연은 헛된 일을 하지 않는다: 아리스토텔레스의 자연철학』, 파주: 서광사, 특히 5장.

유원기(2002), 「아리스토텔레스 자연철학에 있어서의 자동운동(self-motion)의 문제」, 『철학』 제73집, pp. 53-74.

〈제3장 아리스토텔레스와 현대 심리철학〉

유원기(1999), 「아리스토텔레스의 심신론은 기능주의인가?」, 『철학연구』 제47집, pp. 245-264.

유원기(2003), 「아리스토텔레스의 심신이론과 현대 심리철학」, 『철학』 제76집, pp. 105-127.

유원기(2013a), 「아리스토텔레스의 심리철학에 있어서 이원론적 해석의 가능성?」, 『중세철학』 제19집, pp. 5-34.

〈제5장 영혼의 측면 (2): 환타시아〉

유원기(2004), 「장소운동에 있어서 '환타시아(phantasia)'의 역할」, 『철학연구』 제89집, pp. 293-315.

유원기(2005), 「아리스토텔레스의 환타시아 개념에 대한 재음미」,

『미학』제44집, pp. 63-92.

유원기(2005), 「환타시아 또는 상상력에 관하여」, 『철학사상』 제7집, pp. 25-44.

〈제6장 육체의 측면: 쉼퓌톤 프뉴마〉

유원기(2004), 「아리스토텔레스의 감각지각 이론에 있어서의 프뉴마의 역할」, 『철학』 제78집, pp. 51-74.

글을 쓸 때 늘 그렇듯이, 필자는 이 연구서가 현재보다 더 깊이 있고 치밀한 후속 연구의 창출에 조금이나마 보탬이 되기를 기대한다. 하지만 필자가 아리스토텔레스를 만난 지 이미 40여 년이 되었고, 필자 자신도 세상을 어느 정도 이해할 만한 나이가 되었지만, 아직도 그를 충분히 이해하지 못하고 있음에 안타까움을 느끼곤 한다. 이 책을 집필하는 동안 필자는 줄곧 두 가지 점을 염려했는데, 첫째는 과연 필자가 아리스토텔레스를 완벽하게 이해했는가, 그리고 둘째는 과연 필자가 아리스토텔레스를 제대로 쉽게 설명했는가 하는 것이다. 이 책이 필자가 염려했던 것보다는 조금이나마 더 나은 결과물이기를 기대한다. 한편, 이 책의 논의 내용에 어떤 오류가 있다면 그것은 전적으로 필자의 부족함 때문이며, 차후에 발견되거나 지적된 문제점들은 기회가 닿는 대로 수정할 것이다. 그리고 명료하지 않거나 불충분한 점들은 논문의 형태로나마 보완 연구를 할 것이다.

영혼과 육체의 상호 관계에 대한 필자의 철학적 관심은 어린 시절부터의 개인적인 고민에서 비롯되었다. 연로하셨던 부모님이 언젠가 세상을 떠나실 것이고 그때 홀로 남게 되리라는 두려움은 자연스럽게 사후의 문제와 영혼의 존재 여부에 대한 관심으로 이어졌다. 죽음 이후에도 다른 세상이나 삶이 이어질 것이라는 일반적인 기대와는 달리, 아리스토텔레스에 따르면 죽음은 모든 것의 끝이고 죽음 이후에 영혼 같은 것은 존재하지 않는다. 그럼에도 세상을 떠난 이들이 그리움과 감사함의 대상으로 늘 우리의 기억 속에 남아 있다는 것은 부정할 수 없다. 필자는 이 책의 집필 동기인 동시에 학문 탐구의 지속적인 힘이 되어주셨던 아버지(유병찬, 1916-1990)와 어머니(강학인, 1924-1998)의 영전에 이 책을 바친다. 그리고 이 책의 초고를 집필하고 정리하는 동안 늘 함께했던 강아지 아리(아리스토텔레스, 2011-2021)는 필자로 하여금 동물의 운동을 깊이 고찰하고 이해하게 해줬다.

박사학위를 받고 연구자로서 첫발을 내딛던 1999년에, 필자는 아리스토텔레스의 자연철학, 윤리학(정치학), 심리철학, 그리고 한국철학을 비롯한 네 가지 철학 영역에 대한 저서를 집필하겠다는 목표를 세웠던 바 있다. 그 가운데 세 가지는『자연은 헛된 일을 하지 않는다: 아리스토텔레스의 자연철학』(서광사, 2009),『아리스토텔레스의 정치학: 행복의 조건을 묻다』(사계절, 2009), 그리고『조선성리학의 분석적 탐구: 사단칠정론과 인심도심론』(역락, 2018)이라는 제목으로 이미 출간되었고, 이 책『아리스토텔레스의 심리철학』으로 일차적인 목표가 완료되어 이제 새로운 목표를 향해 나아갈 수 있게 되었다. 연구비를 지원하여 이 책의 집필에 큰 힘을 실어준 대우재단에 깊은 감사의 마음을 전한다.

2023년 2월 28일
계명대학교 영암관 연구실에서
유원기

일러두기

1. 플라톤의 원전 표기는 흔히 『향연』 188C−194E 또는 『국가』 608D−611A처럼 숫자와 영어 알파벳을 사용하여 표기하는데, 이는 '스테파누스 숫자(Stephanus numbers)'라 불린다. 프랑스 화가이자 고전 학자 앙리 에스티엔(Henri Estienne, 1528−1598 또는 1531−1598. 라틴명: Henricus Stephanus)은 1578년에 플라톤의 저술들을 3권으로 편집한 대역본(왼쪽 면−그리스어, 오른쪽 면−라틴어)을 만들었고, 각 쪽의 글을 a−e까지의 알파벳을 붙여 다섯 부분(단락)으로 나누었다. 즉, 188이나 608과 같은 숫자는 편집된 순서에 따른 쪽 번호를 가리키며, C나 E는 각 쪽의 세 번째 부분 또는 다섯 번째 부분을 가리킨다. 종종 '188C3'처럼 알파벳 뒤에 '3'과 같이 행을 가리키는 숫자를 붙여 좀 더 구체적인 인용 위치를 표기하기도 하는데, 이는 스테파누스 판본 188쪽 세 번째 부분의 세 번째 행을 가리킨다.

2. 아리스토텔레스의 원전 표기도 흔히 『자연학』 258a 1−3 또는 『영혼에 관하여』 412b 5처럼 숫자와 영어 알파벳을 사용하여 표기하는데, 이는 '베커 숫자(Bekker numbers)' 또는 '베커 쪽 번호 매김(Bekker pagination)'이라 불린다. 이것은 1831년부터 1836년까지 아리스토텔레스의 저술들을 정리하고 편집했던 독일 문헌학자 베커(August Immanuel Bekker, 1785−1871)의 편집본을 가리키며, 258이나 412 등의 숫자는 쪽 번호를, (각 쪽에 두 단이 나열되어) a와 b는 쪽의 왼쪽 단과 오른쪽 단, 1−3과 5는 각 단의 행을 가리킨다. 즉, 258a 1−3은 베커의 편집본 258쪽 왼쪽 단의 1−3번째 줄을 가리킨다. 이런 표기 방식을 이용함으로써, 우리는 아리스토텔레스의 저술이 어떤 식으로 편집되고 어떤 언어로 번역되든 관계없이 인용되거나 참고된 부분을 쉽게 찾을 수 있다.

3. 플라톤이나 아리스토텔레스의 원전 인용 시, 원문에 없는 내용을 추가할 때는 { }을 사용했다.

4. 아리스토텔레스의 저서 제목 및 약자의 일반적인 표기 방식은 아래 목록을 참조하라.

아리스토텔레스의 저서 제목 및 약자

우리말 제목	그리스어 제목	라틴어 제목	영어 제목	약자
감각과 감각 대상에 관하여	Περὶ αἰσθήσεως καὶ αἰσθητῶν	De Sensu et Sensibilibus	Sense and Sensibilia	Sens.
관상학	Φυσιογνωμονικά	Physiognomonica	Physiognomics	Physiog.
기상학	Μετεωρολογικά	Meteorologica	Meteorology	Meteo.
기억에 관하여	Περὶ μνήμης καὶ ἀναμνήσεως	De Memoria et Reminiscentia	On Memory	Mem.
꿈에 관하여	Περὶ ἐνυπνίων	De Insomniis	On Dreams	Insomn.
니코마코스 윤리학	Ἠθικὰ Νικομάχεια	Ethica Nichomachea	Nicomachean Ethics	EN
동물연구지	Τῶν περὶ τὰ ζῷα ἱστοριῶν	Historia Animalium	History of Animals	HA
동물의 걸음에 관하여	Περὶ πορείας ζῴων	De Incessu Animalium	Progression of Animals	IA
동물의 부분에 관하여	Περὶ ζῴων μορίων	De Partibus Animalium	Parts of Animals	PA
동물의 생성에 관하여	Περὶ ζῴων γενέσεως	De Generatione Animalium	Generation of Animals	GA
동물의 운동에 관하여	Περὶ ζῴων κινήσεως	De Motu Animalium	Movement of Animals	MA
분석론 후편	Ἀναλυτικὰ Ὕστερα	Analytica Posteriora	Posterior Analytics	APo
생명의 길고 짧음에 관하여	Περὶ μακροβιότητος καὶ βραχυβιότητος	De Longitudine et Brevitate Vitae	On Length and Shortness of Life	Long. Vit.
생성과 소멸에 관하여	Περὶ γενέσεως καὶ φθορᾶς	De Generatione et Corruptione	On Generation and Corruption	GC
수사학	Ῥητορική	Ars Rhetorica	Rhetoric	Rhet.
숨에 관하여**1	Περὶ πνεύματος	De Spiritu	On Breath	Spirit
영혼에 관하여	Περὶ Ψυχῆς	De Anima	On the Soul	DA
자연학	Φυσικὴ ἀκρόασις	Physica (Naturales Auscultationes)	Physics	Ph.
잠과 깸에 관하여2	Περὶ ὕπνου καὶ ἐγρηγόρσεως	De Somno et Vigilia	On Sleep and Waking	Somn.
젊음과 늙음에 관하여	Περὶ νεότητος καὶ γήρως	De Iuventute et Senectute	On Youth and Old Age	Juv.
정치학	Πολιτικά	Politiká	Politics	Pol.
천체에 관하여	Περὶ οὐρανοῦ	De Caelo (De Caelo et Mundo)	On the Heavens	DC
형이상학	τὰ μετὰ τὰ φυσικά	Metaphysica	Metaphysics	Met.
호흡에 관하여	Περὶ ἀναπνοῆς	Respiratione	On Respiration	Resp.

---

1 ** 표시는 아리스토텔레스의 것이라 알려졌으나 사실은 다른 사람이 쓴 위서로 판명된 저술을 의미한다(Barnes, ed., 1984, v-vii 참조).

2 이 책은 『잠(수면)에 관하여(On Sleep)』 또는 『잠(수면)과 불면에 관하여(On Sleep and Sleeplessness)』로 번역되기도 한다.

    아리스토텔레스가 생물을 영혼과 육체라는 용어들을 통해 설명했던 이래로 오랫동안 그가 염두에 두었던 영혼과 육체의 관계가 정확히 무엇이었는가를 해석하려는 많은 시도가 있었다. 이 책에서 우리는 아리스토텔레스의 견해에 대해 현대 심리철학적인 관점에서 제시되었던 다양한 해석들을 검토하고 그것을 해석하는 가장 적절한 방법을 탐구한다. 생물의 기능에 대한 설명에서 영혼과 육체가 서로 어떻게 관련되는가, 또는 어떤 방식으로 작용하는가의 문제가 『영혼에 관하여』의 중심 주제이므로, 학자들이 이 저서를 논의의 출발점으로 삼는 것은 자연스러워 보인다. 그러나 이 주제에 대한 필자의 관심은 『영혼에 관하여』가 아니라 『자연학』에서 비롯되었다.

    아리스토텔레스는 『자연학』 VIII권에서 생물을 '자신의 운동을 스스로 시작하는 자기운동자(αὐτοκίνητος, self-moved)'로 규정하고(258a 1-3),[1] 생물에게 자기운동이 가능한 이유는 그 내부에 두 종류의 부분, 즉 '어떤 것에 의해서도 움직여지지 않으면서도 다른 것을 움직이는 부동의 원동자 부분'과 '어떤 것에 의해 움직여지는 피동의 부분' 때문이라고 말한다(예: 257b 13-23 참조). 아리스토텔레스는 『자연학』에서 이 부분들이 무엇인지 분명하게 밝히지 않는다. 그러나 『자연학』과 『영혼에 관하여』에서 제시되는 그의 규정들을 비교 검토할 때, 그가 『자연학』에서 언급하는 두 부분들을 『영혼에 관하여』에서 소개되는 생물의 영혼과 육체로 간주할 만한 충분한 이유가 있다. 바로 이런 점에서 영혼과 육체에 대한 우리의 논의는 자기운동자에 대한 논의로부터 출발해야 한다.[2]

아리스토텔레스는 『영혼에 관하여』에서 영혼이 식물과 동물과 인간을 포함하는 생물의 제일원리(ἀρχή)[3]라고 규정한다.[4] 이는 생물이 생물로서, 즉 생명을 갖는 생명체로서 수행하는 다양한 기능들이 '영혼'을

---

1 국내 학계에서는 스스로 운동하는 것을 '자기운동자'라고 부르고, 최초의 운동 원인을 '제 일원동자'로 부른다. '원동'은 "움직임을 일으키는 근본"을 의미하므로, 운동의 원인을 내부에 갖고 처음으로 자체의 운동을 시작하는 것을 제일'원동자'로 부르듯이, 운동의 원인을 내부에 가짐으로써 운동하는 것도 자기'운동자'보다는 자기'원동자'로 부르는 것이 적절해 보인다. 여기에서는 학계의 관용적 표현인 '자기운동자'라는 용어를 그대로 사용하지만, 운동의 근원을 내부에 갖는다는 의미를 함축한다는 점을 기억할 필요가 있다.

2 『자연학』 VIII권은 생물의 부분들이 외부의 운동 원인이 없이 어떻게 운동을 야기하는 가라는 물음에 초점을 맞추는 반면, 『영혼에 관하여』는 생물이 생물로서의 기능을 수행함에 있어서 영혼과 육체가 어떤 관계에 있는가라는 물음에 초점을 맞추고 있으며, 따라서 얼핏 보면 그 두 저서의 논의 주제는 서로 달라 보인다. 하지만 생물의 자기운동이란 결국 생물이 생물로서 기능하는 것으로 이해되고, 생물의 부분들이 영혼과 육체로 이해된다면, 두 저서의 논의는 결국 하나의 동일한 주제를 다루고 있는 것으로 볼수 있다. 따라서 『자연학』에서 제기된 물음에 적절하게 답변하기 위해서는 『영혼에 관하여』의 논의에 대한 자세한 검토가 필요하다.

3 유원기 역주(2001), p.66 각주 3, "아리스토텔레스는 최초의 철학자인 탈레스가 '물(또는 습기)'을 '아르케(또는 아르헤, ἀρχή)'로 생각했었다고 전한다(『형이상학』 983b 6 이하). 탈레스가 사용하는 '아르케'라는 단어는 '만물의 출발점이자 종착점', 즉 '만물이 그

통해 설명된다는 것이다.[5] 아리스토텔레스는 영혼을 단순히 정신작용
만의 원리가 아니라 그 외에도 생명 유지에 필요한 다양한 기능을 가능
하게 하는 생명의 원리로 보고 있다. 그러므로 '영혼과 육체의 관계'에
대한 그의 견해를 제대로 이해하기 위해서는 그 기능들을 개별적으로
고찰하는 것이 아니라 포괄적으로 고찰해야 한다는 것이다.[6] 바로 이

것으로부터 생성되어 나오고, 소멸할 때는 다시 그것으로 돌아간다'라는 의미로서 '만
물의 궁극적인 구성 요소'를 의미하는 것으로 보인다. 그러나 아리스토텔레스는 그것을
'출발점', '근거', '근원적인 지배원리' 등의 의미로도 사용하고 있다. 더구나 『영혼에 관
하여』 II.2-4에서는 영혼의 능력 또는 부분을 가리키는 데 그 단어가 사용되기도 한다
(411b 28에 대한 Hicks(1907)의 주석 참조)."

4 비교: 유원기(1999), p.255 각주 22(일부 수정함), "아리스토텔레스의 사고는 다음의
단계를 거친다. 그는 자연이 헛된 일을 하지 않고, 좋은 것을 위해 작용하는 것으로 본
다(『영혼에 관하여』 415b 15-16; 434a 30-32). 그리고 살아 있는 것이 살아 있지 않은
것보다 낫기 때문에, 영혼을 가진 존재들은 자신들의 삶을 존재하는 경향이 있다(『동물
의 생성에 관하여』 731a 28-30). 따라서 생물들은 그것들의 존재를 유지하기 위한 영
양섭취를 하는 영양혼이 필요하다."

5 비교: Manning(1985, p.11)은 『영혼에 관하여』가 아리스토텔레스의 생물학적 저서들
에 대한 소개서이며, 그 저서의 ""중심 문제는 육체와 영혼의 관계가 무엇인가?"이다.
아마도 "살아 있는 것이란 무엇인가?"라는 것이 가장 명백한 질문일 것이다."라고 말
한다. 또한 그는 이 질문이 생물의 행동에 대한 목록을 제공함으로써 답변될 수 있다
고 덧붙인다. 주지하듯이, 아리스토텔레스에 의하면, 식물은 생명을 유지하는 데 필요
한 영양섭취혼(또는 생장혼)만을 갖지만, 동물은 영양섭취혼은 물론이고 감각지각혼·
욕구혼·장소운동혼 등도 갖고, 인간은 동물이 갖는 영혼들 외에 사고혼도 갖는다. 아
래에서 다시 보겠지만, 이 설명과 관련하여 두 가지 주의할 점이 있다. 첫째, 아리스토
텔레스에게 영혼은 일종의 '능력(capacity)'을 의미하므로, 영양섭취혼을 갖는다는 것은
영양섭취 능력을 갖는다는 것으로 이해해야 한다는 것이다(Durrant, 1993, p.2). 둘째,
그는 각 생물이 하나의 영혼을 갖는다고 생각하므로, 동물이나 인간의 경우에 다수의
영혼을 갖는다고 말해지는 것은 하위의 영혼들을 포괄하는 상위의 영혼 하나만을 갖는
다는 것으로 이해해야 한다(유원기 역주, 2001, pp.142-143 각주 134 참조). 예를 들
어, 인간은 사고혼이라는 하나의 영혼만을 갖지만, 그 안에 사고 능력을 비롯하여 영양
섭취 능력, 감각지각 능력, 욕구 능력, 장소운동 능력 등이 모두 포함되는 것으로 이해
해야 한다는 것이다.

6 생물의 기능 전체를 통칭하는 것으로 이해되었던 '영혼' 개념은 17세기 데카르트 이후

러한 사실 때문에, 우리는 '장소운동'이라는 기능에 초점을 맞추게 되는데, 그 이유는 장소운동은 그것이 유발되는 데 다양한 하위 기능들을 필요로 하는 운동이기 때문이다. 예를 들어, 동물의 장소운동은 대상들을 인지하는 감각과 그러한 대상들을 획득하고자 하는 욕구 등의 기능을 필요로 하고, 인간의 장소운동은 그런 기능들 외에 대상들의 획득이 과연 필요한가 등에 대해 고찰하는 사고 기능도 필요로 하는 상당히 포괄적인 기능이라는 것이다. 그러므로 장소운동은 영혼이 '생물로 하여금 다양한 능력들을 발휘할 수 있게 해주는 생물의 원리'라는 규정에 적합한 탐구 대상이며, 따라서 장소운동의 유발 과정에서 영혼과 육체가 어떤 관계를 갖는가를 포괄적으로 살피는 것이 아리스토텔레스의 견해를 전체적으로 조망하는 가장 좋은 방법으로 보인다. 다시 말해서, 장소운동을 유발하는 데 동원되는 영혼의

'정신(또는 마음)' 개념으로 축소되었고, 결과적으로 '영혼과 육체의 관계'에 대한 논의는 '정신과 육체의 관계'의 논의로 불렸으나, 이는 20세기에 들어 '정신과 두뇌의 관계'에 대한 논의로 공식화되었음은 잘 알려져 있다. 아래에서 다시 논의하겠지만, 아리스토텔레스는 영양섭취 · 소화 · 배설 등처럼 생물 개체의 생존에 필요한 기능, 가루받이 · 꽃 피우기 · 열매 맺기 등과 같은 식물의 기능이나 생식 · 임신 · 출산 등과 같은 동물의 기능처럼 종족 유지에 필요한 다양한 기능은 물론이고, 감각 · 지각 · 욕구 · 장소운동 · 사고 등의 작용이 모두 '영혼'으로 인한 것으로 생각했던 반면에, 데카르트는 사고와 같은 감각 · 지각 · 사고 등을 통칭하는 '정신' 작용만을 '영혼'으로 인한 것으로 생각했다. 아리스토텔레스와 데카르트가 모두 '영혼'과 '육체'의 관계에 대해 논의했고, 따라서 그들의 논의는 모두 '영혼과 육체의 관계'에 대한 논의로 보인다. 하지만 엄밀하게 말하면, '정신' 작용에 주안점을 두었던 데카르트의 논의는 '정신과 육체의 관계'에 대한 논의였으며, 일반적으로 학계에서는 그것을 '심신 관계'라 줄여 표기한다. 과거에는 '정신'과 '육체'의 관계에 대한 포괄적인 논의였던 반면에, 오늘날에는 '정신'과 밀접하게 연결된 육체기관, 즉 빠르게 발전해 온 현대 뇌과학 분야에서 연구되는 정신의 자리인 '두뇌'와 대비시키고 있다. 따라서 우리는 '정신과 두뇌의 관계'에 대한 현대 심리철학의 논의를 '심뇌 관계'에 대한 논의라 불러도 좋을 것이다. 그러나 의학 분야에서 '심뇌혈관' 등의 표현을 사용되는데, 여기에서 '심뇌'는 '심장과 두뇌'를 가리키는 것으로, 심리철학에서 우리가 제안하는 '심뇌(즉, 정신과 두뇌)'와는 다른 의미이다.

모든 능력들에 각각 대응하는 육체적 작용들을 전체적으로 살펴야 한다는 것이다.

아리스토텔레스는 영혼의 속성들이라고 말해지는 것들이 과연 영혼 자체의 속성들인가 또는 영혼과 육체의 복합체(결합체, 통합체, 또는 단일체)의 속성들인가를 묻고 난 뒤에, 만약 영혼에만 고유한 어떤 속성들이 있다면 그런 영혼은 육체에서 분리될 수 있을 것이라고 말한다(『영혼에 관하여』403a 2-12). 그는 '분노(또는 성냄)'라는 감정을 구체적인 사례로 제시하면서 그에 대한 올바른 정의가 무엇인가에 대해 논의한다(403a 26-b 8). 이에 대해, 그는 먼저 논리학자처럼 감정을 '복수하려는 욕구'라는 형식적 또는 형상적인 측면을 통해 정의하는 것이 적절한가, 또는 자연철학자처럼 '심장 주변의 피의 끓어오름 또는 뜨거움'이라는 질료적(물질적)인 측면을 통해 정의하는 것이 적절한가를 묻는다. 또한 아리스토텔레스는 그처럼 한 가지 측면만을 통해 정의하는 것이 적절하지 않다면, 형상적인 측면과 질료적인 측면 모두를 통해 정의하는 세 번째 대안이 더 적절한가를 묻는다. 이 질문에 대한 그의 답변이 정확히 무엇인지 분명하지 않으며, 따라서 영혼과 육체에 대한 그의 견해가 논란이 된다.

현대 심리철학의 주요 논제들 가운데 하나인 '심신 관계' 또는 '심뇌 관계'라 불릴 수 있는 '정신과 두뇌의 관계'에 대한 물음은 정신적인 작용이 두뇌와는 무관한 비물질적인(또는 비물리적인) 작용인가, 아니면 물질적인 두뇌의 작용에 불과한가를 묻는 것으로서, 이것은 '정신의 존재론적 위상'에 대한 물음이다.[7] 그러나 이런 물음이 아리

---

7 '영혼'과 대비되는 '몸'을 가리키는 한자어는 '육체' 또는 '신체'인데, '고기'나 '살'을 의미

스토텔레스에게 적용될 때, 그것은 '정신' 외에도 다양한 많은 기능을 가능하게 해주는 '영혼의 존재론적 위상'에 대한 물음으로 전환된다. 아래에서 우리는 장소운동을 유발하는 데 영혼의 어떤 능력들이 필요한가에 대해 논의하고, 또한 그런 능력들을 총체적으로 이용하여 마침내 장소운동을 유발하는 영혼의 장소운동 능력에 초점을 맞춰서 '영혼과 육체의 관계'에 대한 아리스토텔레스의 견해를 살필 것이다.

서양 최초의 철학자라 알려진 탈레스(Θαλῆς)는 세계 내에 존재하는 사물들이 근본적으로 모두 동일한 방식으로 설명될 수 있다고 봄으로써, 생물과 무생물을 특별히 구분하지 않았다. 기원전 5세기의 데모크리토스(Δημόκριτος)도 생물과 무생물이 모두 근본적인 질적 차이는 없고 다만 생김새나 크기 등의 차이를 갖는 '원자'들의 결합이라고 보았으며, 인간의 사고도 원자의 운동으로 보았을 뿐만 아니라 더 나아가 영혼마저 미세한 원자라고 생각했다.[8] 기원전 4세기의 아

하는 '육체[肉]'보다는 '몸' 전체를 의미하는 것이 뚜렷한 '신체[身]'란 단어가 어감상이나 의미상으로 더 적합해 보인다. 그러나 '영혼과 육체'의 줄임말인 '영육(靈肉)'은 사전에 나오지만 '영혼과 신체'의 줄임말로 볼 수 있는 '영신(靈身)'은 사전에 나오지 않을 뿐만 아니라 일상적으로도 사용되지 않아 어색하게 들리므로, '영혼과 육체의 관계'를 '영육 관계'로 말할 수밖에 없다. 한편, '육(肉)'과 '신(身)'은 모두 사전적으로는 사람의 몸을 가리키는 한자어이지만, 아리스토텔레스는 동물과 인간과 식물이 모두 '영혼'을 갖는다고 생각하며, 따라서 '영혼'의 상대어인 '육체'도 동물과 인간은 물론이고 식물의 몸을 모두 가리키는 것으로 이해되어야 한다. 식물의 몸을 '육체'라고 부르는 것은 상당히 어색하지만, 한자어로 된 철학적 용어를 사용하는 한에 있어서 종종 감내해야 하는 문제이다. 왜냐하면 한자어를 사용하여 '육체적'이나 '신체적'같이 표현할 수 있지만, '몸'이라는 한글 용어를 사용하여 '몸적' 등으로 표현하는 것은 또 다른 어색함을 만들어내기 때문이다. 필자는 '정신'이라는 한자어보다 '마음'이라는 한글 용어를 선호하지만, 이또한 '마음적'과 같은 표현도 어색하므로 부득이하게 한자 용어들을 사용한다. 아래에서는 '영혼과 육체의 관계'를 '영육 관계' 대신 '심신 관계'로 표기하지만, 특히 아리스토텔레스의 경우에 적합한 표현은 아니라는 점은 기억할 필요가 있다.

8 유원기 옮김(2015), pp.29-30과 38-39 참조. 사물들이 물질적인 원소들로 구성되었다

리스토텔레스에 이르러 비로소 생물과 무생물이 물질적 원소들만으로 구성되었다는 견해가 거부되는데, 물질 이외의 어떤 것을 인정하는 듯한 그의 태도는 당시에 팽배했던 '물활론'적인 사고는 물론이고 '물질론'이라는 근대적 사고와도 달라 보인다.[9]

아리스토텔레스의 『자연학』은 생물(식물, 동물, 인간)과 무생물(흙, 물, 불, 공기 등의 원소)을 포함한 자연물 일반의 변화(또는 운동)를 설명하는 원리에 대해 논의하는 반면에, 『영혼에 관하여』는 생물의 변화 원리에 초점을 맞춰 논의한다.[10] 즉, 전자는 자연물의 정의를 목표로 한다면, 후자는 생물의 정의를 목표로 한다고 말할 수 있다. 생물은 자연물의 일부이므로, 자연물에 적용된다고 말해지는 원리들은

고 보는 그리스 철학자들의 이러한 견해는 '물질론(materialism)'이라고 불리기도 하지만, 엄밀하게 말하자면 적절하지 않은 명칭이다. 물질론은 물질이 아무런 생명력을 갖지 않는다고 보았던 근대 이후의 이론에 적용될 수 있기 때문이다. 고대 그리스인들은 물질적 원소들이 일종의 생명력을 갖는다고 생각했으며, 따라서 그들의 견해는 '물질론'보다는 '물활론(hylozoism)'으로 부르는 것이 적절하다. 즉, 생물과 무생물이 동일한 종류의 원소들로 구성되었다고 보았던 고대 그리스인들의 견해는 생물이 죽었다는 생각이라기보다는 무생물이 살아 있다는 생각이라고 보는 것이 더 적절할 것이다.

9 예: 『영혼에 관하여』 407a 3; 412a 17 이하; 유원기 역주(2001), pp.253-254 각주 340 등 참조.

10 아리스토텔레스는 특히 『자연학』에서 '변화'라는 현상을 알기 위한 논의를 한다. 그는 우리가 어떤 대상들의 구성원소를 분석하고, 그것들의 원인과 원리를 파악한 뒤에야 비로소 그것들을 이해하거나 안다고 말할 수 있다고 말한다(184a 10-16). 즉, '변화'의 원리, 원인, 정의, 종류 등의 다양한 주제에 대한 논의를 마친 후에야 우리는 비로소 '변화'가 무엇인가를 안다고 말할 수 있다는 것이다. 아리스토텔레스는 『자연학』 I권 2-3장에서 '변화'를 부정했던 파르메니데스와 멜리소스의 주장이 갖는 문제점을 분석하여 반박하고, II권 1장에서는 너무도 자명한 것을 입증하려고 시도하는 것은 어리석다고 강하게 주장한다. 8권으로 이루어진 『자연학』의 I권은 변화의 원리, II권은 변화의 원인, III권은 변화의 정의, IV권은 공간과 시간의 정의와 성질, V권은 변화의 종류, VI권은 변화의 지속성과 분할 가능성, VII권은 제일원동자(즉, 최초의 운동 원인)와 피동의 원동자(즉, 다른 것에 의해 움직여진 운동 원인), VIII권은 제일원동자, 자기운동자, 직선운동, 원운동 등의 다양한 주제에 대해 논의한다.

대체로 생물에도 그대로 적용될 것으로 기대된다. 아리스토텔레스는
『자연학』에서 생물과 무생물을 포함한 모든 자연물의 존재 방식을 설
명하기 위해 형상과 질료라는 용어들을 소개하지만, 생물에 대해 논
의하는『영혼에 관하여』에서는 그 용어들 대신에 영혼과 육체라는 용
어를 통해 설명한다. 그리고 그는 생물의 영혼에 대한 논의가 자연물
일반에 대한 우리의 이해를 높여주리라고 말한다(『영혼에 관하여』402a
5-7). 왜냐하면 "생물 또는 생명이란 무엇인가?"를 묻는 것은 결국
살아 있는 것과 살아 있지 않은 것, 즉 생물과 무생물의 차이점이 무
엇인가를 묻는 것이기도 하기 때문이다.

　생물과 무생물, 즉 살아 있는 것과 살아 있지 않은 것의 차이점
이 무엇 때문이고, 또한 그것을 어떻게 설명하는가의 문제는 오늘
날까지 해결되지 않고 계속해서 논란이 되어온 문제이다. 20세기
의 대표적인 생물학자 마이어(Ernst Mayr, 1904-2005)는 16세기에서
20세기에 이르기까지 생물을 정의하려는 세 가지 시도로서 물리론
(physicalism)[11]과 생기론(vitalism), 그리고 유기체론(organicism)을 소
개한다.[12] 그에 따르면, 20세기 초까지도 생물과 무생물을 특별히 구

---

11 오늘날 서양철학에서 물리론(physicalism)은 물질론(materialism)과 호환되어 사용되
　지만, 그 용어들은 원래 서로 다른 의미를 가졌던 용어들이다. 주지하듯이, 데카르트는
　정신을 비물질이라고 규정하고 육체를 물질이라고 규정한다. 그런데 광자파나 전자파
　같은 에너지나 파동은 비물질도 아니고 물질도 아니므로, 둘 중의 어디에도 속하지 않
　는다. 만약 영혼이 에너지의 일종이라고 한다면, 우리는 그것을 어디에도 분류하지 못
　하게 되는 것이다. 그러나 에너지 등도 물리학의 대상에 속하므로, 만약 영혼이 에너지
　의 일종이라면 우리는 그것을 물리로 분류할 수 있게 되는 것이다. 만약 영혼이 물질이
　나 에너지의 일종이라면 그것은 물리로 분류할 수 있으며, 그렇지 않다면 그것은 비물
　리로 분류할 수 있다. 즉, 물리론은 지구상에 존재하는 것들을 좀 더 분명하게 나누어
　볼 수 있게 해준다고 할 수 있다. 이 책에서는 물리론이라는 용어를 주로 사용하지만,
　물질론과 의미상의 차이가 없이 사용된다.

분하지 않는 물리론적인 사고와 생물의 특징적인 점을 강조하는 생기론이 수차례 교차하면서 등장했으나, 최근에는 유기체론이 지배적인 견해가 되었다. 마이어는 위 이론들 외에 기계론(mechanism), 목적론(teleology), 환원론(reductionism), 창발론(emergentism), 전일론(또는 전체론, holism) 등의 이론들도 언급한다. 이 이론들은 아리스토텔레스에 대한 우리의 논의를 이해하는 출발점이 되므로, 마이어의 설명을 토대로 하여 그 이론들의 핵심 내용과 상호 관계를 간단히 정리해 보자.

먼저 기계론은 종종 17세기의 데카르트(René Descartes, 1596-1650)와 관련하여 언급된다. 데카르트는 동물이 무생물이나 마찬가지로 인과법칙에 따라 기계적인 운동을 한다는 기계론을 주장하면서도, 인간에 대해서는 물질적인 육체 외에 비물질적인 영혼의 존재도 인정한다. 그러나 그가 말하는 영혼은 아리스토텔레스의 경우처럼 생명의 원리가 아니라 사고의 원리 또는 오히려 사고 그 자체를 의미한다. 데카르트는 영혼과 육체를 서로 분리되어 독립적으로 존재할 수 있는 실체들로 보는 이원론(dualism)을 제시하는 한편, 기계적인 인간의 육체는 물론이고 그런 육체와 영혼마저도 서로 인과작용을 한다는 심신 상호작용론(mind-body interactionism)을 주장하기도 한다. 갈릴레이(Galileo Galilei, 1564-1642)와 뉴턴(Isaac Newton, 1652-1727)은 비물질적인 실체를 인정하는 데카르트의 이원론이 아니라 모든 사물들이 물질만으로 구성된다는 물리론을 지지했으나, 그들도 데카르트와 마찬가지로 기계론적 사고를 받아들였다. 하지만 그들의 기

12 Mayr(1997), 특히 서언(xiii-xix)과 1장(pp.1-23) 참조.

계론은 결국 생기론에 의해 모두 거부되었다.

물리론의 주장은 "모든 생명 현상들이 운동하는 물질로서 완전하게 설명"된다는 환원론을 함축하는데, 환원론은 생명과 관련된 개념들이 아무런 의미의 상실이 없이 물리와 화학 용어들을 통해 모두 설명될 수 있다는 이론이다.[13] 즉, 이것은 생물이 전적으로 물질로 구성되기 때문에 물질을 설명하는 물리학적인 용어와 화학적인 용어로 모두 설명된다는 주장인데, 생기론은 이런 주장을 강하게 반대한다. 생기론은 생물만이 갖는 '원형질(protoplasm)'이라 불리는 특별한 물질 또는 '생기력(vital force, Lebenskraft, Entelechie, 또는 élan vital)'이라 불리는 특별한 힘을 주장했다.[14] 그러나 이러한 물질이나 힘이 각각 존재하지 않는다고 밝혀졌거나, 또는 그런 것이 존재한다는 사실에 대한 입증 자체가 불가능하다는 사실이 지적되었고, 또한 생기론에서 주장하던 현상들을 설명해 주는 대안적인 생물학적 개념들이 나타나면서, 생기론은 더 이상 유효한 이론으로 유지될 수 없었다.[15]

이전의 물리론과 환원론, 그리고 생기론을 모두 부정하면서도 기계론의 입장은 지지하는 새롭고 유효한 대안으로 등장한 이론이 바로 유기체론이다. 이 이론은 "살아 있는 독특한 유기체들의 특징들이 그것들의 구성(composition)이 아니라 조직(organization) 때문"이라

---

13 Mayr(1997), p.9와 pp.17-18.
14 Mayr(1997), pp.9-10. 그(p.10)에 따르면, 17세기 중반에 생기력은 "액체(liquid)가 아니라 유체(fluid)"로 이해되었고, 19세기 후반에 이러한 "생기 유체(vital fluid)"는 뉴턴의 중력과 마찬가지로 눈에 보이지는 않지만 실제로 존재하고 과학적으로 연구"될 수 있는 것으로 생각되었으며, 이 개념은 "결국 생기력이라는 개념으로 대체되었다."
15 Mayr(1997), pp.13-14. 한편, 그는 생기론에 대한 주장이 대략 1930년에 마지막으로 나타났다가 완전히 사라졌다고 말한다(p.13).

고 주장하면서, "아주 복잡한 질서 체계들과 유기체 내에 진화된 유전 프로그램의 역사적 성격을 특히 강조"함으로써 이른바 창발론을 받아들인다.[16] 창발론은 부분들의 총합인 전체가 부분들의 상태에서는 보이지 않았던 새로운 속성을 갖는다거나 또는 부분들로 이루어진 하나의 통합체(integron)가 통합되기 이전의 어떤 단계에서도 나타나지 않았던 특성과 능력을 갖는다는 이론이다. 마이어가 '망치'의 사례를 통해 설명하듯이, 망치를 구성하는 부분들(즉, 구성 요소들)인 손잡이와 머리만으로는 망치의 기능을 파악할 수 없고, 그것들이 어떤 형태로든 조직이 된 뒤에야 비로소 망치가 망치의 기능을 수행할 수 있다.[17] 망치의 손잡이와 망치의 머리는 달리 말하자면, 하나의 통합체가 부분들로 분리되면 그것이 전체로서 가졌던 특성이나 능력은 상실된다는 것이다. 따라서 이 이론은 부분들의 합인 전체로서 보여주는 속성이나 부분들로서 보여주는 속성이나 아무런 차이가 없다는 의미를 담는 물리론적 환원론을 부정한다.[18]

마이어는 창발론을 함축하는 유기체론이 이중적인 신념, 즉 유기체를 하나의 전체로서 고찰하는 것이 중요하다는 신념과 이러한 전

---

16 Mayr(1997), p.17과 pp.19-20.

17 Mayr (2004), pp.72-73.

18 Mayr(2004)는 생물학과 무관한 환원론도 있다고 말하면서, 생물학과 관련된 두 종류의 환원만을 설명하는데, 첫째는 생물학적 현상이 하위 단계의 구성 요소들에 대한 분석을 통해 이해된다거나 또는 전체가 부분들의 합 이상이 아니라고 주장하는 설명론적 환원론(pp.72-74)과 생물계의 이론과 법칙은 물리과학의 이론과 법칙의 특수한 경우에 불과하다는 이론적 환원론(pp.77-79)을 소개한다. 한편, 영혼과 육체에 대한 아리스토텔레스의 견해를 논의하면서, Charles(1988, p.2)는 '존재론적 환원론(ontological reductionism)'과 '설명론적 환원론(explanatory reductionism)'을 구분하고, 아리스토텔레스가 '설명론적 환원론'은 거부하지만 '존재론적 환원론'은 수용한다고 주장한다. 이에 대한 논의는 유원기(1999), pp.245-265, 특히 p.250 참조.

체로서의 유기체가 적절한 수준으로 분석될 수 있다는 신념으로 요약된다고 말한다.[19] 유기체론은 생물을 제대로 이해하기 위해서는 전체가 부분의 총합 이상으로 이해되어야 한다는 창발론적인 사고[20]를 함축하는데, 마이어는 1920년대 이래로 유기체론과 전일론(또는 전체론, holism)이란 용어들은 호환되어 사용된다고 말한다.[21] 생물의 특성은 부분들이 하나의 통합체로 결합된 상태에서만 나타나며, 그러한 특성은 바로 역사적으로 획득된 정보를 담고 있는 유전 프로그램

[19] Mayr(1997), pp.18-20.

[20] 생물에게서 발견되는 속성이 무생물에게서는 발견되지 않는다는 창발론적 사고는 생물을 무생물과 다른 생물이게끔 만드는 원인이나 원리의 규명이 아니라 단순히 생물이 그러저러한 속성을 갖는다는 사실에 대한 진술에 불과해 보인다. 따라서 창발론을 생물에 대한 올바른 설명으로 인정할지라도, 필자가 보기에는, 그러한 창발적 속성들이 어떤 경로를 거쳐서 어떻게 발생하는가에 대한 탐구는 여전히 요구된다.

[21] Mayr(1997, pp.17-18)는 유기체가 "부분들의 상호작용으로 인해, 분리된 부분들에 대한 기술로는 그 체계의 속성들이 전체로서 전달되지 않는다. 그 체계 전체를 조절하는 것은 이 부분들의 조직이다."라고 말하는데, 여기에서 우리가 특히 주목할 표현은 "부분들의 상호작용(the interaction of the parts)"과 "이 부분들의 조직(the organization of these parts)"이다. 바로 '상호작용'과 '조직'으로 인해, 전체가 부분들의 합 이상의 것으로 이해되는 것이다. 더 나아가 유기체는 여러 단계의 부분-전체의 과정을 거쳐 생성된다. 예를 들어, 다수의 세포(cell)가 조직(tissue)을 이루므로 세포들은 조직이라는 전체의 부분들이고, 다수의 조직이 육체기관(organ)을 이루므로 조직들은 기관이라는 전체의 부분들이고, 다수의 기관(organ)이 기관계(organ system)를 이루므로 기관들은 기관계라는 전체의 부분들이고, 다수의 기관계들이 유기체(organism)를 이루므로 기관계들은 유기체라는 전체의 부분들이다. 이와 관련된 Mayr(1997, pp.18-19)의 표현은 다소 이해하기 어려운데, 그는 "세포에서 조직, 기관, 기관계, 그리고 전체 유기체에 이르는 각 단계에는 부분들의 통합이 있다. 이 통합은 생화학적 단계, 발전 단계, 그리고 전체 유기체들의 경우는 행동 단계에서 발견된다. 모든 전일론자들은 어떤 체계도 그것의 분리된 구성 요소들의 속성들을 통해 완전히 설명될 수는 없다는 데 동의한다."라고 말한다. 그럼에도 여기에서 분명한 것은, 하나의 단계만 고려하더라도 상위 단계의 전체는 하위 단계의 부분들로 환원되지 않지만, 통합체로서의 유기체는 그보다 더 많은 단계를 거쳐 이루어지므로 최상위 단계인 유기체가 최하위 단계인 세포들 또는 그보다 더 하위 단계인 구성 요소들로 환원된다고 볼 수 없다는 것이다.

(genetic program)에 의해 유지되고 제어된다는 이론이 이른바 유기체론이다.[22] 유기체론은 생물이 하위 단계에서는 무생물과 동일한 원소로 구성된다는 것은 인정하지만, 일단 원소들이 서로 결합하거나 조직된 상위 단계에서는 무생물에게서 발견되지 않는 성질이나 능력을 가지며, 또한 생물의 경우는 특히 하위 단계로부터 상위 단계라는 목표를 향해 작용하도록 설정되어 있다는 목적론적 사고도 포함한다. 다시 정리하자면, 유기체론은 물리론을 거부하고, 따라서 물리론이 함축하는 환원론도 거부할 뿐만 아니라, 물리론을 거부하는 생리론조차 거부하는 반면에, 창발론과 전일론(또는 전체론), 그리고 목적론을 수용하고 또한 부분적으로는 기계론도 수용한다.[23]

생기론은 생물과 무생물의 차이점을 생물만이 갖는 특별한 속성이나 물질 등으로 설명하는 반면에, 유기체론은 생물만이 갖는 유전 프로그램이라는 특별한 능력을 통해 설명한다. 다시 말해서, 그 이론들은 모두 생물이 물질로 구성된 것은 분명하지만, 그럼에도 물질적으로만 설명하기 어려운 다른 '속성'이나 '물질' 또는 '능력'도 갖는다고 생각한다. 생물학 분야의 이런 생각은 2,400년 전에 생존했던 아리스

---

22 '유전 프로그램'이란 용어에 대해서는 Mayr(1997), p.12, 14, 17, 21 등과 Mayr(2004), pp.89-90 참조. 이 용어는 생기론자인 드리슈(Hans Driesch, 1867-1941)의 '엔텔레키(entelechie)'처럼 생물만이 갖는 특별한 속성을 대체하여 사용될 수 있는데(Mayr, 1997, p.17), "오랜 세월을 거치면서 유전자에 축적된 정보의 결과(the result of the genetic information accumulated throughout the history of life)"를 의미한다(p.19).

23 일반적으로 목적론은 기계론과 양립할 수 없는 이론으로 알려져 있으나, Mayr(2004, p.61)는 목적론을 다섯 가지 종류로 구분하고 이른바 아리스토텔레스의 '우주론적 목적론'을 제외한 네 가지 종류의 목적론은 기계론과 양립할 수 있다고 말한다. 다섯 가지 종류의 목적론에 대한 설명은 Mayr(2004), pp.48-61 참조, 그리고 아리스토텔레스의 목적론에 대해서는 유원기(2009a), pp.195-222 참조.

토텔레스의 철학적 견해와 근본적인 점에서는 다르지 않다. 아리스
토텔레스도 생물이 '질료(또는 물질)'로 구성된 것은 분명하지만 질료
만으로 설명되지 않는 부분이 있다는 점에 주목했고,[24] 그것을 '영혼'
이라는 개념을 통해 설명하려 했기 때문이다. 영혼을 질료 외의 다른
어떤 것으로 보지 않는다면, 즉 영혼을 질료에서 분리되어 존재할 수
있는 비물질적 실체라는 식으로 보지 않는다면, 영혼에 대한 논의는
질료와의 관계 속에서 이루어져야 한다. 그렇기 때문에 『영혼에 관
하여』에서 아리스토텔레스는 생물이 생물로서 어떤 기능들을 수행하
며, 그런 기능들이 영혼과 육체라는 용어들을 통해 어떻게 설명될 수
있는가를 고찰한다.

1950년대 후반에서 1960년대 초반에 접어들면서 정신과 육체의
관계에 대해 논의하는 심리철학 분야에 대한 학자들의 관심이 커졌
고,[25] 그와 더불어 아리스토텔레스의 견해를 다양한 심리철학적 이
론들을 통해 해석하려는 많은 시도가 있었다.[26] 그러나 모두가 동의

---

24 아리스토텔레스의 '질료' 개념과 근대적 '물질' 개념에 대한 논의는 Suppes(1974), pp.
27-50 참조. 서양 고대와 중세의 물질 개념에 대해서는 특히 McMullin(ed.)(1965), 그
리고 근대의 물질 개념에 대해서는 McMullin(ed.)(1978)에 실린 논문들이 아직도 유용
하다.
25 Kim(1998, p.1)은 이 시기에 정신이 육체와 어떻게 관련되는가 하는 심신 문제를 설명
하는 형이상학적 문제에 대한 현대적 논의가 시작되었다고 말한다.
26 Granger(1990, pp.27-28)는 "대략 12년쯤 전에(dozen years or so), 아리스토텔레스
의 심리학은 집중적인 탐구의 대상이 되었고, 특별한 관심은 그것과 기능론의 양립 여
부에 대한 물음이었다."라고 말하고, 기능론적 해석을 제시한 인물들로 Putnam(1975),
Hartman(1977), Nussbaum(1978, 1984), Wilkes(1978), Cohen(1987), Wedin(1988)
등을 언급한다. 물리론적 해석을 제시했던 Slakey(1961), Kahn(1966), Matson(1966)
등과 이원론적 해석을 제시했던 Solmsen(1961), Hardie(1964) 등의 경우에서 보듯이,
아리스토텔레스에 대한 다양한 심리철학적 해석은 1960년대에 이미 제시되기 시작했
다. 여기에서 Granger가 말하는 '대략 12년쯤 전'인 1978년경은 그에 대한 기능론적 해

할 만한 결정적 해석은 제시되지 않고, 유사한 관점들이 반복적으로 주장되고 논박되고 있다. 아리스토텔레스에 대한 기존의 해석이 적절한가를 논의하기 전에 영혼과 육체에 대한 아리스토텔레스의 견해를 논의하겠다고 할 때, 가장 먼저 제기될 만한 물음 또는 반론은 과연 아리스토텔레스에게 심리철학이란 것이 있었느냐는 것이다. 심리철학은 인간의 심리, 즉 감각이나 사고와 같은 정신적 작용에 대한 논의인 반면에, 영혼에 관한 아리스토텔레스의 논의는 감각이나 사고는 물론이고 소화, 욕구, 장소운동 등을 비롯한 전반적인 생명 작용에 관한 것이기 때문에, 아리스토텔레스의 심리철학을 논의한다는 것은 적절하지 않다는 것이다. 이 반론은 타당하다. 무엇보다도 아리스토텔레스의 영혼 개념은 현대의 정신 개념과 동일시될 수 없고, 그의 육체(물질) 개념도 현대의 육체(물질) 개념과 동일시될 수 없다. 따라서 그의 견해를 현대 심리철학의 문제 의식과 관점에서 분석하려는 시도는 근본적으로 부적절하다고 볼 수 있다. 필자가 보기에, 아리스토텔레스에 대한 기존 해석의 실패는 그의 견해를 포괄적이고 전체적인 것으로 보지 않고 지엽적이고 분할된 것으로 보는 잘못된 방식을 적용했기 때문이다.[27]

다른 한편으로, 아리스토텔레스의 견해를 논의하는 현대 학자들의 관점과 논점을 따르면 그들의 해석이 나름대로 어느 정도는 설득

석이 제시되었던 시기를 한정하여 말하는 것으로 보인다.

27 예를 들어, Barnes(1971-2, pp.32-41)는 감각, 감정, 욕구, 사고(수동적 지성과 창조적/능동적 지성)의 경우를 개별적으로 분석함으로써, 아리스토텔레스가 감각, 감정, 수동적 지성에 대해서는 물리론적인 견해를 가졌지만, 욕구와 창조적/능동적 지성에 대해서는 비물리적인 견해를 가졌다고 본다.

력을 갖는 것으로 보인다. 하지만 우리가 해석할 것은 그들의 견해가 아니라 아리스토텔레스의 견해이다. 그런 아리스토텔레스의 관점에서 볼 때 그들의 해석은 모두 옳지 않다고 판단될 것이다. 왜냐하면 이미 언급했듯이, 아리스토텔레스가 영혼과 육체로 이루어진 생물이 생존하는 데 필요한 다양한 작용들에 관심을 가졌고, 따라서 그의 이론이 정신과 두뇌의 관계나 의식의 문제를 다루는 현대 심리철학보다 범위가 넓기 때문이다. 그러므로 정신적 작용과 육체에 대한 그의 진술들에만 초점을 맞춰 그것들이 마치 그의 대표적인 견해처럼 말하는 것은 부적절하다는 것이다. 아리스토텔레스는 감각, 지각, 또는 사고와 같은 정신적(mental) 작용과 두뇌의 관계에만 관심을 가졌던 것이 아니라 욕구와 환타시아, 장소운동 등과 같은 다양한 육체적(physical) 또는 생리적(physiological) 작용과 육체의 관계를 총체적으로 염두에 두었기 때문에, 그의 견해는 포괄적 또는 거시적인 관점에서 고찰되어야 한다.

그러나 그렇다고 해서 아리스토텔레스의 심리철학이 논의의 가치가 없다는 것은 아니며, 다만 그의 이론을 다루는 방법론적인 측면을 재고할 필요가 있다는 것이다. 결과적으로, 영혼에 관한 그의 논의는 생명 작용 전반에 대한 논의이기 때문에 현대 심리철학에서 초점을 맞추는 것처럼 인간의 사고작용에 대한 논의만으로는 그의 견해 전체를 적절하게 이해할 수 없으며, 그의 논의를 충분하고도 적절하게 이해하기 위해서는 인간의 생명 작용 전반에 대한 그의 견해를 고찰해야 한다는 것이다. 그렇기 때문에 여기에서 우리는 특히 영혼과 육체에 관한 아리스토텔레스의 견해가 정확히 무엇이고, 그 견해에 대한 현대 심리철학적인 논의의 구체적인 문제점들이 무엇인가, 그리고 그 견해는 오늘날 어떤 가치를 지니는가 등의 문제를 논의하고 그에 대해 답변하기 위해 노력할 필요가 있다.

잘 알려져 있듯이, 프랑스 철학자 데카르트는 영혼과 정신을 동일시하는 한편, 그가 정신과 동일시하는 영혼과 육체가 각각 서로에 의존하지 않고 독립적으로 존재할 수 있는 별개의 실체들이라는 심신이원론을 제시함으로써, 그 주장의 타당성 여부에 대한 논의가 본격적으로 촉발되었으며, 비로소 심리철학의 문제들이 오늘날과 비슷한 형태를 취하게 되었다. 이러한 이원론적인 설명은 일반인들이 영혼과 육체의 관계를 설명하는 아주 일상적인 방식이었기에 한편으로는 통속적으로 쉽게 수용되었던 오랜 믿음이었으나, 특히 비물질적인 영혼과 물질적인 육체의 상호 관계가 어떻게 가능한가에 대해 설득력 있는 설명을 제시하기 어렵다는 이유로 많은 반론에 직면하게 되었다. 그러나 데카르트의 설명은 통속적인 믿음의 핵심 내용과 그와 관련하여 논의되어야 할 내용을 명료하게 제시하는 계기가 되었다는 점에서 특히 많은 공헌을 했다고 할 수 있다.

데카르트가 영혼과 육체의 관계를 정신과 육체의 관계로 축소한 이후에 심리철학의 전통적인 논의는 관념론(idealism), 물리론(physicalism), 이원론(dualism)의 세 가지 견해가 주류를 이루었다.[28] 그러나 오늘날 물질세계의 존재를 부정하는 관념론을 수용하는 학자는 거의 없는 반면에, 인간의 정신적인 견해를 완전히 물질적으로 설명할 수 있다는 물리론적인 견해와 물질 이외의 무언가를 상정해야

---

[28] 심리철학에 대한 많은 소개서가 있지만, Priest(1991)의 책이 심리철학의 다양한 이론들을 역사적인 맥락에서 상세하고도 비교적 쉽게 설명하고 있다.

만 한다는 이원론적인 견해를 가진 학자들의 논의가 서로 경합을 벌이면서 활발히 지속되고 있다. 그러나 물리론과 이원론은 단지 한 가지 견해만 있는 것이 아니라 그 각각의 이론에 속하는 다양한 견해가 있다. 물리론은 가장 단순한 물리론인 '강한 물리론'적 견해는 물론이고 행동론(behariourism), 기능론(functionalism) 등과 같은 '약한 물리론'적 견해들도 포함하며, 이원론은 실체이원론(substance dualism), 속성이원론(property dualism), 부수현상론(ephiphenomenalism) 등의 견해를 포함한다.

정신과 육체를 각각 비물질적 실체와 물질적 실체로 보는 데카르트의 실체이원론은 (1) 정신(mind/soul)과 육체(body)가 서로 분리되어 독립적으로 존재할 수 있다고 주장함으로써 육체의 특질이 전혀 없는 정신이 육체로부터 분리되어 존재할 수 있다는 논리적 가능성을 허용했고, 또한 (2) 운동의 문제에 있어서는 두뇌 속에 있는 송과선(pineal gland)에서 정신과 육체가 상호작용(interaction)을 한다고 주장했다. 이러한 주장이 제기하는 가장 근본적인 물음은 "서로 공통된 특질이 없는, 즉 비물질적인 정신과 물질적인 육체의 상호작용이 도대체 어떻게 가능한가?"라는 물음이다. 하지만 사고기능을 가진 사람만이 영혼을 지닌다고 생각했던 데카르트와 달리, 아리스토텔레스는 (i) 모든 동물뿐만 아니라 식물도 영혼을 가졌다고 생각하며, (ii) 영혼이 육체의 형상(form)이라 주장함으로써 육체 없는 영혼의 존재를 부정하는 한편, (iii) 영혼과 육체의 상호작용을 결코 인정하지 않는다. 따라서 이미 여러 차례 강조했듯이, 아리스토텔레스의 심신이론을 데카르트의 심신이론과 동일한 방식으로 이해하려 시도하는 것은 근본적으로 적절하지 않다.

그럼에도 불구하고 아리스토텔레스는 데카르트처럼 종종 "영혼이 육체를 움직인다."라는 식의 표현을 사용하고 있으며, 따라서 그의 심신이론도 데카르트와 마찬가지로 "비물질적인 어떤 것이 어떻게 물질적인 어떤 것에 영향을 준다는 것인가?"라는 질문에 답변해야만 할 것처럼 보인다. 이 문제를 다룸에 있어서 학자들은 영혼을 가짐으로써 가능하다고 아리스토텔레스가 말하는 영양섭취, 감각지각, 욕구, 장소운동, 환타시아(흔히 '상상' 또는 '상상력'으로 번역되나, 자세한 내용은 본문 참조), 사고 등의 다양한 작용에 초점을 맞추고, 이러한 작용이 진행될 때 육체적(물질적) 또는 생리적 변화가 동반되는가 하는 문제에 몰두한다. 다시 말해서, 아리스토텔레스의 심신이론에 대한 현대 심리철학적 접근은 특히 영혼의 '존재론적 위상(ontological status)'에 집중함으로써, 영혼이 육체에서 벗어나 존재할 수 있는 독립적인 실체인가, 아니면 단순히 육체에 불과한가 하는 문제에 초점을 맞춘다는 것이다.

이러한 현대 심리철학적 논의는 이른바 '환원(reduction)' 개념으로 설명되기도 한다. 현대 심리철학의 주요 문제들 가운데 하나인 정신(또는 마음)의 존재론적 위상에 관한 문제는 오랫동안 논란이 되어왔음에도 아직 해결되지 않았다.[29] 정신의 존재론적 위상의 문제는 정신적 상태·사건·과정이란 것이 육체와 분리된 정신의 독자적인 상태·사건·과정인가 또는 단지 두뇌의 물질적 상태·사건·과정에 불과한 것인가를 묻는다. 만약 정신적 과정, 사건, 또는 사태가 '의미의 상실 없이' 순수하게 물리화학적 용어들과 법칙을 통해 모두 설명

---

29 Searle(1992), p.1.

될 수 있다면, 환원되는 것이고, 반면에 설명될 수 없다면, 환원되지 않는 것이다. 또한 정신이 순수하게 물리화학적으로 환원이 된다면, 그것은 물리론을 함축하며, 반면에 환원되지 않는다면 그것은 이원론을 함축한다는 것이다.

아리스토텔레스는 이전 철학자들의 물리론은 물론이고 플라톤적인 이원론까지 모두 부정하고, 만물이 질료와 형상으로 이루어졌다는 '질료형상론'을 주장함으로써 어느 정도는 물리론을 인정하는 듯이 보이면서도, 다른 한편으로는 형상이 질료보다 우선한다는 형상의 우선성이나 또는 육체의 원인으로서 기능하는 영혼의 역할을 언급함으로써 이원론을 인정하는 듯이 보이기도 한다. 이런 점에서 일부 학자들은 아리스토텔레스가 비일관적이고 불명확한 태도를 갖고 있었다고 보기도 하지만, 사실상 많은 다른 학자들은 그가 일관적인 견해를 분명히 갖고 있었다는 믿음을 토대로 그의 이론을 해석하려고 노력해 왔다. 특히, 후자에 속하는 학자들은 아리스토텔레스를 행동론이나 기능론과 같은 물리론으로 해석하거나, 실체이원론이나 속성이원론 또는 부수현상론과 같은 이원론으로 해석하거나, 또는 결코 현대 이론으로 해석할 수 없는 독창적인 이론으로 해석('무변화적 해석'과 '자연론적 해석' 등)하기도 한다. 그들은 모두 자신들의 해석을 뒷받침하는 진술들을 아리스토텔레스의 저술에서 찾고 있으며, 따라서 그런 증거들을 고려하면 그들의 해석을 거부하기가 쉽지 않아 보인다.

1960년대 이후로 아리스토텔레스의 견해에 대해 제시되었던 해석들에는 다음과 같은 것들이 있다. (a) 먼저 아리스토텔레스의 심신이론을 물리론적으로 해석하는 학자들이 있는데, 물리적 해석은 다양한 정신적 작용이 발생할 때 육체적 변화가 동반된다는 견해이다. 예를 들어, 슬레이키(Slakey, 1961), 칸(Kahn, 1966), 맷슨(Matson, 1966)은 아리스토텔레스를 순수 물리론 또는 강한 물리론으로, 반스(Barnes, 1971-2)는 약한 물리론으로, 그리고 하르트만(Hartman, 1977), 너스바움(또는 누스바움, Nussbaum, 1978과 1984), 윌키스(Wilkes, 1978), 코헨(Cohen, 1987), 웨딘(Wedin, 1988), 쉴즈(Shields, 1990), 너스바움과 퍼트남(Nussbaum and Putnam, 1992) 등은 물리론의 일종인 기능론으로 해석한다. (b) 아리스토텔레스의 심신이론은 다양한 이원론적 이론으로도 해석되는데, 로빈슨(Robinson, 1983)은 실체이원론으로, 하이나만(Heinaman, 1990)은 속성이원론으로, 어윈(Irwin, 1991)은 유사이원론으로, 그리고 쉴즈(Shields, 1988)는 수반이원론으로 해석을 시도한다.[30]

한편, (c) 기능론적인 해석에 반발하여, 특히 버니엣(Burnyeat, 1992)과 요핸슨(Johansen, 1998)은 아리스토텔레스에게 있어서 감각작용은 육체의 질적 변화를 필요로 하지 않는다고 주장한다. 또한 (d) 소라브지(Sorabji, 1974)는 아리스토텔레스의 이론이 물리론도 이원론도 아닌 '독창적인' 이론이라고 말하고, (e) 코드와 모라브식(Code and Moravcsik, 1992), 프레데(Frede, 1992), 로이드(Lloyd, 1996a)는 그의 이론이 '정신'과 '육체'를 분리시켜 보는 현대적 이론과는 다르다는 자연론적 또는 본질론적 해석을 제시한다. 이원론적 해석은 아리스토텔레스의 능동지성(active nous)을 비롯한 인간의 사고작용에 초점을 두는 한편, 그 외의 주장들은 주로 감각작용에 초점을 맞춰 아리스토텔레스의 심신이론을 해석하려고 한다. 한편, (c)-(e)의 학자들은 (a)와

---

[30] 이원론적인 해석을 제시하는 또 다른 학자들과 자세한 서지 사항은 아래 제3장의 '이원론적 해석' 부분 참조.

(b)를 거부한다는 공통점을 갖긴 하지만, (a)–(e)의 학자들은 모두 각기 전혀 다른 모습의 아리스토텔레스를 바라보고 있다.

이 책에서 우리가 특히 초점을 맞춰 고찰하고 반박하는 해석은 (a)에 언급된 기능론적 해석이다. 그 이유는 많은 학자들이 아리스토텔레스의 심신이론에 대한 가장 적절한 해석처럼 간주하지만, 사실상 그렇지 않기 때문이다. "심적 상태는 행동의 관찰로서 항상 정확히 설명된다."라고 주장하는 행동론(behaviourism)에 반발하여 대두된 기능론은 다양한 심적(내적) 인과관계를 인정함으로써 외부의 환경(input)에 대한 관찰로는 어떤 행동(output)이 나올 것인지 알 수 없다고 주장함으로써 '환원 불가능성(irreducibility)'을 주장한다. 너스바움과 퍼트남(Nussbaum and Putnam)은 이러한 이론을 바탕으로 아리스토텔레스의 심신이론이 전형적인 기능론적 이론이라고 주장한다.[31] 그들은 아리스토텔레스의 육체(body) 개념이 "육체의 기능을 수행하는 한 육체를 구성하는 요소가 두부이든 구리이든 전혀 문제가 되지 않는다."라는 '다수 실현 가능성(multiple realisability)' 또는 '형성 유동성(compositional plasticity)'을 함축한다고 본다. 즉, 동일한 기능이 다양한 종류의 물질에서 실현될 수 있다는 것이다.

그러나 비록 기능론이 정신과 두뇌의 관계를 설득력 있게 설명하는 현대 심리철학적 이론으로 많은 호응을 얻고 있기는 하지만, 그 이론이 아리스토텔레스의 견해를 제대로 해석하지는 못하고 있다는 것이 이 책의 주된 강조점이다. 이 책에서, 우리는 그가 제시하는 심리적 측면과 육체적 측면을 세밀하게 분석하고, 이를 통해 위의 이론

---

31 Nussbaum and Putnam(1992), pp.27–56.

들이 갖는 문제점을 제시하고 아래와 같은 새로운 해석 방법을 제안한다. 우리는 특히 다음의 두 가지 특징적인 관점을 제시한다. 첫째, 우리는 아리스토텔레스가 심리적 능력들 가운데 한 가지로 간주하는 '장소운동 능력'의 분석에 초점을 맞추며, 둘째, 우리는 그가 종종 중요한 역할을 부여하고 있는 것으로 보이는 '쉼퓌톤 프뉴마(σύμφυτον πνεῦμα, 내재하는 프뉴마)'라는 개념을 이론적으로(즉, 일관적이고 정합적인 하나의 이론으로) 정립하려고 시도한다. 장소운동에 대한 탐구가 중요한 이유, 장소운동에서 영혼과 육체의 관계, 특히 심리적 작용들과 생리적 작용들의 관계를 분석하는 이유는 장소운동에 대한 분석이 무엇보다도 장소운동에 필요한 다양한 능력들 또는 작용들의 상호 관계를 잘 보여주기 때문이다. 예를 들어, 감각작용은 장소운동과 서로 상관없는 것이 아니라 동물로 하여금 가까이나 멀리 있는 먹이를 인지함으로써 그것을 향해 나아가도록 해준다.

이와 마찬가지로 영혼을 갖는 인간은 감각, 욕구, 환타시아, 사고 등의 다양한 능력들을 갖는데, 특히 장소운동의 경우에 그러한 능력들은 각각 개별적으로 발휘되는 것이 아니라 하나의 목표를 향해 총동원된다고 표현할 수 있다. 하지만 감각작용과 같은 개별적인 작용이 발생할 때 나타나는 육체적 변화의 문제, 즉 감각이 개별적으로 작용할 때 육체적인 변화가 발생하는가에 대한 관찰은 다수의 능력들이 총체적으로 작용할 때 나타나는 육체적 변화를 제대로 모두 보여주지 못한다. 그러나 장소운동은 다수의 능력들을 필요로 하는 능력이며, 따라서 우리는 장소운동에 요구되는 여러 가지 영혼의 작용들에 대한 육체적 변화의 발생 여부와 육체적 변화의 종류를 각각 살펴봄으로써 영혼과 육체가 서로 어떤 관계에 있는가를 알게 될 것이다. 이것은 감각작용만을 분석할 때와는 달리 영혼과 육체의 관계 전반에 대해 포괄적으로 적용되는 해석을 제시할 수 있을 것이다.

앞서 말했듯이, 현대 심리철학의 대상은 주로 감각이나 사고 등의 의식작용이지만, 아리스토텔레스의 영혼 개념은 먹이를 섭취하고 소화하고 배설하는 등의 생리작용까지 포괄하는 폭넓은 개념이다. 따라서 이 연구에서 본 연구자는 두뇌작용에만 초점을 맞추는 근대 이후의 심리철학적 관점과는 달리, 아리스토텔레스의 심신이론을 이해하기 위해서는 다양한 종류의 작용들을 포괄적으로 고려해야 한다는 점을 제안한다. 그리고 이와 관련하여 무엇보다 중요한 것은 '프뉴마'라는 물질적 요소의 역할이다. 그에 의하면, 이것은 생물만이 갖는 물질로서 실제로 생식, 출산, 감각, 욕구, 장소운동 등에 관한 그의 이론을 이해하는 데 중요한 역할을 한다. 그러나 아리스토텔레스가 이 개념에 대한 체계적이고 일관적인 논의를 하거나 이론을 제시하지 않았기 때문에 이 개념에 대한 일관적인 이론을 산출하기가 상당히 어려우며, 그런 이유에서 국내외에서 그리 많이 시도되지 않았다. 하지만 프뉴마 개념에 대한 연구는 특히 장소운동 능력에 대한 연구와 밀접하게 관련되어 있으므로, 아리스토텔레스의 심신이론을 해명하는 데 아주 중요한 개념이다.

장소운동과 프뉴마에 대한 연구를 통해 우리는 아리스토텔레스의 심신이론에 대한 기능론적 해석을 비롯한 다양한 물리론적 해석은 물론이고 이원론적 해석마저도 거부하는 근거를 찾을 수 있으며, 따라서 이 문제에 대한 연구가 중요하다는 사실을 확인할 수 있다. 아래에서 우리는 그의 철학 체계 속에서 '프뉴마'가 하는 역할을 상세하게 검토하고, 특히 육체기관의 구성, 감각지각, 그리고 감각지각을 필요로 하는 장소운동에 관한 이론 속에서 그 개념이 차지하는 위치를 분석한다. 이 분석은 아리스토텔레스가 영혼과 육체의 본질적인 관계를 염두에 두고 있음을 보여준다. 이미 언급했듯이, 이 결론은 기능론적 해석에 대한 반론의 근거가 된다. 기능론은 감각작용이 실현되는 한에 있어서 감각기관이 두부로 만들어졌든 구리로 만들어졌든 관계없다고 주장하는 반면에, 프뉴마에 대한 분석은 동일한 심적 작용이 다수의 물질 속에서 실현될 수 있다는 기능론의 '다수 실현 가능성'이 아리스토텔레스에게 적용되지 않는다는 것을 보여준다. 즉, 비록 아리스토텔레스가 모든 자연물을 '네 가지 기본요소(흙, 불, 물, 공기)의 비율을 달리하는 복합체'로 설명하지만, 생물을 논함에 있어서는 그것들 이외에 프뉴마라는 물질적 요소의 역할을 강조한다는 점이다. 즉, 그는 프뉴마의 비율이 생물의 생명뿐만 아니라, 그것의 다양한 기관 형성, 남성과 여성의 구분 등과도 밀접한 관계가 있다고 생각한다. 또한 감각작용에 상응하는 것은 감각기관이 아니라 심장에 있는 프뉴마가 따뜻해지거나 서늘해지는 변화이다.

아리스토텔레스의 사고는 영혼과 육체, 또는 형상과 물질을 서로 동떨어진 또는 분리 가능한 별개의 실체들로 보는 데 익숙한 현대인들의 사고와 다르다. 그에게 있어서 육체는 이미 영혼을 포함한 것이며, 그가 영혼이 육체에서 분리 가능한 것처럼 설명하는 경우도 있지만, 육체 없는 영혼을 인정하는 것은 결코 아니다. 아리스토텔레스는 영혼과 육체가 동시에 살고 동시에 죽는 것으로 생각하며, 결코 영혼 없는 육체나 육체 없는 영혼을 인정하지 않는다는 것이다. 이런 이유에서, 우리는 그를 일종의 자연론자 또는 본질론자로 볼 수 있다고 결론 내리게 된다.

아리스토텔레스의 심신이론에 대한 "유일하게 올바른 해석"을 제시한다는 것은 분명 어려운 일이다. 그러나 기존의 다양한 해석들이 지닌 문제점들을 분명히 밝힘으로써, 우리는 최소한 그의 이론에 대한 어떤 해석이 부적절한 해석이고 또한 어떤 해석이 좀 더 그럴듯한 해석인가를 제시할 수 있을 것이다. 특히, 장소운동과 관련된 영혼과 프뉴마의 관계에 대한 우리의 연구는 많은 논란이 되어온 아리스토텔레스의 심신이론에 대한 기존의 이론을 총체적으로 깊이 고찰하고, 그것을 새로운 견지에서 바라볼 기회를 제공할 것이다. 그러나 우리는 독창적이고 특이해 보이는 아리스토텔레스의 견해를 단순히 현대에 소개하는 데서 그치지 않는다. 무엇보다도 영혼과 육체가 떨어질 수 없는 분리 불가능한 관계를 가졌다고 말하는 그의 질료형상론은 엄밀하게 말해서 현대적인 이원론도 아니고 환원론적인 어떤 종류의 물리론도 아니다.

사실상 아리스토텔레스는 오늘날 인간을 물질적인 요소 이외의 다른 어떤 것으로 설명할 수 없음에도 불구하고 물질만으로 설명할 수 없다는 딜레마에 놓여 있는 현대 학자들과 비슷한 고민에 빠져 있던 것으로 보인다. 그럼에도 그는 현대에서 제시하는 다양한 형태의 물리론과는 다른 이른바 '자연론적' 견해를 제시하는데, 이러한 견해는 부분들에서 나타나지 않는 특징이 그것들의 합에서 나타난다는 창발론(emergentism)과 관련하여 주장되는 현대적인 견해와 유사성을 갖는다.[32] 이처럼 고대로부터 현대로 이어지는 흐름과 연결성을 보여

32 아리스토텔레스의 저술에서 전체가 부분들의 합 이상이라는 전일론적 진술을 발견할 수 있으며, 이러한 전일론적 진술은 부분들에서 발견되지 않았던 새로운 속성이 그것들의 합인 전체에서 발견된다는 창발론적으로 해석된다. 예를 들어, 『형이상학』 VIII.6,

줌으로써, 과거를 해석하고 현대를 발전시키는 계기를 마련하는 것이 우리의 주된 목표이자 목적이다. 궁극적으로, 우리는 기존의 연구들과 달리 고대로부터 근현대로 이어지는 이론적 흐름을 보여줄 뿐 아니라 아리스토텔레스에 대한 현대적 해석을 시도함으로써, 그의 '자연론적 견해'가 우리가 현대에 새롭게 고찰할 만한 대안적인 이론이라고 제안할 것이다.

이브닌(Evnine)이나 자월스키(Jaworski) 등의 현대 학자들은 아리스토텔레스의 질료형상론을 과거 이론에 대한 단순한 호기심에서 검토하는 것이 아니라 그것이 실제로 현대적으로 유효한 이론이 될 수도 있다고 생각한다.[33] 예를 들어, 이브닌은 사물을 형상과 질료의 복합체로 보았던 아리스토텔레스의 질료형상론에서 형상 개념을 (a) 힘(power)이나 성향(disposition)으로 대체하여 보는 '힘에 기초한 질료형상론(powers-based hylomorphism)'과 (b) 원리(principle), 속성(property), 관계(relation), 기능(function) 또는 구조(structure)로 대체하

1045a 8-11을 Ross(Barnes, ed., 1984에 실린 『형이상학』 참조)는 "부분들을 갖는 모든 것들의 경우에, 그리고 전체가 단순한 묶음이 아니고 부분들 이상의 어떤 것인 경우에는 통합성의 원인이 있다."라고 옮기는 한편, Tredennick(1933)은 "다수의 부분들을 갖고, 전체의 묶음이 아니라 부분들과 다른 어떤 종류의 전체인 경우에는 어떤 원인이 있다."라고 옮기는데, Ross의 번역이 전일론적 진술로 해석된다. 한편, 아리스토텔레스는 『변증론』 150a 15-21에서 "전체는 그것의 부분들과 동일하지 않다."라는 전일론적인 발언을 한다. 이 부분에서 그는 어떤 사람이 A를 갖고 다른 사람이 B를 가진 경우에, '정의'가 'A 더하기 B'라는 이유에서 그들이 모두 정의롭다고 말하는 것은 오류라는 결론을 내린다. 그의 전일론적 견해는 그가 제시하는 또 다른 예, 즉 '집 짓기 재료들을 쌓아놓은 경우'에서 좀 더 분명히 드러나는데, 그는 이 경우에 부분들은 있지만 아직 전체는 없는 것이며, 따라서 부분들의 합이 전체는 아니라고 말한다. 아리스토텔레스의 창발론적 요소에 대해서는 Caston(1997), pp.332-339 참조.

33 예를 들어, Evnine(2016)과 Jaworski(2016)의 저서 참조.

여 보는 '원리에 기초한 질료형상론(principle-based hylomorphism)'을 현대적인 질료형상론의 사례들로 소개한다.[34] 그러나 그는 아리스토텔레스의 질료형상론을 비롯하여 (a)와 (b)를 모두 '형상적 질료형상론(morphic hylomorphism)'으로 부르면서 모두 거부하는 한편, (c) 비형상적 질료형상론(amorphic hylomorphism)이라는 이름을 붙인 자신의 이론을 제시한다.[35] 질료형상론의 핵심적인 특징은 하나의 사물을 단순히 물질과 동일시하여 이해하는 것이 아니라 그것을 물질과 물질 외의 다른 어떤 것의 복합체로 보면서도 그 '다른 어떤 것'을 데카르트적인 비물질적 실체와 같은 것으로 이해하지는 않는 비환원적인 요소를 지닌다는 것이다. 특히, 이러한 비환원적인 특징에 주목한 자월스키는 질료형상론이 "창발의 문제, 하향적 인과론의 문제, 그리고 타인의 마음에 대한 문제" 등과 같은 다양한 현대 철학의 문제들을 해결할 "유일한 방책들(unique resources)"이라고도 말한다.[36] 이러한 논의들은 아리스토텔레스의 질료형상론적 견해가 단순히 호기심은 자극하

---

34 이런 견해들을 가진 학자들에 대해서는 Evnine(2016), p.10 참조. 그러나 아래에서 다시 언급되겠지만(제3장 1.1), Cohen(1992, p.58)이 지적하듯이 아리스토텔레스의 '형상' 개념도 단순히 형태(shape)의 의미만 갖는 것이 아니라 배열(arrangement), 역량(또는 능력, capacity) 등의 의미도 가지며, 따라서 이러한 현대적인 견해들이 아리스토텔레스의 견해와 어떻게 다른가에 대한 자세한 논의가 요구된다. Evnine(2016, p.12)은 아리스토텔레스의 질료형상론이 (a) 대상들이 질료와 형상의 복합체들이라는 특징과 (b) 그것들이 그것들의 형상원인, 작용원인, 그리고 목적원인이 서로 밀접한 상호관련성을 보인다는 특징을 갖는데, '원리에 기초한 질료형상론'은 (a)를 유지하려 하지만 (b)를 유지하는 데 어려움을 갖는다고 지적한다.

35 Evnine(2016), p.12. 그(p.13)는 '형상적 질료형상론'이란 용어가 '형상'을 중복하고 있는 반면에, '비형상적 질료형상론'은 '형상'이 배제된 '질료론(hylism)'으로 이해되므로 부적절하다는 반론을 예견하면서도, 이런 용어의 사용이 "완전하지는 않지만, 그것이 이전의 시도들을 통해 발전되었다는 점은 안심해도 좋다."라고 말한다.

36 Jaworski(2016), p.3.

지만 쓸모없는 죽은 이론이 아니라 오늘날에도 지속적으로 주목하고 주의를 기울일 만한 가치가 있는 생생한 이론임을 시사한다.

이 책은 총 6장으로 구성되어 있다. 먼저 제1장은 아리스토텔레스가 『자연학』 VIII권에서 운동의 원인이 없이 스스로 움직이는 자기운동자라는 개념을 그것을 구성하는 두 부분, 즉 (다른 어떤 것에 의해서도 움직여지지 않고서도 제3의 어떤 것을 움직이는) '부동의 원동 부분'과 (다른 것에 의해 움직여지는) '피동의 부분'으로 설명한다. 그는 『영혼에 관하여』에서는 그가 자기운동자라고 불렀던 것이 생물이고, 두 부분들은 각각 영혼과 육체와 동일시된다. 이 장에서는 그 두 저술들에서 소개되는 이 개념들의 본질적인 특징들과 상호적인 연계성을 자세히 분석하고 검토한다.

제2장은 이 책의 논의를 이해하는 데 필요한 기본적인 개념과 이론을 간략하게 살펴보는 서론 격의 논의로서, 소크라테스 이전 철학자들과 플라톤이 생각했던 영혼 개념이 무엇인가를 살피면서, 그들의 견해가 현대의 물리론이나 이원론으로 분류될 수 있는가의 문제를 고찰한다. 그러나 물질 자체가 일종의 생명력을 갖는다고 보는 그들의 물질 개념은 그런 생명력을 부정하는 근대 이후의 물질 개념과 다르며, 따라서 그들의 견해를 근대나 현대적인 의미에서 물리론으로 규정하거나 분류하는 것은 적절하지 않다는 점을 주의할 필요가 있다.

제3장은 아리스토텔레스가 영혼과 육체의 관계를 어떻게 설명하는가를 먼저 살핀다. 이를 위해, 우리는 영혼과 육체의 관계가 『자연학』 I-II권에서 소개되는 '질료형상론', 즉 모든 자연물들이 질료와 형상으로 구성된다는 이론의 연장선 위에 있음을 보일 것이다. 그런 뒤에 우리는 아리스토텔레스에 대한 현대 심리철학적 관점에서의 다양한

해석들의 쟁점과 각 해석이 지닌 문제점을 살핀다. 기본적으로 필자의 견해는 기존의 다른 많은 해석들과 다르지만, 출발점에서는 아리스토텔레스의 심신이론이 '정신'과 '육체'를 분리하여 보는 현대적 이론과는 다르다는 코드와 모라브식(Code and Moravcsik, 1992), 프레데(Frede, 1992), 로이드(Lloyd, 1996a)의 자연론적 또는 본질론적 해석을 따른다. 그리고 그들의 해석에 대한 자세한 분석을 통해, 그들의 해석이 함축한 새로운 문제점들도 지적한다. 필자는 그러한 아리스토텔레스의 이론이 현대적인 맥락에서 어떻게 평가되고 이해될 수 있는가에 대해 종합적으로 논의하면서, 그의 이론이 기존의 어떤 이론과도 일치하지 않는 독창적인 견해임을 주장한다.

제4장과 제5장에서 우리는 영혼의 측면에 대한 아리스토텔레스 자신의 견해를 좀 더 구체적이고도 자세하게 살핀다. 제4장에서는 먼저 영혼과 관련하여, 우리는 (1) 그것을 통해 생물이 정확하게 어떤 능력들을 갖게 되는가, 어떤 생물이 어떤 능력을 갖는가, 각각의 능력이 어떤 심리적 작용들과 관련되는가, 그리고 (2) 아리스토텔레스에게 있어서 장소운동이 동물에게 중요한 이유는 무엇인가 등의 문제를 논의하고, 제5장에서는 (3) 환타시아의 역할이 정확히 무엇인가를 규명하고, 감각과 사고에 환타시아가 결부되지 않는 경우가 있는가, 그리고 환타시아 없는 감각과 사고라는 것이 함축하는 바는 무엇인가 등의 문제를 논의한다.

그런 뒤에 제6장에서 우리는 생물의 육체적인 측면과 관련해서는 생물을 구성하는 물리적 요소로 말해지는 쉬퓌톤 프뉴마의 특징과 기능에 대해 살펴본다. 장소운동에 다양한 심리적 작용들이 관여하는데, 쉬퓌톤 프뉴마는 그 모든 심리적 작용들에 동반하여 변화하는 육체적 또는 물질적 요소라고 말해진다. 이러한 프뉴마 개념의 기원과 의미, 그리고 특징 등에 대해 논의한다. 여기에서 우리는 영혼과 프뉴마, 즉 심리적 작용과 물질적 작용을 비교함으로써, 물질적 요소인 프뉴마에 대한 분석이 아리스토텔레스의 심신이론에 대한 다양한 현대적 해석을 거부하는 근거가 되는 이유를 밝힌다. 특히, 우리는 프뉴마가 감각, 욕구, 사고 등의 다양한 능력들이 총체적으로 요구되는 장소운동에서 어떤 역할을 하는가를 규명하기 위해 노력할 것이다. 이를 통해, 우리는 아리스토텔레스가 영혼과 육체를 분리시키지 않고 총체적인 결합체로 이해하고 있으며, 이것을 근대 이후의 물리론과는 달리 이른바 자연론적 또는 본질론적 사고로 규정하는 것이 적절하다는 결론에 도달하게 될 것이다.

제4-6장의 논의에서 아리스토텔레스의 직접적인 진술들을 자세히 살핌으로써, 우리는 영혼과 육체에 대한 그 자신의 진정한 견해가 무엇인가를 고찰할 수 있을 것이며, 더 나아가 이는 우리가 제3장에서 검토했던 그에 대한 현대 심리철학의 다양한 해석들이 부적절했음을 확인해 주는 것은 물론이고, 아리스토텔레스의 견해가 현대적인 어떤 이론으로도 분석하기 어려운 상당히 독창적인(sui generis) 이론이라는 점을 확인하게 될 것이다.

제1장

생물의 자기운동

우리는 '자동자 또는 자기운동자(self-mover)'라는 용어를 스스로 움직이는 것, 즉 '외부의 어떤 힘도 필요로 하지 않고 스스로 운동(또는 변화)[37]하는 운동의 주체'라고 정의할 수 있을 것이다.[38] 아리스토

---

[37] 아리스토텔레스는 질적 변화(운동), 양적 변화(운동), 장소변화(운동), 그리고 '생성과 소멸'을 포함하는 네 종류의 변화 또는 운동을 소개한다. 이와 관련된 자세한 논의는 유원기(2009a), pp.85-103 참조. 오늘날 학자들은 앞의 세 가지를 비실체적 변화라 부르고, 네 번째 것을 실체적 변화라고 부르기도 한다. 간단히 설명하자면, 예를 들어, 창백한 얼굴이 빨갛게 되는 경우와 같은 질적 변화는 변화의 주체를 알아볼 수 없을 정도로 달라지지 않는다는 점에서 비실체적 변화라 불리며, 올챙이가 개구리가 되는 경우와 같은 생성은 변화의 주체가 정확히 무엇인지를 판단하기 어렵다는 점에서 실체적 변화라 불린다. 용어상의 의미로는 '운동'이 운동의 출발점과 종착점을 명확히 언급하는 경우를 가리키는 반면에, '변화'는 운동의 출발점을 명시하지 않고 종착점만을 언급하는 경우를 가리킨다(『자연학』 229 a 31-229b 5). 아리스토텔레스는 네 가지를 모두 지칭할 때는 우리말로 '변화'로 옮길 수 있는 '메타볼레(μεταβολή)'라는 용어를 사용하고, 앞의 세 가지를 지칭할 때는 '운동'으로 옮길 수 있는 '키네시스(κίνησις)'라는 용어를 사용했으나, 나중에는 혼용해서 사용했다(유원기, 2009, p.86, 특히, 『자연학』 200b 26-201a 9 참조). 이와 관련해서는 Ross(1936), pp.7-8과 pp.45-47;

텔레스의 규정도 이와 다르지 않다. 자연 사물의 구성과 운동의 원리에 대해 논의하는 자신의 저서 『자연학』 VIII권에서, 아리스토텔레스는 외부의 어떤 것에 의해서도 움직여지지 않고 자신 안에 운동의 근거를 가짐으로써 스스로 운동하는 운동자를 자기운동자로 규정한다 (241b 24 이하).[39] 하지만 오래지 않아 그의 논의가 담고 있는 것으로 보이는 몇 가지 문제점이 드러난다.[40] 이와 관련하여 웨딘(Wedin)은 "아리스토텔레스에게 있어서 동물이 자기운동자라는 것은 모두가 알고 있으며, 아리스토텔레스가 이것을 설명하는 데 문제가 있다는 것

Waterlow(1982), pp.93-158 참조. 위에 언급한 네 종류의 변화 가운데 우리말로 '운동'이라는 명칭이 가장 적절한 것은 아마도 장소변화(즉, 장소운동)이겠지만, 여기에서 우리는 운동과 변화를 특별히 구분하지 않고 문맥에 따라 적절히 혼용할 것이다.

38 아리스토텔레스의 자기운동에 대한 해외 연구는 (연도순) Furley(1978), Waterlow (1982, 특히 V장), Wedin(1988, VI.3), Wardy(1990, II부 2장), Gill(1991), Freeland (1994), Meyer(1994), Wedin(1994), Olshewsky(1995), Berryman(2002), Corcilius and Gregoric(2013), Coren(2019a, 2019b, 2019c) 등이 있으며, 특히, Gill and Lennox(eds., 1994)가 편집한 논문집에는 아리스토텔레스를 비롯하여 다른 철학자들의 자기운동 이론에 대한 논문들도 수록되어 있다. 참고로 Marinescu(2021)는 자기운동에 대한 플라톤의 견해를 논의하고 있으며, 한편 국내 연구로는 유원기(2002), 오지은(2012) 등이 있다.

39 아리스토텔레스는 252b 19-21에서도 "외부에서 움직이는 것이 아무것도 없음에도 불구하고, 동물들이 때때로 스스로 운동을 시작하는 것으로 보인다(ἐγγίγνεται ἐν ἡμῖν ἐξ ἡμῶν αὐτῶν ἀρχὴ κινήσεως, κἂν μηθὲν ἔξωθεν κινήσῃ)."라고 말한다.

40 Freeland(1994, p.35)는 "아리스토텔레스는 운동하는 모든 것이 다른 어떤 것에 의해 움직여진다는 이론을 옹호하길 원했다. 그러나 동물들이 정지했다가, 또는 움직여지지 않고 그것들의 운동을 시작하는 듯이 보인다. 따라서 아리스토텔레스는 동물의 운동이 특별히 혼란스러운 문제(a particular source of perplexity)(253a 7-8)를 제기한다는 것을 인정한다."라고 말한다. 하지만 Freeland가 언급하는 원문에서 아리스토텔레스는 그 문제가 논의의 여지가 있음을 인정했을 뿐이다. Freeland가 Furley의 말을 인용하여 설명하듯이, 아리스토텔레스가 이 문제에 답변하기 위해 노력했던 이유는 "만약 동물들이 외부의 어떤 것에 의해서도 움직여지지 않고 정지 상태에서 스스로 운동을 시작할 수 있다면, 아마도 우주 전체가 그런 방식으로 스스로 운동을 시작했을 수도 있을 것"(Furley, 1978, p.57)을 염려했기 때문일 것이다.

을 거의 모두가 알고 있다."라고 말하는 한편,[41] 펄리(Furley)는 그 문제점을 다음과 같이 정리한다.

아리스토텔레스는 때때로 동물들을 자기운동자들이라고 부른다. 우리는 그가 정확히 어떤 의미에서 이런 말을 하는 것인지 검토해야 한다. 특히, 우리는 자기운동자들이 존재 가능성을 부정하는 듯이 보이는 『자연학』의 몇몇 구절들과 관련하여 그 주장을 살펴봐야만 한다. 이처럼 명백한 모순이 근본적으로 설명될 수 있는가?[42] 동물들이 자기운동자들이라는 자신의 초기 주장을 아리스토텔레스가 비판하고 수정했다고 믿어야 하는가? 그게 아니라면, 그의 입장이 전체적으로 일관적인가? 그렇다면 명백한 그 모순을 어떻게 설명해 버릴 수 있겠는가?[43]

이 말을 할 때, 펄리는 아리스토텔레스가 자기운동의 가능성을 부정하는 듯이 보이는 『자연학』 VIII.2, 253a 11-20과 6, 257b 6-17을 염두에 두고 있다.[44] 방금 말했듯이, 그 구절들이 "자기운동을 부정하는 듯이 보이는" 것은 분명하지만, 그렇다고 해서 "아리스토텔레스가 자기운동을 부정했다."라고 자신 있게 말하기는 어렵다. 왜냐하면 그는 많은 다른 곳에서 자기운동자의 존재나 동물의 자기운동 능력을 인정하는 듯이 보이는 발언을 하는 것은 분명하지만, 그의 입장이

---

41 Wedin(1994), p.81.
42 이것은 "Is this apparent anomaly to be explained genetically?"라는 표현을 문맥에 맞춰 의역한 것이다.
43 Furley(1978), p.55.
44 이 구절들은 아래(제1장, 2.3)에서 자세하게 논의된다.

정확히 무엇인지 단정하기가 어렵기 때문이다.

특히, 아리스토텔레스가 253a 11-20에서는 장소운동이 생물이 할 수 있는 유일한 종류의 자기운동이라고 주장하는 반면에, 257b 6-17에서는 같은 종류의 주장을 하면서도 심지어 동물의 장소운동도 "엄밀히 말하자면(κυρίως)" 동물에 의해 시작된 게 아니라는 제한적인 표현을 사용하여 말한다. 이런 발언들은 학자들로 하여금 아리스토텔레스가 정말로 자기운동의 가능성을 인정했는가에 대해 의문을 갖도록 만들기 충분할 정도로 혼란스럽다. 다른 한편으로, "장소운동이 엄밀히 말해서 자기운동이 아니라면"이라는 표현은 엄격하지 않은 의미에서는 자기운동일 수도 있음을 함축하며, 따라서 만약 그렇다면, 그것이 도대체 무엇을 의미하는 것인지도 불분명하다. 그렇다면 '엄밀한'과 '엄밀하지 않은'의 차이점은 무엇인가? 아리스토텔레스 자신은 이런 물음들에 대해 만족할 만한 답변들을 제시했다고 생각하는 것으로 보인다. 따라서 우리는 그의 답변들이 무엇인지, 그리고 그 답변들이 타당한지 또는 아닌지, 또는 어느 정도의 설득력이 있는지를 살펴야 한다.

우선적인 질문은 아리스토텔레스가 자기운동자에 대해 일관된 이론을 갖고 있었느냐 하는 것이다. 아래에서 우리는 세 가지 문제를 제기하고 답변하는 과정에서, 그가 일관된 이론을 가졌음을 확인하게 될 것이다. 우리는 먼저 (i) 아리스토텔레스가 자기운동자의 존재에 대한 문제를 제기할 필요성을 왜 느꼈는가를 묻는다. 또한 우리는 (ii) 그가 본성 개념의 정의를 거부하지 않고도 자기운동자의 존재를 유지할 수 있는가를 묻는다. 운동과 정지의 원리라고 규정되는 본성은 식물과 동물과 인간을 비롯한 모든 생물은 물론이고, 무생물인 흙, 불, 공기, 물과 같은 단순요소들도 갖는다고 말해진다. 여기에서 우리는 본성을 갖는다고 말해지는 자연운동자와 스스로 움직인다고 말해지는 자기운동자의 운동 유발에 어떤 차이가 있는가를 살필 것이다. 그리고 이와 관련하여, 우리는 생물만 자기운동자인가, 생물과 무생물이 모두 자기운동자인가, 또는 생물과 무생물은 서로 다른 종류의 운동자인가 등의 문제를 고찰하게 될 것이다.

이런 문제들이 해결되고, 또한 아리스토텔레스가 실제로 자기운동자의 존재를 인정했다는 결론이 내려진 뒤에, 우리는 (iii) 그가 어떤 방식으로 자기운동을 설명하는가의 문제를 살펴야 한다. 이 문제는 생물이 분리 가능한 두 개의 내적 부분, 즉 그 자신은 다른 어떤 것에 의해서도 움직여지지 않으면서 다른 것을 움직이는 부분(우리는 이것을 '부동의 원동 부분(unmoved moving part)'이라고 부를 것이다)과 다른 것에 의해 움직여지는 부분(우리는 이것을 '피동의 부분(moved part)'이라고 부를 것이다)으로 이루어졌다는 아리스토텔레스의 견해에 대한 전반적인 논의를 포함한다. 필자는 그것들의 상호 관계, 그리고 그것들과 외부세계와의 관계에 초점을 맞출 것이다. 그렇게 한 뒤에, 우리는 아리스토텔레스가 자기운동 능력을 동물에게만 인정하는 것이 아니라 사실상 모든 생물에게[45] 인정한다는 것을 보게 될 것이다. 이를 통해, 우리는 그가 장소운동뿐만 아니라 질적 변화나 양적 변화와 같은 다른 유형의 운동도 자기운동으로 인정했다는 결론에 도달할 것이다.[46]

---

[45] 위에 인용한 글에서 Furley는 아리스토텔레스의 자기운동이 오직 동물에게만 적용되는 듯한 부적절한 인상을 주고 있다.

[46] 비교: 이 결론은 아리스토텔레스가 장소운동만을 자기운동으로 인정하고 있다고 주장

아래에서 곧 보겠지만, 자기운동에 대한 『자연학』의 논의가 특히 중요한 이유는 그가 소개하는 자기운동자의 내적 부분들, 즉 '부동의 원동 부분'과 '피동의 부분'이 『영혼에 관하여』에서 논의되는 생물의 '영혼'과 '육체'와 각각 동일시되며, 따라서 전자들의 역할과 기능에 대한 탐구가 바로 후자들에게도 그대로 적용되기 때문이다.[47] 『자연학』에서 『영혼에 관하여』로 이어지는 이러한 논의는 사실상 자연물에 관한 일반적인 이론들을 생물에 대한 특수한 사례에 적용되고 있으며, 이것은 특히 아리스토텔레스가 자연물 일반을 설명하는 '질료형상론'이 생물의 영혼과 육체에 대한 이론(또는 현대 심리철학적 논의에서는 정신과 두뇌에 대한 이론)으로 이어지고 있기 때문이다. 이제 『자연학』에서 아리스토텔레스가 자기운동자의 운동을 어떻게 설명하는지 자세히 살펴보자.

하는 Berryman(2002, p.85)의 견해와 상충한다. Gill(1991, 특히 p.245)도 Berryman와 다른 견해를 제시하는데, 그는 "『자연학』 VIII에서 아리스토텔레스가 주로 장소운동 또는 장소의 변화에 초점을 맞추며, VIII.6에서 그는 동물이 오직 한 가지 방식으로만 … 스스로 움직인다고 주장한다. … 그러나 그는 일반적으로 변화가 세 가지 범주, 즉 양, 질, 그리고 장소에서 발생하는 것으로 다루고, 때때로 그는 의사가 자기 자신을 치료하는 경우처럼 양적이고 질적인 변화들을 자기운동의 사례들로 언급한다. … 그는 분명히 다른 자기운동들도 염두에 두고 있다."라고 말한다.

[47] 먼저 용어상의 의미를 간단히 설명해 보자. 먼저 우리는 한자어를 이용하여, 운동의 원인이 되는 사람이나 사물, 즉 다른 것을 움직이는 사람이나 사물을 '원동자(原動者, mover)'라 부르고, 다른 것에 의해 움직여지는 사람이나 사물을 '피동자(被動者, moved)'라 부를 수 있을 것이다. 즉, 원동은 다른 것을 움직인다는 의미이고, 피동은 다른 것에 의해 움직여진다는 의미이다.

1. 자연운동과 자기운동

자기운동자의 문제에 접근하는 가장 좋은 방법은 아리스토텔레스가 애당초 그런 개념에 왜 관심을 갖게 되었는가를 묻는 것이다. 그는 왜 스스로 움직이는 듯이 보이는 그런 존재자들이 존재한다는 사실을 단순히 받아들이지 않고, 그것에 궁금증을 갖게 되었는가? 아래에서 우리는 먼저 그런 존재자들에 대한 아리스토텔레스의 입장을 설명하면서 시작한다. 그런 뒤에 우리는 단순요소들의 운동에 대해 살펴볼 것이다. 『자연학』Ⅱ.1에서, 아리스토텔레스는 모든 자연적인 존재자들(즉, 동물과 그것의 부분들, 식물, 그리고 네 가지 단순요소)이 운동과 정지의 근거라고 정의되는 '본성'을 내부에 갖는다고 말한다 (192b 9-16).[48] 자연적인 존재자들이 운동과 정지의 근거를 갖는다는 것은 그것들이 스스로 운동할 수 있다는 것으로 이해되며, 만약 그렇다면 그것들이 모두 스스로 자신들의 운동을 시작할 수 있으므로 적절한 의미에서 자기운동자들이라고 불릴 수 있을 것으로 보인다.[49] 그러나 아리스토텔레스는 255a 3 이하에서 이런 예상을 단적으로 부정한다. 아리스토텔레스는 그러한 단순요소들의 운동을 생물들의 운동과 구분하고, 후자의 운동만을 자기운동이라고 부른다. 그렇다면 이제 그가 단순요소 내부에 운동과 정지의 근원이라 말해지는 본성이 있다는 것을 부정하거나, 또는 본성이 정지와 운동의 근거라는 자신의 규정을 부정한다고 봐야 하는가? 만약 그것이 아니라면, 단순요

---

48 아리스토텔레스는 『천체에 관하여』 Ⅲ.1, 298a 26-31에서 식물의 부분들은 물론이고, 천체와 그것의 부분들도 자연운동을 하는 존재자들에 포함한다.
49 Furley(1980), p.55.

소들의 운동(이것을 '자연운동'이라 부르자)과 생물의 운동이 어떤 점에서 다르다는 것인가?

1.1 자기운동 문제의 제기

자기운동이 아리스토텔레스에게 왜 문제로 제기되는가를 이해하려면, 우리는 먼저 그가 『자연학』 VIII권에서 정립하고자 하는 상호 관련된 세 가지 원리를 이해할 필요가 있다. 그 원리들은 다음과 같다.

〈원리1〉 운동은 영원해야 한다(250b 10 이하).

〈원리2〉 운동하는 모든 것은 다른 어떤 것에 의해 움직여져야 한다. 즉, 아무런 원인이 없는 무로부터의 운동은 있을 수 없다.[50]

〈원리3〉 우주에는 최초의 부동의 원동자($\pi\rho\tilde{\omega}\tau$ον κινοῦν ἀκίνητον, the first unmoved mover), 즉 다른 어떤 것에 의해서도 움직여지지 않고 다른 것(들)을 움직이는 최초의 원동자, 즉 제일원동자가 있어야만 한다(258b 10 이하. 비교: 242a 50 이하).[51]

아리스토텔레스는 『자연학』이란 저술이 변화하는 사물들의 근본적인 원인들과 원리들에 대한 탐구서라고 말하면서 시작한다(184a 10-

---

50 '무로부터(out of nothing, 또는 라틴어 ex nihilo)의 운동'은 '다른 어떤 것에 의해 움직여지지 않고 시작되는 운동', 즉 '별도의 운동 원인이 없이 스스로 시작되는 운동'을 의미하는 것으로 보인다. 『자연학』 259b 1-16. 비교: 19la 23-31; 『생성과 소멸에 관하여』 317b 11-18 참조. 이 원문들은 Gill(1991, p.244)의 것이다.

51 『형이상학』 1072a 25에서 부동의 원동자는 "ὃ οὐ κινούμενον κινεῖ"로 불린다.

16; 184b 27-185a 4). 이렇게 출발한 그의 변화 이론은 그가 운동의 영원성과 그러한 영원한 운동의 근본적인 원인으로 말해지는 우주의 '최초의 부동의 원동자' 또는 '제일 부동의 원동자'의 존재를 입증하기 위해 노력하는 VIII권에 이르러 절정에 달한다.[52] VIII권 1장에서, 아리스토텔레스는 생성과 소멸, 그리고 시간과 관련하여 〈원리1〉을 옹호하기 위한 논의를 한다. 예를 들어, 그는 최초의 운동에는 시작이 있을 수가 없다고 주장한다. 만약 최초의 운동이 있다면, 그것의 원인이 되는 '다른 무언가'가 있어야 할 것이기 때문이다(251a 10251b 10). 그리고 그 '다른 무언가'가 운동하기 위해서는 '또 다른 무언가'를 필요로 할 것이다. 따라서 최초의 존재자가 최초일 수 없고, 그것의 운동을 시작하기 위해서는 그것에 앞선 다른 존재자들을 필요로 하므로, 운동의 시작이 있을 수가 없게 된다. 최종적인 운동의 가능성도 그와 비슷한 이유에서 거부된다(251b 29-252a 6). 운동의 시작과 끝의 가능성에 대한 거부는 "운동하는 모든 것은 다른 어떤 것에 의해 움직여져야 한다."라는 〈원리2〉에 토대를 두고 있다. 이러한 거부는 감각적인 관찰이 아니라 이론적인 성찰에서 나온다.

그러나 자연적 존재자들의 운동과 관련된 문제는 감각적인 관찰에서 나온다. 아리스토텔레스는 어떤 외적 원동자(즉, 운동의 원인)들도 필요로 하지 않는 것으로 보이는 불의 상향 운동, 동물의 장소운동 등을 관찰한다. 만약 그것들의 운동이 보이는 것과 마찬가지로 외적 원동자들을 필요로 하지 않는다면, 〈원리2〉는 성립될 수 없을 것이며, 또한 그러한 운동은 중단되었다가 다시 시작될 수도 있으므로 운동이

---

[52] Ross(1936), p.85.

끊임없이 지속된다고 주장하는 〈원리1〉도 근거를 잃게 될 것이다. 따라서 아리스토텔레스에게는 그런 원리들이 자연적 존재자들의 운동에 대한 관찰과 양립할 수 없는 것으로 보인다. 만약 그가 그 원리들이 우주 전체에 적용될 수 있다고 주장하고자 한다면, 그런 원리들을 손상하지 않고 자연적 존재자들의 운동을 설명할 방법을 찾아야 한다.

아리스토텔레스는 그런 운동들에 대한 관찰을 단순히 예외적인 경우로 치부할 수는 없었다. 왜냐하면 그는 이른바 '작은 세계 가설' 또는 (아마도 누군가 그렇게 부르듯이) '소우주-대우주 유비', 즉 '생물과 같은 작은 세계에 참인 것은 우주 전체에도 참일 수 있다는 가설'을 신뢰하기 때문이다(252b 25-29. 비교: 252a 29-30).[53] 다시 말해서, 아리스토텔레스는 우리에게 관찰되듯이, 외부의 어떤 것에 의해서도 움직여지지 않고 자신들의 운동을 시작할 수 있는 존재자들이 있다면, 천체를 비롯한 물리 세계 내의 모든 존재자들이 어떤 외적 원동자들을 필요로 하지 않고도 스스로 자신들을 움직이기 시작하는 것이 또한 가능하리라고 생각한다. 만약 그렇다면, 모든 존재자들이 정지해 있는 상태에서도 운동을 시작하는 것이 가능해지므로, 결국 운동이 전혀 없는 경우가 있을 수도 있게 되므로 운동의 영원성이 보장될 수 없다는 것이다. 따라서 아리스토텔레스에게 있어서 자기운동의 문제는 근본적으로 '〈원리1〉과 〈원리2〉를 정립할 필요성'과 '어떤

---

53 아리스토텔레스는 VIII권 1장에서 이 가설을 적용하겠다는 생각이 엠페도클레스 덕분이라고 인정한다(252a 28-30). 그러나 그는 이런 종류의 적용이 '항상' 옳다고 생각하는 것은 잘못이라고 경고한다(252a 32-b 5). 그렇지만 그는 언제 적용할 수 있는지 또는 없는지를 구분하는 기준에 대해서는 말해주지 않는다. 그가 그 가설을 받아들이고 있다는 것은 특히 『동물의 운동에 관하여』 698a 8-14; 698b 8-15; 699a 22-27 등에서 두드러지게 나타난다.

외적 운동 원인도 없이 자신들의 운동을 시작하는 듯이 보이는 존재자들에 대한 관찰'을 화해시키려는 그의 시도에서 비롯되었다고 할 수 있을 것이다. 이와 같이 그 갈등은 이론적인 성찰과 감각적인 관찰 사이에서 발생된 갈등이다.

그런 갈등을 해결하려는 아리스토텔레스의 노력은 운동이 영원하다는 〈원리1〉에 대해 제시될 만한 세 가지 반론[54]을 고찰하는 VIII.2에서 처음 발견할 수 있다.[55] 그는 그 반론들 중에서 생물의 운동에 대한 관찰이 가장 심각한 문제로 대두된다고 말한다(μάλιστα δ' άπο ριαν)(253a 8-9). 그는 누군가가 외부의 어떤 것에 의해서도 움직여지지 않고 완전한 정지 상태에서 운동을 시작하는 듯이 보이는 어떤 존재자들이 있다고 주장했다고 가정한다(252b 18-29; 253a 8-11). 이러한 반론에 대한 답변으로서, 아리스토텔레스는 어떤 존재자들이 그런 것처럼 '관찰된다는' 것은 인정하지만, 그런 관찰은 오류라고 주장한다.

세 번째 반론이 다른 것들보다 더한 어려움을 제기한다고 생각될 것이다.

---

54 운동이 영속적으로 존재한다는 주장에 대한 세 가지 반론은 다음과 같다(252b 7-28). 첫 번째는 모든 운동이 어떤 것으로부터 어떤 것으로 진행하기 때문에 어떤 운동도 영원히 지속될 수 없다는 것이고, 두 번째는 무생물의 경우처럼 운동 중에 있지도 않고 운동의 근원을 내부에 갖지도 않는 것이 운동을 시작할 수 있다는 것이며, 세 번째는 외부의 어떤 것에 의해서도 움직여지지 않으면서 운동의 근원을 내부에 가짐으로써 운동한다는 것이다. 아리스토텔레스는 252b 29-253a 21에서 그 반론들에 대한 자신의 견해를 제시한다.

55 첫 번째 반론(252b 10-12)을 가정하면서, 아리스토텔레스는 자신이 『자연학』 V.1, 225a 1 이하에서 제시했던 주장, 즉 변화란 어떤 것으로부터 다른 어떤 것으로 향한다는 주장을 반대자들도 받아들이리라고 생각한다.

그것은 이전에 운동이 존재하지 않았던 사물들 속에서 운동이 발생한다고 주장하며, 증거로서 동물의 경우를 제시하는 것이다. 동물이 처음에 정지해 있다가 나중에 걷는데, 이 운동은 분명히 외부의 어떤 것에 의해 시작된 것이 아니라는 것이다. 그러나 이것은 거짓이다. 왜냐하면 우리는 동물의 어떤 부분이 항상 운동 중에 있는 것을 발견하며, 이 부분의 원인은 동물 자체가 아니라 그것의 환경일 수도 있기 때문이다. … 따라서 많은 운동들이 환경에 의해 육체 내부에 발생된다는 것이 그런 경우일 수도 있으며(아마도 그런 경우임에 틀림없을 것이며), 운동이 야기되는 것들 가운데 일부는 지성이나 욕구이고, 이것은 다시 동물 전체에 운동을 야기한다. (253a 8-17)

아무런 외적 원인 없이 스스로 운동하는 자기운동자의 존재에 대한 반론의 근거는 감각적인 관찰인데, 그에 대한 아리스토텔레스의 재반론도 감각적인 관찰에 기초하고 있는 것으로 보인다. 그는 동물의 일부분이 항상 운동 중에 있다는 주장과 그것의 원인이 환경일 수도 있다는 주장을 제시한다. 그리고 그는 그와 같이 항상 운동 중에 있는 부분이 '지성'이나 '욕구'라고 말한다. '지성'이나 '욕구'가 환경에 의해 운동된다는 말은 그것들이 대상에 대해 사고하거나 욕구한다는 의미로 이해된다. 이러한 주장을 통해 아리스토텔레스는 아무런 외적 원인이 없이 스스로 운동하는 자기운동의 존재를 부정한다. 그는 그런 부분들의 운동이 관찰 가능하며(ὁρῶμεν), 또한 그것들의 운동이 환경과 관련되어 있다는 것이 관찰 가능하다고 생각하는 것으로 보인다. 그러나 '지성'이나 '욕구'가 '항상' 운동 중에 있다는 그의 주장과 그것들이 관찰 가능하다는 그의 견해가 정확히 어떤 의미로 이해되어야 하는가에 대해서는 분명하지 않다.

아리스토텔레스의 이러한 주장은 운동하는 모든 것이 "다른 어떤 것(ύπό τινος)에 의해 움직여져야 한다."(241b 34-242a 49)라고 말하는 〈원리2〉와 동등한 주장으로 보인다. 왜냐하면 〈원리2〉도 무로부터 운동을 시작하는 사물들의 존재 가능성을 부정하기 때문이다. 그러나 만약 환경과 관련하여 항상 변화 중에 있는 그런 육체의 어떤 부분이 있다면, 자기운동자의 존재가 완전히 거부될 것이다. 또한 만약 그런 육체 부분의 존재가 입증된다면, 아리스토텔레스는 자기운동자라는 개념에 대해 더 이상 논의할 필요가 없을 것이다.

그러나 아리스토텔레스는 위에서 논의되었던 관찰된 부분과 달라 보이는 내적 부분들을 분석하기 시작한다. 그는 생물의 운동을 두 가지 내적 부분들, 즉 (다른 어떤 것에 의해서도 움직여지지 않고서 다른 것을 움직이는) 부동의 원동 부분과 (다른 것에 의해 움직여지는) 피동의 부분을 통해 설명한다.

그런데 아리스토텔레스는 다른 것을 움직이는 원동자를 두 가지로 분류한다. 하나는 다른 어떤 것에 의해서도 움직여지지 않았음에도 다른 것을 움직이는 원동자와 다른 것에 의해 움직여짐으로써 또 다른 어떤 것을 움직이는 원동자인데, 전자는 다른 어떤 것에 의해서도 움직여지지 않았다는 점에서 '부동의 원동자'이고, 후자는 다른 것에 의해 움직여졌다는 점에서 '피동자'이다. 예를 들어, 어떤 사람이 의자를 움직인다면, 그는 단순히 원동자이고 의자는 단순히 피동자이다. 그러나 그 사람이 다른 사람이나 사물에 의해 움직여지지 않고서 다른 것을 움직인다면 그는 '부동의 원동자'이며, 사람에 의해 움직여진 의자가 또 다른 어떤 것을 움직인다면 그것은 '피동의 원동자'

라 할 수 있다.

이처럼 아리스토텔레스는 생물의 내부에 각각 원동의 역할을 수행하는 부분과 피동의 역할을 수행하는 부분이 있다고 보는 것이다. "운동하는 모든 것은 다른 어떤 것에 의해 움직여져야 한다."라는 〈원리2〉의 '어떤 것에 의해'는 이제 '외부의 어떤 것에 의해' 또는 '내부의 어떤 것에 의해'를 의미하는 것으로 이해된다(241b 34-242a 49; 259a 30-31).⁵⁶ 여기에서 우리는『자연학』I.1에서 제안된 아리스토텔레스의 자연과학 방법론에 주목할 필요가 있다. 그곳에서 그는 자연적 존재자들에 대한 탐구는 우리에게 더 잘 알려진 것에서 출발하여 자연적으로(본성적으로) 더 잘 알려진 것으로 진행해야 한다고 말한다 (184a 17 이하).⁵⁷ 그럼에도 불구하고 그는 감각적인 관찰이 하나의 원리를 정립하기 위한 출발점이라는 것은 분명하지만, 이론적인 성찰을 거침이 없이는 원리를 정립하는 충분한 근거가 되지 못한다고 생각한다.

이런 맥락에서, 아리스토텔레스는『자연학』VIII권에서 감각적인 관찰이 자기운동에 대한 탐구의 출발점으로서 중요하다는 점을 종종 강조한다.⁵⁸ 그러나 아리스토텔레스가 생물의 내적 부분들을 다른 것

---

56 아리스토텔레스는 이 내용을 VIII.4, 255b 32-256a 3에서 좀 더 분명하게 제시하며, 그렇게 함으로써 그 원리가 참이라고 주장한다. 비교: Waterlow(1982), p.205. 한편, 아리스토텔레스는 VII권의 α판에서는 이런 해석의 여지를 남기지만, β판에서는 그렇지 않다. α판(242a 47)에서는 운동하는 모든 것은 '어떤 것에 의해' 움직여져야 한다고 말하는 반면에, β판(242a 13)에서는 '그 자신 외에 어떤 것에 의해'라고 분명하게 말한다. 이와 같이 β판은 '자신의 원동 부분에 의해'라는 의미를 담고 있다고 해석할 가능성을 배제한다. 비교: Olshewsky(1995), pp.391-392; Wardy(1990), p.94.

57 비교: 184a 14 이하; 185a 12-14; 253a 32-253b 6. 아리스토텔레스의 변증론적 방법에 대한 자세한 논의는 Hussey(1993), ix 이하; Wardy(1990), p.83 이하 등 참조.

을 움직이는 원동의 부분과 다른 것에 의해 움직여지는 피동의 부분으로 분석할 때, 그의 분석은 그런 부분들에 대한 직접적인 관찰에 토대를 둔 것이 아니라 외부의 원동자가 없이 스스로 움직이는 듯이 보이는 존재자들에 대한 관찰에 토대를 둔 것이다. 그런 존재자들에 대한 관찰에 도태를 두고, 그는 우주 내부에서 그것들의 운동이 어떻게 설명될 수 있는가를 묻기 시작한다. 다시 말해서, 뒤에서 좀 더 자세히 보겠지만, 257a 32 이하에서 제시된 그런 존재자들 내부의 분할은 우리의 감각에 직접적으로 관찰되는 육체적 부분들의 분할이 아니다. 그것은 오히려 개념적 분할이라고 할 수 있다.

우리는 아리스토텔레스가 자기운동의 관찰을 다루는 두 가지 방법을 볼 수 있었다. 먼저 (a) 그는 잘못된 관찰을 토대로 하여 자기운동에 반대하는 상상속의 반대자들을 거부한다. 이 주장을 거부할 때, 아리스토텔레스 자신도 관찰에 의존함으로써 외부 환경을 강조한다. 그리고 (b) 그는 생물의 내적인 부분들을 분석함으로써 그 주장을 거부한다. 그러나 이 분석은 관찰에서 나온 것이 아니라 행위주체와 행위객체의 관계를 함축하는 〈원리2〉를 개별적인 동물에 적용함으로써 나온 것이다. 우리는 아마도 (a)를 밖에서 내부의 구조를 관찰할

---

58 아리스토텔레스는 우리에게 명백하게 보이는 변화의 실재를 입증하는 노력은 인간의 지적 위약함을 보여주는 것이라고 주장한다(253a 32-253b 6. 비교: 184b 27-185a 3; 185a 12-14; 200b 12-14; 256b 12-13). 그러나 Ross(1936, p. 85)는 VIII.3, 254a 24-30을 언급하면서, 그럼에도 불구하고 아리스토텔레스가 진리를 입증하려는 시도가 없이는 운동의 실재를 가설로 받아들이려 하지 않았고, "감각지각이 오류라고 주장되는 경우, 그런 착각의 발생 자체마저 때로는 우리의 정신적 상태의 변화를 함축한다고 답변될 수도 있는 중요한 부가적 내용과 연결된" 감각지각에 호소함으로써 그것을 입증하려 시도했다고 지적한다.

수 있는 재료들로 만들어진 줄 인형에 비유해 볼 수 있다. 줄 인형의 경우에, 외부의 조정자가 중심에 있는 첫 번째 줄을 당길 때, 우리는 결과적인 운동이 진행되는 내부의 구조와 연결을 관찰할 수 있고, 그 운동이 어떻게 이루어지는가를 설명할 수 있다. 이와 반대로, (b)의 경우에는 구조가 불투명해서 그런 내적 구조를 설명할 수 없는 경우라고 볼 수 있다. (a)와 (b)에는 이처럼 구분되는 차이점이 있다.

그러나 아리스토텔레스가 자기운동자의 존재가 항상 운동 중에 있는 어떤 육체적 부분에 대한 관찰을 통해 거부될 수 있다고 믿는다면, 그는 왜 육체 부분들을 행위주체와 행위객체의 관계로 이해하고 분석하고 있는 것인가? 동물의 운동이라는 동일한 현상을 설명함에 있어서 그처럼 서로 다른 구조를 염두에 두는 이유가 무엇인가? 그가 두 종류의 설명을 하고 있다는 우리의 생각은 틀린 것인가? 즉, 그는 (a)나 (b) 가운데 한 가지를 생각했던 것이지 두 가지 모두를 생각했던 것은 아닌가? 이 질문들에 답변하려면, 우리는 먼저 '어떤 것에 의해'를 '내적인 원동자에 의해'라는 의미도 포함하는 것으로 수정하는 것이 '작은 세계' 가설과도 조화될 수 있는가에 대해 답변해야 한다. 다시 말해서, 어떤 것들이 자신들의 내적 원동자들에 의해 스스로 움직인다면, 다른 것들도 그런 방식으로 스스로 움직일 수 있으리라는 것, 즉 우주 내의 모든 존재자들이 어떤 외적 원동자가 필요로 하지 않고 스스로를 움직일 수도 있다는 것 또한 가능하다는 것을 인정해야 한다. 그러나 이것 또한 아리스토텔레스에게는 받아들일 수 없는 결론이다. 왜냐하면 만약 외부의 원동자를 필요로 하지 않고 운동하는 어떤 존재자가 있다면, 그가 우주 내부의 모든 변화의 궁극적인 원인으로 규정하는 제일원동자의 존재(『자연학』 259a 3-7)에 대한 주장도 실패하게 될 것이기 때문이다. 그는 운동의 영원성에 대한 〈원리1〉과 운동 중에 있는 존재자들의 행위주체와 행위객체의 관계에 대한 〈원리2〉를 뒷받침하기 위해 동물의 내적 부분들을 상정하지 않을 수 없다.

　그러나 내적 원동자는 '(다른 것에 의해 움직여짐으로써 또 다른 것을 움직이는) 피동의 원동자'가 아니라 '(다른 것에 의해 움직여지지 않고서도 다른 것을 움직이는) 부동의 원동자'이다(258a 7–9). 따라서 생물은 '부동의 원동 부분(an unmoved moving part)'과 '피동의 부분(a moved part)'을 가지며, 따라서 생물과 모든 변화에 대한 궁극적인 원인인 우주 전체의 부동의 원동자 사이에는 필연적인 연결성은 없어 보인다(259a 3–7). 그러나 아리스토텔레스는 그런 자기충족적인 운동자의 존재를 인정하지 않는다. 만약 자기운동자의 부동의 원동 부분이 그 자체의 운동에 전적으로 책임이 있다면, 그가 정립하려고 하는 우주 내에 있는 최초의 부동의 원동자는 절대적으로 필요한 원리는 아닐 것이다. 결과적으로, 자기운동은 내적 부분들을 통해 설명되지만, 아리스토텔레스는 아직도 생물과 외부 원인 사이의 어떤 연결성을 발견하려고 노력한다. 이처럼 그는 생물들이 외부의 힘이 없이도 자신의 운동을 시작할 수 있으며, 또한 그와 동시에 그것들이 외부세계와 어떤 연결성을 갖는다는 것을 보여야 하는 입장에 처해 있다.

　아리스토텔레스는 생물의 내적 운동의 원인을 부동의 원동자로 규정함으로써 외부세계와의 필연적인 연결성을 부분적으로 단절시킨다. 생물은 부동의 원동 부분을 통해 그 자체의 운동을 야기한다는 점에서 자기운동자라고 불릴 수 있다. 그럼에도 불구하고 그는 생물이 어떤 식으로든 외부의 원동자에 의해 영향을 받는다는 것을 함축하기 때문에 여전히 우주 전체에서 그것이 어떻게 운동하는가를 설명해야 한다. 결론적으로, 아리스토텔레스의 자기운동 개념과 자기운동자라는 개념은 절대적인 의미에서의 자기운동자, 즉 외부로부터의 어떤 자극도 없이 전적으로 자기 자신의 힘을 통해 운동하는 어떤 것은 아닌 것으로 보인다. 내적 부분들에 대한 그의 분석은 근본적으로 그가 생물의 운동을 스스로 움직이지 못하는 것으로 보이는 다른 것들의 운동과 동일한 것으로 간주하지 않는다는 것을 의미한다. 따라서 항상 운동 중에 있는 육체의 어떤 부분에 대한 감각적인 관찰에 토대하여 자기운동자의 존재를 거부한 뒤에도, 아리스토텔레스는 여전히 생물을 '자신에게서 운동을 이끌어내는'(예: 255a 6 이하) 또는 '스스로 움직이는'(예: 258a 23) 것으로 묘사한다. 우리는 이 점을 논의에 필요할 때마다 반복하여 강조하겠지만, 그것을 미리 기억해 두는 것이 자기운동자에 대한 아리스토텔레스의 이론에서 제기되는 문제점들을 이해하는 데 도움이 될 것이다.

1.2 단순요소들의 운동은 본질적인가

『자연학』 VII.1, 241b 35-39에서, 아리스토텔레스는 내적인 운동의 근거를 갖는 자기운동자와 자기들 외의 다른 것에 의해 움직여진 피동자를 대비시킨다.[59] 이것을 II.1에서 "장소와 관련된, 또는 성장과 감소와 관련된, 또는 질적 변화에 의한"(192b 12-16) 운동과 정지

---

[59] 아리스토텔레스의 자기운동자 개념에 대해서는 VII.2, 243a12-15, VIII.2, VIII. 4-6 등 참조. 비교: Waterlow(1982), p.205.

의 근원으로 아리스토텔레스가 소개하는 본성 개념과 관련하여 읽는다면, 우리는 아리스토텔레스가 모든 자연적 존재자들을 자기운동자들로 인정하는 듯한 인상을 받게 된다. 그러나 그는 VIII.4에서 이것을 분명히 거부한다. 그곳에서 그는 자연적 존재자들을 두 종류로 나누고, (흙, 불, 등의) 단순요소들을 피동의 운동자들, 즉 다른 것들에 의해 움직여지는 운동자들로 규정하고 생물들은 스스로 운동을 시작하는 자기운동자들로 규정한다(254b 14-17). 아리스토텔레스는 자신의 구분이 경험적인 관찰에 기초한 것이며, 생물들은 운동의 원인을 외부로부터 필요로 하지 않는 반면에, 단순요소들은 그런 원인을 필요로 하는 듯이 보인다고 말한다(252b 13-28). 그러나 우리가 주목할 것은 자기운동자와 피동의 운동자의 구분은 자연적 존재자와 비자연적 존재자, 즉 인공물의 구분이 아니라, II.1에서 모두 자연적 존재자로 분류되는 생물과 무생물의 구분이다. 무생물과 생물을 포함하는 자연적 존재자들 가운데 일부인 생물만이 자기운동자라 불리므로, 자기운동자들의 외연은 당연히 자연적 존재자들의 외연보다 좁다.

이제 우리는 이 구분을 통해 아리스토텔레스가 단순요소의 본성으로 인한 본성적인 또는 본질적인 운동을 그것에 부여하길 거부하려는 것이냐는 질문을 해야 한다. 이 질문을 다룸에 있어서, 우리는 여기에 서로 무관한 두 가지 문제가 포함된다는 점에 주목해야 한다. 첫째는 그가 단순요소들에게 모든 종류의 본성, 즉 모든 종류의 본성적인 운동을 거부하는가 하는 것이고, 둘째는 그가 능동적인 의미에서 운동과 정지의 근원이라고 구체적으로 정의된 본성만을 거부하는가 하는 것이다. 『자연학』 VIII.4에서 아리스토텔레스는 무생물(즉, 단순요소)들을 비롯한 모든 자연적 존재자들에게 본질적인 운동을 부여하는 듯이 보인다(254b 12-32).[60] 그는 생물이 전체로서 움직이고 그것의 운동이 그 자신으로부터 나올 때, 그것의 운동을 본질적(καθ' αὐτό, per se)이라고 설명한다. "그것이 우연하게 겪는 운동의 종류와 그것을 구성하는 종류의 원소"로 인해 우연적으로(κατὰ συμβεβηκός, per accidens) 운동을 겪을 수도 있다(254b 18-20).

한편, 아리스토텔레스는 단순요소의 운동은 본질적일 수도 있고 또한 우연적일 수도 있다고 생각한다(254b 21-23; 255a 이하). 그는 불과 같이 가벼운 것이 위로 움직이는 것과 흙과 같이 무거운 것이 아래로 움직이는 것을 단순요소의 본질적인 운동의 사례들로 제시한다. 반면에 불이 아래로 움직이거나 흙이 위로 움직이는 것은 우연적인 운동들이다. 그에게 있어서 어떤 것이 우연적으로 운동한다는 것은 그것이 본질적인 운동도 할 수 있다는 것을 전제한다(『천체에 관하여』 300a 24-26). 그러므로 흙이 위로 움직이고 불이 아래로 움직이는 것처럼, 단순요소들이 우연적인 운동을 할 수 있기 때문에, 그것들은 또한 본질적인 운동을 할 수 있는 것으로 여겨진다.

그렇다면 본질적인 운동은 무엇이고, 그것이 강제된 또는 우연적인 운동과 어떻게 다른가? 아리스토텔레스는 단순요소의 본질적인 운동을 다음과 같이 설명한다.

따라서 어느 정도의 양을 지닌 것은 어떤 것이 그것을 방해하지 않는 한

---

60 아리스토텔레스에게는 운동뿐만 아니라 정지도 본질적일 수도 있고 또한 우연적일 수도 있다(『천체에 관하여』 300a 27-29). 이 특정 주제에 대해서는 특히 II.13, 294b 31 이하와 III.2 참조.

공간에서 스스로를 확장한다. 그것은 그것의 운동을 방해하고 저지하는 것을 움직이는 것에 의해 어떤 의미에서는 움직여지고 어떤 의미에서는 움직여지지 않는다. 예를 들어, 기둥을 뽑아내는 사람이나 물속의 가죽 부대에서 돌을 제거하는 사람은 우연적인 운동의 원인이며, 이와 마찬가지로 튀어나오는 공은 벽에 의해 움직여진 것이 아니라 던진 사람에 의해 움직여진 것이다. 따라서 이 모든 경우에 그 사물은 스스로를 움직이지 않으며, 그 내부에 운동의 근원, 즉 어떤 것을 움직이거나 운동을 야기하는 것이 아니라 그것을 겪는 운동의 근원을 포함한다는 것이 분명하다. (『자연학』 255b 22-31)

여기에서 아리스토텔레스는 본성을 '겪음(τοῦ πάσχειν)'의 원리로 규정한다. 만약 『자연학』 II권에서 제시된 그의 설명에도 불구하고, 우리가 위 인용문을 본성에 대한 그의 표준적인 규정으로 간주한다면,[61] 자기운동자라는 개념에 대한 우리의 논의는 쉽게 이해될 수 있을 것이다. 왜냐하면 자기운동자는 스스로를 움직이는 것인 반면에, 단순요소들은 운동하기 위해 항상 외부 원동자를 필요로 하는 피동의 운동자들이기 때문이다. 만약 아리스토텔레스가 의미했던 것이 바로 이것이라면, 그는 II.1에서 자신이 말했던 것을 번복하고 있는

---

[61] 학자들은 "ὡς οὔσης τῆς φύσεως ἀρχῆς τινος καὶ αἰτίος τοῦ κινεῖσθαι καὶ ἠρεμεῖν ἐν ᾧ ὑπάρχει πρώτως καθ᾽ αὑτό καὶ μὴ κατὰ συμβεβηκός"(192b 21-23) 의 구절에서 'κινεῖσθαι'를 어떻게 옮길 것인가를 놓고 의견을 달리한다. 예를 들어, Charlton(1970, p.23)과 Waterlow(1982, p.2)는 그것을 재귀적인 의미를 갖는 (능동적인 의미의) 중간태로 옮기고, Apostle(1969), Wicksteed and Cornford(1957), 그리고 Hardie and Gaye(tr.)(1930)는 수동적인 의미로 옮긴다. 『자연학』의 논의를 서로 다르게 번역할 때 야기될 수 있는 잠재적 문제들에 대한 논의는 Beavers(1988), pp.357-374 참조.

셈이다. 만약 우리가 위 인용문을 이런 식으로 이해한다면, 우리는 아리스토텔레스가 단순요소의 본질적인 운동과 우연적인 운동에 아무런 차이가 없다고 주장하는 것으로 이해할 수밖에 없다. 왜냐하면 그 두 종류의 운동들이 모두 외부의 어떤 것에 의해 야기되기 때문이다. 그러나 필자는 이것이 올바른 해석이 아니라고 생각한다. 만약 그것이 아리스토텔레스에 대한 올바른 해석이라면, 그가 단순요소들에 본성을 부여하는 것이 거부되어야만 한다는 결론이 나온다. 아래에서 곧 보겠지만, 아리스토텔레스는 분명히 본성으로 인한 운동과 우연적인 운동을 분명히 구별하며, 강제된 운동을 전자가 아니라 후자로 간주하기 때문이다.

워털로우(Waterlow)는 무생물의 자연적인 운동(즉, 자연운동)과 생물의 자기운동을 구별하는 것이 "심지어 자연운동에서도 단순요소들이 어떤 것에 의해 움직여지는 것으로 적절하게 기술될 수 있는가를 보여야 하는" 문제를 아리스토텔레스에게 야기한다고 지적한다.[62] 이것은 실제로 아리스토텔레스에게 문제가 된다. 왜냐하면 이미 보았듯이, 그는 무로부터 시작되는 어떤 운동도 없다는 의미를 갖는 〈원리2〉를 위협하지 않고 단순요소들의 운동을 설명해야 하기 때문이다. 이에 대해, 워털로우는 단순요소들의 능동적인 운동을 거부하고, 그것들의 본질적인 운동은 "애초에 몸을 산출함으로써 또는 방해물을 제거함으로써 운동의 원인이 되는 그러한 외적 실체들에 '의해 움직여진다'."라고 말한다.[63] 아리스토텔레스는 단순요소들이 자연적으

---

62 Waterlow(1982), pp.206-207.
63 Waterlow(1982), p.207. 비교: Waterlow(1982), pp.166-168.

로 통합적이고 지속적이므로, 그것들의 운동이 내부의 부분들로 설명될 수 없다고 생각한다(255a 12-18, 아래 인용됨). 이와 같이 단순요소가 무로부터 그것의 운동을 시작한다면, 그것 전체도 저절로 운동할 수도 있을 것이다. 그러나 만약 그렇다면, 원인이 되는 원동자의 존재를 필요로 하는 〈원리2〉는 성립되지 않을 것이다.

앞에서 인용했던 『자연학』 255b 22-31의 구절을 다시 살펴보자. 그곳에서 아리스토텔레스는 장애물을 제거하는 장애물 제거자를 운동의 원인으로 소개한다. 그러나 잘 알려져 있듯이, 그것은 원인을 직접적으로 야기하는 행위주체가 아니다. 예를 들어, 당구봉으로 공을 칠 때, 당구봉은 공의 운동을 유발하며, 그 운동의 직접적인 원인이다. 그러나 어떤 사람이 공이 구르는 것을 막았던 장애물을 치운다면, 그는 또 다른 의미에서의 원인이다. 또한 공이 당구봉에 맞을 때, 그 공은 공의 본성과 상관없이 움직인다. 여기에서 핵심은 공이 탁자에 홀로 남겨져 있을 때, 그것은 스스로 움직이지 않는다는 것이다. 사실상 아리스토텔레스는 공을 구성하는 구성 요소들이 단순요소들로서의 본성들은 갖겠지만 공 그 자체로서의 본성은 갖지 않는다고 말하리란 것이다.[64]

그러나 단순요소들은 다르다. 예를 들어, 불이 아무런 방해 없이 홀로 남겨졌을 때, 그것은 위로 움직이는 성향이 있다. 이와 같이 장애물 제거자가 장애물을 제거한다 할지라도, 이것은 불이 왜 그런 특

---

[64] 아리스토텔레스는 『자연학』 II.1에서 "…침대와 외투와 그런 종류의 다른 어떤 것은 이런 명칭들을 수용함으로써, 즉 그것들이 기술의 산물들인 한에 있어서, 변화를 위한 내적인 힘을 갖지 않는다. 그러나 그것들이 돌이나 흙 또는 두 가지 모두로 구성된 한에 있어서, … 그것들은 실제로 그런 힘을 갖는다."(192b 16-23)라고 말한다.

정한 방향으로 움직이는가를 설명하지 못한다. 더구나 그것의 운동은 '항상 또는 대부분의 경우'[65] 방해되는 것이 아니므로, 그런 제거자가 위로 향한 불의 운동에 항상 필요한 것은 아니다. 따라서 그 제거자는 불의 운동에 대해서는 우연적인 원인이다. 그 제거자의 역할은 단순요소들의 본질적인 장애물을 제거하는 것으로 엄격히 제한된다. 그것은 그것들의 운동을 직접적으로 유발하지 않는다. 그렇다면 단순요소들은 그것들 내부에 운동의 능동적인 근원을 갖고 있다고 볼 수 있을 것이다.

사실상 아리스토텔레스는 장애물이 없을 때 그것들은 그것들의 운동을 실현하리라고 『자연학』 VIII.4에서 반복하여 말한다.[66] 달리 말해서, 그것들이 어떤 운동을 스스로 수행하지 못한다면, 그것들은 장애물이 제거된 뒤에도 정지한 상태로 있을 것이다. 즉, 장애물을 제거하는 장애물 제거자는 장애물이 있는 특정한 어떤 상황하에서 단순요소들의 운동을 설명한다. 왜냐하면 그런 장애물 제거자가 없다면, 단순요소들을 움직일 수 없을 것이기 때문이다. 그러나 장애물 제거자는 장애물이 제거된 뒤나 장애물이 전혀 없는 경우에 발생하는 그것들의 본질적인 운동에 대해서는 설명하지 못한다. 그러므로 아리스토텔레스는 장애물 제거자를 단순요소의 원동자라고 부를 것인가에 대해 주저하며, 단순요소들이 그것들의 "운동을 방해하거나 저지하는 것을 움직이는 것에 의해 어떤 의미에서는 움직여지고, 어

---

65 원인이 되기 위한 조건으로서의 '항상 또는 대부분의 경우'에 대한 아리스토텔레스의 논의는 197a 19 이하 참조; 이 주제에 대한 현대적 논의는 Judson(ed.)(1991), pp.73-99.

66 『자연학』 255b 5-6; 255b 10-11; 255b 21-25; 255b 36-256a 3.

떤 의미에서는 움직여지지 않는다."라고 말한다(255b 23-24). 만약 이 해석이 옳다면, 위 인용문의 "따라서 이 모든 경우에 그 사물은 스스로를 움직이지 않으며, 그 내부에 … 어떤 것을 움직이거나 운동을 야기하는 것이 아니라 그것을 겪는 운동의 근원을 포함한다는 것이 분명하다."라는 말은 운동의 수동적인 근원만을 갖는다는 것으로 이해되어서는 안 된다. 단순요소들의 운동은 분명히 공의 운동과는 다르다. 단순요소들은 수동적인 운동의 근원만을 갖는 것이 아니라 능동적인 운동의 근원도 갖기 때문이다.

장애물이 없는 경우들에 대한 아래의 분석은 아리스토텔레스가 단순요소들의 본질적인 운동을 부정하지 않고 어떻게 외부 원동자의 존재를 설명하는가를 보여준다. 아리스토텔레스는 『천체에 관하여』에서 다음과 같이 말한다.

왜냐하면 만약 다양한 요소들이 그것들의 움직임을 서로 통제할지라도, 그것들은 각각 통제된 것들이 위배하는 자연적인 운동을 지속할 것이며, 제일원동자는 통제가 아니라 자연적으로 운동을 야기하기 때문이다. 만약 운동의 궁극적인 자연적 원인이 없고, 연속선상에서 앞선 각각의 것이 항상 통제에 의해 움직여진다면, 우리는 무한한 과정을 갖게 될 것이다. … 그것들의 운동은 통제에 의한 것이거나 또는 그것들의 본성에 의한 것이다. 그리고 그것들의 운동이 자연적이었다는 점을 주의 깊게 고찰해 보면, 세계가 이미 있었다는 것을 알 수 있다. 왜냐하면 제일원동자는 그것의 자연적인 운동 때문에 운동을 야기하는 것임에 틀림없으며, 통제 없이 움직이는 다른 요소들이 그것들의 고유한 장소에서 정지하게 될 때, 그것들은 그것들이 현재 있는 상태대로 있게 될 것이며, 무거운 요소들은 중심으로 향해 움직이고 가벼운 요소들은 그곳에서 먼 곳으로 움직일 것이다. 그러나 그것들이 우리 세계에 퍼져 있는 순서가 바로 그것이다. (300b 11-25)

여기에서 아리스토텔레스는 불과 흙이 그것들 자체의 본성 때문에 각각 중심에서 멀어지거나 그것을 향해 움직인다는 것을 당연한 것으로 간주한다. 그럼에도 불구하고 그는 그런 운동들이 제일원동자가 부여하는 운동과 조화로워야 한다고 말한다. 즉, 제일원동자는 단순요소들에 전혀 새로운 어떤 종류의 운동을 부여하는 것이 아니라 그것들에 본질적인 운동을 부여한다는 것이다. 그런 뒤에 아리스토텔레스는 본성이 단순히 수동적인 것이 아니라 어느 정도는 능동적이라고 말한다. 즉, 적절한 운동이 제일원동자에 의해 부여될 때, 단순요소들은 그것들이 갖고 있는 본성에 따라 그것들의 운동을 실현한다는 것이다.[67] 단순요소들 전체는 그것들이 "우리 세계에 퍼져 있는 순서"에 따라 본성적인 운동을 한다. 이 표현의 의미는 명확하지 않다. 그러나 아리스토텔레스가 의미하는 본질적인 운동은 외부의 원동자와 전혀 아무런 관계가 없는 운동이 아니라는 것은 분명하다. 앞에서 언급했듯이, 그것들이 내부에 운동의 능동적인 근원을 갖지 않는다면, 장애물이 제거된 뒤에도 그것들이 움직이지 않으리라는

---

[67] Cohen은 "아리스토텔레스에 따르면, 내적 원리가 운동이나 변화의 원리일 필요는 없다. 그것은 정지나 중단일 수도 있다."라고 말한다(1996, p.42. 특히, pp.37-54 참조). 그가 말하듯이, 아리스토텔레스는 운동에 적용되는 것이 정지에도 적용될 수 있다고 믿으며, 따라서 아리스토텔레스는 단순요소들의 운동이 본질적이거나 우연적이라면, 그것들의 정지 상태도 또한 본질적이거나 우연적일 수 있다고 말할 것이다(『천체에 관하여』 300a 27-29).

것은 분명하다. 이와 마찬가지로, 그것들이 능동적 근원으로서의 본성을 갖지 않는다면, 제일원동자에 의해 그것들에 부여된 운동은 우연적인 운동일 것이다. 그러나 아리스토텔레스가 단순요소들의 본질적인 운동을 인정한다는 것은 분명하다(예: 227b 1-2).

> 그러나 사물 자체 내부에 있는 운동의 근원이 그것의 본성이고, 강제력은 다른 것으로의 그것이나 그 자체가 아닌 어떤 것 내부에 있는 운동의 근원이므로, 그리고 운동은 항상 본성 때문이거나 또는 통제 때문이므로, 아래로의 운동이 돌에게 그렇듯이, (a) "본성적인 운동은 외부의 강제력에 의해 가속화될 것"이며, (b) "비본성적인 운동은 강제적인 힘에 의한 것"이다. (301b 17-25. 알파벳과 밑줄은 논의를 위해 필자가 붙인 것이다.)

위 인용문에서 아리스토텔레스는 단순요소들의 운동이 외부의 원동자와 아무런 관련이 없다는 것을 분명히 밝히고 있다. 사실상 (a)에서 그는 예를 들어 흙의 본성적인 운동이 그 자체가 지닌 아래로 향하는 운동의 근원이며, 외부의 원동자는 그 운동을 보조한다고 말하고 있다. 아리스토텔레스는 내적인 본성과 외적인 원동자가 서로 배타적인 것이 아니라 보완적이며, 이러한 상호 보완적인 운동을 본성적인 운동으로 생각하고 있다(301b 28-29). 이와 반대로, (b)에서 그는 외부의 원동자가 움직여진 운동자를 언급하지 않고 강제적으로 운동이 유발된다면, 그것은 우연적인 운동이라고 말한다.

방금 보았듯이, 아리스토텔레스가 단순요소들의 운동을 그것들의 본성 개념을 통해 설명하는 것은 그것들이 어떤 외부의 원동자도 없이 자신들의 운동을 수행할 수 있다고 말하기 위한 것이 아니다. 그는 외부의 원동자가 단순요소들에 내재하는 본성에 따른 운동에 영향을 미칠 수 있음을 인정한다. 그러나 그에게 있어서 외부의 원동자는 완전한 정지 상태에 있는 단순요소들을 움직이는 어떤 강압적인 힘이 아니라 그것들의 본성을 돕거나 가속화하는 보조적인 힘이다. 주지하듯이, 그는 자연적인 운동을 우주 전체의 체계 속에서 설명해야 한다(300b 5). 다시 말해서, 자연적인 운동은 우주 전체의 구성 요소들에 적용되는 원리들을 위배함이 없이 설명되어야 한다.

이런 이유에서 아리스토텔레스는 단순요소들의 운동을 우주의 제일원동자와 연결시키려고 노력한다. 『자연학』 VIII.4, 255a 3-6에서 그는 단순요소들이 우연적으로 운동을 경험할 때, 그것이 어디에서 나온 것인지 명백하지만, 본성적인 운동의 경우는 그렇지 않다고 말한다. 장애물 제거자는 원동자의 참여가 명백한 범주에 포함될 수 있을 것으로 보인다. 그러나 단순요소들의 본질적인 운동은 운동의 원인이 분명하지 않은 경우에 속한다. 다시 말해서, 제일원동자가 본성적인 운동을 어떻게 '보조하거나' 또는 '가속화하는지' 분명하지 않다. 그러나 아마도 아리스토텔레스는 정확히 어떤 원동자가 운동에 참여하는 것인지, 그리고 어떤 방식으로 참여하는 것인지 분명하지 않다고 해서 그러한 원동자의 참여가 없다고 하는 것은 어리석다고 말할 것이다(비교: 241b 40-43).

『형이상학』 V.12, 1019a 20-23과 1019b 35-1020a 6에서, 아리스토텔레스는 잠재태(δύναμις)라는 개념을 소개하면시, 운동의 근원으로서의 잠재태(즉, 능동적 잠재태)와 운동을 겪는 잠재태(즉, 수동적 잠재태)를 구분한다(비교: 1046a 19 이하).[68] 그가 『자연학』에서 언급했던 행위주체와 행위객체의 관계는 이제 『형이상학』에서 능동적인 잠재태와 수동적인 잠재태의 관계로 설명된다. "무로부터의 운동은 있을 수 없다."라는 〈원리2〉와 관련하여 이미 말했듯이, 아리스토텔레스는 행위주체와 행위객체의 관계가 모든 운동에 예외 없이 적용된다는 것을 분명히 하고자 한다. 만약 이 견해가 그대로 적용된다면, A는 B에 의해 움직여지고, B는 C에 의해 움직여지고, C는 D에 의해 움직여지는 식으로 영원히 지속될 것이다.

그러나 아리스토텔레스는 그와 같은 무한한 연속을 거부하고, 제일원동자라는 개념을 도입한다(예: 『자연학』 242a 50 이하). 사실상 최초의 원동자가 부동의 원동자로 정의될 때, 그것은 행위주체 또는 능동적인 잠재태와 관련하여 예외적인 또는 특별한 경우로 제시된다. 왜냐하면 부동의 원동자는 정의상 다른 어떤 것에 의해서도 움직여지지 않기 때문이다. 더구나 그런 행위주체가 행위객체와 관련될 때, 그것들의 관계는 다른 경우에서의 관계와 다르다. 즉, 그것은 원동자이지만, 그것은 다른 것에 의해 움직여져서 또 다른 것을 움직이는 것이 아니며, 다른 어떤 것에 의해서도 움직여지지 않으면서도 다른 것을 움직인다고 말해진다. 부동의 원동자의 역할을 이런 식으로 규정할 때, 행위객체는 능동적인 운동의 어떤 근원(즉, 잠재태)을 가져야 한다. 질(Gill)이 말하듯이, "능동적인 뒤나미스(δύναμις)는 운동들의 고유한 질서를 결정하지만, 인과적 과정을 시작하든 또는 물리적 제약을 부과하든 그것은 부동의 원동자로서 인과사슬에 새로운 힘들을 끌어들일 수 없다."라고 말한다.[69] 왜냐하면 만약 새로운 힘을 끌어

---

68 Gill(1991), 특히 pp.246-254.
69 Gill(1991), pp.251-252. 비교: Solmsen(1960), p.234.

들인다면, 그것에 앞선 새로운 힘이 있게 될 것이고, 그런 식으로 영원히 지속될 것이기 때문이다(251a 10-21 참조).

아리스토텔레스는 강제된 운동과 본질적인 운동의 차이점을 명확하게 인식하고 있다. 위에 언급된『천체에 관하여』301b 17-25의 구절에서 보듯이, 그는 우연적인 운동이 외부의 원동자에 의해 단독적으로 야기된 운동인 반면에, 본질적인 운동은 행위객체의 근원과 외부의 원동자의 관계를 통한 운동이라고 생각한다. 단순요소들의 본질적인 운동은 후자의 범주에 속한다. 만약 단순요소들이 본성을 갖지 않는다면, 그것들은 지금 그것들이 하는 식으로 운동하지 못할 것이다. 만약 그것들이 그것들 내부의 본성이 개입됨이 없이 제일원동자에 의해 움직여진다면, 그것들의 운동은 강제된 운동일 것이다. 여기에서 기억할 것은 강제된 운동의 경우에 외부의 원동자가 운동을 유발하는 충분조건인 반면에, 단순요소들의 본질적인 운동의 경우에 외부의 원동자와 단순요소들의 본성이 함께 충분조건이며, 개별적으로는 충분하지 않다는 것이다. 이제 우리는, 단순요소들이 자기운동자들과는 구별되는 피동의 운동자들이라는 아리스토텔레스의 규정은 단순요소들이 그것들 내부에 본성을 가짐으로써 본질적인 운동을 할 수 있다는 것을 부정하기 위한 것이 아니었다고 결론 내릴 수 있을 것이다.

아래에서 곧 보겠지만, 그 구별은 그것들이 내적인 부분들을 갖느냐 또는 갖지 않느냐에 토대를 두고 있다. 단순요소들은 그런 내적 구조를 갖고 있지 않으며, 따라서 그것들은 자기운동자들과 구별된다. 여기에서 우리는 아리스토텔레스가 단순요소들의 본질적인 운동이 관찰 가능하다는 것을 부정하지도 않으며(비교:『천체에 관하여』

304b 25-28), 또한 그것들이 그것들의 운동 원리로서 본성을 갖는다는 것도 부정하지 않는다는 점을 기억할 필요가 있다. 그는 그것들의 본성이 제일원동자와 무관한 자발적인 운동의 근원이라고 기술하지 않으려 한다. 만약 '능동적(active)'이라는 용어가 운동을 스스로 시작하는 능력을 함축하는 것으로 이해된다면, 단순요소들의 본질적인 운동은 그다지 '능동적'이지 않다고 할 수 있다. 그럼에도 불구하고 그것은 전적으로 수동적이거나 (이제 우연적인 운동이라고 이해되는) 강제된 운동과는 분명히 다르다.

그러나 아리스토텔레스에게 있어서 모든 자연적인 존재자들은 우주를 구성하는 요소들이다. 자연운동과 자기운동은 모두 우주의 궁극적인 최초의 원동자, 즉 제일원동자와 관련하여 설명되어야 한다. 그 두 유형의 운동에 대한 제일원동자의 참여는 직접적으로 관찰할 수는 없다고 하더라도, 강제된 운동(즉, 우연적인 운동)들과는 달리 스스로 시작한 운동들로 보이는 것이 분명하다.[70] 그렇게 분명함에도 불구하고, 아리스토텔레스는 왜 생물이 내부의 부분들을 갖는다고 말하고자 하는가? 그런 말을 하는 동기는 분명하다. 그는 단순요소들의 운동과 생물들의 운동을 구별하길 원하는 것이다.

아리스토텔레스는 비록 흙이 아래로 움직이는 본성을 갖는다 할지

---

70 그러나 단순요소들의 본질적인 운동에 대한 설명에서, 아리스토텔레스는 그것과 제일원동자의 관계를 배제할 수 없다. 왜냐하면 그렇게 하는 경우에, 그는 모든 운동에 행위주체와 행위객체의 관계가 필요하다는 〈원리2〉를 부정해야 하기 때문이다. 그러나 『동물의 운동에 관하여』 700b 11 이하에서, 그는 "만약 우리가 우주의 운동을 배제한다면, 동물들이 다른 모든 것의 운동에 책임이 있다."라고 말한다. 그가 우주의 제일원동자를 언급하지 않고 동물들을 운동의 원인이라고 말하는 이유는 그것들이 내적인 부동의 원동 부분을 갖고 있기 때문이다.

라도, 그것은 표면에 놓여 있을 때는 본성을 실현하지 못하지만, 동물은 자신의 본성을 실현한다는 사실에 주목하는 것으로 보인다(비교:『자연학』253b 33-36). 만약 이것이 정말로 그런 말을 하는 동기라면, 그는 하나가 스스로 움직이는 반면에 다른 것은 그렇지 않은 것처럼 보인다는 점에 의존하기보다는 하나가 제한적인 운동 역량을 갖는 반면에 다른 것은 광범위한 영역의 운동 역량을 갖는다는 점에 의존해서 자연운동자와 자기운동자를 구별할 필요가 있다. 전자는 둘 가운데서 스스로 움직이는 것만이 본성을 갖는다는 것을 인정하는 반면에, 후자는 둘 다 본성을 갖는다는 것을 인정한다. 사실상 그는 VIII.4에서 자연운동자에게는 한 방향의 본질적인 운동 역량을 인정하는 반면에, 자기운동자에게는 양방향의 본질적인 운동 역량을 인정하는 방식으로, 그 두 운동자의 차이점을 지적하고 있다는 것이다.

1.3 자연운동자와 자기운동자의 차이점

이제 아리스토텔레스가 자연운동자와 자기운동자를 구별하는 어떤 기준을 염두에 두고 있는가를 자세히 살펴보자.『자연학』VIII.4에서, 그는 가벼운 것과 무거운 것, 즉 불과 흙에 대해 다음과 같이 설명하면서 이야기를 시작한다. 관련된 구절이 다소 길지만 모두 인용할 필요가 있다.

··· 그것들이 자신들의 고유한 자리로 운동할 때(즉, 가벼운 것이 위로 향하고 무거운 것이 아래로 향할 때), 그것들의 운동은 본성적이다. 그러나 운동이 비본성적인 경우에서와 마찬가지로, 이 경우에 그것들의 운동이 어디

에서 나왔는지가 더 이상 분명하지 않다. 그것들의 운동이 그 자신들로부터 나왔다고 말할 수는 없다. 이것은 생명의 특징이고 생명체에게만 독특한 것이기 때문이다. 더구나 만약 그렇다면, 그 자신들을 멈추는 힘이 그것들에게 있었을 것이며(내가 의미하는 것은 만약 어떤 사물이 스스로를 걷게 야기할 수 있다면, 그것은 또한 스스로를 걷지 않게 할 수 있으리라는 것이다), 따라서 만약 불 자체가 위로 향한 장소운동의 힘을 소유한다면, 그것은 또한 아래로 향한 장소운동의 힘을 가져야만 한다는 것이 분명하다. 더구나 만약 사물들이 자신들을 움직인다면, 오직 한 종류의 운동에서만 그것들의 운동이 그 자신들로부터 나온다고 생각하는 것은 불합리할 것이다. 다시 말해서, 지속적이고 자연적으로 통합된 어떤 것이 어떻게 스스로 움직일 수 있는가? 단순히 접촉 때문에 그런 것이 아니라 하나의 사물이 하나이자 지속적인 한에 있어서, 그것은 비수동적이다. 그리고 하나의 사물이 나뉘는 한에 있어서만, 그것의 한 부분은 본성적으로 능동적이고 다른 것은 수동적이다. 그러므로 이것들 가운데 어떤 것도 스스로를 움직이지 않으며(왜냐하면 그것들은 자연적으로 통합되었기 때문이다), 또한 지속적인 다른 어떤 것도 스스로를 움직이지 않는다. 생물이 무생물들을 움직일 때 무생물들의 경우에서 보듯이, 각각의 경우에 움직이는 것은 움직여진 것에서 분리되어야 한다. (255a 6–18)

여기에서 아리스토텔레스는 자기운동자들이 (a) 생명을 갖고 있을 뿐만 아니라, (b) 양방향의 운동을 할 수 있으며, 또한 (c) 움직이는 것과 움직여진 것, 즉 지속적이지 않고 (다른 것을 움직이는) 원동의 부분과 (다른 것에 의해 움직여지는) 피동의 부분을 갖는다고 규정한다. 한편, 양방향을 설명함에 있어서, 그는 두 쌍의 대비를 제시하는

데, 첫 번째는 운동을 시작하는 힘과 그것을 멈추는 힘 사이의 대비이고,[71] 두 번째는 반대 방향으로 움직이는 힘들 사이의 대비이다.[72]

[71] 주지하듯이, 『자연학』 II.1에서 아리스토텔레스는 모든 자연적인 존재자들이 '운동과 정지'의 근원인 본성을 갖는다고 말하므로, (a)가 생물에게만 특이한 특징이 아닌 것처럼 보일 수도 있다. 그는 생물이 지닌 정지의 근원과 단순요소들이 지닌 정지의 근원을 명확하게 구별하는 데 별다른 관심을 갖고 있지 않는 것으로 보인다. 그러나 그는 (동물이 굶주림을 완전히 만족시키기 전에 먹기를 그치는 것처럼) 생물은 자신의 목적을 완성하기 전에 자신의 운동을 멈출 수 있는 힘을 갖는 반면에, 단순요소들의 운동은 그것이 자연적인 장소에 도달했을 때에만 정지하게 된다(비교: 『천체에 관하여』 295b 19 이하). 필자는 이 문제를 자세하게 다루지는 않을 것이다(비교: Gill, 1991, pp.243–257).

[72] 여기에서 아리스토텔레스는 주로 장소운동에 관심을 갖고 있다. 그러나 그가 생물들이 영혼을 가짐으로써 할 수 있는 다양한 종류의 운동을 생물들에게 부여한다는 점을 고려할 때(406a 12–14; 415b 22–27), 그가 장소운동을 유일한 자기운동으로 고려하고 있다고 처음부터 가정하는 것은 불합리하다(비교: 『형이상학』 1046a 36 이하). 예를 들어, Berryman(2002)은 아리스토텔레스에게 있어서 장소운동만이 유일한 자기운동이라는 입장을 강하게 주장하는 한편(p.85), Furley(1978)와 Freeland(1994)의 논의가 장소운동만이 자기운동과 관련되는가에 대한 문제에 답을 제시하지 못한다고 불평한다(p.90). 이러한 불평은 아리스토텔레스의 자기운동 이론을 상식적(commonsensical)으로 다루어야 한다는 그녀의 견해에서 비롯된 것으로 보이며, 그녀는 시각적으로 가장 잘 확인되는 장소운동에 대한 관찰을 상식적이라고 생각하는 듯하다. 한편, Coren(2019a, 2019c)은 식물의 자기운동에 관한 논문에서, 식물들의 성장과 신진대사, 그리고 번식 등이 자기운동이 아니라고 주장하는데, 이것이 장소운동만이 유일한 자기운동이라는 Berryman의 주장을 부분적으로 뒷받침할 수도 있다. 이들의 주장은 물론 오늘날의 우리에게 상식적으로 들린다. 하지만 그렇다고 해서 이것이 실제로 아리스토텔레스의 견해였다고 단정할 수 있는가에 대해서는 여전히 논의의 여지가 있다. 이 문제는 이 책에서 다루지 않고 논문을 통해 다른 기회에 논의하겠지만, 그들의 주장이 받아들여지기 위해서는 최소한 두 가지 부가적인 문제가 고찰되어야 한다. 첫째는 장소운동이 정확히 어떤 종류의 운동인가의 문제이다. 아리스토텔레스에게 있어서 장소는 평면이 아니라 입체를 의미하므로 사실상 '장소'보다는 '공간' 개념으로 이해해야 하며(『자연학』 특히, IV.1 참조), 따라서 식물의 성장은 질적 발전도 의미하지만 양적 팽창도 의미하므로 그것을 장소운동의 일종으로 간주할 만한 충분한 이유가 있다. 그리고 둘째는 질적 운동(질적 변화)과 양적 운동(양적 변화) 등처럼 다른 종류의 운동에 대한 것이다. 얼굴이 빨개지는 등의 질적 운동과 살이 찌는 등의 양적 운동을 자기운동으로 보는 것은 우리의 상식에는 맞지 않아 보인다고 해서, 아리스토텔레스도 우리의 상식

이렇게 해서, 단순요소들의 본성은 한 방향의 운동만을 산출하는 역량을 갖는다고 말해지는 반면에,[73] 양방향의 운동을 하는 역량은 생물의 특징이라고 기술된다. 생명은 영혼을 갖는 존재자들에게만 속하므로(『영혼에 관하여』 402a 5-7), 아리스토텔레스는 생물들만이 양방향의 운동을 할 수 있다고 말한다(비교: 412b 16-17).

영혼이 소유자를 특별하게 만드는 것은 무엇인가? 영혼은 본성과 다른 것인가? 아리스토텔레스에 따르면, 본성이 주체도 아니고 실체도 아니며, 그것이 내재할 주체를 필요로 한다(『자연학』 192b 32-34). 그리고 그것은 모양이나 성질과 같은 우연적인 속성이 아니다(192b 35-193a 2. 비교: 194a 34-194b 8).[74] 따라서 본성은 형상과 결핍 등의 상반자들을 통해 설명될 수 없다(비교: 190b 24 이하). 왜냐하면 그것은 주체에 속하거나 속하지 않을 수도 있는 어떤 것이 아니기 때문이다. 그러나 아리스토텔레스는 그것이 정의 대상인 한에 있어서 그것을 '형상'이라고 부른다. 그는 "우리가 살이나 뼈가 무엇인가를 규정할 때 언급하는 형상, 즉 정의에 명시된 형상을 받아들일 때까지, 잠재적으로 살이거나 뼈인 것은 아직 그 자체의 본성을 갖지 않으며, 또한 본성적으로 존재하지도 않는다."(193a 36-193b 2)라고 말한다.

이처럼 본성은 우리로 하여금 사물이 무엇인지를 결정하게 해주는 본질이라는 의미에서 형상이다(비교: 『형이상학』 1029b 11-16; 1030a

---

에 동의하리라고 단정할 수는 없다.

73 그러나 아리스토텔레스는 단순요소들의 우연적인 운동이 다양하다는 입장을 취한다 (『천체에 관하여』 300a 24-27 참조).

74 아리스토텔레스가 구분하는 본질적인 속성과 우연적인 속성에 대해서는 『형이상학』 특히 VII.4와 Witt(1989, pp.104 이하).

18-27). 『영혼에 관하여』에서 영혼에 대한 탐구를 시작할 때, 아리스토텔레스는 그것이 자연에 대한 탐구의 연장선상에 있다고 분명히 밝힌다(402a 5-7. 비교: 412a 12-16). 영혼은 생물을 살아 있게 해주고, 생명을 유지하기 위해 다양한 생명 작용들을 수행할 수 있게 해주는 것이다(413a 21 이하). 이처럼 생물의 영혼은 형상이나 본질이라는 의미에서 그것의 본성이다(412a 6 이하). 그러므로 단순요소들과 자기운동자에 대한 아리스토텔레스의 구별은 하나가 본성을 갖는 반면에 다른 것은 그렇지 않다는 데 의존하는 것이 아니라 그것들이 서로 다른 본성들을 갖는다는 데 의존한다.

앞에서 우리는 생물의 두 부분들의 내적 분할 가능성을 아리스토텔레스가 소개한 것은 (외부의 원동자가 없이 시작되는 듯이 보이는) 그것들의 운동들을 "아무런 원인이 없는 무로부터의 운동은 있을 수 없다."라는 〈원리2〉와 조화시키기 위해 필요한 장치라는 점을 확인했다. 그러나 이러한 내적 부분들의 소개는 사실상 생물의 운동과 단순요소들의 운동을 구별하기 위한 시도이다. 즉, 내적 분할 가능성은 자기운동자와 자연운동자를 구별하기 위한 필요조건이다. 이것은 또한 양방향 운동 역량의 충분조건이라고도 할 수 있는가? 위에 인용되었던 구절(『자연학』 255a 6-18)에 따르면, 아리스토텔레스는 그렇게 생각하는 듯이 보인다. 이미 보았듯이, 단순요소들의 한 방향 운동이라는 제한적인 역량의 이유들로 그가 제시하는 것들 가운데 하나는 그것들이 자연적으로 통합되고 지속적이며, 따라서 그것들이 내적 부분들로 분할될 수 있다는 것이다(255a 15-18). 그러나 우리는 이러한 통합이 무엇에 관한 것인가를 질문해야 한다. 그것은 물질적 구성 요소들의 통합인가? 이 질문이 제기되는 것은 우리가 아직 내적 부분들의 성질에 대해 제대로 살피지 않았기 때문이다. 이 질문은 아래에서 검토하게 될 것이다.

2. 자기운동자의 내부 구조

아리스토텔레스가 "아무런 원인이 없는 무로부터의 운동은 있을 수 없다."라는 원리를 받아들이고 있다는 것은 여러 차례 언급되었다. 그렇지만 그는 강제된 운동이나 단순요소들의 본질적인 운동과 구별하기 위해 생물의 내적 부분들을 통해 생물의 운동을 설명하려 한다. 이 절에서 우리는 자기운동자의 내적 부분들의 성질들, 그리고 외부의 원동자와 그것들의 관계를 자세히 검토함으로써, 그가 의미하는 자기운동과 자기운동자가 무엇인가를 살필 것이다.

2.1 자기운동자의 부분들

아리스토텔레스는 자기운동자를 다양한 방식으로 규정한다. 그것은 다른 어떤 것에 의해서도 움직여짐이 없이 스스로를 움직이는 것(예: 『자연학』 252b 19 이하), 자신의 운동을 그 자신으로부터 이끌어내는 것(예: 254b 14-15), 또는 자신의 운동의 근원을 포함하는 것(예: 241b 36-37; 『생성과 소멸에 관하여』 324a 27)을 의미한다. 그리고 그것들과 반대되는 특징들이 피동의 원동자 또는 강제된 원동자, 즉 다른 것에 의해 움직여짐으로써 또 다른 것을 움직이는 운동 원인에게 적용된다. 그 두 종류의 운동자들의 차이점은 물론 자기운동자가 자신의 운동의 근원을 갖고 있는 반면에, 피동의 원동자는 그렇지 않다는 것이다. 그러나 아리스토텔레스에게 자기운동자는 그것이 내부에 운동의 근원을 갖기 때문에 자발적으로 움직이기 시작하는 것이 아니라 그것의 내적인 부분들이 행위주체와 행위객체의 관계를 갖기 때문에 자발적으로 움직이기 시작하는 것이다. 위의 인용문에서 보듯이, 그는 "단순히 접촉 때문에 그런 것이 아니라 하나의 사물이 하나이자 지속적인 한에 있어서, 그것은 비수동적이다. 그리고 하나의 사물이 나뉘는 한에 있어서만, 그것의 한 부분은 본성적으로 능동적이고 다른 것은 수동적이다"(『자연학』 255a 13-15). 한 부분에서, 아리스토텔레스는 어떤 사람이 스스로 또는 막대기를 갖고 돌을 움직이는 경우에서처럼, 모든 운동자는 '스스로를 통해(with itself)' 또는 '다른 어떤 것을 통해(with something else)' 어떤 것을 움직인다고 주장한다(256a 22-23). 그는 이 경우에 언급한 사람과 막대기를 모두 사람이 운동을 부여하는 데 사용되는 도구들의 사례로 간주함으로써, 자기운동자를 스스로를 도구로 사용하는 운동자로 규정한다(256b 16-21). 이렇게 함으로써, 아리스토텔레스는 모든 운동에는 세 가지 요소들, 즉 원동자, 피동자, 그리고 운동의 도구가 있다고 결론짓는다(256b 13-14).

앞에서 언급했듯이, 아리스토텔레스는 생물에게 적용되는 것은 우주에도 적용된다는 '작은 세계 가설' 또는 '소우주-대우주 유비'를 받아들인다(예: 『동물의 운동에 관하여』 700a 6 이하; 700b 13-14). 그는 『동물의 운동에 관하여』에서 "만약 우리가 우주의 운동을 배제한다면, 동물들이 다른 모든 것의 운동에 책임이 있다."(700b 11 이하)라고 단 한 번 언급한다. 이 말을 할 때, 그는 궁극적으로 모든 운동의 원인이 되는 제일원동자와 다른 운동자들의 관계, 그리고 자기운동자와 다른 존재자들의 관계를 염두에 두고 있다. 만약 이런 것이 아리스토텔레스의 생각이라면, 그는 자기운동자를 부동의 원동자라는 의미에서 제일원동자로 생각하는 것이 아니냐고 궁금하게 여기는 사람이 있을 수도 있다. 그러나 그는 그렇게 생각하지 않는다. 아리스토텔레스는 부동의 원동자가 자기운동에 반드시 참여한다고 주장함으로써 부동의 원동자의 존재를 인정한다(『자연학』 256b 21-25). 즉, 자기운동자가 부동의 원동자 자체가 아니라 그 안에 부동의 원동자를 포함하는 운동자이다.

지금까지 우리가 살펴본 바에 의하면, 아리스토텔레스는 최소한 네 가지 종류의 운동자를 염두에 두고 있는 것으로 보인다. 즉, 그것은 (a) 다른 어떤 것에 의해서도 움직여지지 않고 다른 것을 움직이는 부동의 원동자, (b) 부동의 원동 부분과 피동의 부분이라는 내적 구조를 가짐으로써 움직이는 자기운동자, (c) 부동의 원동 부분과 피동의 부분이라는 내적 구조를 갖지 않고도 움직이는 자연운동자, (d) 다른 것에 의해 움직여짐으로써 다른 것을 움직이는 피동의 원동자이다. 그리고 이처럼 다양한 운동자 개념과 관련하여, 본질적인 운동과 우연적인 운동 등의 용어에 대해서도 충분한 이해가 필요하다. 사실상 자기운동자와 자연운동자가 우연적인 운동을 겪는 한에 있어서, 그것들도 피동의 운동자라고 불릴 수 있을 것이다. 그러나 다른 것에 의해 움직여지지 않고 다른 것을 움직이는 부동의 원동자와 다른 것에 의해 움직여짐으로써 다른 것을 움직이는 피동의 원동자와 달리(예: 256b 15-16), 부분들을 통해 설명되는 자기운동자의 본질적인 설명을 어떻게 이해할 수 있는 것인지 즉각적으로 분명하지 않다. 『자연학』 VIII.5에서 아리스토텔레스는 이렇게 적고 있다.

> 그러므로 어떤 것이 스스로를 움직일 때 그것의 한 부분이 원동자이고 다
> 른 부분이 피동자이다. 그러나 그것은 두 부분들이 각각 다른 부분에 의
> 해 움직여진다는 의미에서 자기운동을 하는 것이 아니다. 다음의 고찰에
> 서 이것이 분명해진다. 만약 두 부분들이 각자 다른 것을 움직인다면, 최
> 초의 원동자는 없을 것이다. 왜냐하면 연쇄의 이전에 있는 것이 다음에
> 오는 것보다 더 적절한 의미에서 움직여진 것의 원인이며, 더 진정한 의
> 미에서 원동자일 것이기 때문이다. 또한 우리는 두 종류의 원동자, 즉 그
> 스스로가 다른 어떤 것에 의해 움직여지는 원동자와 스스로에게서 자신
> 의 운동을 끌어내는 원동자가 있으며, 움직여진 것에서 좀 더 멀리 있는
> 것이 중간적인 것보다 운동의 원리에 더 가깝다는 것을 발견하기 때문이
> 다. 다시 말해서, 원동자가 스스로를 제외한 어떤 것에 의해 움직여질 필
> 요는 없다. 따라서 다른 부분이 그것을 다시 움직이는 것은 오직 우연적
> 으로만 가능할 것이다. 따라서 나는 그것이 그것을 움직이지 않는 경우가
> 있을 수 있다고 간주한다. 그러면 움직여진 부분과 부동의 원동자인 부분
> 이 있을 것이다. (257b 13–23)

자기운동자의 부분들이 어떤 성질을 갖느냐는 문제와 관련하여,
우리는 먼저 자기운동자의 움직여진 부분이 피동의 원동자, 즉 움
직여짐으로써 다른 어떤 것을 움직이는 부분과는 구분되어야 한다
는 점을 기억해야 한다. 자기운동자는 두 부분, 즉 움직여지는 피동
의 부분과 움직이는 원동의 부분으로 나뉘며, 따라서 만약 그 움직여
지는 부분이 다른 어떤 것을 움직인다면, 그것에 의해 움직여지는 것

은 (그것을 움직였던) 원동 부분이거나 또는 아마도 외부의 어떤 것이어야 한다. 달리 말해서, 자기운동자 내부에는 원동의 부분과 피동의 부분이 있는데, 원동의 부분은 피동의 부분을 움직일 것이다. 그리고 자기운동자 내부에 있는 그 피동의 부분이 다른 어떤 것을 움직일 수 있다면, 그것은 그것을 움직였던 원동의 부분을 다시 움직이거나, 만약 그렇지 않다면 자기운동자 외부에 있는 대상을 움직이리라는 것이다. 그러나 자기운동자의 일부분에 불과한 피동의 부분이 외부 대상과 직접적인 접촉이나 또는 교류를 한다고 보기는 어렵다. 사실상 아리스토텔레스는 그 원동 부분이 다른 것에 의해 본질적으로는 움직여지지 않는다는 입장을 취하면서도, 우연적으로는 움직여질 수도 있는 여지를 남겨둔다. 즉, 피동의 부분이 원동 부분을 다시 움직일 수도 있지만, 그것은 우연적인 것이고 본질적인 것은 아니라는 것이다. 위 인용문에서 보듯이, 아리스토텔레스는 내부의 부분들이 서로를 움직이는 경우에는 최초의 원동자가 없게 되리라는 우려 때문에, 그런 견해를 명시적으로 거부한다.[75] 이와 같이 아리스토텔레스는 자기운동자가 원동의 부분과 그 원동의 부분을 다시 움직일 수도 있고 또한 움직이지 않을 수도 있는 피동의 부분으로 구성된다는 결론에 도달한다(257b 23. 비교: 258a 25-26).

한편, 아리스토텔레스는 두 부분들 가운데 어떤 것도 서로 함께 하지 않고는 외부의 대상과 직접적인 접촉을 할 수 없다고 생각한다. 만약 생물이 그 부분들 가운데 어떤 하나를 갖지 않는다면, 생물은 스스로 움직일 수 없을 것이며(258a 27 이하), 또한 그것은 더 이상 자

---

[75] 최초의 원동자의 필요성에 대한 논의는 VIII.5, 256a 4 이하 참조.

기운동자일 수 없을 뿐만 아니라 사실상 생존 자체도 가능하지 않을 것이다. 달리 말해서, 만약 A와 B로 구성된 자기운동자 안에서 하나가 다른 하나로부터 분리된다면, A는 다른 어떤 것을 움직이지 못할 것이고, B도 다른 어떤 것에 의해 움직여질 수 없을 것이다. 왜냐하면 A와 B는 분리되어 개별적으로 외부의 대상과 접촉하지 못하며, A와 B로 구성된 복합물의 운동이 자기운동인 한에 있어서, A가 움직이고 B가 움직여지는 역할은 엄격하게 그 둘 사이의 관계로 제한되기 때문이다. 아마도 우리는 A의 움직이는 잠재태가 B의 움직여지는 잠재태와 내적인 관련성을 갖는다고 표현할 수 있을 것이다. 이렇게 해석한다면, 우리는 A가 B와 함께 하지 않고는 어떤 방식으로든 외부의 대상을 움직일 수 없으며, 또한 B도 A가 함께 하지 않고는 외적인 어떤 것에 의해서도 움직여질 수 없다고 결론내릴 수 있을 것이다. 이와 같이 외부의 대상들과 관련하여 운동자로서 움직이는 것은 A와 B의 전체(복합체 또는 복합물)이지 분리된 A나 분리된 B가 아니라는 것이다.

A에서 B까지 이어지는 단일한 유기체가 C에서 나뉘며, AC가 움직여진 부분이고 CB가 움직이는 부분이라고 가정한다면, 후자가 움직이지 않을 때 전자는 정지해 있을 것이다.[76] 그러나 『자연학』 VII.1에서 아리스토텔레스는 "만약 CB가 움직이지 않는다면 AB가 움직이지

---

[76] 아래에서 보듯이, 아리스토텔레스는 이런 식으로 유기체를 설명하는데, 이것은 마치 A로 시작되고 B로 끝나는 선의 중간을 C로 설정하고 자를 수 있는 듯이 가정하는 것이다. 그렇게 자르면, A와 C를 하나의 부분으로 보고, B와 C를 또 하나의 부분으로 볼 수 있을 것이다. 이것은 A와 B로 구성된 복합물에 대해 이야기할 때, 우리가 A가 하나의 부분을 가리키는 것으로 보고 B가 다른 하나의 부분을 가리키는 것으로 보는 일반적인 방식과는 다르다.

않을 것이다."라고 말한다(242a 41-42). 이와 관련하여, 로스(Ross)는 여기에서 아리스토텔레스가 "이것이 그 자체의 일부인 CB의 운동에 AB의 운동이 인과적으로 의존함을 함축한다고 생각하는 오류를 범하고 있다."라고 주장한다.[77] 즉, 만약 CB가 운동하지 않을 때 AB가 정지한다면, 그것은 AC가 운동하지 않을 때도 정지할 것이다. 물론 두 부분들 가운데 어떤 하나가 없거나 정지한다면, 전체인 AB도 운동하지 않을 것이다. 그러나 이것은 움직여지는 부분인 AC뿐만 아니라 움직이는 부분인 CB가 자기운동의 개별적인 원인들임을 함축하지는 않는다. 왜냐하면 아리스토텔레스에게 있어서 자기운동의 연쇄적인 운동에서 최초의 것은 부동의 원동 부분이며, 반면에 그 연쇄에서 마지막 것은 움직여진 운동자이기 때문이다. 다시 말해서, 아리스토텔레스는 CB가 AC를 통해 AB에 운동을 부여하는 부동의 원동 부분이라고 생각하지만, 그것이 다시 뒤로 향하는 행위주체와 행위객체의 관계는 생각하지 않는다. 따라서 AB의 운동과 정지에 대한 모

---

[77] Ross(1936), 242a 38-49에 대한 주석 참조. 한편, Wardy(1990, p.97 이하)는 "움직이는 어떤 것 속에서 우리가 능동적인 요소와 수동적인 요소를 항상 개념적으로 구별할 수 있음을 조심스럽게 주장하는 것으로 그 이론을 이해"한다면, 그것이 아리스토텔레스에게는 문제가 되지 않는다고 생각한다. 그가 의미하는 '개념적'이 의미하는 것은 그것들이 '움직이는 전체 속에서 팔다리와 몸통처럼 실제로 인과적으로 연결된 부분들'이 아니라는 것이다. 그러나 Wardy의 주장이 틀린 것은 아니지만, 아래에서 보듯이, 그것은 아리스토텔레스가 그 문제를 해결하는 방식이 아니다. Wardy는 그 두 부분들의 구분이 개념적이라는 것과 그것들의 역할이 개념적이라는 것을 혼동하고 있는 것처럼 보인다. 필자가 아래에서 주장하듯이, 아리스토텔레스에게 있어서 그 부분들의 구분은 개념적이지만, 그것들의 역할은 개념적인 것이 아니다. 만약 그것들의 역할이 또한 개념적이라면, (나중에 '영혼'과 동일시되는) 부동의 원동자를 상실한 생물의 죽은 몸 같은 것은 있을 수 없을 것이기 때문이다. 그러나 아리스토텔레스는 부동의 원동자를 상실함으로써 (아마도 그는 몸이라고 부르지 않겠지만) 죽은 몸이 있다는 것을 분명히 인정한다(예: 『영혼에 관하여』 412b 25 이하).

든 책임은 CB에 귀속되는 것이지 AC에 귀속되는 것이 아니다.

　이처럼 AC가 AB의 운동에 책임이 있는 원동자일 가능성을 배제할 때, 우리는 움직여진 것에서 더 먼 것이 운동의 원리에 더 가깝다는 아리스토텔레스의 제안을 기억할 필요가 있다(257b 16–20). 즉, 연쇄적인 운동에서 더 앞선 것이 그 원리에 더 가깝다는 것이다. 자기운동자 AB의 경우에, CB는 AC를 움직이며 전체 유기체인 AB를 운동하게 만든다. 그리고 CB가 연쇄적인 운동에서 더 앞서기 때문에 AC보다 더 진정한 의미에서 원동자라고 아리스토텔레스는 말한다. 이와 마찬가지로, CB가 운동을 중단하는 것이 AC의 정지와 또한 AB의 정지에 대한 책임이 있다. 다시 말해서, 아리스토텔레스는 AC보다 CB가 AB의 정지에 대한 책임이 있다고 생각하는데, 그 이유는 연쇄적인 운동에서 CB가 AC보다 AB에서 더 멀리 있기 때문이다. 더구나 그에게 있어서 부분들의 관계는 한 방향이다. 즉, CB가 AC를 움직일 때, AC가 CB를 다시 움직일 필요가 전혀 없다는 것이다.[78] 단일한 유기체의 서로 움직이는 부분들이란 개념은 그의 자기운동자 개념에 들어맞지 않는다(257b 14–15). 이렇게 해서, 아리스토텔레스는 마침내 자기운동자의 원동자가 부동의 원동자라는 결론에 도달하게 된다(257b 23–26). 다른 것을 움직이는 부분이 부동의 원동 부분이라는 규정은 그로 하여금 원동자 CB가 AC에 의해 다시 움직여지지 않는다고 주장할 수 있게 해준다. 결과적으로, 아리스토텔레스의 자기운동자 이론에서 움직이는 부분인 AC가 자기운동자 전체를 가리키는 AB의 운동에도 책임이 있는 듯이 보인다는 로스의 비판은 부적절하다.

---

[78] 『자연학』 258a 5–9. 비교: 260a 4–5; 267b 2 이하.

아리스토텔레스는 일반적으로 자기운동자의 내적 부분들의 구분을 쉽게 인식할 수 있는 듯이 말하지만, 나중에 가서 그는 그렇지 않다는 점을 스스로 인정한다.

> … 왜냐하면 여기에서 불확실한 것은 운동이 어떤 것에서 나오느냐는 것이 아니라 사물 내부의 원동자와 피동자를 어떻게 구별해야 하느냐는 것이다. 자연적으로 구성되지 않는 배나 사물의 경우와 마찬가지로, 동물의 경우에도 운동을 야기하는 것이 운동을 겪는 것과 분리되는 듯이 보이고, 또한 동물 전체가 이런 방식으로 그 자체의 운동을 야기하는 듯이 보일 것이다. (254b 27-32)

이 인용문에서 우리가 얻을 수 있는 모든 정보는 자기운동자가 서로 다른 역할, 즉 하나는 움직이고 다른 하나는 움직여지는 역할을 수행함으로써 운동을 야기하는 두 부분들로 구성된다는 것이다. 여기에서 아리스토텔레스는 그 부분들이 어떤 것들인지 말하지 않고, 단지 그런 것들이 있다는 것만을 말해준다. 그것들은 손목으로 연결된 손과 팔처럼 분명하지 않으며,[79] 따라서 그것들의 관계는 불분명하다. 사실상『자연학』VIII.5에서 아리스토텔레스는 자기운동자의 부분들에 대한 실질적인 분리의 가능성을 거부한다.

> 아마도 그 두 부분들의 각각, 또는 어쨌든 그것들 가운데 하나, 즉 움직여진 것이 실제로는 분리되지 않지만 잠재적으로 분리되는 것을 아무것도

---

[79] Wardy(1990), p.97.

막을 수 없을 것이다. 따라서 만약 그것이 분리된다면, 그것은 동일한 본성을 계속 소유하지 못할 것이며, 따라서 잠재적으로 분리될 수 있는 것들에 근본적으로 내재하는 자기운동을 아무것도 막을 수 없다. (258b 1-4. 밑줄은 필자의 강조이다.)

내적 부분들의 실질적 분리에 대한 아리스토텔레스의 반론은 그것들이 실제로 분리되는 경우에는 그것들이 "동일한 본성을 계속 소유하지 못할 것"이라는 생각에 기초한다(258b 3).**80** 즉, 자기운동자의 본성은 움직이는 부분과 움직여지는 부분을 갖고, 또한 양쪽 방향으로 운동하는 능력을 가지므로, 만약 자기운동자가 실질적으로 분리된다면, 분리된 그 부분들은 자기운동자 전체가 갖는 것과 동일한 본성을 갖지 못하리라는 것이다. 그러므로 자기운동자의 부분들에 대한 이야기를 할 때, 아리스토텔레스는 실질적으로 분리 가능한 부분들을 언급하는 것이 아니다. 실제로 그는 크기를 가진 것은 부분들로 분리될 수 있으며, 따라서 단순요소들도 분리될 수 있다고 생각한다(비교:『생성과 소멸에 관하여』327a 10 이하). 이처럼 아리스토텔레스가 자기운동자와 단순요소들을 구분하는 기준으로 생각하는 분리 가능성은 물질적인 것이 아니라 개념적 또는 기능적인 것이다. 그는 단순요소들은 단순히 접촉 때문에 그런 것이 아니라 '자연적으로 통합되고' 또한 '지속적'이기 때문에, 양쪽 방향의 운동을 할 수 없다고 말한다(『자연학』255a 12-18).**81** "단순히 접촉 때문에 그런 것이 아니다."

---

80 이와 관련된 구절 전체는 아래에서 인용된다.
81 그러나 아리스토텔레스가 왜 255a 12-19에서 단순요소들의 물질적 통합이 그것들을 생물들과 구분하는 조건들 가운데 하나라고 말하는 것인지 즉각적으로 분명하지 않다.

라는 문구는 자연적인 단순요소들과 비자연적인 인공물들, 즉 기술을 통해 만들어진 인공물들을 구분하는 것이다(『형이상학』 1015b 35-1016a 17. 비교: 1052a 22-32). 예를 들어, 불은 단순히 접촉해 있다는 의미가 아니라 그 자체의 본성 때문에 자연적인 통합성을 지닌다는 의미에서 '하나'이다.

아마도 누군가는 아리스토텔레스가 자기운동자의 내적 부분들의 구체적이고 실질적인 분리가 어렵다고 하는 이유가 그것들이 몸 전체에 퍼져 있거나 하기 때문은 아니냐는 질문을 할 수도 있다. 물론 그런 경우에 내적 부분들을 분리시키는 것이 거의 불가능하리라는 것은 부정할 수 없다. 더구나 만약 단순요소들이 자연적으로 통합되거나 조직되었기 때문에 그것들이 자기운동을 하지 못하는 이유라면, 자연적으로 조직된 통합체인 생물도 자기운동을 하지 못해야 한다. 아리스토텔레스에게 있어서, 생물이 자기운동자임은 부정할 수 없다. 사실상 이런 반론들은 자기운동자의 부분들이 물질적이라고

그것은 아마도 그가 『동물의 부분에 관하여』 II.1-2(『기상학』 IV.10도 참조)에서 논의하는 생물 유기체의 물질적 복잡성과 같은 것을 염두에 두고 있기 때문일 것이다. 그는 동물들이 눈이나 손이나 얼굴 등과 같은 이종적인 부분들은 물론이고, 피와 살과 정액과 같은 동종적인 부분들로 구성된다고 생각한다. 이처럼 동물들은 한 가지 원소로 구성된 것이 아니라 다양한 단순요소들로 구성된다(『동물의 부분에 관하여』 646a 13 이하. 비교: 『생성과 소멸에 관하여』 334b 31-335a 22; 『기상학』 389a 29 이하). 그러나 생물의 복잡성을 물질적 요소들로 설명하는 것이 내적 부분들의 개념적 분리와 직접적으로 관련되지는 않는다. 왜냐하면 그 분리는 실질적인 물질적 분리가 아니기 때문이다. 『자연학』의 한 부분에서(255a 12-19), 아리스토텔레스는 물질적 복잡성이 생물과 단순요소들을 구분하는 기준으로 보는 듯이 말한다. 그러나 그는 다른 곳에서는 생물이 그런 복잡성을 갖는 것이 그것들과 다르기 때문이라고 말한다. 즉, 생물은 영혼을 가지기 때문에, 그것의 물질적 구조가 그것이 수행하는 다양한 활동을 수행할 수 있을 정도로 복잡하다는 것이다(『기상학』 389b 23 이하; 『동물의 부분에 관하여』 687a 6 이하).

전제하는 것이다. 그러나 (다른 것을) 움직이는 부분이 (다른 것에 의해) 움직여지지 않는 부분이라는 아리스토텔레스의 규정은 그것이 물질적일 가능성을 배제한다. 왜냐하면 그는 크기를 가진 것은 반드시 운동을 한다고 생각하기 때문이다. 따라서 자기운동자의 부분들의 분리가 물질적 부분들의 분리를 의미하는 것이 아니라는 점이 한 번 더 확인된다.

잠재태라는 개념에 대해 논의하는 『형이상학』 IX에서, 아리스토텔레스는 하나의 동일한 것이 움직이는 잠재태와 움직여지는 잠재태를 가질 수 있다고 말한다(1046a 9-15). 그러나 그는 이 말을 유기적 통합체의 경우에 "그것이 두 개의 서로 다른 것들이 아니라 하나"이기 때문에 스스로에 의해 작용될 수 있다고 말하는 것과 구별한다(1046a 28-29). 하나의 동일한 것이 동시에 작용하고 또한 작용되는 것은 불가능하기 때문에, 그는 자기운동자가 내적 부분들을 갖고 있음에 틀림없다고 말한다(『자연학』 255a 13-19). 왜냐하면 "오직 이런 방식으로만 하나의 사물이 자기운동을 할 수 있기 때문이다."[82] 한편, 『형이상학』 IX.2에서, 아리스토텔레스는 사물들 가운데 어떤 것들은 자신들의 본성에 따라, 즉 그것들이 영혼을 갖는가 또는 갖지 않는가에 따라, 단일한 결과를 산출하기도 하고, 다른 것들은 상반된 결과들을 산출하기도 한다고 말한다(1046a 36-1046b 28). 즉, 오직 영혼을 갖는 일부의 존재자들만이 다른 것으로서(qua) 움직이는 잠재태와 다른 것으로서 움직여지는 잠재태를 모두 가질 수 있다(1046b 15-19).

따라서 결과적으로, 자기 자신을 치료하는 사람을 우리가 어떻게

---

82 258a 1-3. 비교: 위에 인용되었던 254b 27-32.

보는가에 따라 그는 의사나 환자라고 말해질 수 있듯이, 하나의 동일한 것이 서로 다른 두 측면에서 고찰될 때, 능동적인 능력과 수동적인 능력을 모두 갖는다고 기술될 수 있다고 아리스토텔레스는 말한다. 이 경우에, 의사와 환자의 분리는 실질적인 것이 아니지만, 하나의 동일한 사람이 능동적인 역할과 수동적인 역할을 모두 수행하는 것으로 보인다. 아리스토텔레스는 부동의 원동 부분과 피동의 부분의 관계를 하나의 동일한 사람을 한편으로는 의사라고 말하고 다른 한편으로는 환자라고 말하는 것과 동일한 방식으로 설명하는가? 만약 그렇다면, 그에게 필요한 것은 그것들이 실제로는 하나의 존재자를 구성하는 **부분들**이 아니라 하나의 동일한 것에 대한 서로 다른 두 가지 기술(description)들임을 인정하는 것이다. 위 질문에 답변하려면, 우리는 생물의 내적 부분들의 특징과 상호 관계에 대해 좀 더 자세하게 검토할 필요가 있다.

2.2 자기운동자 내부의 부동의 원동자

이미 여러 차례 강조되었듯이, 자기운동자를 구성하는 두 가지 부분들 가운데 한 부분으로 부동의 원동자(κινοῦν ἀκίνητον)를 갖는다.[83] 여기에서 우리는 아리스토텔레스가 사실상 최소한 두 가지 서로 다른 종류의 부동의 원동자를 상정하고 있다는 점에 주목할 필요가 있다. 그러나 그는 자신이 어떤 것을 언급하는 것인지 명확히 밝히지 않고 이것저것을 자유롭게 전환하면서 논의하기 때문에 상당

---

[83] 『자연학』 243a 13-15. 비교: 257b 13-16; 258a 1-3.

히 혼란스럽다. 따라서 그것들이 정확히 어떤 것들이고 또한 그것들이 서로 어떤 점에서 다른지를 명확히 할 필요가 있다. 그것은 바로 우주의 부동의 원동자와 생물의 부동의 원동자이다. 이것을 구분하려는 노력을 기울이지 않으면, 영원히 존속한다고 말해지는 우주의 부동의 원동자라는 아리스토텔레스의 개념에 친숙한 사람들은 『자연학』 VIII.6에서 부동의 원동자가 소멸 가능하다는 설명에 당혹감을 느끼게 될 수도 있다. 그런 노력은 자기운동자 내에서 부동의 원동자가 어떤 역할을 하는가를 이해하기 위해서도 필요하다.

첫째, 아리스토텔레스는 우주 최초의 부동의 원동자(편의를 위해 이것을 '**우주의 부동자**'라 부르자)가 우주 내의 모든 운동들에 대해 직접적으로 또는 간접적으로 책임이 있다고 생각한다(259a 3-7). 그는 운동하는 모든 것이 반드시 다른 어떤 것에 의해 움직여져야 한다면, 연쇄적인 운동이 무한히 지속될 수는 없으리라는 가정에서 부동의 원동자의 존재를 도출한다(242a 50 이하). 시간과 운동이 영원하기 때문에, 우주의 부동자도 영원하다(251a 8 이하). 한편, 생물의 운동에 책임이 있는 최초의 부동의 원동자가 있다(이것을 '**생물의 부동자**'라고 부르자). 아리스토텔레스가 그러한 두 가지 부동의 원동자를 구분하는 구절은 다음과 같다.

왜냐하면 부분들을 갖지 않는 어떤 것도 운동할 수 없기 때문에, 비록 우리가 말했던 그 어떤 것도 이것을 모든 운동자에 반드시 적용되게 만들지 못하지만, 스스로 움직이는 모든 것은 크기를 가져야만 한다. 따라서 어떤 것들은 생성되고 다른 것들은 소멸된다는 사실과 이것이 지속적으로 그렇다는 사실은 움직여지지 않지만 항상 존재하지도 않는 그런 것들 가운데 하나에 의해 야기될 수 없다. 또한 어떤 것들은 어떤 것들에 의해 야기되며, 또한 다른 것들은 다른 것들에 의해 야기되지도 않는다. 그 과정의 영원성과 지속성은 그것들 가운데 어떤 하나에 의해서 또는 그것들의 총합에 의해 야기될 수 없다. 왜냐하면 이러한 인과적 관계는 영원하고도 필연적인 반면에, 이 운동자들의 총합은 무한하며 또한 그것들이 모두 함께 존재할 수는 없기 때문이다. (258b 24-32)

우주의 부동자는 수적으로 하나이며(259a 7-13), 또한 지속적인 운동을 유발한다. 반대로 생물의 부동자는 수적으로 다수이며, 그것은 영원히 존재하지 못하고 생성되거나 소멸되기 때문에 지속적인 운동을 유발하지 못한다. 소멸하기 때문에, 비록 생물의 부동자가 소멸할 때까지는 그 운동이 지속될지라도 그것이 영원히 지속될 수는 없으며 언젠가는 멈추게 된다(258b 26 이하). 이처럼 생물의 부동자는 소멸적인 부동의 원동자이다.

A와 B로 구성된 자기운동자가 무생물인 C를 움직이고 이것이 다시 또 다른 무생물 D를 움직이는 등의 인과관계가 지속된다고 가정해 보자. 아리스토텔레스에 따르면, A와 B, AB와 C, C와 D 등과 같은 각각의 관계는 지속적인 운동이다. 그러나 그 관계들 전체를 고려할 때, 그러한 인과관계들은 지속적이지 않다. 왜냐하면 그것들은 하나의 동일한 운동이 아니라 많은 개별적이고 연속적인 운동들이기 때문이다(259a 16-19). 이와 반대로, 우주의 부동자는 영원히 존재하기 때문에 지속적인 운동을 유발할 수 있다. 아리스토텔레스에 따르면, 우주의 부동자의 이러한 지속적인 운동은 순환적인 장소운동으로서, 그것만이 영원할 수 있는 유일한 운동이다(260a 29-30). 순환적

이기 때문에, 그 운동에는 시작도 없고 끝도 없다. 그러나 다른 모든 운동들에는 시작도 있고 끝도 있다.

> 우선적으로 어떤 변화도 영원하다고 말해질 수 없을 것이다. 왜냐하면 모든 변화의 본성은 그것이 어떤 것으로부터 어떤 것까지 진행하는 것이기 때문이다. 따라서 모든 변화는 그것의 과정을 보여주는 상반자들에 의해 묶여 있어야만 하며, 어떤 운동도 무한히 지속될 수 없다. (252b 10-12)

아리스토텔레스는 모든 변화가 어떤 것으로부터 어떤 것까지의 과정, 즉 상반자들 사이의 과정이므로(특히, 224b 27 이하), 엄격한 의미에서 어떤 변화도 무한하거나 지속적일 수 없다고 믿는다(241a 26-241b 13). 그렇지만 그는 나중에 (다른 것에 의해 움직여지지 않고도 다른 것을 움직이는) 우주의 부동자만은 최초의 움직여진 (그리고 그 자체가 또한 영원한) 원동자에게 지속적으로 운동을 부여한다는 점에서 예외적인 경우라고 주장한다(252b 34-253a 2). 이미 언급되었듯이, 이와 달리 생물은 소멸되는 존재자이므로 생물의 운동은 제한적인 의미에서만 지속적이다. 달리 말해서, 자기운동자가 영원하지 않기 때문에, 자기운동자의 구성 요소들인 A와 B 사이에서 발생하는 운동, 그리고 자기운동자와 외부의 환경 사이에서 발생하는 운동은 제한적인 의미에서만 지속적이다. 아마도 자기운동자의 운동은 그것이 살아 있는 한 지속적일 수도 있겠지만, 사실상 그것이 살아 있는 동안에도 다양하고도 산발적인 운동들이 발생한다는 점에서는 지속적이라 할 수 없을 것이다.

그러나 아리스토텔레스가 '부동의 원동자'라는 용어를 우주의 부동자와 생물의 부동자에 대해서만 사용하는 것이 아니라 환경과 같은 다른 것들에 대해서도 사용한다는 점을 또한 기억해야 한다.[84] 환경 자체가 궁극적인 부동의 원동자, 즉 우주 최초의 원동자와 동일시될 수가 없다는 것은 분명하다. 아리스토텔레스가 여기에서 말하고자 하는 것은 군 장교들의 계급을 예로 들어 설명할 수 있을 것이다. 예를 들어, 장군은 대령에게 명령을 내리고, 대령은 대위에서, 대위는 상사에게, 상사는 사병에게 명령을 내린다고 가정하자. 부동의 원동자에 대한 아리스토텔레스의 설명이 간혹 어렵게 느껴지는 것은 그가 장군이나 대령이나 대위나 상사 등을 모두 부동의 원동자라고 부르리라는 것이다. 장군이 우주의 부동자라고 가정하면, 장군이 없을 때는 대령이 최초의 원동자이고, 장군이나 대령이 없을 때는 대위가 최초의 원동자로 불릴 수 있다는 것이다.

이런 방식으로, 아리스토텔레스는 우주의 부동자는 물론이고, 환경이나 생물의 부동자 등을 모두 '부동의 원동자'라는 동일한 이름으로 부르곤 한다는 것이다. 그러나 엄밀히 말해서, 가장 처음 운동을 시작한 우주의 부동자를 제외한 나머지는 부동의 원동자가 아니다. 다시 말해서, 환경이나 원동의 부분은 절대적인 의미가 아니라 오직 제한적인 의미에서 부동의 원동자이다. 사실 이런 선상의 주장은 아리스토텔레스로 하여금 생물들이 환경에 의해 움직여지고 결과적으로 우주의 부동자에 의해 움직여지지만, 그 생물들이 여전히 내부에

---

[84] 『영혼에 관하여』 433b 12 이하; 『자연학』 253a 11–13; 259b 11–13. Merlan(1946, p.1)은 "아리스토텔레스에 따르면, 천체의 모든 운동은 궁극적으로 마흔일곱(또는 쉰다섯)개의 '부동의 원동자'의 작용 때문이다. 이 이론은 그 자체로서 상당히 탁월하며, 상당한 역사적 영향을 미쳐왔다."라고 적고 있다.

생물의 부동자를 갖는다는 점에서 자기운동자라고 주장할 수 있게 해준다. 즉, 우리가 자기운동자들의 내적 부분들의 관계만을 고려할 때, 다른 것에 의해 움직여지지 않고 운동을 시작하는 운동의 원리로서 생물의 부동자가 있다. 그러나 우주 전체를 고려할 때, 이것은 엄밀히 말해서 사실이 아니다. 생물들은 어쨌든 환경에 영향을 받고, 결과적으로 우주의 부동자에 영향을 받기 때문이다.

그러나 아리스토텔레스는 우리가 운동에 참여하고 있는 여러 원동자들 가운데 임의적으로 하나의 원동자를 선택해서 그것을 제일원동자라고 부를 수 있다고 생각하는가? 『자연학』 VIII.5에서 그는 어떤 사람이 손에 막대기를 들어서 돌을 움직이는 경우를 예로 제시한다 (256a 6-7). 우리는 단순히 그 사람을 배제하고, 그의 손을 제일원동자라고 부를 수 있는가? 우리는 그의 손도 배제하고, 나무를 제일원동자라고 부를 수 있는가? 아리스토텔레스는 이와 같이 임의적으로 이전의 원동자들을 배제하는 것을 받아들이겠는가? 그렇지 않다면, 아리스토텔레스가 염두에 두고 있는 기준은 무엇인가? 그는 이 질문에 간단하고도 단순한 답변을 제시한다. 제일원동자는 정의상 다른 어떤 것에 의해서도 움직이지 않고, 다른 원동자를 필요로 하는 것이다(256a 16-21). 그리고 연쇄적인 운동들은 "스스로 운동을 시작하는 다른 어떤 것에 의해 선행되어야"만 한다(256a 20-34). 군 장교들을 사례로 제시했던 위의 설명으로 돌아가 보자. 만약 대령이나 대위 등이 상급자의 명령을 받지 않고는 병사에게 명령을 내릴 수 없다면, 그들은 제일원동자들로서의 역할을 수행할 수 없다.

한편, 막대기 사례에서, 사람이 제일원동자라고 불리는 것은 그가 다른 어떤 것에 의해서도 움직여지지 않기 때문이다. 그러나 아리스토텔레스는 왜 그 사람보다 그 사람의 부동의 원동자가 연쇄적인 운동에서 제일원동자라 불릴 수 있다고 생각하는가? 아리스토텔레스는 어떤 사람이 '내적인 부분들이 없이 하나의 전체로서' 스스로를 움직이고 또한 스스로에 의해 움직여질 수 있다는 생각은 반대하지만, 그렇다고 해서 그 사람이 막대기를 움직인다는 견해를 반대하지는 않는다. 그는 다만 그 사람이 하나의 전체로서 자기운동자라 불릴 수 있는 것은 그가 부동의 원동 부분을 갖기 때문이라는 점을 강조하고 있는 것이다. 하지만 외적인 대상들과 관계되는 것은 그 사람의 부동의 원동 부분이 아니라 그 사람 전체이다. 앞에서 보았듯이, 자기운동자 내부의 두 부분들은 서로 함께 하지 않고서 개별적으로는 외적 대상과 어떤 관계도 갖지 못한다. 움직이는 부분이나 움직여지는 부분은 개별적으로 외부의 원동자를 움직이지도 않고 또한 그것에 의해 움직여지지도 않는다. 이와 같이 그 두 부분들은 하나의 전체로서 외부의 대상과 영향을 주거나 받는다.[85]

2.3 자기운동자에 대한 모순된 진술들

지금까지 자기운동자의 부분들에 대한 아리스토텔레스의 설명을 살펴보았다. 이제 그가 자기운동자의 존재를 거부한다고 때때로 말해지는 두 개의 중요한 단락들을 분석해 보자. 그것들을 자세하게 분석함으로써, 필자는 아리스토텔레스가 자기운동을 부정하지 않으며,

---

[85] 자기운동자의 부분들에 대한 이런 분석은 우리가 다음 절에서 살펴볼 영혼과 육체에 대한 그의 구분과도 일관적이다.

오히려 그는 장소운동, 양적 변화, 그리고 질적 변화를 비롯한 모든 종류의 변화를 자기운동으로 인정한다고 주장할 것이다.

앞에서 간략하게 살펴보았듯이, 『자연학』VIII.2에서 아리스토텔레스는 운동의 영원성 이론을 정립하기 위해 노력하는 과정에서 제기될 만한 몇 가지 반론들을 검토한다. 그의 상상 속에서 반대자들은 동물의 운동에 대한 관찰, 즉 동물이 외부의 어떤 원동자도 없이 자신의 운동을 시작하는 듯이 보인다는 경험적인 관찰에 기초하고 있다. 그들은 "만약 이런 것이 동물에게 발생할 수 있다면, 우주 전체에도 그와 동일한 것이 참이 되지 않겠는가?"라고 묻는다(252b 25 이하). 그들이 주장하는 것처럼 만약 그것이 우주 전체에도 참이라면, 천체의 운동도 저절로 발생하는 운동일 가능성이 있다. 아리스토텔레스도 분명히 이 주장이 타당하다고 생각할 것이다. 그러나 그는 그 결론이 참이라고 말하고 싶어 하지는 않는다. 왜냐하면 만약 그가 결론마저 받아들인다면, 그는 자신이 받아들이고 싶지 않은 불편한 견해, 즉 무로부터의 운동이 가능하다는 견해도 받아들여야 하기 때문이다. 앞에서 보았듯이, 여기에서 아리스토텔레스에게 필요한 것은 동물이 절대적인 의미에서 자기운동자라는 주장을 거부하는 것이다. 즉, 그는 한편으로는 동물에 자기운동자라는 특별한 지위를 인정해야 하고, 다른 한편으로는 그것의 운동에 환경이 어느 정도 영향을 미친다는 것을 또한 인정해야 하는 것이다. 실제로 이것이 다음의 두 단락에서 아리스토텔레스가 하고 있는 일이다.[86]

---

[86] 필자는 이 단락들을 (A)와 (B)로 분류하고 논의하는 Furley(1980, pp.57-58)의 방법을 따른다.

(A)

그러나 이것은 거짓이다. 왜냐하면 우리는 동물 내부의 어떤 부분이 항상 운동하고 있다는 것을 관찰하며, 이 부분의 운동은 그 동물 자체가 아니라 아마도 그것의 주변 환경에 의한 것이기 때문이다. 또한 우리는 동물들 자체가 모든 종류의 운동들이 아니라 단지 장소운동만을 유발한다고 말한다. 많은 운동들은 주변 환경에 의해 육체 안에 유발되며, 이것들 가운데 어떤 것들은 지성이나 욕구를 운동하게 하고, 이것들은 다시 동물 전체를 운동하게 한다. 이것이 바로 수면 중에 발생하는 것이다. 비록 그때 그것들 내부에서 지각되는 운동은 없지만, 그들을 다시 깨어나게 하는 어떤 운동이 있다. (253a 11-20)

여기에서 아리스토텔레스는 일반적으로 받아들여지는 견해, 즉 생물들이 절대적인 정지 상태에서 그들의 운동을 시작한다는 견해를 거부하고, 대신에 "동물 내부의 어떤 부분이 항상 운동하고 있다."라고 주장한다. 또한 그는 "이 부분의 운동은 그 동물 자체가 아니라 아마도 그것의 주변 환경에 의한 것"이라고 덧붙인다. 그러나 그는 모든 운동들이 환경을 운동의 원인으로 필요로 하는가에 대해서는 말하지 않는다. 하지만 그는 여기에서 장소운동이 환경과 무관한 유일한 운동임을 인정하는 듯이 보인다. 그러나 아리스토텔레스는 이 문제에 대한 논의에 즉시 착수하지 않고, 나중에 다룰 것을 약속한다 (253a 20-21). 그 약속은 『자연학』 VIII.6에서 지켜진다.

(B)

그러므로 우리는 동물들이 오직 한 가지 종류의 운동으로 스스로를 움직이며, 또한 이것이 엄밀하게 말하자면 그것들에 의해 시작된 것이 아니라는 사실을 알아야 한다. 그 원인은 동물 자체에서 나온 것이 아니며, 동물들에게는 자신들을 도구로 삼아 경험하는 것이 아닌 성장, 감소, 호흡 등의 다른 자연적인 운동들이 있다. 이것들은 모든 동물에 의해 경험되지만, 그것은 정지해 있으며, 그 자체의 행위에 의해 제기된 운동으로 인해 운동하는 것은 아니다. 그 운동은 주변 환경과 동물 내부로 들어오는 많은 것들에 의해 야기된 것이다. 이와 같이 어떤 경우에 그 원인은 영양분이다. 그것이 소화될 때 동물들은 수면을 취하며, 그것이 퍼져갈 때 동물들은 깨어나 스스로 운동한다. 따라서 이 운동의 제일 원리는 외부로부터 나온 것이다. 그러므로 동물들은 항상 스스로 지속적인 운동을 하는 것이 아니다. 그것들을 움직이는 것은 다른 어떤 것이며, 그것 자체는 스스로를 움직이는 것과 관련될 때 운동하고 변화한다. (259b 6-17)

이 인용문에서 아리스토텔레스가 정확히 어떤 입장을 취하고 있는 것인지 분명하지는 않다. 먼저 그는 장소운동이 자기운동이라는 것을 인정하는 듯이 보이지만, '엄밀하게 말하자면(κυρίως)' 그것이 동물에 의해 시작된 것은 아니라고 말함으로써 그것을 곧 부정한다(261a 23-24; 『영혼에 관하여』410b 20-21). 그러나 그는 단순하게 모든 운동들이 어쨌든 환경에 의해 영향받는다고 말하지 않고, 장소운동을 다른 종류의 운동들과 구분하는 것인가? '엄격하게'라는 제한적인 표현을 사용하는 이유는 무엇인가? 위 인용문을 자기운동을 거부하는 증거로 받아들일 것인가를 결정하고자 한다면, 우리는 그가 왜 장소운동을 성장, 감소, 그리고 호흡 등과 구별해야 한다고 느꼈는가를 먼저 질문해야 한다(비교: 432b 9-14).

위 인용문 (B)에서, 아리스토텔레스는 성장과 감소 및 호흡이 동물 자체에 의해 생산되거나 시작된 것이 아니라 "주변 환경과 동물 내부로 들어오는 많은 것들에 의해 유발된 것"이라고 말한다. 다시 말해서, 동물은 그런 운동들을 스스로에 의해 경험하는 것이 아니다. 『생성과 소멸에 관하여』 I.5, 321b 17 이하(비교: 『영혼에 관하여』 416b 12 이하)에서, 동물의 성장은 그것이 환경에서 획득하는 영양분과 관련된다고 아리스토텔레스는 설명한다. 예를 들어, 동물의 살은 스스로 성장하는 것이 아니라 동물이 섭취한 먹이에 의한 것이다(322a 7-8). 그 먹이는 '살과 동일한 형상으로' 변형된다(322a 1-3). 이와 같이 주변 환경에서 얻어진 먹이는 동물의 성장에 필수적이다. 한편, 호흡은 주변 환경에 있는 공기를 흡입하고 배출하는 것이다(『호흡에 관하여』 471a 8-9). 동물의 생명은 동물이 호흡을 통해 흡입하고 배출하는 공기의 양에 달려 있다. 흡입된 공기의 역할은 사실상 동물을 살아 있게 유지하는 데 필요한 육체의 온도를 식히는 것이다(473a 3-4). 이와 같이 동물이 성장과 감소 및 호흡과 같은 그런 운동들을 경험하기 위해서는 주변 환경과 직접적으로 관계해야 한다. 그러나 이런 종류의 관계가 어떤 종류의 자기운동을 거부하는 근거가 될 수 있는지 알기 위해서는 아직 부가적인 논의가 더 필요하다.

지금 당장은 (A)와 (B)에 모두 언급되어 있는 잠과 깸(또는 수면과 각성)에 대한 반복적인 언급을 살펴보자. 단락 (A)는 동물들이 잠들어 있을 때, 운동을 유발하기 위해 환경이 어떤 방식으로든 지성이나 욕구를 불러일으키는 듯이 말한다. 그러나 동물의 욕구와 같은 것은 감각지각이 없이는 환경에 의해 직접적으로 영향받을 수 없기 때문에, 그 말은 옳다고 볼 수 없다. 다른 곳에서 아리스토텔레스는 "동물이 잠들어 있을 때는 단순한 의미에서 어떤 종류의 감각 능력도 작동할 수가 없다."라고 말한다(『잠과 깸에 관하여』 455a 9-10). 『잠과 깸에 관하여』에서 그는 잠과 깸이 "근본적인 감각지각 능력의 영향받음들(또는 감정들, affections)"이기 때문에, 어떤 동물도 감각지각이 없이는 잠들거나 깨지 못한다고 설명한다(454a 20-24; 454b 28-29).

그러나 이것은 동물이 수면 중에도 자신의 감각지각을 활성화시킨다는 것을 의미하지는 않는다. 왜냐하면 수면 중에는 실질적인 감각지각이 중단되기 때문이다. 반대로, 동물이 깨어날 때, 동물의 감각지각이 활성화된다. 이와 같이 단락 (A)에서 아리스토텔레스는 깨어 있는 상태와 잠든 상태를 대비시키고 있다. 다시 말해서, 그는 깨어 있는 상태에서 동물이 장소운동을 시작할 때 어떤 인지 능력들을 가져야 하듯이, 그것이 잠든 상태에서 깨어나기 위해서는 어떤 운동이 있어야만 한다는 것이다. 왜냐하면 동물이 잠들어 있을 때 감각지각은 작동하지 않기 때문에, 그것이 깨어나기 위해서는 감각지각 외의 다른 어떤 운동이 필요하다(비교: 454a 3-7; 『자연학』 253a 19-20). 즉, 감각지각 외의 다른 어떤 운동을 통해 동물이 깨워지지 않는다면, 그 동물은 잠에서 깨어나지 않으리라는 것이다. 어쨌든 그것이 깨어나는 것은 저절로 이루어지는 것이 아니라 어떤 것에 의한 것이다. 왜냐하면 무로부터 시작되는 운동은 없기 때문이다. 그러므로 비록 동물이 감각지각의 작용이라 할 수 있는 꿈을 가질 수도 있지만, 그것은 항상 진행되는 운동이 아니기 때문에 동물을 깨우는 것이 될 수 없다(『잠과 깸에 관하여』 456a 24-26; 456b 11-14).

그렇다면 동물을 수면 상태에서 깨어나게 하는 것은 무엇인가? 아리스토텔레스는 이 질문에 대한 답변으로 이해될 만한 두 가지 설명을 제시한다. 첫 번째 설명에 따르면, 동물이 목표나 최상의 것을 추구하게 만드는 본성을 갖고 있기 때문에 깨어난다는 것이다.

> … 본성(또는 자연)이 목적을 위해 작동하고, 또한 이 목적이 좋은 것이라고 우리가 주장하듯이, 움직이는 힘과 함께 본성을 부여받았으나 기꺼이 스스로에게 항상, 그리고 지속적으로 움직일 수 없는 모든 동물에게 휴식은 필요하고도 이로운 것이다. … 그러나 깨어 있는 상태가 그 목표이다. 왜냐하면 감각지각이나 사고의 작동은 이것들이 최상의 것이고 목표가 최상의 것인 한에 있어서, 이것들 가운데 어떤 하나가 속한 모든 존재자들에게 목표이기 때문이다. 다시 말해서 잠은 필연적으로 각각의 동물에게 속한다. 만약 동물이 존재하고 그 자체의 본성을 갖는다면, 그것은 타고난 능력들을 가져야 하며, 또한 만약 이것들이 그것에 속한다면, 다른 어떤 것들과 그와 마찬가지로 그것에 속해야 한다는 조건적 의미에서, 나는 '필연'이라는 용어를 사용한다. (455b 13-28)

여기에서 우리는 자연적 존재자들과 그것들의 운동들에 대한 아리스토텔레스의 전형적인 목적론적 설명을 접하게 된다. 즉, 자연적인 존재자들은 자신들의 본성으로 인해 본질적으로 좋거나 최상의 목적을 향해 움직이는 성향을 갖는다는 것이다. 아리스토텔레스는 동물들이 감각지각 능력을 가지며, 또한 휴식하지 않고는 그것을 활용하지 못할 것이기 때문에, 동물들에게 잠이 필요하다고 생각한다(454b 7-8). 잠을 자고 있을 때, 동물들은 그 능력을 실현하지 못한다. 그러나 사고뿐만 아니라 감각지각의 활용은 그것들에게 최상의 것이며, 따라서 그것들은 깨어난다. 그렇다면 동물들에게 최상의 것은 무엇인가? 아리스토텔레스는 그것들의 생존이라고 답변한다(『영혼에 관하여』415b 12-22). 그리고 그것들이 생존하기 위해 그것들은 감각지각 능력을 비롯하여 타고난 어떤 능력들을 가져야 한다.

동물이 수면 상태에서 깨어나게 하는 것은 무엇이냐는 질문에 대한 아리스토텔레스의 두 번째 설명은 기계적 또는 생리적인 용어들을 통해, 즉 소화 과정에서의 뜨거움과 차가움을 통해 제시된다. 그에 따르면, 섭취된 먹이의 소화는 동물 내부에 열을 발생시키며, 그 열은 동물을 잠들게 만든다(『잠과 깸에 관하여』456a 27-28; 457b 7 이하). 여기에서 아리스토텔레스는 열을 식히거나 조절하는 역할을 심장에 부여한다(456a 4 이하). 소화가 끝나면, 심장이 열을 식혀서 동물이 깨어난다는 것이다(458a 10 이하). 아리스토텔레스에게 있어서 자연적인 열은 모든 생명체에게 필수적이다(『젊음과 늙음에 관하여』470a 20-21; 473a 9). 그는 먹이의 소화와 주변 공기의 호흡이 생물을 살아 있도록 유지하는 열의 조절을 돕는 두 가지 요소라고 말한다(470a 21-22;『호흡에 관하여』476a 21 이하). 소화된 음식은 뜨거우며(비교: 『잠과 깸에 관하여』457a 5; 457b 10), "뜨거운 것에 의해 그 물질적인 요소가 혈관을 따라 머리까지 위로 전달될 때 잠이 온다"(457b 20-21). 소화가 완료되었다는 것은 육체의 온도가 내려갔다는 것이며, 이처럼 육체의 온도가 내려가 차가워지면 동물이 깨어난다.

위의 인용문 (A)와 (B)에서 언급된 잠과 깸에 대한 아리스토텔레스의 설명은 생리적인 용어들을 통해 제시되는 두 번째 설명에 가깝다. 사실상 그는 여기에서 아직 목적론적인 설명을 염두에 두고 있는 것 같지는 않다. 위 단락들에서 그는 동물이 잠들어 있는 동안 소화의 생리적 과정이 완료된다고 말한다. 그렇다면 그가 이 특정한 예를 설명하려 애쓰는 이유는 무엇인가? 그것은 아마도 그가 잠들어 있는 동물에 대한 관찰에 기초하여 자기운동자의 존재를 주장하는 사람들에 의해 제기되는 반론에 직면했기 때문일 가능성이 있다. 즉, 그들은 동물들이 잠들어 있을 때는 아무런 운동을 하지 않다가, 깨어날 때는 외부의 어떤 것에 의해서도 움직여지지 않고 그것들의 운동을 시작하는 듯이 보인다고 주장한다는 것이다. 그러므로 동물의 운동은 저절로 시작되는 것이며, 그 운동이 영원히 지속될 필요가 없는 것이다. 아리스토텔레스의 입장에서 이런 반론을 반박하기 위해서는, 잠들어 있는 수면 상태가 운동이 완전히 부재한 상태가 아니라는 것을 보일 필요가 있는 것이다. 우리가 알듯이, 실제로 수면 중에도 동물의 육체 내부에는 항상 어떤 운동이 지속된다는 점에서, 실제로 그의 설명은 설득력이 있어 보인다. 즉, 동물은 자고 있는 동안에도 성장하고 호흡한다. 그리고 동물이 그런 운동을 산출하기 위해서는 먹이의 소화나 공기의 호흡이 필요하다는 것도 분명하다. 위 인용문 (A)와 (B)에서 아리스토텔레스는 호흡보다 주로 먹이의 소화에 대해 논의한다.

그렇다면 동물의 장소운동은 어떤가? 아리스토텔레스가 그것을 다른 종류의 운동과 구분하는 이유는 그리 분명하지 않다.[87] 그리고 먹이의 소화는 장소운동과 어떤 관련성을 갖는가? 장소운동에 관한 한,

---

[87] Coren(2019c, p.34 각주 1 참조)은 장소운동이 다른 종류의 운동들보다 시간적으로, 그리고 형상적으로 우선적이라는 아리스토텔레스의 『자연학』 VIII.7에 대해 설명한다. 장소운동의 시간적인 우선성은 영원한 것들이 장소운동 외의 다른 운동을 하지 않는다는 의미이며, 형상적인 우선성은 다른 종류의 운동을 할 때보다 장소운동을 할 때 사물의 형상이 덜 손실된다는 의미이다.

우리는 먹이가 그것의 필요조건이 되는 두 가지 의미를 생각해 볼 수 있다. 첫째는 먹이가 영양분이 된다는 의미에서 장소운동의 필요조건이라 할 수 있다. 즉, 먹이가 없다면, 동물은 그것의 생존에 필요한 영양분을 섭취할 수 없을 것이다. 둘째는 먹이가 동물의 장소운동을 하는 목표가 된다는 점에서 필요조건이라 할 수 있다. (A)에서 아리스토텔레스는 지성과 욕구가 어떤 운동의 원인들이 될 수 있다고 말한다. 그러나 그것들에 의해 유발되는 운동은 분명히 성장이나 소화는 아니다. 왜냐하면 동물의 성장과 소화는 그것이 성장하거나 또는 소화하려는 욕구에서 비롯되는 것이 아니기 때문이다.

동물의 영혼에 관한 다음 장의 논의에서 자세히 보겠지만, 동물이 영혼을 가짐으로써 수행할 수 있는 운동의 세 가지 유형인 질적 운동, 양적 운동, 그리고 장소운동 가운데서(『영혼에 관하여』 406A 11-14), 아리스토텔레스는 동물이 지성이나 욕구를 이용하는 유일한 운동은 장소운동이라고 생각한다. 욕구는 무언가를 위한 욕구이므로, 욕구를 갖는다는 것은 그것의 대상 또는 목표가 없다면 무의미하다. '엄밀하게 말하자면' 장소운동은 두 가지 점에서 동물에 의해 시작되는 것이 아니다. 먹이의 존재는 생물로 하여금 운동을 수행함으로써 생명을 유지하게 해주는 선행 조건이며, 또한 그것은 욕구의 대상으로도 필요하다.

아리스토텔레스는 장소운동이 어떻게 유발되는가에 대한 문제를 운동에 관해 전반적으로 논의하는 『자연학』에서 다루지 않고, 『영혼에 관하여』와 『동물의 운동에 관하여』에서 다룬다. 동물의 장소운동이 외부 대상에 대한 동물의 인식과 관련되어 유발된다는 것은 분명하다. 그러나 장소운동이 '엄밀하게 말하자면' 자기운동이 아니라고 주장할 때, 아리스토텔레스는 아직 그 문제에 관심을 갖고 있지 않은 듯이 보인다. 그는 다만 장소운동의 주체인 동물의 생존에 먹이가 필요하므로, 장소운동은 엄밀하게 말하자면 동물에 의해 시작된 운동이 아니라고 말한다.

위 인용문 (B)에서, 아리스토텔레스는 장소운동을 '도구'라는 용어를 통해 다른 종류의 운동들과 구분한다. 그는 동물이 '그 자체를 도구로 삼아' 경험하는 운동들이 아닌 대표적인 사례들로 성장과 감소, 그리고 호흡 같은 것을 소개한다. 그가 여기에서 제시하는 요점은 동물이 소화와 호흡에서 하는 것과는 달리, 장소운동을 산출함에 있어서 외부 대상을 직접적으로 조작하지 않는다는 것이다. 동물은 성장과 호흡을 위해, 그리고 그것의 생명을 유지하는 데 필요한 열을 조절하기 위해 먹이와 공기를 필요로 한다. 이런 경우들에서는 외부 대상들을 실제로 이용한다. 다른 한편으로, 장소운동의 경우에는 동물이 근본적으로 외부 대상들로부터 획득된 요소들로 구성된 육체의 구조와 기관을 필요로 한다. 그러나 이 경우에는 동물이 외부 대상들을 직접적으로 이용하지 않는다. 다시 말해서, 동물은 성장과 호흡의 경우보다 장소운동의 경우에 외부 대상에 덜 의존한다는 것이다. 다른 곳에서 아리스토텔레스는 동물에게 있어서 장소운동을 우선적인 운동이라고 말하는 또 다른 이유를 제시한다.

… 운동 중에 있는 사물은 다른 종류의 운동에서보다 장소운동 과정에서 그것의 존재를 덜 상실한다. 어떤 사물이 질적인 변화를 할 때는 질적인 변화가 있으며, 어떤 사물이 성장하거나 감소할 때는 양적인 변화가 있다는 의미에서, 그것(장소운동)은 존재의 변화를 포함하지 않는 유일한 운동

이다. (261a 20-23, 괄호 안의 글은 필자가 첨가한 것이다.)

『자연학』 VIII권에서 생물의 운동에 대해 논의할 때, 아리스토텔레스는 장소운동에 관심을 갖고 있는 것으로 보인다(예: 255a 3 이하). 이런 성향은 순환운동(원운동)이 우주의 영원한 운동임을 주장하려고 애쓰는 VIII.7-10에서 제시된 장소운동의 우선성에 대한 그의 논의와 관련된 것으로 보인다. 사실상 아리스토텔레스는 장소운동이 우주에서 우선적이므로, 그것이 동물에서도 우선적이어야 한다고 생각하는 듯하다(비교: 261a 14-26). 그러나 그는 우주에서는 장소운동이 다른 종류의 운동들보다 시간적으로 앞서지만, 동물의 경우에는 그렇지 않다고 생각한다. 그는 동물이 성장 과정에서 장소운동을 가장 나중에 수행한다고 분명히 말한다.[88] 우주의 영원한 운동, 즉 천체의 장소운동은 시간적으로 우선적이지만(260b 29-30), 이와 달리 동물의 경우에는 장소운동이 시간적인 우선성이 아니라 그것의 목적론적 순서에서 존재자의 완성과 관련된다고 아리스토텔레스는 말한다(261a 18-19). 이에 대한 설명은 사람의 경우를 통해 가장 잘 설명될 수 있을 것이다. 예를 들어, 질적 변화나 양적 변화는 아기가 태어나자마자 이루어지지만, 기거나 걷는 등의 장소운동은 어느 정도 시간이 흐르고 아기의 성장이 좀 더 이루어진 뒤에야 가능하다는 것이다.

만약 아리스토텔레스가 이런 점에서 장소운동을 다른 운동들과 구별한다면, 그는 소화와 호흡 등을 '전적으로' 환경에 의해 야기된 운동들로 간주하고자 하는 것인가? 위에서 보았듯이, 그는 그런 운동들을

---

[88] 261a 14-15. 비교: 260b 15 이하; 『형이상학』 V.11.

생리적 또는 기계적인 용어들로 설명한다. 만약 그가 그 운동들이 외적 원동자에 의해서만 시작된다고 생각한다면, 그것들이 자기운동에 속한다는 주장을 거부할 것이다. 그러나 아리스토텔레스는 종종 환경이 동물에게 영향을 주는 것이 아니라 오히려 동물에 의해 영향을 받는다고 주장한다. 다시 말해서, 먹이가 동물을 먹여 살리는 어떤 것이 아니라 동물이 공급하는 어떤 것이라는 것이다. 『영혼에 관하여』 II.4 에서, 아리스토텔레스는 동물과 먹이에 대한 설명에서 먹이가 아니라 동물(즉, 피영양섭취자)이 영양섭취에 책임이 있다고 말한다.[89]

> 먹이는 '피영양섭취자'에 의해 영향받지만, 그 반대로 {피영양섭취자'가} 먹이에 의해 영향받는 것은 아니다. 이것은 목수가 재료에 의해 {영향받지} 않고, 오히려 그 {재료가 목수에} 의해 영향받는 것과 같으며, 그 목수{의 변화}는 단지 비활동으로부터 활동으로의 변화일 뿐이다. (416a 34-416b 3)

아리스토텔레스는 먹이가 영양섭취의 필요조건임을 부정하지는 않는다. 그렇지만 그는 그것이 영양섭취의 충분조건이라고, 즉 동물에게 영향을 주는 것이라고 말하고 싶어 하지 않는다. 따라서 그는 다음과 같이 덧붙인다.

어떤 것도 생명을 공유하지 않으면서 영양섭취를 하지는 않기 때문에, '피

---

[89] 『호흡에 관하여』 472a 23 참조. 그는 "숨과 호흡 운동의 근원은 [동물] 내부에 있음에 틀림없다. 그것은 주변의 압력 때문이 아니다."라고 말한다.

영양섭취자'는 '영혼을 갖는 한에 있어서' 영혼을 가진 육체이다. 따라서 먹이는 영혼을 가진 것과 관련 있으며, {그 관련성은} 우연적인 것이 아니다. 영양섭취를 한다는 것과 성장한다는 것은 다르다. 왜냐하면 **영혼을 가진 것은 그것이 양적인 한에 있어서 성장하며, 또한 그것은 '어떤 이것' 또는 실체인 한에 있어서 영양섭취를 하기 때문이다.** 왜냐하면 {영양섭취는} 그 실체를 보존하기 위한 것이며, {또한 그 실체는} 영양섭취하는 한에 있어서 계속 존재하기 때문이다. (416a 34-416b 3. 굵은 글씨는 필자가 강조한 것이다.)

아리스토텔레스가 여기에서 특히 강조하고 있는 것은 먹이가 동물로 하여금 본성에 위배되는 운동을 하게 만드는 어떤 것이 아니라는 것이다. 즉, 먹이가 영혼을 가진 육체의 몸통을 증가시키는 것은 영혼을 가진 육체의 몸통이 증가할 수 있는 그런 본성을 갖기 때문이라는 것이다. 우리는 앞에서 보았던 단순요소들의 본성과 제일원동자의 관계에 대한 논의를 상기할 필요가 있다. 그곳에서 우리는 제일원동자가 그것들의 본성적인 운동을 야기하는 것이 아니라 단지 가속화할 뿐이라는 아리스토텔레스의 주장을 보았다.[90] 이와 마찬가지로, 환경과 동물의 관계에서, 환경(즉, 여기에서는 먹이)은 동물의 본성에 위배되는 운동, 즉 우연적인 운동을 야기하지 않는다. 그것은 다만 동물이 그것의 본성적인 운동을 완벽하게 하도록 돕는 역할을 수행

---

90 생물의 부동자, 즉 생물 내부에 있는 부동의 원동 부분은 피동 부분의 운동을 야기하지 않는다. 왜냐하면 Gill(1991, p.244 참조)이 말하듯이, 만약 부동의 원동자가 그런 운동을 야기한다면, "그것은 그 자극을 제공하기 위해 이전 상태에서 달라질 필요가 없을 것이고, 또한 움직여지지 않을 수가 없게 되기 때문이다."

할 뿐이다.동물의 운동에 대한 환경의 역할을 이렇게 해석할 때, 우리는 이제 (A)와 (B)에 대한 피상적인 인상과는 달리, 아리스토텔레스가 성장이나 호흡 등이 동물의 자기운동임을 부정하지 않는다는 결론에 도달하게 된다.[91] 다시 말해서, 그는 장소운동 외의 다른 종류의 운동들도 제한적인 의미에서, 즉 그가 단순요소들의 운동에 적용하는 의미에서 자기운동임을 인정한다. 비록 제한적이긴 하지만, 그가 그런 운동들을 자기운동의 일종이라고 생각한다는 점에는 의심의 여지가 없다.[92]

2.4 부동의 원동자와 동일시되는 영혼

지금까지 우리는 아리스토텔레스가 『자연학』에서 소개하는 생물의 부동자, 즉 생물이 갖는 부동의 원동 부분이 『영혼에 관하여』에서 소개하는 영혼과 동일시된다는 것을 잠정적으로 인정한 채로 논의를 해왔다. 이제 아리스토텔레스가 정말로 그것들을 동일시하는가의 문제를 살펴보자. 워털로우(Waterlow)는 비록 아리스토텔레스가 "『자연

---

91 아리스토텔레스는 『자연학』의 어디에서도 식물이 자기운동을 할 수 있는 것으로 간주되어야 하느냐는 질문을 명확하게 제시하지 않는다. 그러나 앞에서 보았듯이, 그는 자기운동이 영혼을 갖는 생명체의 특징이라고 생각한다. 그리고 식물들이 최소한 영양섭취와 성장 등에 관련된 영양섭취혼을 갖는 것으로 이해되므로, 그것들도 성장과 관련하여 자기운동을 할 수 있다고 보는 것이 적절할 것이다. 그것들의 양방향 운동은 주변 환경으로부터 영양분을 흡수하거나 또는 흡수하지 않는 것이라 할 수 있다. 이와 관련하여, Gill(1991), p.245 참조.

92 여기에서 필자의 주된 관심은 동물 전체와 외부 원동자(또는 환경)의 관계이다. 생물이 가진 부동의 원동 부분과 피동의 부분 또는 (그것들과 각각 동일시되는 것으로 아래 논의에서 밝혀질) 영혼과 육체의 관계는 제3장에서 좀 더 자세하게 다루어질 것이다.

학』에서 영혼이 자기변화의 변화 요소라고 결코 언급하지 않지만", 그럼에도 아리스토텔레스가 "자기변화의 근원과 영혼"을 동일시하는 듯이 보인다는 인상을 배제하기 어렵다고 말한다.[93] 사실상 동물의 운동에 영혼이 관여한다는 것을 아리스토텔레스가 인정하는 듯이 보이는 『자연학』의 몇몇 구절들이 있지만, 그것들은 너무 불분명해서 그가 생물이 갖는 부동의 원동자와 영혼을 동일시한다고 주장하는 직접적인 증거로 사용하기는 어렵다. 예를 들어, VIII.9에서 그는 "영혼을 운동의 원인으로 삼는 사람들"을 언급하면서, 그들이 영혼을 스스로 움직이는 생물의 제일원리로 간주한다고 말한다(265b 33~266a 2). 그러나 그는 그들의 의견에 대한 동의 여부를 분명히 밝히지 않고 단순히 그들의 견해를 우리에게 전해주고 있다. 영혼이 자기운동에 관여한다는 것을 인정하는 듯이 보이는 또 다른 증거는 위에 인용되었던 (A)인데, 아리스토텔레스는 지성이나 욕구와 같은 영혼의 능력들이 동물의 운동을 유발하는 데 필요하다고 언급한다. 그러나 그곳에서 그것들은 부동의 원동자들이 아니라 피동의 원동자들, 즉 다른 것들에 의해 움직여짐으로써 또 다른 것들을 움직이는 운동자들로 소개된다. 우리는 자기운동자의 원동자가 "부동의 원동자(τὸ κινοῦν ἀκίνητον)", 즉 "다른 어떤 것에 의해서도 움직여지지 않는 부동의 운동자"라는 점에서 그러한 부동의 원동자를 영혼과 동일시하려 할 것이다. 그러나 『자연학』은 그것을 영혼이나 다른 어떤 것과 동일시할 수 있는가에 대해 분명하게 밝히지 않는다.

---

[93] Waterlow(1982), p.213. 그녀는 여기에서 사용하는 '자기운동(self-motion)'이란 용어 대신 '자기변화(self-change)'라는 용어를 사용한다.

따라서 아리스토텔레스가 부동의 원동 부분과 영혼을 동일한 것으로 간주하는가를 밝히려면, 『자연학』에서 제시되는 부동의 원동 부분에 대한 규정과 『영혼에 관하여』에서 제시되는 영혼에 대한 규정을 비교하는 것이 가장 좋고도 유일한 방법일 것이다. 그런 동일시를 뒷받침하는 가장 좋은 증거는 아마도 『영혼에 관하여』에서 영혼을 운동의 근원으로 소개하는 부분일 것이다(특히, 415b 22-27). 또한 그는 I.2에서 그것을 다른 어떤 것에 의해서도 움직여지지 않는 부동의 것으로 규정한다. 그는 그곳에서 영혼을 운동의 근원으로 규정하는 이전 철학자들의 견해를 받아들이지만, 그것이 "스스로 움직이는" 물질적 요소라는 견해는 거부한다(특히, 404a 21-24). 이어지는 장인 I.3에서, 그는 만약 영혼이 스스로를 움직인다면, 그것은 장소를 가져야만 한다고 주장한다(406a 14 이하). 만약 그렇다면, 영혼은 육체에서 분리되어 독립적으로 존재할 수도 있을 것이며(403a 10-11), 심지어는 죽은 "동물들이 죽음에서 부활"하는 것이 가능할 것이다(406a 2 이하). 따라서 그는 "영혼을 {공간적} 크기($\mu\acute{\epsilon}\gamma\epsilon\theta o\varsigma$)라고 말하는 것은 적절하지 않다."라고 주장한다(407a 3 이하).[94] 더 나아가 그는 운동이 그것의 속성이라고 말할 수 없다고 결론짓는다. 한편, 그는 I.3-4에서 영혼이 '그 자체에 의해' 움직여질 수 있다는 견해도 강하게 거부한다(408b 30-32).

생물의 부동의 원동 부분은 어떤가? 앞에서 보았듯이, 아리스토텔레스는 그것이 소멸 가능하다고 생각한다. 그러나 이런 견해를 문자 그대로 받아들이기에 앞서, "그는 부동의 원동자가 어떤 방식으로든

---

94 Hicks(1907), 407a 3-26에 대한 주석 참조.

움직일 수 있다고 보느냐?"라는 질문을 먼저 살펴봐야 한다. 『생성과 소멸에 관하여』 I.7에서, 아리스토텔레스는 다른 것에 의해 움직여지는 성향이 물질의 특징이라고 말하는데, 그렇다면 그는 다른 것을 움직이는 성향도 물질의 특징이라고 말할 것이다.

> 물질의 경우, 그것은 (물질인 한에 있어서) 수동적이다. 불은 물질에 체화된 뜨거움을 포함하지만, 물질에서 분리된 뜨거움은 (만약 그런 것이 존재한다 할지라도) 어떤 작용도 겪을 수 없다. 사실상 뜨거움이 물질에서 분리되어 존재한다는 것은 아마도 불가능하겠지만, 만약 이렇게 분리 가능한 어떤 존재자들이 있다 하더라도, 우리가 말하고 있는 것은 그것들에도 적용될 것이다. (324b 18-21)

이 인용문은 현실에서 운동하는 그 어떤 것도 물질에서 분리될 수는 없음을 함축한다. 그러나 우주의 부동의 원동자(우주의 부동자)는 분명히 물질로부터 분리되어 존재할 수 있다고 말해진다.[95] 아리스토텔레스는 『형이상학』에서 이러한 우주의 부동자는 영원한 원동자이므로 비물질적이라고 분명히 밝힌다(1071b 21-22). 나중에 그는 우주의 부동자에 대해 "영원하고 움직일 수 없으며 감각적 사물들로부터 분리되는 실체가 있다. … 이 실체는 크기를 가질 수 없고, 부분이 없으며 분할 불가능하다."(1073a 4-8)라고 말한다. 그는 『자연학』에서는 우주의 부동자가 물질을 갖지 않기 때문에 "무제약적이고 우연적인" 모든 종류의 운동에서 벗어난다고 좀 더 분명하게 밝힌다(258b 15;

---

[95] 『자연학』 258b 24-25; 266a 10 이하; 『형이상학』 1071b 21 이하; 1073a 4-13.

259b 23-24).

그러나 비록 아리스토텔레스가 바로 이 점에서 우주의 부동자가 생물의 부동자와 다르다 할지라도, 그렇게 함으로써 그가 비운동성을 부정할 수는 없다. 왜냐하면 생물의 부동자는 정의상 다른 것에 의해 움직여지지 않기 때문이다. 아리스토텔레스에게 있어서 '움직여지지 않는 것'은 근본적으로 그것이 물질적이지 않다는 것을 함축한다. 왜냐하면 물질을 갖는 것은 변화할 수밖에 없기 때문이다. 즉, 아리스토텔레스식으로 표현하자면, 물질로서의 물질(the matter *qua* matter)은 쉽게 변화하는 성향을 갖기 때문이라고 말할 수 있을 것이다(『생성과 소멸에 관하여』 324b 4-5; 335b 30-31). 이와 같이 생물의 부동자는 운동을 하지만, 그것은 부동의 원동자로서 운동하는 것이 아니라 물질로서, 즉 물질과 하나를 이룸으로써 운동하는 것이다. 따라서 생물의 부동자가 가졌다고 말해지는 소멸성은 '우연적인 운동'을 통해 설명되어야 한다. 다시 말해서, 생물의 부동자 자체가 운동하지는 않지만, 그것은 기저에 깔린 물질적인 어떤 주체와 함께 있기 때문에 운동하게 된다.[96]

우리는 이것을 배에 타고 있는 선원들의 비유를 통해 설명해 볼 수 있다. 선원들은 그들이 움직이지 않더라도, 배가 움직이기 때문에 움직여진다는 것이다. 따라서 생물의 부동자가 소멸성을 갖는다는 것은 생물의 부동자 자체가 운동하거나 변화함으로써 소멸한다는 것이 아니라 그것을 갖고 있는 물질적인 주체가 소멸하기 때문에 그것

---

[96] 『영혼에 관하여』 408a 30-33 참조, "영혼은 우연적으로 움직여지며, 심지어 스스로를 움직이기도 한다. 즉, [영혼을] 담고 있는 것이 움직여질 수도 있고, 영혼에 의해 움직여질 수도 있다. 그 외에 그것이 공간적으로 움직여지는 다른 경우는 없다."

도 소멸한다고 말해진다는 것이다. 우주의 부동자와 생물의 부동자의 주된 차이점은 생물의 부동자가 물질적인 것에 올라타는 방식으로 존재하는 반면에, 우주의 부동자는 물질적인 것과 아무런 직접적인 관계를 갖지 않는다는 것이다. 만약 어떤 것이 물질로 구성된다면, 그것은 원칙상으로 운동하기 마련이다. 그러나 생물의 부동자 자체는 물질도 아니고 물질화되는 것도 아니며, 다만 물질에 내재한다고 표현할 수 있을 것이다. 따라서 아리스토텔레스는 그것이 운동하는 것은 본질적인 것이 아니라 우연적인 것이라고 말하거나, 또는 그것이 그것으로 운동하는 것이 아니라 물질에 내재한 것으로서 운동한다고 말한다.[97] 그는 『영혼에 관하여』 406b 4 이하에서 영혼의 운동을 그와 동일한 방식으로 설명한다. 생물의 부동의 원동 부분이 갖는다고 말해지는 모든 특징과 영혼이 갖는다고 말해지는 모든 특징을 고려할 때, 우리는 그것들이 서로 동일시된다고 강하게 주장할 수 있게 된다.

이제 아리스토텔레스가 의미하는 생물의 부동자나 영혼의 우연적인 운동에 대해 좀 더 살펴보자. 그는 『자연학』 VIII.6에서 다음과 같이 말한다.

(더구나 이 모든 것들 안에 있는 그것들의 자기운동의 제일원동자와 원인 그 자체는 비록 우연적인 의미이긴 하지만 스스로에 의해 움직여진다. 즉, 몸이 장소를 이동하고, 따라서 몸 안에 있는 것도 그것의 장소를 이동하며, 또한 스스로를 지렛대

---

[97] 따라서 아리스토텔레스는 만약 영혼에 본질적인 어떤 운동이 있다면, "그것은 장소를 가져야만 한다."라고 말한다(『영혼에 관하여』 406a 14–22).

로 삼아 움직인다.) 따라서 만약 하나의 사물이 자신들을 우연적으로 움직이는 부동의 사물들에 속한다면, 그것이 지속적인 운동을 야기하기가 불가능하다는 것을 우리는 확신할 수 있을 것이다. 따라서 지속적으로 운동이 있어야 한다는 필요성은 움직이지 않는 제일원동자가 우연적으로라도 있어야 할 것을 요구한다. … (259b 17 이하)**98**

몸 안에 있는 생물의 부동자가 "스스로를 지렛대로 삼아 움직인다."라는 말을 어떻게 이해할 것인가? 로스는 여기에서 아리스토텔레스가 의미하는 바를 다음과 같이 이해한다. "만약 지렛대로 추를 계속 들어 올리려면, 그것은 후자가 움직일 때 후자와 계속 접촉해 있어야 한다. 아리스토텔레스의 생각은, 이와 마찬가지로 영혼이 육체

---

98 아리스토텔레스는 『자연학』 V.1에서 세 종류의 운동(또는 변화)을 구분한다. 첫째는 "하나의 사물 자체가 직접적으로 운동하기 때문에, 그것이 운동"(224a 27-31)한다고 말해지는 본질적인 운동, 둘째는 하나의 사물이 우연적으로 운동하기 때문에, 그것이 운동한다고 말해지는 우연적인 운동(224a 21-23), 그리고 셋째는 "하나의 사물에 속한 어떤 것이 운동하기 때문에, 그것이 제한 없이 운동한다고 말해지는" 부분적인 운동(224a a 23-27)이다. 그러나 생물의 부동자의 운동은 이러한 것들 가운데 어디에도 속하지 않는 것으로 보인다. 그것은 정의상 운동하지 않기 때문에 부동의 원동자의 운동은 본질적인 운동에 속하지 않으며, 동일한 이유에서 그것은 우연적인 운동도 아니다. 어떤 사물이 본질적인 운동이나 우연적인 운동을 한다고 말하는 것은 그것 자체가 운동한다는 것을 전제하는 데 반해, 생물의 부동자는 정의상 아무런 운동을 하지 않기 때문이다. 그것의 운동은 부분적인 운동의 반대라고 할 수 있다. 왜냐하면 생물의 부동자는 그것에 속하는 것이 아니라 오히려 그것이 다른 것에 속한다고 할 수 있기 때문이다. 한편, 『분석론 후서』 I.4, 73b 10 이하에 따르면, "만약 하나의 사건이 다른 것 때문에 발생하면, 그 두 사건들의 관계는 본질적인 것이지 우연적인 것이 아니다"(Witt, 1989, p.105, 각주 3 참조). 그렇다면 영혼이 내재하는 육체가 움직일 때면 영혼도 움직인다는 의미에서, 생물의 부동자의 운동과 그것이 내재하는 육체의 운동은 본질적인 것으로 보아야 할 것이다. 그러나 부동의 원동자 자체가 갖는 본질적인 운동은 없으며, 따라서 아리스토텔레스는 물질에 내재함으로써 운동하는 부동의 원동자의 운동이 우연적인 운동이라고 말하고 싶을 것이다.

를 움직일 때 그것은 육체와 계속 접촉해 있어야 하며, 이렇게 육체를 움직임으로써 스스로를 우연적으로 움직인다는 것이다."[99] 로스의 설명은 마치 영혼이 육체와 물리적 접촉을 해야 한다는 듯한 인상을 준다. 하지만 영혼은 그 자체로서 물질적이지 않은 부동의 원동자이기 때문에, 육체와 그러한 물리적 접촉을 하지 못한다. 따라서 영혼이 육체와 하는 접촉은 어쨌든 지렛대와 추의 관계와는 달라 보인다. 우주의 부동자가 어떻게 움직이는가의 문제를 설명하는 『형이상학』 XII.7에서, 아리스토텔레스는 그것이 '사랑받음으로써' 사물들에 운동을 야기한다고 말한다(1072b 3). 그보다 앞서, 그는 "욕구의 대상과 사고의 대상은 이런 방식으로 움직인다. 그것들은 움직여지지 않고 움직인다."(1072a 26-27)라고 말한다. 또한 아리스토텔레스는 다른 곳에서 이러한 한 방향의 운동을 다음과 같이 설명한다.

대체로, 분명히 A가 B에 닿는다면, B는 A에 닿는다. … 따라서 만약 어떤 것이 스스로 움직여짐이 없이 운동을 부여한다면, 그것은 움직여진 것에 닿겠지만, 그것에는 아무것도 닿지 않을 것이다. 왜냐하면 우리는 때때로 우리를 슬프게 만드는 사람이 우리에게 닿지만 우리가 그에게 닿는 것은 아니라고 말하기 때문이다. (『생성과 소멸에 관하여』 323a 25-33)

위 인용문에 언급된 슬픔의 사례는 아리스토텔레스가 여기에서 반드시 육체적 접촉을 염두에 두고 있는 것은 아님을 의미한다. 다른 곳에서 그는 행위주체가 행위객체와 다른 물질을 갖는다는 것이 한

---

99 Ross(1936), 259b 19에 대한 주석 참조.

방향 운동의 조건 가운데 하나라고 말한다(328a 22-23). 그러나 이것이 한 방향 운동의 관계에 일반적으로 모두 적용되는 것은 아니다. 왜냐하면 우주의 부동자와 생물의 부동자는 그것들이 움직이는 대상과 '다른 종류의 물질'을 갖는 것이 아니라 물질을 전혀 갖지 않는 것이기 때문이다.

생물의 부동자가 "스스로를 지렛대로 삼아 움직인다."라는 표현에 대한 그럴듯한 설명은 아마도 『영혼에 관하여』 408b 1 이하에 대한 아크릴(Ackrill)의 해석에서 찾아볼 수 있을 것이다.

영혼은 공예가가 도구를 사용하는 것처럼 육체를 사용하는 것이 아니며, 오히려 (목수의 기술 같은) 기술이 도구의 움직임을 통해 필연적으로 작동되고 내보여질 수 있다는 점에서, 그것이 도구를 사용한다고 말해질 수 있을 것이다. 생물들에게 특징적인 힘들이 그것들의 육체들의 움직임을 통해 작동되고 내보여진다. … "어떤 사람이 그의 영혼과 함께(with his soul) 일한다."라는 또 다른 표현도 "공예가가 이 도구와 함께(with this tool) 일한다."라는 표현과 비슷하기보다 오히려 "공예가가 자신의 기술과 함께(with his skill) 일한다."라는 표현과 비슷하다. 동물이 먹고 욕구하는 것은 그것이 살아 있고, 또한 영양섭취와 욕구의 능력을 갖기 때문이다. 달리 말해서, 동물은 '그것의 영혼과 함께(with his soul)' 먹고 욕구한다는 것이다.[100]

우주의 부동자와 생물의 부동자가 갖는 중요한 차이점은 전자가

---

100 Ackrill(1981), p.62.

어떤 물질에도 내재함이 없이 다른 것들을 움직이는 반면에, 후자는 반드시 물질(또는 육체)에 내재되어야 한다는 것이다. 다시 말해서, 생물의 부동자는 육체가 없이는 어떤 일도 할 수 없다. 생물의 부동자는 물질적인 어떤 것에 의존하지 않고 그 자체로서 스스로를 움직이거나 또는 스스로에 의해 움직이는 것이 아니며, (아리스토텔레스의 질료형상론에 대한 제3장의 논의에서 보듯이) 그것은 물질에서 분리되어서는 어떤 운동도 할 수 없을 뿐만 아니라 사실상 존재할 수조차 없다. 이미 여러 차례 언급되었듯이, 생물을 구성하는 부동의 원동 부분과 피동 부분의 관계는 밀접한 내적 관계를 갖는다. 아크릴의 설명은 사실상 영혼과 육체의 이러한 관계를 잘 보여주고 있다. 영혼이 육체를 움직이는 것은 공예가가 의자를 만들기 위해 도구를 사용하는 것과는 다르다. 아크릴이 '도구'와 '기술'을 구분하는 것은 아마도 전자는 공예가에게서 분리될 수 있는 반면에, 후자는 그에게서 분리될 수 없는 것임을 강조하기 위한 것으로 보인다. 그가 고려하는 것은 '도구'나 '기술'이 공예가와 어떤 관계를 갖느냐는 것이다. 공예가와 기술의 관계는 실제로 우리가 이 책의 전체에 걸쳐 다루는 영혼과 육체의 관계에 대한 적절한 유비로 보인다.

지금까지 살펴보았듯이, 아리스토텔레스는 자기운동자에 대한 분석에서 네 종류의 운동을 구분한다. 즉, 그것들은 (a) 행위객체가 내부에 어떤 운동의 근원도 갖지 않는 강제된 운동, (b) 운동의 근원을 내부에 가짐으로써 한 방향의 운동을 할 수 있으며, 그럼에도 우주의 제일원동자와 어떤 방식으로든 관련되는 단순요소들의 본질적인 운동, (c) 영혼, 그리고 그것에 상응하는 육체적 부분을 가짐으로써 양쪽 방향 운동을 할 수 있는 생물의 자기운동, 그리고 (d) 다른 어떤

것에 의해서도 움직여지지 않고 스스로 움직이는 부동의 원동자의
운동이다. (b)의 단순요소들이 어떤 방식으로든 제일원동자에 의해
움직여지듯이, (c)의 생물도 주변 환경과 어떤 관계를 갖는다. 그리고
이제 우리는 단순요소들과 생물들의 차이점이 전자가 한 방향의 운
동만을 하는 반면에, 후자가 양쪽 방향의 운동을 한다는 것이라고 결
론 내릴 수 있을 것이다. 즉, 본성적으로 불은 위로만 움직이고 흙은
아래로만 움직이는 반면에, 본성적으로 생물은 왼쪽으로도 움직이고
오른쪽으로도 움직인다는 것이다.[101] 또한 무엇보다도 생물은 서로
분명히 다른 역할을 수행하는 두 부분, 즉 다른 어떤 것에 의해서도
움직여지지 않으면서 다른 것을 움직이는 부동의 원동 부분과 다른
것에 의해 움직여지는 피동의 부분으로 구성된다는 특징을 갖는다.

생물 내부의 부동의 원동자와 우주 내부의 부동의 원동자는 모두
부동의 원동자임에도 불구하고, 전자는 본질적으로 물질 또는 육체
안에 내재한다는 특징을 갖는다. 따라서 영원하고 모든 종류의 운동
에서 벗어나는 우주의 부동의 원동자와 달리 생물의 부동의 원동자
는 사멸하고 또한 변화하지만, 오직 우연적으로만 그렇다. 우연적으
로 사멸하고 변화한다는 것은 그것이 본질적인 운동이 아니라 그것
이 육체에 내재함으로써 겪는 우연적인 운동이라는 것이다. 이러한
특징은 아리스토텔레스로 하여금 생물 내부에 있는 부동의 원동자가
'부동', 즉 다른 어떤 것에 의해서도 움직여지지 않으면서 다른 것의
운동 원인이 되는 운동자임에도 불구하고 환경 또는 외부 대상에 의

---

101 특히, 사람의 경우에 양방향 운동은 좋아하는 빵임에도 불구하고 그걸 어떤 때는 먹
고, 다른 때는 먹지 않는 경우를 예로 들 수 있다.

한 수동적 운동이 가능하다고 주장할 수 있게 해주는 이론적 장치라 할 수 있다.[102]

필자가 여기에서 제시하려는 주된 논점은 생물이 절대적인 의미에서 자기운동자라거나 자기운동을 하는 것이 아니라는 것이다.[103] 그의 견해는 자기운동자가 절대적인 의미에서 외부세계와 아무런 관련이 없다는 견해가 아니다. 그가 자기운동자라는 개념을 내부에 부동의 원동 부분을 가진 것으로 규정하는 한에 있어서, 그는 환경의 영향을 반드시 부정할 필요가 없다. 자기운동자에 대한 환경의 영향은 영혼에 대한 영향이 아니라 육체에 대한 영향으로 이해되기 때문이다. 비록 영혼이 육체에 필연적으로 내재하는 한에 있어서 그것은 수동적인 운동을 겪을 수밖에 없지만, 아리스토텔레스는 그것을 영혼의 본질적인 운동이 아니라 우연적인 운동으로 부른다(『자연학』 259b 17 이하). 이런 입장을 유지함으로써, 물론 영혼이 부동의 원동자로 규정되는 한에 있어서, 그것에는 우주 내에 있는 부동의 원동자와 동일한 모든 종류의 특징들이 부여된다.

그러나 그것이 육체 내부에 내재한다는 한 가지 이유로 인해, 그것

---

102 주지하듯이, 자기운동의 수동적 운동은 그것의 우연적인 운동과 구분되어야 한다. 즉, 우연적인 운동은 자기운동자의 내적 역량과 무관하게 외부의 원동자에 의해 부여된 운동인 반면에, 수동적 운동은 외부의 원동자와 관련되지 않고는 실현될 수 없는 자기운동자의 역량을 전제한다.

103 아리스토텔레스는 우주의 제일원동자와 환경 사이의 관계를 고려하지 않고, 환경을 동물의 장소운동의 근본적이고도 직접적인 원인으로 다룬다. 그러나 그것들 사이에 어떤 관계가 있다는 것은 인정되어야 한다. 그것이 우리에게 별다른 문제가 되지는 않는다. 왜냐하면 우리가 다루고 있는 문제는 생물이 어떻게 그것의 수동성(즉, 환경의 영향)을 부정하지 않고 그것이 그 자체의 운동에 책임이 있는 자기운동자라고 말해질 수 있는가 하는 문제이기 때문이다.

은 우주의 부동의 원동자에게 부여되지 않는 또 다른 일련의 특징들을 갖는다. 이제 영혼이 갖는 그러한 특징들은 그것의 운동이 본질적인 것이 아니라 우연적인 것이라는 한 가지 규정을 통해 가능해지는 것들이다. 지금까지 살펴보았듯이, 자기운동자에 대한 아리스토텔레스의 설명, 즉 생물이 영양섭취를 위해 주변 환경과 어떤 식으로든 관련성을 갖기 때문에 절대적인 의미에서 자기운동자라 할 수는 없지만, 그럼에도 그 내부에 부동의 원동 부분을 가짐으로써 제한적인 의미에서는 자기운동자라 할 수 있다는 설명이 상당히 설득력이 있다고 생각한다. 자기운동자가 갖는 부동의 원동 부분과 피동의 부분은 각각 영혼과 육체와 동일시되며, 따라서 자기운동자의 운동이 어떤 식으로 유발되는가를 좀 더 분명하게 이해하기 위해서는 그것의 내적 부분들의 구조는 물론이고, 영혼과 육체의 상호 관계에 대한 논의가 필요하다. 그러나 이에 대한 아리스토텔레스의 견해를 살피기 전에, 아리스토텔레스 이전 철학자들이 영혼에 대해 어떻게 이해했는가를 먼저 살펴보자.

제2장

고대 그리스의 영혼 개념

영혼이란 무엇인가? 영혼은 실제로 존재하는 것인가? 영혼은 영원히 존속하는 것인가, 아니면 어느 순간 죽음의 순간을 맞는 것인가? 영혼은 항상 육체 안에서만 존재하다가 사람이 죽게 되면 같이 죽는 것인가, 아니면 육체가 기능을 멈춘 뒤에도 어느 순간에 육체와 분리되어 독립적으로도 존재하는 것인가? 영혼은 물질적인가 또는 비물질적인가? 영혼은 외부세계나 살아 있는 사람들에게 영향을 미치는가, 영향을 미칠 수 있다면 어떤 영향을 미칠 수 있는가? 사람들은 도대체 왜 영혼이라는 개념을 처음 생각하기 시작한 것인가? 영혼이라는 개념은 항상 동일한 의미로 이해되었는가, 아니면 의미의 변화가 있었는가? 그리고 의미의 변화가 있었다면, 어떤 의미의 변화가 있었는가? 영혼과 관련된 이러한 물음은 죽음에 대해서 또는 사후세계의 존재에 대해서 궁금증을 갖는 사람들이 종종 떠올릴 만한 물음들이다. 우리가 기독교인이 아니라 할지라도, 우리는 많은 부분에서 기독교적인 영혼 개념에 익숙해져 있다. 기독교적인 개념에 따르면, 우리의 영혼은 육체의 죽음 이후에 육체에서 벗어나 홀로 존재하며, 이승에서 했던 행위의 결과로써 천국으로 가거나 또는 지옥으로 간다고 말해진다.[104] 그러나 영혼에 관한 이런 사고가 모든 민족이나 국가에 공통된 것은 아니며, 심지어 동일한 국가와 동일한 시대의 사람들에게도 서로 다를 수 있다. 아래에서 보듯이, 고대 그리스인들도 서로 다른 다양한 견해들을 갖고 있었다.

우리가 영혼에 대해 생각할 때 가장 먼저 머릿속에 떠올리는 장면은 무엇인가? 1990년도에 상영된 영화 〈사랑과 영혼(원제: Ghost)〉의 몇몇 장면을 통해서, 우리는 사람들이 영혼에 대해 흔히 생각하는 내용을 엿볼 수 있다. 샘 휘트 역의 패트릭 스웨이지(Patrick Swayze)와 몰리 젠슨 역의 데미 무어(Demi Moore)가 주연을 맡은 이 영화는 〈언체인드 멜로디(Unchained Melody)〉라는 노래와 도자기를 빚는 연인의 손을 잡는 장면으로 우리에게 잘 알려져 있다. 샘이 몰리와 데이트를 하던 중에 골목길에서 강도를 만나 죽게 되는데, 연인을 너무도 사랑했던 그는 죽은 뒤에도 몰리의 곁을 떠나지 못하고 머물다가 그녀가 위험을 벗어나도록 도운 뒤에 마침내 사후세계로 떠난다는 것이 이 영화의 줄거리이다.

---

104 Davis(2011, pp.1-2)는 영혼에 관한 문제는 기독교와 밀접한 관련성을 지닌다고 말하면서, 그것에 부여되는 몇 가지 규정을 언급한다. 그에 따르면, (i) 영혼은 우리의 동일성을 유지하게 해주는 것으로서 시간에 구애받지 않고, (ii) 그와 동일한 이유에서, 그것은 항상 변화하는 육체와 달리 물질적인 것도 아니고, (iii) 그것 "자체는 원인이지만 그럼에도 다른 것에 의해 야기되지 않"고, (iv) 그것은 자유롭고, 또한 (v) 그것은 "우리를 도덕적으로 책임 있는 행위주체들로 만들며, 따라서 처벌과 보상을 받게 만든다."

이 영화에서는 영혼이 죽음의 순간에 육체에서 튕기듯이 급하게 나오는 모습으로 그려지거나 흐릿한 형태의 무언가가 육체에서 서서히 빠져나오는 모습으로 그려진다. 그리고 영혼은 자신이 죽었다는 사실을 깨닫지 못하고 육체를 내려다보다가 마침내 길바닥에 누워 있는 시신이 자신임을 깨닫고 소스라치게 놀라는 모습을 보이기도 한다. 샘의 영혼은 지하철역으로 걸어가서는 다른 영혼을 만나기도 하고, 지하철역에 상주하던 영혼으로부터 병뚜껑을 튕기거나 동전을 들어 올리는 방법을 배워 물질적 사물을 움직이기도 한다.[105] 또한 영혼들은 저승사자들에게 끌려 지옥으로 가거나 또는 빛에 인도되어 천국으로 가서 다른 영혼들을 만나게 된다.

영혼이 육체에서 분리되어 독립적으로 존재할 수도 있음을 보여주는 이런 장면들은 사실상 오늘날 많은 사람들이 갖는 영혼에 대한 일반적인 생각이긴 하지만, 모두가 영혼을 항상 그런 방식으로 또는 동일한 방식으로 이해했던 것은 아니다. 사람들이 '영혼'이란 개념을 처음 갖기 시작한 것이 언제부터였는지는 정확히 알 수 없지만, 철학이 탄생하기 훨씬 전부터 사람들은 영혼에 다양한 의미와 역할을 부여했다. 이제 영혼에 대한 서양 고대 철학자들의 다양한 이해 방식을

---

105 운동이나 인과관계는 물질적인 사물에게만 부여되는 속성이며, 따라서 영혼이 물질적인 사물에 영향을 미친다는 것은 영혼이 물질적인 사물이라는 것이다. 즉, 종종 영혼이 비물질적인 것으로 규정되는데, '비물질'은 정의상 물질이 갖는 어떤 속성도 공유하지 않는다는 의미로 이해되며, 따라서 물질이 운동이나 인과관계 등의 속성을 갖는다면 비물질적 영혼은 그런 속성을 가질 수 없다. 만약 영혼이 비물질적임에도 불구하고 물질적인 사물에 영향을 줄 수 있다고 주장한다면, 비물질과 물질이 존재론적으로 서로 다름에도 불구하고 어떻게 상호작용을 할 수 있느냐는 데카르트적 문제에 봉착하게 된다.

살펴보자.

이 장의 첫 번째 논의로서, 우리는 먼저 아리스토텔레스 이전 시기를 세 시기로 나누어 당시의 사람들이 영혼에 대해 어떻게 생각했는가를 살펴볼 것이다. 첫 번째는 호메로스의 영혼 개념으로, 남아 있는 기록을 통해 우리가 확인할 수 있는 영혼 개념의 형성 과정을 검토한다. 두 번째는 소크라테스 이전에 활동했던 철학자들의 영혼 개념으로, 이들의 특징은 대체로 영혼을 물질적인 구성 요소를 통해 설명한다는 것인데, 그들이 어떤 물질을 통해 어떤 방식으로 설명하는가를 파악한다. 세 번째는 플라톤의 영혼 개념으로, 일반적으로 그는 이전 철학자들과 달리 영혼을 비물질적으로 설명한다고 말해진다. 과연 그의 비물리론적 설명이 그의 철학 체계 내에서 얼마나 일관적인지, 그리고 현대적인 관점에서 얼마나 설득력이 있는가를 논의한다. 이 논의를 통해, 우리는 영혼과 육체에 대한 아리스토텔레스 이전 철학자들의 견해가 뒤에서 집중적으로 논의될 아리스토텔레스의 견해와 어떤 점에서 어떻게 다른가를 판단할 토대를 갖게 될 것이다.

1. 호메로스의 영혼 개념

일반적으로 서양철학은 기원전 7세기의 탈레스(Θαλῆς, 기원전 약 624/623-548/545)로부터 시작되었다고 알려져 있다. 탈레스 전후의 공통적인 관심사는 우주가 어떻게 시작되었고, 어떻게 운행되고, 왜 그렇게 운행되며, 무엇으로 이루어졌는가 등의 문제들을 설명하는 것이었다. 우리는 탈레스 이전의 시대를 '신화의 시대'라 부르고, 그 이후의 시대를 '철학의 시대'로 부른다. 신화의 시대란 자연세계에서 발생하는 현상들 가운데 인간의 능력으로 감당하기 어려운 초자연적인 현상들은 그런 힘을 가진 초자연적인 신(god)에 의한 것이라고 믿었던 시기로서, 인간이 다소 본능적이고 직관적인 사고를 했던 시기라고 할 수 있다. 이처럼 신화의 시대란 인간이 직관적으로 상상할 수는 있으나 현실적으로 직접 관찰하거나 접하지 못하는 초자연적인 존재자를 통한 설명을 시도했던 시기였던 반면에, 철학의 시대란 우리 주변에서 발견되는 좀 더 구체적이고 자연적인 요소를 통해 이성적으로 설명하려 시도했던 시기라고 할 수 있다.

'철학의 시대' 이전의 영혼 개념은 주로 호메로스("Ομηρος, 기원전 약 800-750)의 작품들과 관련하여 논의된다. 브레머(Bremmer)는 고대 그리스의 영혼 개념에 대한 근대적 논의가 니체(Nietzsche, F.W., 1844-1900)의 친구인 로데(Rohde)에 의해 1894년에 처음 시작되었다고 말하는데,[106] 철학의 시대 이전, 즉 호메로스 시대 무렵의 영혼 개념에 대한 근대 이후의 논의는 예거(Jaeger, 1936), 스넬(Snell, 1946),[107] 도즈(Dodds, 1953), 클라우스(Claus, 1981), 브레머(Bremmer, 1983), 그리고 데이비스(Davis, 2011) 등에서 찾아볼 수 있다.

호메로스는 서사시를 썼던 고대 그리스의 대표적인 서사시인으로, 『일리아드(Ἰλιάς, Ilias 또는 Iliad)』와 『오디세이(Ὀδύσσεια, Odyssey)』의

---

106 Bremmer(1983), p.3. 독일어 판본이 1894년에 출간되었으며, 여기에서 우리가 참고하는 영역본은 1925년에 출간되었다.

107 1948년에 출간된 Snell의 책 2판이 T.G. Rosenmeyer에 의해 1953년에 처음 영어로 번역되었고, 이 번역본의 2판은 2013년에 출간되었다.

저자로 알려져 있다.[108] 이 두 작품은 모두 기원전 12세기에 있었던 것으로 알려진 그리스와 트로이의 전쟁을 배경으로 하며, 신들과 인간들에 관한 이야기로 이루어진 서사시이다. 이렇게 보면 이 작품들을 두 개의 시라고 할 수 있지만, 우리가 흔히 보는 몇 줄의 짧은 시가 아니라 웬만한 소설보다도 더 긴 분량으로서 각각의 시는 24권[109]으로 구성되어 있다. 『일리아드』는 10년간 지속되던 전쟁이 끝날 무렵에 발생한 한 가지 사건에 대해 그리스의 위대한 영웅 아킬레우스가 분노하면서 시작되었던 일을 50일간의 이야기로 구성한 작품이고,[110] 『오디세이』는 10년 전쟁을 마침내 승리로 끝낸 뒤에 고향으로 향하던 이타카(Ιθάκη, Ithaca)[111]의 왕 오디세우스가 또 다른 10여 년 동안 해상에서 표류하며 겪은 일을 40일간의 이야기로 구성한 작품이다.

호메로스는 『일리아드』와 『오디세이』의 시작 부분에서 '프쉬케(ψυχή)'라는 단어를 언급한다. 특히 『오디세이』 11권은 '죽은 자들에 관한 책(Book of the Dead)'이란 제목으로 불리는데, 이 권은 세상을 떠난 자신의 엄마를 비롯하여 그리스 신화에 등장하는 몇몇 여성들의 '프쉬케'를 저승에서 만나 이야기를 나누는 형식으로 구성된다.[112] 우리는

---

108 Rieu(1992, xi)의 번역서에 대한 서론(Introduction)을 쓴 Peter Jones는 이 작품들을 각각 서양 문학의 첫 번째와 두 번째 작품이라고 말한다.

109 여기에서 '권 또는 책(Book)'은 책 내용의 분절 방법을 의미하며, 오늘날 우리는 권보다 장(chapter)을 더 자주 사용한다.

110 참조: Benardete(2008, p.1)은 "『일리아드』와 『오디세이』는 모두 고통에 관한 것이다."라고 규정하는 반면, Davis(2011, p.8)는 "『일리아드』는 선택에 관한 이야기이다."라고 규정한다.

111 '이타카'는 그리스어로 '이타케'라고 발음되며, 그리스 이오니아 제도에 있는 섬을 가리킨다.

112 Davis(2011, p.19 각주 1)는 기원전 7세기경에 활동했던 또 다른 중요한 서사시인 헤시오도스(Ησίοδος)의 "『신통기(Theogony)』"에서는 프쉬케라는 단어가 언급되지 않

'프쉬케'를 흔히 '영혼(soul)'으로 옮기지만, 그 두 단어들이 동일한 의미를 갖는다고 성급하게 단정해서는 안 된다. 사실상 예거는 "…호메로스의 프쉬케는 우리가 생각하는 영혼의 의미가 아니다."라고 말하는데,[113] 이와 동일한 맥락에서 "호메로스는 사람의 정신적 장치 전체, 즉 우리가 의미하는 정신이나 영혼을 가리키는 용어를 갖고 있지 않다."[114]라는 스넬의 지적은 그 두 단어 사이에 의미상의 차이가 있음을 말해준다. 따라서 호메로스가 생각했던 프쉬케가 정확히 무엇을 가리키는가, 그리고 현대의 영혼 개념과 어떤 차이가 있는가에 대한 검토가 필요하다.[115]

오늘날 우리가 생각하는 인간의 구성 요소는 아마도 영혼과 육체라는 두 가지 요소일 것이다. '영혼(soul)'과 '육체(body)'로 번역되는 고대 그리스어는 각각 '프쉬케(ψυχή, psyche)'와 '소마(σῶμα, sōma)'인데, 사실상 이 번역어들은 모두 호메로스의 용어들과 다른 의미를 갖는다. 먼저 '소마'에 대해 살펴보자. 스넬은 호메로스의 작품들 속에서 '소마'라는 단어가 '시신(corpse)', 즉 '죽은 몸'을 의미했으며, '살아 있는 몸'이라는 의미로는 한 번도 사용된 적이 없다고 말한다. 그

고,『노동과 나날(또는 일과 날, *Works and Days*)』에서 단 한 번 언급되지만, 그것이 사멸성과 결부되기 때문에 '생명(life)'을 의미하는 것으로 보인다."라고 말하면서, "헤시오도스와 호메로스에게 있어서 신들이 영혼을 갖는다고 말해질 수 있는가는 중요한 문제였다."라고 덧붙인다.

113 Jaeger(1936), p.221 각주 3.
114 인용문에 나타난 호메로스의 영어식 표기인 '호머(Homer)'는 논의의 일관성을 위해 모두 호메로스로 옮긴다.
115 비교: Jaeger(1936, p.74)는 Roede(1925, p.2 참조)를 언급하면서, "불멸성에 대한 기독교적 신념을 자신의 출발점으로 삼았던 그는 먼저 호메로스에게는 비교할 만한 어떤 것도 없다는 것을 보이려고 했다."라고 말한다.

는 살아 있는 몸을 가리키기 위해 호메로스가 사용했던 단어가 '데마스(δέμας, demas)[116]'였다는 아리스타르코스('Αρίσταρχος ὁ Σάμιος, 기원전 약 310-230)[117]의 지적에 동의한다.[118] 또한 그는 "우리가 '육체(body)'라고 부르고 기원전 5세기의 그리스인들이 소마(sōma)라고 불렀던 것"을 가리키기 위해 호메로스가 사용했던 단어들은 "관절에 의해 움직이는 팔다리"를 의미하는 '귀이아(γυῖα)'라는 단어와 "근육의 힘을 지닌 팔다리"를 의미하는 '멜레아(μέλεα)'라는 단어였다고 말한다.[119] 또한 스넬은 호메로스 시대에 육체의 부분들을 지칭하는 데 사용된 단어들을 분석하여, 오늘날 우리가 '육체'를 하나의 통합체로 이해하는 것과 달리 "고대 그리스인들은 언어나 시각예술에서 육체를 하나의 통합체(unit)로 파악하지 않았다."라는 점을 지적한다.[120] 이것은 호메로스가 '육체'라는 통합적인 개념을 갖기보다는 '팔다리'와 같은 지엽적인 개념을 가졌음을 의미한다. 이러한 비교는 "초기 그리스인의 그림은 사람의 형체의 날렵함을 보이려 했으며, 현대 어

---

116 호메로스와 달리, 아리스토텔레스는 『영혼에 관하여』에서 '소마'라는 단어만 사용할 뿐 '데마스'는 사용하지 않는다.

117 사모스섬 출신의 아리스타르코스는 "고대 그리스의 천문학자이자 수학자로서, 태양이 우주의 중심에 있고 지구가 그 둘레를 돈다는 태양중심설을 최초로 주장했던 인물"로 알려져 있으며(https://en.wikipedia.org/wiki/Aristarchus_of_Samos), 이러한 그의 이론은 아리스토텔레스와 프톨레마이오스(Κλαύδιος Πτολεμαῖος, 약 100-170)의 지구중심설에 의해 거부되었다.

118 Snell(2013), p.5. 그는 '데마스'가 "'구조적으로(in structure)' 또는 '형태적으로(in shape)'를 의미하며, 결과적으로 그것의 용법은 단지 '작거나 큰 것, 어떤 사람을 닮는 것'과 같은 극소수의 표현들로 제한된다. 그럼에도 불구하고 아리스타르코스가 말하듯이, 호메로스의 어휘에서 '데마스'는 후기에 '소마'와 가장 비슷한 역할을 수행한다."라고 말한다.

119 Snell(2013), p.5.

120 Snell(2013), pp.7-8.

린이의 그림은 인간의 간결함과 통합성을 보이려 했다."라는 스넬의 말에서도 드러난다.[121] 그는 호메로스 시대의 언어에서는 시각적으로 보이는 것을 지칭하는 동사들이 주로 사용되었다고도 말하는데, 이것은 사물이나 사건을 포괄적이거나 통합적으로 조망하고 기술하는 현대인들의 언어적 용법이나 의미와도 달랐다는 것을 의미한다.

흔히 영혼과 육체는 공통된 속성을 갖지 않기 때문에 서로 구별되는 한편, 그럼에도 불구하고 하나를 제대로 설명하려면 다른 하나를 언급할 필요가 있는 상대적인 개념이자 상관적인 개념으로 이해된다. 호메로스에게 '소마'라는 단어는 '프쉬케'라는 단어와 대비되어 사용되는데, '소마'라는 단어가 우리의 '육체' 개념과 다르듯이, '프쉬케'라는 단어도 우리의 '영혼' 개념과 달라 보인다.[122] 스넬은 호메로스의 '프쉬케' 개념과 우리가 생각하는 '영혼' 개념의 차이점을 다음과 같이 설명한다.[123]

… 호메로스는 정신(mind)과 영혼(soul)을 특징짓는 하나의 단어를 갖고 있지 않았다. 후기 그리스어에서 영혼을 의미하는 프쉬케(ψυχή, psyche)

---

[121] Snell(2013), p.7.

[122] Bremmer(1983, p.8)는 이런 견해를 처음 제시했던 학자로 Snell을 언급하며(각주 11), 그의 분석을 수정 보완 및 개선한 후대의 학자들을 언급하고 있다(각주 12 참조).

[123] 참조: Davis(2011, p.9)는 "『일리아드』에서 프쉬케라는 단어가 33회 나타"나는데, "모두 죽음이나 죽음의 등장과 관련된다."라고 말한다. 또한 그는(p.9 각주 12) "프쉬케는 신약 성서에서 105회 나타난다. 그것이 항상 '영혼(soul)'이라고 번역되지는 않지만, 일반적으로 그 안에서 '영혼'이라고 번역되는 다른 단어는 없다."라고 지적하는데, 이것은 『일리아드』에서 105회 언급된 프쉬케라는 단어가 모두 영혼으로 번역되지는 않지만, 영혼으로 번역되어 있는 것들은 모두 프쉬케를 번역한 것들이라는 의미로 이해된다.

는 본래 사고하고 감정을 느끼는 영혼(soul)과 연결되지 않았다. 호메로스에게 있어서, 프쉬케는 인간을 살아 있게 유지하는 힘이다. ··· '영혼'의 영역에서 가장 중요한 단어들은 프쉬케, 쒸모스(θυμός, thymos), 노오스(νόος, noos)이다. 프쉬케와 관련하여, 호메로스는 그것이 죽음의 순간에 사람을 버려두고 저승(Hades) 안에서 날아다닌다고 말한다. 그러나 그의 이야기에서, 사람이 살아 있는 동안 프쉬케가 어떤 기능을 하는가를 파악하는 것은 불가능하다.[124]

여기에서 주목할 점은 호메로스의 프쉬케가 오늘날 일반적으로 영혼과 연관되어 말해지는 '사고'나 '감정' 등의 기능을 함축하지 않는다는 점이다. 스넬은 프쉬케가 "인간을 살아 있게 유지하는 힘"이라는 점에서 그것을 '생명(life)'으로 번역할 수도 있으나, 그것이 항상 정확한 의미는 아니며, '생명의 숨(the breath of life)'을 의미하는 경우도 있다고 지적한다.[125] 호메로스는 프쉬케가 사람이 죽거나 의식을 잃으면 입이나 상처를 통해 빠져나가 저승으로 날아간다고 생각한다.[126] 오늘날 많은 종교인은 사람이 죽는 순간에 영혼이 빠져나간다고 흔히 생각함으로써 영혼을 생명 또는 생명의 원천으로 간주하지만, 이와 달리 호메로스는 프쉬케를 생명 그 자체가 아니라 생명의

---

124 Snell(2013), p.8.
125 Snell(2013), pp.8-9. 이런 맥락에서, 그(특히, p.8)는 "호메로스에게 있어서 프쉬케는 사람을 살아 있게 유지하는 힘(force)이다."라고 말한다. 그가 지적하듯이(p.9), 프쉬케와 '숨'을 연결하는 것은 그것이 '숨을 쉬다(to breathe)'라는 의미를 갖는 프쉬케인(ψύχειν)과 비슷한 단어이기 때문이다.
126 Jaeger(1936)는 p.79와 p.222 각주 20에서는 『일리아드』 9권 499와 16권 856을, p.11에서는 13권 671과 7권 131 등을 관련된 사례로 제시한다.

유지에 필요한 숨으로 보고 있다. 데이비스(Davis)도 프쉬케를 '생명의 숨'으로 해석하는 데 동의하면서, "호메로스는 우리의 내적인 생명, 즉 우리를 움직이는 것(what animates us)이라 불릴 수 있는 것을 언급하기 위해, (문맥에 따라, '정령(spirit)', '가슴(breast)', '정신(mind)', '심장(heart)', 또는 '생명의 자리(the seat of our life)'를 의미하는 쒸모스(thumos), 흐렌(phrēn), 에토르(ētor), 노오스(noos), 카르디에(kardiē), 크라디에(kradiē), 그리고 케르(kēr)와 같은) 일련의 단어를 사용하고 있다."라고 덧붙인다.[127]

영혼에 관한 호메로스의 견해를 제시하는 위 인용문에서 스넬은 데이비스가 언급한 단어들 가운데서 특히 쒸모스(θυμός, thymos)와 노오스(νόος, noos)가 프쉬케와 밀접하게 연결되는 중요한 단어들이라고 말한다.[128] 스넬은 프쉬케가 죽음의 순간에 입이나 상처를 통해 빠져나간다고 말해지듯이, 쒸모스도 뼈나 팔다리에서 빠져나간다고 말해지고 있다는 점에서 일부 학자들이 프쉬케는 물론이고 쒸모스도 '영혼(soul)'으로 해석하려 시도했다고 전한다.[129] 또한 그는 『일리아

---

[127] Davis(2011), pp.8-9. 각 단어에 해당하는 그리스어 단어는 θυμός, φρέν, ἦτορ, νόος, καρδίη, κῆρ로 보이며, Claus(1981, pp.11-47)는 여기에 프쉬케(ψυχή)를 덧붙여서 이것들을 영혼과 관련된 전통적인 단어들이라 부르면서, 그것들의 의미에 대한 상호 비교와 논의를 제시한다.

[128] Snell(2013), p.8. 이 단어들에 대해 논의한 고전적인 연구 자료들은 Snell(2013), p.311 각주 8 참조.

[129] Snell(2013), pp.9-10. 참고: Snell(p.10)은 "…죽음의 순간에 쒸모스가 뼈들과 μέλη, 즉 근육을 가진 팔다리를 떠난다고 말하는 것은 충분히 설득력이 있다. 그러나 이것은 쒸모스가 죽음 이후에 계속해서 존재한다는 것을 의미하지는 않는다. 그것은 단지 "뼈들과 팔다리에 운동을 제공해 줬던 것이 사라졌다."라는 것을 의미한다."라고 말한다. 그러나 '숨'으로 이해되는 프쉬케는 사람의 몸에서 빠져나간 뒤에 아마도 외부의 공기 속에 잔류할 수도 있을 것으로 이해되며, 따라서 프쉬케와 쒸모스가 서로 다

드』에서 ""쒸모스가 뼈를 떠난다."라는 표현은 일곱 번 나타나며, "재빠르게 쒸모스가 팔다리에서 나간다."라는 표현은 두 번 발견된다."라고 말한다.[130] 쒸모스와 관련된 이러한 표현들도 그것이 생명과 밀접한 관련이 있음을 보여준다.

이처럼 호메로스에게 쒸모스는 프쒸케와 마찬가지로 살아 있는 것을 살아 있게 만드는 생명의 의미로 이해되는 경우도 있지만, 그것에는 또 다른 역할이 부여되기도 한다. 스넬은 쒸모스가 운동을 야기하는 것이라는 의미에서 그것을 '운동의 생산자(the generator of motion)'라고 말하다가, 괄호에 'e'를 넣은 (e)를 motion 앞에 붙여서 (e)motion이라는 단어를 사용하기 시작한다. 즉, 쒸모스는 '운동의 생산자(the generator of motion)'인 동시에 '감정의 생산자(the generator of emotion)'라는 것이다. 쒸모스를 이렇게 규정한 뒤에, 그는 "만약 … 쒸모스가 감정을 야기하는 정신적 기관(the mental organ)[131]이고, 반

르다는 주장이 제기될 수도 있다.

130 Snell(2013, p.9)은 이 표현들이 나타나는 구체적인 위치는 언급하지 않는다.

131 Snell(p.14)은 영혼(soul)을 하나의 기관(organ)으로 말하면서, 영혼으로 번역된 쒸모스는 '운동/감정의 자리(the seat of (e)motion)'이자 '의지(will)'나 '기질(character)'로 이해되는 '기능의 명칭(the name of a function)'이라고 말한다. 이런 점을 고려할 때, 여기에서 그가 말하는 '정신적 기관(mental organ)'은 반드시 육체적인 또는 물질적인 어떤 것이 아니라 문자 그대로 '정신적'이거나 '추상적'인 것을 가리키는 것으로 볼 수 있다. 물론 프쒸케를 숨이라고 말하는 것은 그것이 일종의 물질적인 것으로 볼 수 있으며, 따라서 정신적 또는 육체적 등의 구분이 반드시 필요하지는 않으며, 또한 어쨌든 그것들의 정확한 존재론적 성격을 규정하기 위해서는 더 많은 논의가 분명히 필요하다. 그러나 Snell(p.15)도 이 문제를 염두에 두면서 "만약 쒸모스가 정신적 기관이라고, 즉 그것이 영적 과정의 기관이라고 내가 말한다면, 나는 용어상의 모순을 포함하는 자구들에 내가 빠져 있음을 발견할 것이다. 왜냐하면 우리의 눈에는 영혼과 기관이라는 개념들이 양립 불가능하기 때문이다. 나 자신을 좀 더 정확하게 표현하자면, 우리가 영혼으로 해석하는 것을 호머 시대의 사람은 각각 모두 육체기관들에 대한 유비를 통해 정의하는 세 가지 구성 요소들로 나눈다."라고 말한다. 그가 말하는 세 가

면에 노오스가 심상 또는 이미지의 수용자(the recipient of image)라면, 일반적으로 노오스는 지적인 문제를 관장하고 쒸모스는 감정적인 것을 관장한다고 말해질 것이다."라고 설명함으로써, 쒸모스를 감정과 연결하고, 노오스를 이성과 연결하고 있다.[132] 스넬은 호메로스가 사용했던 프쒸케라는 단어가 사고나 감정과 아무런 연관성이 없었던 반면에, '쒸모스'와 '노오스'라는 두 단어가 '정신(마음, mind)'에 상응하는 용어로 사용되었다고 지적한다. 이런 논의를 통해, 그는 '쒸모스'를 '운동이나 동요의 생산자(the generator of motion or agitation)' 또는 '운동/감정의 기관(organ of (e)motion)'으로 규정하고, '노오스'를 '관념과 심상의 원인(the cause of ideas and images)'으로 규정한다.

한편, 호메로스는 프쒸케가 입이나 상처를 통해 나가서 저승으로 날아가는 어떤 것이라고 설명하기도 한다. 이러한 프쒸케와 관련하여, 스넬은 그것이 저승의 "귀신과 같은 존재, 즉 죽은 자의 유령(spectre, eidolon)으로 연결된다."라고 말함으로써,[133] 그리스어 '에이돌론(εἴδωλον, eidolon)'을 '유령'으로 옮긴다. 에이돌론은 사전적으로 상(image), 우상(idol), 환영(phantom), 귀신 또는 유령(ghost) 등을 의미한다. 예거는 호메로스에게 "프쒸케는 '생명' 또는 저승에서 죽은

지 구성 요소들은 삶, 지각, 그리고 운동/감정의 기관들로 표현된 프쒸케, 노오스, 그리고 쒸모스이다.

[132] Snell(2013), pp.12-13. Snell은 "비록 관례적으로는 쒸모스가 기쁨, 쾌락, 사랑, 동정심, 분노, 그리고 모든 정신적 혼란의 거처라 할지라도, 때때로 우리는 그 안에 있는 지식을 또한 발견한다."라고 말함으로써, 쒸모스라는 단어가 감정과 밀접하게 연결되지만, 지식과도 완전히 무관하지는 않음을 강조한다. 호메로스의 작품들에 나타나는 쒸모스에 대한 언급들과 그 의미들에 대한 논의는 Claus(1981), 특히 pp.38-39 참조.

[133] Snell(2013), p.9.

자들의 그림자인 '유령'을 의미한다."라고 말하는데, 이것은 "스스로를 육체에서 분리하여 탈출하는 것이 저승에서 유령과 동일시되었던 것이 분명했던 생명, 즉 프쉬케"라는 것이다.[134] 더 나아가 그는 로데를 언급하면서, "로데가 저승의 이 피조물, 즉 이 우상과 복제를 프쉬케 일반의 성격에 관한, 그리고 심지어 살아 있는 사람의 프쉬케로서의 그것의 기능에 관한 추리의 토대로 사용했다."라고 말하면서, 저승의 프쉬케를 '우상'과 '복제'로도 지칭한다.[135] 하지만 브레머는 고대의 인류가 영혼을 인간의 복제(a double of man)로 보았으나 호메로스에게서는 그런 견해를 찾아볼 수 없다는 것이 로데의 결론이었다고 말한다.[136]

브레머는 『일리아드』 5권 450과 23권 104-107, 그리고 『오디세이』 4권 796 등을 근거로 삼아 "에이돌론이란 단어가 본래 고대 그리스인들에게는 죽은 자들이 살아 있는 자들과 아주 똑같아 보였다는 사실을 강조"하기 위해 사용되었지만, "호메로스에게 있어서 그 용어는 살아 있는 자의 영혼들에 대해서는 전혀 사용되지 않았다."라고 주장하면서, 자신과 다른 견해를 가진 몇몇 학자를 언급한다.[137] 브레머가 언급한 학자들의 명단에는 예거가 포함되어 있지 않지만, "호메로스에게 저승의 존재자인 프쉬케는 살아 있는 사람의 상(image)이다."

---

134 Jaeger(1936), p.208 각주 63.
135 Jaeger(1936), p.77. Jaeger는 Rohde(1925)를 언급하지만, 자세한 서지사항은 제시하지 않는다.
136 Bremmer(1983), p.7. Bremmer도 Rohde가 그런 결론을 어디에서 제시했는지 자세한 서지사항을 알려주지 않지만, Rohde(1925), p.5에서 '복제(double)'란 단어가 언급된다.
137 Bremmer(1983), p.79와 각주 19 참조.

라는 예거의 말을 거부할 것으로 보인다.[138] 로데는 프쉬케를 "육체가 살아 있는 동안에는 알기 어렵고, 단지 육체에서 '분리될' 때만 관찰될 수 있는"[139] 것이라 규정한다. 그리고 그는 예거와 마찬가지로 에이돌론을 '상'으로 번역하고 프쉬케를 하나의 '상'으로 보면서, "연기(『일리아드』 23권 100)나 그림자(『오디세이』 14권 207, 10권 495)처럼 살아 있는 것의 통제에서 스스로 벗어나는 이러한 비물질적인 상들은 한때 살아 있던 사람의 일반적인 윤곽을 최소한 알아볼 수 있도록 제시해야 한다."라고 말한다.[140] 로데의 말에 따르면, 프쉬케는 살아 있는 동안에는 보이지 않고, 죽은 뒤에야 하나의 '상(image)' 또는 '윤곽(outline)'이 보이게 된다.

지금까지 보았듯이, 호메로스에게 프쉬케는 대체로 '생명의 호흡'이라는 의미로 이해되었으며, 프쉬케와 혼용되어 사용되었던 용어들 가운데 쒸모스는 처음에 프쉬케와 마찬가지로 생명과 관련된 의미를 가졌다가 나중에는 감정을 야기하는 기관과 관련된 의미로 이해되었으며, 노오스는 이성과 관련된 용어였고 특히 "명확한 관념을 갖는 능력, 즉 지적 능력"이라는 의미로 사용되었다. 위에서도 언급되었듯이, 이 세 용어의 의미는 우리가 흔히 떠올리는 영혼 개념과는 거리가 있어 보인다.[141] 고대의 프쉬케 개념에 대한 연구서에서, 브레머

---

138 Jaeger(1936), p.77.
139 Rohde(1925), p.4.
140 Rohde(1925), p.5.
141 프쉬케, 쒸모스, 노오스는 모두 아리스토텔레스의 저술에서도 사용되는 단어들인데, 그의 용법과 호메로스의 용법이 갖는 차이점들이 있다. 먼저 이 책의 핵심 용어인 아리스토텔레스의 프쉬케 개념은 호메로스와 마찬가지로 생명과 밀접한 관련이 있다고 생각하지만 프쉬케 자체를 '생명의 호흡'이라고 생각하지는 않으며, 그는 물리적 신

는 오늘날 우리가 사용하는 '영혼(soul)'이라는 개념에는 "내세적이고 심리적인 속성들"이 담겨 있으나, 호메로스의 '프쉬케'라는 단어는 어떤 심리적인 의미도 포함하지 않았다고 말한다.[142]

한편, 브레머는 영혼을 "육체에 삶과 의식을 부여하는 육체 영혼(Body soul)과 개인의 인격을 나타내는 방해되지 않은 영혼인 자유 영혼(Free soul)을 구분"했던 아르프만(Arbman)의 분석을 기준으로 삼아 그리스의 영혼 개념을 분류하고,[143] 호메로스의 프쉬케가 자유 영혼에 상응하고, 쒸모스, 노오스, 메노스(μένος, menos)는 육체 영혼들에 상응한다고 본다.[144] 그가 지적하듯이, 호메로스의 용법에서는 프쉬케라는 단어가 심리학적인 기능들이나 의미와 연관되어 사용되지 않았으며, 생명이나 복제 등의 의미로 사용되었다는 점을 기억할 필요가 있다. 그리고 영혼과 육체의 관계와 관련하여, 호메로스는 우리가 오늘날 생각하는 것처럼 추상적이고 비물질적인 영혼이 육체 안에 거주한다거나 또는 담겨 있다고 생각했던 것은 아니지만, 그럼에

진대사라 할 수 있는 기능을 프쉬케와 육체의 결합을 통해 설명하지 프쉬케만을 통해 설명하지는 않는다는 것이 주된 차이점일 것이다. 그리고 노오스와 관련해서는, 아리스토텔레스가 『영혼에 관하여』 427a 25-26에서 호메로스를 언급하면서 '노오스'를 통해 감각 대상들을 이해한다고 말하는 부분이 있는데, 이때 '노오스'는 '정신(마음)'의 이해 능력과 관련하여 설명된다. 끝으로, 호메로스는 쒸모스를 감정을 야기하는 어떤 능력으로 규정하지만, 아리스토텔레스는 욕구(ὄρεξις)를 갈망(ἐπιθυμία), 욕망(θυμός), 희망(βούλησις)의 세 가지 종류로 구분하고, 쒸모스, 즉 욕망은 특히 갈망과 함께 모든 동물에게 속하는 욕구 능력 가운데 하나로 소개한다(『영혼에 관하여』 414b 2-3; 432b 5-6. 비교: 『동물의 운동에 관하여』 700b 17-22).

142 Bremmer(1983), p.3.
143 Bremmer(1983), p.9 이하. Arbman의 분류는 1926년과 1927년의 논문 자료로서, 자세한 서지 내용은 Bremmer의 〈Selected Bibliography〉(p.137) 참조.
144 Bremmer(1983), pp.13-14와 p.11도 참조.

도 불구하고 그가 영혼을 담는 그릇, 즉 이른바 '담지체(seat)'의 역할을 육체에 부여했던 것은 분명하다. 이와 관련하여, 로데는 "프쉬케가 사람 안에 거주하고 있었던 것이 분명하다는 생각에 대한 궁극적인 증거는 그것이 죽음의 순간에 사람에서 분리된다는 사실이다. 마지막 숨을 내쉴 때, 사람은 죽는다. 이 숨은 공기의 숨 같은 어떤 것이며, … '아무것도 아닌 것(nothing)'이 아니다."[145]라고 말한다. 다시 말해서, 프쉬케는 실제로 존재하는 어떤 것이며, 그것은 육체 안에 내재하는 어떤 것으로 이해되었다는 것이다.

우리의 영혼 개념에 대한 규정을 토대로 하여 호메로스의 프쉬케 개념을 다시 한번 정리해 보자. (i) 프쉬케는 육체 내부에 거주하는 어떤 것으로서 죽음의 순간에 육체를 벗어나기도 한다는 점에서 생명과 직접적인 연관성을 가지며, (ii) 그것은 사람이 살아 있을 때는 보이지 않지만, 죽은 뒤에는 연기나 그림자처럼 형체를 지닌 유령과 같은 어떤 것으로 관찰된다. 그리고 (iii) 그것은 심리적인 속성들, 즉 정신적인 속성들을 갖지 않았던 것으로 보인다. 무엇보다도 (iv) 프쉬케는 오늘날 흔히 영혼이 이해되는 것처럼 비물질적인 어떤 것이라고 보기는 어려우며, 또한 (v) 육체는 프쉬케가 거주하는 담지체의 역할을 하는 것으로 보이지만, 그것들이 서로 어떤 영향을 주고받는 작용을 하는지 분명하지 않으며, 사실상 호메로스의 작품에서 프쉬케와 육체 사이의 상호작용에 대한 언급은 찾아보기 어렵다. 결론적으로, 로데가 말하듯이, "호메로스가 생각하는 프쉬케는 … 우리가 흔히 '육체'와 대조하여 '정령(spirit)'이라 부르는 것을 의미하지 않는

---

145 Rohde(1925), p.30.

다."[146]라는 것은 분명하다.

2. 소크라테스 이전 철학자들의 영혼 개념

아리스토텔레스의 저술에서 흔히 발견되는 글쓰기 방식은 대체로 세 단계로 이루어진다. 그는 어떤 주제에 대해 논의할 때, 자신의 견해를 먼저 제시하기보다는 그 주제와 관련하여 이전 철학자들이 어떤 견해를 갖고 있었는지 먼저 검토한다. 그런 뒤에 이전 철학자들의 견해와 주장에 어떤 문제점들이 있었는가를 지적하며, 그런 과정을 거친 후에 비로소 주어진 주제에 대한 자신의 견해를 제시한다. 이런 글쓰기 방식은 『자연학』I.2-5와 『형이상학』I.3-6, 그리고 『영혼에 관하여』I.2-3 등에서 쉽게 찾아볼 수 있다.

아리스토텔레스는 『영혼에 관하여』에서 영혼에 관한 이전 철학자들의 견해를 검토하고, 그 견해들에 어떤 문제점이 있었는가를 지적하면서 논의를 시작한다. 자연물 가운데서 '영혼을 갖는 것'과 '영혼을 갖지 않은 것'을 각각 '살아 있는 것'과 '살아 있지 않은 것', 즉 '생물'과 '무생물'로 규정할 수 있는데, 그는 영혼을 갖는가 또는 갖지 않는가 하는 것은 '운동'과 '감각'이라는 두 가지 특징 또는 속성으로 인해 구분된다고 말한다(403b 24-26). 즉, 영혼을 가짐으로써 살아 있는 생물은 운동과 감각의 능력을 갖는다는 것이다. 아리스토텔레스는 이 두 가지 능력 외에 영혼에 '비물질성'이라는 속성을 부여한다(405b

---

146 Rohde(1925), p.5.

11-12). 그러나 그에 의하면, 영혼에 관한 고대 그리스 철학자들의 관심은 그 세 가지 특징들 가운데 특히 '운동'에 집중되었다.

아리스토텔레스는 『영혼에 관하여』 I.2에서 영혼에 관한 이전 철학자들의 견해들을 언급하는데, 그 가운데는 탈레스, 헤라클레이토스(Ἡράκλειτος, 기원전 약 540-480), 엠페도클레스(Ἐμπεδοκλῆς, 기원전 약 490-430), 데모크리토스(Δημόκριτος, 기원전 약 460-370)와 레우키포스(Λεύκιππος, 기원전 5세기경), 피타고라스(Πυθαγόρας ὁ Σάμιος, 기원전 약 570-490), 알크마이온(Ἀλκμαίων ὁ Κροτωνιάτης, 기원전 5세기경), 히포(Ἵππων, 기원전 5세기경),[147] 아낙사고라스(Ἀναξαγόρας, 기원전 약 500-428), 디오게네스(Διογένης ὁ Ἀπολλωνιάτης, 기원전 약 400-323) 등이 포함된다.[148] 디오게네스를 제외한 철학자들은 대체로 '소크라테스 이전 철학자들'이라고 불리는데, 그들은 대부분 소크라테스(기원전 470-399) 이전에 살았던 인물들이거나 또는 소크라테스와 비슷한 시기에 살았던 인물들이다.

영혼에 관한 그들의 견해를 검토하기 전에, 그들에게서 발견되는 공통적인 특징을 먼저 간단히 살펴보자. 아래에서 곧 보겠지만, 피타고라스와 피타고라스학파에 속한 사람들을 제외한 대부분의 소크라테스 이전 철학자들은 세상에 존재하는 사물들이 물이나 공기 또는 다수의 원소나 원자로 이루어져 있다고 생각했다. 오늘날 우리는 만

---

[147] 참조: 아리스토텔레스는 히포가 영혼을 물이라고 주장했다고 말하는데(『영혼에 관하여』 405b 2-4), 이 견해는 최초의 철학자로 알려진 탈레스의 견해와 같다. 하지만 『형이상학』 I.3, 903b 19-904a 4에서, 그는 탈레스의 견해를 설명하면서 몇몇 학자를 언급하는데, 히포는 "사상이 보잘것없기 때문에" 그 사상가들에 포함되지 않는다고 말한다.

[148] 주지하듯이, 소크라테스 이전 철학자들 대부분의 생존 연대는 정확하지 않다.

물이 물질적인 요소(들)로만 구성된다고 보는 견해를 '물리론(또는 물질론)'이라고 부르며, 학자들은 사물들이 물이나 공기 등의 물질적 구성 요소로 구성되었다고 설명하는 고대 그리스의 이론에 대해서도 물리론이라는 명칭을 사용하곤 한다.

하지만 서양 고대의 '물질' 개념과 근대 이후의 '물질' 개념이 다르며, 따라서 코플스톤이 지적하듯이, 탈레스나 그와 마찬가지로 만물의 구성 요소를 물질로만 설명하는 많은 고대 그리스 철학자들을 '물리론자'들로 규정하는 것은 적절하지 않다는 점에 주목할 필요가 있다.[149] 그 근본적인 차이점은 생명을 갖는 것과 갖지 않는 것, 즉 생물과 무생물을 직관적으로 구분하는 우리와 달리, 고대 그리스인들은 모든 사물이 생명력을 갖고 있다고 생각했다는 것이다. 이런 이유에서, 거스리(Guthrie)는 고대 그리스 시기에는 "살아 있는 것과 살아 있지 않은 것의 경계가 존재하지 않았다."[150]라고 말한다. 즉, 그 시기에는 물질과 생명을 분리하는 사고, 즉 물질에서 생명을 분리하는 추상적인 사고가 아직 미발달되었고, 물질은 오늘날 우리가 생각하는 것처럼 생명력을 상실한 죽은 물질이 아니라 사실상 '생명이 깃들어 있는 물질(life-in matter)'로 이해되었다는 것이다.[151] 따라서 고대 그리스 철학자들을 물리론자들이라 지칭하고자 한다면, 우리는 고대와 현대의 물질 개념이 차이가 있다는 점을 염두에 두고, 그들을 수식어가 없는 '물리론자'보다는 수식어를 붙인 '일종의 물리론자'로 부르는 것이 좀 더 정확할 것이다.

---

149 Copleston(1993), p.20.
150 Guthrie(1957), p.49.
151 Guthrie(1950), p.33; Guthrie(1957), p.47.

소크라테스 이전 철학자들의 단편적인 철학적 발언들을 정리하고 설명하는 자신들의 책에서, 커크(Kirk) 등은 "세계가 어떤 식으로든 살아 있다."라는 소크라테스 이전 철학자들의 견해는 "자연적인 변화에 대한 어떤 특별한 설명을 부여할 필요가 없다."라는 결론으로 이끌어졌으나, 아리스토텔레스는 아무런 원인 없이 저절로 변화한다는 것을 함축하는 이 결론에 만족하지 않고 변화의 원인을 탐색하려 노력했다고 생각한다.[152] 물질적인 구성 요소만으로 이루어진 사물들이 살아 있다는 이론, 즉 물질 자체가 생명력을 갖고 살아 있다는 이런 이론이 바로 '물활론(hylozoism 또는 animism)'이라 불린다. 커크 등은 이런 견해가 인간의 존재만큼이나 오래된 견해이며, 또한 외부세계에 대한 경험을 대상화하지 못하기 때문에 발생되었다고 지적한다.[153] 더 나아가 그들은 "이 용어는 (a) 모든 사물들이 절대적으로 어떤 방식으로든 살아 있다는 (의식적이거나 의식적이지 않은) 가정, (b) 살아 있지 않은 듯이 보이는 세계의 많은 부분들이 사실은 살아 있다는 믿음, 즉 생명이 세계에 침투해 있다는 믿음, (c) 그것의 구체적인 구조가 어떻든 간에 세계를 단일한 생명 유기체로서, 즉 하나의 전체로서 다루려는 성향과 같은 세 가지 가능하고도 서로 구분되는 정신적 태도들에 적용될 수 있다."라고 말한다.[154] 그들은 탈레스가 (b)의 의미에 물활론적인 사고를 지녔다고 하는데, 아래에서 보듯이, 사

---

152 Kirk, Raven, and Schofield(1983), p.98. 그들은 다만 이러한 결론이 "아리스토텔레스를 불편하게 만들었던 것(what irritated Aristotle)"이라고 간단히 언급하지만, 이 내용을 함축하는 것으로 보인다.

153 Kirk, Raven, and Schofield(1983), p.98 각주 1.

154 Kirk, Raven, and Schofield(1983), p.98.

실상 소크라테스 이전의 많은 철학자가 대체로 (b)에 속한다.[155] 이제 아리스토텔레스가 『영혼에 관하여』에서 언급한 철학자들을 중심으로 하여, 영혼에 관한 소크라테스 이전 철학자들의 견해를 살펴보자.[156]

2.1 탈레스

서양 최초의 철학자로 불리는 탈레스는 소아시아(오늘날 터키) 서부 연안에 있는 이오니아 지역의 도시인 밀레토스 출신이다. 아리스토 텔레스는 탈레스가 자성을 갖는 자석이 금속을 끌어당긴다는 이유에 서 그것이 영혼을 갖는다고 생각했다고 전한다(405a 19-20). 즉, 다른 어떤 것을 움직이게 한다는 것과 영혼을 갖는다는 것을 동일한 의미 로 이해했다는 것이다. 이와 관련하여, 커크 등은 "사람이 살아 있다 는 것은 그가 자신의 팔다리를 움직일 수 있고 또한 다른 것들을 움 직일 수 있다는 것이다. 만약 그가 기절하면, 그것은 그의 영혼이 빠 져나가거나 무력화되었음을 의미한다. 그가 죽는다면, 그것은 영구 적으로 그렇게 되는 것이며, 육체에서 분리되고 더 이상 생명과 운

---

155 Kirk, Raven, and Schofield(1983, p.98)는 (a)가 극단적인 이론이기는 하지만 크세노 파네스(Ξενοφάνης, 기원전 약 570-480)를 비롯한 일련의 고대 그리스인이 가졌을 법한(not impossible) 견해인 반면에, "(c)는 1장에서 기술된 세계의 역사에 대한 옛 날의 계보학적(geneological) 견해에 함축되어 있다."라고 말한다. 그들이 말하는 '계 보학적인 견해'는 헤시오도스(Ἡσίοδος, 기원전 8세기경?)의 『신통기』 등에서 제시되 는 신들의 계보를 통한 우주 생성론에 나타나는 견해를 의미하는 것으로 보인다.

156 고대 그리스 철학자들의 견해와 관련하여, Kirk, Raven, and Schofield(1983, p.8)는 "아마도 피타고라스가 영혼을 도덕적 중요성이 있는 어떤 것으로 공공연하게 다룬 최 초의 그리스인이었을 것이며, 헤라클레이토스가 그에 대한 지식이 우주의 구조에 대 한 지식과 관련되었음을 처음으로 명확히 보여줬던 인물이다."라고 지적한다.

동을 산출할 수 없기 때문에, 호메로스에게 있어서 저승까지 가까스로 내려간 '영혼'은 단순한 그림자에 불과하다."[157]라고 설명한다. 이처럼 운동의 산출 여부가 영혼의 소유 여부를 판가름하는 기준이 된다는 것이 탈레스의 견해였다. 이것은 오늘날 우리가 무생물로 분류하는 자석 같은 것도 다른 것의 운동을 야기하는 한 영혼을 갖는다고 말할 수 있으며, 반면에 어떤 것이 더 이상 운동을 야기하지 못한다면, 그것은 영혼을 갖지 않는다고 말할 수 있다는 것을 의미한다.

주지하듯이, 탈레스는 이 세상에 존재하는 만물의 제일원리(ἀρχή)가 물 또는 습기(ὕδωρ)라고 생각했다.[158] 여기에서 '제일원리'는 시작, 근원, 원리 등의 의미를 갖는 그리스어 '아르케(ἀρχή)'의 번역어로서, 만물의 제일원리가 물이라는 것은 모든 사물이 물로 이루어져서 시작되며, 또한 궁극적으로는 물로 해체된다는 것을 의미한다. 거스리(Guthrie)는 이러한 제일원리가 "영원한 존재이고, 또한 영원하고도 다른 모든 것의 아르케이기 때문에 그것은 필연적으로 원인을 갖지 않거나 또는 스스로의 원인이 된다(self-caused)."라고 말하며, "아르케는 살아 있는 어떤 것으로서, 영원할 뿐만 아니라 불멸적이며, 따라서 신적이기도 하다."라고 말한다.[159] 즉, 오늘날 우리가 구분하는 사람과 동물 같은 생물이나 나무와 돌멩이 같은 무생물의 구분 없이, 모두 물로 구성된다는 것이다. 주지하듯이, 만물이 물이라는 물질적

---

157 Kirk, Raven, and Schofield(1983), p.96.

158 아리스토텔레스에 따르면, 시기적으로 1세기 정도 뒤에 활동했던 히포도 영혼을 물이라고 주장했다(『영혼에 관하여』 405b 2-4).

159 Guthrie(1962), p.128. Guthrie는 이 설명이 아낙시메네스가 만물의 근원(즉, 아르케)으로 제시하는 공기에 대한 것이지만, 탈레스에게도 적용된다고 말한다.

요소로 이루어진다는 탈레스의 견해를 '물리론'이라고 부를 수도 있지만 좀 더 엄밀하게 말하자면 그것은 단순한 물질이 아니라 생명력을 갖는 물질로 구성된다는 이론이므로 '물활론'이라고 부르는 것이 더 적절하다.

여기에서 한 가지 주목할 점은 이러한 물활론적 견해는 오늘날 '우리가 생각하는 것과 동일한 삶과 죽음의 구분 기준'이 존재하지 않았음을 의미하며, 생물과 무생물의 구분 기준이 전혀 없었음을 의미하지 않는다는 것이다. 탈레스도 분명히 영혼을 가진 것과 영혼을 갖지 않은 것, 즉 생물과 무생물을 구분하고 있다.[160] 다만 탈레스는 생물과 무생물의 구분을 다른 사물을 운동하게 만드는가 또는 그렇지 않은가라는 운동의 '동기(motive)'를 기준으로 하여 판단했던 반면에,[161] 오늘날 우리는 영양분을 섭취하고 자정적이거나 자율적인 작용을 하는가 등을 기준으로 하여 판단한다는 점이 다르다고 할 수 있다.

2.2 디오게네스와 아낙시메네스

『영혼에 관하여』 405a 21-24에서, 아리스토텔레스는 영혼을 공기라고 주장했던 디오게네스라는 인물을 언급한다. 이 주장은 그의 독창적인 견해가 아니라 아낙시메네스(Ἀναξιμένης ὁ Μιλήσιος, 기원

---

160 로위(유원기 옮김, 2019, p.270)는 "'살아 있는(alive, animate)'을 의미하는 그리스어 단어는 엠프쉬코스(empsychos)이며, '살아 있지 않은(inanimate)'은 압쉬코스(apsychos)로서, 문자 그대로 그것들은 각각 '그 안에 프쉬케를 갖는'과 '그 안에 프쉬케를 갖지 않는'을 의미한다."라고 설명한다.

161 Kirk, Raven, and Schofield(1983), p.96.

전 약 586-526)의 견해였으나, 아리스토텔레스는 6세기의 아낙시메네스 대신에 기원전 5세기 중반에 활동했던 아폴로니아 출신의 디오게네스를 언급한다. 아낙시메네스는 탈레스와 함께 이오니아학파 또는 밀레토스학파로 분류되는데, 그는 만물의 제일원리 또는 근원(ἀρχή)이 공기라는 이른바 '공기설'을 주장한 철학자이다. 이것은 만물이 공기에서 시작되고 공기로 돌아간다고도 표현되는데, 만물이 공기라는 한 가지 물질로 구성된다는 주장이다. 탈레스의 경우에서 보듯이, 이러한 제일원리는 사물들로 하여금 스스로 운동하게 하는 힘을 갖고 있으며, 따라서 생명을 갖고 있다거나 영혼을 갖고 있다고도 말해진다.

아폴로니아의 디오게네스와 관련하여, 거스리는 그가 "공기가 근원 물질(primary substance)이라는 아낙시메네스의 이론을 5세기에 받아들였고, 특히 그것이 만물의 근원일 뿐만 아니라 우주 내부에 있는 영혼의 요소이기도 하며, 따라서 동물과 인간의 영혼은 특별한 관련성을 갖는다는 이론을 전개했다."라고 말한다.[162] 뒤이어, 거스리는 디오게네스가 "우주 전체의 내부에 있는 공기의 기능과 사람의 내부에 있는 공기, 즉 그의 영혼"의 유사성을 밝혔다고도 말한다.[163] 이것은 우주와 인간의 유비를 통해, "공기인 우리의 영혼이 우리를 함께 유지하듯이, 숨과 공기는 전체 세계를 둘러싼다."라고 말했던 아낙시메네스의 견해를 따른 것이다.[164]

일반적으로, 고대 그리스인들은 우주(또는 천체)를 구성하는 공기와 사람(또는 지상의 사물)을 구성하는 공기를 각각 에테르(Αἰθήρ, 영

---

162 Guthrie(1962), p.129.
163 Guthrie(1962), p.131.
164 Burnet(1914), p.19.

어로는 aither, aether, ether 등으로 표기)라는 이름과 아에르(ἀήρ)라는 이름으로 구분하여 부르기도 했는데, 이 개념들의 차이점을 거스리는 다음과 같이 설명한다.

… 그리스인들은 두 층의 대기를 구분했다. 구름 단계에 이르는 공간을 채우고, 옅은 안개와 짙은 안개, 그리고 우리가 호흡하는 공기를 포함하는 덜 순수한 것은 아에르라고 불렸다. 상층부에 있는 더 순수한 물질은 에테르였다. 이 단어는 때로는 공기를 의미하고, 때로는 불을 의미하는 것처럼 보인다. 아리스토텔레스나 그 바로 이전 시대의 사람이 다른 네 가지 원소와 함께 그것을 다섯 번째 원소로 철학적 인식을 할 때까지, 그것의 위상은 다양했다. 그것의 근원적인 의미는 '이글거림(blazing)'이고, 그것은 아낙사고라스에 의해 공식적으로 불과 동일시되었으며, … 이 에테르는 신성이나 생명과 모두 분명한 관련성을 가졌다.[165]

우주의 에테르와 인간의 아에르는 모두 일종의 '공기'를 가리키며, 그것들은 순수성의 차이를 갖는다고 말해지지만, 근본적으로 동일한 기능을 갖는 것으로 이해된다. 탈레스가 만물의 근원인 아르케라고

---

[165] Guthrie(1957), p.51. 참조: Guthrie(pp.51-52)는 "불 또는 에테르는 가장 순수한 물질 형태이며, 가장 순수한 물질 형태는 영원한 생명의 거주지이다. 지상에서 우리는 거친 물질로 구성되고 해체되는 육체에 매여 있다. 그러나 영혼은 육체와 구분된다. 이처럼 저급한 상황에서, 그것은 에테르보다는 공기라고 가장 잘 설명되지만, 죽음의 순간에 그것은 우주의 신성함과 어우러져 에테르 자체로 정화되어 올라간다."라고 덧붙인다. 이 설명을 과학적이거나 합리적으로 이해하기는 어렵고, 다만 저급한 이 세상의 공기가 죽음의 순간에 순수한 우주의 에테르와 일치되는 방향으로 정화된다는 의미로 이해하면 될 것이다.

보았던 물에 대해 그랬듯이, 아낙시메네스도 만물의 아르케인 공기가 "살아 있고, 따라서 … 변화를 시작할 수 있다고 생각되는" 물질적 구성 요소로 생각했으며, 물이나 공기와 같은 구성 요소들이 생명력을 결여한 죽은 물질이 아니라 생명력을 갖는 살아 있는 물질이라는 그들의 견해는 당시에 "어떤 의심도 야기되지 않고, 어떤 변론도 필요로 하지 않는" 견해, 즉 너무도 당연한 것으로 간주되는 견해였다.[166]

2.3 헤라클레이토스

아리스토텔레스는 헤라클레이토스를 만물이 항상 변화한다는 이른바 "만물 유전설"을 제시했으며, 만물이 가장 미세하고도 끊임없이 운동하는 '따뜻한 수증기(warm exhalation)'와 동일시되는 영혼으로 구성된다고 주장했던 인물로 설명한다(405a 25-28). 언뜻 보면, 이 설명은 우리가 헤라클레이토스에 대해 흔히 듣는 설명과는 달라 보인다. 왜냐하면 우리는 그가 탈레스처럼 '물'이나 '수증기'를 강조했던 것이 아니라 '불'을 강조했다고 알고 있기 때문이다. 따라서 위 설명에서 우리가 주목할 것은 '수증기'가 아니라 '따뜻한'이라는 표현이다.

커크 등은 아낙시메네스가 영혼을 숨과 동일시했던 것은 호메로스의 견해를 따랐던 것인데, 헤라클레이토스는 이 견해를 포기하고 영혼이 "불타오르는(fiery) 에테르로 만들어졌다는" 새로운 개념을 받아들였다고 말한다.[167] 헤라클레이토스는 "건조한 영혼이 가장 현명하

---

166 Guthrie(1962), pp.142-143과 p.145.
167 Kirk, Raven, and Schofield(1983), p.203. 비교: Guthrie(1962, p.209)는 신적인 요소들을 "어떤 사람들은 순수한 불이나 에테르와 동일시했다."라고 말한다.

고 가장 좋은 것이다."(단편 230)라고 말하는데, 이것은 생명이 열기와 관련이 있음을 함축하며, 영혼의 죽음이 물이 되는 것이라는 말은 생명이 냉기와 관련이 있음을 함축한다.[168] 그에게 있어서, 영혼을 갖고 살아 있는 것은 뜨거운 것이고, 영혼을 잃어 죽은 것은 차가운 것을 의미한다. 한편, 헤라클레이토스는 "영혼에게 있어서 죽음은 물이 되는 것이고, 물에게 있어서 죽음은 흙이 되는 것이며, 흙에서 물이 생성되고, 물에서 영혼이 생성된다."(단편 229)라고도 말하는데, 이것을 커크 등은 "자연적 변화의 거대한 순환에서 그것(영혼)이 어떤 역할을 한다."라는 의미로 이해한다. 그리고 더 나아가 커크 등은 이 말을 "그것(영혼)은 습기로부터 생성되며(그리고 만약 그것이 우주의 불과 유사하고, 또한 최소한 부분적으로나마 어떤 종류의 습기에 의해 유지된다면…), 그리고 그것이 완전히 물로 변환될 때 그것은 파괴된다."라는 의미라고 설명한다. 이것은 자연적인 순환 과정, 즉 불과 동일시되는 영혼이 차가워져서 물이 되고, 물이 흙이 되고, 흙이 다시 물이 되고, 결국 물이 불이 되는 과정을 의미하는 것으로 볼 수 있다.[169]

2.4 엠페도클레스

아리스토텔레스는 엠페도클레스가 만물이 흙, 물, 불, 공기라는 네 가지 원소로 구성되었고, 영혼이 이 원소들로 구성되었다고 보았을 뿐만 아니라 사실상 그 각각의 원소를 영혼이라고 생각했으며(『영

---

168 Kirk, Raven, and Schofield(1983), p.204. 단편의 번호들은 이들이 편의상 붙인 것이다.
169 일반적으로, 고대 그리스에서는 흙, 물, 공기, 불과 같은 네 가지 원소를 염두에 두었으나, 위 단편에 나타난 헤라클레이토스의 설명에는 공기가 빠져 있다.

혼에 관하여』404b 10-11. 비교: 408a 18-33), 또한 그가 원소 또는 뿌리라고도 불리는 만물의 구성 요소를 네 가지로 보았던 최초의 인물이라고 말한다(『형이상학』985a 31-33). 거스리에 의하면, 사실상 영혼(psyche)이라는 단어는 엠페도클레스의 단편들에서 단 한 번 나타나며, '생명'의 의미로 사용된다.[170] 그러나 영혼을 최초 운동의 원인으로 보았던 다른 철학자들과 달리, 엠페도클레스는 '사랑(love)'과 '갈등(strife)'이라는 개념을 도입하여 원소들의 운동을 설명한다. 즉, 엠페도클레스가 말하는 네 가지 원소는 물이 공기가 되고, 공기가 불이 되는 식으로 자연적인 순환 과정을 겪는 것들이 아니라 다른 행위주체에 의해 움직여지는 것들이다.

그러나 이전 철학자들과 마찬가지로, 엠페도클레스는 그 원소들이 다른 어떤 것으로도 환원되지 않는 가장 궁극적인 것들로 본다. 다른 모든 것들이 그것들로 구성되고 또한 그것들로 해체된다는 점에서, 탈레스의 물이나 아낙시메네스의 공기처럼 만물의 제일원리이자 근원인 '아르케'라고 할 수 있다. 다시 말해서, 이것들은 서로 환원되지 않고 다른 모든 것을 구성하는 궁극적인 구성 요소라는 것이다.[171] 이 원소들은 궁극적이고 영원하며, 사물들이 서로 다른 것은 그것들이 섞인 구성 비율이 다르기 때문이고, 생물의 삶과 죽음은 그 원소들의 혼합과 분리로 설명된다.[172]

---

170 Guthrie(1965), p.263.
171 Kirk, Raven, and Schofield(1983), p.286.
172 Guthrie(1957), p.54; Kirk, Raven, and Schofield(1983), pp.291-292. 엠페도클레스의 조화 개념에 대해서는 『영혼에 관하여』408a 18-29 참조. Guthrie(1962, p.318)는 엠페도클레스를 철저한 물리론자로 규정하면서, 감각과 사고를 모두 물질적으로 설명했다는 아리스토텔레스의 『영혼에 관하여』427a 21 이하를 언급한다.

2.5 피타고라스와 피타고라스주의자

아리스토텔레스는 피타고라스주의자들도 데모크리토스와 마찬가지로 영혼이 원자들로 구성되었다고 믿었으며, 그 가운데 일부는 영혼을 공기 중의 미세한 먼지라고 생각하거나 먼지를 운동하게 하는 운동 원인이라고 생각했다고 말한다(404 a 17-21). 힉스(Hicks)가 지적하듯이, 여기에서 아리스토텔레스가 피타고라스주의자들 가운데 구체적으로 누구를 염두에 두고 있는 것인지 분명하지 않으나,[173] 아리스토텔레스의 견해와 달리, 거스리는 영혼이 먼지와 같이 다른 어떤 것을 운동하게 하는 원인이라기보다 스스로 움직이는 또는 자기 자신을 움직이는 자기운동의 원인이라고 생각한다.[174]

피타고라스가 영혼의 윤회설을 주장했다는 사실은 잘 알려져 있다. 그의 견해는 그가 어느 날 길을 지나다가 노상에서 구타당하는 개의 울부짖는 소리를 듣고는 그 안에 친구의 영혼이 들어 있다는 이유를 들어 구타를 중단시켰다는 이야기(단편 260)와 "사람의 영혼이 불멸하며, 또한 육체가 소멸할 때, 영혼은 그때 태어나는 또 다른 동물에게 들어간다는" 이집트인들의 이론을 그가 받아들였다는 사실 등을 통해 확인할 수 있다(단편 261).[175] 피타고라스는 대우주와 소우주, 즉 우주와 인간의 동질성 또는 밀접한 연결성을 강조하면서도,

---

[173] Hicks(1907), p.216.
[174] Guthrie(1962), p.306. Guthrie(p.307)는 이 먼지들이 데모크리토스의 '영혼 원자들(soul-atoms)'과 동일한 것은 아니지만, 많은 유사성이 있다고 지적한다.
[175] Kirk, Raven, and Schofield(1983, pp.219-220)는 이 이야기들이 피타고라스를 직접적으로 언급하지는 않지만, 그를 언급하는 것으로 볼 수 있다고 말한다.

"우주는 단일하고 영속적이고 신성"한 반면, "인간은 다수이고 분리되고 또한 사멸적"이라고 보는데, 인간의 영혼이 사멸적이지 않은 이유는 그것이 "신성한 우주 영혼의 작은 단편 또는 미세한 조각"이기 때문이다.[176] 따라서 피타고라스에 따르면, 육체는 사멸하는 반면에 영혼은 영속적으로 존재하면서 환생을 거듭한다는 것이다.[177]

그러나 피타고라스의 영혼 개념에 대한 설명에서, 거스리는 "영혼은 에테르와 뜨거운 것과 차가운 것의 찢어진 단편 조각이다. 그것은 생명과 유사하지 않으며, 또한 그것이 불멸적인 이유는 그것이 떨어져 나온 것이 불멸적이기 때문이다."라고 말하는데, 이것은 피타고라스도 다른 철학자들과 마찬가지로 영혼이 일종의 물질적 요소로 이루어졌다고 생각했음을 함축한다.[178] 죽음의 순간에 영혼이 육체를 벗어났다가 다른 육체에 들어갈 수 있다는 견해와 그러한 영혼이 물질적인 요소로 구성되었다는 견해가 충돌하지는 않는다. 거스리에 따르면, 이전의 다른 철학자들에게서와 마찬가지로 피타고라스의 초기 견해에서는 먼지를 움직이는 운동 원인인 영혼이 여전히 "프뉴마(pneuma) 또는 숨-영혼(breath-soul)과 동일시된" 공기라고 생각되었

---

176 Guthrie(1962), p.201. 참조: Guthrie(1962),p.200, "피타고라스학파 사람들의 눈에는 우주 전체가 살아 있고 호흡하는 피조물이었다."

177 Guthrie(1962)는 인간의 영혼은 "가장 좋고도 가장 고귀한 인간의 삶을 영위함으로써" 마침내 우주의 영혼으로 돌아갈 수도 있다고 말하는데(pp.202-203), 이것은 결국 '영혼의 정화'를 의미한다(p.199 참조).

178 Guthrie(1962), p.202. 비교: 이것은 Guthrie가 알렉산드로스(2-3세기경)의 말을 풀어쓴 것으로 보인다. 다른 곳에서, Guthrie(1965, p.69)는 피타고라스학파 사람들이 "열을 가진 모든 것들이 살아 있지만(따라서 식물들도 살아 있는 것들이다), 모두가 뜨겁기도 하고 차갑기도 한 에테르에서 떨어진 부분인 영혼을 갖는 것은 아니다."라는 알렉산드로스의 말을 인용한다.

으며, 나중에 피타고라스주의자들은 영혼을 상반된 것들 사이의 조화라고 보았다(『영혼에 관하여』 408a 5 이하).[179] 신플라톤주의자로 알려진 후대의 포르피리우스(Πορφύριος, 약 234-305)가 지적하듯이, 피타고라스에게 있어서 영혼은 (i) 불멸하고, (ii) 윤회하며, (iii) 다른 종류의 동물로 이주하는 것으로 이해된다.[180] 우리는 여기에 영혼이 (iv) 여전히 물질적인 것으로 간주된다는 점을 덧붙일 수 있을 것이다.

2.6 데모크리토스[181]

데모크리토스는 만물이 수없이 많은 원자들로 이루어진다고 주장한 원자론자로 알려져 있다. 아리스토텔레스에 따르면, 데모크리토스는 영혼을 불이나 뜨거운 물질의 일종으로 생각했을 뿐만 아니라

---

179 Guthrie(1962), p.307.

180 Guthrie(1962), p.186. Guthrie(1962, p.130 각주 21)는 인간과 동물의 생명이 밀접(kinship)하다는 것이 윤회설의 필수적인 전제 조건이라고 지적한다. 한편, 모든 생물들이 동종적이라는 (iv)와 관련하여, 그렇다면 식물들도 동종적인 것에 속하는가의 문제가 제기될 수 있다. Guthrie(1957, p.59, pp.131-132 각주 22 참조)는 포르피리우스가 이 문제에 부정적인 견해를 갖고 있었다고 언급하면서, 일부 피타고라스주의자들이 생명과 영혼을 구분하고, 식물들은 생명을 갖는 반면에 영혼을 갖지 않는다고 주장함으로써 이 문제를 해결했다고 말한다.

181 주지하듯이, 아리스토텔레스는 원자론에 대한 설명에서 종종 데모크리토스와 레우키포스의 이름을 함께 언급하지만, 그들의 견해가 분명하게 구분되지 않으므로, 여기에서 레우키포스를 별도로 언급하지 않고 데모크리토스의 이름으로 두 사람을 모두 지칭한다. 이와 관련하여, 마리에타(유원기 옮김, 2015, pp.82-83)는 레우키포스의 출생지나 생애에 대해 알려진 게 없고 사실상 그의 실존 여부에 대한 논란도 있으나, "레우키포스와 데모크리토스의 사상은 하나의 단일한 체계로 보아야" 한다고 말한다. 한편, Burnet(1957, pp.337-338과 pp.333-334 참조)은 특히 우주론과 관련하여 그 두 사람의 견해를 구분하는 것은 불가능하다고 말하면서도, 레우키포스의 독자적인 견해를 구분하는 방법을 제안한다.

원자와 동일시하기도 했는데, 특히 그가 영혼과 원자를 동일시한 이
유는 그것들이 모든 곳에 스며들기에 가장 적합한 둥근 형태를 갖고,
또한 무엇보다도 그것들이 다른 것들을 운동하게 만드는 운동 원인
이라고 생각했기 때문이다.[182]

이와 관련하여, 거스리는 "데모크리토스가 정말로 영혼과 불을 동
일시했는가?"라는 질문을 제기한다.[183] 데모크리토스는 무수히 많은
종류의 원자들이 있다는 것을 인정하는데, 이 원자들의 차이를 감각
적인 또는 질적인 성질들의 차이가 아니라 다만 형체와 크기[184]와 배
열의 차이로 본다. 즉, 그는 사물들이 서로 다른 이유가 그것을 구성
하는 원자들의 질적인 성질들이 다르기 때문이 아니라 그것들이 어
떤 배열 상태에 놓인 서로 다른 형체와 크기를 갖는 원자들로 구성되

---

182 『영혼에 관하여』 403b 32-404a 8; 405a 11-13; 『호흡에 관하여』 472a 3-4. 비교: 『영
   혼에 관하여』 406b 16-25; 409a 31 이하.
183 Guthrie(1965), pp.430-431.
184 이처럼 다양한 크기의 물질적인 원자가 있다고 할 때, 큰 원자들은 더 작은 원자들로
   분할될 수 있는가 하는 원자의 분할 가능성과 관련된 문제가 제기된다. 이와 관련하
   여, 버넷은 "원자는 크기(magnitude)를 갖기 때문에 수학적으로는 비분할적이지 않
   지만, 파르메니데스의 일자(the One)처럼 그것은 빈 공간을 포함하지 않기 때문에 물
   리적으로는 비분할적이다."라고 말하는데, 거스리는 데모크리토스의 "원자들은 아주
   작을 뿐만 아니라 물질에서 가능한 가장 작은 입자들이기 때문에 물리적으로 분할되
   기에는 너무 작을 뿐만 아니라 논리적으로도 비분할적이다."라는 상반된 견해가 있다
   고 소개한다(Guthrie, 1965, p.396; Burnet, 1957, p.336 참조). Guthrie는 버넷의 견
   해가 이른바 '무한한 분할 가능성의 원리(the principle of infinite divisibility)', 즉 원
   자가 무한히 계속 분할될 수 있다는 원리를 함축하지만, 데모크리토스가 그런 가능성
   을 인정했을 리 없다고 본다. 사실상 이 문제에 대한 Guthrie의 정확한 입장이 무엇
   인지 파악하기는 어렵다. Guthrie는 Burnet의 '수학적으로(mathematically)'를 '이론
   적으로(theoretically)'나 '논리적으로(logically)'와 병행하거나 대체하여 사용함으로써
   그것들을 동일한 의미로 이해하는 것으로 보이며, 이 문제에 대해 pp.503-507에서
   부가적인 논의를 제시한다.

었기 때문이라고 생각했으며, 사실상 원자들은 아무런 감각적 성질들을 갖지 않는 것으로 이해했다.[185] 그런데 영혼이 불이라는 주장은 최소한 두 가지 이유에서 원자론의 기본적인 주장들과 충돌하는 것으로 보인다. 첫째, 영혼이 불이라는 주장은 불을 구성하는 원자들이 뜨거운 어떤 성질을 갖는다는 주장이므로 원자의 성질을 부정하는 주장과 충돌하며, 둘째, 영혼이 불이라는 주장은 영혼을 원자 자체가 아니라 원자의 속성과 동일시하는 것이므로 영혼이 원자라는 주장과 충돌한다.

데모크리토스는 원자들이 스스로 운동하며, 이 운동은 육체 내부에 퍼져 있는 영혼-원자(soul-atom)들에 의해 육체 전체로 전해진다고 말한다. 또한 그는 영혼을 두 종류로 구분하고, "이성을 가진 것은 심장에 위치하며, 반면에 비이성적인 부분은 육체 전체에 퍼져 있다."라고 주장한다.[186] 이러한 설명은 물리론적인 설명인 동시에 기계론적인 설명인데, 특히 삶과 죽음에 대한 논의에서 이런 방식의 설명이 두드러지게 나타난다. 아리스토텔레스는 삶과 죽음에 대한 데모크리토스의 견해를 다음과 같이 설명한다.[187]

공기 중에는 그(데모크리토스)가 정신과 영혼이라고 부르는 많은 입자들이 있다. 이처럼 우리가 호흡하고 공기가 흡입될 때, 그것(입자)들은 이것(공

---

[185] Guthrie(1965), pp.431-433.
[186] Guthrie(1965), p.433)는 이성적인 부분(즉, 정신)이 심장이 아니라 머리에 위치한다는 것이 데모크리토스의 견해일 수도 있다고 언급하며, 어쨌든 "정신이 육체의 특정한 부분에 집중되어 있다."라는 점을 강조한다.
[187] Guthrie(1962), p.129.

기)과 함께 흡입되며, 그것들의 작용을 통해 압력을 상쇄하고, 그렇게 함
으로써 동물 내부에 있는 영혼의 방출을 막는다. 이것은 삶과 죽음이 숨
을 들이쉬고 내뱉는 것과 밀접하게 관련되는 이유를 설명한다. 왜냐하면
주변 공기에 의한 압력이 우세해져서 동물이 호흡하지 못할 때 죽음이 발
생하며, 외부의 공기가 더 이상 들어오지 못하고 압력에 반응하지 못하기
때문이다. 죽음은 주변 공기에 의해 가해진 압력 때문에 그런 형상들이
떠나는 것이다. (『호흡에 관하여』 472a 7-15. 괄호 안의 글은 이해를 돕기 위해
필자가 첨가한 것이다.)

아리스토텔레스는 공기를 영혼과 동일시되는 입자 또는 원자와 구
분하고 있으며, 이 원자들은 호흡을 통해 외부로부터 유입된다. 이처
럼 호흡을 통해 원자들을 지속적으로 흡입하는 한에 있어서 생명이
유지되며, 반면에 호흡이 중단되어 원자들이 외부로 나가기만 하고
더 이상 육체 내부로 들어오지 못하게 되면 생명이 중단되는 것이다.
데모크리토스는 "영혼은 사멸적이며 육체와 함께 소멸한다."라고 말
하는데, 이것은 문자 그대로 영혼이 죽는다는 의미가 아니라 죽음의
순간에 육체 내부에 전체적으로 퍼져 있던 원자들, 즉 영혼과 동일
시되는 원자들이 주변의 압력에 의해 육체에서 밖으로 빠져나간다는
것을 의미한다.[188] 데모크리토스는 원자들이 빠져나가는 이러한 죽음
이 갑자기 발생하는 것이 아니라 서서히 진행된다고 생각한다.[189]

[188] Guthrie(1965), p.434.
[189] Guthrie(1965), p.435.

호흡이 중단되면서 영혼-원자들의 대부분은 육체에서 추방되어 흩어지지만, 생명과 온기가 밀접하게 관련되고(또는 심지어 동일시되고) 육체는 아주 천천히 차가워지므로, … 데모크리토스는 남아 있는 몇몇 영혼-원자들로 인해 최소한의 감각을 비롯한 일부 생명 기능들이 일시적으로 연장된다고 결론 내렸다.

그러나 5세기의 그리스 철학자 프로클로스(Πρόκλος ὁ Διάδοχος, 412-485)에 의하면, 데모크리토스는 죽음이 육체 내부에 있는 어떤 것이 완전히 소멸되는 것으로 보지 않고, 일시적으로 약화될 수는 있으나 깊이 스며들어 있던 생명의 불꽃이 다시 살아날 수도 있다는 부활의 가능성을 인정했다고 한다.[190] 이처럼 공기를 원자나 영혼과 동일시하는 데모크리토스의 원자론에서는 적절한 양의 공기, 원자, 영혼이 흡입된다면 생명이 유지될 것이고, 또한 심지어 부활도 가능하다는 견해를 담고 있다.

2.7 아낙사고라스

데모크리토스는 만물이 질적인 차이를 갖지 않는 무수히 많은 수의 원자로 구성되었다고 보았던 반면에, 아낙사고라스는 질적으로 서로 다른 성질을 갖는 무수히 많은 수의 원소로 구성되었다고 본다. 그러나 아리스토텔레스는 아낙사고라스가 엠페도클레스와 상반된 견해를 가졌다고 말하면서, 엠페도클레스가 불이나 흙과 같은 원소

---

190 Guthrie(1965), pp.436-437.

가 만물을 구성하는 기본 요소라고 생각했던 것과 달리, 아낙사고라스는 살이나 뼈처럼 계속 잘라도 같은 성질을 가진 원소를 지칭하는 '동질적인 물질(동질소, homoeomerous substance)'이 기본 요소들인 반면에, 불이나 흙과 같은 원소는 다른 입자들로 이루어진 복합물들이라고 생각했다고 설명한다(『천체에 관하여』 302a 28-b 2).[191] 아낙사고라스는 모든 사물이 모든 동질소들의 일부를 갖는다고 생각한다.[192] 즉, 크기가 얼마나 크든 또는 작든 관계없이, 모든 사물은 존재하는 모든 동질소들로 구성되며, 따라서 그 동질소들의 일정 분량을 어느 정도씩 모두 갖는다는 것이다.

아낙사고라스는 지성 또는 정신(νοῦς)[193]이 "존재하는 것들 가운데 가장 미세하고, 가장 순수한 것이기 때문에 그것은 모든 것에 대한 모든 지식과 가장 위대한 힘을 갖는다. 그리고 지성은 더 작든 또는 더 크든, 생명을 갖는 모든 것들을 통제한다."(단편 476)라고 말한다.[194] 그는 사물의 구성 요소를 자기운동의 원인으로 보았던 당시의

---

[191] Burnet(1914), p.61; Guthrie(1957), p.53 참조.

[192] Kirk, Raven, and Schofield(1983), pp.365-366; Guthrie(1965), pp.284-288. 한편, Barnes(1982, p.250)는 여기에서 '사물들'로 옮기는 '크레마타(chrêma, thing)'가 공기, 불, 습함, 건조함, 뜨거움, 차가움, 어둠, 흙, 머리카락, 살, 얇음, 두꺼움, 구름, 물, 돌 등을 가리킨다고 말한다. 비교: Zeller(1896, p.85)는 아낙사고라스가 동질소들을 가리키는데 '스페르마타(σπέρματα)'나 '크레마타(χρήματα)'라는 단어를 사용했으며, 이것들이 뒤에 가서 '절반쯤 아리스토텔레스적인(half-Aristotelian)' 용어인 '호모이오메레(ὁμοιομερῆ)'로 불렸다고 말한다('호모이오메레'에 대해서는 Zeller, 1881, p.335 각주 2-3 참조).

[193] 아낙사고라스와 관련하여 Guthrie(1957, 1965), Barnes(1982)와 Kirk, Raven, and Schofield(1983) 등은 '누스(νοῦς)'를 '정신(mind/Mind)'으로 옮기고, Burnet(1914, 1957)과 Copleston(1993)은 그것을 '누스(Nous)'로 음역하나, 논의의 혼란을 줄이기 위해 아래에서는 그들의 번역어를 모두 '지성'으로 옮긴다.

[194] Kirk, Raven, and Schofield(1983), pp.363-364.

다른 철학자들과는 달리 '지성'을 자기운동의 원인으로 본다.[195] 버넷은 아낙사고라스의 지성 개념이 엠페도클레스가 소개했던 '사랑'과 '갈등'이라는 개념을 대체하고 있다고 보는데,[196] 엠페도클레스는 영혼과는 다른 별개의 운동 원인을 말했던 반면, 아낙사고라스는 아래에서 보듯이 영혼과 동일시될 수 있는 지성을 통해 설명한다는 점에서, 그들의 차이점을 찾아볼 수 있다. 이처럼 아낙사고라스가 '지성'이라는 새로운 운동 원인을 도입했던 이유는 "운동이 단순히 당연하게 여겨지는 것이 아니라 설명되어야만 하는 것"이라는 견해를 갖고 있었기 때문이다.[197]

아리스토텔레스는 데모크리토스나 다른 철학자들과 마찬가지로, 아낙사고라스도 사물들의 운동 원인을 영혼이라고 보았으나, 영혼과 지성을 동일시했던 것이 분명한 데모크리토스와 달리 그것들의 관계에 대한 아낙사고라스의 견해는 분명하지 않다고 말한다(『영혼에 관하여』 404a 25-b 1). 아낙사고라스의 견해가 분명하지 않은 이유는, 그가 영혼은 모든 동물들에게서 발견되는 반면에, 지성은 일부의 동물들 또는 심지어 일부의 사람들에게서만 발견된다고 말하고(404b 4-7), 또한 영혼과 지성을 구분하는 듯하다가 다시 그것들을 하나의 실체로 다루기도 하기 때문이다(405a 14-15). 영혼을 생물의 자기운

---

195 Guthrie(1965), pp.315-316.

196 Burnet(1957), p.268.

197 Kirk, Raven, and Schofield(1983), p.364. 비교: Kirk, Raven, and Schofield는 이 견해가 파르메니데스(Παρμενίδης ὁ Ἐλεάτης, 기원전 6세기 또는 5세기)의 비분할성 문제(pp.358-259)와 관련하여 제시되었으며, 아낙사고라스의 물질 이론이 제논(Ζήνων ὁ Ἐλεᾶτης, 기원전 약495-430)의 다수성 이론에 대한 답변으로 제시되었다고 본다(pp.361-362).

동을 야기하는 힘이라고 말하는 곳에서는 그가 영혼과 지성을 동일
시한다고 볼 수 있다.

거스리는 아낙사고라스에게 있어서 "영혼(psyche)이 하위 단계에
서 생물들에게 자기-운동의 힘을 주지만, 상위 단계에서 그것은 인
식 능력(the faculty of cognition)이다."라고 말하는 반면에,[198] 버넷은
아낙사고라스가 운동의 근원을 "지성(Mind)"이라고 불렀는데 "왜냐하
면 그것은 우리 내부에 있는 운동의 근원일 뿐만 아니라 지식의 근원
이기도 하기 때문이다."라고 그 이유를 설명한다.[199] 여기에서 거스
리는 버넷이 지성의 역할로 보았던 것을 영혼의 역할로 보고 있는데,
만약 그들이 영혼과 지성에 부과하는 역할들이 모두 옳다면 영혼과
지성이 동일시된다고 볼 수 있다. 하지만 거스리가 지적하듯이, 아
리스토텔레스는 영혼과 지성을 동일시하지 않았다고 결론 내리는데,
그 이유는 아낙사고라스가 모든 생물이 영혼을 갖는다고 생각하면서
도 이해라는 의미에서의 지성은 모든 생물이 갖는 것도 아니고, 심지
어 모든 인간이 갖는 것도 아니라고 말하기 때문이다(『영혼에 관하여』
404b 1-6).[200] 즉, 모든 생물이 영혼을 갖지만, 생물 가운데 일부가 지
성은 갖지 않으므로, 영혼과 지성의 외연이 다르다는 것이다.

이 문제에 대한 즉각적인 판단은 어렵다. 특히, 아낙사고라스의 단
편들 속에는 지성에 대한 언급은 비교적 많이 있으나 영혼에 대한 언
급은 소수에 불과하기 때문이다. 그러나 코플스톤은 "지성은 모든 생
물, 즉 사람, 동물, 그리고 식물 안에 현존하며, 그 모든 것들 안에서

---

[198] Guthrie(1965), p.316.
[199] Burnet(1914), p.63.
[200] Guthrie(1965), p.279.

동일하다. 그렇다면 이 생물들의 차이는 그것들의 영혼의 본질적인 차이가 아니라 지성의 완전한 작용을 가능하게 하거나 또는 불리하게 하는 그것들의 육체의 차이이다."라고 말하며,[201] 버넷도 모든 생물이 동일한 지성을 갖는다는 코플스톤의 견해에 동의한다.[202]

오늘날 지성이 흔히 추상적이거나 또는 비물질적인 요소로 간주되기 때문에, 이런 관점에서 아낙사고라스가 주장하는 지성도 추상적이고 비물질적인 것으로 볼 수 있을 것인가 하는 물음이 제기되곤 한다. 이 물음은 결국 고대 그리스에서 지성과 물질을 분리된 것으로 보는 추상적인 사고방식을 했는가 또는 할 수 있었는가를 묻는 것이다. 거스리는 "그가 완전히 비물질적인 존재라는 개념을 실제로 가졌었는가의 문제가 때때로 의심되지만, 최소한 그는 그것이 우주를 구성하는 혼합물에서 동떨어져 존재했다는, 즉 어떤 것과도 혼합되지 않은 것으로 존재했다는 사실을 강조했다."라고 말한다. 이렇게 말함으로써 그는 아낙사고라스가 비물질적인 존재를 염두에 두었는가의 문제에 대한 직접적인 답변은 피하면서, 다만 그가 다른 어떤 것과도 혼합되지 않은 순수한 존재를 상정했다는 점만을 인정한다.[203]

그러나 다른 곳에서 그는 "지성은 비물질적인가?"라는 문제를 제기하고는 그에 대해 "지성은 여전히 물질적인 것으로 생각된다."라고 결론 내리면서도, "비록 아낙사고라스가 마침내 비물질적 존재라는

---

201 Copleston(1993), p.70.
202 Burnet(1957), p.272. 그러나 이와 관련된 Kirk, Raven, and Schofield(1983, pp.362-366)의 견해는 명확하지 않다. 한편, 생물들의 차이를 육체적 차이로 보는 Copleston과 달리, Burnet은 육체의 구조적 차이(the structure of the body)로 본다.
203 Guthrie(1957), p.53.

개념을 파악했다 할지라도, 그는 분명히 그것을 표현하는 어휘를 갖지 못했을 것이다."라고 덧붙임으로써,[204] 아낙사고라스의 지성 개념이 물질적인 어떤 것임을 인정하면서도 아낙사고라스가 지성과 물질을 서로 분리 가능한 것들로 사고하려 했을 가능성도 어느 정도 인정하는 듯 보인다. 한편, 반스(Barnes)는 아낙사고라스의 지성이 물질적이라는 의견을 분명하게 제시한다.

지성(nous, mind)은 하나의 물질(a stuff)이거나 또는 최소한 물질적인 (sutff-like) 것이다.[205] 아낙사고라스의 단편들 속에서 '지성'이라는 용어는 일반적으로 '(금이나 은 등을 벽돌 모양으로 만든) 주괴'나 '팔'과 같은 가산명사가 아니라 '금'이나 '살'과 같은 불가산명사(물질명사)로 기능한다. 더구나 지성은 "모든 사물들 가운데 가장 미세하고 가장 순수한 것이다." 지성의 희귀함(rareness)이나 '미세함'에 대한 언급은 종종 오직 부분적으로만 성공적인 하나의 시도, 즉 비물질의 기초 개념(thin notion)을 표현하기 위한 하나의 시도를 나타내는 것으로 생각된다. 그러나 지성은 분명히 공간적으로 연장되며, 따라서 나는 아낙사고라스가 결코 지성의 비물질성을 보여주지 않고, 그와 상반된 노선으로 기울고 있다고 생각하게 된다.

---

204 Guthrie(1965), pp.276-277. 이것을 Barnes(1982, p.409)는 다음과 같이 표현한다. "내 생각에 아낙사고라스는 지성이 세계의 다른 것들과 같지 않다는 것을 절반 정도 보았을 것이다. … 그러나 아낙사고라스는 자기 생각의 의미를 완전히 이해하지 못했을 것이다. 그는 지성을 순수하고 혼합되지 않는 등의 것으로 만들었다. 그러나 그는 의도적으로 그것을 하나의 물질(a stuff)로 해석했다."
205 주지하듯이, 본래 'stuff'는 흔히 금이나 은과 같은 물질을 가리키는 물질명사로서, 개수를 셀 수 없는 불가산명사이다. 그러나 Barnes는 그 단어에 부정관사나 복수 형태의 어미를 붙여 가산명사처럼 사용하고 있으므로, 여기에서는 그에 맞춰 '하나의 물질' 등으로 옮긴다(위 각주도 참조).

··· 아낙사고라스는 지성에 속하는 것이 전혀 분명하지 않은 물질적인 존재와 성질을 부여하고자 했다.**206**

아낙사고라스의 단편들 속에서 발견되는 '미세함', '순수함', '공간적 연장성' 등의 표현은 오늘날 우리의 사고방식으로는 물질적인 것을 기술하는 표현으로 이해되며, 따라서 우리는 아낙사고라스가 물질적인 사고를 했다고 결론 내리게 된다.**207** 다시 말해서, 아낙사고라스가 비물질적인 것을 표현하고자 했음에도 물질적인 표현을 사용할 수밖에 없는 언어적 한계에 처해 있었다 할지라도, 우리가 그의 표현들이 지닌 물질적 성격과 내용을 벗어나서 그의 비물질적 사고를 가늠한다는 것은 거의 불가능하다. 결과적으로 우리는 그의 언어적 표현에서 드러난 내용을 토대로 하여 그의 '지성' 개념을 판단할 수밖에 없으며, 따라서 그것이 물질적인 어떤 것이라고 보게 된다.

지금까지 우리는 영혼에 관한 소크라테스 이전 철학자들의 견해를 살펴보았다. 그들의 견해에는 동일한 점도 있고 다른 점도 있다. 아리스토텔레스도 지적하듯이, 그들은 모두 영혼이 물질적인 어떤 것이라고 생각했고, 또한 (엠페도클레스를 제외한) 대부분이 영혼을 자기운동을 비롯한 운동의 원인으로 보았으나, 그들이 제시하는 영혼을

---

206 Barnes(1982), p.406. Burnet(1914, p.63)도 아낙사고라스가 "비물질적인 힘이라는 개념을 형성하는 데 성공하지는 못했다."라고 말한다.

207 비교: Copleston(1993, p.70)은 아낙사고라스가 "지성 또는 정신을 '모든 사물 가운데 가장 얇은 것'과 공간을 점유하는 것과 같은 물질적 용어들로 말한다."라고 지적하고, "아낙사고라스가 지성이 공간을 점유한다고 생각했다는 것은, 그가 정신과 물질의 뚜렷한 차이라는 개념을 생각했더라면, 지성을 물질적인 것으로 선언했으리라는 충분한 증거는 아니다. 정신의 비공간성은 후기의 개념이다."라고 말한다.

구성하는 요소 또는 영혼과 동일시되는 요소는 서로 달랐다. 아리스토텔레스는 영혼의 운동성을 부정함으로써, 그들의 이론을 모두 거부한다(『영혼에 관하여』 405b 33-406a 2).[208] 현대 물리학에서도 인정하듯이, 운동은 물질의 속성이며, 따라서 만약 영혼이 운동을 한다면, 영혼은 크기, 공간성, 또는 연장성을 갖는다. 즉, 데모크리토스가 말하는 것처럼 영혼이 아무리 미세하고 가벼운 원자들로 이루어졌다 할지라도, 그것은 물질인 한에 있어서 크기를 가질 수밖에 없다. 그러나 아리스토텔레스는 어떤 경우에도 운동이 영혼의 특성일 수는 없다고 생각한다(407a 3 이하).[209] 그가 영혼의 운동성을 거부하는 이유는 다음과 같이 세 가지로 정리될 수 있다. 첫째, 영혼의 운동성을 인정하게 되면 죽은 생명체가 다시 부활할 가능성도 인정해야 하는데 그렇게 할 수 없으며, 둘째, 운동은 변화를 함축하고 따라서 지속성이 없는 반면에 사고의 경우에는 지속성이 있고, 또한 셋째, 흙이나 불 등의 직선운동이나 또는 에테르로 구성된 천체의 원운동을 영혼의 운동이라고 말할 수 없기 때문이다.[210]

---

[208] 이와 관련하여, 아리스토텔레스는 이렇게 말한다. "우리는 운동에 관해 먼저 살펴봐야 한다. 왜냐하면 '영혼이 스스로 움직이는 것, 또는 움직일 수 있는 것'이라고 말하는 사람들은 그것의 실체에 대해 전적으로 잘못 말하는 것이며, 또한 운동이 그것의 특성이라고도 결코 말할 수 없기 때문이다. 우리는 (다른 것을 움직이는) 원동자가 반드시 스스로 움직일 필요는 없다고 말했었다." 이 인용문과 관련하여, 다른 것을 움직이는 '원동자', 다른 것에 의해 움직여지는 '피동자', 그리고 다른 어떤 것에 의해서도 움직여지지 않으면서 스스로 움직이는 '자기운동자'의 성격과 상호 관계 등에 대해서는 『자연학』 VIII.5, 257a 31-258b 9 참조.

[209] 더 자세한 논의는 『영혼에 관하여』 I.2; Shields(1988), pp.114-118; Heinaman(1990), p.85 각주 5 참조.

[210] Heinaman(1990), p.84. 그러나 아리스토텔레스에 대한 논의에서 자세히 보겠지만, 영혼이 '비물질적'이라고 말하는 것과 그것이 '비물질적 실체', 즉 육체로부터 분리되

버넷은 영혼의 비물질성을 "합리적인 근거(rational grounds)" 위에서 주장한 최초의 철학자는 소크라테스라고 말한다.[211] 그러나 주지하듯이, 소크라테스가 직접 써서 남긴 글은 전하지 않고 있으며, 그에 대한 대부분의 정보는 그의 제자인 플라톤의 글에서 나온 것이고, 또한 그의 견해 가운데 많은 부분이 플라톤에게로 이어진다. 따라서 이어지는 논의에서 우리는 소크라테스가 아니라 플라톤의 견해를 살피는 데 초점을 맞출 것이다.

3. 플라톤의 영혼 개념

『영혼에 관하여』 I.2-3에서, 아리스토텔레스는 영혼에 관한 소크라테스 이전 철학자들의 견해와 더불어, 플라톤(Πλάτων, 기원전 427-347)의 『티마이오스』에 드러난 견해를 소개한다. 영혼에 관한 플라톤의 논의는 『티마이오스』 외에도 『파이돈』, 『국가』, 『파이드로스』, 『법률』에서 비교적 많이 나타나며, 그 외의 대화록들에서 찾아볼 수 있다.[212] 이 대화록들에 나타난 몇 가지 중심 주제들을 간단히 살펴보

어 독립적으로 존재할 수 있는 비물질적인 어떤 것이라고 말하는 것은 다르다. 아리스토텔레스는 전자는 인정하지만, 후자는 인정하지 않기 때문이다.
211 Burnet(1957), p.84.
212 Grube(1935), ii와 Hare(1982), pp.21-23 참조. 학자들은 대화록의 집필 시기를 셋으로 구분하는데, Grube는 『파이돈』이 첫 번째 시기, 『국가』와 『파이드로스』가 두 번째 시기, 그리고 『티마이오스』와 『법률』이 세 번째 시기에 속하는 것으로 보지만, Hare는 『파이돈』을 첫 번째 시기가 아니라 두 번째 시기에 포함하는 한편, 나머지에 대해서는 대체로 Grube의 분류에 동의한다. 여기에서 세 시기는 각각 "플라톤이 스승 소크라테스의 사상적 영향을 받는 시기", "플라톤이 아직 독자적 사상을 정립하지는 못

면 다음과 같다. 먼저『파이돈』은 영혼과 육체의 특징과 상호 관계(85D-E, 93C-95A), 영혼의 불멸설(69E-107B)을,『국가』는 영혼의 불멸설(610A-B) 외에도 영혼을 이성, 기개, 욕구의 세 부분으로 나누어 보는 영혼의 삼분설(특히, IV권)을,『파이드로스』는 영혼의 삼분설(246A, 253C 이하)과 영혼의 불멸설과 자기운동성(245C-246A)을, 그리고『티마이오스』는 영혼의 삼분설(69D-70A)과 영혼의 불멸설을, 그리고『법률』은 특히 영혼이 그 자체의 운동을 야기하는 원인이라는 영혼의 자기운동성(예: 896a 이하) 등을 주제로 삼아 논의한다.

현대 심리철학적 논의와 관련하여, 아래에서 우리는 영혼의 실체성, 불멸성, 그리고 비물질성이라는 세 가지 측면에 대해 플라톤이 어떻게 생각하는가의 문제를 중심으로 살펴볼 것이다. 영혼의 실체성은 영혼과 육체가 서로 분리될 뿐만 아니라 영혼이 육체와 무관하게 독립적으로 존재한다는 의미이고, 영혼의 불멸성은 육체에서 분리된 영혼이 사멸되지 않고 영원히 지속해서 존재한다는 의미이며, 영혼의 비물질성은 영혼이 물질적인 육체와 달리 물질적인 속성을 전혀 갖지 않는다는 의미이다. 일반적으로 기독교와 같은 종교적인 논의에서 영혼은 독립적으로 존재하고 영속적으로 존재하고 또한 비물질적이라고 말해지는데, 우리는 플라톤의 영혼관이 이러한 특징들을 담고 있는가를 살펴볼 것이다. 이 특징들은 영혼에 관한 논의에서

했지만 서서히 자신의 견해를 갖기 시작한 시기", 그리고 "플라톤이 독자적인 사상을 형성한 시기"를 가리킨다(유원기 역해, 2013, pp.143-144; 유원기 역해, 2018, pp. 193-194). 이에 따르면, Grube는『파이돈』이 소크라테스의 견해를 그대로 담고 있다고 보는 것이다. 한편, Campbell(2021, p.523)은 플라톤의 저술에 영혼이 1,143번 언급된다고 말한다.

서로 밀접하게 연결되어 언급되긴 하지만 논리적으로 서로 함축하는 관계는 아니다. 즉, 영혼이 육체에서 떨어져 나와 독립적으로 존재한다고 해서 그것이 반드시 영속적으로 존재해야 하는 것은 아니고, 영혼이 영속적으로 존재한다고 해서 그것이 반드시 비물질적이어야 하는 것은 아니며, 또한 영혼이 비물질적이라고 해서 그것이 반드시 육체에서 분리되어 존재해야 하는 것은 아니기 때문이다.

먼저 플라톤의 영혼 개념에 대한 아리스토텔레스의 평가를 살펴보자. 아리스토텔레스에 따르면, 플라톤은 영혼이 (i) 물질적인 원소들로 구성되고(『영혼에 관하여』 404b 16-17), (ii) 육체를 물리적인 방식으로 움직이며, 또한 (iii) 육체처럼 운동한다고 보았다(406b 26-28). 이에 대해, 아리스토텔레스는 (iv) 영혼이 {공간적} 크기(μέγεθος)를 갖는 것이 아니라고 주장함으로써(407a 2), 플라톤의 견해를 정면으로 반대한다.[110] (i)과 (ii)는 영혼의 물질성을 의미하고, (iii)은 영혼의 운동성을 의미하는데, 아리스토텔레스는 영혼의 공간적 크기를 부정함으로써 그 두 가지를 거부한다. 이처럼 그는 영혼이 공간적 크기를 갖는 것이 아니므로, 물질적인 것도 아니고 운동하는 것도 아니라는 점을 지적한다. 공간적 크기는 공간을 점유하는 성질인 연장성(extension)을 부정하는 것이며, 따라서 여기에서는 영혼의 연장성을 부정함으로써 물질성과 운동성도 함께 부정하는 것이다. 사실상 공간적 크기와 운동을 물질의 속성으로 간주하는 것은 오늘날에도 수용되는 관점이며, 따라서 아리스토텔레스가 현대적 개념을 공유하고

---

213 비교: 408b 30-31, 여기에서 아리스토텔레스는 영혼이 다른 것에 의해 움직여질 수 없는 것이므로 스스로에 의해서도 움직여질 수 없다고 말한다.

있다고 볼 수 있다. 그는 자신이 공간적 크기를 거부하는 이유를 다음과 같이 설명한다.

무엇보다도 영혼을 {공간적} 크기라고 말하는 것은 적절하지 않다. 왜냐하면 {플라톤}은 분명히 모든 것의 {영혼이} 이른바 지성이기를 희망했기 때문이다. 그것은 감각이나 욕구와 비슷하지 않다. 왜냐하면 그것의 운동은 회전운동이 아니기 때문이다. 그러나 지성은 사고와 마찬가지로 하나이며 지속적이다. 그리고 사고는 사고상들로 {이루어진다}.**214** 그것들은 숫자와 마찬가지로 일련의 연속이지만, {공간적} 크기와는 다르다. 그러나 지성은 그런 방식으로 지속되는 것이 아니며, 그것은 부분을 갖지 않거나 또는 {어쨌든 공간적} 크기와 같이 지속되지 않을 것이다. 만약 {지성이} 크기를 갖는다면, 그것이 어떻게 사고할 수 있겠는가? (407a 2-10)

위 인용문에서 아리스토텔레스는 크기를 갖는 것이 연속적인데, 사고도 연속적이지만 크기를 갖지는 않는다고 말한다. 이것은 연속적이면서 크기를 갖는 것과 연속적이면서 크기를 갖지 않는 것의 구분이다. 영혼이 공간적 크기를 갖는다는 플라톤의 견해가 부적절하다는 결론은 두 종류의 논증을 통해 도출되는 것으로 보인다. 첫 번째는 "플라톤이 영혼을 지성으로 보았으나 지성은 감각이나 욕구와 다르기 때문에, 영혼은 크기를 갖지 않는다."라는 것이며, 두 번째는 "플라톤이 말하는 영혼, 즉 지성이 사고와 마찬가지로 연속적이지만

---

214 이와 관련하여, Hicks(1907, p.255, 407a 7에 대한 각주)는 "실질적인 사고, 즉 지성의 현실태(the ἐνέργεια of νοῦς)의 과정은 … 사고상들(νοήματα)로 표현"되며, '사고상'은 '단일한 개념(a single notion or conception)'을 가리킨다고 말한다.

이 연속성은 공간적 연속성과 다르고 또한 무엇보다 크기를 갖는 것은 사고할 수 없기 때문에, 영혼은 크기를 갖지 않는다."라는 것이다.

먼저 두 번째 논증은 영혼이 사고한다고 보면서도 공간적 크기를 갖는다고 보는 플라톤의 견해가 부적절하다는 것이다. 이 논증의 전제 조건은 영혼 또는 지성이 사고한다는 내용을 포함해야 하지만,[215] 첫 번째 전제는 "지성은 사고와 마찬가지로 연속적"이라는 이야기만 하며, 다른 전제에서도 지성 자체가 사고를 한다는 내용은 언급되지 않았다. 그러나 뒤이어 아리스토텔레스는 지성의 운동을 사고라고 표현하는 한편(『영혼에 관하여』 407a 20),[216] 지성의 사고와 원의 회전운동을 동일시함으로써 사고가 원과 마찬가지로 지속적인 운동을 한다고 본다(407a 22–31).[217] 그에 따르면, 모든 물리적인 크기는 하위의 연속적인 크기들로 다시 분할될 수 있다는 의미에서 연속적이라고 말해지지만, 지성이 연속적이라는 것은 그런 의미가 아니다. 이에 대해, 힉스(Hicks)는 만약 지성이 "연속적이라고 말해질 방법이 있다면, 그것은 불연속적인 양이나 수와 동일한 의미에서 그럴 것이다. 왜냐하면 서로 다른 수들은 중간에 다른 어떤 것도 허용하지 않는 확

---

[215] 아래에서 보듯이, 플라톤은 영혼을 이성적 부분, 기개적(또는 격정적) 부분, 그리고 욕구적 부분으로 구분하므로 영혼 자체가 이성 또는 지성과 동일시되지는 않는다. Grube(1935, p.46)는 지성(νοῦς)이 'the highest function of soul'이라고 표현하는데, 'highest'의 의미가 분명하지 않지만 아마도 '가장 고귀한 또는 고급스러운 영혼의 기능'이라는 의미로 볼 수 있을 것이다. 실제로 플라톤이 영혼의 지성적 능력을 영혼의 능력들 가운데 가장 중요한 기능이자 영혼의 능력들 가운데 대표적인 기능으로 간주하고 있음은 분명하다. 무엇보다도 여기에서 아리스토텔레스가 언급하는 지성은 영혼 전체를 가리킨다.

[216] 비교: 지성은 실제로 사고하기 전에는 아무것도 아니다(429a 24와 429b 32).

[217] Hicks(1907), p.258.

고한 연속적 순서로 나오기 때문이다."라고 말한다.[218] 힉스는 지성이 연속적이라는 것이 양이나 수처럼 연속된다는 의미에서 그렇다는 것이다. 이와 유사한 맥락에서 폴랜스키(Polansky)도 지성의 "개념들은 오직 연속됨으로써 하나이며, 하나의 단일하고 연속적인 크기를 이루지 않으므로, 지성은 크기로서 연속적일 수 없다. 대신에 지성은 (어떤 크기를 갖지 않거나 또는 원자적 크기인) 부분들이 없는 것이거나 또는 크기가 전혀 없이 지속적인 것 가운데 하나이다."라고 말하고, "지성이 하나이자 연속적이라는 것은 사고작용이 매 순간 완전하고도 지속적"이라는 의미라고 설명한다.[219] 즉, 모든 사고작용이 그 자체로서 각각 완전한 작용이라는 것이다.

한편, 지성이 감각이나 욕구와 다르다는 전제로부터 영혼이 크기를 갖지 않는다는 결론을 도출하는 첫 번째 논증을 이해하려면 먼저 그것들의 성격이 어떻게 다른가를 고찰해야 한다. 그것들의 차이점에 대해, 폴랜스키는 "지성은 반성할 때 그 자체로 되돌아가 출발점을 탐구하지만, 감각과 욕구는 그 대상들로 돌아갈 필요가 없다."

---

[218] Hicks(1907), p.255, 407a 6에 대한 각주. Hicks(p.256, 407a 10에 대한 각주)는 영혼의 '연속성'이 의미하는 바에 대해, "세 가지 대안, 또는 둘로 다시 나뉘는 한 가지 대안을 포함한 두 가지 대안이 제시된다. 즉, (1) 부분들이 (a) 크기들이든 또는 (b) 점들이든, 그 부분들 각각을 통해 영혼이 생각한다거나(a 11-17), 또는 (2) 영혼이 전체로서 그것의 대상을 전체로서 파악한다는 것이다(a 17 이하). 각 가설은 난관에 봉착한다."라고 말한다. 그가 말하는 난관은 (1b)의 경우에 "정신이 그것의 대상을 파악하는 데 무한한 시간이 걸릴 것"이라는 점, (1a)의 경우에 "사고 과정이 경험과는 달리, 동일한 대상을 계속 사고되는 지속적 반복을 필요로 할 것"이라는 점, 그리고 (2)의 경우에 "만약 사고에서 어떤 것이 파악되기 위해 원 전체가 요구된다면, 어떤 부분이 개별적인 접촉을 통해 다루어질 것"인지 분명하지 않다는 점이다.

[219] Polansky(2007), p.96.

라고 설명한다.**220** 이와 관련하여, 플라톤은 이른바 만물의 영혼 또는 세계영혼이 감각이나 욕구가 창조되기 이전부터 있던 것이기 때문에 감각이나 욕구를 하지 않으며(『티마이오스』 42A 이하), 생물의 영혼은 감각 때문에 그것들의 조화와 균형이 깨진다고 말함으로써 (43C-44A), 감각에 대해 다소 부정적인 견해를 보인다.**221** 그에게 있어서, 육체는 일종의 감옥이며(『파이돈』 62B; 81D-E),**222** 지혜와 진리의 추구를 방해하는 방해물이다(66A; 『국가』 610B; 611C).**223** 하지만 다양한 종류의 욕구와 질병은 물론이고 눈과 귀로 보고 듣는 모든 것이 육체를 가짐으로써 가능하다. 즉, 영혼은 시각이나 청각 등을 통해 사물을 탐색하는 것처럼 육체를 이용하고 육체의 모든 활동에 참여하며 또한 육체가 받는 영향을 일정 부분 받는다(『파이돈』 79C).**224**

이처럼 영혼과 육체는 밀접하게 연결되어 있지만, 그럼에도 그것들은 근본적으로 서로 다른 특징들을 갖는다. 영혼은 눈에 보이지 않는 비가시적이고 육체는 가시적이며(『파이돈』 79B), 영혼은 신처럼 불

---

220 Polansky(2007), pp.95-96.

221 Hackforth(1972a, p.48)는 『파이돈』 64C-67B에서 영혼과 육체가 "서로 적대적인 것으로" 묘사된다고 지적한다.

222 Gallop(1975, p.83)은 육체를 감옥으로 보는 견해는 오르페우스의 교리에서 비롯되었다고 말한다.

223 비교: Campbell(2020, p.119)에 따르면, 육체에 대한 플라톤의 견해에는 두 가지가 있는데, 첫 번째는 "육체가 영혼의 무덤이자 감옥"이라는 견해이고, 두 번째는 "육체가 영혼의 도구"라는 견해이다.

224 그러나 이런 설명을 영혼과 육체의 상호작용론, 또는 좀 더 구체적으로 데카르트적인 심신 상호작용론의 주장으로 보기는 어렵다. 이와 관련하여, Copleston(1993, pp.207-208)은 "…플라톤이 때때로 영혼이 단지 육체 안에 거주하고 그것을 사용하는 듯이 말하지만, 우리는 그가 영혼과 육체에 대한 상호작용을 부정한다고 해서는 안 된다. … 상호작용은 명백한 사실이며, 받아들여져야 한다."라고 말한다.

멸적이고 비파괴적이고 항구적이지만 육체는 인간처럼 사멸적이고 소멸적이고 가변적이며, 또한 영혼과 육체가 결합되어 있을 때 영혼은 주인이자 통치자이지만 육체는 노예이자 신하이다(80A-B). 플라톤에 따르면, 서로 결합되어 있던 영혼과 육체가 서로 분리되는 것이 바로 죽음을 의미한다(64C; 『고르기아스』 524B). 영혼이 육체와 분리된 뒤에야 비로소 영혼은 그것의 본성적인 상태를 완전히 회복하고 진리를 획득할 수 있는데(『파이돈』 64C-67C), 육체로부터 분리된 영혼의 본연적인 기능, 즉 지성의 역할은 불변하는 대상들을 파악하는 것이다(79D). 다시 말해서, 영혼이 육체와 결합되어 있는 동안에는 어떤 것도 명료하게 알 수 없고, 육체와 분리된 죽음 이후에나 지식을 갖게 되리라는 것이다(67A). 지금까지 살펴본 바에 따르면, 플라톤은 영혼과 육체가 분리되어 각자 독립적으로 존재할 가능성, 즉 영혼의 실체성(64C와 65C)과 육체의 기능이 멈추고 인간이 죽은 이후에도 영혼이 존재할 가능성, 즉 영혼의 불멸성(69E-107B)을 인정하고 있다.[225]

플라톤은 영혼을 이성적 부분, 기개적(또는 격정적)[226] 부분, 그리고

---

[225] 영혼의 불멸성에 대한 논의는 Copleston(1993), pp.211-215 참조. 그는 플라톤의 『파이돈』 70D-72E; 72E-77D; 78B-80E; 103C-107A의 논증 4개, 그리고 『국가』 608D-611A와 『파이드로스』 245C에 나타난 논증 2개를 포함한 6개의 논증을 소개한다.

[226] 박종현·김영균 역주(2000), pp.51-52 각주 8 참조. 그들은 여기에서 기개적 또는 격정적으로 옮겨지는 단어인 θυμοειδῆ(원형 θυμοειδής)와 관련하여, "thymoeides는 thymos의 형용사이다. thymos는 그 어원을 thyō에 두고 있는데, 이는 힘차게 움직이거나 격노하는 것을 나타내는 동사이다. 그러므로 thymos는 원래 우리말의 '혈기'와 '활기' 및 '격정'에 가까운 뜻을 지닌 말로서, 생명력, 원기, 감정이나 느낌, 용기가 기개, 또는 분노나 격분, 의지나 생각 등이 깃드는 심장이나 마음을 가리킨다."라고 설명한다.

욕구적 부분의 세 부분으로 구분하고(『국가』 IV, 특히 436A 이하), 이성적 부분은 머리에, 기개적 부분은 가슴에, 그리고 욕구적 부분은 횡경막 아래에 위치한다고 말한다(『티마이오스』 69E-70A). 이성적 부분은 지혜와 배움을 사랑하는 부분으로서 진리를 추구하고 지식을 향상하는 부분이며, 기개적 부분은 명예와 승리를 사랑하는 부분으로서 이성과 감정을 모두 포함하고, 욕구적 부분은 금전과 이익을 사랑하며 감정만을 포함하는 부분이다.[227] 위에서 우리는 플라톤이 영혼을 신적이고 인간적인 것으로 규정하고 육체를 불멸적이고 소멸적인 것으로 규정하는 것을 보았는데, 이제 그는 영혼에 대해서도 불멸적인 부분과 소멸적인 부분을 구분하고 그 가운데 우주의 영혼 또는 세계영혼과 동일한 원소와 동일한 방식으로 만들어진 이성적 부분은 불멸하는 반면에, 육체와 더불어 만들어진 기개적 부분과 욕구적 부분은 사멸한다고 말한다(41A-42B, 69C-E).[228]

이것을 인간의 죽음 이후에 이성적 부분은 육체와 분리되어 여전히 존재하지만, 영혼의 기개적 부분과 욕구적 부분이 육체와 더불어 소멸한다는 의미로 보는 것이 아주 간단하고도 쉬운 해석이지만, 로위(Lowe)는 이런 해석에 반대하고 있는 것으로 보인다. 사실상 로위는 '부분'들을 갖는다는 언급이 없는 『파이돈』에 나타나는 영혼과 '부분'들을 갖는다고 말해지는 『국가』, 『파이드로스』, 『티마이오스』의 영혼을 두 가지 모형, 즉 영혼을 "본질적으로 단일하고 이성적인 존재로 만드는 모형과 이성적인 요소와 비이성적인 요소의 복합물로 만

---

227 영혼의 부분들이 갖는 특징에 대한 논의는 『티마이오스』 70A-72B와 Annas(1981), pp.125-131 참조.

228 Copleston(1993), p.211.

드는 모형"으로 구분하는데,[229] 그 가운데 첫 번째 모형에서는 육체의 "'정화(purification)' 뒤에는 지성만" 남게 되며, 비이성적인 욕구와 같은 것들은 "영혼 자체의 본질에 속하지 않을 것"이라고 말한다.[230]

로위는 '부분'들을 갖는다는 언급이 없는 『파이돈』에서 비이성적인 욕구들이 '육체에 속한다'라거나 또는 그것들이 '육체적'이라는 표현은 "육체가 그것들을 스스로 느낀다는 의미가 아니라 … 욕구들이 완성되기 위해 육체를 필요로 한다는 의미이며, 또한 우리가 육체를 가짐으로써 욕구들을 소유"한다는 의미로 이해한다.[231] 예를 들어, 사람이 무언가를 욕구한다는 것은 육체 자체가 욕구하는 것이 아니라 영혼이 육체라는 일종의 도구를 통해 욕구한다는 것이다. 이런 식의 해석을 유지한다면, 영혼의 기개적 부분과 욕구적 부분이 소멸한다고 말하는 것은 영혼의 부분들이 실제로 죽는다는 의미가 아니라 영혼이 일종의 도구로 사용하던 육체가 더 이상 도구로서의 역할을 수행하지 못한다는 의미로 볼 수 있을 것이다. 그러나 로위가 구분하는 영혼의 두 번째 모형에 대해서는 이런 해석이 적용되지 않는 것으로 보인다. 두 번째 모형에 대한 로위의 견해는 분명하지 않다. 왜냐하면 그는 다만 플라톤이 영혼의 세 부분으로 구분하고 기개적 부분과 욕구적 부분을 소멸적이라고 말했다는 사실만을 언급할 뿐 플라톤이 실제로 그것들의 소멸을 인정했다고 볼 수 있는가에 대해서는 명확히 언급하지 않기 때문이다.[232] 그러나 이미 보았듯이, 플라톤은 영

---

229 유원기 옮김(2019), p.276과 p.271.
230 유원기 옮김(2019), p.272.
231 유원기 옮김(2019), p.273.
232 예를 들어, 유원기 옮김(2019), p.283 참조.

혼의 부분들을 언급할 때도 영혼의 이성적 부분이 불멸한다는 신념
을 유지하고 있으며, 기개적 부분과 욕구적 부분만이 소멸된다고 말
하고 있음은 분명하다(『티마이오스』특히 69D−E).

플라톤이 이처럼 영혼의 부분들에 대해 언급하고 있으므로, 그것들
이 물질적인가 또는 비물질적인가의 문제에 대한 논란이 제기되곤 한
다. 근본적으로는 그가 말하는 영혼이 전반적으로 비물질적인가의 여
부가 제기되지만, 부수적으로는 영혼의 부분들과 관련하여 불멸하는
이성적 영혼만이 비물질적이고 나머지 부분들은 물질적인가에 대한
의문도 제기될 수 있다. 오늘날 우리의 언어적 용법에서 '부분(μέρος)'
이라는 단어는 주로 물질적 사물에 대해 사용되므로, 영혼이 부분들
을 갖는다거나 또는 부분들로 이루어진다는 플라톤의 말은 그것이
마치 물질적인 어떤 것임을 함축하는 것으로 이해될 수도 있다.[233]

실제로 오스텐펠트(Ostenfeld)는 플라톤이 후기에는 영혼을 시간적
이고 공간적이고 또한 운동하는 것으로, 즉 물질적인 것으로 보았다
고 말한다.[234] 즉, 그는 영혼이 영원하지 않다는 점에서 시간적이고,
개인의 육체에 거주한다는 점에서 공간적이며, 다른 것에 작용하거
나 다른 것에 의해 작용된다는 점에서 운동하며, 따라서 그것이 물질
적으로 이해될 여지가 있다고 지적한다.[235] 또한 로빈슨(Robinson)은

---

233 유원기 옮김(2019), p.284.
234 Ostenfeld(1987), p.21. 뒤에서, 그(p.49)는 플라톤이 "불멸적인 영혼은 '섞이지 않은
(amiges)' 것이 아니며, 특히 그것은 육체, 즉 그것의 두뇌와 그것의 육체기관과 섞였
으며, 또한 반드시 그래야 한다고 말할 것이다."라고 언급한다. 한편, Annas(1981,
p.124)는 영혼의 부분들에 대해 "플라톤은 결코 그것들이 공간적이거나 시간적인 부
분들이라고 말하지 않는다."라는 의견을 제시한다.
235 이 주장들과 관련된 플라톤의 원전 자료들에 대해서는 Ostenfeld(1983), p.244 참조.

"고대 그리스와 로마 시대는 '영혼'과 '자아(self)'에 대해 전체적으로 비일관적인 견해들(pictures)을 물려받았다."라는 도즈(Dodds)의 말을 인용하면서, 특히 『파이돈』에서는 '영혼'과 동의어로 이해되는 '자아' 개념에 대해 상충된 견해들이 제시되고 있음을 인정하는 한편, 서로 상충되어 보이는 플라톤의 견해들을 굳이 일관되게 만들려는 시도에 반대하는 듯이 보인다.[236]

핵포스(Hackforth)는 특히 플라톤이 영혼을 물질적으로 기술했다는 오스텐펠트의 견해에 대체로 동의하면서도, 그는 그것을 문자 그대로 이해해서는 안 되고 은유(metaphor)로 봐야 한다고 제안하고 있다.[237] 또한 이와 동일한 맥락에서, 코플스톤(Copleston)도 영혼에 대해 '부분'이라는 단어의 사용이 오해를 야기하지만, 그럼에도 그것을 "영혼이 연장적이고 물질적임을 의미하는 것으로 이해되어서는 안 된다."라고 지적하면서 다음과 같이 덧붙인다.[238]

메로스(μέρος)라는 단어는 『국가』 IV권 444B3에 나타나는데, 이 단어 이전에 플라톤은 에이도스(εἶδος)라는 단어, 즉 그가 그 세 부분을 물질적인 의

한편, Ostenfeld는 영속적이며, 분할되지 않고, 융해되지 않는 등의 특징으로 인해 영혼이 형상에 가깝다고 말할 수 있는 증거들을 제시한다.

236 Robinson(1995, p.31)이 지적하는 부분은 Dodds(1962), p.179이다.

237 Hackforth(1972), p.52 각주 3. 그는 "정화라는 것은 … 육체로부터 영혼을 가능한 멀리 떨어뜨리고, 육체의 모든 부분에서 그것을 함께 뭉치고 모이도록 길들이는 것, 육체라는 족쇄에서 벗어나 현세와 내세에서도 가능한 홀로 동떨어져 살아갈 수 있도록 하는 것이 아니겠는가?"라는 『파이돈』 67C의 문장이 가장 물리론적인 표현일 것이라고 말한다.

238 Copleston(1993), p.208. 비교; Annas(1991, p.124)는 "플라톤은 영혼들이 공간적이거나 시간적인 부분들이라고 결코 말하지 않는다."라는 점에 동의한다.

미에서의 부분들이 아니라 형상들이나 기능들 또는 행동 원리들로 간주했음을 보여주는 단어를 사용한다.

여기에서 코플스톤이 지적하는 것은 '메로스'가 물질적인 의미에서의 부분을 가리키는 것이 아니라는 것이다. 그러나 마리에타(Marietta)는 이러한 코플스톤의 견해를 거부하는 것으로 보인다.

만약 그[239] 부분들이 실체적 단위들이 아니라 기능들이나 활동들이라면, 플라톤의 철학에 더 잘 들어맞을 것이다. 부분들을 실체적 단위들로 다루는 것은 영혼이 단일체, 즉 '죽음에 의해 소멸될 수 없는 단순 실체'라는 플라톤의 개념을 위태롭게 할 것이다. 그러나 특히 『티마이오스』의 설명들을 고려할 때, 이것이 플라톤에 대한 올바른 해석이라고 확신하기는 어렵다. … 이것은 기개적 부분과 욕구적 부분이 불사하는 것들이 아님을 의미한다. 이것은 『파이돈』에서 제시되었던 영혼의 불사성에 대한 논증과 분명히 상반된다.[240]

코플스톤은 영혼의 부분들을 '기능'이나 '행동 원리'로 해석함으로써 그것들이 모두 비물질적이라는 결론을 끌어내는 반면, 마리에타는 그런 해석을 부정함으로써 기개적 부분과 욕구적 부분의 불사성을 거부한다. 영혼의 불사성이 반드시 영혼의 비물질성을 함축하지는 않는다. 즉, 영혼이 죽지 않는다고 해서 그것이 반드시 비물질적

---

239 이 글에서 '그' 부분들은 '영혼의' 부분들을 의미한다.
240 유원기 옮김(2015), p.149.

이어야 하는 것은 아니다. 호메로스는 물론이고, 초기의 철학자들은 프쉬케 또는 영혼이 죽지 않는다고 생각했지만, 그들이 생각했던 영혼은 숨이나 불타오르는 에테르, 먼지, 또는 원자 등과 같은 물질적인 요소로 구성된 영혼이기 때문이다. 물질적인 영혼도 영원히 지속되고 소멸하지 않는다는 것이 그들 대부분의 생각이었다. 그렇지만 여기에서 마리에타가 언급하는 소멸되는 영혼의 부분들은 최소한 물질적인 성질을 갖는다는 발언으로 볼 수 있으며, 그렇기 때문에 소멸되지 않는 영혼의 부분은 그것들과 대비되는 비물질적인 성질을 갖는 것이라고 할 수 있을 것이다. 이처럼 영혼에 대한 플라톤의 견해가 일관적이지는 않지만, 그가 비물질적인 영혼의 존재를 인정했다는 것은 부정할 수 없는 것으로 보인다.[241]

위에서 보았듯이, 아리스토텔레스는 영혼이 공간적인 크기, 즉 연장성을 갖는다는 주장을 함축하는 것으로 보이는 플라톤의 견해를 거부함으로써 영혼의 물질성은 물론이고 운동성도 부정한다. 사실상 연장성과 운동성은 물질의 속성이므로, 그 두 가지 속성들 가운데 어떤 것을 거부하든 영혼의 물질성도 거부되는 것은 당연하다. 그런데 사실상 영혼의 비물질성을 지속적으로 주장하기 어려운 이유는 특

---

241 비교: 강성훈(2015, 특히 pp.1-3 참조)은 플라톤이 별다른 논의 없이 플라톤을 심신 이원론자로 규정하는 것이 과연 적절한가를 묻고, 사실상 데카르트의 실체 개념을 기준으로 하는 이러한 규정을 플라톤에게 적용하는 것이 적절하지 않다는 입장을 제시한다. 물론 이 지적은 옳지만, 그렇다고 해서 고대 철학자들의 견해에 대한 논의 자체가 잘못이라거나 또는 무가치하다는 결론이 나오지는 않는다. 우리의 기준을 통해 해석하고, 우리의 해석이 어디까지 유효한가를 판단해 보는 것은 분명히 중요한 일이기 때문이다. 한편, 플라톤의 견해가 전체적으로 일관적이지는 않아 보이므로, 어디까지가 일관적인가에 대한 일관성의 범위에 대한 논의도 병행할 필요가 있다.

히 플라톤이 영혼을 운동의 원인으로 보고 있기 때문이다. 플라톤은 『파이드로스』 245C-246A와 『법률』 896A-D에서 영혼의 운동성을 언급한다. 특히, 그는 『법률』에서 '다른 것을 움직이는(또는 운동하게 하는) 것'과 '자기 자신을 움직이는(또는 운동하게 하는) 것'을 구분하면서 (894B), 영혼이 자기 자신을 움직이는 것, 즉 자기운동의 원인임을 분명히 한다(896A). 이에 대해, 로위는 "영혼은 유일하게 참된 '자기운동자'이다.[242] 다른 모든 운동은 그것으로 역추적될 수 있다. 만약 운동이 영원히 지속된다면, 영혼도 영원히 존재해야만 한다."라고 설명한다.[243] 이 설명에 의하면, 영혼의 자기운동성은 그것의 불사성을 주장하기 위한 전제 조건이며, 또한 영혼은 사실상 자기 자신의 운동은 물론이고 궁극적으로는 다른 모든 운동의 원인이기도 하다.

로빈슨은 자기운동을 다음과 같이 네 가지 종류로 구분한다.[244] 첫 번째는 상식적인 의미에서의 자기운동으로서, 우리가 일상에서 생물과 무생물을 구분하는 기준이 되는 자기운동이다. 두 번째는 "다른 영원한(eternal) 작용 원인(efficient cause)에 의존하는 이성적인 영혼(인간의 이성적인 영혼이나 세계영혼)의 영속적(everlasting)[245]이면서도 영속적으로 우연적인 운동"으로서, "그 원인이 없이는 그것의 존재와(또는 존재나) 본질적인 특징이나 활동을 설명하지 못하는"[246] 영혼

---

242 비교: Grube(1935, p.46)는 "영혼이 운동을 유발할 수 있는 유일한 것이다."라고 말한다.

243 유원기 옮김(2019), p.280.

244 Robinson(2018), xviii-xix.

245 Robinson(2018, xviii 각주 7)은 여기에서 '영속적인'으로 옮기는 'everlasting'을 "시간적으로 시작은 있으나 끝은 없는 것"이라 규정한다.

246 Robinson(2018), xviii 각주 8 참조.

의 자기운동이다. 세 번째는 "다른 영원한 작용 원인과 아마도 영원한 전형적인 원인이나 원인들에 끊임없이(forever) 의존하는 모든 영혼의 영원무궁(sempiternal)[247]하면서도 영원무궁하게 우연적인 자기운동"이다. 끝으로, 네 번째는 "가장 고귀한 영혼(ἀρίστη ψυχή, 『법률』 897C7)의 자기운동으로서,[248] 전체적으로 비우연적이라고 적절하게 기술될 수 있는 자기운동"이다. 로빈슨은 이 구분을 다른 곳에서 다루었다는 이유로 자세히 설명하지 않고, 다만 "『티마이오스』에서 플라톤은 첫 번째와 두 번째 유형의 존속만을 염두에 두고 있는 것 같다."라는 의견을 제시한다. 그리고 더 나아가 그는 특히 『티마이오스』 77C4-5와 89A1-3이 첫 번째 유형인 반면에, 37B가 두 번째 유형이며, 『파이드로스』 245C가 세 번째 유형이라고 말하지만, 네 번째 유형은 플라톤에게서 발견되지 않는다고 보는 듯하다.[249]

영혼이 운동의 원인이라고 할 때, 그것이 운동을 야기하는 대상 또는 야기할 수 있는 운동은 아마도 세 가지로 볼 수 있을 것이다. 즉, 영혼은 영혼 자체, 육체, 또는 외부 사물의 운동을 야기할 수 있을 것이다. 플라톤은 『법률』의 등장인물 가운데 한 사람인 아테네인을 통해 영혼이 영혼 자체를 운동하게 할 뿐만 아니라(896A), 운동하는 것

---

247 Robinson(2018, xix 각주 9)은 여기에서 '영원무궁한'으로 옮기는 'sempiternal'을 "물리적이지만 시작이나 끝이 없는 것"이라 규정하고, 또한 '전형적인'으로 옮기는 'paradigmatic'을 "초월적 형상들에 의해 작용된 인과 유형"이라고 규정한다.

248 비교: 플라톤은 『티마이오스』 70C에서 '가장 훌륭한 또는 탁월한(βέλτιστον, 원형 βέλτιστος)'이란 단어를 사용하여 영혼의 '이성적 부분'을 가리킨다.

249 네 번째 유형에 대한 Robinson(2018, xix)의 입장은 명확하지 않으며, 다만 그는 만약 "플라톤이 초월적 형상이라는 개념을 포기했다면" 네 번째 유형의 자기운동이 비우연적일 것이고, "그렇지 않았다면 여전히 우연적"일 것이라고 말한다.

들의 내부에 거주함으로써 그것들을 운동하게 하고(896E), 또한 하늘과 땅과 바다에 있는 모든 것들을 운동하게 한다고 말한다(897A). 플라톤은 영혼과 육체의 상호작용에 대해 분명히 말하지는 않지만, "영혼이 운동하는 것들의 내부에 거주함으로써 그것들을 운동하게 한다."라는 표현이 그러한 상호작용을 함축하는 것으로 볼 수 있을 것이다. 영혼과 육체의 상호 관계가 분명하지는 않지만, 플라톤이 말하는 영혼은 라일(Ryle)[250]이 비난하는 데카르트적인 '기계 속의 유령(the Ghost in the machine)'이나 또는 로위[251]가 말하는 '작은 사람(또는 소인, homunculus)'처럼 육체 내에 거주하는 어떤 것을 의미하며, 그 영혼은 어쨌든 육체와는 존재론적으로 또는 범주적으로 다른 실체를 가리키는 것으로 보인다. 결국 플라톤은 영혼이 앞에서 언급한 세 종류의 운동을 모두 야기하는 것으로 본다고 결론 내릴 수 있을 것이다.

우리가 이미 보았듯이, 아리스토텔레스도 '자기운동'에 대해 상당히 많은 논의를 했지만, 그가 논의했던 자기운동은 '영혼의 자기운동'이 아니라 영혼과 육체의 복합체인 '생물의 자기운동'이다.[252] 그리고 그는 영혼이 생물의 자기운동에 필수적인 요소라고 생각하지만, 영혼 자체가 자기운동을 한다고 생각하지는 않기 때문에 플라톤처럼

---

250 Ryle(1949), pp.15-16. 주지하듯이, 이 표현은 서로 다른 범주에 속하는 영혼(또는 정신)이 마치 유령처럼 기계라는 육체를 움직인다고 생각하는 것은 '범주적 오류(Category-mistake)'라고 말한 데서 비롯된다.

251 유원기 옮김(2019), p.284. 로위는 영혼의 '부분'을 '소인'으로 표현하고, 하나의 육체 안에 세 명의 소인이 들어 있다고 말한다.

252 비교: Waterlow(1982, p.205 각주 2)는 "플라톤이 자신의 체계에서 '자기변화(self change)'라고 불렸던 것이 아리스토텔레스의 체계에서는 '자연변화(natural change)'에 상응한다."라고 말한다. 즉, 이 책에서 우리가 사용하는 용어로 설명하자면, 플라톤이 말하는 자기운동은 아리스토텔레스의 자연운동에 해당한다는 것이다.

영혼의 물질성을 인정해야 하는가의 문제에 직면하지는 않는다. 또한 플라톤이 영혼을 비물질적 실체로 간주하고, 육체를 물질적 실체로 간주하는 한편, 그것들 사이의 상호작용을 염두에 두었다고 한다면, 이러한 설명은 아리스토텔레스가 염두에 두고 있는 영혼과 육체의 관계와 분명히 다르다. 영향을 주는 영혼과 영향을 받는 육체의 관계는 운동을 야기하는 제작자와 운동을 받아들이는 재료의 관계에 비유될 수 있는데, 이에 대해 워털로우(Waterlow)는 "제작자와 그의 재료들은 어떤 목적에 대해 하나의 전체로 고려될 수도 있으나 그것들이 하나의 실체를 형성하지는 않지만, 아리스토텔레스의 자기운동자들(self-changers)은 단일한 실체들, 즉 유기체들이다."라는 말로 플라톤과 아리스토텔레스의 견해 차이를 요약한다.[253] 이제 영혼과 육체에 대한 아리스토텔레스의 견해, 그리고 그 견해에 대한 현대 심리철학적 관점에서의 해석을 살펴보자.

---

253 Waterlow(1982), p.210.

제3장

아리스토텔레스와 현대 심리철학

이제 아리스토텔레스에 대한 논의로 돌아가자. 제1장에서 보았듯이, 아리스토텔레스는『자연학』에서 부동의 원동 부분과 피동의 부분이라는 내적인 부분들을 통해 자기운동자의 존재 가능성을 설명하는데, 이 설명이 아직 충분히 만족스럽지 않다는 지적이 있을 수 있다. 왜냐하면『자연학』에서는 자기운동자가 그런 부분들로 구성되어야 한다는 것은 보여줬지만, 그것들이 정확히 무엇이고, 그것들이 어떤 상호 관계를 갖는지를 보여주기에는 불충분하기 때문이다.

　이제 자기운동자 내부의 두 부분들은 영혼과 육체로 이해되며, 따라서 우리는 아리스토텔레스가 영혼과 육체에 대한 논의를 제공하는『영혼에 관하여』를 자세하게 검토할 필요가 있다. 또한 아리스토텔레스는 영혼이 육체를 어떻게 움직이는가에 대한 문제를 동물의 장소운동에 대해 논의하는 저술인『동물의 운동에 관하여』의 후반부에서 주요 논제로 다루고 있으며(700b 9-10), 따라서 이 저술에 대해서도 충분한 검토가 필요하다. 이처럼 자기운동자에 대한 아리스토텔레스의 견해를 이해하기 위한 우리의 여정은 『자연학』 VIII권에서 시작되었으며, 이제 『영혼에 관하여』를 거쳐 『동물의 운동에 관하여』로 진행해야 한다.[254] 이전 장에서는 『자연학』에 대해 논의했으므로, 이제 이 장에서는 『영혼에 관하여』의 논의를 자세히 검토할 것이다. 그리고 『동물의 운동에 관하여』에 대한 좀 더 자세한 논의는 이 책의 후반부인 제4-6장에서 이루어질 것이다.

생물이 육체와 영혼으로 구성되었다는 견해는 자연물들이 질료(ὕλη, 휠레)와 형상(μορφή, 모르퓌)으로 구성되었다는 그의 대표적인 이론인 질료형상론(hylomorphism)의 연장선상에 있음은 잘 알려져 있다.[255] 그러나 그러한 '영혼과 육체의 관계'가 정확히 어떤 것인가의 문제는 상당히 많은 논란거리가 되고 있다.[256] 아리스토텔레스가 염두에 두었던 영혼과 육체의 관계가 정확히 무엇이었는가, 즉 그의 질료형상론을 어떻게 해석할 것인가의 문제는 지속적으로 제기되었던 문제였으나, 특히 1960년대에 접어들어 심리철학이 발전하면서 아리스토텔레스에 대한 관심도 고조되었던 것으로 보인다. 영혼과 육체에 대한 아리스토텔레스의 견해를 해석하는 문제는 물론 과거에도 시도되었

---

[254] 비교: Nussbaum(1978), pp.107-108.

[255] 『자연학』에서는 형상과 질료라는 개념으로 생물과 무생물을 비롯한 자연물 일반의 내적 구조와 운동 과정을 설명하는 이론이 '질료형상론(hylemorphism 또는 hylomorphism)'이고, 이 이론을 생물의 경우에 국한하여 영혼과 육체라는 개념으로 설명하려는 이론을 '육체영혼론(somatopsychism)'이라 할 수 있을 것이다. 이에 대해서는 유원기(2013a), pp.6-7과 유원기(2021), p.212 각주 16 참조.

[256] 이미 언급했듯이, 우리가 '영혼과 육체의 관계'를 편의상 '심신 관계'로 표현하지만, 여기에서 '심신(心身)'은 '정신(마음)과 육체' 또는 '정신과 두뇌'를 의미하는 것이 아니라 '영혼과 육체'를 의미하는 것으로 이해되어야 한다.

지만 대체로 간헐적이고 산발적인 형태였던 반면에, 1960년대 이후부터는 집중적이고도 지속적으로 논의되고 있다는 것이 과거와의 차이점이라 할 수 있다.

1960년대에 아리스토텔레스의 견해를 해석하려 시도했던 학자들 가운데 슬레이키(Slakey, 1961), 맷슨(Matson, 1966), 칸(Kahn, 1966) 등은 물리론적인 해석을 제시했고, 로스(Ross, 1961), 솔름센(Solmsen, 1961), 하디(Hardie, 1964) 등은 이원론적인 해석을 제시했다. 그 후 1970년대에는 반스(Barnes, 1971-2), 소라브지(Soarbji, 1974), 윌키스(Wilkes, 1978), 맨션(Mansion, 1978), 그리고 기능론적인 해석을 제시했던 너스바움(Nussbaum, 1978) 등이 모두 아리스토텔레스를 물리론적으로 해석했던 반면에, 반스(Barnes, 1971-2)가 지성에 대해, 그리고 맷슨, 칸, 소라브지 등의 물리론적 해석을 거부하는 하디(Hardie, 1976)는 감각과 감정을 포함하여 가리키는 의식[257]에 대해 이원론적인 해석을 제시했다. 그리고 1980년대에는 찰스(Charles, 1984)와 윌리암스(Williams, 1989) 등이 물리론적인 해석을, 그리고 로빈슨(Robinson, 1983), 쉴즈(Shields, 1988) 등이 이원론적인 해석을 제시했다.

1990년대에 이르러 너스바움과 로티(Nussbam and Rorty, 1992)가 편집한 논문집인 『아리스토텔레스의 『영혼에 관하여』에 대한 논문들 (*Essays on Aristotle's De Anima*)』과 듀런트(Durrant, 1993)가 편집한 논문집 『아리스토텔레스의 『영혼에 관하여』를 중심으로(*Aristotle's De Anima in Focus*)』의 출간은 심신 관계에 대한 아리스토텔레스의 견해

---

[257] Hardie가 생각하는 '의식'의 의미와 범위에 대해서는 Hardie(1976), pp.389-390 참조. 그는 특히 pp.409-411에서 Matson, Kahn, Soarbji의 해석을 정면으로 반박하면서 이원론적 해석을 제시한다.

를 논의하는 분위기를 더욱 촉진하는 계기가 되었다. 특히, 너스바움과 로티의 논문집에는 너스바움과 퍼트남의 기능론적 관점이 제시된 논문은 물론이고, 기존의 방식과는 전혀 다른 분석을 제시하는 버니엣(Burnyeat, 1992)의 논문과 코드와 모라브식(Code and Moravcsik, 1992)의 논문은 아리스토텔레스의 견해를 새로운 관점에서 바라보게 했다는 점에서 중요한 의미를 갖는다. 2000년대에도 캐스턴(Caston, 2006), 밀러(Miller, 2010) 등과 같이 아리스토텔레스의 심신이론에 대한 논의를 하는 학자들이 있긴 하지만, 과거에 비해 관심의 정도는 상당히 약화된 것으로 보인다.

아래에서 보겠지만, 질료형상론에 대한 현대 심리철학적 해석들 가운데는 서로 양립할 수 없는 물리론과 이원론처럼 양극단의 관점에서 해석된 것들도 있으며, 물리론에 속하는 행동론이나 기능론[258]과 같은 다양한 이론들은 물론이고, 이원론에 속하는 실체이원론, 속성이원론, 또는 창발이원론 등과 같은 다양한 이론들로 해석된 것들도 있다. 이와 같이 다양한 해석들이 가능한 것은 아리스토텔레스가 한편으로 영혼과 육체가 서로 분리될 수 없다고 말하면서도,[259] 다

---

258 유원기(1999), p.246 각주 5 참조(일부 수정함), "비록 많은 기능론자들이 물질론자(물리론자)들이긴 하지만, "기능론이 본질적으로(per se) 물질론을 내포하는 것은 아니다." 왜냐하면 심적 상태가 반드시 물리적인 상태이어야만 하는 논리적인 필연성이 없기 때문이다. 즉, 심적 상태 실현의 존재론적 바탕이 물질이 아닐 수도 있기 때문이다(Priest, 1991, pp.133-134). 그러나 아리스토텔레스를 해석함에 있어서, 기능론자들은 물질론 또는 물리론적인 성격을 띤다." 다시 말해서, 기능론자들은 심적 상태들이 그것들에 부여된 기능적인 역할들을 수행하는 한에 있어서, 그것들의 심리적 또는 존재론적 토대들이 구리이거나 치즈거나 또는 영혼이거나 상관이 없다고 주장하며(Putnam, 1975, p.135), 따라서 심적 실현의 존재론적 토대가 물질이 아닐 수도 있음을 허용하기 때문에, 기능론이 반드시 물질론(물리론)은 아니라는 것이다.

259 예를 들어, 『영혼에 관하여』 412b 5-6; 413a 3-5; 414a 14-19; 『형이상학』 1045b

른 한편으로 인간의 능동지성의 경우에는 영혼이 육체와 무관하게 독립적으로 존재할 수 있다고 말하는 듯한 진술들을 하고 있기 때문이다.[260] 이처럼 일견 모순적으로 보이는 아리스토텔레스의 진술들이 실제로 그가 모순적인 태도를 갖고 있었기 때문인지, 아니면 아리스토텔레스의 강의록들을 편집했던 안드로니코스(Ἀνδρόνικος ὁ Ῥόδιος, 기원전 1세기경)가 서로 다른 시기에 쓰인 그 강의록들을 『영혼에 관하여』라는 하나의 제목하에 임의적으로 묶었기 때문인가에 대해서는 논란의 여지가 있다.[261] 또한 질료형상론에 대한 그처럼 다양한 해석

16-21.

260 특히, 『영혼에 관하여』 429 23-24; 430a 이하 참조. 아래에서 다시 논의하겠지만, 능동적인 지성(νοῦς)의 문제는 우리의 논의에 큰 장애가 되지 않는다. 첫째, 잘 알려져 있듯이, 이 책의 논의는 동물 일반의 장소운동을 대상으로 하며, 따라서 장소운동을 유발하는 데 필요한 심리적 작용과 생리적 작용의 관계에 초점을 맞춘다. 따라서 인간에게만 적용되는 지성의 문제는 필자가 특별히 관심을 갖는 문제가 아니다. 둘째, 무엇보다도 자기운동자에 대한 논의에 따르면, 아리스토텔레스는 피동의 부분(즉, 육체)과 관련되지 않은 부동의 원동 부분(즉, 영혼)의 존재를 허용하지 않는다. 따라서 능동적인 지성이 "육체기관을 갖지 않는다."라는 표현이 "그것과 상응하는 피동의 부분, 또는 그것이 운동을 부여하는 피동의 부분이 없다."라는 의미를 담고 있거나 또는 "어떤 육체에서도 실현되지 않는다."라는 의미를 담고 있다면, 그것은 자기운동자와 관련된 논의에서 아리스토텔레스가 주장했던 모든 핵심적인 논점과 모순된다. 우리는 이 책의 제6장에서 만약 이성적 능력이 장소운동의 유발에 관련된다면, 그것은 그것이 실현되는 육체적인 부분을 필요로 하며, 또한 육체적 변화도 동반한다는 것을 보게 될 것이다.

261 강의 원고 형태로 남아 있던 아리스토텔레스의 글을 배열하고 정리하여 오늘날 전해지는 형태의 판본으로 만든 것이 안드로니코스로 알려져 있다. 그 글들을 배열하고 정리하는 안드로니코스의 가장 우선적인 기준은 아마도 '글의 주제'였던 것으로 보이나, 그가 '글의 집필 시기'를 얼마나 고려했는지는 알기 어렵다. 만약 분류의 기준을 '논의 주제'로 본다면, 서로 다른 시기에 집필되어 견해가 달라진 내용의 글들이라도 하나의 제목으로 묶어야 하겠지만, 그런 경우에는 그 글들의 집필 시기가 경시될 수밖에 없다는 것이다. 만약 이런 이유로 인해 아리스토텔레스의 견해들이 혼란스러워 보이는 것이라면, 육체로부터 분리된 영혼의 존재 가능성을 인정한 것이 아리스토텔레스의 진정한 견해인지, 또는 그것을 부정한 것이 진정한 견해인지를 단정하기는 어렵다. 그러나 필자는 능동지성에 대한 그의 진술이 그가 영혼이 육체로부터 분

을 보면서, 우리는 아리스토텔레스의 이론을 현대인의 이해방식에서 현대인의 용어들로 논의하는 것이 과연 적절한가의 문제도 제기하게 된다. 아마도 그에게, 또는 그 시대의 사람들에게는 당연하고도 명료했던 설명 방식이 2,400년도 넘는 오랜 세월이 지난 뒤에 현대를 살아가는 우리에게 혼란스럽고도 불명확하거나 또는 심지어 왜곡되어 보이는 것일 수도 있기 때문이다.

이 장에서 우리는 먼저 아리스토텔레스의 질료형상론이 함축하는 바가 무엇인가를 살펴보고, 그런 뒤에 그에 대한 다양한 현대 심리철학적인 해석들을 자세하게 소개하면서 그 해석들이 갖는 문제점들을 검토할 것이다. 우리는 아리스토텔레스를 해석하는 다양한 이론들인 이원론과 물리론, 그리고 그 해석들 가운데 특히 오늘날 심신(즉, 정신과 두뇌)의 문제를 가장 잘 설명하고 있을 뿐만 아니라 심지어 가장 설득력이 뛰어난 것으로 받아들여지는 이론인 기능론(functionalism)의 해석을 중점적으로 살펴보고, 그에 대한 반론과 대안적인 해석을 제시할 것이다.

리된다고 주장하는 플라톤의 영향을 많이 받았던 그의 초기 견해라고 생각한다. 비교: Falcon(2021, '5. The Exegetical Labor on the De anima' 참조)은 육체와 관련하여 "분리되고, 영향을 받지 않으며, 또한 섞이지 않는" 것으로 말해지는 아리스토텔레스의 능동지성에 관한 고대의 두 가지 상반된 해석을 소개한다. 그는 서기 2-3세기에 활동했던 알렉산드로스(Ἀλέξανδρος ὁ Ἀφροδισιεύς)가 "능동지성을 비인간적(non-human) 지성으로 만들고, 그것을 신과 동일시하는 맥락의 해석을 제시했다."라고 지적한 뒤에, 그와 달리 서기 4세기에 활동했던 데미스티우스(Θεμίστιος)는 "능동지성이 인간의 형상에 대한 가장 정확한 설명이라고 주장한다. 비록 데미스티우스는 이름을 언급하지 않지만, 그는 분명히 알렉산드로스에 의해 제시된 해석에 반대하는 것이다."라고 말한다. Lloyd(1968, pp.13-14)는 기원전 86년에 아테네를 침략한 술라(Lucius Cornelius Sulla Felix, 기원전 138-78)가 아리스토텔레스의 저술들을 로마로 보냈으나, 기원전 1세기 중반에 비로소 안드로니코스가 그것들을 편집하고 출간하는 책임을 맡기 전에는 방치되어 있었다고 전한다.

1. 아리스토텔레스의 질료형상론

오늘날 "질료형상론(hylomorphism)"은 "모든 자연물이 질료와 형상으로 이루어진다."라는 아리스토텔레스의 견해를 가리키는 것으로 이해된다.[262] 아리스토텔레스는 『자연학』 II.1에서 다음과 같이 말한다.

존재하는 것들 가운데 어떤 것들은 본성적으로 존재하고, 다른 것들은 다른 원인들에 의해 존재한다. 동물들과 그것의 부분들, 그리고 식물들과 단순요소들(흙, 불, 공기, 물)이 본성적으로 존재한다. 왜냐하면 우리는 이런 것들이 본성적으로 존재한다고 말하기 때문이다. 언급된 모든 것들은

---

[262] '질료형상론'은 '하일레모피즘(hylemorphism)' 또는 '하일로모피즘(hylomorphism)'이라는 영어를 우리말로 옮긴 것으로, 어원적으로 이 단어는 질료를 의미하는 그리스어 '휠레(ΰλη)'와 형상을 의미하는 '모르풰(μορφή)'를 음역하고, 그것에 이론이나 사상 등을 의미하는 '이즘(ism)'을 붙여 만든 것이다. 이렇게 음역되고 복합된 'hyle+morphe+ism'은 영어로는 종종 하일레모피즘(hylemorphism) 또는 하일로모피즘(hylomorphism)으로 표기하곤 했으나, 오늘날에는 주로 후자를 사용한다 (Manning, 2013, p.173 각주 1 참조). Manning(2013)은 "영어에서 '질료형상론'이라는 용어는 1860년에 처음 등장했으며, 애당초 자연세계가 물질세계와 물질적 원인과 동일한 외연을 갖는다는 견해인 물리론을 언급하기 위해 사용되었다."라고 말하며, 또한 그것은 처음부터 아리스토텔레스의 이론을 가리켰던 것이 아니라 "1880년대에 질료와 형상에 대한 소요학파의 이론을 가리키기 시작했다."라고 지적한다(p.175와 p.183 참조). 그는 "'질료형상론'이라는 단어의 정확한 기원은 수수께끼로 남아 있다."라고 언급하면서, 1888년에는 그 단어가 "원시적인 물질이 우주의 제일원인이라는 이론"으로 정의되기도 했다고 전한다(pp.175-176). 한편, 그는 "'질료형상론'에 대응되는 완전하거나 단일한 이론은 없는 것 같다."라고 말하는 한편(p.173), 역사적으로 '질료형상론'에 부여되었던 의미들을 검토하고 난 뒤에 그는 그 단어를 계속 사용하려면 그것이 아리스토텔레스의 이론을 가리키는 고유명사(Hylomorphism)가 아니라 다수의 이론을 가리키는 보통명사(hylomorphisms)로 이해해야 한다고 주장하는 것으로 보인다(p.186).

본성적으로 구성되지 않는 것들과 다르다. 왜냐하면 그것들 각각은 (장소 또는 성장과 감소, 또는 질적 변화에 있어서) 운동과 정지의 원리를 그것 내부에 갖기 때문이다. (192b 9-16)

아리스토텔레스는 '본성'[263]을 운동과 정지의 원리로 규정하고, 이러한 '본성'에는 '질료'와 '형상'이라는 두 측면이 있다고 말한다. 주지하듯이, 질료는 사물의 재료가 되는 것을 가리키므로 일종의 물질이라 할 수 있으나, 우리의 물질 개념과는 다르다. 국내에서는 고대 그리스 철학자들이 생각했던 물질을 '질료'라는 이름으로 부르고, 근대 이후의 물질을 '물질'이라는 이름으로 구분해서 부르지만, 영어에서는 모두 '매터(matter)'라는 하나의 단어가 고대와 근현대의 물질을 지칭하는 데 사용된다. 그것들을 굳이 구분하여 고대 그리스 철학자들의 물질을 '질료'라는 이름으로 부르는 이유는 아마도 당시에 그것이 사물을 구성하는 물질적 재료로 이해되었음을 강조하고, 또한 그것이 죽은 물질을 의미하는 근대 이후의 물질과 달리 고대의 물질이 생명력과 같은 자체의 성질을 갖는 물질임을 강조하기 위함이었을 것이다.

특히, 소크라테스 이전 철학자들의 이론에서 발견되는 이러한 견해는 '물활론(hylozoism)'이라고 불린다.[264] 이러한 물활론적인 견해

---

263 콜링우드(Collingwood)에 따르면, 여기에서 우리가 '본성'으로 옮기는 '휘시스 또는 휘세오스(φύσις/φύσεως)'라는 단어가 그리스 초기에는 "사물들의 운동 원리인 본성을 의미했으며, 시간이 흐름에 따라 자연세계를 집합적으로 지칭하는 용어로 사용"되었으며, 이처럼 그것은 영어의 '네이처(nature)'와 마찬가지로 '자연세계'와 '본성'의 두 가지 의미로 이해된다(유원기, 2003a, p.33; 유원기, 2009a, p.149). 더 자세한 내용은 유원기 옮김(2004b), pp.72-79 참조.

264 그리스어와 영어의 복합어인 '하일로모피즘(hylomorphism)'과 비슷하게, '하일로조

에서는 물질 자체가 생명력을 갖고 있다고 보기 때문에, 어떤 성질을 갖는 토대, 즉 기체(substratum)로서의 '물질'과 그것의 속성이라 볼 수 있는 '생명'을 별개의 것으로 나누어 보지 않았다. 이것을 달리 표현하면, 예를 들어, 엠페도클레스와 같은 소크라테스 이전의 철학자들은 대체로 생물의 구성 요소인 질료(또는 물질)에 대한 분석만으로도 생물이 지닌 생명을 설명할 수 있다고 생각했다는 것이다(『영혼에 관하여』 409a 27-410b 11; 415a 28-416a 18).[265] 그러나 아리스토텔레스는 생물과 무생물을 비롯한 모든 자연물이 질료만으로는 설명이 되지 않으며, '다른 어떤 것'이 더 고려되어야 한다고 생각한다. 그는 그러한 '다른 어떤 것'을 '형상'이라는 이름으로 부르며, 결과적으로 자연물의 본성을 설명하기 위해서는 '질료'뿐만 아니라 '형상'도 고려되어야 한다고 말한다.

> 두 종류의 것, 즉 형상과 질료가 본성이라고 불리므로, 우리는 질료에서 분리된 것도 아니고 질료만도 아닌 들창코에 대해 그러듯이, 그 대상들을 탐구해야 한다. … 두 가지 본성이 있는데, 자연의 탐구자는 무엇에 관심을 가져야 하는가? … 자연의 탐구자는 분리될 수 있는 형상들을 가졌지만, 질료에서 떨어져 존재하지 못하는 것들에 관심을 가져야 한다. (194a 12-b 15)

여기에서 아리스토텔레스는 자연물이 형상과 질료라는 두 가지 본

이즘(hylozoism)'도 그리스어로 물질을 의미하는 '휠레(ὕλη)'와 생명을 의미하는 '조이온(ζῷον)'에 영어 '이즘(ism)'을 붙여 조합한 'hyle+zoion+ism'의 영어식 표기로서, '물질 자체가 생명력을 갖고 살아 있다고 보는 견해 또는 이론'인 물활론을 가리킨다.

265 유원기(2003b), p.114.

성 또는 하나의 본성이 지닌 두 가지 측면이 있다고 말하는 한편, 그것들이 서로로부터 분리될 수 없다고 말한다. 다시 말해서, 자연물은 질료만으로 구성되거나 형상만으로 구성된 것이 아니라 형상과 질료로 구성된 것이며, 무엇보다도 그것들은 서로 분리되어 존재할 수 없는 것이다.

1.1 영혼과 육체의 단일성[266]

아리스토텔레스의 『자연학』에서 제시된 질료와 형상의 불가분적인 관계는 그의 『영혼에 관하여』에서는 육체와 영혼의 불가분적인 관계를 강조하는 토대로 이용되고 있다. 주지하듯이, 아리스토텔레스는 생물의 영혼에 대한 논의가 자연에 관한 탐구의 연장선상에 있다는 것을 분명하게 밝힌다(402a 5-7; 412a 12-16). 그렇다면 생물은 자연물의 일부이므로, 자연물 일반에 적용되는 원리들이 생물에게도 적용되리라 생각하는 것은 당연하고도 자연스럽다. 아리스토텔레스는 질료와 형상 또는 (그것들에 각각 상응하는) 육체와 영혼의 관계를 밀랍과 그것에 새겨진 각인의 경우를 들어 다음과 같이 설명한다.

{무형의} 밀랍과 {그것에 새겨진} 각인이 하나인가라는 {질문을 할} 필요가 없고, 또한 각 사물의 질료와 그 질료의 {형상이} 같은가라는 질문을 할 필요가 없듯이, 영혼과 육체가 하나인가라는 질문을 할 필요도 없는

---

266 흔히 영혼과 육체를 언급할 때 우리는 습관적으로 영혼을 먼저 언급하는데, '질료형상론'이나 '밀랍과 그림' 등과 대응하는 순서를 맞출 경우에는 육체와 영혼의 순으로 언급한다.

것이다. (『영혼에 관하여』 412b 5-9)

밀랍에 그림이나 글자가 새겨졌다면, 그런 것들을 밀랍에서 떼어 내지 못할 것이다. 아리스토텔레스는 밀랍과 그것에 새겨진 그림이나 글자는 하나인가 또는 둘인가를 질문할 필요가 없다고 하지만, 그런 질문에 답변하는 것은 결코 쉽지 않아 보인다. 우리는 밀랍과 그림을 개념적으로 구분할 수 있지만, 그렇다고 해서 그것들을 둘이라고 말할 수도 없다. 그것들은 분명히 현실적으로 분리될 수 있는 두 개의 개체가 아니기 때문이다. 그리고 아리스토텔레스가 생각하는 것처럼 육체와 영혼의 관계가 실제로 밀랍과 그림의 경우와 같다면, 육체와 영혼이 하나인가 또는 둘인가에 답하기도 어렵다는 것은 분명하다. 그러나 그것들이 분리된 개체들이 아니라는 점을 고려한다면, 그것들은 분명히 둘이라고 할 수 없을 것이다. 아리스토텔레스는 '분노'의 경우를 예로 들어 설명하기도 한다.

… 영혼의 영향받음들은 질료 안에서 실현된 형식임이 분명하다. … 예를 들어, 분노가 무엇인가라는 질문에 자연철학자와 논리학자는 각각 달리 정의할 것이다. 후자는 그것을 복수하려는 욕구 또는 그런 종류의 것이라고 {정의할 것이고}, 반면에 전자는 그것을 심장 주변의 피의 끓어오름 또는 뜨거움으로 {정의할 것이다}. 이들 가운데 전자는 질료를, 그리고 후자는 형상 또는 형식을 의미한다.[267] 왜냐하면 {분노의} 형식이 바로 그것이

---

267 유원기(2003b), p.112 각주 19-20 참조. 여기에서 '형상(εἶδος)'과 '형식(λόγον)'은 동일한 의미로 사용되는데, 일반적으로 '형상'은 문맥에 따라 겉모양, 형체, 구조, 기능, 본질 등을 의미하고, '형식'은 논리적 설명, 비율, 형상, 정의 등을 의미한다.

며, 그것이 작용하려면, 그것은 반드시 적절한 질료 내부에 있어야만 하기 때문이다. … 영혼의 영향받음들이 최소한 분노와 두려움과 같은 종류인 한에 있어서, 그것들은 생물들의 자연적인 질료로부터 분리될 수 없으며, 선이나 면과 같이 {사고에서 분리될 수 있는} 것도 아니라는 것을 우리는 말했었다. (403a 25-403b 19)

위 인용문의 '영향받음'은 종종 영어로는 우리말의 '감정'을 의미하는 'affection'으로 옮겨지곤 하는 그리스어 '파쎄(πάθη)'의 번역어이다.[268] '파쎄'는 '-에 의해 영향을 받다'라는 의미의 그리스어 '파스코

[268] 이에 대한 설명은 유원기 역주(2001), pp.67-68 각주 6 참조(일부 수정함), "'파쎄(πάθη)'는 '…에게 일어나는 것', 즉 '어떤 주체가 영향을 받음'을 의미한다. 이 단어를 간단하고 적절한 우리말로 옮기는 것은 상당히 어렵다. 일반적으로 이런 어려움을 해결하기 위한 방법은 원어를 그대로 사용하거나 또는 새로운 번역어를 소개하는 것이다. 여기에서는 뒤의 방법을 채택하여 '영향받음'이라는 새로운 용어를 소개하여 옮기는데, 이 용어가 함축해야 하는 내용은 두 가지이다. 첫째, 이 용어는 물체 또는 육체와 관련하여 사용될 수 있어야 하며, 또한 영혼과 관련해서도 사용될 수 있어야 한다. 둘째, 그 용어는 '영향받는 작용 또는 과정'이라는 능동적인 의미를 포함해야 한다. 비교: Lawson-Tancred(1987, p. 117과 p. 125 참조)는 πάθη가 넓게는 '속성' 일반을 의미하며, 또한 좁게는 '수동적인 속성'을, 그리고 가장 좁게는 '감정(emotion)'을 의미한다고 말한다. 한편, Shields(2016, p. 94, 403a 3-27에 대한 주석)는 πάθη라는 용어를 '영향을 주다'라는 의미를 가진 영어 단어 'affect'의 명사형인 'affection'으로 옮기고, "아리스토텔레스는 여기에서 'affection'이라는 용어를 일반적으로 사용하며, 따라서 그것은 성냄으로부터 지각과 추론에 이르는 다양한 심적 상태들을 포함한다."라고 말한다. 영어 단어 affection에 대한 우리말 번역이 어려운데, 그것의 사전적 의미는 '애착'이나 '애정' 등이지만 철학에서는 종종 '감정'을 의미하지만, Shields는 위에서와 같이 '영향받음'으로 이해해도 좋다고 생각한다. 그러나 1907년에 집필된 자신의 주석서에서, Hicks는 403a 3의 πάθη에 대해 그것이 단순히 감정을 가리키는 것으로 이해되어서는 안 되며, 감각지각에서 사고에 이르기까지 폭넓은 의미를 갖는 것으로 이해되어야 한다고 이미 강조했던 바 있다(1907, p. 198, 403a 16에 대한 주석 참조)." 한편, Barnes(1971-2, p.36)는 파쎄를 경험/영향받음(undergoing)이나 감정(emotion) 외에 속성(property)으로도 이해할 수 있다고 말하는데, 특히 아리스토텔레스의 『자연학』 188a 6-13을 비롯해 『자연학』에

(πάσχω)'의 명사형이므로, 의미상으로는 '영향받음'의 의미를 담고 있다. 이것은 영혼과 분리된 또는 영혼과 무관한 질료 또는 육체가 물질적인 영향을 받았음을 의미하는 것은 아니며, 영혼이 내재해 있는 육체가 영향을 받았다는 것으로 이해할 수 있을 것이다. 다시 말해서, 그것은 "육체가 장소를 옮기기 때문에, 육체 안에 들어 있는 것 또한 그것의 장소를 옮긴다."(『자연학』 259b 17–20)라는 의미로 이해할 수 있으며, 또한 배에 탄 선원이 배가 움직이기 때문에 움직여지는 경우와도 동일한 의미이다(『영혼에 관하여』 406a 4–11).[269]

아리스토텔레스는 분노와 같은 심리적 작용이 "이러저러한 것에 의한 {원인}, 그리고 이러저러한 것을 위한 {목적}, 그런 종류의 육체, 또는 육체 일부분의 운동이나 능력으로 {정의되어야 한다}."라고 말한다(403a 26–28). 그는 감정이 영혼과 육체가 하나의 전체로서 동일한 목적을 향해 항해하는 것이라고 설명되어야 한다고 강조하는데(비교: 403b 6–8), 이것은 감정이 영혼이나 육체가 개별적으로 수행하는 것이 아님을 강조하는 것이다. 다시 말해서, 영혼과 육체는 어떤 식으로든 통합됨으로써 단일한 유기적 육체를 형성하며, 그것들은 독자적으로는 어떤 작용도 하지 못한다.[270] 영혼이 무엇을 하든 그것은 육체와 더불어 하는 것이며, 이와 마찬가지로 육체가 무엇을 하든 그것은 영혼과 더불어 하는 것이다. 그러나 아리스토텔레스는 "영혼이 공감한다거나 배운다거나 또는 생각한다고 말하는 것보다 어떤 사람이 영혼과 함께 일한다고 말하는 것이 더 나을 것이다."(408b 13–18)

서 언급되는 '파쎄'에 대해서는 대체로 '속성'이라는 번역어가 적절해 보인다.
269 유원기(2003b), p.112 각주 21.
270 비교: Irwin(1991), pp.69–70.

라는 말이 영혼 자체가 육체적이거나 또는 크기를 갖는다는 의미가 아니라는 점을 분명히 한다(비교: 407a 10 이하).

아리스토텔레스는 『영혼에 관하여』에서 생물을 영혼이 육체 안에 들어 있는 것(embodied) 또는 육체가 영혼을 가진 것(ensouled)으로 묘사하곤 한다. 이 표현은 '육체'라는 것이 단순히 육체의 형태만을 갖춘 것을 가리키는 것이 아니라 영혼과 육체가 하나로 어우러진 복합체(composite) 또는 통합체(또는 단일체, unity)로서의 생물을 가리키는 것이며, 무엇보다 이 생물은 적절한 방식으로 생물로서의 기능을 수행하는 것을 가리킨다. 그러나 코드와 모라브식(Code and Moravcsik)은 생물에 대해 "아리스토텔레스는 심리적 작용을 통해 정의할 수 있는 구조를 필요로 하는 것으로 다루지만, 형상과 구조의 내용에 포함되는 요소들이 활발한 어떤 잠재력이 실현됨이 없이도 존재할 수 있는 물질에 속한 속성들, 특징들, 힘들, 또는 관계들이라고 생각하지는 않는다."라고 지적한다.[271]

다시 강조하자면, 인공물의 경우에 형태, 배열, 성질 등은 어떤 한 시기에 획득될 수 있는 반면에, 자연물의 경우에 영혼은 육체에 내재하는 또는 육체로부터 분리될 수 없는 어떤 것이다.[272] 아리스토텔레스가 말하는 육체란 영혼이 이미 그 안에 내재한 것이며, 그것은 이

---

[271] Code and Moravcsik(1992), p.133. 이 견해는 사람이 특정한 심리작용들을 어떤 방식으로 수행할 수 있는 능력을 갖기 때문에 형태나 육체기관 등을 갖는다는 아리스토텔레스의 견해에서 나온다(Furley, 1996, pp.59–79 참조). 아리스토텔레스에게 필요한 심리적 능력들을 갖지 못한 육체는 결코 육체가 아니다.

[272] Lloyd(1992)는 아리스토텔레스가 물질적 요소들에 대해 두 가지 이론, 즉 생물에 대한 이론과 인공물에 대한 이론을 갖는다는 데 동의하지만(p.59), 그런 그의 입장이 문제를 야기한다고 지적한다(이에 대해서는 특히 pp.64–65 참조).

미 살아 있는 것이다. 육체란 영혼을 가질 수도 있고 갖지 않을 수도 있는 그런 것이 아니다. 만약 육체가 그렇게 할 수 있다면, 심리적 작용273을 수행할 능력이 없는 육체가 언젠가 영혼을 획득함으로써 그런 심리적 작용을 수행하는 것이 가능하다는 결론이 나올 것이다. 그러나 아리스토텔레스는 영혼이 근본적으로 영양섭취, 성장과 쇠퇴를 하는 능력을 의미하는 생명의 원리이며(412a 14), 생물이 생명을 유지하는 한 영혼이 육체로부터 분리되는 경우는 결코 없다고 생각한다. 즉, 그에게 죽은 육체는 육체가 아니며, 그는 살아 있는 생물에 대해 논의하고 있다. 그에게 있어서, 영혼을 가진 육체, 즉 통합체로서의 생물은 질료 또는 기체(substratum)이며, 생명과 관련된 작용을 실행하고 실행하지 않는 것이 각각 그것의 형상이고 결핍이라 불릴 수 있다. 즉, 생물의 결핍은 '더 이상 살아 있지 않은 것' 또는 '생명의 유지에 필요한 기능을 갖지 않거나 수행하지 않는 것'을 의미한다.

이와 같이 아리스토텔레스의 질료형상론은 생물을 비롯한 모든 자연물이 질료와 형상으로 구성된다고 말해줄 뿐만 그것들이 서로 분리되어 존재할 수 없음을 말해준다. 이러한 질료형상론에 초점을 맞추다 보면, 그가 다른 곳에서 제시하는 형상의 우선성에 대한 주장이 모순적인 발언처럼 들릴 수도 있다. 형상이 우선적이라고 주장하

---

273 아리스토텔레스의 영혼 개념과 관련하여, '심리적 작용'은 영혼으로 말미암아 생물이 수행하는 모든 기능 또는 작용을 가리킨다. 따라서 그것은 오늘날 '심리적'이란 용어가 의미하듯이 반드시 사고나 감각 등과 관련된 심리적 요소만을 가리키는 것이 아니라 소화나 배설 또는 생식 등을 비롯하여 생명을 유지하기 위해 생물이 수행하는 모든 작용을 가리킨다는 점을 기억할 필요가 있다. 영혼을 가리키는 또 다른 이름인 형상은 단순히 형태나 겉모습만이 아니라 때로는 구조, 크기 등도 가리킨다(Cohen, 1992, p.58; Ackrill, 1972-3, pp.68-69; 유원기, 2000, p.94와 각주 13 참조).

는 것은 우리가 사물을 고려할 때, 형상을 우선적으로 고려해야 한다는 것이다. 왜냐하면 형상을 고려할 때 우리는 그 형상을 구성하는 질료를 포함해 설명할 수 있으나, 질료만으로는 그 안에 포함된 형상을 제대로 설명할 수 없다는 것이다. 예를 들어, 어떤 것이 칼의 기능(형상)을 가진다는 것은 그것이 그 기능에 필요한 속성(예: 단단함)을 가진 질료로 구성되어야 한다는 것을 함축한다. 그러나 단단함을 가졌다고 해서 질료가 반드시 칼의 기능을 갖는 것은 아니다. 즉, 형상의 우선성에 대한 그의 주장은 『동물의 부분에 관하여』에서도 반복된다. 아리스토텔레스는 동물이 육체기관이 있기 때문에, 그에 필요한 능력을 갖게 된다는 아낙사고라스의 주장을 반박하고, 동물들이 어떤 능력을 먼저 갖기 때문에 그에 필요한 육체기관들을 갖게 되는 것이라고 주장한다(『동물의 부분에 관하여』 687a 3 이하. 비교: 『동물의 생성에 관하여』 716a 23-26).

여기에서 아리스토텔레스가 강조하는 것은 생물이 단순히 물질로만 구성된 존재자가 아니라는 것이다. 생물은 분명히 물질 외의 어떤 것을 부가적으로 갖는다는 것이다. 그러나 그렇다고 해서 '물질 외의 어떤 것'이라는 것이 플라톤의 영혼처럼 사람이 죽은 뒤에 육체에서 벗어나는 어떤 실체나 데카르트의 영혼처럼 육체와 무관하게 존재할 수 있는 어떤 실체를 의미하는 것은 아니다. 아리스토텔레스는 도끼를 예로 들어, 도끼가 도끼로서의 기능을 제대로 수행하지 못하면 그것을 더 이상은 도끼라고 할 수 없으며, 이와 마찬가지로 사람의 눈도 눈으로서의 기능을 제대로 수행하지 못하면 더 이상은 눈이라고 할 수 없다고 말한다(『영혼에 관하여』 412b 12-24). 이것이 함축하는 것은 생물도 생물로서의 기능을 적절하게 수행해야 생물이라고 할 수 있으며, 그러한 기능을 수행하지 못한다면 더 이상 생물이 아니라는 것이다. 이 또한 형상의 우선성 또는 영혼의 우선성을 말하는 것이며, 아리스토텔레스가 이러한 우선성을 말하는 것은 살아 있는 것과 살아 있지 않은 것을 구분하기 위한 것으로 볼 수 있다.

　사람이 죽은 뒤의 시신도 한동안 사람의 겉모습을 그대로 갖고 있을 뿐만 아니라 사람의 육체기관들도 그대로 갖고 있다. 그러나 우리는 그러한 시신을 사람이라고 부르지 않는데, 그 유일한 이유가 바로 사람으로서의 기능을 수행하지 못한다는 것이다. 영혼은 생물을 생물이게끔 해주는 어떤 것으로 이해되며, 따라서 만약 그러한 영혼의 존재를 부정한다면 살아 있는 몸과 죽은 몸, 즉 기능을 수행하는 몸과 수행하지 못하는 몸을 구분하지 못하게 될 것이다. 여기에서 영혼의 존재를 말하는 것은 사람의 몸이 단지 물질만이 아니라 그것에 부여된 기능도 갖고 있음을 말하는 것이다. 이런 맥락에서, 아리스토텔레스는 엠페도클레스를 비롯한 많은 그리스의 철학자들이 가졌던 견해, 즉 생물의 구성 요소를 분석하면 그것의 영혼이나 생명까지 설명할 수 있다는 견해를 반박할 뿐만 아니라(409a 27–410b 11; 415a 28–416a 18), 죽은 생물이 다시 살아날 수 있다는 부활 개념도 거부하고 있다(406b 3–4).

1.2 원인으로서의 영혼

　주지하듯이, 아리스토텔레스는 자연물이 왜 지금 존재하는 그런 방식으로 존재하는가를 설명하는 네 가지 방법이 있다고 생각하며 (『자연학』195a 15 이하), 그 방법들을 원인(αἴτιον 또는 αἰτία)[274]이라는 이름으로 부른다. 그는 자연물이 질료와 형상이라는 두 가지 측면을 갖는다고 말한 바 있으나, 이제 질료는 '질료원인(질료인)'으로, 그리고 형상은 '형상원인(형상인)', '작용원인(작용인, 능동인, 운동인)', '목적원인(목적인)'으로 다시 세분되어 이해된다. 물론 생물은 육체도 가지므로, 단순히 영혼과 동일시될 수 없다.[275] 생물은 말하자면 '육체에 내재한 영혼' 또는 '영혼을 갖는 육체'이다. 따라서 생물은 영혼의 측면(또는 심리적 측면)과 육체의 측면(또는 생리적, 물질적, 물리적 측면)을 모두 갖지만, 『영혼에 관하여』에서 아리스토텔레스는 영혼을 생물의 몸 안에 운동을 유발하는 일종의 원인으로 반복해 말하면서(예: 408b 6-7; 415b 9 이하), 육체의 측면을 제외한 영혼의 활동을 세 종류의 원인으로 설명한다(415b 18). 즉, 영혼은 살아 있는 몸의 본질(형상원인), 운동의 근원(작용원인), 그리고 어떤 것을 위한 것(목적원인)이라는 세 가지 의미에서 원인으로 말해질 수 있다는 것이다(415b 12 이하).[276]

---

274 유원기(2005), p.304, "아이티온(αἴτιον) 또는 아이티아(αἰτα)라는 용어는 모두 사전적으로는 '…에 대한 책임이 있는'의 의미를 가진 형용사 아이티오스(αἴτιος)와 관련하여 도덕적으로 부정적인 의미를 담은 '책임(responsibility)' 또는 일반적으로 결과를 산출한다는 의미를 담은 '원인(cause)'으로 이해된다. 그러나 아리스토텔레스와 관련하여, … 블라스토스(Vlastos)는 원인 대신에 '왜냐하면(because)'으로 번역할 것을 제안하고, 모라브식(Moravcsik)과 아크릴(Ackrill) 등은 '설명(explanation)'으로 번역하는 한편, 리어(Lear)는 기존의 모든 번역어를 거부하는 대신 '성향 또는 방식(fashion)'이란 번역어를 채택한다."

275 우리는 물질적 육체의 관여를 전제하지 않고는 동물의 운동을 설명할 수 없다(『생성과 소멸에 관하여』 324b 4 이하). 또한 우리는 물질이 없이 팔과 다리를 설명할 수 없다. 또한 아래에서 보듯이, 영혼이 운동의 근원, 즉 작용원인이라는 것은 영혼이 장소운동뿐만 아니라 질적 변화와 양적 변화의 근원이기도 하다는 것이다. 한편, '운동의 근원'이라는 아리스토텔레스의 표현이 현대적인 의미에서의 작용원인으로 이해되어서는 안 된다(Moravcsik, 1974, p.9; Moravcsik, 1991, p.35 참조).

276 비교: Moravcsik(1974), p.11; Moravcsik(1975), p.632; Moravcsik(1991), p.35.

이와 관련된 구절이 다소 길지만, 전체를 인용해 살펴보자.

영혼은 살아 있는 육체의 원인이며 원리이다. 이것들은 여러 가지 의미로
말해진다. 그러나 영혼은 우리가 구분했던 바와 같이 세 가지 의미에서
{육체의} 원인이다.[277] 왜냐하면 영혼은 '운동 그 자체는 어디로부터(작용
원인)', '무엇을 위해(목적원인)', 그리고 '영혼을 가진 육체의 실체로서(형상
원인)'라는 의미에서의 원인이기 때문이다. (i) '실체로서'가 의미하는 것은
명백하다. 왜냐하면 실체는 만물의 존재 이유이고, 생명은 생물들의 존재
이유이며, 영혼은 그것들의 원인이며 원리이기 때문이다. 또한 잠재적으
로 존재하는 것의 현실태는 그것의 '형식'이다. (ii) 영혼이 목적원인이라는
의미에서의 원인이라는 것도 분명하다. 왜냐하면 자연은 지성과 마찬가
지로 '어떤 목적을 위해' 작용하며, 이 {목적}이 그것의 종착점($\tau\acute{\epsilon}\lambda o\varsigma$)이기
때문이다. 생물들에게 있어서, 영혼은 본성적으로 그런 종류의 것이며,
모든 자연적 육체들은 영혼의 도구들이다. 이와 마찬가지로 동물의 {육
체}들과 식물의 {줄기}들은 영혼을 위해서 존재하는 것들이다. '목적원인'

---

277 유원기 역주(2001), p.147 각주 140. "아리스토텔레스의 네 가지 $\alpha\iota\tau\acute{\iota}\alpha\iota$(원인들), 즉
형상원인, 질료원인, 작용원인(능동원인), 목적원인에 대한 논의는 『자연학』 II.3,
194b 24-195a 3; 『형이상학』 I.3, 983a 24 이하와 V. 2 등에서 찾아볼 수 있다. 영혼
은 질료를 제외한 어떤 것이므로, 여기에서는 질료원인을 제외한 나머지 세 가지가
영혼의 기능으로 언급되고 있다. 일반적인 방식을 따라 이 책에서 $\alpha\iota\tau\acute{\iota}\alpha$를 '원인'이라
옮기고 있지만, 그것은 Hume의 '원인' 개념과는 다르며, 따라서 많은 학자들은 그러
한 의역에 대해 회의적인 반응을 보인다. 간단하게 설명하면, Hume의 '원인'은 a) 원
인은 결과에 선행하며, b) 원인과 결과는 '사건(event)'과 '사건' 사이의 관계인 반면,
아리스토텔레스의 '원인'은 반드시 결과에 선행하는 것이 아니며(예를 들어 '목적원인'
의 경우), 또한 아리스토텔레스에게 있어서 '원인과 결과의 관계'는 '실체와 실체', '실
체와 사건' 등의 관계를 지칭하기도 한다. '사원인(四原因)'이라고도 불리는 네 가지 원
인에 대한 논의는 특히 Moravcsik(1974, 1975, 1991)의 논문을 참조할 필요가 있다."

은 두 가지 {의미로} 사용되는데, 하나는 '무슨 목적을 위해', 다른 하나는 '누구를 위해'를 {의미한다}. 또한 (iii) 장소운동도 영혼으로부터 나온다. 그러나 모든 동물들이 이와 같은 능력을 갖는 것은 아니다. 질적 변화와 성장도 영혼으로 인한 것이다. 왜냐하면 감각은 질적 변화의 일종으로 여겨지며, 영혼이 없이 감각하는 것은 아무것도 없기 때문이다. 성장과 쇠퇴와 관련해서도 마찬가지이다. 왜냐하면 영양섭취하지 못하는 것은 자연(본성)적으로 쇠퇴하거나 성장하지 못하며, 생명을 공유하지 않으면서 영양섭취를 하는 것은 아무것도 없기 때문이다. (415b 9–27. 번호와 밑줄은 논의를 위해 필자가 표시한 것이다.)[278]

위 인용문의 (i)–(iii)은 각각 영혼이 어떤 의미에서 원인이라고 말해지는가를 설명하고 있다. 먼저 (i)에서는 영혼이 형상원인이라고 말한다. 이에 대해, 쉴즈(Shields)는 아리스토텔레스가 일반적으로 '본질'로 이해되는 '형상'이란 단어를 사용하는데, 여기에서 '형상' 대신에 '실체'를 말한 이유는 그가 이미 다른 곳에서 그 두 단어를 동일한 의미로 간주했기 때문이라고 말한다.[279] 아리스토텔레스가 영혼이 생물의 존재 이유이자 원인이라는 것은 생물이 영혼을 가짐으로써 그것의 존재와 삶을 유지하도록 해준다는 것이다. 즉, 생물의 본질은 생명을 유지하는 것이며, 영혼이 바로 생물이 실현해야 하는 궁극적

---

278 비교: 『자연학』 194b 24–195a 2: 『형이상학』 l013a 24–36 등.
279 Shields(2016, pp.203–204)는 아리스토텔레스가 여기에서 '형상'과 '실체', 그리고 '형식'도 동일한 의미로 사용한다고 말하며, '형상'과 '실체'를 동일한 의미로 사용하는 증거로는 『영혼에 관하여』 412a 20과 『형이상학』 1041a 27–1041b 10을 제공하고, '형상'과 '형식'을 상호 교체 가능한 것으로 사용하는 증거로는 『영혼에 관하여』 403a 25와 403b 2, 『자연학』 209a 21, 『형이상학』 1058b 19 등을 제공한다.

인 목표인 생존을 의미한다는 것이다.

다음으로 (ii)는 영혼이 목적원인이라고 말하는데, 이것은 영혼이 동물의 육체기관이나 식물의 줄기나 뿌리 등을 이용함으로써 생존을 가능케 한다는 의미로 이해된다. 여기에서 '생존'은 단순한 생계유지가 아니라 생물이 생존이나 복지를 위해 필요한 기능들을 최대한으로 발휘하는 것을 의미한다. 영혼이 생물로 하여금 영양섭취, 성장, 감각지각 등의 능력을 갖게 해준다고 말해진다 할지라도, 그것들이 실현되는 장소인 육체가 없이는 그러한 능력이 결코 실현될 수 없을 것이다.[280] 그러므로 육체기관은 영혼의 능력을 실현하는 도구라고 말해진다. 이전의 논의에서 보았듯이, 아리스토텔레스는 육체가 없는 영혼의 존재는 인정하지 않는다. 끝으로, (iii)은 영혼을 작용원인이라고 말하는 것은 생물이 영혼을 가짐으로써 성장과 같은 양적 변화는 물론이고 감각과 같은 질적 변화와 장소운동을 한다는 것이며, 이와 같은 생물의 운동들은 궁극적으로는 생존을 위한 것이다. 생물들이 장소운동을 하는 것은 생존을 위한 먹이를 추구하기 위한 것이며, 먹이를 추구하기 위해서는 먹이가 있다는 것을 포착하는 감각이 필요하다. 이처럼 (i)−(iii)은 영혼이 서로 다른 의미에서 원인이라고 말하지만, 결국 그것들은 모든 생물의 궁극적 목적인 생존 또는 생명유지와 관련된다는 점에서 일치한다. 이런 맥락에서, 아리스토텔레스는 질료원인을 제외한 나머지 세 원인이 일치한다고 말하기도 한다(『자연학』 198a 25−26).

그러나 여기에서 더 나아가 펄리(Furley)는 질료원인을 제외한 세

---

280 비교: Annas(1982), p.321.

가지 원인, "형상원인, 작용원인(능동원인), 목적원인"이 모두 "작용원인의 서로 다른 측면들, 또는 아마도 서로 다른 종류의 작용원인들"이라는 것이 아리스토텔레스의 견해라고 주장[281]한 뒤에 다음과 같이 덧붙인다.

잘 적응된 부리는 다음 세대를 생산하는 원인(작용원인)이며, 그것은 다만 생존을 위한 음식을 얻는 목표를 획득하는 효과적인 방법이라는 이유에서 그렇다. 만약 한 집단의 매가 쥐를 잡아서 찢어 먹기 **위해** 구부러진 부리를 갖는다고 말한다면, 그런 견해는 바로 이런 식으로 설명해야 한다. 의도된 행동의 경우에, 이것이 목적원인을 작용원인의 한 측면으로 만드는 것이다.[282]

그러나 『생성과 소멸에 관하여』 I.7에서 아리스토텔레스는 목적원인을 작용원인의 일종으로 간주하는 이런 견해를 분명히 반대한다.

능동적인 힘은 과정이 시작된다는 의미에서의 원인이 아니다. 그러나 그것이 획득하려 하는 목적은 능동적이지 않다. (그렇기 때문에 건강은 비유적으로 말하는 경우를 제외하고는 능동적이지 않다.) 행위주체가 그곳에 있을 때, 행위객체는 어떤 것이 된다. 그러나 상태들이 그곳에 있을 때, 행위객체는 더 이상 그것이 되지 않으며 이미 되어 있다. 그리고 형상들(즉, 목적들)은 일종의 상태이다. (324b 13-18)

281 Furley(1996), p.62.
282 Furley(1996), p.70.

여기에서 아리스토텔레스는 목적이 능동적인 원인일 수 없다고 말하는데, 그 이유는 아마도 그가 운동의 근원이 없이 목적 자체만으로는 어떤 운동도 야기하지 못한다고 생각하기 때문일 것이다. 아리스토텔레스가 말하듯이, 영혼은 다양한 원인으로 이루어진 것이 아니며, 그것은 다양한 측면으로 보이거나 또는 다양한 방식으로 말해진 하나의 동일한 원인이다(비교: 『영혼에 관하여』 415b 9-10; 『자연학』 198a 25 이하). 그럼에도 불구하고 아리스토텔레스는 생물의 생식에 대해 설명하는 『동물의 운동에 관하여』 I.1에서 다양한 원인들의 위계 또는 순서를 고찰하고, 목적원인이 그 위계에서 가장 높은 곳에 위치한다고 주장한다.

··· 자연적인 생식과 관련된 원인들은 우리가 보듯이 하나 이상이다. 운동의 원인이 향하는 원인과 운동의 원인이 비롯되는 원인이 있다.[283] 이제 우리는 이 원인들 가운데 어떤 것이 먼저 오고, 어떤 것이 다음에 오는지 결정해야 한다. 그러나 운동의 원인이 향하는 것이라고 우리가 말하는 원인이 먼저 온다. 왜냐하면 이것이 사물에 대한 설명이고, 이 설명이 출발점을 이루며, 기술의 작업과 자연의 작업에서 비슷하기 때문이다. (639b 11-16)

이처럼 원인들이 목적에서 일치하지만, 펄리가 말하는 것과는 달리 그것들이 특정한 한 가지 원인의 다양한 측면들이라고 생각할 이유는 없다. 즉, 우리는 목적원인이 작용원인의 한 가지 측면이라고

---

[283] 여기에서 "운동의 원인이 향하는 원인"은 목적원인을, "운동의 원인이 비롯되는 원인"은 작용원인을 가리킨다.

생각할 필요가 없다는 것이다. 동물의 먹이를 위한 운동은 영혼이 목적원인으로서 작용하는 것이 아니라 운동의 원인, 즉 작용원인으로서 작용하는 것이다. 지금까지 우리의 논의는 작용원인으로서의 영혼이 목적원인으로서의 영혼과는 다르다는 것이다. 그러나 영혼이 어떤 의미에서 작용원인이라는 것인지는 아직도 분명하지 않다. 분명한 것은 생물의 작용이 항상 육체를 전제하기 때문에, 영혼이 홀로 생물의 작용을 야기하는 충분조건은 아니라는 것이다. 여기에서 우리는 장소운동의 경우에 영혼이 작용원인의 역할을 수행한다는 것이 어떤 의미인가의 문제를 미해결된 채로 남겨두고, 동물의 장소운동이 지닌 영혼의 측면과 육체의 측면, 또는 심리적/정신적인 측면과 생리적/물질적/물리적인 측면에 대해 논의하는 제4-6장에서 다시 살펴볼 것이다.

2. 아리스토텔레스에 대한 현대 심리철학적 해석

이전 장에서는 아리스토텔레스가 각각 영혼과 육체로 동일시될 수 있는 부동의 원동 부분과 피동의 부분이라는 두 가지 내적 부분을 통해 생물의 운동을 설명한다는 것을 보았다. 생물의 이러한 독특한 내적 구조로 인해, 한 방향으로만 운동하는 무생물과는 달리, 생물은 양방향의 운동이라는 독특한 운동 양식을 갖게 된다. 또한 생물의 내적 부분들은 그것이 스스로 움직일 수 있다는 가능성을 허용하는 설명 방식을 함축하고 있다. 이처럼 생물은 내적 부분들을 가짐으로써 스스로 움직이지만, 그렇다고 해서 외부세계와 아무런 관련이 없는 것은 아니다. 생물은 생존을 위해 외부세계로부터 먹이를 추구해야 한다는 것은 분명하다(『생명의 길고 짧음에 관하여』466a 29-32). 그렇다면 그는 환경에 의해 움직여진 영혼이 다시 육체를 움직이는 것으로 생각한다고 볼 수 있다. 그러나 영혼이 움직여진다는 것과 또한 그것이 육체에 운동을 부여하는 원동자라는 것은 무슨 의미인가? 여기에서 우리는 영혼이 원동자임은 분명하지만, 그것이 '부동의' 원동자라는 점을 잊지 말아야 한다. 그러므로 영혼은 영혼으로서 환경에 의해 움직여진다고 말할 수는 없다. 왜냐하면 부동의 원동자란 정의 그 자체가 그것이 다른 것에 의해 움직여지지 않는다는 의미를 담고 있기 때문이다. 그 영혼은 홀로 존재하는 것도 아니고, 또한 다른 어떤 것에 의해 움직여질 수 있는 것도 아니다. 영혼이 움직여진다면, 그것 자체가 움직여지는 것이 아니라 그것이 내재한 육체가 움직여짐으로써 그것이 움직여진다고 말해지는 것이다. 왜냐하면 생물은 영혼을 갖기 때문에 살아 있다고 말해지며, 또한 생물은 영혼으로 인해 그것의 활동을 수행할 수 있는 능력을 갖기 때문이다. 따라서 앞에서 우리는 생물의 부분들이 서로 통합된 하나로서 간주되지 않고서는 그것이 외부의 대상과 직접적으로 연결된다고 할 수 없다. 즉, 생물이 하나의 전체로서 환경에 의해 움직여지는 것이다.

그렇다면 '생물이 전체로서'라는 것은 무슨 의미인가? 이런 질문이 제기되는 이유는 생물이 항상 전체로서 환경에 의해 움직여지는 것이라면, 영혼이 그 안에서 어떤 역할을 하는지 전혀 분명하지 않기 때문이다. 하지만 이미 보았듯이, 아리스토텔레스는 동물이 깨어 있거나 잠들어 있거나 그것의 운동이 환경과 관련된다고 생각하고 있다는 것은 분명하다. 예를 들어, 동물의 장소운동을 유발함에 있어서 외부의 대상은 현존하여 동물이 추구하는 대상으로서 감각지각에 의해 지각되거나 또는 심상으로서 환타시아나 사고 속에 제시되어야 한다(『영혼에 관하여』 433a 9-12. 아래 4-5장 참조). 다른 한편으로, 아리스토텔레스는 동물이 섭취했던 먹이가 그것이 잠들어 있는 동안 성장하도록 해준다고 생각한다. 그렇다면, 원동자로서의 영혼이 동물 내부에서 하는 역할은 무엇인가? 현재로서 분명한 것은 동물의 영혼과 육체가 그것의 운동을 유발할 수 있는 그런 방식으로 서로 연결되어 있다는 것이다. 앞에서 보았듯이, 아리스토텔레스는 영혼이 육체를 움직이는 것은 조각가가 도구를 이용하는 방식과는 다른 방식이며, 생물은 영혼과 함께 움직인다고 생각한다(408b 1-18. 비교: 403a 이하). 그러나 이것이 정확히 어떤 의미인가를 이해하기 위해서는 더 많은 논의가 필요하다. 여러 차례 강조했듯이, 영혼과 육체에 대한 아리스토텔레스의 견해는 현대 심리철학적 이론들을 통해 상당히 다양한 방식으로 해석되어 왔다. 이제 그 가운데 몇 가지를 좀 더 자세히 살펴보자.

2.1 데카르트적 이원론의 해석

사실상 "영혼이 육체를 움직인다"와 같은 표현이 문자 그대로 이해될 때, 그것은 아리스토텔레스가 개체 내부에 어떤 방식으로든 서로 분리된 존재자들의 상호 관계에 대해 이야기하고 있다는 인상을 준다. 일부 학자들은 종종 그의 질료형상론을 데카르트적 이원론에 대비한다.[284] 우리는 철학적으로 아리스토텔레스보다 데카르트에 더 가까운 후손들이라고 할 수 있으며, 따라서 결과적으로 영혼과 육체에 대한 우리의 개념이 데카르트의 것에 더 많은 영향을 받았기 때문에, 그런 대비는 사실상 상당히 의미 있는 대비이다. 그러나 아리스토텔레스의 질료형상론은 우리가 데카르트의 영향에서 벗어나거나 비켜나서 바라보지 않으면 이해할 수 없는 중요한 특징들을 갖고 있다.

잘 알려져 있듯이, "데카르트는 두 가지 (그리고 오직 두 가지) 종류의 (창조된) 실체들, 즉 정신들 또는 사고하는 비물질적인 실체들 그리고 육체들 또는 물질적인 실체들이 있다는 입장을 취했다."[285] 이 실체들은 서로를 언급하지 않고도 생각될 수 있는 것들, 즉 서로로부터 분리되어 각자 독립적으로 존재할 수 있는 것들이라고 말해진다. 데카르트에게 육체의 속성들은 공간을 점유하고, 촉각, 시각, 청각, 미각 등에 의해 지각되는 등을 포함하는 특징들을 갖는 연장성의 양상들이며,[286] 정신의 속성들은 지적인 상태들이나 활동들뿐만 아니라 의지, 감각, 상상을 포함하는 사고의 양상들이다.[287] 이처럼 그는 어떤 특징들도 공유하지 않는 두 종류의 존재자들이 있다는 입장을 취

---

[284] 아리스토텔레스가 소개하는 다양한 생명 작용(감각지각, 감정, 욕구, 지성 등) 가운데 일부 또는 전부를 이원론적으로 해석하는 학자들은 G.R.T. Ross(1906), 특히 pp. 5–9; W.D. Ross(1961), 특히 p.135 이하; Hardie(1964), pp.53–72; Barnes (1971–2), 특히 pp.39–40; Sorabji(1974), p.45 이하; Hardie(1976), 특히 pp. 406–409; Wilkes(1978), 특히 pp.127–135; Robinson(1983), pp.123–144; Shields(1988), pp.103–138; Heinaman(1990), pp.83–102; Irwin(1991), pp.56–83; Modrak(1991), pp.755–774; Code and Moravcsik(1992), 특히 pp.139–141; Caston(1997), pp.309–363; Miller(2010), pp.309–337 등이 있다. 그 가운데 Robinson은 실체이원론으로, Heinaman은 속성이원론으로, Irwin은 유사이원론으로, 그리고 Shields는 수반이원론으로 해석을 시도한다.

[285] Baker and Morris(1996), p.11.

[286] Anscombe and Geach(1954), p.68.

[287] Anscombe and Geach(1954), pp.70–71과 pp.109–124.

하지만, 그럼에도 불구하고 그는 그것들이 인과적으로 서로 상호작용한다고 믿는다. 더 나아가 그는 영혼이 육체의 모든 부분들과 통합되어 있지만, 그럼에도 불구하고 육체의 특정한 한 부분이 영혼과 더 밀접하게 연결되어 있다고 생각한다.[288] 이 부분이 바로 영혼이 즉각적으로 그것의 기능을 수행하고 육체적 변화를 유발하는 자리이자 영혼의 변화를 유발하는 육체의 부분인 두뇌 속의 송과선이다.[289] 이런 설명에 대한 일반적인 반응은 만약 영혼과 육체가 그처럼 종적으로 다른 종류라면, 그것들의 상호작용이 도대체 어떻게 가능하다는 것이냐는 의문을 제기하는 것이다. 그렇다면 아리스토텔레스도 그와 같은 종류의 송과선 문제를 갖고 있었는가? 사실상 그가 데카르트와 마찬가지로 난관에 직면하리라는 생각은 아리스토텔레스의 영혼과 육체 개념을 데카르트적인 것과 동일한 방식으로 이해하는 데서 나온다. 과연 그런가? 과연 아리스토텔레스가 데카르트와 동일한 방식으로 영혼과 육체를 이해했는가? 아니라면, 그들 사이에 어떤 차이가 있는가?

우리가 지적할 수 있는 첫 번째 차이점은 데카르트가 인간 이외의 다른 동물이 영혼을 갖지 않는다고 생각하는 반면,[290] 아리스토텔레스는 영혼을 인간뿐만이 아니라 비이성적인 동물과 심지어 식물에게도 부여한다는 것이다(『영혼에 관하여』 II.2, 413a 21 이하).[291] 이와 같이

---

288 김선영 옮김(2013), 『정념론』 I.30-35.
289 데카르트가 언급하는 송과선에 대한 더 자세한 논의는 Williams(1978), p.280; Voss(tr.)(1989), p.36 각주 35 참조.
290 이와 관련한 논의는 Williams(1978), pp.282-283 참조.
291 따라서 정신철학 또는 심리철학이라고 부를 수도 있는 아리스토텔레스의 이론이 단순히 정신적 상태들과 사건들과 관련된 것이 아니라는 사실을 기억하는 것은 중요하다.

데카르트의 정신 개념은 주로 인간의 정신적 작용과 관련되는 반면, 아리스토텔레스의 영혼 개념은 감각지각, 욕구, 사고 등과 같은 정신적 작용뿐만 아니라 영양섭취, 소화, 호흡, 생식 등과 같이 생명과 관련된 작용들과도 관련된다. 이것이 사실상 아리스토텔레스의 질료형상론과 현대 심리철학의 가장 근본적인 차이점이다. 다른 한편으로, 윌리암스가 지적하듯이, "고대의 사상가들과 달리, 데카르트에게 살아 있는 육체와 죽은 육체의 차이는 그 자체로서 영혼과 관련이 없는 기계적 차이이다. 살아 있는 육체와 죽은 육체는 시간이 가는 시계와 멈춘 시계처럼 다르며, 우리는 영혼이 육체를 떠났기 때문에 그것이 죽었다고 말하지 말고, 육체가 죽었기 때문에 영혼이 떠났다고 말해야 한다"(『정념론』 I.6, 5).[292] 이처럼 데카르트에 따르면, 영혼이 이론적으로는 육체가 죽은 뒤에도 또는 육체를 떠난 뒤에도 생존할 수 있다. 그러나 아리스토텔레스의 영혼 개념은 이런 점에서 데카르트의 것과 다르게 나타난다. 아리스토텔레스에게 영혼은 육체의 형상이며, 육체가 없는 영혼의 생존은 아무런 의미가 없을 뿐만 아니라 사실상 가능하지 않다(비교: 『영혼에 관하여』 412a 6 이하; 403a 3-5). 또한 생물은 그 안에 있는 부동의 원동 부분인 영혼이 피동의 부분인 육체와 관련될 때에만 그것의 운동을 시작한다. 왜냐하면 이전 장에서 보았듯이, 그 부분들 가운데 어떤 것도 독자적으로는 외부 대상과 어떤 관련도 가질 수 없으며, 또한 그것들이 서로 함께하지 않고 분리되어서는 결코 작용할 수 없기 때문이다. 결과적으로 우리는 아리스토텔레스에게 있어서 영혼은 육체와 더불어 소멸한

---

292 Williams(1978), p.278.

다고 말해야 한다.

이처럼 명백한 차이점들이 있음에도 불구하고, 일부 학자들은 여전히 아리스토텔레스의 영혼 개념이 데카르트적이라고 생각한다. 이것은 자기운동자의 피동의 부분을 영혼과 아무런 공통된 성질들을 갖지 않는다고 말해지는 데카르트적인 육체와 동일시하기 때문이다. 아리스토텔레스는 생명체가 각각 형상과 질료로 이해되는 영혼과 육체로 구성된다고 생각한다(412a 6 이하; 412a 2–3). 이처럼 그 가운데 하나가 자기운동자의 원동 부분과 동일시되면, 다른 것은 자연스럽게 피동의 부분과 동일시될 수밖에 없을 것이다. 이 경우에, 비록 부동의 원동 부분과 피동의 부분은 그것들의 운동이 한 방향이기 때문에 상호작용하지 않지만,[293] 그것들이 여전히 우리가 생각하는 '인과'라는 의미에서 한 방향의 인과적 관계를 갖는 것처럼 보일 수가 있다. 이렇게 해석된다면, 우리는 아리스토텔레스가 데카르트적인 심리철학을 괴롭히는 송과선의 문제와 비슷한 문제를 갖는다고 주장할 수 있다. 이러한 인상은 영혼을 육체의 변화를 유발하는 작용원인이라고 말하는 듯이 보이는 아리스토텔레스의 구절(예: 415b 22 이하)에 의해 강화될 수 있는 것처럼 보인다. 그러나 아래에서 보듯이, 이것은 아리스토텔레스를 잘못 이해하는 것이다.

---

293 자기운동의 내적 부분들의 관계에 대한 논의에서 보았듯이(위 제1장, 2.1), 부동의 원동 부분은 피동의 부분을 움직이지만, 후자가 다시 전자를 움직이게 하는 것은 아니다. 여기에서 언급되는 '한 방향 운동'은 불이 위쪽을 향해 움직이는 것과 같은 '단순 요소들의 한 방향 운동'과는 다르다는 점에 주의할 필요가 있다.

2.2 물리론적 해석

일반적으로, 어떤 사람이 영혼과 육체를 서로 다른 두 종류의 실체들이라고 생각하는 이원론자가 아니지만, 정신작용의 존재론적 토대로서의 물질 또는 육체의 존재를 부정할 수 없다면, 그는 물리론의 일종을 받아들이게 된다. 바로 이런 이유에서, 많은 학자들이 아리스토텔레스가 물리론의 한 형태를 받아들이고 있다고 생각한다. 그는 육체가 없는 영혼의 독립적인 존재를 승인하지 않는 한편, 정신작용의 존재론적 토대로서의 육체를 인정하는 것은 분명해 보이기 때문이다. 따라서 많은 학자가 그를 일종의 물리론자로 규정하지만, 그가 받아들였던 물리론이 어떤 종류의 물리론인가에 대해서는 서로 의견을 달리한다.[294]

슬레이키(Slakey)가 질료형상론적 관점을 통해 영혼과 육체를 이해했던 아리스토텔레스의 견해에 대한 해석을 시도한 최초의 학자는 아니었다. 하지만 그 자신도 인정하듯이, "지각이란 지각된 대상이 감각기관을 '그 자체가 실제로 그런 것처럼(such as it itself actually is)' 만드는 과정이라는 아리스토텔레스의 진술에 대한 문자 그대로의 해석"을 그가 제시했던 이래로 그의 해석은 오랫동안 논란거리가 되었다.[295] 슬레이키는 "만약 누군가 시각주체를 본다면, 그 시각주체는

---

294 아리스토텔레스의 질료형상론에 대한 다양한 물리론적인 해석은 Shields(1988), p.103 각주 1 참조.

295 Slakey(1961), pp.470-484, 특히 p.474 참조. Slakey(1961, p.475)는 이 해석을 "x로 지각되는 대상이 그 지각에 관여된 감각기관 그 자체를 x로 만든다(an object which is perceived to be x makes the sense organ invovlved in its perception to be itself x)."라는 의미로 이해하고, 아리스토텔레스가 의도했던 것이 "(i) 지각은 x가 되는 기

우선적으로 색깔을 가져야 한다."[296]라는 아리스토텔레스의 진술에서 '시각주체'는 감각기관을 가리킨다고 주장한다. 따라서 그는 아리스토텔레스에게 "영혼에 대한 영향인" 지각이란 "감각기관의 사건"이기도 하다는 결론에 도달하며,[297] 소라브지(Sorabji)도 이 견해를 부분적으로 지지한다.[298]

여기에서 우리가 주목할 점은, 영혼의 능력들이 실현될 때 단순히 그에 대응하는 어떤 물질적 작용이 발생한다는 것이 아니라 대상의 상태와 동일한 물질적 작용이 발생한다고 슬레이키가 주장한다는 것이다.[299] 그는 다음과 같이 말한다.

아리스토텔레스의 생각은 다만 흰색에 대한 지각이 시각기관이 흰색이

관과 동일하다. 예를 들어, 어떤 사람이 빨갛게 되는 시각기관을 통해 빨간 대상을 보는 것과 **동일**하다."라는 것인지 또는 "(ii) 감각기관은 그 기관이 x가 되는 과정에 **의존**하지만 그것과 동일하지는 않다."라는 것인지가 중요한 문제라고 지적한다.

296 이 진술은 다른 곳에 나타난 아리스토텔레스의 진술과 비교해 볼 필요가 있다. 유원기 역주(2001), pp.201-202 각주 241 참조. "힉스가 지적하듯이, 이 진술은 418b 26 이하의 진술과 상반되며, 어떤 것을 아리스토텔레스의 진정한 주장으로 받아들여야 하는가에 대해 어려움이 있다. 그곳에서 아리스토텔레스는 "색깔을 받아들이는 것은 색깔이 없는 것이고, 소리를 {받아들이는 것은} 소리가 없는 것이다."라고 말했으나, 지금은 색깔을 가진 것이 색깔을 받아들인다고 말하고 있다."

297 Slakey(1961), p.482.

298 Sorabji(1974), 특히 p.53 이하.

299 이런 해석 방식은 직역주의(literalism)라 불리는데, 이태수(2002, p.12)는 이 해석이 옳다면 "아리스토텔레스의 인식론을 소박실재론(naive realism)"으로 볼 수 있다고 말한다. 비교: 전헌상(2015, p.129 각주 23)은 Slakey(1961?), Sorabji(1972, 2판 2004?), Everson(1997?) 등을 직역주의자들의 사례로 소개하는데, 서지사항이 분명하지는 않다. 그들 외에도 Matson(1966), Kahn(1966), Barnes(1971-2), Wilkes(1978), Mansion(1978), Charles(1984), Williams(1989) 등의 아리스토텔레스 해석은 대체로 직역주의적 성향을 보인다.

되는 과정이라는 것이며, 또한 다른 색깔들에 대한 지각도 그렇다. 동일한 결론이 다른 감각기관들에 대해서도 대체로 적용된다.[300]

위 인용문에서 슬레이키는 두 가지 주장을 제시한다. 첫째는 우리가 흰색을 볼 때, 우리의 눈이 흰색으로 변색된다는 것이고, 둘째는 시각은 물론이고 청각이나 후각 등과 같은 다른 감각을 할 때도 해당 감각기관이 변한다는 것이다. 슬레이키에 따르면, 우리가 매운 냄새를 맡으면 우리의 후각기관인 코도 매워지는 질적 변화를 수반한다는 것이 아리스토텔레스의 견해라는 것이다. 시각과 후각에 대해 다소 억지스러워 보이는 이런 설명들을 받아들인다 하더라도, 큰 소리를 듣는 경우와 같은 것은 어떻게 설명할 수 있는지 상상하기 어렵다. 우리의 청각기관인 귀 내부나 외부의 어떤 것이 커진다고 보기는 어렵고, 또한 소리로 인해 우리의 육체 내부에 발생하는 변화가 무엇인지 분명하지 않다.[301]

반스(Barnes)는 지각에 대한 슬레이키의 직역주의적이고도 강한 물

---

300 Slakey(1961), p.474.
301 물론 큰 소리가 청각기관을 손상시킬 수도 있지만, 그러한 감각기관의 손상은 흰색을 볼 때 시각기관이 하얗게 변하는 것과는 다르다. 시각기관의 변화에 상응하려면, '큰' 소리를 들을 때 청각기관이 어떤 의미에서든 '크게' 변해야 할 것이다. Manning(1985, p.13)도 자신만의 사례를 통해 이와 비슷한 방식으로 아리스토텔레스에 대한 Slakey(1961, pp.474-475)의 해석에 반론을 제기한다. 위에서 보았듯이, Slakey는 우리가 차가운 물에 손을 담그면 손이 차갑게 되고 또한 우리가 흰색의 어떤 것을 볼 때 우리의 안구(눈)가 하얗게 된다는 것이 아리스토텔레스의 견해라고 해석하는 데 대해, Manning은 만약 그렇다면 우리가 넓거나 커다란(large) 어떤 대상을 볼 때는 우리의 눈에 어떤 일이 발생한다고 말할 것인지를 설명하기 어렵다는 말로 반론을 제시한다.

리론적 해석에 동의하지 않는다.[302] 대신에 그는 영혼과 육체의 비분리성에 대한 아리스토텔레스의 빈번한 주장에 초점을 맞춤으로써(『영혼에 관하여』 403a 3–403b 19; 413a 3–413b 6), 아리스토텔레스의 이론에 '약한 물리론'이라는 명칭을 부여한다.[303] 이러한 반스의 태도를 쉴즈(Shields)는 "아리스토텔레스가 모든 심리 상태는 물질적 상태들이기도 하다는 입장을 받아들인다고 보기 때문에, 반스의 견해는 일종의 물리론이다. 그것은 모든 (ψ인) 심적 상태의 유형이 (φ인) 어떤 물리적 상태의 유형과 동일하다는 것을 포함하지 않으며, 따라서 심적 상태들이 서로 다른 다양한 물리적 상태들에 의해 실현될 수 있다는 것을 허용하기 때문에 약하다."라고 평가한다.[304]

매닝은 "반스는 아리스토텔레스가 영혼의 일부 기능들에 대해 약한 물리론(weak physicalism)을 지지했지만, 두 가지 다른 기능, 즉 욕구와 지성(orexis와 nous)에 대해서는 비물리론(non-physicalism)으로 기울고 있다고 주장했다."라고 반스의 견해를 정리하는데,[305] 반스가 약한 물리론으로 간주했던 일부 기능들이란 감정과 지각이다.[306] 실제로 반스는 아리스토텔레스가 감정과 지각에 대해서는 약한 물리론적 견해를 갖는 반면에, 욕구와 지성에 대해서는 비물리론적 견해를

---

302 Barnes(1971–2), pp.32–41.
303 Barnes(1971–2, p.34)는 '물리적(physical)'이란 단어를 "물리학의(그리고 필요하다면 화학의; 그리고 필요하다면 생물학의) 기본적인 술어들을 통해 정의할 수 있는 것"으로 규정한다.
304 Shields(1993), p.162.
305 Manning(1985), p.12.
306 Barnes(1971–2, p.41)가 자신의 입장을 정리하는 부분에서 그 또한 욕구와 지성이 비물리적이라고 분명히 말하지만, 감정과 지각의 두 기능은 명확히 언급하지 않고, 단지 '대부분의 영혼 부분들(most psychic parts)'이라고 말한다.

갖는다고 말한다.[307] 그의 논문은 사실상 영혼과 육체의 관계에 대한 아리스토텔레스의 견해를 연구하는 후속 논의를 많이 자극했던 것이므로, 그의 주장을 좀 더 자세히 살펴보자.

반스는 감정과 지각에 대한 아리스토텔레스의 견해를 다음과 같이 정리한다. 먼저 감정과 관련하여, 반스는 질료와 형상이라는 아리스토텔레스의 용어가 자신이 사용하는 '물리적(physical)'과 '비물리적(non-physical)'이라는 용어에 대응되며, "영혼의 부분(psychic part)에 들어 있는 질료는 그 안에 들어 있는 '물리적(physical)' 요소로 간주"되어야 한다는 받아들이기 어려운 결론이 나온다고 말한다. 하지만 그럼에도 아리스토텔레스가 "감정에 대한 정의는 육체(부분들)에 대한 언급을 필요로 한다."라는 점에서, 감정에 대한 그의 견해가 약한 물리론이라고 평가한다. 즉, 아리스토텔레스는 "사랑과 미움, 분노, 온순함, 공포감, 동정심, 용기, 그리고 즐거움"(『영혼에 관하여』 403a 16-25) 등과 같은 감정 가운데 한 가지 사례인 분노가 육체 전체나 일부분의 운동이나 능력이라고도 규정하는 한편(403a 26-28), 그것을 심장 주변의 피가 끓거나 뜨거워지는 것이라고도 규정한다(403a 31-b 1).[308] 이처럼 아리스토텔레스는 감정에 대한 정의에서 물리적

---

307 감정과 지각에 대한 반스(Barnes, 1971-2)의 논의는 특히 pp.37-38, 그리고 지성에 대해서는 pp.39-41 참조. 한편, Barnes(1971-2, p.37)는 "욕구(desire), 즉 오렉시스(orexis)가 비물리적이라는 함축은 다른 문맥인 433b 19에서 나타나지만, 그것은 『감각과 감각 대상에 관하여』 436a 9(비교: 433b 29-434a 9)에서 부정된다."라고 말할 뿐, 욕구에 대해 더 이상의 논의를 진행하지 않는다.

308 비교: 『동물의 부분에 관하여』 650b 28-33에서, 아리스토텔레스는 유혈동물이 공포심을 느끼면 육체가 차가워져 심장 부근의 액체가 응고되며, 무혈동물이 놀라면 동작이 중지되고 배설물을 산출하거나 또는 색깔이 변하기도 한다고 말한다.

부분인 육체를 반드시 포함해야 한다고 생각하며, 따라서 그를 약한 물리론자로 보아야 한다는 것이다.

한편, 아리스토텔레스는 지각을 '질적 변화(alteration)'라고 말하고, 더 나아가 감각기관의 질적 변화라고 말하는데,[309] 이처럼 질적 변화라는 물리적 변화를 인정하는 한에 있어서 그가 지각에 대해 물리론적인 견해를 갖고 있음은 분명해 보인다. 반스도 지각에 대한 아리스토텔레스의 설명이 물리론적이라는 점을 부정하지는 않지만, 그것이 "전적으로 생리적인(purely physiological)" 설명이라는 강한 물리론은 아니라고 주장한다.[310]

반스는 아리스토텔레스를 약한 물리론자로 보는 다섯 가지 근거를 제시한다. 첫째, 그는 지각이 감각기관의 질적 변화라는 아리스토텔레스의 말은 다만 "물리적 대상들의 모든 속성들 자체가 물리적이어야 한다."라고 가정하는 것에 불과하다고 본다. 그것이 전적으로 생리적인 변화를 주장하는 것은 아니라는 것이다. 둘째, 그는 지각에 대한 생리적인 설명이 경험적으로나 논리적으로 적절하지 않은데, 예를 들어, 내가 사각형의 어떤 대상을 본다고 해서 내 눈의 어떤 부분이 사각형이 되는 것이 아니고, 또한 내가 시끄러운(loud) 소리를 듣는다고 해서 내 귀가 시끄러워지는 것은 아니며, 따라서 지각을 전적으로 생리적으로만 설명할 수는 없다고 말한다. 셋째, 반스는 "지각이 육체와 영혼에 공통된다는 아리스토텔레스의 반복적인 주장

---

309 Barnes(1971-2, pp.37-38)에 따르면, 아리스토텔레스는 410a 25, 415b 24, 416b 33-35에서 지각을 질적 변화라고 말하며, 422a 7, 422b 15, 423b 30, 435a 22, 『꿈에 관하여』 459b 6 등에서 감각기관의 질적 변화에 대해 말한다.

310 Barnes(1971-2), p.38.

들(『감각과 감각 대상에 관하여』 436b 7; 『기억에 관하여』 450a 27; 『잠과 깸에 관하여』 454a 7011)도 최소한 지각이 단순히 생리적인 것이 아님을 의미한다."라고 말하는데, 아리스토텔레스가 육체 외에 영혼도 언급하는 것이 그가 강한 물리론자는 아니라는 증거라는 것이다. 넷째, 반스는 "〈예를 들어〉 냄새를 맡는다는 것(smelling)은 〈물리적〉 경험, 즉 영향받음(undergoing)을 넘어서는 어떤 것이다(424b 7)."라는 아리스토텔레스의 발언이 약한 물리론으로 이해된다고 지적한다. 다섯째, 반스는 '질적 변화'라는 단어가 분명하지는 않은 특별한 어떤 의미를 지니는데, 그것은 "아마도 '형상을 질료 없이 받아들이는 것'은 형상을 받아들이는 것, 그러나 그것에 대해 질료로서 대립하는 것이 아니라는 의미일 것이다."라고 말한다. 이렇게 해서 반스는 지각이 물리적인 것만은 아니라는 주장을 또다시 제시한다. 지금까지 보았듯이, 위에서 제시된 반스의 다섯 가지 반론은 지각이 물리적 또는 생리적 변화만은 아니라는 데 초점을 맞추고 있지만, 그 외에 무엇이 있는가는 분명히 말해주지 않는다.

매닝은 이런 반스의 견해를 다음과 같이 평가한다.

반스는 약한 물리론을 모든 정신적 용어가 어떤 물리적 용어(또는 용어들)와 (P의 내용이 구체적으로 설명되지 않은) P를 통해 분석될 수 있다는 이론이라고 정의한다. 안타깝게도 반스는 우리에게 P에 대한 분석을 전혀 제공하지 않으며, 또한 무엇이 P의 예시일 수 있는가에 대해서도 아무런 제안을 하지 않는다. 그럼에도 아리스토텔레스가 모든 영혼의 기능에 대해 약한 물리론자였느냐는 질문에, 우리는 다음과 같은 질문, 즉 "지금 논란이 되는 기능이 어떤 물리적 구성 요소를 통한 분석을 요구하는가?"라는 질문에 답변함으로써 답변할 수 있을 것처럼 보인다. 만약 그 답변이 '그렇다'라면, 아리스토텔레스가 그 기능에 대해 약한 물리론자였다고 말할 수 있을 것이다.[311]

매닝의 설명 가운데 특히 약한 물리론을 규정하는 후반부의 설명은 반스가 말하고자 하는 의미와 의도를 명확하게 보여주지 못한다. 반스는 물리론을 '강한 물리론'과 '약한 물리론'으로 다음과 같이 구분하면서 다음과 같이 설명한다.

ψ를 어떤 정신적인 또는 심리학적인 술어라고 하자. ('정신적'이라는 용어는 논란이 되는 어떤 의미도 갖지 않는다. 무엇보다 중요한 것은 정신적 술어들이 '…영혼을 갖는다'와 (D2)[312]의 오른쪽 부분에 포함되거나 또는 그것에 포함된 것들 밑에 포함될 수 있는 모든 술어를 포함해야 한다는 것이다.) φ가 어떤 물리적 술어라고 하자. 여기에서 '물리적(physial)'은 전문용어이다. 현재의 목적에 충분하도록 대략 정의하면 다음과 같다. φ가 물리학(그리고 필요하다면 화학, 그리고 필요하다면 생물학)의 원시 술어들을 통해 정의 가능하다면, φ는 물리적이다. 우리는 두 가지 강한 물리론에 친숙한데, 그것들의 특징적인 형식들은 다음과 같다. (1) 'ψa'는 'φa'를 의미한다. 그리고 (2) $\psi=\varphi$이다. 이 가운데 (1)은 카르납(또는 카르나프, Carnap)의 물리론과 다양한 일부

---

311 Manning(1985), p.12.
312 Barnes(1971-2, p.33)가 말하는 (D2)는 "(D2) x는 영혼을 갖는다 = (정의) x가 스스로 영양섭취를 할 수 있거나 또는 x가 지각할 수 있거나 또는 x는 생각할 수 있거나 또는 x는 스스로를 움직일 수 있다."라는 것을 의미한다. 즉, x가 영혼을 갖는다는 것은 정의상 영양섭취, 지각, 사고, 자기운동을 할 수 있음을 의미한다는 것이다.

행동론을 포함하며, (2)는 파이글(Feigl)과 스마트(Smart), 그리고 다른 사람들의 '동일성 이론'을 대표한다. 이 형식들에 두 가지 다른 것들이 첨가될 수 있다. (3) 'ψa'는 'φa & P'를 의미한다. 여기에서 P의 내용은 규정되지 않은 채로 남아 있다. 그리고 (4) ψa는 φa를 필함한다.[313] 나는 이것들이 약한 물리론의 형식들이라고 제안한다. 403b 17-19의 어려운 문장은 아마도 (3)과 (4)를 구분하려 의도했을 것이다.[314]

매닝이 지적하듯이, 반스는 자신의 논문에서 P가 무엇인가를 명확하게 설명하지 않는다.[315] 그러나 우리는 최소한 반스가 (1)과 (2)를 (3)과 (4)와 구분하는 기준을 파악할 수 있다. (1)은 'ψa'와 'φa'를 동일시하며, (2)는 프사이(ψ)와 화이(또는 파이, φ)를 동일시하고 있다. 즉, 그것들은 모두 '정신적인 술어'를 '물리적인 술어'와 동일시하고 있다는 것이다. 이것은 '환원(reduction)'이라는 용어로 설명할 수 있을 것이다. 즉, (1)과 (2)는 '정신적인 술어'로 표현된 것이 모두 '물리적인

---

313 '필함한다'는 entail의 번역어로서, '필연적으로 포함한다' 또는 '반드시 포함한다'라는 의미이다.

314 Barnes(1971-2, pp.34-35)는 위 인용문에 언급된 403b 17-19의 어려운 문장이란 "영혼의 영향받음들이 최소한 분노와 두려움 같은 종류의 것들인 한, 그것들은 생물들의 자연적인 질료로부터 분리될 수 없으며, 선이나 면과 같이 (사고에서 분리될 수 있는) 것들도 아니라고" 설명한다.

315 한편, Barnes(1971-2, p.37)는 "분노를 설명하는 경우에, P는 'x가 복수를 욕구한다' (403b 30)를 가리키는 것으로 보인다."라고 말함으로써, P를 물리적 술어를 의미하는 'φa'와는 다른 영혼의 어떤 능력을 가리키는 것으로 보려고 하는 듯하다. P를 영혼의 다른 어떤 능력으로 보는 것이 적절한 이유는 P가 물리적인 어떤 것이라면 그것은 다른 물리적 술어를 의미하는 'φa' 외의 다른 어떤 것일 수 없기 때문이다. 결론적으로, 정신적인 술어를 의미하는 'ψa'는 "물리적인 술어를 의미하는 'φa'와 또 다른 물리적인 술어를 의미하는 'P'"가 아니라 "물리적인 술어를 의미하는 'φa'와 또 다른 정신적인 술어를 의미하는 'P'"로 보는 것이 적절해 보인다.

술어'로 표현될 수 있음을 함축한다는 것이다. 이와 달리, (3)은 '정신적인 술어'로 표현된 것이 '물리적인 술어'로 '모두' 표현되지 않으며, 'ψa'를 설명하기 위해서는 'φa' 외에 'P'라는 부가적인 요소가 더 필요하다는 점을 말하고 있다. 그리고 (4)는 '정신적인 술어'를 설명하기 위해서는 '물리적인 술어'가 반드시 필요하지만, 그것만으로는 충분하지 않다는 의미를 담고 있다.³¹⁶

한편, 반스는 '지성(nous)'에 대한 아리스토텔레스의 견해가 비물리적이라는 주장을 입증하기 전에, 먼저 그것을 약한 물리론으로 보는 일부의 주장을 검토한다.³¹⁷ 주지하듯이, 지성은 사고 능력과 밀접하게 관련되는데, 그는 (a) 모든 지식과 사고가 감각지각을 필요로 하고, 감각지각은 육체기관을 필요로 한다는 점에서, 그리고 (b) 모든 사고는 환타시아가 없이는 가능하지 않고, 모든 환타시아는 감각지각의 결과라는 점에서, 지성에 대한 약한 물리론적 주장이 제시될 수 있다고 본다. 그러나 이에 대해 그는 직접적인 반론보다는 우회적인 반론을 제시한다. 그는 먼저 (a1) 사고가 두 가지 점에서 물리 세계와 무관하다고 볼 수 있다고 주장한다. 그렇게 주장하는 첫 번째 이유는 지각 대상이 물리 세계에 있는 것과 달리 사고 대상이 영혼 내부에

---

316 그런데 이 해석이 반드시 보장되지는 않는 것으로 보인다. 주지하듯이, 'A가 B를 필함한다(entail)'는 것은 A가 B를 반드시 포함한다는 의미이지만 A가 그 외의 다른 어떤 것이 더 포함되는가의 여부를 분명하게 보여주지 않기 때문이다. 즉, (4)는 (a) 'A가 B 외의 다른 어떤 것을 더 포함한다'는 의미로 해석될 수도 있지만, (b) 'A가 B만을 포함하고 다른 어떤 것도 더 포함하지 않는다'는 의미로 해석될 수도 있는 것으로 보인다. 즉, 반스가 의도했던 것은 (a)로 보이지만, (b)로 해석될 여지를 남겨두고 있으며, (b)로 해석되는 경우에는 결국 (4)가 (1)이나 (2)의 의미로도 해석될 수 있다.

317 Barnes(1971-2), p.39.

있기 때문이며, 두 번째 이유는 청각 대상이 청각을 손상시키는 것과 달리 사고 대상이 사고를 손상시키지는 않기 때문이라는 것이다. 더 나아가 그는 (b1) 우리가 모든 것에 대해 생각할 수 있지만 우리의 사고가 사고하기 전에는 아무것도 아니며, 또한 그것은 모든 성질들에 대한 인식이기 때문에 아무런 물리적 구성 요소를 갖지 않는다는 점에서, 사고가 물리 세계에서 분리될 수 있다고 본다.

반스는 아리스토텔레스가 구분하는 두 종류의 지성 가운데 하나는 사고의 질료(430a 10)로서 모든 것이 될 뿐만 아니라(430a 15) 육체에서 분리되지 않기 때문에 소멸할 수도 있는(430a 25) '수동적(passive) 지성'이며, 다른 하나는 모든 것을 만들며(430a 15) 육체에서 분리되기 때문에 아무런 영향도 받지 않고 혼합되지도 않는 '창조적(creative) 지성'이라고 설명한다.[318] 그리고 그는 『영혼에 관하여』 III.5를 토대로 하여 수동적 지성은 위에서 언급했던 "(4) ψa는 φa를 필함한다."라는 유형에 속하는 반면에, 창조적 지성은 비물리론에 속한다고 주장한다.[319] 더 나아가 그는 결론으로 볼 수 있는 부분인 마지막 쪽에서 아리스토텔레스에게 "지성(nous)은 실체 자체가 아니라 실체들의 속성"이라 말하고, 아리스토텔레스를 "정신의 속성 이론에 상당히 일관적인 지지자"였다고 규정하면서, 이것이 바로 "심리철학(mental philosophy)에 대한 그의 가장 위대한 기여"라고 언급한다.[320]

여기에서 반스가 아리스토텔레스에게 부과하는 '정신의 속성 이론'

---

[318] 주지하듯이, 반스가 '창조적 지성'이라 부르는 지성은 일반적으로 '능동(active) 지성'으로 불린다.

[319] Barnes(1971-2), p.41.

[320] Barnes(1971-2), p.40.

이 정확히 어떤 의미인지, 또한 그것이 정신철학에 대한 가장 위대한 기여라는 것이 정확히 어떤 의미인지 분명하지는 않다. 그러나 그가 이 '속성 이론'을 언급하는 이유는 사실상 정신적인 것을 물질적인 것과 동일시하는 강한 물리론을 거부하는 한편, 정신적인 것이 물질적인 것과 동일시되지 않고 물질 이외에 속성과 같은 다른 어떤 것이 있을 수도 있음을 허용하는 약한 물리론을 포괄하고, 정신적인 것이 물질적인 것과 무관함을 함축하는 비물리론도 포괄하기 위한 것으로 보인다.

이미 보았듯이, 반스는 영혼의 다양한 기능 가운데 감정, 지각, 욕구, 지성을 언급하고, 아리스토텔레스가 그 가운데 감정과 지각에는 약한 물리론적 견해를 가졌고, 욕구와 지성에는 비물질리적 견해를 가졌다고 주장한다. 이것은 아리스토텔레스에게 물리론과 비물리론을 모두 부여하는 것이며, 결국 그가 영혼의 다양한 기능에 적용될 수 있는 공통된 견해를 갖지 않았다는 주장이다. 달리 표현하자면, 아리스토텔레스가 모든 영혼에 공통된 하나의 일관된 견해를 갖지는 않았다는 것이다.

이러한 반스의 견해는 영혼과 육체가 본질적이라거나 동일시된다는 주장을 거부하는 한편, 육체에 대한 영혼의 형성 유동성(또는 다수 실현 가능성)을 주장하는 기능론이라는 이론과 연결될 수도 있을 것이다. 기능론자들이 반드시 물리론자들이어야 하는 것은 아니지만, 그럼에도 아리스토텔레스의 질료형상론을 해석하면서 너스바움과 퍼트남(Nussbaum and Putnam)과 같은 학자들은 지각에 반드시 '어떤 물질적 변환'이 동반된다(accompanied)고 말함으로써 아리스토텔레스의 심신이론을 물리론적으로 설명한다.[321] 이러한 기능론적 해석은 다음 절에서 좀 더 자세히 검토할 것이다.

한편, 이러한 너스바움과 퍼트남의 주장과 관련하여, 버니엣(Burn-yeat)은 아리스토텔레스에게 감각지각은 "감각기관에 문자 그대로 성질의 물리적 변화"를 포함하지 않고서 감각적 성질들만을 인지(aware)하는 것이라고 주장한다.[322] 만약 버니엣이 옳다면, 아리스토텔레스의 질료형상론은 데카르트가 주장하는 것과 같은 영혼과 육체의 상호작용을 닮은 어떤 특징도 갖지 않는다는 것이 분명하며, 또한 이것은 어떤 종류의 물리론과도 어우러질 수 없을 것으로 보인다. 더 나아가 버니엣은 (i) '빨간색'을 보는 것이 눈이 실제로 빨갛게 되는 것이 아니며, (ii) 무언가를 볼 때 눈에 어떤 종류의 물리적인 변화도 필요하지 않다는 것은 물론이고, (iii) 감각지각이 육체의 다른 부분들에도 그와 관련된 어떤 종류의 물리적 변화도 필요로 하지 않는다고 주장한다.[323] 이러한 그의 주장은 사실상 감각지각 능력이 실현될 때 물리적인 어떤 변화가 발생한다고 보는 모든 종류의 해석에 위협이 된다.[324]

---

321 Nussbaum and Putnam(1992), 특히 p.37.

322 Burnyeat(1992, p.19 이하)은 아리스토텔레스가 "감각은 감각 대상들의 형상을 질료 없이 받아들이는 것이다. 예를 들어, 밀랍은 금속이나 금(金)이 없이 고리의 흔적(σημεῖον)만을 수용한다. 즉, 금이나 청동으로서가 아니라 금이나 청동의 흔적만을 수용하며, 마찬가지로 각각의 감각은 색깔이나 맛이나 소리를 가진 것에 영향을 받으며, {그 영향은} 각자가 어떤 특정한 사물이기 때문(ῇ)이 아니라, {어떤 사물이} 질(質)을 갖기 때문이며, 또한 그것의 형식(λόγος)에 따른(κατά) 것이다."라고 말하는 『영혼에 관하여』 II.12, 424a 17–24를 분석한다. 그의 해석과 그의 입장은 아래에서 좀 더 자세히 논의한다.

323 그러나 Burnyeat의 논의는 (iii)을 반드시 포함하지 않는 (ii)에 초점을 맞춘다. 따라서 (iii)에 초점을 맞추는 Nussbaum과 Putnam(1992, p.36 이하; 특히 pp.53–54)은 자신들의 주장이 그의 비판에 영향을 받지 않는다고 주장한다. 이 부분에 대한 논의는 Cohen(1992, pp.63–64)이 잘 정리해 주고 있다.

324 Cohen(1992), p.57.

지금까지 보았듯이, 아리스토텔레스의 질료형상론에 제기되는 문제들 가운데 첫 번째는 영혼과 육체가 서로 다른 두 실체인가의 문제이고, 두 번째는 심리적 작용에 반드시 물리적 변화가 동반되는가의 문제이다. 이에 대한 우리의 입장을 결정하기 전에, 기능론의 주장을 좀 더 살펴보자.

2.3 기능론적 해석

일반적으로 기능론은 "어떤 유형의 심적 상태든 그것의 본질적인 또는 의미를 규정하는 특징이 (1) 육체에 대한 환경의 영향들, (2) 심적 상태들의 다른 유형들, 그리고 (3) 육체적 행동에 대해 갖는 일련의 인과적 관계들이다."라는 견해로 이해된다.[325] 달리 말해서, 기능론은 심적 상태들을 두뇌에 입력된 내용들, 다른 심적 상태들, 그리고 출력된 내용들에 대한 그것들의 인과적 관계를 통해 이해한다. 기능론은 입력된 내용들(또는 자료들)이 다양한 심적 상태들을 거쳐 출력되는 과정을 인과관계로 표현하고 있으며, 이 설명을 장소운동에 대한 아리스토텔레스의 자기운동 이론을 적용하면, 각각 입력(감각 지각), 다양한 심적 상태들, 그리고 출력(장소운동)을 생각해 볼 수 있

---

[325] Churchland(2013), p.63. 그는 기능론이 행동론의 "계승자(heir)"이지만, "행동론자는 심적 상태의 각 유형을 오직 환경적인 입력과 행동적인 출력만으로 정의하길 희망했던 반면, 기능론자는 이것이 가능하다는 것을 거부한다. 그것이 보는 바로는, 거의 모든 심적 상태에 대한 적절한 규정은 제거할 수 없는 언급을 포함하며, 따라서 공적으로 관찰될 수 있는 입력과 출력만을 통한 '정의'는 상당히 불가능하다. 따라서 기능론은 철학적 행동론에 대한 주요 반론들 가운데 하나에 영향을 받지 않는다."라고 말한다.

다. 다시 말해서, 아래의 제4–5장에서 자세히 보겠지만, 아리스토텔레스는 동물의 장소운동이 외부 대상에 대한 감각지각과 다양한 심리적 작용들(욕구, 환타시아 등)의 관계를 통해 산출되는 것으로 생각하므로, 기능론의 설명이 아리스토텔레스의 설명에 잘 적용되는 듯이 보인다.

그러나 기능론적 해석이 아리스토텔레스의 질료형상론에 대한 적절한 해석이라고 인정하기 전에, 우리는 최소한 네 가지 문제를 살펴보아야 한다. 그 문제들은 (i) 기능론이 설명하는 입력에서 출력까지의 과정이 동물의 장소운동을 제외한 생물 일반의 다른 운동들에도 적용되는가, (ii) 만약 적용된다면, 입력에서 출력에 이르는 그 운동들의 모든 과정이 인과적인 관계로 이루어지는가, (iii) 모든 심리적 작용이 반드시 물질을 전제해야 하는가 또는 물질을 토대로 하는가, 그리고 (iv) 그러한 심적 작용이 어떤 물질에 내재하고 또한 그 물질에서 실현되는 것이 우연적인가 하는 것이다. 만약 이 가운데 최소한 하나의 질문에라도 부정적인 답변이 제시된다면, 아리스토텔레스에 대한 기능론적 해석은 실패하게 될 것이다.[326] 이 장의 나머지 부분과 아래의 제5–6장에서 우리는 마지막 문제인 (iv)에 대해 부정적인 답변이 제시된다는 점을 보이는 데 초점을 맞출 것이다.[327]

---

[326] 앞에서 말했듯이, 기능론 자체가 반드시 물리론은 아니지만, 기능론적 해석에서는 심리학적인 논의에서 아리스토텔레스가 (iii)을 인정하는 기능론자라고 본다는 점에서 물리론적인 태도를 취하고 있다.

[327] (iv)는 (iii)에 대한 답변이 긍정적임을 암묵적으로 전제한다는 점에 주목할 필요가 있다. 즉, 영혼이 반드시 물질에 내재한다는 것을 인정한다면, 우리는 영혼과 육체의 관계가 본질적인가 또는 우연적인가를 질문할 수 있다. (iii)은 아래 제6장에서 다룰 것이다. 비교: (i), (ii), (iii)에 부정적 답변을 제시하는 Modrak(1987, pp.28–29)의 견

대부분의 기능론자들은 심적 작용들이 사실상 **어떤** 물질의 기능적 상태라고 생각한다. 그들은 일반적으로 심적 작용들이 실현되기 위해서는 물리적인 또는 생리적인 토대가 있어야 한다는 주장을 받아들이지만, 그 토대가 특정한 유형의 심적 상태에 대해 항상 동일해야 한다는 주장은 거부한다. 그러므로 기능론적 설명은 심적 작용들과 물리적 상태들의 관계가 단지 우연적이며, 그것들 사이에는 아무런 본질적 연결성이 없다는 주장에 의존한다.[328] 앞에서 언급했듯이, 이렇게 함으로써 기능론은 물리적 상태들에 대한 심적 상태들의 형성 유동성을 주장하게 된다.

이러한 형성 유동성은 심적 상태의 모든 사례가 필연적으로 특정한 유형의 물리적 상태의 사례가 아니라 불특정한 어떤 유형의 물리적 상태의 사례와 동일시된다는 견해인 개체 동일시 이론(token identity theory)으로 이어진다. 다시 말해서, 개체 동일시 이론은 하나의 개별적인 심적 상태에 상응하는 하나의 개별적인 물리적 상태가 있다는 것만을 인정할 뿐, 심적 상태의 한 가지 유형에 상응하는 특정한 어떤 물리적 상태의 한 가지 유형이 있다는 것을 인정하지는 않는다. 이처럼 기능론은 심적 작용이 실현되는 물리적 토대가 있다는 것은 분명하지만, 그 물리적 토대가 어떤 종류의 물질인가에 대해서는 아무런 주장을 하지 않는다. 원칙적으로, 우리가 "두뇌 상태들에는 참이지만 심적 상태들에는 참이 아닌 어떤 속성을 발견"[329]하면, 동일

해가 상당히 흥미롭다. 하지만 그녀는 (iii)을 부정하기 때문에, (iv)를 고려할 필요가 없다.

328 예를 들어, Nussbaum(1978), p.147 이하; Nussbaum and Putnam(1992), p.33 이하; Cohen(1992), pp.58-59.

시 이론은 실패하게 된다. 형성 유동성은 t1이라는 시간에 있는 특정한 심적 상태의 유형이 t1에 실현되었던 이러한 특정한 물리적 상태의 유형에서 실현될 것이라고 주장하는 유형 동일시 이론을 포함하지 않는다. 이와 같이 기능론자에 의하면, 예를 들어, 철수의 뇌에 있는 C-섬유질의 자극은 그가 t1이라는 시간에 느꼈던 통증이지만, 그런 자극이 t2라는 시간에 그가 느끼는 통증과 같을 수도 있고 같지 않을 수도 있으며, 또한 섬유질을 자극하는 방식이 서로 다른 시간에 서로 다를 수도 있다는 것이다. 즉, 동일한 심적 상태가 서로 다른 종류의 물질에서 또는 동일한 물질에 서로 다른 방식으로 다양하게 실현될 수 있다는 것이다.[330]

감각지각 작용이 반드시 육체적 변화를 동반하지는 않는다는 것이 아리스토텔레스의 견해라고 주장하는 버니엣과 달리, 만약 누군가 심리적 작용들이 육체적 변화들을 반드시 포함해야 한다고 주장하고자 한다면, 그는 아리스토텔레스의 반환원론을 설명할 방법을 찾아야만 한다. 왜냐하면 일반적으로 인정되듯이, 아리스토텔레스는 심리적 상태들의 각 유형이 심리적 상태들의 어떤 유형으로 환원될 수 있다는 유형 동일시 이론을 주장하는 강한 물리론자는 결코 아니었기 때문이다.[331] 그렇기 때문에 너스바움과 퍼트남은 아리스토

---

329 Churchland(2013), p.46.
330 비교: Boyd(1980, p.87 이하)는 형성 유동성과 배열 유동성(configurational plasti-city)을 구분하고 있다.
331 예를 들어, 그의 반환원론적(anti-reductive) 태도는 식물이나 흙의 본질적인 운동이 그것들의 물질적 구성 요소들에 대한 분석을 통해 설명될 수 있다고 주장하는 엠페도클레스에 대한 그의 비판을 잘 예시하고 있다고 볼 수 있다(『영혼에 관하여』 415a 28-416a 18).

텔레스가 자신의 심신이론에서 영혼의 형성 유동성을 주장하고 있다는 자신들의 견해를 정당화하기 위해 "아리스토텔레스의 마음 바꾸기(Changing Aristotle's Mind)"라는 자신들의 논문 가운데 3분의 1을 할당하고 있다.[332] 그들은 "동일한 작용이 아주 다양한 구체적인 물질들에서 실현될 수 있어서, 단순히 물질적인 단계에서 빨간색을 지각하는 것과 같은 것이란 결코 있을 수 없다."[333]라고 생각한다. 따라서 그들은 아리스토텔레스가 환원론을 받아들이지 않는다고 주장한다.[334] 그러나 이것이 실제로 아리스토텔레스의 입장을 대변하고 있는 것인가에 대해서는 여전히 의문의 여지가 있으며, 필자는 이러한 기능론적인 해석이 사실상 적절하지 않다는 것을 아래의 장들에서 보일 것이다.

3. 아리스토텔레스의 반기능론, 반환원론, 반이원론

무엇보다도 영혼과 육체의 관계가 우연적이라는 기능론의 주장은 생물의 운동에서 아리스토텔레스가 빈번하게 강조하는 영혼과 육

---

[332] Nussbaum and Putnam(1992), pp.35-46.

[333] Nussbaum and Putnam(1992), p.32. 기능론이 존재론적 환원론을 피할 수 있는가의 문제는 논란의 여지가 있다(Burnyeat, 1992, p.22 이하; Kim, 1989, pp.242-260 등 참조). 그러나 여기에서 지적하는 것은, 아리스토텔레스의 이론이 존재론적 환원론이나 유형 동일시 이론이 아니었음을 보이는 것이 그에 대한 기능론적 해석을 하는 여러 이유 가운데 하나라는 것이다(예: Nussbaum and Putnam, 1992, pp. 32-35와 p.37, 그리고 pp.40-41을 볼 것).

[334] Nussbaum and Putnam(1992), p.45 이하. 비교: Code and Moravcsik(1992), pp. 141-143.

체의 밀접한 단일성을 배제함으로써 가능하다. 『영혼에 관하여』에서 그는 생물의 물리적인 또는 육체적인 측면보다 영혼의 측면, 즉 심리적인 측면에 더 많은 관심을 갖고 있다. 저서의 제목에서 보듯이, 이 저서는 '영혼'에 관해 논의하겠다는 의도를 담고 있으므로, 이러한 그의 태도는 너무도 자연스럽고 또한 충분히 이해할 만하다. 그러나 바로 그 저서에서도 아리스토텔레스는 육체적인 측면을 경시해서는 안 된다고 반복하여 경고한다(403a 3 이하; 407b 14 이하; 412b 10-413a 9 등).

기능론자들은 아리스토텔레스에게 형성 유동성을 부과하는데, 우리는 그들이 자신들의 입장을 뒷받침하기 위해 이용하는 아리스토텔레스의 진술들을 검토할 것이다. 이 과정에서 우리는 기능론적 해석과 달리 아리스토텔레스가 반기능론(anti-functionalism)적이고 반환원론(anti-reductionism)적인 태도를 갖고 있음을 보이고, 또한 이론적 해석과 달리 그가 반이원론(anti-dualism)적 태도를 갖고 있음을 보일 것이다. 그런 뒤에 아리스토텔레스의 질료형상론에 대해 대안적인 다른 해석이 가능한지, 그리고 가능하다면 어떤 해석이 가능한지를 논의할 것이다.

3.1 아리스토텔레스의 반기능론

질료와 형상을 구분하려는 아리스토텔레스의 시도는 변화의 가능성을 부정하는 파르메니데스의 견해에 대한 반론을 제시하는 『자연학』I.9에서 처음 소개된다. 그는 파르메니데스의 오류는 근본적으로 '하나'와 '존재자'가 한 가지 이상의 의미를 갖고 있음을 보지 못하는 데서 비롯되었다고 생각한다(185a 21 이하; 186a 22 이하;『형이상학』10 권).³³⁵ 그것들이 다양한 의미를 갖고 있음을 보지 못함으로써, 결과적으로 파르메니데스가 실체와 그것의 속성들을 구분하지 못하게 되었다고 아리스토텔레스는 주장한다(『자연학』185a 29 이하; 186a 33 이하. 비교: 188a 5 이하). 아리스토텔레스는 속성들을 그것들이 의존하는 주체가 그 주체이기 위해 반드시 또는 항상 가져야만 하는 본질적인 속성들과 반드시 가질 필요는 없는 우연적인 속성들을 구분하지만, 『자연학』의 구절들에서는 그런 구분을 염두에 두지 않고 특정한 주체에 속할 수도 있고 또한 속하지 않을 수도 있는 우연적인 속성들만을 언급한다.

아리스토텔레스는 『자연학』 I.7에서 음악적이지 않았던 사람이 음악적이 되는 사례를 통해 속성들을 설명한다.³³⁶ 이 경우에 음악적임 또는 비음악적임이 속성들이며, 비음악적인 사람이 음악적이게 되는 것은 그가 평생 음악적이지 못할 수도 있다는 의미에서 우연적이다. 즉, 그는 음악적이 되지 못하고 평생 비음악적인 채로 살게 될 수도

---

335 '하나'와 '존재'의 다양한 의미에서 대해서는 유원기(2009a), pp.56-66과 p.80 각주 80 참조.

336 여기에서 "음악적이지 않았던 사람이 <u>음악적'인 사람'</u>이 되는 사례"라고 '인 사람'을 넣지 않고 "음악적이지 않았던 사람이 <u>음악적이</u> 되는 사례"라고 말하는 이유는 그것이 아리스토텔레스의 의도와 관련되기 때문이다. 『자연학』 I.2, 185b 26-196a 3의 내용을 자세히 분석해 보면, 그곳에서 아리스토텔레스는 (a) <u>비음악적임이 음악적임이</u> 되는 경우, (b) <u>비음악적인 사람이 음악적임이</u> 되는 경우, (c) <u>비음악적인 사람이 음악적인 사람이</u> 되는 경우 등을 구분하고 싶어 한다. 여기에서 (a)는 '비음악적임'이라는 하나의 속성이 '음악적임'이라는 다른 속성으로 변화(대체)했음을 보여주고, (b)는 속성의 주체인 '사람'이 다른 속성으로 변화했음을 보여주며, (c)는 '사람'이 변화를 겪는 주체로서 유지되면서 '비음악적임'이라는 그의 속성이 '음악적임'이라는 그의 다른 속성으로 변화했음을 보여준다는 것이다. 이와 관련해서는 유원기(2009a), pp.103-123, 특히 pp.120-121 참조.

있다. 더구나 그는 음악적인 대신에 수학적이 되길 결정하고, 음악가가 되는 대신 수학자가 될 수도 있다. 또한 청동 조각상과 같은 인공물을 예로 들어보자. 조각가는 청동을 갖고 조각상 대신 의자나 칼을 만들기로 결정할 수도 있다. 청동은 특정한 온도에서 녹거나 딱딱해질 수도 있으며, 딱딱할 때는 형태를 유지하고, 녹았을 때는 형태를 유지하지 못하는 등 그 자체의 속성을 갖는다. 이것들은 조각가가 청동으로 어떤 결과를 산출하고자 할 때 고려할 조건이다. 그러나 그가 의자를 만들 것인가 또는 칼을 만들 것인가는 순전히 우연적인 사실이며, 또한 그가 청동 대신 나무나 플라스틱을 재료로 사용할 것인가도 우연적이다.[337] 그런데 아리스토텔레스는 생물의 영혼과 육체의 관계를 청동 칼이나 음악적인 사람의 경우처럼 우연적이라고 생각하는가?

아리스토텔레스가 영혼을 형상과 현실태 등의 용어를 통해 설명하고 있는 『영혼에 관하여』 II.1의 구절에 대해서도 그와 동일한 종류의 질문을 제기할 수 있을 것이다.

우리는 존재자들 가운데 하나의 종(種)을 실체라고 부르는데, {다음과 같은 의미들이 있다}. 하나는 질료라는 의미에서의 {실체로서} 그 자체로는 '어떤 이것이 아닌 것'을 말하며, 다른 하나는 형체(μορφήν) 또는 형상(εἶδος)이라는 의미에서의 {실체로서} 사물은 그것 때문에 '어떤 이것'이라고 말해진다. 셋째로는 '그것들로 구성된 것'을 {실체라고 말한다}. 질료는 잠재태(δύναμις)이며, 형상은 현실태(ἐντελέχεια)인데, {현실태}는 지식(ἐπιστή

337 비교: Burnyeat(1992), pp.17-19.

μη)과 숙고(θεωρεῖν)의 두 가지 의미가 있다. (412a 6-11)

아리스토텔레스는 여기에서 영혼과 육체를 각각 형상과 질료, 그리고 현실태와 잠재태와 동일시한다. 그는 영혼을 "생명을 잠재적으로 갖는 자연적 육체의 형상이라는 의미에서의 실체(οὐσίαν εἶναι ὡς εἶδος σώματος φυσικοῦ δυνάμει ζωὴν ἔχοντος)"라고 규정한다. 우리는 그가 여기에서 지식과 성찰이라는 두 종류의 현실태를 염두에 두고 있는데, 나중에 그는 영혼이 성찰보다는 지식과 비슷하다고 말한다는 점에 주목할 필요가 있다.

> {영혼이} 지식으로 {설명될 수 있다는 것은} 분명하다. 왜냐하면 '잠을 잠'과 '잠에서 깸'은 영혼이 있기 때문이다. '잠에서 깸'은 숙고와 유사한 반면, '잠을 잠'은 '{지식}의 소유'와 유사하지 '그것의 활용'과 유사한 것이 아니다. 같은 {사람에게 있어서 숙고보다} 지식이 {시간적으로} 먼저 생겨난다. 그렇기 때문에 영혼은 '생명을 잠재적으로 가지는 자연적 육체'의 제1현실태이다. (412a 23-26. 비교: 『자연학』 255a 30 이하)

영혼이 지식과 같은 현실태라는 것은 무슨 의미인가? 햄린(Hamlyn)은 여기에서 아리스토텔레스가 "현실태(hexis, 지식 같은 성향)와 현실태(energeia, 성찰이나 지식의 활용 같은 활동)"를 구분하는 한편, 그것들을 모두 현실태라고 부른다고 지적한다.[338] 이러한 두 종류의 현실태

---

338 Hamlyn(1993), 412a 22에 대한 각주 참조. "actuality (= *hexis*, like knowledge, a disposition) and actuality (= *energeia*, like contemplation or the exercise of knowledge, an activity)"

를 우리는 각각 제1현실태와 제2현실태로 부를 수 있을 것이다. 그렇게 되면 아리스토텔레스의 용어 사용에서 현실태가 되기 이전의 상태를 잠재태라고 부르므로, 그는 각각의 현실태에 대응하는 제1잠재태와 제2잠재태라는 두 가지 잠재태를 인정하는 것으로 볼 수 있다. 즉, 잠재태에서 현실태 상태로의 전환이 변화라고 할 수 있다. 따라서 우리는 각각 두 종류의 잠재태와 현실태를 다음과 같이 구분해 볼 수 있다.[339]

(ㄱ) 제1잠재태: 지식을 습득할 수는 있으나 아직 갖고 있지 않은 상태

(ㄴ) 제1현실태: 지식을 습득하여 갖고 있는 상태

(ㄷ) 제2잠재태: 지식을 갖고 있으며 사용할 수 있으나 아직 사용하지 않는 상태

(ㄹ) 제2현실태: 지식을 실제로 사용하는 상태

이렇게 볼 때, (ㄴ)과 (ㄷ)은 지식을 습득하여 갖고는 있지만 아직 사용하지 않고 있다는 점에서 사실상 동일한 상태를 가리킨다. 그리고 영혼이 지식과 같다는 것은 그것이 (ㄴ)과 (ㄷ)으로 이해된다는 것이다. 즉, 육체를 가진 영혼이 그것의 능력을 발휘할 때, 그것은 성찰과 같은 제2현실태인 (ㄹ)을 가리키는 것이며, 반면에 육체를 가진 영혼 자체는 (ㄴ)과 (ㄷ)으로 이해된다는 것이다.

사실 지식이 없는 상태에서 지식을 획득하듯이, 육체를 제1현실태

---

339 잠재태와 현실태의 의미와 종류에 대해서는 유원기(2009a), pp.128-139 참조.

라고 말하는 것은 그러한 현실태를 실현할 능력은 갖고 있지만 아직 획득하지 않은 제1잠재태의 상태를 인정하는 것으로 이해된다. 아리스토텔레스는 이 점에 대해 아무런 언급을 하지 않지만, 사실상 이런 인상을 남겨주는 것은 그의 철학 체계에 대한 상당히 위험한 해석을 허용하는 것이 된다. 왜냐하면 영혼이 지식과 같다면, 지식을 갖지 않은 상태에서 지식을 갖게 되는 것과 마찬가지로 영혼을 갖지 않은 상태에서 영혼을 갖게 되는 것처럼 이해될 수 있기 때문이다. 다시 말해서, 이것은 영혼을 갖지 않았던 생물, 즉 생명을 갖지 않았던 생물이 어느 한 순간 영혼을 획득하고 생명을 갖게 된다는 의미를 함축한다는 것이다. 그러나 분명한 것은 영혼을 갖지 않았던 것이 어느 한 순간 영혼을 획득할 수 있다는 주장을 아리스토텔레스가 허용하지는 않으리라는 것이다.

아리스토텔레스가 육체에 내재하는 영혼, 즉 질료에 각인된 형상을 제2현실태로서 실현될 제1잠재태로 본다고 해서 놀랄 필요는 없다. 주지하듯이, 아리스토텔레스에게 변화는 형상과 결핍이라는 상반자들 사이에서 발생하는 것이며, 변화의 시작부터 끝까지 변함없는 바탕이 되는 기체(substratum)의 역할을 하는 질료를 전제로 한다. 다시 말해서, 기체를 전제로 하고 그 안에서 갖지 않았던 형상을 획득하는 것(형상)이나 갖고 있던 형상을 상실하는 것(결핍 또는 결여)의 교체를 변화라 한다. 즉, 어떤 사람이 비음악적 상태에서 음악적 상태가 되거나 하나의 사과가 녹색에서 빨간색이 되는 등의 경우에서, 사람이나 사과가 기체이며, 비음악적 상태와 음악적 상태 또는 녹색과 빨간색이 상반자들이라 하고, 음악적 상태가 이루어지지 않은 비음악적 상태나 빨간색이 획득되지 않은 녹색의 상태를 결핍인 반면에, 각각 음악적 상태나 빨간색이라는 형상을 획득하거나 또는 그 반대의 경우가 되면 변화가 완성된 것이다.[340]

아리스토텔레스는 질료를 잠재태라고도 하는데, 이것은 질료가 미리 갖고 있는 잠재태를 실현하는 성향이 있다는 것을 의미한다. 다시 말해서, 질료가 다른 것과 대체될 수 있는 어떤 형상을 이미 갖고 있다는 것이다.[341] 이와 마찬가지로, 아리스토텔레스가 영혼이 성찰로 실현될 제1현실태(또는 지식 같은 잠재태)라고 말하는 것은 그것이 영혼 하나만이 아니라 영혼과 육체의 복합물이라는 의미로 이해할 수 있다. 즉, 영혼을 획득하는 육체가 아니라 이미 영혼을 갖고 있는 육체를 의미한다는 것이다. 따라서 그가 영혼을 단순히 형상이라고 말하지 않고 "생명을 잠재적으로 갖는 자연적 육체"의 형상이라고 말하고 있는 것이다. 그렇다면 이제 질문은 아리스토텔레스가 지식이 또 다른 잠재태로부터 실현될 수 있는 어떤 것이라는 것을 인정하겠느냐는 것이다. 달리 말해서, 어떤 질료가 인간이 가질 수 있는 구조, 형태, 기능 등을 갖기만 한다면, 영혼이 그 질료에 내재할 수 있다고 그가 말하겠느냐는 것이다.

아리스토텔레스에 대한 기능론적 해석에 따르면, 그가 그렇게 할 것이다. 더 나아가 기능론에서는 치즈가 적절한 기능들을 보여줄 수 있는 그런 종류의 질료이기만 하다면, 영혼이 그 안에 내재할 수 있

---

340 유원기(2009a), 2장 참조.

341 Bostock(1994, 『형이상학』 1033a 31–1033b 2에 대한 주석)은 질료(예: 청동)가 창의 형태를 받아들이는 기저에 놓여 있는 주체라고 말할 때, 아리스토텔레스가 그것을 아무런 형상이 없는 질료가 아니라 형상과 질료의 복합체로 간주하는 것처럼 보인다고 말한다. 이와 관련해서는 Ross(1924), 1033a 31에 대한 주석; Charlton(1970), pp.71–72도 참조.

으리라는 것을 그가 인정하리라고 주장한다. 그러나 기능론자들이 자신들의 견해를 뒷받침하기 위해 이용하는 아리스토텔레스의 글 전부 또는 최소한 그 가운데 대부분은 또 다른 해석의 여지를 남긴다. 다음은 아리스토텔레스의 질료가 어떤 기능적 상태에 있어야만 한다고 주장하는 기능론자들의 견해를 뒷받침하는 것으로 여겨질 수 있는 글 가운데 하나이다.

> 예를 들어, 흙은 잠재적으로 사람인가? 아니다. 그러나 그것이 이미 씨앗이 되었을 때, 그리고 아마도 심지어 그때조차 아니다. 왜냐하면 모든 것이 의료 기술에 의해 또는 우연적으로 치료될 수 있는 것이 아니라 그렇게 할 수 있는 어떤 종류의 것이 있으며, 또한 오직 이것만이 잠재적으로 건강하기 때문이다. (『형이상학』 1049a 2-5)

뒤나미스(δύναμις)라는 그리스어 단어는 잠재성(potentiality)과 가능성(possibility)으로 모두 번역될 수 있는데, 아리스토텔레스는 실현 가능성이 높은 잠재성과 실현 가능성이 상대적으로 낮은 단순한 가능성을 구분하는 것으로 보인다(1019b 22 이하; 1047b 3-30). 예를 들어, 어떤 일이 발생했을지라도, 그와 반대되는 일이 발생하는 것이 필연적으로 참이 아닐 때, 그것은 가능하다고 말해진다. 반대로 잠재적인 것은 실현되거나 또는 실현되지 않을 수도 있으나, 그것이 실현되는 것이 결코 불가능하지 않다(1047a 21-29. 비교: 1049a 5 이하). 위 인용문에서, 아리스토텔레스는 임의의 어떤 질료가 아니라, 구체적인 형상이 실현되는 구체적이고도 적절한 잠재태를 가진 그런 종류의 질료여야 한다고 말한다. 그러나 그렇다고 해서 아리스토텔레스가 어떤 사람의 기능이 그가 지금 실제로 보여주는 그런 특정한 종류의 질료가 아니라 임의적인 어떤 질료에서 실현될 수 있으리라 믿었는가? 위 인용문은 사람이 사람으로서 기능하기 위해서는 그런 기능이 실현될 수 있는 특정한 종류의 질료가 있어야만 한다는 의미를 함축하는 것으로 해석될 수도 있지만, 아리스토텔레스가 그 문제에 대해 분명하게 말해주지 않기 때문에 그 인용문 자체가 불명확하다고 말할 수밖에 없다.

사람의 기능이 오직 특정한 종류의 질료에서만 실현될 수 있는가의 문제는 사람의 본질이 특정한 종류의 질료만을 가져야 한다는 의미를 함축하느냐는 문제와 동일하므로, 본질(τὸ τί ἦν εἶναι)에 대한 아리스토텔레스의 논의를 잠시 살펴보자. 앞의 제2장 1절에서 보았듯이, 아리스토텔레스는 본성이 형태나 성질과 같은 우연적인 속성이라고 생각하지 않는다. 그는 오히려 그것이 우리가 어떤 사물이 왜 그런가를 결정할 수 있게 해주는 본질이라는 의미에서의 형상이라고 생각한다. 위에 인용했던『영혼에 관하여』412a 6–11에서 보듯이, 영혼은 그가 생물의 본질로 간주하는 생물의 본성이다.『형이상학』VII.1의 본질에 대한 논의에서, 아리스토텔레스는 다음과 같이 말한다.

그렇다면 형상 자체는(또는 지각되는 사물의 형태를 누가 뭐라고 부르든지) 생성되거나 생산되지 않으며, 또한 존재임도 그렇지 않다. (오히려 이것이 본성적으로 또는 기술에 의해 또는 어떤 능력에 의해 다른 어떤 것 안에서 생성된다.) 청동 창이라는 것은 생산된 어떤 것이다. 그것은 형상을 청동 안에 도입함으로써 청동과 창에서 생산된 것이며, 따라서 그 결과가 청동으로 만들어진 창이다. (1033b 5–11)

이 인용문에서 아리스토텔레스는 한편으로는 본질이 생산될 수 없다고 말하고, 다른 한편으로는 청동 창이 대장장이에 의해 만들어지듯이, 본질도 "본성적으로 또는 기술에 의해 또는 어떤 능력에 의해" 생산된다고 말하는 것으로 보인다.

이 해석과 관련하여, 우리는 이른바 '동음이의 원리(유사명 원리)', 즉 아리스토텔레스로 하여금 수행해야 할 기능을 수행하지 못하는 육체는 육체가 아니라고 주장할 수 있게 해주는 원리를 검토해야 한다. 여기에서 그는 수행해야 할 기능을 수행하지 못하는 육체란 영혼과 육체로 이루어진 '살아 있는 육체(living body)'가 아니라는 것이다. 그는 이 원리를 여러 곳에서 언급하는데,[342] 그 가운데 하나를 살펴보자.

> 하나의 사물이 무엇인가 하는 것은 그것의 기능에 의해 결정된다. 하나의 사물은 그것의 기능을 수행할 수 있을 때 실제로 그 자체이다. 예를 들어, 눈은 볼 수 있을 때 눈이다. 나무로 만든 톱이 그림 안의 톱이나 마찬가지의 톱이듯이, 어떤 사물이 그렇게 하지 못할 때, 그것은 죽은 눈이나 돌로 만들어진 눈처럼 오직 이름만으로 그것이다. 그렇다면 살의 기능이 혀의 기능보다 덜 분명하다는 점만을 제외한다면, 그것도 마찬가지이다. 따라서 불도 그렇지만, 물리적 탐구를 통해 그것의 기능을 구체적으로 살피는 것은 아마도 살의 기능을 그렇게 하는 것보다 더 어려울 것이다. (『기상학』 390a 10-17)

342　예: 『기상학』 390a 10-17; 『영혼에 관하여』 412b 12-24; 412b 27-413a 2; 『동물의 생성에 관하여』 734b 19 이하; 『형이상학』 1035b 23-25; 1036b 31-33 등.

아리스토텔레스는 사람의 몸이 그것의 고유한 심리적 작용들을 수행하지 못한다면, 오직 이름으로만 육체라고 생각한다. 따라서 절단된 팔이나 다리처럼 절단된 생물의 부분들은 아리스토텔레스적인 관점에서는 더 이상 팔이나 다리가 아니다. 생물은 육체를 존재론적 토대로 전제하는 영혼을 가짐으로써 그것의 심리적 작용들 또는 기능들을 보여주므로, 위 인용문은 영혼이 없는 육체도 있을 수 없고 또한 육체가 없는 영혼도 있을 수 없다는 의미를 함축하는 것으로 간주할 수 있을 것이다. 더구나 전체로서의 몸이 없다면 몸의 부분들도 없을 것이며, 또한 부분들이 없다면 전체도 없을 것이다(비교: 『형이상학』1034b 20 이하). 육체적 부분들에 대한 이러한 설명은 영혼과 육체의 비분리성에 대한 아리스토텔레스의 견해를 잘 보여준다. 이런 맥락에서, 그는 "영혼과 육체가 하나인가 아닌가?"를 묻는 것은 불필요하다고 말한다(『영혼에 관하여』412b 5–6; 413a 4–6 등).

그러나 쉴즈(Shields)와 같이 아리스토텔레스에 대한 기능론적 해석을 하는 학자는 위 인용문이 "봄이라는 기능적 역할을 하는 것—그리고 오직 그런 것만—이 눈일 것이다."라는 의미를 포함하는 것으로 간주하며, 따라서 그는 "만약 노인이 적절한 종류의 눈을 회복할 수 있다면, 그는 젊은이와 마찬가지로 볼 수 있을 것이다."(408b 21 이하)와 같은 아리스토텔레스의 진술이 "원칙적으로 우리가 육체 부분들을 점진적으로 적절한 종류의 다른 것들, 즉 그 부분들에 부여된 기능적 역할을 수행할 수 있는 것들과 마음대로 교체하고, 여전히 기능하는 인간으로 마무리될 수도 있음을 허용"한다고 해석한다.[343] 아리스토

---

[343] Shields(1990), p.21.

텔레스가 말하는 "적절한 종류의 눈"의 의미가 사실상 명확하지 않으며, 물질적 구성 요소들의 위상 또는 특징들도 명확하지 않다. 그러나 이런 사실들이 아리스토텔레스가 영혼의 형성 유동성을 받아들였다는 직접적인 증거가 되지는 않는다. 쉴즈는 『형이상학』의 한 구절을 인용하여 인간의 형성 유동성을 주장한다.

청동이나 돌이나 나무의 원처럼 종류가 다른 [재료들]에서 사물들이 실현되는 것처럼 보이는 그런 경우에, 이 가운데 어떤 것, 즉 청동이나 돌이 원의 본질에 속하지 않는다는 것은 분명해 보인다. 왜냐하면 그것은 그것들로부터 분리되기 때문이다. 그러나 만약 원들이 항상 청동으로 이루어진 것으로 보이지만, 그럼에도 불구하고 청동이 [원의] 형상에 속하지 않고, 이것을 사고에서 추상화하기가 어려운 것과 마찬가지로, 분리되어 보이지 않는 것들의 경우에 그것들이 이것들[즉, 원들]과 유사해지는 것을 방해하는 것은 아무것도 없을 것이다. 예를 들어, 사람의 형상은 항상 살과 뼈와 그런 종류의 부분들에서 나타나지만, 그렇다고 해서 이것들이 [사람의] 형상과 설명의 부분들인가? 아니다. 그것들은 단지 질료일 뿐이다. 그러나 [사람이] 다른 [재료들에서] 생성되는 것이 [보이지 않기] 때문에, 우리가 그것들을 분리하지 못하는 것이다. (1036a 31-1036b 7)[344]

쉴즈는 여기에서 아리스토텔레스가 "우리는 인간이 살과 피에서 실현되는 것을 항상 보고 있음에도 불구하고, 그것들이 다른 방식으로 실현되는 것을 아무것도 방해하지 못한다."라는 주장을 하고 있다고

---

[344] 이것은 Shields(1990, pp.22-23)가 영어로 번역한 것을 우리말로 옮긴 것이다.

생각한다. 그러나 이 인용문에 대한 또 다른 해석이 가능하다. 그것은 아리스토텔레스가 원들과 같은 어떤 형상들이 다양한 재료에서 실현될 수 있다고 분명히 인정하지만, 그와 동시에 그는 다만 우리가 다른 어떤 경우를 본 적이 없다는 이유에서 사람의 형상이 살과 뼈 외의 다른 재료에서 실현될 수는 없다는 입장을 취할 수도 있다는 것이다. 이런 입장의 해석을 하고 있는 코드와 모라브식은 사람을 예로 든 것은 "문제(aporia)를 제기하는 맥락에서 제시된 것이며, 아리스토텔레스가 여기에서 자신의 입장을 제시하고 있는 것이 아니다."라고 말한다.[345]

아리스토텔레스는 육체 부분들이 모두 영양섭취 등과 같은 특정한 목적을 위한 것이라는 입장을 취한다(『젊음과 늙음에 관하여』 468a 18-22; 469a 4-9). 따라서 절단된 육체 부분들처럼 생물의 목적을 실현하기 위한 기능을 제대로 하지 못하는 것들은 더 이상 그것의 부분들로 간주되지 않는다. 더구나 아리스토텔레스의 견해로는 생물이 죽게 되면 생물의 몸도 더 이상 육체가 아니며, 노화가 사람의 능력을 제한하듯이 육체가 파괴되면 생물의 영혼도 기능을 중단한다(『영혼에 관하여』 408b 18 이하). 생물의 육체가 그것의 생명 작용을 수행하기 위해서는 그것이 영혼을 가져야만 한다. 그리고 그 영혼은 특정한 육체에 내재해야만 한다는 것이다. 영혼의 규정에 관한 선배 학자들의 견해를 거부하면서, 아리스토텔레스는 다음과 같이 말한다.

이런 주장을 {비롯하여} 영혼에 관한 대부분의 주장들에 공통된 불합리한 점이 있다. 그 {주장}들은 영혼을 육체와 결합시키고 또한 {그

---

345 Code and Moravcsik(1992), p.134.

것을) 육체 안에 위치시키지만, 그것이 어떤 이유에서 그런지, 그리고 그런 육체가 어떤 것인지에 대해 자세한 설명을 하지 않는다. 그럼에도 불구하고 그런 {주장들}은 필요할 것으로 보인다. 왜냐하면 그런 상호적인 연결을 통해서, 하나는 '영향을 주고' 다른 하나는 '영향을 받으며', 또한 하나는 {다른 것에 의해} 움직여지고 다른 하나는 {다른 것을} 움직이기 때문이다. 그러나 우연적인 경우에는 그러한 상호 관계가 이루어지지 않는다. 그러나 사람들은 단지 영혼이 어떤 성질을 갖는가에 대해서만 설명하려고 노력하고, 그것{영혼}을 수용하는 육체에 대해서는 자세한 설명을 하지 않는다. 피타고라스의 이야기에 의하면, 영혼이 우연하게 육체{의 옷을} 입는 것이 가능하다고 한다. 왜냐하면 각각의 {육체는} 그 자신의 형상과 형체를 갖고 있는 것으로 보이기 때문이다. 그것은 목수의 기술이 피리 안에 위치한다고 말하는 것과 같다. 기술(τέχνην)은 {그 자신의} 도구를 반드시 필요로 하며, 영혼은 반드시 {그 자신의} 육체를 필요로 한다. (407b 15-24)

기능론자는 여기에서 아리스토텔레스가 거부하는 것은 사람의 형상이 기능적으로 동일한 역할을 하는 살과 뼈 등과 같은 구체적인 종류의 육체 안에서 실현될 수 있다는 것이 아니라 '어떤 종류의 육체에서든' 실현될 수 있다는 것이라고 주장할 것이다.[346] 어떤 의미에서 기능론자는 영혼이 실현될 수 있는 질료나 육체의 종류를 제한한다고 말할 수 있다. 즉, 생물의 영혼이 실현될 수 있는 질료는 살과 뼈가 하듯이 필요한 기능을 수행할 수 있어야 한다는 것이다. 그러나 반기능

---

[346] 예: Nussbaum and Putnam(1992), p.55.

론자는 그런 육체적 부분들의 기능을 아리스토텔레스가 강조하는 것은 생물이 갖지 않고는 그것들의 기능이 제대로 수행되지 않는 본질적인 질료를 반드시 갖고 있어야 한다는 전제에 기초하기 때문이라고 주장한다. 위의 인용문은 영혼의 형성 유동성을 인정하는 피타고라스학파의 견해를 아리스토텔레스가 분명하게 거부하는 것으로 볼 수 있을 것이다.

여기에서 주목할 중요한 점은 기능론적 해석이 가능한 것은 아리스토텔레스의 글들이 그런 해석의 여지를 남겨놓고 있기 때문이지 그것이 유일한 해석 방법이기 때문에 그런 것은 아니라는 것이다. 이것이 의미하는 것은 반대 해석이 분명히 가능하다는 것이다. 그리고 그러한 반기능론적 해석이 아주 설득력 있고 일관된 방식으로 제시될 수 있다는 것이다. 남은 장들에서는 생물의 심리적인 측면과 육체적인 측면을 각각 자세하게 살펴보고, 우리의 입장을 명확하게 제시하기 위해 노력할 것이다.

3.2 아리스토텔레스의 반환원론

위에서 코헨(Cohen)이 말했던 것과 달리, 기능론적 해석의 성공 여부는 아리스토텔레스가 보는 영혼과 육체의 관계가 본질적인가 또는 우연적인가에 달려 있다. 이미 언급했듯이, 그 관계를 우연적인 것으로 규정하려는 기능론자들의 노력은 아리스토텔레스가 어떤 경우든 생물을 단순히 물질적 구성 요소만으로 설명하려 했던 환원론자는 아니었다는 것을 반증한다. 그러나 영혼과 육체의 관계를 축소하는 것만이 환원론을 피하는 유일한 방법은 아니다. 찰스(Charles)는 아리스토텔레스를 환원론에 반대하는 반환원론자(anti-reductionist)로 읽을 수 있는 두 가지 가능한 방법을 다음과 같이 제시한다.

　… 심리적인 것들을 물리적인 것들로 환원하는 것을 거부하는 아리스토텔레스의 근거는 관련된 어떤 물리적 충분조건도 주어질 수 없다는 믿음에 의존한 것이 아니다. 그것은 오히려 심리적이고 목적론적인 인과론을 일련의 물리적 충분조건들에 기초하여 설명하는 것이 가능하지 않다는 그의 주장에 의존한다.[347]

　여기에서 찰스는 이른바 존재론적 환원론(ontological reductionism)과 설명론적 환원론(explanatory reductionism)을 구분하며, 아리스토텔레스가 거부하는 것은 설명론적 환원론이지 존재론적 환원론이 아니라고 주장한다. 즉, 찰스에 따르면, 아리스토텔레스는 유기체들의 본질적인 특징들에 대해 어떤 물리적 충분조건들에 대한 설명도 주어질 수 없다는 것이지 현실에서 물리적 충분조건들이 주어질 수 없다는 것이 아니라고 믿는다. 다시 말해서, 그는 "유기체의 본질적인 형태에 상응하는 물리적 충분조건이 실재한다."라고 믿지만, 그것을 "의미의 상실이 없이 적절히 설명 또는 기술(description)할 수는 없다는 입장"을 취한다.[348] 그러므로 찰스는 아리스토텔레스가 설명론적으로는 반환원론자인 동시에 존재론적으로는 환원론자라고 말하고 있다. 이렇게 해서 찰스는 아리스토텔레스를 일종의 물리론자로 간주

---

[347] Charles(1988), p.2.
[348] 유원기(1999), p.250.

하는 한편, 그에게 존재론적으로는 반환원론자라는 명칭을 부여한다.

그러나 코드와 모라브식(Code and Moravcsik)은 아리스토텔레스에 대한 기능론적 해석으로 이어질 수도 있는 이러한 결론을 불만스럽게 생각한다.[349] 왜냐하면 "심리적인 상태들에 상응하는 충분한 물리적 상태들이 있다."라는 것이 반드시 환원론적 물리론이나 유형 동일시 이론으로 이어지지는 않기 때문이다. 심리적 상태들과 동일시되지 않으면서도 그것들에 상응하는 물리적 상태들이 있다고 주장하는 사람이 있을 수도 있다는 것이다. 즉, 이런 해석에서는 심리적 상태들에 상응하는 충분한 물리적 상태들이 있을 수 있다는 것보다 오히려 그것들이 유형의 단계에서 동일시되지 않는다는 것을 문제시한다. 이런 맥락에서, 아리스토텔레스에게 무엇보다 중요한 것은 심리적 상태에 상응하는 물리적 상태가 어쨌든 있다는 것이라고 기능론자들은 말할 것이다. 그들은 어떤 물질이 특정한 어떤 기능적 상태에 있는 한, 그것이 어떤 종류의 물질인지 상관없다는 견해를 갖고 있다. 주지하듯이, 이것이 사실상 유형 동일시 이론을 거부하는 기능론의 토대이며, 이렇게 함으로써 그것은 여전히 "주어진 심적 상태의 유형에 속한 개개의 것이 어떤 물리적 체계나 다른 어떤 것에서 구체적인 어떤 물리적 상태와 수적으로 동일하다는 입장을 취하는" 개체 동일시 이론을 인정하게 된다.[350]

코드와 모라브식은 이것이 아리스토텔레스에 대한 올바른 해석이 아니라고 주장한다.

---

[349] Code and Moravcsik(1992), pp.129–131과 pp.141–145.
[350] Churchland(1984), p.37.

우리가 아리스토텔레스의 주요 개념들로 간주하는 것과 관련하여, 우리의 해석은 찰스가 언급했던 것들과 모두 다르다. 우리가 주요 개념들로 간주하는 것은 질료 없이 형상을 받아들이는 본성, 잠재태와 현실태, 질료와 형상이다. 이것들이 아리스토텔레스가 지각 과정들이 어떻게 자연적이고도 유익한가, 그리고 생물의 다양한 형상들이 본성의 부분들임에도 불구하고 결정적으로 어떻게 자발적인 과정들을 포함하는가에 대한 그 자신의 견해들을 형성하기 위한 시도에서 아리스토텔레스가 이용하는 개념들이다. 아리스토텔레스의 기본 개념들과 문제들이 물리적 충분조건들이 아니라 이 개념들로 구성되면, 찰스가 구성한 두 가지 견해의 초점과 교차하지만 상당히 멀리 떨어진 목표들과 해결책들을 갖는 아리스토텔레스의 계획을 보게 될 것이다. 게다가 우리는 아리스토텔레스에게 있어서 물질 개념은 종적으로 관련된 것이며, 그 자체가 구체적인 잠재태들이 그것들의 작용을 통해 정의되는 목적론적인 측면을 포함하는 것으로 간주되어야 한다고 생각한다.[351]

코드와 모라브식의 주장은 근본적으로 환원론의 문제가 아리스토텔레스에게는 문제가 되지 않는다는 것이다. 왜냐하면 그에게 영혼의 작용이나 육체의 작용으로 보이는 것이 사실상은 영혼과 육체의 복합체인 생물 전체의 작용이기 때문이다. 그러나 우리가 그렇듯이, 생물이 하나의 전체로서 작용하거나 작용된다는 것을 누군가 받아들인다 할지라도, 아리스토텔레스가 일종의 환원론이나 반환원론에 관심을 갖는다는 것을 반드시 부정할 필요는 없다.

---

351 Code and Moravcsik(1992), p.143.

여러 번 언급했듯이, 아리스토텔레스는 형상을 물질로 환원시키는 설명에 대한 반대 의견을 종종 제시한다. 더구나 그는 생물의 운동에 두 가지 분명히 다른 종류의 운동이 포함된다고 생각한다. 예를 들어, 『동물의 운동에 관하여』의 논의에서, 아리스토텔레스는 동물의 장소운동에 대해 심리적 작용을 통해 설명하려 시도하는 한편, 그에 상응하는 생리적 작용을 찾으려고 노력한다. 즉, 그는 장소운동의 발생을 감각지각, 욕구, 환타시아 등을 통해 설명하는 한편(특히, 700b 17 이하), 그것에 대한 생리적 설명도 문제가 없다는 것을 보이려고 노력한다(701b 2 이하). 그리고 이에 덧붙여 그는 다음과 같이 말한다.

> 필연적으로 이것들의 사고와 환타시아는 열기와 냉기가 동반된다. … 왜냐하면 자신감, 공포감, 성적 흥분, 그리고 고통과 쾌락과 같은 다른 육체적 감정들이 어떤 경우에는 육체의 한 부분에, 다른 경우에는 몸 전체에 열기와 냉기가 동반되기 때문이다. (701b 34-702a4)

아리스토텔레스가 여기에서 언급하는 생리적 변화가 항상 '열기와 냉기'로 드러나는가의 여부에 대해서는 부가적인 논의가 필요하다. 그러나 위 인용문에서 그는 심리적 작용에 동반되는 생리적 작용이 있다고 믿는 것으로 보인다. 그 두 작용의 성질은 분명히 다르며, 따라서 이러한 발언은 아리스토텔레스가 심리적인 용어가 육체적인 용어로 환원될 수 있다고 믿는가에 대한 의문을 제기할 만한 충분한 이유가 된다. 만약 그가 그것을 믿는 것이라면, 그는 환원론을 받아들이는 것이고, 또한 환원론에 수반되는 문제도 가질 수밖에 없다. 아래에서는 그가 환원론을 피할 수 있는가, 그리고 피할 수 있다면 어떻게 피할 수 있는가의 문제도 검토할 것이다.

지금까지 우리는 심신 문제에 대한 기능론적 해석이 많은 지지를 받아왔음에도, 여전히 그에 대한 반론과 대안적인 해석이 가능하다는 점을 확인했다. 주지하듯이, 기능론자와 반기능론자의 논쟁은 근본적으로 아리스토텔레스가 영혼과 육체의 본질적인 관계를 인정했는가에 대한 것이다. 최소한 두 가지 점에서 그의 질료형상론 또는 심신이론에는 기능론적 해석이 적용되지 않는다. 첫째는 이미 보았듯이, 그가 심리적 작용에 육체적인 변화가 있다고 생각한다는 점이며, 둘째는 아래에서 곧 보겠지만, 그가 심리적 능력들이 한 가지 종류의 물질에서만 실현될 수 있다고 생각한다는 점이다. 또한 그는 코드와 모라브식의 견해와는 달리 환원론에 관심을 갖고 있다. 하지만 여기에서 아리스토텔레스가 환원론에 관심을 갖는다고 해서 그가 환원론을 수용한 것은 아니며, 그가 반환원론적 입장을 취하고 있음은 분명하다.

이 장의 논의는 영혼과 육체에 대한 아리스토텔레스의 일반적인 진술들에 기초했으나, 좀 더 결정적인 증거는 생물의 활동에 대한 구체적인 사례의 분석을 통해 제시되어야 한다. 따라서 여기에서 해결되지 않는 질문들은 동물의 장소운동에 대해 논의하는 아래 장들(제4-6장)의 분석을 통해 답변되어야 할 것이다. 다시 말해서, 아래에서 검토될 핵심적인 질문들은 아리스토텔레스가 기능론의 주장처럼 영혼과 육체의 관계를 우연적인 것으로 보았는가, 아니라면 그가 물리론에서 주장하는 것처럼 환원론을 주장했는가 하는 것이다. 그리고 심신 관계에 대한 그의 견해가 데카르트적 이원론이 아니라는 것을 보이기 위해서는 영혼이 어떤 의미에서 작용원인인가에 대해서도 적절하게 설명해야 한다.

3.3 아리스토텔레스의 반이원론[352]

아리스토텔레스는 지성에 대한 『영혼에 관하여』의 논의에서 다분히 이원론적으로 해석될 수도 있는 발언을 한다. 즉, 인간은 영혼의 다른 능력들을 실현하는 데 필요한 육체기관들을 갖는 반면에, 지성 능력을 실현하는 데 필요한 육체기관이 없다는 것이다(429a 27). 사실상 아리스토텔레스는 403a 6-12에서 사고 능력 또는 추론 능력[353]이 "환타시아의 일종이거나, 또는 최소한 환타시아 없이 존재할 수 없다면, 그것은 육체 없이 존재할 수 없다. 그러나 만약 영혼에만 고유한 어떤 기능 또는 영향받음이 있다면, {영혼}은 육체로부터 분리될 수 있다. 반면에, 영혼에만 고유한 그 어떤 것이 없다면, 그것은 분리될 수 없다."라고 말했던 바 있다. 또한 그는 407a 9-11에서는 "지성은 그런 방식으로 지속하는 것이 아니며, 그것은 부분을 가지지 않거나, 또는 {어쨌든 공간적} 크기와 같이 지속되지는 않는다. 만약 {지성이} 크기를 갖는다면, 그것이 어떻게 사고할 수 있겠는가?"라는 문제를 제기하기도 했다.

이때까지만 해도 그는 사고에 대해 아직 단정적인 견해를 제시하

---

352 이 절의 대부분은 유원기(2013a), pp.22-28의 내용을 일부 수정한 글이다.
353 유원기 역주(2001), p.140 각주 149. 『영혼에 관하여』 414b 18에 대한 Hicks의 지적에 따르면, 아리스토텔레스는 주로 '추론 능력'과 '지성'을 혼용하며, 그 의미를 구별할 때는 전자는 참과 거짓을 판단하고 추리를 이끌어내는 추론 능력인 반면에, 후자는 직관적이고 또한 파악하는 능력이라고 설명한다.

기보다는 앞으로 논의되어야 할 문제로 남겨두었다. 하지만 뒤이어 그는 지성이 운동하지 않는 영혼이라는 자신의 견해를 제시한다.

> 지성은 {우리 내부에서} 발생한 쇠퇴하지 않는 어떤 실체로 여겨진다. … 지성은 아마도 {육체보다} 더 신성한 어떤 것이며, 영향을 받지 않는 것이다. 이러한 것들로부터 분명한 것은, 영혼은 운동하지 않는다는 것이다. 만약 {영혼이} 전혀 운동하지 않는다면, 스스로 운동하지도 않으리라는 것은 분명하다. (408b 19-30)

아리스토텔레스는 413b 25-28에서 "지성과 숙고 능력에 관해 분명한 것은 아무것도 없지만, 그것들은 서로 다른 종류의 영혼으로 여겨지며, 영속하는 것들이 사멸하는 것들로부터 {분리되듯이} 그것들만이 분리될 수 있다."라고 말함으로써, 지성이 물질적인 것으로부터 분리될 수 있음을 허용하고 있다. 또한 그는 429b 5-6에서 지성의 분리 가능성을 언급하고, 또한 특히 430a 17에서는 지성이 육체적 영향을 받지도 않으며 또한 육체로부터 분리될 수 있다고 주장한다.

아리스토텔레스는 지성 이외의 다른 영혼의 능력들에 대해서는 직접적으로 육체로부터의 분리 가능성을 언급한 적이 없었음에도, 지성에 대해서는 그런 가능성을 허용하는 것으로 보인다. 이처럼 상반된 견해를 해결하는 가장 쉽고도 간단한 방법은 영혼의 능력들 가운데 어떤 것은 분리되지 않지만, 다른 어떤 것은 분리된다고 말하는 것이다. 실제로 토마스 아퀴나스는 아리스토텔레스의 영혼 개념을 두 가지 종류, 즉 사멸적인 육체적(물질적) 영혼과 불멸적인 비육체적(비물질적) 영혼으로 구분하며, 영양섭취혼이나 감각지각혼 등처럼 직접적으로 육체기관을 필요로 하는 영혼은 죽음과 더불어 소멸하는 반면에, 사고혼은 사후에도 지속적으로 존재한다고 생각한다.[354] 하지만 이것은 상당히 손쉬운 해결 방식이며, 그와 달리 많은 학자들은 아리스토텔레스가 그처럼 이원적인 사고가 아니라 단일하고 일관된 사고를 가졌으리라 생각하기 때문에, 그의 견해에 대해 많은 논란이 지속되고 있다.

아리스토텔레스는 두 가지 종류의 지성, 즉 이른바 수동지성(passive reason 또는 patient nous)과 능동지성(active reason 또는 agent nous)을 구분하고,[355] 전자는 "모든 것이 된다"라는 점에서 질료원인과 유사하며, 후자는 "모든 것을 만든다"라는 점에서 작용원인과 유사하다고 말한다(430a 10-19 참조).[356] 수동지성이 모든 것이 된다는 것은 사물들의 형상을 수용한다는 의미이며, 능동지성이 모든 것을 만든다는 것은 (무언가를 실제로 만들어내는 것이 아니라) 수동지성이 세상의 모든 형상을 수용하도록 돕는 역할을 한다는 의미이다. 다시 말해서, 실제로 인식작용을 하는 것은 잠재태로서의 수동지성이며, 인식이 가능하도록 하는 것은 현실태로서의 능동지성이라는 것이다.

아리스토텔레스는 수동지성이 소멸적인 반면에, 능동지성이 불멸적이며, 영향을 받지 않으며, 또한 분리 가능하다고 말하는데, 이와 관련하여 로스(Ross)는 아리스토텔레스가 말하는 '분리 가능한

---

354 토마스의 심신이론에 대한 논의와 토마스의 관련 문헌은 이재경(2002), pp.165-189 참조.
355 앞에서 보았듯이, Barnes(1971-2)는 능동지성 대신에 '창조(적) 지성'이라는 용어를 사용한다.
356 Ross(1949), p.149.

(separable)'을 "수동지성과 한때 결합되었던 능동지성이 그것으로부터 분리될 수 있다는 의미"[357]라고 이해함으로써, 능동지성의 분리가 육체로부터의 분리가 아니라 영혼의 다른 작용인 수동지성으로부터의 분리라고 이해한다. 더 나아가 그는 능동지성과 수동지성이 생명체가 살아 있는 동안에는 결합되어 있다가 죽음의 순간에 이르러 분리된다는 해석을 제시한다.[358] 이러한 로스의 해석도 아리스토텔레스가 지성을 육체로부터 분리되어 존재할 수 있는 독립된 실체로 생각하지 않았다는 의미를 담고 있지만, 생명체의 사후에 분리되어 작용하는 능동지성의 역할이나 기능이 정확히 무엇인가에 대한 답변은 제시하지 못하고 있다.[359]

그러나 이러한 로스의 해석보다는 오히려 모드락(Modrak)의 주장이 더 실질적이고 또한 설득력이 있어 보인다. 모드락은 몇 가지 근거를 통해, 아리스토텔레스의 지성 개념에 대한 이원론적 해석을 거부한다. 아리스토텔레스가 감각 능력에 대해 설명하는 429a 15–18에서, 감각주체가 '영향을 받지 않는(ἀπαθής, impassive)'다고 말한다는 것이 그녀의 첫 번째 근거이다. 즉, 어떤 사물이 물질적인 한에 있어서 영향을 받는 것이며, 따라서 감각주체가 영향을 받지 않는다는 것은 그것이 비물질적임을 함축한다는 것이다. 이처럼 아리스토텔레스

---

357 Ross(1949), p.151.
358 비교: "영속하는 것들이 사멸하는 것들로부터 (분리되듯이) 그것만이 분리될 수 있다"(413b 27–28).
359 지성이 분리되어 작용한다는 것이 정확히 어떤 의미인지 분명하지 않지만, 그럼에도 나의 지성이 내 육체로부터 분리되어 작용한다면, 그것은 나의 작용이라고 볼 수 없음은 분명하다. 내가 영혼을 가짐으로써 갖는 모든 작용들은 반드시 내 안에서 발생해야 할 것이기 때문이다.

는 지성에 대해서만 비물질적인 기술을 하는 것이 아니라 감각에 대해서도 비물질적인 기술을 하므로, 지성에 대한 그의 이원론적 발언을 심각하게 받아들일 필요가 없다는 것이 모드락의 주장이다. 그리고 모드락의 두 번째 근거는 아리스토텔레스가 432a 20에서 장소운동 능력이 '분리 가능한(χωριστός, separable)' 능력이냐는 질문을 비롯하여 사실상 그 표현을 다양한 맥락에서 종종 사용하고 있다는 점이다. 따라서 그녀는 지성의 '분리 가능성'을 승인하는 듯한 아리스토텔레스의 표현도 실질적인 '분리'를 의미한다고 생각할 필요가 없다고 주장한다.

이러한 두 가지 근거를 토대로 하여, 모드락은 아리스토텔레스가 지성에 대해 '영향을 받지 않는다'라거나 또는 '분리 가능하다'라고 기술하는 것을 그가 실제로 '지성이 육체로부터 분리된다'라는 주장을 하고 있다고 해석해서는 안 된다고 지적한다.[360] 이와 동일한 맥락에서, 모드락은 만약 어떤 능력이 "환타시아의 일종이거나, 또는 최소한 환타시아 없이 존재할 수 없다면, 그것은 육체 없이 존재할 수 없다."라는 아리스토텔레스의 진술을 토대로, 그녀는 자신이 '상상'으로 번역하는 환타시아가 관여되지 않는 사고작용을 아리스토텔레스가 인정한 경우가 없었다는 결론에 도달한다.[361] 즉, 모든 사고작용의 경우에 환타시아가 관여되어 있으며, 따라서 육체 없이 존재할 수 있는 사고작용은 없다는 것이다. 모드락이 제시하는 이런 증거들은 모두 아리스토텔레스의 명시적인 이원론적 발언들을 결코 이원론적으

---

360 Modrak(1991), p.760.
361 Modrak(1991), pp.759-762.

로 해석할 수 없는 근거들로 사용된다.

아리스토텔레스는 종종 감각지각 능력과 사고 능력을 비교하며, 감각지각은 물질적 사물을 재료로 삼아 추상된 형상(1)을 수용하는 것이며(424a 18-23), 사고는 그러한 형상(1)을 재료로 삼아 추상된 형상(2)를 수용하는 것으로 본다(429a 20-30). 즉, 후자는 물질적 사물로부터 이미 추상된 형상(1)을 대상으로 하므로, 사고 대상은 비물질적이라고 말할 수도 있다. 하지만 아리스토텔레스는 물질적 또는 감각적 사물로부터 일차적으로 추상된 형상(1)은 그러한 사물이 현존하지 않더라도 심상의 형태로 남아 있고, 또한 이러한 심상(mental image)이 사고의 재료로 사용된다는 점에서, 심상이 관여되지 않는 사고는 없다고 말한다.[362] 이렇게 본다면, 지성의 대상은 '물질적 사물로부터 추상된 형상(1)', 즉 물질을 포함하지 않는 비물질적 대상이다.

그런데 우리가 잘 알듯이, 아리스토텔레스에게 감각지각은 일종의 질적 변화이다(416b 33-34). 그리고 변화는 잠재태가 현실태로 이행하는 것, 즉 잠재태의 현실태화를 가리킨다(『자연학』200b 5-6; 201a

---

[362] 영혼의 감각 능력과 지식 능력은 잠재적으로 그것들의 대상들, 즉 한편으로는 지식 대상이며, 다른 한편으로는 감각 대상이다. 그렇다면 [그 능력들은] 반드시 그것[대상]들 자체이거나 또는 [그 대상들의] 형상들이다. 그것들은 그 [대상들] 자체는 아니다. 왜냐하면 영혼 안에 존재하는 것은 돌이 아니라, 단지 그 [돌]의 형상이기 때문이다. 이와 같이 영혼은 손과 유사하다. 왜냐하면 손은 도구들의 도구이고, 지성은 형상들의 형상이며, 감각은 감각 대상들의 형상이기 때문이다. 그러나 감각 대상들인 [공간적] 크기들을 제외한 어떤 사물들도 분리되어 존재하지 않으므로, 사고 대상들은 감각 대상들의 형상들 안에, 즉 추상적으로 말해지는 것들 안에, 그리고 감각 대상들의 성향과 영향받음 안에 내재한다. 그렇기 때문에, 아무것도 감각되지 않았다면, 아무것도 배우거나 이해할 수 없다. 그리고 숙고할 때는 반드시 어떤 심상들을 동시에 숙고해야 한다. 왜냐하면 심상들은 질료가 없다는 점을 제외하고는 감각상들과 유사하기 때문이다(431b 27-432a 11, 431a 17도 참조).

11-12). 이러한 변화는 임의적인 잠재태가 임의적인 현실태가 되는 것이 아니라 특정한 잠재태가 특정한 현실태가 되는 것이다.[363] 예를 들어, 냄새를 맡을 수 있는 잠재태를 갖고 있던 사람이 실제로 냄새를 맡는 것이 잠재태의 현실태화, 즉 변화이다. 지성적 작용이 변화로 이해되는 한에 있어서, 그것 또한 감각지각과 동일한 방식으로 설명된다. 여기에서 오미아라(O'Meara)는 아리스토텔레스가 왜 지성을 육체로부터 독립된 것으로 규정할 수밖에 없는가에 대해 다음과 같이 설명한다.[364] 즉, 지성이 "모든 것이 된다."라거나 또는 "모든 형상을 수용한다."라는 것은 결국 지성의 주체가 어떤 특정한 잠재태를 갖지 않는다는 의미이자 어떤 식으로도 규정되지 않는다는 의미이며, 이것을 아리스토텔레스는 지성이 육체로부터 분리된다고 표현한다는 것이다.[365] 이것은 지성의 분리성이 개념적인 분리를 말하는 것이지 육체로부터의 실질적인 분리를 말하는 것이 아님을 주장하는 것이다.[366]

---

[363] 참고: 사고하고 있는 지성은 그것의 대상들과 (동일하다)(431b 18).

[364] O'Meara(1987), pp.172-173.

[365] 참고: 지성은 어떤 의미에서 잠재적인 사고 대상들이지만, 사고하기 전에는 어떤 현실태로도 존재하지 않는 것이다. 이것은 실제로는 아무것도 쓰여 있지 않은 서판과 마찬가지이다(429b 31-430a 1).

[366] 참고: 아리스토텔레스는 403b 10-19에서 '현실에서 실제로 분리될 수 있는 것'과 '현실에서는 분리될 수 없지만 사고 속에서는 분리될 수 있는 것'을 구분해 설명한다. 비교: Slakey(1961), p.483 참조. 지성의 비육체성을 주장하는 사람들에 대한 반대 견해를 제시하면서, Slakey는 "x에 대한 지각이 단순히 감각기관이 x가 된다는 것으로 설명될 수 없다는 것을 깨닫게 된다면, 감각이 육체적이고 지성이 비육체적이라는 구별은 더 이상 설득력이 없어 보인다. 지각이나 사고가 단순히 육체의 일부가 x가 되는 것으로 이해될 수 있다는 의미에서 감각이나 지성이 육체적이지는 않다. 그러나 우리가 특정한 종류의 지각이나 사고를 감각기관들이나 뇌의 구체적인 사건들과 연결시킬 수 있다는 의미에서 지각과 사고가 모두 육체적일 수는 있다. 우리는 어떤 사

실제로 잠재태와 현실태로 설명되는 아리스토텔레스의 변화 이론에서, 어떤 사고주체가 모든 형상을 수용하는 경우에는 그것이 어떤 특정한 규정을 갖는다고 말할 수 없다는 것은 분명히 설득력이 있다. 또한 사고주체가 어떤 규정도 갖지 않는다는 것은 그것이 비물질적임을 함축한다는 것도 분명히 설득력이 있다. 하지만 그렇다고 해서 아리스토텔레스가 말하는 지성의 분리성이 데카르트적인 의미에서의 이원론, 즉 지성이 육체로부터 분리되어 독립적으로 존재한다는 의미에서의 실체적 이원론이라고 말할 수는 없다. 이처럼 영혼의 실체성이 거부되므로, 영혼과 육체의 독립적 실체성을 함축하는 심신 상호작용론도 거부될 수밖에 없다. 앞에서 이미 보았듯이, 사실상 심신에 관한 아리스토텔레스의 전반적인 견해 속에서는 데카르트적인 의미에서의 이원론, 즉 지성이 육체로부터 육체와 분리되어 독립적으로 존재하는 실체임을 인정하고, 또한 그런 지성이 육체와 상호작용을 하는 관계에 있음을 인정한다고 볼 수 있는 이론적 근거들을 찾기 어렵다. 이러한 상황에서, 우리는 지성에 대한 아리스토텔레스의 발언은 최소한 데카르트적 이원론은 아니라는 결론을 내릴 수 있으며, 더 나아가 우리는 오미아라의 설명에서 그의 전반적인 심신이론을 손상시키지 않고 그 발언을 해소할 수 있는 유일한 단서를 찾아볼 수 있다. 아리스토텔레스에 대해 이원론적인 해석을 제시하기 어렵

람이 수학적 계산을 수행하거나 형이상학적인 논증을 할 때마다 뇌에 어떤 특징적인 변화가 발생한다는 것만을 단순히 보임으로써 지성이 비육체적이라는 아리스토텔레스의 주장을 거부할 수 있는가? 아니다. 사고가 감각적 상들이 없이 불가능하다는 아리스토텔레스의 주장(432a 3-8)이 여기에서 중요한 역할을 한다. 그는 기록된 두뇌 활동은 감각적 환타시아 능력의 활동이며, 따라서 오직 간접적으로만 지성의 활동과 연결된다고 말할 수 있을 것이다."라고 설명한다.

다는 것은 아래의 논의에서 보게 될 감각과 욕구의 상호 관계, 환타시아 능력의 성격과 역할과 관련된 감각과 지성의 구체적인 인식 내용의 비교 등을 통해 더욱 분명해질 것이다.[367]

---

367 이원론적인 해석에 대한 좀 더 철저한 반론을 위해서는 능동지성과 수동지성의 정확한 인식론적 역할과 그것들의 상호 관계 등에 대한 논의도 필요하지만, 이 주제는 이 책에서 다루지 않는다.

제4장

영혼의 측면 (1): 장소운동 능력

아리스토텔레스는 천체에서 그렇듯이 동물에서도 장소운동이 가장 우선적인 운동이라고 말한다(『자연학』 260a 29-b 6). 천체에서 장소운동이 우선적이라는 그의 말은 장소운동이 시간적으로 우선적일 뿐만 아니라, 영원하고 지속적이기도 하다는 것을 의미한다. 그러나 동물에게 장소운동이 우선적이라는 것은 그런 의미가 아니다. 생물에게 장소운동의 우선성은 천체의 경우처럼 시간적으로 우선적이기 때문도 아니고, 또한 그것이 영원하거나 지속적이기 때문도 아니다. 사실상 아리스토텔레스 자신이 동의하듯이, 예를 들어 인간의 경우에 장소운동 능력은 다른 능력들보다 늦게 획득된다. 즉, 어린아이가 가장 먼저 획득하는 능력은 소화 능력과 같은 영양섭취 능력이고, 그다음에는 감각을 이용하는 감각지각 능력과 배고픔과 같은 고통을 회피하는 욕구 능력 등이며, 기어 다니거나 걸어 다니는 장소운동 능력은 나중에 획득된다는 것이 분명하다. 이것을 그는 생성과 소멸을 겪는 모든 것이 가장 나중에 획득하는 것이 장소운동 능력이라고 표현한다(261a 13-26).

하지만 그럼에도 아리스토텔레스가 동물의 운동 가운데서 장소운동이 우선적이라고 말하는 것은 그것이 그 생물의 존재(οὐσία)를 완성시키는 과정에서 중요한 역할을 하며, 또한 그것이 그것의 존재에 가장 적은 변화를 가져온다는 의미이다(특히, 261a 17-26). 그런데 아리스토텔레스는 장소운동이 동물의 존재를 완성시키는 데 관련된다고 말하지만, 그는 모든 생물이 아니라 동물에게만 인정하며, 또한 모든 동물이 아니라 일부의 동물에게만 인정한다는 점에 주목할 필요가 있다. 즉, 장소운동이 모든 생물의 존재 완성에 도움이 되는 것은 아니라는 것이다. 이 주장은 생물의 경우에 더 많은 능력을 가진 생물이 더 잘 생존할 수 있다는 그의 믿음과 관련이 있어 보인다.[368]

아리스토텔레스는 생물의 생존에 가장 우선적인 능력이 영양섭취 능력이라고 생각한다. 그리고 그는 식물을 비롯한 모든 생물이 공통적으로 영양섭취 능력을 갖지만, 동물은 그 외에 감각지각 능력과 욕구 능력 등을 갖는다는 점에서 식물과 다르다고 말한다(『영혼에 관하여』413b 4-24). 더 나아가 그는 식물은 식물대로, 그리고 동물은 동물대로 그것들이 갖는 모든 능력을 이용하여 생존하려고 하며, 그렇게 생존하려 하는 것이 바로 식물과 동물을 살아 있는 것들로 만드는 것이고(434a 30), 또한 살아 있는 것이 죽은 것보다 더 낫다고 말한다(『동물의 생성에 관하여』731a 24-732a 11). 아리스토텔레스는 동물이 왜

---

368 비교: 『영혼에 관하여』434b 5-7, 22-27; 435b 20-26; 『감각과 감각 대상에 관하여』 436b 18-437a 16.

식물보다 더 많은 능력을 갖느냐고 묻지 않고, 다만 그것을 사실로 받아들이면서 동물이 식물보다 더 낫다고 결론 내린다.

『영혼에 관하여』402a 5-7에서, 아리스토텔레스는 영혼에 대한 지식이 진리로 나아가는 데 큰 도움이 되고, 특히 자연을 이해하는 데 큰 도움이 된다는 이유에서 영혼의 특징들을 논의하기 시작한다.[369] 그는 영혼을 생명의 원리, 즉 생물로 하여금 '영양섭취하고 성장하고 소멸'할 수 있게 해주는 생명의 원리라고 정의한다($\dot{\alpha}\rho\chi\dot{\eta}$ $\tau\tilde{\omega}\nu$ $\zeta\dot{\omega}\omega\nu$).[370] 영양섭취는 먹고 마시고 소화하고 배설하는 등을 가능하게 하는 능력으로써 생물로 하여금 생존할 수 있게 해주는 기본 조건이다(『영혼에 관하여』412a 13-14; 413a 21 이하; 416a 19 이하). 그리고 그것은 또한 생물을 자연의 다른 존재자들, 즉 무생물이나 천체 등과 구분해주는 특징이기도 하다. 그러나 영양섭취 능력이 영혼을 갖는 생물의 유일한 능력은 아니다. 그것은 감각지각, 욕구, 사고 등의 능력도 갖는다(413a 21 이하).

아리스토텔레스는 생물의 영혼이 다양한 의미에서 '원인이나 원리($\alpha\dot{\iota}\tau\dot{\iota}\alpha$ $\kappa\alpha\dot{\iota}$ $\dot{\alpha}\rho\chi\dot{\eta}$)'로 기능하며(415b 9 이하), 따라서 영혼으로 인해 생물이 갖게 되는 '능력(faculty)'들이 생물들을 구분하는 기준이 된다고 생각한다.[371] 영혼은 생물의 운동 근거(작용원인)이자, 목적(목적원인)이

---

[369] 주지하듯이, 자연세계는 영혼을 갖는 생물과 영혼을 갖지 않는 무생물로 이루어진다 (『자연학』192b 10-11. 비교: 255a 6-7; 『영혼에 관하여』412a 14-15).

[370] Grube(1964, pp.120-121)는 이것이 영혼의 사멸성을 함축했던 그리스어 '프쉬케($\psi\upsilon\chi\dot{\eta}$)'의 일반적인 용법이었으며, "심지어 5세기에도 '프쉬케(psyche)'라는 단어는 불멸성 개념과 자동적으로 연결되지는 않았다."라고 말한다. 비교: Hamlyn(1993), 『영혼에 관하여』402a에 대한 주석.

[371] '능력(faculty)'이란 용어는 종종 어떤 '힘(power)'이나 '역량(capacity)'을 의미하지만,

자, 본질(형상원인)이라는 점에서 원인이다. 일반적으로 아리스토텔레스는 영혼의 능력이라는 것이 생물로 하여금 일련의 행동을 수행하게 해주는 것이라고 생각한다. 즉, 그는 생물이 영양섭취 능력으로 인해 영양섭취를 할 수 있고, 감각지각 능력으로 인해 감각지각을 할 수 있다는 식으로 설명한다. 그러나 아리스토텔레스가 열거하는 영혼 능력의 종류나 목록이 서로 일치하지 않기 때문에, 그가 생각하는 영혼의 능력이 몇 가지인지 즉각적으로 분명하지 않다. 그는 영양섭취, 욕구, 장소운동, 사고를 포함하는 네 가지 능력을 언급하기도 하고(411a 26-b 2), 영양섭취, 감각지각, 환타시아, 욕구, 사고를 포함하는 다섯 가지 능력을 언급하기도 하며(413a 23-413b 24),[372] 또한 환타시아를 생략하고 영양섭취, 감각지각, 두 종류의 욕구, 그리고 사고를 포함한 다섯 가지 능력을 언급하기도 한다(433b 2-4). 그런데 아리스토텔레스는 『영혼에 관하여』 II.3에서 다섯 가지 종류의 능력을 나열한 또 하나의 목록을 제시하면서(414a 30-32), 새롭게 제시하는 이 목록에서 언급한 능력 외에 다른 능력은 없다고 말한다.[373] 그가 그 목록에서 언급하는 능력은 영양섭취 능력(θρεπτικόν), 감각지각 능력

이 책에서 필자는 그 용어를 영혼의 일부, 즉 생물들로 하여금 그것들의 역량을 갖도록 해주는 영혼의 일부를 지칭하는 것으로 사용한다.

[372] 아리스토텔레스가 여기에서 언급된 '환타시아'를 하나의 독립된 능력으로 간주하는가에 대해서는 논란의 여지가 있다. 예를 들어, 동물은 영양섭취 능력을 가짐으로써 먹이를 먹고 소화시키고 배설시키는 등의 기능과 새끼를 배태하고 낳는 등의 기능을 하게 되고, 감각지각 능력을 가짐으로써 감각하고 지각하는 기능을 하게 되는 등의 기능들처럼 각각의 능력을 갖춤으로써 수행하게 되는 기능이 서로 다르다. 하지만 뒤에서 다시 보게 되겠지만, 환타시아 능력으로 인한 기능은 감각지각 능력이나 사고 능력으로 인한 기능과 중첩되는 부분이 많이 있기 때문에, 환타시아 능력을 하나의 독립된 능력으로 보기 어렵게 된다.

[373] Hamlyn(1993), 『영혼에 관하여』 414a 29에 대한 주석 참조.

(αἰσθητικόν), 욕구 능력(ὀρεκτικόν), 장소운동 능력(κινητικὸν κατὰ τόπον), 그리고 사고 능력(διανοητικόν)이다.

위에서 보았던 『영혼에 관하여』 414a 30-32의 목록이 가장 그럴듯해 보이기는 하지만, 그럼에도 그것이 아리스토텔레스가 실제로 염두에 두었던 능력들의 전부라고 즉각 인정하기 어렵게 만드는 두 가지 문제가 있다. 생물이 갖는 능력의 전체 수와 종류에 대한 첫 번째 문제점은 그가 분류하는 생물의 종류와 관련하여 제기된다. 만약 여기에서 제시된 능력의 수와 종류가 정확하다면, 즉 그가 염두에 둔 영혼의 종류가 다섯 가지이고, 따라서 각각의 영혼을 가짐으로써 생물이 갖게 되는 능력이 다섯 가지라면, 그가 염두에 둔 생물의 종류도 다섯 가지일 것으로 기대된다. 그러나 이런 기대는 좌절된다. 왜냐하면 생물의 종류를 언급하는 II.3에서, 아리스토텔레스는 생물을 (i) 영양섭취혼만을 갖는 식물, (ii) 영양섭취혼과 감각지각혼을 갖는 (그러나 장소운동은 하지 못하는) 고착동물, (iii) 영양섭취혼, 감각지각혼, 그리고 장소운동혼을 갖는 장소운동 동물, (iv) 영양섭취혼, 감각지각혼, 장소운동혼, 그리고 사고혼을 갖는 인간을 포함한 네 가지 종류로 분류하기 때문이다. 그러나 이러한 동물의 분류에는 아리스토텔레스가 능력들의 목록에 언급했던 '욕구 능력'이 동물을 분류하는 기준으로 고려되지 않고 있다. 즉, 다른 능력들과 관련해서는 그것들 각각에 따른 동물의 분류가 제시되는 반면에, 욕구 능력에 따른 동물의 분류는 제시되지 않고 있다는 것이다.

두 번째 문제점은 아리스토텔레스가 『영혼에 관하여』 III. 9-10에서 욕구 능력을 장소운동의 근거, 즉 '장소운동 능력'과 동일시하는 듯이 보인다는 사실과 관련하여 제기된다. 만약 그가 실제로 그 두 가지 능력을 동일한 것으로 간주하고자 했다면, 그는 왜 II.3에서 그것들을 별개의 능력들로 언급했을까? 이처럼 그가 생각하는 능력의 정확한 수와 종류가 분명하지 않기 때문에, 욕구 능력과 장소운동의 상호 관계는 물론이고, 장소운동 능력이 하나의 독립적인 능력인가의 문제도 제기된다.[374] 그러나 만약 장소운동 능력이 욕구 능력과 동일시된다면, 동물의 장소운동을 설명하는 데 어려움이 제기된다. 왜냐하면 아리스토텔레스는 욕구 능력을 모든 동물이 갖고 있다고 말하지만, 모든 동물이 장소운동 능력을 갖고 있다고 생각하지는 않기 때문이다 (413b 22-24; 414b 1-2). 달리 말하자면, 만약 그 두 가지 능력을 동일시한다면, 욕구라는 하나의 동일한 능력을 가진 어떤 동물은 장소운동을 하고 다른 동물은 하지 않는 이유를 설명해야 하기 때문이다.

하지만 이것은 아리스토텔레스의 설명 방식이 아니며, 또한 그가 그처럼 비일관적인 태도를 지녔으리라 생각하기도 어렵다. 이와 관련하여, 아래에서 우리는 아리스토텔레스가 장소운동의 근거로 생각한 것이 무엇이며, III권 9-10장에서 그가 말하고자 했던 것이 정확히 무엇인가를 살필 것이다. 이 과정에서 우리는 아리스토텔레스가 장소운동 능력을 동물로 하여금 장소운동을 할 수 있게 해주는 하나의 독립된 능력으로 간주하며, 또한 그는 그 능력과 욕구 능력을 동일시하지 않음으로써 전체적으로 다섯 가지의 능력을 염두에 두고 있다는 사실을 확인하게 될 것이다.

---

[374] 또한 앞에서 언급했던 환타시아가 하나의 독립적인 능력인가 아닌가의 문제도 여전히 명확히 고려되어야 하며, 어떤 하나의 능력이 독립적인 능력인가 아닌가의 문제는 그것으로 인해 생물이 갖는 기능과 다른 능력으로 인해 갖는 기능이 동일한가의 여부에 따라 판명되어야 할 것으로 보인다.

아래 1절에서, 우리는 먼저 『영혼에 관하여』 II.3에 나타난 기하학적 도형과 영혼 능력의 유비를 통해 아리스토텔레스가 말하고자 하는 것이 무엇인가를 검토한다(414b 19 이하). 그런 뒤에 우리는 그가 다섯 가지 영혼 또는 능력을 상정하게 된 이유에 대해 논의한다. 위에서 우리는 아리스토텔레스가 욕구를 기준으로 하여 생물을 분류하지 않았기 때문에, 영혼 능력들의 정확한 수에 대한 문제가 제기될 수도 있다고 지적했다. 사실상 아리스토텔레스는 '감각을 할 수 있는 동물'과 '욕구를 할 수 있는 동물'이 동일한 외연을 갖는 것으로 분류하며, 그럼에도 감각지각과 욕구를 별개의 능력에 대한 이름으로 사용하고 있다. 이것은 그가 동물의 외연에 따라 동물을 분류하는 것이 아니라 동물의 기능이나 활동내용에 따라 분류하기 때문이다. 1절에서는 이와 같은 동물의 분류 기준이 무엇인가를 좀 더 자세하게 논의한다.

2절은 장소운동을 하지 못하는 동물, 즉 장소운동 능력을 갖지 않는 동물의 영혼에 초점을 맞춘다. 아리스토텔레스는 특히 생물학적 저술에서 이른바 고착동물, 즉 장소운동을 하지 않고 한곳에 정착 또는 고착하여 생존하는 동물이 있다고 생각한다. 이에 대한 논의에서, 우리는 그가 고착동물에게 모든 형태의 장소운동 능력을 거부하는 것이 아니라 특정한 형태의 장소운동 능력, 즉 구체적인 목적을 지향하는 장소운동 능력을 거부한다는 사실을 알게 될 것이다. 이 구체적인 형태의 장소운동은 먼 거리에 있는 대상을 인지하는 인지 능력과 밀접하게 관련된다. 그러나 아리스토텔레스는 모든 동물이 감각지각 능력을 가짐에도 불구하고, 어떤 동물은 (촉각이나 미각과 같은) 접촉 감각 또는 근거리 감각들만 가지며, 반면에 다른 동물은 (시각과 청각,

그리고 후각과 같은) 원거리 감각들도 갖는다고 주장한다. 우리는 이러한 그의 견해를 좀 더 자세히 살펴볼 것이다. 이와 관련하여, 우리는 하위 능력이 그것들을 포함하는 상위의 능력으로 인해 서로 다른 목적론적 역할을 수행한다는 것이 아리스토텔레스의 견해임을 보일 것이다. 끝으로, 3절은 욕구에 관한 논의로, 욕구 능력이 장소운동에서 어떤 역할을 하는가, 욕구 능력과 장소운동 능력이 어떤 관계를 갖는가의 문제를 논의한다. 그리고 이 과정에서 우리는 감각지각 능력과 욕구 능력을 가진 동물들의 외연과 관련된 문제들도 살펴볼 것이다.

1. 영혼의 능력

여기에서는 (a) 아리스토텔레스가 소개하는 영혼의 능력들이 각각 어떤 특징을 가지며, 또한 서로 어떤 관계를 갖는가를 살피고, 그런 뒤에 (b) 그가 그 능력들을 어떤 기준을 통해 구분하는가에 대해 논의한다.

1.1 영혼 능력들의 상호 관계

산골에 집을 짓고 사는 사람은 늘 자연을 느끼고 접하며 산다. 방문을 열면 오랜 세월을 견뎌온 바위가 저 너머에 보이고, 그 곁에는 녹음 짙은 나무들이 서 있고, 인접한 냇가에는 물이 흐르고, 앞마당에는 날개를 퍼덕이며 걷는 암탉을 병아리들이 뒤따르고, 뒷마당의 아름드리나무 위에 앉은 이름 모를 새들은 잠을 깨라고 재촉하는 듯이 지저귄다. 자연세계를 관찰하면서 우리가 가장 먼저 주목하는 것은 세상이 운동과 정지, 또는 변화와 정지라는 현상으로 가득하다는 것이며, 그다음에 주목하는 것은 살아 있는 것과 살아 있지 않은 것이 있다는 것이다. 아리스토텔레스는 『자연학』을 비롯한 자연과학적 저술들 속에서 운동 또는 변화에 대해 논의하는데, 이곳에서는 모든 자연물의 운동, 즉 생물과 무생물의 운동을 설명할 수 있는 공통된 원리에 대해 포괄적으로 논의한다. 그리고 그는 『영혼에 관하여』를 비롯한 다수의 생물학적 저술 속에서는 특히 생물의 운동에 대해 논의한다.

아리스토텔레스는 자연세계에 존재하는 자연물을 생물과 무생물로 대별하고, 또한 생물을 식물, 동물, 인간의 세 종류로 분류한다. 그리고 그는 생물이 무생물과 다른 이유, 즉 생물이 살아 있는 이유를 영혼이라는 개념을 통해 설명한다. 우리의 논의를 더 진행하기 전에, 영혼과 관련된 아리스토텔레스의 논의에서 사용되는 용어들의 의미와 용법을 간단히나마 정리할 필요가 있다. 우리는 아래에서 '영혼', '영혼의 능력(또는 줄여서 '영혼 능력')' 등의 표현을 종종 사용할 것이다. 가장 중요한 것은 영혼과 능력이라는 용어의 의미와 상호 관계이다. 우리가 아래에서 살펴볼 '능력'의 수와 종류에 대한 물음은 사실상 '영혼'의 수와 종류에 대한 물음과 동일하다. 아리스토텔레스는 생물이 영혼을 가짐으로써 어떤 능력을 갖는다고 생각한다. 즉, 생물은 영양섭취혼을 가짐으로써 영양섭취 능력을 가지며, 감각지각혼을 가짐으로써 감각지각 능력을 갖는다는 것이다. 따라서 의미상으로는 '영양섭취혼'은 '영양섭취 능력'을 갖게 하는 영혼을 의미하고, '영양섭취 능력'은 '영양섭취혼'을 가짐으로써 갖게 되는 능력을 의미한다.

아래에서 우리는 '영혼'과 '영혼의 능력'이라는 용어들을 의미상의 구분 없이 호환해서 사용할 것이다.[375]

아리스토텔레스는 모든 생물의 생존을 위해 필요한 우선적이고도 근본적인 능력이 영양섭취 능력이라고 생각한다(『영혼에 관하여』 415a 23-25). 그는 식물·동물·인간이 모두 영양섭취혼을 가짐으로써 생명력을 갖게 되며, 최소한 영양섭취라는 한 가지 능력을 공유한다고 믿는다. 그가 말하는 영양섭취혼 또는 영양섭취 능력은 식물의 경우에는 뿌리를 통해 영양분을 흡수하고 나뭇가지나 잎사귀로 전달하는 것은 물론이고 꽃을 피우고 수분을 하며 또한 열매를 맺는 등의 기능을 가능하게 해주는 능력이며, 동물의 경우에는 먹이를 먹고 소화하고 배설하는 것은 물론이고 새끼를 잉태하고 출산하는 등의 생식 과정을 모두 포함한다(415a 2b 23-26; 416a 19). 이처럼 '영양섭취 능력'이란 명칭은 영양섭취(nutrition)와 관련된 다양한 능력들뿐만 아니라 생식(reproduction)과 관련된 다양한 능력들을 모두 가리키며, 영양섭취혼을 가짐으로써 갖는 능력을 영양섭취 능력이라 부르는 것은 다만 한 가지 능력만을 갖는다는 의미가 아니라 다양한 능력을 통칭하는 것이다.

그러나 예를 들어, 영양섭취를 통한 성장과 같이 크기나 부피가 커지는 것은 양적 변화인 반면, 생식은 아리스토텔레스의 용어로는 실

---

375 Corcilius(2015, p.19)는 "Oxford Concise English Dictionary에 따르면, '능력 (faculty)'이란 용어는 '만들다' 또는 '하다'를 표현하는 라틴어(facere)에서 유래했으며, 근본적으로 '내재하는 정신적 또는 육체적 힘'을 의미한다. Oxford Dictionary에 따르면, 능력(faculties)이 무엇이냐고 묻는 것은 특정한 종류의 힘이 무엇이냐고 묻는 것, 즉 그런 종류의 힘이 마음에 또는 좀 더 일반적으로 물리적 사물 안에 있느냐고 묻는 것이다."라고 말한다.

체의 변화이다. 그렇다면 아리스토텔레스가 이처럼 범주적으로 다른 변화들을 산출하는 능력들을 하나의 영혼 능력으로 묶어 포함시키는 이유는 무엇일까? 그는 생물의 성장이 완성될 때, 생물은 '동일한 종류의 자손을 생성'(『동물의 생성에 관하여』 715a 19 이하; 『영혼에 관하여』 415a 23 이하)하게 되는 자연적인 발전으로 이어진다고 말한다(『동물의 생성에 관하여』 760a 31 이하). 즉, 그는 성장의 끝이 생식이라고 봄으로써, 그 두 가지 변화가 사실상 자연스럽게 이어지는 하나의 변화임을 강조한다. 또한 그는 생물이 본성적으로 생존을 유지하려고 하는데, 그 이유는 살아 있는 것이 살아 있지 않은 것보다 좋은 것이기 때문이라고 말한다. 이처럼 생물은 생존을 위해 최선을 다하는데, 영양섭취혼을 가짐으로써 갖게 되는 두 종류의 영양섭취 능력 가운데 하나인 영양섭취는 '개체의 생존'을 위한 것이며, 생식은 '종족의 생존', 즉 '종족의 존속'을 위한 것이라고 할 수 있다(비교: 『영혼에 관하여』 413b 25).

아리스토텔레스는 다른 능력들이 없이 영양섭취 능력만을 가질 수는 있으나(413a 32-33), 영양섭취 능력이 없이 다른 능력들을 가질 수는 없다고 말한다(415a 1-3). 여기에서 영양섭취 능력만을 갖는다고 말해지는 생물은 식물이며, 반면에 동물은 식물과 달리 영양섭취 능력 외의 부가적인 다른 능력들도 갖는다. 동물이 동물인 이유는 바로 감각지각혼을 갖기 때문이다. 이러한 감각지각혼을 통해 동물은 시각·청각·후각·미각·촉각과 같은 다섯 가지 감각지각 능력을 갖는다(414b 22-23). 아리스토텔레스는 하나의 감각이 한 종류의 감각 대상들만을 지각하며(425a 19-20), 이 감각들 가운데 어떤 것에 의해서도 지각되지 않는 대상이란 있을 수 없다고 말한다(비교: 『영혼에 관하여』 424b 22–23). 그는 위에 언급한 다섯 가지 감각이 감각의 전부라고 생각하며, 또한 그는 영혼의 능력들도 다섯 가지라고 생각한다.[376]

영혼에 관한 아리스토텔레스의 논의에서 가장 빈번하고도 많은 논란이 되는 것은 사고 능력 또는 성찰 능력의 위상에 대한 문제이다. 아리스토텔레스는 다소 머뭇거리면서 사고 능력의 분리 가능성에 대해 언급한다(『영혼에 관하여』 413b 25–29).[377] 특히, 그는 『영혼에 관하여』 II.2의 후반부인 413b 4 이하에서, 어떤 하나의 능력이 다른 능력들로부터 분리될 수 있는가에 대해 논의하는데, 그가 그곳에서 제시했던 견해를 사고 능력의 분리 가능성에 대한 문제에 적용할 수 있을 것이다.[378] 그러나 바로 뒷부분인 II.3에서 그는 계산 능력과 사고 능

---

376 아리스토텔레스는 특히 『영혼에 관하여』 414a 31–32에서 "영양섭취혼, 욕구혼, 감각지각혼, 장소운동혼, 사고혼"을 비롯한 다섯 가지 영혼을 언급하고, 414b 22–23에서 "방금 열거했던 영혼의 형태들 외에 다른 영혼은 없다."라고 말한다. 그러나 그는 414b 15–16에서 "'환타시아'의 경우는 불분명하다. 우리는 그것을 나중에 살펴보아야 한다."라고 언급함으로써, 환타시아에 대해서는 유보적인 입장을 취한다.

377 비교: 413b 25의 ἔοικε.

378 주지하듯이, 하나의 영혼 능력이 다른 능력들로부터 분리될 수 있다는 것은 영혼이 육체로부터(또는 정신이 두뇌로부터) 분리될 수 있는가에 대한 『영혼에 관하여』 403a 3 이하의 논의와는 구분되어야 한다. 비교: 『영혼에 관하여』 414a 25에 대한 Hicks의 주석 참조. Hicks는 "투토 모논 엔테케스싸이 코리제스싸이(τοῦτο μόνον ἐνδέχεσθαι χωρίζεσθαι)"(413b 24–25)라는 진술을 "카이 소마 카이 토이온데(καὶ σῶμα καὶ τοι όνδε),"(412a 16)라는 진술과 연결시킴으로써, 그 영혼 능력만이 '육체로부터' 분리될 수 있다고 번역한다. 그러나 '육체로부터'라는 구절의 첨가가 II.2의 논의에서 보장되지 않는다. 더구나 415a 1–12에서, 아리스토텔레스는 또다시 여기에서의 논의가 영혼의 능력이 육체로부터 분리될 수 있다는 것에 대한 논의가 아니라 영혼의 다른 능력들로부터 분리될 수 있다는 것에 대한 논의임을 확인해 준다. 413b 16에 대한 주석에서, Hamlyn은 여기에서 아리스토텔레스의 문제는 영혼의 능력이 '분리된 존재를 가질 수 있는가', 즉 독립성을 가질 수 있는가에 대한 것이 아니라고 옳게 지적한다. Barnes(1971–1972), p.34 참조.

력이 하위 능력들을 포함한다고 말하는데, 이 말은 그것들이 하위 능력들로부터 분리될 수 없음을 함축한다(415a 8-10).[379] 분리 가능성이 인정된 사고 능력과 그것이 부정된 사고 능력이 동일한 능력인가?

1.2 능력들의 포괄성

『영혼에 관하여』에서, 그는 종종 하위 능력들이 상위 능력들부터 분리될 수 있다고 주장하는데, 그의 근거는 상위 능력들이 없이 하위 능력들만 갖고도 살아가는 생물들이 있지만(비교: 413b 1 이하; 415a 23 이하), 하위 능력들이 없이 상위 능력들만을 갖고 생존하는 생물들은 없다는 경험적 관찰이다(비교: 416b 17-19). 아리스토텔레스는 상위의 영혼 능력들이 하위 능력들을 포괄한다는 입장을 지지한다.[380] 여기에서 이른바 포괄성은 특히 상위 능력들이 하위 능력들을 전제한다는 의미이다. 이것은 영혼에 대해 이야기할 때 의미가 좀 더 분명해지는데, 동물은 영양섭취혼과 감각지각혼이라는 두 가지 종류의 영혼을 갖는 것이 아니라 영양섭취혼을 포괄하는 감각지각혼이라는 하나의 영혼을 갖는다고 말할 수 있다. 아리스토텔레스는 이에 대해 다음과 같이 말한다.

그렇다면 우리는 같은 방식으로 영혼과 도형을 하나로 정의할 수 있을 것이다. … 도형의 경우에, 모든 것에 적절하게 공통된 정의를 내릴 수는 있

---

379 413b 25에 대한 Hicks의 주석 참조.
380 그러나 영혼의 능력들에 대해 이야기할 때, 우리는 종종 그 용어들을 하위 능력들을 포함하지 않은 단일한 능력들로 간주할 것이다.

지만, {개별적인 도형에} 고유한 정의는 내릴 수 없다. {이것은} 우리가 언급했던 영혼들에 대해서도 마찬가지이다. 그렇기 때문에, 이런 경우들과 또한 다른 경우들에 있어서도, 어떤 특정한 존재자에 대한 정의도 아니고 {또한 어떤} '고유하고 불가분적인 종(種)'에 관한 것{정의}도 아닌 '공통된 정의'를 탐구하는 것은 어리석은 일이며, {이것은 사실상} 그런 종류{의 정의}를 등한시하는 것이다. 도형들에 관한 것은 영혼들에 대해서도 거의 같다. 왜냐하면 사각형 안에, 삼각형이 {잠재적으로 존재하고}, 감각 능력 안에 영양섭취 능력이 {잠재적으로 존재하는} 것과 마찬가지로, 도형들과 영혼을 가진 것들의 경우에 앞선 것은 뒤따르는 것 안에 항상 잠재적으로 존재하기 때문이다. 따라서 예를 들어, '식물 또는 인간 또는 짐승과 같은 {개별자}의 영혼은 무엇인가'와 같이 {각각의} 경우에 대해 각각의 질문을 해야 한다. (414b 19-33)

위 인용문의 마지막 문장은 아리스토텔레스가 『영혼에 관하여』 403a 5 이하에서 제기했던 문제, 즉 우리가 영혼에 대해 공통된 정의를 제시할 수 있는가에 대한 문제를 다루고 있음을 분명히 한다. 그러나 그가 그곳에서 관심을 가졌던 문제는 소나무의 영혼이나 말의 영혼과 같은 생물의 단일한 종의 영혼에 대한 정의가 아니라 생물 전체의 영혼에 대한 정의였다. 위 인용문에서, 아리스토텔레스는 삼각형을 포괄 또는 포섭하는 사각형에 대한 유비를 제시한다. 이 유비가 함축하는 것은, 삼각형이 사각형 안에 포괄될 때, 사각형의 정의에는 삼각형의 성질이 기술되지 않으리라는 것이다.

그러나 위 인용문의 414b 23-25에 나타난 아리스토텔레스의 진술은 일반적인 정의를 거부하는 두 가지 이유를 보여준다. 첫째로는 사람의 영혼에 대한 정의가 그 영혼이 포괄하고 있는 모든 능력을 보여주지 않을 수도 있으며, 둘째로는 식물의 영혼에 대한 정의가 다른 상위 동물들이 갖는 능력을 보여주지 못할 수도 있다는 것이다.[381] 그렇다면 아리스토텔레스는 예를 들어 감각지각 능력이 감각지각을 위한 능력으로 정의되므로, 그런 정의는 그 안에 잠재적으로 포괄되어 있는 영양섭취 능력을 즉각적으로 보여주지 못하리라고 말하는 것이다. 다른 곳에서 그는 영혼의 단일한 능력이란 생물이 그것으로 인해 단일한 행동을 할 수 있다는 것이라고 말한다(『동물의 부분에 관하여』 645b 5 이하). 우리는 이 말을 위와 같은 방식으로 해석할 수 있을 것이다. 즉, 단일한 능력에 대한 정의는 동물이 포괄하는 하위 능력들로 인해 그것이 갖는 능력들을 보이지 않고 오직 동물의 단일한 능력만을 포함한다는 것이다.[382]

이제 우리는 사각형 안에 삼각형이 포괄된다는 것이 무엇을 의미하는지를 물어볼 필요가 있다. 아리스토텔레스는 우리가 사각형에서 사각형뿐만 아니라 삼각형도 분리시킬 수 있다고 말하고자 하는 것인가? 다음의 도형들을 살펴보자.

---

[381] 그러나 아리스토텔레스가 이미 『영혼에 관하여』 II.1에서 영혼에 대한 공통된 정의를 제시한 바 있다는 점에 주목할 필요가 있다. 이 문제에 대한 논의는 A.C. Lloyd(1962), pp.73-74 참조.

[382] 여기에서 우리는 생물이 B로 인한 능력들에 더해 A로 인한 부가적인 능력들을 가질 때, 'A가 B보다 상위의 능력'이라거나 또는 'A는 B를 포괄'한다고 말한다. 예를 들어, 감각지각 능력이 영양섭취 능력보다 상위의 것이라고 말하는 것은 생물이 감각지각 능력으로 인해서는 감각지각뿐만 아니라 영양섭취도 할 수 있는 반면, 영양섭취 능력으로 인해서는 영양섭취만 할 수 있기 때문이다. 한편, B가 A보다 하위의 것이라고 말하는 것은 생물이 A를 포함하지 않고도 B로 인해 어떤 행동 또는 기능을 수행할 수 있기 때문이다.

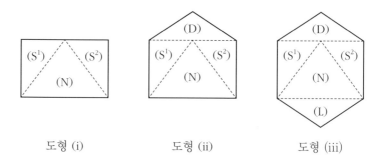

도형 (i)   도형 (ii)   도형 (iii)

하위의 도형들이 실제로 상위의 도형들에 포괄된다고 가정할 때, 우리가 주어진 사각형에서 삼각형을 제거하는 경우에 남는 것은 사각형이 아닐 것이다(도형 (i) 참조). 사실상 우리가 더욱더 상위의 도형들을 고려할수록, 우리가 그것들에 포괄되는 하위의 도형들을 추출할 수 있는 면들이 더 적게 남는다. 즉, 도형 (i)의 경우에, 우리는 사각형에서 (N) 부분의 삼각형을 분리시킨 뒤에는 사각형을 추출하기에 충분한 면이 남지 않는다. 즉, 사각형에서 (N)을 제거하면 (S¹)과 (S²)가 남는데, (S¹)과 (S²)가 사각형이 되기에는 충분하지 않다는 것이다. 반면에, 도형 (ii)에서 삼각형과 사각형 부분을 분리시킨 뒤에 남은 면은 오각형이 되기에 충분하지 않다. 한편, 상위의 도형들이 실제로 하위의 도형들을 포괄하면, 그것들은 그 밑에 포괄된 모든 하위의 도형들을 보여주지 못할 것이다. 또한 육각형의 도형을 보여주는 (iii)도 육각형을 조사하더라도 그 밑에 포괄된 오각형을 보여주지 못할 것이다. 즉, 육각형에 삼각형과 사각형과 오각형이 포괄되어 있지만, 그것들은 말하자면 육각형 안에 잠재적으로 존재한다고 할 수 있을 것이다.

이런 견해를 아리스토텔레스는 어떻게 영혼의 능력들에 적용하는 것인가? (N)을 영양섭취 능력으로, (S¹)과 (S²)를 감각지각 능력으로, (D)를 욕구 능력으로, (L)을 장소운동 능력이라고 가정하면, 우리는 다음과 같은 공식을 만들어 볼 수 있을 것이다.

도형 (i) = 감각지각 능력 = $(N) + (S^1) + (S^2)$
도형 (ii) = 욕구 능력   = $(N) + (S^1) + (S^2) + (D)$
도형 (iii) = 장소운동 능력 = $(N) + (S^1) + (S^2) + (D) + (L)$

우리는 아리스토텔레스가 동물이 영양섭취와 감각지각을 할 수 있는 것은 그것이 영양섭취혼과 감각지각혼이라는 두 가지 영혼을 갖기 때문이 아니라 감각지각혼이라는 한 가지 영혼을 갖기 때문이라고 생각한다는 것을 이미 보았다. 만약 그 두 가지 능력이 서로 독립된 두 가지 영혼에 의한 것이라면, 아리스토텔레스는 동물이 그것들 가운데 어떤 하나만을 갖는 경우가 발생할 수도 있으리라고 말할 것이다. 그렇게 되면 어떤 동물은 먹이를 씹는 능력이나 소화하는 능력 등을 의미하는 영양섭취 능력을 갖지 못하고 감각지각 능력만을 갖는 경우가 발생할 것이고, 그렇게 되면 감각지각을 통해 먹잇감을 포착하고 실제로 먹이를 먹는다 할지라도 제대로 씹거나 소화를 시키지도 못할 것이다. 이런 경우는 현실에서 실제로 목격된 적이 없으며, 따라서 아리스토텔레스는 상위의 영혼 능력과 하위의 영혼 능력의 상호 관계를 설정하는 영혼의 포괄성이라는 이론을 통해 경험적인 관찰을 적절하게 설명하고 있는 것이다.

여기에서 기하학적 도형에 대한 유비는 상위 능력들이 하위 능력들을 잠재적으로 포괄하며, 따라서 동물이 다수의 영혼을 갖는 것이 아니라 단일한 영혼을 갖고도 생존에 필요한 다양한 기능을 수행할 수 있다는 것을 설명해 주고 있다. 그러나 아리스토텔레스가 도형에 대한 유비의 중요성을 강조하고는 있지만(414b 28-29), 그것이 영혼 능력들의 관계를 얼마나 정확하게 설명할 수 있다고 생각하는지는 분명하지 않다. 더구나 위의 인용문(414b 19-33)도 그에 대한 아리스토텔레스의 생각을 보여주지 않는다. 그러나 그 유비에는 기하학적 도형들이 아니라 영혼의 능력들에 대한 상호 관계를 고찰함으로써 추론될 수 있는 또 다른 의미가 있다.

아리스토텔레스는 일부 동물들이 촉각과 미각 같은 접촉 감각 또는 근거리 감각만 갖는 반면에, 다른 동물들은 그것들 외에 시각과 청각과 후각 같은 원거리 감각도 갖는다고 생각한다. 그렇다면 식물의 영양섭취 능력과 동물의 감각지각 능력에 포괄된 영양섭취 능력은 동일한가에 대한 의문이 제기될 수 있다. 그 의문은 그것들이 동일한 방식으로 기능하는가, 아니면 후자의 경우는 상위 능력들에 포괄됨으로써 어떤 식으로든 변형이 되는가에 대한 것이다.

아리스토텔레스는 생물이 영양섭취 능력을 가졌기 때문에, 다른 능력들도 갖게 되리라고 생각하지는 않는다. 만약 그랬다면, 그는 식물도 언젠가 동물이 될 수도 있으리라고 말했을 것이다. 그와 반대로, 오히려 그는 동물이 된다는 것이 살아 있다는 것을 함축한다고 생각한다.[383] 즉, 그는 동물이 된다는 것이 근본적으로 감각지각 능력을 갖는 것이라고 말한다(413b 2-3).

---

383 아리스토텔레스는 삼각형에 우선성을 부여하지만, 그것은 논리적으로 우선적인 것이지 시간적으로 우선적인 것은 아니다(『영혼에 관하여』 414b 29에 대한 Hicks의 주석 참조).

그러나 아리스토텔레스는 동물이 그 능력만을 갖는다고 말하는 것은 아니고, 영양섭취 능력이나 욕구 능력과 같은 다른 능력도 갖는다고 생각한다(413b 22-24; 414b 1-6). 더 나아가 그는 생물도 그것이 갖는 모든 능력을 생존을 위해 최대한으로 활용한다고 생각한다(『동물의 부분에 관하여』 639b 14 이하. 비교: 『영혼에 관하여』 415a 23). 식물은 식물대로, 동물은 동물대로, 그리고 인간은 인간대로, 자신들이 어떤 종류의 능력을 갖든 또는 몇 가지의 능력을 갖든, 갖고 있는 모든 능력을 최대한 활용한다는 것이다. 더구나 영혼의 능력들 사이의 위계에 대한 아리스토텔레스의 관심을 고려할 때, 그는 예를 들어 장소운동 능력에 포괄된 하위 능력들은 어떤 방식으로든 동물의 장소운동 능력이 가장 효과적으로 실현 또는 발휘되도록 돕는다는 것이다. 장소운동 능력의 궁극적인 목적은 생존이며, 다른 능력들의 목적은 일차적으로는 장소운동 능력의 극대화라고 한다면, 그 모든 능력의 궁극적이고 총체적인 목적은 생존이라고 할 수 있다.

이와 동일한 추론이 아리스토텔레스가 소개하는 세 가지 종류의 욕구를 고찰함으로써 도달될 수 있다. 이미 보았듯이, 그는 욕구(ὄρεξις)를 갈망(ἐπιθυμία)·욕망(θυμός)·희망(βούλησις)의 세 가지 하위 형태로 구분한다(『영혼에 관하여』 414b 2-3. 비교: 『동물의 운동에 관하여』 700b 17-22). 그리고 그는 모든 동물이 동일한 종류의 욕구를 갖는 것이 아니라고 생각한다. 그에 따르면, 모든 동물은 갈망 능력과 욕망 능력을 가지며, 희망 능력은 인간에게만 속한다고 말한다(『영혼에 관하여』 432b 5-6). 특히, 희망 능력이 인간에게만 속한다는 것은 그것이 인간의 사고 능력과 연관성을 가질 것이라 추측된다. 실제로 아리스토텔레스는 희망 능력이 영혼의 이성적인 능력 때문이라고 말한다

(433a 21-25). 욕구 능력에 대한 이 장의 논의와 환타시아에 대한 다음 장의 논의를 통해, 우리는 이러한 상위 능력들과 하위 능력들의 상호 관계를 좀 더 자세하게 살펴보게 될 것이다.

1.3 장소운동 능력에 관한 몇 가지 의문

영혼 능력들의 위계 가운데 장소운동 능력의 위치 또는 위상의 문제를 살펴보자. 이 문제는 하위 능력들을 포괄하는 상위 능력들의 문제와 관련하여 제기된다. 이 이론에 따르면, 동물이 이성적인 능력, 즉 사고 능력이 없이도 장소운동을 할 수 있다는 점을 고려할 때, 사고 능력은 장소운동 능력보다 더 상위에 있거나 또는 장소운동 능력을 포괄한다고 말할 수 있다. 그러나 이러한 추론은 제한적인 조건에서만 옳다. 『영혼에 관하여』에서, 아리스토텔레스는 동물의 장소운동 가운데 어떤 종류의 것은 사고 능력을 반드시 필요로 한다고 말하는 듯이 보인다. 즉, 사고 능력이 없이는 장소운동이 발생하지 않는 경우가 있다는 것이다. 만약 그렇다면, 장소운동 능력은 능력들의 위계에서 사고 능력보다 상위에 있는 듯이 보인다. 왜냐하면 사고 능력은 장소운동 능력이 실현된 장소운동을 야기하는 데 필요한 것이기 때문이다. 달리 말하면, 장소운동을 위해 요구되는 영혼의 능력은 장소운동 능력보다 하위의 능력이라는 것이다. 상위 능력이 하위 능력을 위해 실현되는 것이 아니라 하위 능력이 상위 능력을 실현하기 위해 이용되기 때문이다.

영혼 능력들의 위계에서 장소운동 능력의 정확한 성격을 규명하는 일이 이처럼 어렵기 때문에, 아리스토텔레스는 그에 대해 명확한 답변을 제시하지 않고 여러 차례 애매한 태도를 보인 바 있다. 사실상 그는 장소운동 능력(τὸ κινητικὸν κατὰ τόπον)에 대한 설명이 제시되리라 기대되는 곳에서 그에 대해 아무런 언급을 하지 않으며(410b 19 이하; 414a 32 이하), 다만 영혼 능력들의 목록을 열거하는『영혼에 관하여』에서 단 한 번 그 용어를 언급하고 지나간다(414a 31. 비교:『감각과 감각 대상에 관하여』 436b 20).**384** 또한 아래에서 보겠지만, 동물의 장소운동을 논의하는 III.9–10에서도 아리스토텔레스는 그 용어를 전혀 언급하지 않고, 오히려 그것을 욕구 능력과 동일시하는 듯이 보이기도 한다. 더 나아가 장소운동을 중점적으로 논의하는『동물의 운동에 관하여』에서도 그는 장소운동 능력이라는 용어를 언급하지 않는다. 그는 처음에는 사고 능력과 장소운동 능력의 관계, 그리고 그것들의 위계를 그다지 심각하게 고려하지 않다가, 나중에 사고도 장소운동에 관여된다는 것을 깨닫게 되면서 그것들의 위계를 설정하는 문제가 간단하지 않다는 것을 알았을 것이다.

장소운동과 관련해서는 그것의 위상 문제도 제기된다. 앞에서 언급했듯이, 아리스토텔레스는『영혼에 관하여』 II.3에서 욕구 능력과 장소운동 능력을 별개의 능력으로 소개했음에도 불구하고, III.9–10에서는 욕구혼을 운동의 근원이라 말함으로써 장소운동 능력과 동일한 능력으로 간주하는 듯이 보인다. 그러나 그것들을 동일한 능력으

---

384 아리스토텔레스는『영혼에 관하여』 433b 2–4에서 선배 철학자들에 의해 제시된 목록이라고 말하면서 영혼의 능력들에 대한 또 다른 목록을 제시한다. 이 목록에는 영양섭취혼, 감각지각혼, 욕구혼, 장소운동혼, 그리고 사고혼이 포함되는데, 사고혼은 나중에 희망혼(βουλευτικόν)으로 대체된다. Hicks(433b 3에 대한 주석)는 이 목록이 아리스토텔레스가 받아들였던 수정 목록이라고 말하는 것으로 보인다.

로 보기에는 어려움이 있다. 왜냐하면 욕구 능력을 가진 동물이 모두 장소운동 능력을 갖는 것은 아니기 때문이다(415a 6-7; 415b 22). 즉, 욕구 능력을 가지면서도 장소운동을 하지 못하는 동물이 있다는 것이다. 다시 말해서, 아리스토텔레스는 감각지각 능력을 갖는 모든 동물이 욕구 능력도 갖는다고 생각하지만, 이 두 가지 능력이 장소운동 능력의 충분조건은 아니라고 생각한다. 따라서 욕구 능력이 장소운동 능력과 동일시될 수 없다는 것은 자명해 보인다. 장소운동 능력과 사고 능력의 관계, 그리고 장소운동 능력과 욕구 능력의 관계에 대한 문제들은 뒤에서 다시 논의할 것이다. 지금 당장은 아리스토텔레스가 영혼의 능력들을 구분하는 기준이 무엇인가를 먼저 살펴보자.

1.4 능력들을 구분하는 기준

위에서 보았듯이, 영혼의 능력과 관련된 몇 가지 의문과 궁금증 외에, 우리는 동물의 분류와 관련하여 제기되는 문제에도 주목할 필요가 있다. 아리스토텔레스가 분류하는 동물의 종류를 볼 때, 『영혼에 관하여』 II.3에서 언급되는 능력들이 모두 동물들을 구분하는 기준으로 고려되는 것은 아니다. 즉, 욕구혼은 동물들을 구분하는 기준으로 고려되지 않고 있다는 것이다. 그 이유는 무엇인가? 그 질문과 관련하여, 아리스토텔레스는 생물이 어떤 능력을 갖는다는 것을 우리가 어떻게 안다고 생각했고, 또한 그것들을 구분하는 기준은 무엇이라고 생각했는가를 살펴보자.[385]

---

[385] 여기에서 자세히 논의하지는 않지만, 환타시아의 위상, 즉 그것이 영혼의 개별적

환타시아에 대한 논의에서, 프레데(D. Frede)[386]는 능력을 구분하는 두 가지 기준을 제시한다. 즉, 어떤 하나의 능력(faculty)이 능력이기 위해서는 그것이 (i) 독립적인(separate) 역량이어야 하며(이하 '역량 기준'으로 표기), 또한 (ii) 독립적인 대상이어야 한다는 것이다(이하 '대상 기준'으로 표기). 그녀는 이 두 가지 기준에서 모두 환타시아가 별개의 능력이 아니라고 주장한다.[387] 여기에서 그녀의 견해를 자세히 살피지는 않겠지만, 그녀의 '대상 기준'이 아리스토텔레스가 II.3에서 열거했던 모든 능력들을 구분하는 일반적인 기준이 될 수는 없다는 점을 지적할 필요가 있다. 프레데는 근본적으로 감각지각 · 환타시아 ·

인 능력으로 간주되어야 하는가의 문제도 제기된다는 점을 기억할 필요가 있다(예: Wedin, 1988, p.39 이하 참조). 아리스토텔레스는 환타시아를 『영혼에 관하여』 414a 30-32나 433b 2-4의 목록에서도 하나의 능력(faculty)으로 언급하지 않는다. 그가 432a 28 이하에서 선배 철학자들의 목록을 소개할 때 그것이 능력으로 열거되긴 하지만, 그는 그 목록에 대해 상당히 회의적인 태도를 취한다(434b 1-2 참조). 환타시아가 개별적인 능력인가 또는 아닌가라는 문제에 대한 답변은 물론 무엇이 능력을 구분하는 기준(들)인가에 달려 있을 것이다. 예를 들어, D. Frede(1992, p.281)는 환타시아가 그 자체의 능력을 갖지 못하는 이유는 그것이 '영혼에서 독립적인(separate) 역량을 갖지 못하고' 또한 '그것에 대한 별도의 대상들을 갖지 못하기' 때문이라고 주장한다(비교: Turnbull, 1994, p.322 이하). 한편, Wedin(1984, xi과 2장)은 그것은 하나의 능력이 아니라 오히려 완전히 갖추어진(full-fledged) 능력의 작용을 보조한다고 주장한다. … 따라서 그들의 주장은 만약 환타시아가 자체의 대상을 갖고 또한 그 자체의 역량을 가져야 한다는 두 가지 조건을 충족하지 못한다면, 그것이 독립된 능력일 수 없다는 것이다. 아래에서 우리는 가장 적절한 기준이 역량 기준(capacity criterion)임을 보게 될 것이다. 즉, 생물이 어떤 하나의 실질적인 작용을 하는 것이 A라는 능력 때문이지 B라는 능력 때문이 아니라면, A는 B와 다르다는 것이다.

386 D. Frede(1992), p.281. Turnbull(1994, p.322 이하)도 Frede의 견해를 따른다.
387 D. Frede(1992, p.281)는 아리스토텔레스가 감각지각의 작용에 대한 환타시아의 의존성을 강조한다는 사실에 주목한다(『영혼에 관하여』 428b 11-15; 429a 1; 『꿈에 관하여』 459a 17 이하). 그녀가 인용하는 아리스토텔레스의 말은 다음과 같다. "환타시아는 감각지각이 없이는 발생하지 않고 감각지각 작용의 결과로써 나오며 또한 지각과 유사한 운동이다."

사고와 같은 인지 능력들과 그것들의 대상에 초점을 맞춘다. 환타시아가 별개의 능력이 아니라고 주장하기 위해 그녀가 토대를 두고 있는 기준 가운데 하나는 그것이 그 자체의 대상을 갖지 못하고 감각지각에 '기생(parasitic)'한다는 것이다.[388]

그렇다면 욕구는 어떤가? 그것은 감각을 통해 지각된 대상들 외에 그 자체의 대상들을 갖는가? 욕구의 대상은 동물들에 의해 쾌락적이거나 고통스럽다고 인지된 것이며(『영혼에 관하여』 414b 6 이하), 동물들이 모든 감각 대상을 그렇게 인지하는 것은 아니라는 점을 고려할 때 욕구의 대상은 감각된 대상들보다 수적으로 적다고 할 수 있을 것이다. 여기에서 최소한 한 가지 점은 분명해 보인다. 즉, 환타시아의 경우에서도 그렇듯이, 모든 대상이 우선적으로 감각을 통해 인지된다는 것이다. 따라서 프레데의 주장은 환타시아가 별개의 능력임을 거부하는 것일 뿐만 아니라 사실상 욕구가 별개의 능력이라는 것도 거부하는 것이 된다. 왜냐하면 동물이 욕구하는 모든 대상이 일차적으로는 감각을 통해 지각된 것들이기 때문이다. 달리 말해서, 동물은 욕구 능력 때문에 대상들을 지각하는 것이 아니라 감각지각 능력 때문에 지각한다는 것이다. 이와 마찬가지로, 아리스토텔레스가 II.3에서 언급하는 장소운동 능력을 실제로 별개의 능력이라고 할지라도, 장소운동 자체의 대상들에 대해 이야기하는 것은 전혀 적절해 보이지 않는다. 동물의 장소운동은 쾌락적으로 보이는 것을 추구하고 고통스러운 것을 피하기 위한 운동이므로, 장소운동을 야기하는 어떤 대상들이 분명히 있는 것이라고 주장하는 사람들이 있을 수도 있다. 그러나

---

[388] D. Frede(1992), p.281.

여기에서 그 대상들은 감각을 통해 지각된 욕구의 대상들이지 장소운동의 일차적인 또는 직접적인 대상들이 아니다. 동물들이 어떤 대상을 향해 장소운동을 하는 것은 분명하지만, 그것은 장소운동 그 자체를 위한 것이 아니라 장소운동에 관여된 하위의 다른 능력들로 인해 야기된 것이다. 따라서 장소운동에 관여된 다른 능력들을 고려하지 않고 장소운동의 대상들에 대해 이야기하는 것은 전혀 적절해 보이지 않는다는 것이다. 따라서 프레데가 제시하는 대상 기준은 아리스토텔레스가 생각했던 능력들을 구분하는 기준이라고 할 수는 없다.

한편, 서로 다른 동물들의 종에 속한다는 것은 서로 다른 능력을 갖는다는 것이므로, 서로 다른 동물들의 외연(이하 '외연 기준'이라 표기)이 능력들을 구분하는 기준이 될 수 있다고 주장할 수도 있을 것이다. 그러나 이 기준도 능력들을 구분하는 전반적인 기준이 되지 못한다. 왜냐하면 앞에서 보았듯이, 아리스토텔레스는 감각지각 능력을 가진 동물들은 욕구 능력도 갖는다고 말하기 때문이다(413b 22-24; 414b 1-6). 즉, 감각지각 능력을 가진 동물의 외연과 욕구 능력을 가진 동물의 외연은 구분되지 않지만, 아리스토텔레스는 분명히 그 두 가지 능력을 구분하고 있다. 다시 말하자면, 그 두 가지 능력은 동일한 외연을 갖지만, 그에 따르면 그 두 가지 능력은 분명히 서로 다른 능력이라는 것이다. 이처럼 동물들의 서로 다른 외연은 아리스토텔레스가 열거하는 영혼의 모든 능력을 보여주지 못하며, 따라서 외연 기준도 능력들을 구분하는 기준이 될 수 없다.

사실상 이른바 외연 기준이 하나의 기준이 되지 못한다는 것은 충분히 예견되었던 결과이다. 왜냐하면 외연 기준이라는 것은 대체로 생물이 어떤 종류의 역량을 갖고 있으며, 또한 어떤 종류의 역량을 보여주느냐에 달려 있음에도 불구하고, 그것은 동물의 외연이나 종을 구분하는 것이 무엇인지 묻지 않는다. 이것은 프레데가 제안했던 역량 기준에 관한 질문이기도 하다. 역량 기준에 따르면, 만약 동물이 어떤 능력으로 인해 다른 능력으로는 갖지 않을 특정한 어떤 역량을 발휘하게 된다면, 우리는 그 두 가지 능력이 서로 다르다고 말해야 한다. 따라서 환타시아가 여타 능력들과 다른 별개의 능력인가에 대한 프레데의 논의에서 중요한 것은 동물이 다른 능력들로 인해서가 아니라 환타시아로 인해 새롭거나 부가적인 어떤 역량을 갖느냐는 질문에 대한 답변이다. 따라서 처음에는 서로 다른 동물의 외연이 능력들을 구분하는 기준처럼 보이지만, 서로 다른 동물을 분류하는 것은 그것들의 외연 자체가 아니라 그것들의 능력 또는 역량이다.

서로 다른 역량을 통해 능력을 구분하기 위해서는 아리스토텔레스가 왜 더도 아니고 덜도 아니고 다섯 가지 능력만이 있다고 생각했는가를 물어봐야 한다. 그리고 이 질문에 답하기 위해, 우리는 아리스토텔레스가 그 능력들을 발견한 것이 동물들의 존재와 행동 방식에 대한 관찰에서 비롯되었다는 점에 주목할 필요가 있다. 식물들이 살아 있다고 말해지는 것은 그것들이 물과 양분을 흡수하고, 성장하고, 쇠퇴하기 때문이며, 동물들은 식물들의 이러한 작용들 외에 부가적인 다른 작용들을 더 할 수 있는 것으로 보인다. 그리고 우리는 동물들 가운데 어떤 것들은 여기저기로 장소운동을 하고 다른 것들은 그렇지 않다는 것을 관찰한다. 그렇다면 아리스토텔레스가 생각하는 모든 능력은 그가 관찰했던 동물의 작용들을 통해 모두 유추가 가능했던 것인가?

이 질문에 답변하기 전에, 우리는 영혼의 물질성을 주장했던 이전 철학자들의 이론을 아리스토텔레스가 지속적으로 비판했다는 사실에 주목할 필요가 있다(예: 404b 30 이하). 먼저 그의 비판은 영혼의 능력들이 즉각적으로 관찰 가능한 것은 아니라는 것을 그가 승인했음을 함축한다. 또한 그는 이미 육체로부터 분리된 영혼의 독립적인 존재를 부정했고, 또한 육체가 없는 영혼의 능동적인 작용이나 수동적인 작용을 모두 거부했다(403a 3 이하 참조). 그리고 영혼이 '그 안에 생명을 잠재적으로 갖는 자연적 육체의 형상'이라는 『영혼에 관하여』 II.1, 412a 20-21에서 그가 제시한 영혼에 대한 규정은 영혼의 능력이 실현되는 생물의 육체적 작용을 관찰함으로써 영혼에 관한 정보를 수집하는 것이 가능하다는 것을 시사한다. 사실상 아리스토텔레스는 동물의 활동들을 관찰함으로써 다양한 능력들을 발견했음을 종종 인정한다(예: 411b 19; 413a 11 이하).

이제 이 문제를 좀 더 자세히 살펴보자. 아리스토텔레스는 영양섭취 능력이 생물의 가장 기본적인 특징이라고 말하는 한편(413a 21), 감각지각 능력이 동물과 식물을 구분하는 가장 기본적인 능력이라고 말한다(413b 1 이하). 그렇다면 우리는 영양섭취 과정을 관찰하는가? 영양섭취 능력으로 인한 생물의 활동들 가운데 우리가 관찰할 수 있는 것은 그것의 영양섭취나 소화 과정이 아니라 성장이나 생식이다. 우리는 나무가 작년보다 더 커졌다는 것은 보지만 그것이 영양분을 흡수하고 전달하는 내적 과정을 직접적으로 관찰하지 못한다. 아리스토텔레스의 시대에 성장과 영양섭취의 관계에 대한 지식은 직접적인 감각적 관찰이 아니라 성찰적 사고로부터 얻어졌을 것이다. 그렇다면 감각지각의 경우는 어떤가? 우리는 동물의 감각지각 상태나 과정을 직접적으로 관찰할 수 있는가? 아리스토텔레스는 우리가 그렇게 할 수 있다고 생각했던 것으로 보인다. 그러나 영양섭취의 경우에서처럼, 그는 개를 만지거나 지켜보는 등의 단순한 관찰을 통해서 그 개가 뜨거운 대상을 지금 지각하고 있다고 말할 수는 없을 것이다. 그는 오히려 어떤 대상에 대한 개의 반응을 본다고 말할 수 있을 것이다.[389] 예를 들어, 개가 뜨거운 대상을 건드린 뒤에 몸을 피하면, 우리는 개가 촉각을 갖고 있으리라고 추리할 수 있을 뿐이다. 영양섭취와 감각과 같은 생물의 두 가지 작용은 우리에게 직접 관찰되는 것이 아니지만, 간단한 반성적 고찰을 통해 연결시킬 수 있는 반응을 관찰할 수는 있다.

또한 욕구 능력으로 인한 동물의 작용이 우리에게 직접적으로 관찰되지도 않는다. 사실상 욕구의 경우는 좀 더 어렵다. 우리가 욕구의 작용과 연결시킬 수 있는 활동은 무엇인가? 사고는 어떤가? 그것은 직접적으로 관찰될 수 있는 어떤 현상을 보여주는가? 특히, 『영혼에 관하여』 III.10에서 장소운동의 근원과 관련한 아리스토텔레스의 논의는 여기에서 제기되는 문제들과 무관하지 않다. 장소운동이 이성적 존재자들의 사고력을 함축하는 유일한 경험적 자료는 아니지만, III.10에서 욕구와 사고에 대한 그의 논의는 동물의 장소운동이 사실상 그 두 가지 영혼의 능력이 모두 활용된다는 것을 보여준다. 달리 말해서, 그것들의 작용은 장소운동을 통해 보여진다는 것이다. 만약 이 해석이 옳다면, 우리는 영혼이 다른 운동들의 원인이기도 하지만(415b 22–27), 동물에게 유발되는 유일한 운동이 장소운동(410b

---

389 비교: 두 부분으로 절단되었음에도 각각의 부분이 감각지각과 장소운동을 하는 곤충의 사례는 『영혼에 관하여』 413b 20–21 참조.

20-21; 『자연학』 259b 6-7; 261a 23-24)이라는 아리스토텔레스의 지속적인 주장의 이유를 또한 찾을 수 있을 것이다.

아리스토텔레스는 영혼이 생물에게 부여하는 운동의 세 가지 종류 (비교: 『영혼에 관하여』 406a 12-13) 가운데 장소운동이 그와 관련된 능력, 즉 장소운동 능력의 역할을 가장 직접적으로 보여주는 운동이며, 반면에 욕구와 사고는 장소운동과 관련된 그것들의 역할을 고려하지 않고는 파악될 수 없다고 생각한다. 장소운동이 그것들의 작용을 즉각적으로 보여주지는 않는다. 그러나 장소운동을 관찰하고 그것을 유발하는 데 다른 어떤 작용들이 관여하는가를 고찰하면 우리는 필요한 능력이 무엇인가를 이해할 수 있을 것이다.[390] 여기에서 기억할 것은 외부 대상에 대한 장소운동의 지향성, 즉 장소운동이 무엇을 목표로 하는 운동인가의 문제에 아리스토텔레스의 관심이 집중되고 있다는 것이다. 『영혼에 관하여』 III.9-10에서 다루어지는 장소운동 능력에 대한 논의는 아래에서 더 자세하게 살필 것이다.

2. 동물의 장소운동

아리스토텔레스는 『자연학』 VII.2, 243a 15 이하에서 장소운동의

---

[390] 이 주장을 아리스토텔레스의 저술이 아닌 위작으로 알려져 있는 『숨에 관하여**』 482b 17-21과 비교해 보는 것도 흥미로운 일이다. "이 가운데 맥박 운동은 우리가 몸의 일부를 만져 감각적으로 지각할 수 있다. 호흡 운동은 어느 정도 지각할 수 있지만, 대부분은 추론 과정을 거쳐 파악된다. 영양섭취 운동은 실질적으로 모든 부분을 추론을 통해 결정할 수 있지만, 그 결과에 의해 관찰될 수 있는 한 감각을 통해 결정할 수 있다."

모든 형태는 밀고 당기고 끌고 회전하는 것으로 환원되며, 이것들은 다시 밀고 당기는 것으로 환원된다고 말한다. 한편, 그는 운동에는 네 가지 종류, 즉 비실체적 운동인 양적 변화, 질적 변화, 장소운동, 그리고 실체적 운동인 생성과 소멸 외에 더 이상의 변화는 없다고 생각하므로(200b 33 이하), 모든 변화를 그 가운데 하나로 설명하려고 한다. 이 과정에서 그는 상당히 흥미로운 이야기를 들려준다.

> 다시 말해서 들숨은 당김의 일종이며, 날숨은 밂의 일종이다. 그리고 침을 뱉는 것도 마찬가지이며, 또한 배설작용이든 동화작용이든 몸을 통해 진행되는 다른 모든 운동도 마찬가지이다. 동화작용은 당기는 것이며, 배설작용은 밀어내는 것이다. (243b 12–15)

따라서 만약 생물이 숨을 들이쉬거나 내쉬고, 또한 주변을 접촉함으로써 영양분을 섭취하고, 배설을 하는 등의 활동을 한다면, 그것은 일종의 장소운동을 하는 것이다. 이 설명에 따르면, 동물뿐만 아니라 심지어 식물도 영혼의 영양섭취 능력을 가짐으로써 영양분을 섭취하므로, 그것들도 장소운동을 한다고 말해야 한다는 직관적으로 그리 반갑지 않은 결론이 나올 것이다. 그러나 위 인용문에 제시된 사례에 따르면, 아리스토텔레스는 근본적으로 식물보다 동물의 활동에 관심을 갖고 있다. 그리고 그는 식물의 영양섭취를 장소운동으로 설명하기보다는 증가와 감소 같은 양적 변화로 설명할 것이다.

아리스토텔레스에게 장소운동(κίνησις κατὰ τόπον)은 지표면 위에서의 평면적인 운동이 아니라 공간 속에서의 입체적인 운동을 말한다(비교: 209a 5–6). 따라서 동물의 장소운동을 말할 때, 그는 대체로 세 가지 운동, 즉 날기, 헤엄치기, 걷기를 염두에 둔다(『동물의 운동에 관하여』 698a 5-7; 『동물의 생성에 관하여』 715a 26-27). 위에 인용했던 『자연학』의 내용은 일부 동물이 장소운동 능력을 갖지 않기 때문에 장소운동을 하지 못한다고 말했던 『영혼에 관하여』의 내용과 불일치하는 것으로 보인다(415a 6-7; 415b 23). 왜냐하면 『영혼에 관하여』에서는 장소운동을 하지 못하는 동물들도 호흡·영양섭취·배설과 같은 아주 기초적인 형태의 내적 장소운동을 할 수 있다고 말해지기 때문이다. 따라서 아리스토텔레스의 장소운동이라는 개념은 우리가 흔히 생각하는 개념보다 넓어 보이며, 몸 전체가 움직이는 일반적인 의미에서의 장소운동뿐만이 아니라 육체 내부의 장기기관들의 움직임과 같은 것도 장소운동의 범주에 포함시키는 것으로 보인다.

아리스토텔레스는 장소운동을 하지 않는 동물들의 감각지각혼이 어떤 활동을 하는가에 대한 별도의 분석을 제공하지 않고, 『영혼에 관하여』 II.1과 III.1에서 다만 촉각에 대한 일반적인 설명만을 제공한다. 그는 『동물연구지』 I.1에서 고착동물에 대한 간략한 설명을 제시하지만, 우리가 그것들을 『영혼에 관하여』에 언급된 비장소운동 동물들, 즉 장소운동혼을 갖지 않기 때문에 장소운동을 하지 못하는 동물들과 동일한 것들을 가리킨다고 볼 수 있는가에 대해서는 아직 분명하지 않다.[391] 왜냐하면 『동물연구지』에서 아리스토텔레스는 그가 고착동물들의 사례로 소개했던 달팽이나 굴과 같은 동물들이 공간에서 장소운동을 할 수 있다는 것을 허용하는 듯이 보이기 때문이다(『동물

---

[391] 『영혼에 관하여』 414b 15-16; 415b 22-23. 비교: 413b 1-3; 415a 6-7; 432b 19-21.

연구지』487b 6-17 참조). 만약 여기에서 다루어진 동물들이 『영혼에 관하여』에서 논의된 장소운동을 하지 않는 동물과 동일하다면, 장소운동 능력을 가진 동물들과 그렇지 않은 동물들의 차이점은 그것들이 장소운동을 할 수 있는가 없는가의 문제가 아니라는 것이다.

장소운동의 지향성, 즉 장소운동이 어떤 목적을 위한 것이라는 문제는 어떤가? 아리스토텔레스가 고착동물이 장소운동 능력을 결여한다고 보는 것은 그것들이 목적 지향적인 장소운동을 수행하지 못한다는 의미일 가능성은 없는가? 즉, 그것들의 장소운동이 목적을 지향하지 않는다는 의미일 가능성이 있는가? 필자는 이것이 그가 의미했던 것이라고 믿는다. 아래에서 우리는 아리스토텔레스가 이른바 고착동물들에게 폐의 수축과 팽창과 같은 육체의 내적 장소운동을 허용할 뿐만 아니라 제한적인 의미에서 공간적인 장소운동도 허용하고 있다는 것을 보게 될 것이다. 우리는 그가 일부 동물에게 장소운동 능력을 거부하는 것은 구체적인 목표를 지향하는 장소운동 능력을 거부하는 것이라는 결론에 도달할 것이다.

2.1 고착동물의 특징

이미 언급했듯이, 아리스토텔레스는 영혼의 기본적인 활동이 '영양섭취와 성장과 소멸'이라고 생각한다(『영혼에 관하여』412a 14; 413a 21 이하; 416b 17-19). 식물이 영양섭취를 하고 생성과 소멸을 겪는 것은 그것이 영혼을 갖고 따라서 생명을 갖기 때문이다. 영양섭취혼으로 인해 생물은 생명을 갖고 생물임을 유지할 수 있으며, 따라서 그것이 가장 우선적인 영혼이다(415a 23-26). 동물도 영양섭취혼을 가지며 그것으로 인해 영양섭취 능력을 갖고 영양섭취를 함으로써 생존한다. 그러나 동물은 영양섭취 능력 이외에도 다른 부가적인 능력을 가지므로 식물들과 다르다. 이것이 바로 감각지각혼으로서, 아리스토텔레스는 그것으로 인해 "우리는 처음으로 생물을 동물이라고 말하게 된다."라고 단언한다.[392] 그러나 모든 동물이 모든 감각을 갖는 것은 아니다. 앞에서 보았듯이, 아리스토텔레스는 영혼의 능력들을 기준으로 삼아 생물을 분류하는데, 그것은 근본적으로 그 생물들의 활동에 대한 관찰에 기초한다(413a 26. 비교: 413b 17-20). 그가 영양섭취 능력만을 가진 식물들도 살아 있다는 데서 그것이 다른 능력들로부터 분리될 수 있다는 결론을 끌어내듯이(비교: 413b 4-9; 414a 2-3), 그는 촉각만을 가진 동물이 살아 있다는 데서 그것이 다른 감각들로부터 분리될 수 있다는 결론을 끌어낸다.[393] 이처럼 아리스토텔레스에게 촉각은 모든 동물에게 속하는 가장 기본적인 감각인 동시에, 그것이 없이는 다른 어떤 감각도 가질 수 없는 그러한 감각이다(435a 13-14). 따라서 그는 촉각의 상실은 '동물의 죽음을 야기'할 것이라고 주장한다.[394]

아리스토텔레스는 촉각을 영양분의 획득과 연결시킨다. 그에 따

---

[392] 『영혼에 관하여』 413b 2-3, "{어떤 생물들이} 장소운동 또는 {장소}변화를 하지 않더라도 감각을 가지면, 우리는 그것들을 단순히 생물들이 아닌 동물들이라 부르기 때문이다." 비교:『젊음과 늙음에 관하여』 467b 18 이하.

[393] 『영혼에 관하여』 413b 4-6; 414a 2-4; 415a 4-6;『잠과 깸에 관하여』 455a 26-27.

[394] 『영혼에 관하여』 435b 4-5와 이 부분에 대한 Hicks의 주석 참조. 식물 상태에 놓인 동물들의 경우를 고려하면, 이것은 다소 과장된 표현으로 볼 수 있다. 아마도 아리스토텔레스는 감각지각이 동물과 식물을 구분하는 기준이므로, 동물이 동물이기 위해서는 감각지각을 가져야만 한다는 것을 강조하고자 했을 것이다.

르면, 촉각은 근본적으로 건조하고 습하고 뜨겁고 차가운 성질에 대한 감각이다. 촉각을 통해 지각될 수 있는 것들은 그런 성질들을 가지며, 동물은 촉각을 통해 그런 성질들을 지각한다(423b 27-31). 달리 말해서, 촉각은 뜨거움이나 건조함 등의 성질을 가진 먹이에 대한 감각이다.

> … (촉각이 먹이에 대한 감각이기 때문이다. 모든 생물의 먹이는 건조하고 습하고 뜨겁고 차가운 성질들로 구성되며, 이것들이 촉각에 의해 파악되는 성질들이기 때문에) 모든 동물은 먹이에 대한 감각을 갖는다. 다른 모든 감각적 성질들은 오직 간접적으로 촉각에 의해 파악된다. (414b 6-9)

아리스토텔레스에게는 미각도 일종의 촉각이다(421a 19-20). 그리고 그 두 가지 감각, 즉 촉각과 미각은 영양섭취와 밀접하게 관련된다(비교:『감각과 감각 대상에 관하여』436b 13-17). 예를 들자면, 촉각은 뜨거운 것과 차가운 것을 구분하며, 반면에 미각은 단것과 쓴 것을 구분한다(426a 27-b 16). 그러나 그 감각 자체가 지각의 대상들을 특징짓는 상반된 것들 사이의 중간에 있는 것이기 때문에, 우리는 똑같이 뜨겁거나 차가운 것, 또는 똑같이 단단하거나 부드러운 것 등을 구분하지 못하며, 단지 차이가 나는 것만 구분한다(424a 3-4). 이처럼 아리스토텔레스는 우리가 오직 더 뜨겁거나 더 차가운 것, 또는 더 단단하거나 더 부드러운 것만을 지각할 수 있으며, 중간 상태의 것은 지각하지 못한다고 생각한다.[395]

---

[395] 어떤 대상이 뜨거우면 뜨거운 것이고 차가우면 차가운 것이지, 뜨겁지도 않고 차갑지

따라서 아리스토텔레스는 감각지각 능력이 일종의 구분 능력 또는 식별 능력이라고 주장한다(『영혼에 관하여』 427a 18 이하; 432a 15 이하; 『동물의 운동에 관하여』 700b 19-22). 촉각을 갖는 동물은 만져지는 성질, 즉 촉각적인 성질을 구분할 수 있다. 그러나 감각지각 능력을 갖는다는 것은 그 이상의 것을 의미한다. 즉, 그것은 또한 쾌락의 감정이나 고통의 감정도 포함한다. 어떤 경우에 동물이 쾌락이나 고통을 느끼느냐는 질문에, 아리스토텔레스는 "적절한 비율로 지각된"(426b 4-7) 것이 동물로 하여금 쾌락을 느끼게 한다고 말한다.[396] 즉, 동물은 "감각과 비율이 동일할 때" 쾌락을 느끼며(426b 8), 그것이 비율을

도 않은 중간 상태라는 아리스토텔레스의 설명이 실질적으로 가능한지는 의문의 여지가 있어 보인다. 아마도 지각 주체의 온도에 비해 또는 지각 주체가 지각할 수 있는 온도에 비해 더 뜨겁거나 더 차갑다고 느낄 수는 있겠지만, 지각 주체의 지각 자체가 절대적이지는 않다. 한편, 지각 주체가 뜨겁다고 느끼는 대상의 온도가 지각 주체에게 항상 뜨겁게 느껴지는 것은 아니다. 즉, 뜨겁다고 느껴진 고구마의 온도가 여름과 겨울에 똑같이 뜨겁게 느껴지지는 않기 때문이다.

[396] 비교: 유원기(2021), p.209 각주 9(일부 수정함), "쾌락이 활동(ἐνέργεια)인가 또는 과정(κίνησις)인가에 대한 문제는 Gonzalez(1991), pp.145-147; 편상범(2017), pp.9-12; Cheng(2019), pp.65-66 참조. Cheng은 ἐνέργεια를 "본질적으로 무시간적인 사건(timeless event), 즉 그것은 매 순간 그것의 완성을 실현하는 것이며(『자연학』 201b 31; 257b 8-9; 『형이상학』 1048b 21-22; 『니코마코스 윤리학』 1174a 14-15), 또한 시간적 부분들로 나눌 수 없는 것이다(1174a 17-19; b 3-12)."라고 규정한다. '무시간적(timeless)'이라는 것은 시작과 끝이 없다는 의미로서, 매 순간 완성되어 있는 사건은 그 사건의 시작과 끝을 말할 수 없다. 예를 들어, 우리가 사물을 바라볼 때, 우리는 눈을 뜨고 있는 매 순간 하나의 완성된 전체 장면을 보는 것이지 서서히 보기 시작하다가 전체를 바라보는 것이 아니라는 것이다. 즉, Gonzalez(p.147)는 아리스토텔레스가 "쾌락은 시간 속에서 발생하지 않으며, 또는 달리 말해서 시간을 필요로 하지 않는다."라고 보았으며, 또한 "청각, 촉각, 미각, 후각이 모두 운동(즉, 과정)이 아니라 활동"이라고 보았다고 말한다. 그는 전자의 주장에 대한 근거로서 『니코마코스 윤리학』 1174a 14-b 14를 제시하고, 후자에 대해서는 『감각과 감각 대상에 관하여』 446b 3-6과 『자연학』 247b 7-9를 제시한다."

벗어날 때 고통을 느낀다는 것이다.[397]

> 감각을 갖는 것은 쾌락과 고통{에 대한 능력을 갖고}, 따라서 쾌락의 {대
> 상}과 고통의 {대상}도 가지며, 또한 그것들이 있는 곳엔 갈망도 있다. 왜
> 냐하면 욕구는 쾌락에 대한 {욕구이기} 때문이다. (414b 3-6; 413b 22-24)

이와 같이, 고착동물들은 촉각과 욕구 능력을 가지므로, 그것들
은 쾌락적인 것으로 제시된 것을 추구하고 그렇지 않은 것을 회피한
다. 현재 아리스토텔레스는 고착동물들에 대해 논의하고 있으며, 따
라서 지금 당장 우리가 그런 추구와 회피 능력이 장소운동의 유발과
직접적인 연관성을 갖는다고 생각할 필요는 없다. 동물이 지닌 추구
와 회피 능력은 물론 동물들이 갖는 영혼의 욕구 능력으로 인한 것이
다. 이전에 언급했듯이, 아리스토텔레스에 의하면, 감각지각 능력을
갖는다는 것은 쾌락과 고통을 느끼는 능력을 갖는다는 것을 함축하
며, 이런 감정에 대한 능력은 또한 욕구 능력을 함축한다. 이러한 능
력은 모든 동물이 공유하기 때문에, 이것은 장소운동을 하는 동물과
장소운동을 하지 않는 동물을 구분하는 조건이 되지는 않는다. 다시
말해서, 장소운동을 하지 않는 고착동물들은 감각적 성질을 구분하
는 능력, 쾌락적인 것과 그렇지 않은 것을 식별하는 능력, 그리고 쾌
락적인 것을 추구하고 그렇지 않은 것을 회피하는 능력을 갖지만, 이
능력들은 장소운동을 유발하기에 충분한 능력이 아니며, 따라서 아리

---

[397] 아리스토텔레스의 철학에 나타난 쾌락과 고통의 의미와 역할에 대해서는 유원기
(2021), pp.205-227.

스토텔레스는 이 동물들이 여전히 장소운동을 하지 못한다고 말한다.

이 단계에서 당연히 제기되는 물음은 "그렇다면 장소운동의 유발에 어떤 능력이 더 필요한가?"이다. 장소운동에 필요한 모든 능력이 있음에도 불구하고 실질적으로 장소운동을 하지 못하는 경우도 물론 있다. 하지만 여기에서 아리스토텔레스는 그러한 능력 자체를 갖지 못하는 경우를 고찰하고 있으며, 따라서 우리가 그런 경우를 고려할 필요는 없을 것이다. 뒤에서 자세히 보겠지만, 그는 이른바 원거리 감각들을 모든 장소운동 동물에게 부여하는 한편, 사고 능력을 장소운동 동물 가운데 일부(즉, 인간)에게 부여하고 있다. 이러한 사실을 통해, 우리는 아리스토텔레스가 원거리 감각들이 장소운동에 필수적이라고 생각하는 반면, 사고 능력은 필수적이 아니라고 생각하고 있음을 알 수 있다. 먼저 원거리 감각을 살펴보자. 원거리 감각은 모든 장소운동 동물이 공통적으로 가지며, 따라서 우리는 그것이 장소운동의 유발에서 어떤 역할을 하는가를 살펴봐야 한다. 앞에서 보았듯이, 아리스토텔레스에게 감각은 식별 능력과 관련된다고 말해진다. 그러나 이러한 감각의 기본적인 역할이 장소운동과 필수적인 연관성을 갖는다고 말하기는 어렵다. 왜냐하면 모든 동물이 감각지각 능력을 가지며, 이러한 능력이 식별 능력으로 이해되기 때문이다. 따라서 원거리 감각이 장소운동의 유발에 핵심적인 능력이라면, 근거리 감각이 아니라 원거리 감각만이 제공하는 역할이 무엇인가를 밝혀줘야 한다.

그것은 바로 동물의 원거리 감각이 먼 거리에 있는 대상을 감각하고, 그 원거리 감각(또는 그와 관련된 환타시아 또는 다른 어떤 인지 능력)을 통해 그 대상을 좋은 것이나 나쁜 것으로 인지하기 때문이라고 설명할 수 있다. 즉, 동물은 먼 거리에 있는 어떤 것을 얻기 위해 움직인다는 것이다. 원거리 감각에 의해 감각적 성질들을 구분한다는 것은 사실상 장소운동의 지향성과 밀접하게 연결된다. 그러한 연결고리는 어떤 목적을 지향하는 장소운동 능력을 가진 동물이 반드시 원거리 감각도 갖는다는 것이다. 아래에서 좀 더 자세히 보겠지만, 이것이 바로 아리스토텔레스의 주장이다. 즉, 비록 장소운동을 하지 못하는 동물들도 최소한 촉각을 통해 감각하고 욕구하고 또한 제한된 의미에서 어떤 장소운동을 하지만, 아리스토텔레스가 그것들이 여전히 장소운동을 하지 못한다고 말하는 것은 그 동물들이 먼 거리에 있는 대상을 향해 움직이지 못한다는 의미이다. 따라서 우리는 그가 동물의 장소운동 능력으로 인한 장소운동을 이야기할 때, 이와 같은 특정한 종류의 장소운동, 즉 목적 지향적인 장소운동을 염두에 두었다는 결론을 내릴 수 있을 것이다. 이러한 결론은 아래의 논의에서도 확인된다.

2.2 고착동물의 구체적인 사례

장소운동 능력을 갖지 않는 동물에 대한 아리스토텔레스의 논의는 상당히 불명확하다. 『영혼에 관하여』에서, 그는 그런 동물의 구체적인 예를 제시하지 않는다. 그러나 다른 생물학적 저술들에서(특히, 『동물연구지』 I.1과 『동물의 생성에 관하여』 I.1 참조), 그는 '모니나(τὰ μόνινα)'라는 동물을 장소운동을 하지 않는 동물로 소개한다. 그는 그것이 촉각을 갖고 따라서 감각지각 능력을 갖지만, 장소운동 능력은 갖지 않는다고 생각하는 것으로 보인다. 그럼에도 그는 그 동물이 장소운동 역량을 전혀 갖지 않는 것은 아니라고 생각하는 듯하다. 그는 '모니나'가 그 내부의 공간적 운동뿐만 아니라 제한적 의미에서의 장소운동도 할 수 있다고 말한다.

한편, 아리스토텔레스는 『동물의 생성에 관하여』에서 처음으로 장소운동을 하지 않는 동물들의 구체적인 사례를 명확하게 언급하면서, 그것들의 특징을 간단히 설명한다.

> … 유각 아메바와 다른 어떤 것에 매달려서 사는 비활동적인 모든 동물은 그것들의 본성이 식물들의 본성을 닮은 한에 있어서 식물들과 마찬가지로 성별이 없으나, … 다만 유사성과 유비로 인해 그런 단어를 사용하는 것이다. (『동물의 생성에 관하여』 715b 17-20)

『동물연구지』 I. 1에서, 아리스토텔레스는 고착동물들이 땅 위가 아니라 물속에서만 발견된다고 주장한다(487b 6-7). 그러나 나중에 그는 달팽이와 같은 그런 동물이 땅 위에서도 발견된다는 것을 인정한다(527b 34 이하). 아마도 그는 육지 동물이 물속에서 먹이를 구하지만, 물이 없이는 살 수 없다는 것을 말하고자 했을 것이다(487a 24-26). 어쨌든 위 인용문에서 언급된 동물들이 장소운동을 하지 않는 육지 동물을 포함한다고 보는 것은 적절해 보인다. 그러나 아리스토텔레스가 다른 동물들보다 유각 아메바류의 동물들에 대해 자세한 정보를 제공하고 있으니 그것들에 대해 살펴보자.

아리스토텔레스는 유각 아메바류의 동물들은 "외부에는 단단한 물질을 갖지만, 내부에는 살과 비슷한 물질을 가지며, 또한 그것들의 단단한 물질은 으스러지지 않고 산산조각으로 깨진다. 그리고 이런 종에는 달팽이와 굴이 속한다."라고 말한다(『동물연구지』 523b

9-11).**398** 그리고 식물들이 땅에 뿌리박고 있듯이, 그것들은 외부의 대상에 붙어서 살아간다. 이처럼 일반적으로 고착동물이라고 번역되는 '모니나'는 외부 대상에 매달리거나 붙어서 살아간다. 그러나 아리스토텔레스는 다른 곳에서 모든 유각 아메바가 장소운동을 하지 못하는 것은 아니며, 그 가운데 일부는 장소운동을 할 수 있다고 말한다(528a 30 이하). 아리스토텔레스는 물속에서 발견되는 세 가지 유형의 고착동물을 구분한다. 그것들은 (i) "몇몇 종류의 조개처럼 외부의 대상에 바짝 들러붙어 사는" 것들(487b 6-10), (ii) "이른바 말미잘처럼 어떤 때는 대상에 들러붙었다가 어떤 때는 떨어지는" 것들(487b 12-14; 531a 32),**399** 그리고 (iii) "굴과 해삼처럼 떨어지지도 않고 운동하지도 않는" 것들이다(487b 14-15).

처음에는 (i)의 동물들이 장소운동을 하지 않는 고착동물처럼 보이는데, 나중에 아리스토텔레스는 그렇지 않다고 말한다. 『동물연구지』 V.15에서, 그는 조개 중에도 어떤 것은 "여기저기로 옮겨 다닌다."라고 말한다(547b 33-548a 7; 『동물의 부분에 관하여』 681b 32-682a 2 참조). 또한 그는 특히 (ii)의 동물들이 바닥에서 떨어질 수 있다고 말하는 듯이 보이지만, 뒤에 가서는 떨어질 수 있는 것과 떨어지지 못하는 것을 구분한다(548a 24-27). 이처럼 그는 (i)과 (ii)에 속하는 동물들 모두, 어떤 것들은 고착되고 어떤 것들은 고착되지 않는다고 말한다.

---

398 Peck(1965, 487a 26과 490b 11에 대한 주석 참조)은 '오스트레온(ὄστρεον)'이라는 단어를 '굴'로 번역할 것인가 '조개'로 번역할 것인가는 그 단어가 사용되는 맥락에 따라 달라질 수 있다고 지적한다. 여기에서는 '굴'로 번역한다.

399 그러나 『동물의 부분에 관하여』 681a 37-681b 1에서 아리스토텔레스는 말미잘이 유각 아메바류에 속하지 않는다고 말한다.

특히, (iii)은 장소운동을 하지 못한다는 것이 반드시 고착되었음을 의미하지는 않는다는 사실을 분명히 보여준다. 다시 말하자면, 우리가 고착동물이라 부르는 모든 동물이 외부 대상에 고착되지도 않으며, 또한 그것들이 모두 장소운동을 못 하는 것도 아니라는 것이다.

지금까지의 논의를 통해 분명해진 것은 모든 고착동물이 외부 공간에서의 장소운동을 할 수 없다고 생각하는 것은 잘못이라는 것이다. 그렇다면 아리스토텔레스가 말하는 장소운동을 하는 동물과 장소운동을 하지 못하는 동물의 차이점은 어디에서 찾을 수 있는가? 이 질문에 답변하기 위해선, 그 동물들의 능력에 어떤 차이점이 있는가를 다시 검토해 볼 필요가 있다. 아리스토텔레스는 유각 아메바들이 촉각과 미각을 가지며, 그 가운데 어떤 것은 '아주 원시적인 후각' 능력은 갖지만(531a 23–25), 대체로 시각·청각·후각과 같은 원거리 감각들은 갖지 못한다고 생각한다(『동물연구지』 535a 6 이하; 487b 10–12; 특히 531b 1–3). 그러나 그는 그것들이 영혼의 감각지각 능력을 갖는다는 것은 분명히 인정한다. 한편, 고착동물들은 감각지각, 쾌락과 고통, 그리고 욕구의 능력을 갖지만, 그것들이 전혀 장소운동을 하지 못하는 것은 아니다. 즉, 그것들도 제한적인 의미에서 장소운동의 일종으로 볼 수도 있는 활동을 한다. 다시 말해서, 그것들은 장소운동혼을 갖지 않고도 장소운동을 할 수 있다는 것이다. 만약 그렇다면, 장소운동혼이 장소운동을 하는 데 절대적으로 필요한 영혼은 아니라는 결론이 나온다. 그러나 그와 같은 단정적인 결론을 내리기 전에, 장소운동혼을 갖지 않은 동물들에게 아리스토텔레스가 장소운동(들)이 가능하다고 생각했는가, 그리고 만약 했다면, 어떤 종류의 장소운동(들)이 가능하다고 생각했는가를 다시 한번 정리해 보자.

『영혼에 관하여』 III.11에서, 아리스토텔레스는 촉각만을 갖는 동물도 환타시아 능력을 갖는가를 논의하는 것이 그 장의 주된 목표라고 말한다(433b 31-434a 1). 몇몇 부분에서 그랬듯이, 그는 그 동물들이 가장 우선적인 감각을 갖기 때문에 쾌락과 고통의 느낌과 욕구 능력도 갖는다고 말한다.

> 감각들 가운데 촉각만을 갖는 불완전한[400] 동물들에게 있어서 원동자는 무엇인가, 그것들이 환타시아 {능력}을 갖는 것이 가능한가 또는 가능하지 않은가, 또한 {그것들이} 갈망 {능력}을 {갖는가}를 살펴봐야 한다. 왜냐하면 그것들이 고통과 쾌락을 갖는다는 것이 명백해 보이기 때문이다. 만약 그런 것들을 {갖는다면}, 또한 반드시 갈망 {능력}을 {가져야 한다}. 그러나 {그것들이} 어떻게 환타시아 {능력}을 가질 수 있는가? {그것들의} 운동이 무규정적이듯이, 그것들은 {환타시아와 갈망을} 무규정적인 방식으로 갖는다. (434a 2-5)

여기에서 주목할 점은, 동물의 환타시아 능력이 쾌락이나 고통을 느끼는 능력이나 욕구 능력에서 직접적으로 추론될 수는 없다는 것을 아리스토텔레스가 제안하는 듯이 보인다는 것이다. 즉, 그는 그런 동물들이 촉각을 갖는다는 것은 분명하다고 생각하지만, 그렇기 때문에 환타시아 능력을 갖는다는 것을 인정하기를 주저한다. 그리고 그는 우리가 고착 동물에게 환타시아가 있다는 사실을 그것들의

---

400 유원기 역주(2001), p.244 각주 322, "여기에서 '불완전한'으로 옮기는 ἀτελῶν(ἀτελής)은 아주 흥미로운 단어이다. 그것은 어원적으로 '목적이 없는'을 뜻하며, 따라서 아리스토텔레스는 일부의 동물들을 목적이 없는 동물들로 간주하고 있다고 볼 수도 있다."

운동에 대한 관찰에서 추론할 수 있다고 말하는 듯이 보인다. 따라서 "{그것들이} 어떻게 환타시아를 가질 수 있는가(φαντασία δὲ πῶς ἂν ἐνείη)?"라는 질문에 대해, 아리스토텔레스는 "{그것들의} 운동이 무규정적이듯이, 그것들은 {환타시아와 갈망}을 무규정적인 방식으로 갖는다(ἢ ὥσπερ καὶ κινεῖται ἀορίστως, καὶ ταῦτ᾽ ἔνεστι μέν, ἀορίστως δ᾽ ἔνεστιν)."라고 답변하고 있다.

그렇다면 아리스토텔레스가 말하는 '무규정적 운동(ἀόριστος κίνησις)'이란 무슨 의미인가? 이와 관련된 정보를 얻을 수 있는 두 가지 근거가 있다. 우리는 먼저 고착동물에 대한 아리스토텔레스의 규정을 살펴볼 필요가 있다. 그는 그것들을 '아텔레(τὰ ἀτελῆ)'라고 부른다(433b 31). 이 단어는 일반적으로 '불완전한 동물들'이라고 번역되지만, 문자 그대로의 의미를 보자면 그것은 '목적이나 목표가 없는 동물들'을 의미한다. 주지하듯이, 아리스토텔레스는 동물의 장소운동에 대한 논의 중에 이 용어를 사용하고 있다. 따라서 여기에서 그가 고착동물을 어떤 규정적이거나 특정한 목적이 없이 돌아다니는 동물로 간주했으리라는 추론이 가능하다. 또한 '아오리스토스(ἀόριστος)'라는 단어도 동일한 내용을 함축하고 있다고 볼 수 있다(434a 4-5).

이와 관련하여, 밤(Balme)은 아리스토텔레스가 그 단어를 제일질료(proximate matter)와 관련하여 사용했다고 지적하면서, "행동의 불확실한 성질을 의미하는 것도 아니고, 또한 몇몇 사람이 제안하듯이, 이해하기 어려운 고집을 의미하는 것도 아니며, 단지 그 질료의 정확한 상태가 아직 공식적으로 결정되지 않았다는 것을 의미한다."[401]라

---

401 Balme(1987), p.283.

고 말한다. 그의 설명을 장소운동에 적용할 때, 고착동물의 '아오리스토스'한 장소운동이란 무규정적인 종류의 운동보다는 결정된 목적이 없는 운동을 의미하는 것으로 볼 수 있다는 것이다. 앞에서 언급했듯이, 말미잘 같은 어떤 고착동물은 외부 대상에 들러붙을 수도 있고 떨어질 수도 있으며(예: 『동물연구지』 487b 12-14), 또한 그것들은 여기에서 저기로 어느 정도 장소운동을 할 수 있다. 무엇보다 분명한 것은 그 동물들이 장소운동을 전혀 하지 못하는 것이 아니며, 다만 그것들은 먹이를 찾아 움직이는 경우처럼 특정한 어떤 목적을 위해 움직이는 것은 아니라는 것이다. 이것은 히드라(hydra)의 사례를 들어 설명할 수 있을 것이다.

히드라는 발이 고정되어 있으면서도 굽히는 운동을 할 수 있다. 그것은 또한 때때로 여기에서 저기로 움직일 수도 있다. 그것은 주로 애벌레처럼 고리 모양으로 이동함으로써 그렇게 하며, 족반 부위가 펼쳐져서 앞쪽으로 움직이면 촉수가 바닥에 닿을 때까지 굽힌다.[402]

히드라는 외부 대상에 들러붙어 산다는 점에서 고착동물의 사례라고 할 수 있을 것이다. 그것은 말미잘처럼 어느 정도 움직인다. 히드라가 특정한 어떤 목적을 위해 움직이는 것은 아니며, 촉수가 바닥에 닿을 때 움직일 뿐이다. 일반적으로, 아리스토텔레스에 따르면, 그것은 "식물들이 뿌리로 그러듯이, 영양분을 밑에서부터" 끌어들인다(『동물의 부분에 관하여』 683b 20-21). 그리고 그것이 외부 대상에서 떨

---

[402] Palmer(1959), p.237.

어졌을 때 우연히 먹이와 마주침으로써 먹이를 잡아먹는 듯이 보일 수도 있지만, 그것의 장소운동은 구체적인 목적을 위한 것은 아니다.

지금까지 고착동물에 대한 우리의 논의는 그것들이 장소운동혼을 갖지는 않지만, 여전히 일종의 장소운동을 할 수 있다는 것이다. 그러나 우리는 모든 동물이 동일한 종류의 장소운동을 할 수 있는 것은 아니라는 점을 기억해야 한다. 장소운동에 대한 일련의 전제 조건(즉, 감각, 쾌락적이거나 고통스러운 감정, 욕구 등)을 가졌을 때, 모든 동물은 최소한 영양섭취 · 호흡 · 수축 · 팽창 등과 같은 원시적인 형태의 육체적 장소운동, 즉 장소를 이동하지 않고 수행하는 내적인 형태의 장소운동을 할 수 있는 것으로 보인다. 한편, 고착동물은 장소운동을 할 수 없다고 말해지지만, 그것은 외부 대상에 들러붙거나 떨어지는 것과 같은 운동을 할 수도 있으며, 이런 운동은 장소운동, 즉 공간적 운동으로 간주될 것이다. 그러나 그와 같은 장소운동이 구체적인 목적이 없는 운동인 한, 아리스토텔레스는 그것을 그가 생각하는 적절한 의미에서의 장소운동으로 분류하지 않을 것이다.

또한 고착동물이 목적 지향적인 운동을 하지 못하는 이유는 장소운동에 필요한 눈과 같은 감각기관을 갖지 못했고, 따라서 먼 거리에 있는 대상들을 목적으로 인지할 수가 없기 때문이다. 엄밀하게 말해서, 아리스토텔레스의 용어로 표현하자면, 동물들이 목적 지향적인 장소운동을 하지 못하는 이유는 그것들이 적절한 감각기관들을 결여했기 때문이 아니라 적절한 능력을 결여했기 때문이다. 사실상 그것들이 그런 능력을 가졌더라면, 예를 들어, 장소운동 능력을 가졌더라면, 그것들은 먼 거리에 있는 목적을 향해 움직이는 데 필요한 감각기관들을 가졌으리라는 것이 그의 견해이다. 이런 선상의 논의는 상위 능력들에 의해 포괄됨으로써 하위 능력들이 목적론적으로 결정된다는 우리의 주장을 뒷받침한다. 만약 감각지각 능력이 장소운동 능력하에 포괄되지 않았다면, 동물은 촉각만을 가졌을 수도 있다. 다시 말해서, 장소운동 능력을 갖지 않은 동물은 그에 필요한 하위의 다른 능력을 갖지 않았을 것이며, 따라서 장소운동 능력과 직접적인 관련이 없는 촉각만을 가졌을 수도 있다는 것이다.

2.3 원거리 감각과 장소운동의 목적론

이제 동물이 구체적인 목적을 향해 움직이는 데 필요한 영혼의 능력이 무엇인가 살펴보자. 아리스토텔레스는 때때로 촉각이 동물의 먹이 획득과 밀접하게 관련되어 있어서 동물에게 반드시 필요한 것이긴 하지만, 장소운동 능력과는 직접적으로 관련되지 않는다고 말한다(『영혼에 관하여』 414b 16-17; 415a 4-8). 좀 더 분명하게, 그는 『감각과 감각 대상에 관하여』에서 장소운동을 할 수 있는 동물은 촉각 외에도 시각 · 청각 · 후각과 같은 다른 감각도 갖는다고 말한다(436b 18-19). 그는 또한 촉각이 동물의 복지를 위한 것이 아니라 동물의 존재를 위한 것이라고 말한다(비교: 434b 23-27; 435b 20 이하). 물론 여기에서 '존재'는 영양섭취와 생존의 유지를 의미하는 것으로 보인다. 이와 같이 촉각은 생존을 유지하는 전제 조건이다. 그렇다면 시각 · 청각 · 후각과 같은 원거리 감각들은 어떤가? 아리스토텔레스는 그것들이 동물의 생존 유지뿐만 아니라 복지 또는 더 높은 완성에 기여한다고 말한다.

시각 · 청각 · 후각처럼 외부의 매체를 통해 작동하는 감각들은 장소운동 능력을 가진 모든 동물에게 발견된다. 그것들을 가진 모든 것에게 있어서, 그것들은 … 먹이를 추구하고 나쁘거나 파괴적인 것들을 회피하기 위한 생존의 수단이다. 그러나 지성을 또한 가진 동물들에게 그것들은 더 높은 완성을 획득하는 데 이용된다. (『감각과 감각 대상에 관하여』 436b 18-437a 2)

촉각(그리고 아마도 미각)과 다른 감각들의 근본적인 차이점은, 접촉의 경우에 우리는 그것을 직접 접촉함으로써 지각하지만, 시각 · 청각 · 후각과 같은 다른 감각들의 경우에 공기나 물과 같은 매체를 통해 대상을 지각한다는 점이다. 따라서 촉각과 미각은 접촉 감각 또는 근거리 감각이라 부를 수 있고, 나머지 감각들은 원거리 감각이라 부를 수 있다(『영혼에 관하여』 424b 24 이하; 423b 1 이하).

촉각대상은 시각대상들이나 청각대상들과는 다르다. 전자의 경우에, 우리는 어떤 중간{매체}가 우리에게 작용을 미치기 때문에 감각하지만, 촉각대상들은 중간{매체}에 의한 것이 아니라 중간{매체}와 동시에 감각하는 것이다. 이것은 어떤 사람이 둥근 방패를 통해 충격을 받는 경우와 마찬가지이다. 왜냐하면 충격을 받은 방패가 사람에게 충격을 가하는 것이 아니라 그 사람과 방패가 동시에 충격을 받기 때문이다. (423b 12-16)

만약 동물이 촉각만을 갖는다면, 먼 거리에 있는 대상을 지각하지 못할 것이다. 그리고 동물이 먼 거리에 있는 대상을 지각하지 못한다면, 멀리 있는 대상을 얻기 위해 장소운동을 할 필요가 없을 것이다.

왜냐하면 동물이 공간에서 움직일 수 있다 하더라도, 동물의 장소운동은 시각적으로나 후각적으로 쾌락적인 것으로 지각되는 멀리 떨어져 있는 대상을 지향하지 않을 것이기 때문이다. 다시 말해서, 대상을 미리 지각하지 않은 동물의 장소운동은 무규정적인 목적을 위한 것, 즉 목적 또는 목표를 설정하지 않은 운동이라는 것이다. 이처럼 고착동물은 먼 거리에 있는 대상을 감각할 수 있는 적절한 감각 능력과 감각기관을 모두 결여하며, 따라서 그것들은 구체적인 대상들을 목표로 삼을 수 없다. 그 동물들이 어떤 구체적인 대상을 목표로 하지 않고 방황하다가 먹이를 찾았다면, 그것은 우연적인 사건에 불과한 것이다. 이와 달리, 시각과 같은 원거리 감각을 가진 동물은 그것의 시야가 미치는 먼 곳의 대상을 목표로 삼을 수 있다.

독수리의 사례를 들어보자. 독수리의 시력은 5.0이며 가시거리는 10킬로미터나 된다고 한다. 독수리는 공중을 날면서 멀리 떨어진 들판에서 달리고 있는 토끼를 멀리서 발견할 수 있는 능력을 갖추고 있다. 만약 독수리가 그런 능력을 갖지 못했다면 멀리 보지 못했을 것이고, 또한 그만큼 멀리 있는 토끼를 발견하지 못했을 것이다. 그런 경우에는 독수리가 아무리 굶주림을 피하고 싶은 욕구가 있다 할지라도 추구할 대상을 찾지 못한다면, 욕구를 해소할 수 없을 것이다. 한편, 멀리 있는 토끼를 발견했다 할지라도, 배가 고프지 않아 토끼를 잡으려는 욕구가 없는 경우에 독수리는 토끼를 목표로 삼지 않을 것이다. 이렇게 본다면, 토끼를 잡기 위한 독수리의 장소운동은 최소한 세 가지 조건을 필요로 할 것이다. 먼저 목표를 지각할 수 있는 감각 능력과 그것을 획득하고자 하는 욕구이다. 그리고 이러한 능력을 모두 갖추었다 할지라도, 실제로 장소운동을 실행할 수 있는 적절한 육체기관이 없다면 장소운동은 이루어지지 않으리라는 점에서, 육체기관도 장소운동에 필요한 조건이라 할 수 있다.

여기에서 우리는 장소운동과 관련하여 목적론과 관련된 아리스토텔레스의 설명을 검토할 필요가 있다. 『동물의 운동에 관하여』에서, 그는 다음과 같이 말한다.

> … 모든 동물은 운동을 부여하고 또한 어떤 것을 위해 움직여지며, 따라서 무언가를 위한 것이라는 것이 모든 운동의 한계이다. 이제 우리는 동물의 원동자들이 사고와 환타시아와 선택과 희망과 욕구라는 것을 알게 되었다. 그리고 이 모든 것은 사고와 욕구로 환원될 수 있다. … 왜냐하면 다른 어떤 것이 이것을 위해 행해지는 한에 있어서, 그리고 그것이 다른 어떤 것을 위한 것들의 목적인 한에 있어서, 그만큼 그것은 운동을 부여한다. 그리고 우리는 좋아 보이는 것이 좋은 것으로 간주되고 또한 쾌락적인 것으로 보이는 것도 (좋아 보이는 것이므로) 그렇다. (『동물의 운동에 관하여』 700b 15-29. 비교: 『영혼에 관하여』 433b 13-21)

아리스토텔레스는 동물이 장소운동을 할 수 있기 위해서는 목표로 제시된 대상들, 그것들이 쾌락적인 것인지 아닌지를 식별하는 능력, 그리고 쾌락적인 것을 추구하고 고통스러운 것을 회피하는 능력이 있어야 한다고 생각한다. 한편, 그는 위 인용문에서 외부의 대상이 욕구의 직접적인 대상이라고 말하는 것처럼 보인다. 욕구가 대상에 대한 욕구라는 것은 분명하다. 즉, 그것은 대상을 필요로 한다는 것이다. 그러나 독수리의 경우에서 보았듯이, 독수리의 장소운동을 위해서는 대상이 먼저 제시되어야 한다. 따라서 욕구의 대상이라는 것은 본래 감각을 통해 지각된 대상이다. 그러나 엄밀하게 말하자면, 감각을 통해 지각된 것 자체가 욕구의 대상이 아니라, 쾌락적이거나 고통스러운 것으로 제시된 대상이다. 다시 말해서, 욕구는 감각의 대상에 대한 막연한 추구나 회피가 아니라, 쾌락적이거나 고통스러운 것으로 제시된 대상에 대한 추구나 회피이다. 따라서 장소운동과 관련해서는 욕구가 단순히 지각된 어떤 대상을 추구하거나 회피하는 것이 아니라 쾌락적이거나 고통스러운 것으로 식별된 것을 각각 추구하거나 회피하는 것이다.

그렇다면 그러한 추구나 회피는 무엇을 위한 것인가? 동물이 욕구의 대상을 추구하거나 회피하는 것이 그 동물의 궁극적인 목적은 아니다. 아리스토텔레스에게 영혼을 가진 사물이란 살아 있는 사물, 즉 생물이다. 달리 말하면, 살아 있다는 것이 영혼을 가진 존재자의 본질이라 할 수 있다. 이런 의미에서 아리스토텔레스는 영혼을 형상원인이라고도 부른다(415b 12-14). 한편, 영혼을 가진 존재자라는 것은 생물이 목표로 하는 생명의 보존을 의미한다. 이것이 바로 영혼의 목적원인으로서의 역할이다(415b 15-22). 더구나 영혼을 가진 존재자라는 것은 일련의 생명 활동을 수행하는 능력을 갖고 있음을 의미한다. 이것이 바로 영혼의 작용원인이며, 이러한 작용원인으로서의 역할은 서로 다른 생물의 경우에 서로 다르다(415b 22-27). 예를 들어, 식물의 경우에는 성장과 소멸을 할 수 있지만,[403] 동물의 경우에는 더 다양한 활동을 한다.

우리는 동물학적 또는 생물학적 설명에서 아리스토텔레스가 목적

---

[403] 목적론적 구조에서 소멸의 문제에 대한 논의는 King(1996), pp.21-24 참조.

원인의 우선성을 강조하는 『동물의 부분에 관하여』의 몇몇 구절에 주목할 필요가 있다. 그는 동물의 모든 육체 부분이 생명을 위해 필요하듯이(692b 20-693a 22),[404] 동물의 모든 영혼 능력도 생명을 위해 필요하다고 말한다(639b 14 이하). 그러나 이 말은 모든 육체 부분의 기능이 생명의 보존이라는 궁극적인 목표(욕구)와 '직접적으로' 관련되는 것은 아니다. 그 기능들은 우선적으로 하위 목적을 위한 것이고, 이 하위 목적은 다시 그보다 상위 목적을 위한 것이며, 이런 식으로 진행하여 이 모든 하위 목적이 결국은 궁극적인 목적을 위한 것이 된다(비교: 『동물의 부분에 관하여』 IV.10). 이런 견해를 제시하면서, 아리스토텔레스는 이른바 '가설적 필연성(hypothetical necessity)'을 주장한다.

> 그렇다면 두 가지 원인, 즉 필연성과 목적원인이 있다. 그러나 어쨌든 생성된 것들 안에는 세 번째 유형이 있다. 예를 들어, 우리는 음식이 없이는 아마도 살아갈 수 없기 때문에, 그것이 그 두 가지 유형 가운데 어디에서도 필연적이지 않다고 말한다. 이러한 세 번째 유형이 가설적 필연성이라고 불릴 수 있을 것이다. 왜냐하면 나뭇조각이 도끼에 의해 쪼개진다면, 그 도끼는 필연적으로 단단해야 하며, 만약 단단하려면, 그것은 청동이나 금속으로 만들어져야 한다. 이제 그와 마찬가지로, 육체는 그 육체 전체와 그것의 부분들 각각을 위한 도구이므로, 그것의 기능을 수행하려면 그것은 필연적으로 그러한 성질을 가져야 하고, 또한 그러한 재료로 만들어져야 한다. (642a 1-13)

---

404 비교: Nussbaum(1978), pp.76-80.

위 인용문에서 아리스토텔레스가 제시하는 사례는 주로 나무나 청동과 같은 질료이다. 따라서 가설적 필연성이 오직 질료나 육체와 연결된다고 생각할 수도 있다. 그러나 이런 생각은 적절하지 않아 보인다. 우리는 위 인용문에서 아리스토텔레스가 동물에게 필요한 음식의 사례를 제시하고 있다는 점에 주목할 필요가 있다. 동물이 음식을 필요로 한다는 것은 그 동물이 음식을 소화할 능력뿐만 아니라 그 음식을 소화하는 데 필요한 육체기관들도 적절하게 갖추고 있음을 함축한다. 동물이 음식의 소화에 필요한 능력과 육체기관들을 갖춘 한에 있어서, 음식이 그 동물에게 필요하다고 말해질 수 있는 것이다. 이러한 해석은 다음과 같은 사고 과정을 통해 얻어질 수 있다.

사실상 모든 생물이 생존을 위해 영양분이나 음식을 필요로 하지만, 그것을 획득하는 데 서로 다른 수단을 갖는다. 예를 들어, 장소운동 동물은 공간에서 움직일 수 있는 육체기관을 필요로 한다. 그러나 아리스토텔레스는 동물이 장소운동에 필요한 육체기관을 갖기 때문에 장소운동 능력을 갖는 것이 아니라, 장소운동 능력을 갖기 때문에 그에 필요한 육체기관을 갖는다고 생각한다(『영혼에 관하여』 432b 24-25; 『동물의 부분에 관하여』 687a 3 이하).[405] 그리고 그는 특히 영혼의

---

[405] 아리스토텔레스는 동물들이 손을 갖기 때문에 더 우월하다는 아낙사고라스의 상반된 견해를 강하게 비판한다. 즉, 어떤 능력을 갖기 때문에 그 능력을 실현하는 데 필요한 육체기관들을 갖게 된다는 아리스토텔레스의 견해와 달리, 아낙사고라스는 육체기관들을 갖기 때문에 그것들을 실현하기 위한 어떤 능력을 갖게 된다고 주장한다. 이러한 아낙사고라스의 주장에 대한 아리스토텔레스의 비판은 앞에서 논의했던 그의 '동음이의 원리'와 일관되어 보인다. 이 원리를 통해, 아리스토텔레스는 죽은 육체가 살아 있는 육체와 동일한 기관과 구조를 가졌다 할지라도, 죽은 육체는 육체가 전혀 아니라고 말한다. 이런 맥락에서, 그는 죽은 육체가 되살아날 수도 있을 가능성을 전혀 인정하지 않는다. 비교: Furley(1996), pp.59-77; Charles(1984), p.86.

능력에 대해 이러한 견해를 갖고 있다.

이미 보았듯이, 기하학적 도형에 대한 유비에서, 아리스토텔레스는 사각형의 정의에 삼각형이 오직 잠재적으로만 포괄된다고 말한다. 이 말을 영혼의 능력들과 관련하여 설명하자면, 영양섭취혼은 감각지각혼 내부에 잠재적으로 포함되어 있다는 것이며, 그것은 감각지각혼이라는 상위의 영혼이 실현될 때 실현된다는 의미로 이해된다. 모든 동물이 촉각과 욕구 능력을 갖지만, 오직 일부 동물만이 목적을 위해 장소운동을 한다(『영혼에 관하여』 433b 27−28). 즉, 모든 동물이 하위 능력을 포괄하는 욕구 능력을 갖지만, 그 욕구 능력은 서로 다른 동물들에게서 서로 다른 방식으로 기여하는 듯 보이며, 결국 서로 다른 동물들은 서로 다른 활동을 산출한다. 그러나 이것은 하나의 동일한 능력이 그 자체로서 독립적으로 서로 다른 동물들에게서 서로 다른 방식으로 작용되는 것이 아니라, 그것들이 지닌 상위 능력들과 하위 능력들이 유기적으로 연결되어 작용되기 때문이다.

생물이 된다는 것과 동물이 된다는 것은 다르다. 즉, 생물이 된다는 것은 영양섭취 능력만을 필요로 하지만, 동물이 된다는 것은 최소한 촉각을 가져야 하고 또한 촉각의 기능을 적절하게 수행하기 위한 육체기관도 가져야 한다. 동물은 감각지각 능력을 갖는다는 점에서 식물과 구분되며, 동물이 감각지각 능력을 갖는다는 것은 이 능력에 포괄되는 영양섭취 능력과 같은 하위 능력을 명시적으로 언급하지 않더라도 그것이 포괄되어 있음을 묵시적으로 인정하는 것이다. 한편, 장소운동 동물은 동물의 기본적인 능력보다 더 많은 능력을 갖는다. 장소운동 동물은 장소운동 능력을 갖고 있다는 점에서 장소운동을 하지 못하는 동물과 구분된다. 그러나 이것은 장소운동 동물이 그 능력만을 갖는다는 것을 의미하지는 않는다. 장소운동 동물은 분명히 동물의 기본적인 능력을 가지며, 그 외에도 다른 부가적인 능력을 갖는다는 것을 의미한다. 모든 동물이 장소운동 능력을 갖는 것은 아니며, 장소운동 동물은 장소운동을 하지 못하는 동물이 갖는 능력 외에도 다른 부가적인 능력을 갖는다는 것이 가설적으로 인정된다는 것이다.

앞에서 우리는 동물이 갖는 모든 능력이 생존을 위한 것이라는 아리스토텔레스의 믿음을 확인했다. 장소운동 능력을 갖는 어떤 동물이 먹잇감을 포착할 수 있는 원거리 감각을 갖지 못한다면 먹이를 구할 수 없을 것이며, 또한 장소운동 능력과 원거리 감각은 갖고 있어서 먹잇감을 포착하고 포획한다 할지라도 그것을 적절하게 소화하는 능력이 없다면 그것은 기본적인 생존조차 불가능할 것이다. 그러므로 장소운동 능력을 가진 동물을 언급한다는 것은 그것의 장소운동 능력만을 언급하는 것이 아니라 그에 포괄되어 있는 필수적인 다른 능력을 모두 가설적으로 인정한다는 것이다. 아리스토텔레스가 우리에게 가설적 필연성을 언급하는 것은 바로 이러한 점을 설명하기 위한 것이다.

3. 장소운동 능력의 중요성

고착동물들도 쾌락과 고통이라는 감정을 갖는다면, 그것은 촉각이나 미각과 같은 근거리 감각에서 얻어지는 감정이다. 그런 동물은 원거리 감각을 갖지 않으며, 장소운동 능력도 갖지 않는다. 앞에서 보았듯이, 고착동물도 제한적인 의미에서 장소운동을 한다. 하지만 아리스토텔레스는 그것들의 장소운동이 목적 지향적인 장소운동이 아니라는 점에서 장소운동 능력을 인정하길 거부한다. 특히, 장소운동과 관련된 목적은 움직이지 않고 먹이를 획득하는 것이 아니라 먼 거리에 있는 먹이를 포착하고 포획하는 것을 의미한다. 동물의 장소운동에서 원거리 감각은 목표로 삼은 먹잇감이 있는 방향을 제시하며, 욕구 능력은 그렇게 제시된 방향으로 진행하려는 일종의 의지를 설정한다. 이제 『영혼에 관하여』 III.10-11에서, 아리스토텔레스가 장소운동과 관련하여 언급하는 욕구가 정확히 어떤 역할을 하는지 살펴보자.

3.1 장소운동에서 욕구의 역할

아리스토텔레스는 『영혼에 관하여』 413b 22에서 욕구를 영혼의 능력으로 처음 언급하고는 414a 30-32에서 영혼들의 목록에 첨가한다. 주지하듯이, 욕구(ὄρεξις)는 갈망(ἐπιθυμία), 욕망(θυμός), 희망(βούλησις)이라는 세 개의 종(species)을 포함하는 유(genus)적 개념이다(414b 2-3. 비교: 『동물의 운동에 관하여』 700b 17-22). 아리스토텔레스는 비이성적인 동물이 갈망 능력과 욕망능력을 갖는다고 말하며, 이성적인 동물은 그 외에 희망 능력도 갖는다고 말한다(『영혼에 관하여』 432b 5-6). 그는 이 구분을 그가 "욕구 능력이 단일한 주요 능력임을 인지하지 못했다."라고 비난했던 플라톤의 영혼 삼분설에 대한 대안으로 제시하는 듯한 모습을 보인다.[406] 아리스토텔레스는 만약 영혼이 셋으로 나뉜다면, 욕구는 영혼의 세 부분 모두에서 발견되리라고 비판

---

[406] Ross(1961), 『영혼에 관하여』 432b 4-7에 대한 주석 참조.

한다(432b 6-7). 이 비판은 아마도 영혼이 세 부분으로 나뉜다고 주장하는 플라톤의 『국가론(*Republic*)』 IV권을 겨냥했을 것이다. 플라톤은 특히 『국가론』 440d에서 이성적인 능력을 욕구 능력과 분리하고, 그것이 욕구 능력에 속한 특징들을 전혀 갖지 않는다고 여긴다.

그러나 아리스토텔레스는 이것이 옳지 않다고 생각한다(비교: 『영혼에 관하여』 432b 3-4). 그는 이성적인 존재자의 행동에서도 욕구가 관여되고 있음을 보여주는 장소운동을 사례로 제시한다(비교: 432b 7-9). 즉, 욕구의 일종인 희망을 갖는 사람은 갈망과 욕망도 가지며, 또한 갈망을 갖는 사람은 욕망도 갖지만, 갈망을 가진 사람이 다른 욕구들을 필연적으로 갖는 것은 아니라는 것이다.[407] 아리스토텔레스는 동물이 갖는 능력에 따라 동일한 능력이 다르게 발현될 수 있다는 것을 앞에서 보았던 영혼 능력들의 포괄성을 통해 설명한다(비교: 『영혼에 관하여』 415a 1-12).

너스바움은 아리스토텔레스와 그 이전 철학자들이 사용했던 욕구 개념의 변화를 검토함으로써, 다음과 같은 두 가지 특징을 지적한다. 첫째는 욕구가 목표에 대한 지향성을 갖는다는 것이고, 둘째는 그것이 수동적이라기보다는 능동적이라는 것이다.[408] 사실상 이러한 특징은 그 단어에 대한 아리스토텔레스의 용법에서 분명히 드러난다. 동물이 어떤 목적을 위해 움직인다는 그의 표현에서 보듯이, 그의 욕구 개념은 무엇인가를 겨냥하거나 지향한다는 의미를 담고 있다(예: 『동물의 운동에 관하여』 700b 26-28; 『영혼에 관하여』 432b 15 이하). 또한 아

---

[407] 여기에서는 희망이 욕망보다, 그리고 욕망이 갈망보다 상위의 욕구 능력임을 전제한다.
[408] Nussbaum(1983b), p.132.

리스토텔레스에게 있어서 '목적'은 무작위로 골라진 것이 아니라 쾌락적인 것이거나(414b 6) 또는 좋은 것이며(415b 20-21;『동물의 운동에 관하여』700b 26-29), 또한 "그것은 행동으로 이어질 수 있는" 어떤 것이다(『영혼에 관하여』433a 29-31. 비교:『동물의 운동에 관하여』700b 25).

　장소운동과 관련하여, 아리스토텔레스는 대체로 욕구라는 유적 개념을 사용하지만,[409] 갈망[410]이나 희망[411]과 같은 종적 개념들도 가끔 사용한다. 일반적으로, 희망은 '장소운동을 하는 이성적인 동물'의 욕구이고, 갈망은 '장소운동을 하는 비이성적인 동물'의 욕구로 사용되는 것으로 보인다. 그런데『영혼에 관하여』414b 1-6에서, 아리스토텔레스는 갈망이란 단어를 '장소운동을 하지 않는 비이성적인 동물'에게도 사용하고 있다. 한편,『동물의 운동에 관하여』701a 37에서 그는 욕망을 장소운동을 유발하는 욕구 개념으로 사용한다.[412] 무엇보다도 욕구와 장소운동이 밀접하게 연결되어 있음은 분명하지만, 욕구의 종적 개념들이 장소운동과 관련하여 정확히 어떤 종류의 동물들과 연결되는가는 분명하지 않아 보인다.

　그렇다면 욕구의 종적 개념들의 특징을 좀 더 자세히 살펴볼 필요가 있다. 우리는 영혼의 상위 능력들은 하위 능력들로 분리될 수 없

---

409 『동물의 운동에 관하여』701a 4; 701a 35; 702a 8; 703a 5;『영혼에 관하여』432b 17; 433a 10 등.

410 『동물의 운동에 관하여』700b 18; 701a 32;『영혼에 관하여』433a 26; 433b 7 등.

411 『동물의 운동에 관하여』700b 18; 701b 1;『영혼에 관하여』433a 23-25.

412 비교:『니코마코스 윤리학』1149a 25-31. 장소운동에서 욕망이 어떤 역할을 하는가에 대한 아리스토텔레스의 설명은 찾을 수가 없으며, 따라서 우리는 그 문제를 고려하지 않는다. 한편, Cooper(1996)는 도덕적 가치와 관련한 욕망의 역할에 대해 논의하고(특히, p.97), 그것을 이성과 밀접하게 연결된 것으로 이해한다(p.90과 p.93).

지만, 하위 능력들은 상위 능력들로부터 분리될 수 있다는 아리스토 텔레스의 견해를 이미 보았다.[413] 하위 능력들을 포괄하는 상위 능력 들은 하위 능력들로 인해 갖게 되는 기능들 외에 부가적인 다른 기능 들도 갖게 된다. 그런데 아리스토텔레스는 이런 견해를 욕구에도 적 용하는가? 그는 이에 대해 긍정적으로 답변한다(비교: 『영혼에 관하 여』 432b 5-8). 그렇다면 상위 능력들이 하위 능력들의 기능을 갖듯 이, 희망이라는 상위의 욕구 능력도 완전히 새로운 형태의 욕구가 아 니라 하위의 욕구 능력들이 가진 기능도 갖는다는 것이다. 이성적 원 리를 실행함에 있어서 비이성적 요소들이 어떻게 활용되는가에 대한 아리스토텔레스의 설명을 『니코마코스 윤리학』에서 찾아볼 수 있다.

우리는 자제력 있는 사람과 자제력 없는 사람의 이성, 그리고 이성을 가 진 그들의 영혼의 부분에 찬사를 보내는데, 그것이 사람들을 올바르게 그 리고 가장 좋은 대상들로 이끌기 때문이다. 그러나 그들에게는 이성 외에 그 이성에 대항하거나 그것을 거부하는 또 다른 자연적인 요소가 있다. 우리가 마비된 팔다리를 오른쪽으로 움직이고자 할 때 반대인 왼쪽으로 움직이듯이, 영혼도 그렇다. … 그럼에도 불구하고 분명히 우리는 영혼에 도 이성 외의 어떤 것이 있어서 그것에 저항하고 거부한다고 생각해야 한 다. (1102b 13 이하)

위 인용문의 끝부분에서 언급된, 이성에 저항하고 거부한다고 말해

---

413 예: 『영혼에 관하여』 413a 32-34; 415a 1-4; 434a 23 이하. 감각 능력과 다른 능력 들의 분리 가능성에 대해서는 413a 32-33; 413b 4-5; 415a 1-3 등, 그리고 반성적 사고에 대해서는 413b 25-27 참조(비교: 415a 12).

지는 어떤 것이 『영혼에 관하여』에서 갈망(ἐπιθυμία)이라고 말해진다.

더구나 어떤 것을 추구하거나 회피하라고 지성이 명령하고 추론적 사고가 말해도 움직이지 않지만, 절제력이 없는 사람의 경우처럼 갈망에 의해 행동이 {유발되기도 한다}. (『영혼에 관하여』 433a 1-4. 비교: 434a 12-16)

위 인용문에서 아리스토텔레스는 사고와 갈망을 대비시키고 있다. 그러나 장소운동과 관련하여, 그 대비는 이성적인 욕구와 비이성적인 욕구여야 한다. 왜냐하면 욕구가 관여되지 않은 어떤 사고도 장소운동을 야기할 수 없기 때문이다. 『영혼에 관하여』 III.11에서, 사고가 운동을 야기한다고 말할 때, 그것은 욕구의 한 형태인 희망으로서 그렇게 한다는 것이다(『영혼에 관하여』 433a 23-26). 위 인용문은 이성적 존재자의 행동은 갈망과 희망의 갈등을 통해 획득된다는 것을 의미한다.**414**

---

414 기억을 돕기 위해, 이전에 설명한 내용을 간단히 되짚어 보자. 아리스토텔레스는 욕구를 갈망·욕망·희망의 세 가지 종류로 나누는데, 갈망과 욕망은 비이성적인 동물들도 갖지만, 희망은 이성적인 인간만이 갖는다고 생각한다. 여기에서는 이성적인 욕구인 희망과 비이성적인 욕구인 갈망을 대비하고 있는데, 인간은 이성적인 존재자이지만 그 두 가지 종류의 욕구를 모두 갖고 있다. 따라서 인간의 마음속에서는 이성적인 욕구인 희망과 비이성적인 갈망이 종종 충돌할 수 있다는 것이다. 아리스토텔레스는 인간과 같은 이성적 존재자가 산출하는 다음의 세 가지 장소운동을 염두에 두고 있다(『영혼에 관하여』 434a 12-16). 그것들은 (a) 갈망이 희망을 이기고 운동하게 만드는 경우, (b) 희망이 갈망에 작용하는 경우, (c) 갈망이 갈망을 극복하는 경우이다. 여기에서 '갈망'은 비이성적인 욕구이고, '희망'은 이성적인 욕구를 가리킨다는 점을 기억하면, 그에 대한 이해가 다소 수월해진다. 예를 들어, (c) 어떤 사람이 목도 마르고 배도 고플 때, 그는 음식을 먹기보다는 음료수를 마시거나 또는 음료수를 마시기보다는 음식을 먹을 수도 있다. 이것은 이성적인 계산을 포함하지 않는 욕구로부터 나오는 단순한 행동의 사례이다. 이성적 존재라고 해서 항상 이성적인 사고를 하

사고 능력이 없는 비이성적인 장소운동 동물들은 어떤 갈등도 없이 그것들의 갈망으로부터 운동을 시작한다. 한편, 이성적인 동물들은 두 가지 유형의 행동을 산출하는데, 하나는 비이성적인 욕구인 갈망에 따른 것이고, 다른 하나는 이성적인 욕구인 희망에 따른 것이다. 그러나 이성적인 동물들에게 있어서도 그들의 갈망이 너무도 커서 사고를 활용하지 않고, 즉 희망에 따른 선택을 하지 않고 쾌락적인 것으로 지각된 것을 추구할 수도 있다. 즉, 갈망은 비이성적인 동물과 이성적인 동물이 모두 갖는 욕구의 종류인 반면, 희망은 이성적인 동물만이 갖는 욕구의 종류라는 것이다.

너스바움은 희망이 "대상을 어떻게 획득하는가에 대해 이성적 추론을 더한" 욕구가 아니라, "이성에 의해 제시되어야만 하는 특권을 지닌 대상에 대한" 욕구라고 주장한다.[415] 그녀는 아리스토텔레스가 희망의 최초 대상이 진정한 아름다움이라고 말하는 『형이상학』 1072a 27을 자신의 주장을 뒷받침하는 증거로 제시한다. 그러나 종적 욕구의 대상들, 즉 이성적 욕구(희망)와 비이성적 욕구(갈망)의 대상들에 대한 이야기를 제대로 이해하기 위해서는 약간의 주의가 필요하다. 왜냐하면 만약 각자 서로 다른 제물을 원하는 두 마리 동물이 앞에 놓인 서로 다른 두 제물을 차지하기 위해 싸움을 한다는 것은 이상하게 들리기 때문이다. 이런 경우에 그 동물들은 그것들이 각자 원하는

는 것은 아니며, 이것이 바로 그런 경우이다. 한편, (b) 비록 그가 먹을 음식을 발견하지만, 그 음식이 건강에 좋지 않다는 생각에서 그것을 먹지 않기로 결심할 수도 있다. 이것은 비이성적인 욕구를 이성적인 욕구가 지배하는 경우이다. 그리고 (a) 그의 굶주림이 너무 심해서, 음식이 건강에 좋지 않다는 것을 알면서도 먹기로 결정할 수도 있다. 이것은 비이성적인 욕구가 이성적인 욕구를 이기는 경우이다.

415 Nussbaum(1978), pp.335-336.

것을 하나씩 차지하면 될 것이다. 이와 마찬가지로, 아리스토텔레스가 『형이상학』에서 강조하고자 했던 것은 이성을 활용함으로써 선택한 대상이 다른 것들보다 더 좋다는 것이지, 희망과 갈망이 서로 다른 대상을 갖는다는 것이 아니다. 갈망과 희망의 차이점은 전자가 쾌락적이거나 고통스러운 것에 대한 추구와 회피인 반면에,[416] 후자는 좋은 것이나 나쁜 것에 대한 추구와 회피라는 점이다(『니코마코스 윤리학』 1112a 1 이하).

다시 말하자면, 욕구의 두 가지 종은 서로 다른 두 대상을 추구하는 것이 아니라 동일한 대상의 서로 다른 가치 또는 측면을 추구한다고 할 수 있을 것이다.[417] 그러나 비이성적인 욕구인 갈망만을 가진 동물에 의해 쾌락적인 것으로 추구되었던 것이 이성을 가진 인간에 의해서는 좋은 것으로 추구될 수도 있다는 것이다. 이와 같이 아리스토텔레스는 욕구 전체가 쾌락적인 것(또는 좋은 것)에 대한 추구이고, 고통스러운 것(또는 나쁜 것)에 대한 회피라는 욕구에 대한 일반적인 이론을 구축했다고 볼 수 있다.

우리가 위에서 제기했던 상위의 욕구 능력이 하위의 욕구 능력을 포괄하느냐는 문제에 대한 답변은 긍정적으로 보인다. 욕구의 모든 종은 어떤 대상을 추구하거나 회피한다는 점에서 공통점을 갖는다. 그러나 너스바움이 지적하듯이, 희망은 갈망에 이성을 더한 것이 아니라 욕구와 이성 사이의 상호작용, 또는 갈등의 결과이다. 달리 표현하자면, 희망은 욕구의 정제된 형태라고 할 수 있을 것이다. 그리

---

416 『영혼에 관하여』 413b 23-24; 414b 4-5; 431b 8; 『니코마코스 윤리학』 1111a 31-33; 1111b 17-18.
417 Charles(1984), pp.87-88.

고 갈망과 욕구가 하나의 동일한 대상을 추구하더라도, 그것들은 그 대상을 다른 방식으로 인지할 것이다. 즉, 하나의 동일한 대상이 동물에게는 쾌락적인 것으로 인지되지만, 인간에게는 좋은 것으로 인지될 수도 있다는 것이다.

그러나 물론 쾌락적인 것이 항상 좋은 것으로 인지되는 것은 아니고, 또한 고통스러운 것이 항상 나쁜 것으로 인지되는 것은 아니다. 비이성적 욕구에는 좋은 것으로 인지되었던 것이 이성적 사고를 통한 욕구에는 나쁜 것으로 인지될 수도 있다는 것이다. 욕구 자체가 대상의 고정된 가치 또는 진정한 가치와 직접적 관련이 있지는 않은 것으로 보인다. 즉, 하나의 대상에 대한 욕구의 평가가 항상 동일하지는 않을 수도 있다는 것이다. 사실상, 하나의 대상을 쾌락적이거나 고통스러운 것으로, 또는 좋거나 나쁜 것으로 보는 것은 우리가 다음 장에서 살펴볼 환타시아의 역할과 관련된다. 욕구는 다만 쾌락적이거나 고통스러운 것을 추구하거나 회피할 뿐이다.

일반적으로, 욕구는 장소운동의 발생에 관여하는 능력 가운데 가장 먼저 작용하는 것으로 보인다. 독수리의 장소운동을 예로 들어보자. 우리는 독수리가 배가 고파 먹잇감을 찾아 날아다니는 경우, 그리고 배가 고프지 않은 독수리가 날아다니다 먹잇감을 보고 갑자기 배가 고프다고 느끼는 경우를 생각해 볼 수 있다.

(i) 욕구1 – 장소운동1 – 감각지각(원거리 감각) – 욕구2 – 장소운동2

(ii) 감각지각(원거리 감각) – 욕구3 – 장소운동3

(i)의 경우를 먼저 살펴보자. 굶주림은 독수리를 고통스럽게 만들고, 욕구는 그러한 고통을 피하길 요구하며, 결국 먹을 것을 찾아 움직이게 된다. 이 경우에 욕구1은 '허기를 면하고자 하는 욕구' 또는 '고통을 회피하고자 하는 욕구'이며, 욕구2는 '먹잇감을 잡고자 하는 욕구' 또는 '쾌락을 추구하고자 하는 욕구'로 이해된다. 이렇게 본다면, 욕구1의 대상과 욕구2의 대상은 다르다. 그러나 욕구1의 '허기를 면하고자 하는 욕구'와 욕구2의 '먹잇감을 잡고자 하는 욕구'가 동일할 수도 있다. 그러나 욕구1의 '허기를 면하고자 하는 욕구'에서 목표는 임의적인 대상이다. 어떤 특정한 대상을 목표로 하는 것이 아니라 단지 '목표'로 일반화된 대상을 추구하는 것이다.

한편, 욕구1은 이처럼 상당히 막연한 목표에 대한 욕구인 반면에, 욕구2는 상당히 구체적인 목표에 대한 욕구로 보인다. 다시 말해서, 욕구1의 대상은 막연한 대상으로서 '먹잇감'이 병아리든 토끼든 상관이 없는 상태였던 반면, 욕구2의 대상은 원거리 감각에 의해 포착된 토끼와 같은 구체적인 대상이라는 것이다. 그러나 욕구1의 대상이 고통이고, 욕구2의 대상이 쾌락이라는 점 외에는 그것들의 다른 어떤 차이점을 찾기 어렵다. 물론 쾌락과 고통의 순수성이나 정도 차이 등이 있을 수도 있으나, 그렇다 할지라도 여전히 그것들이 욕구의 대상들이라는 점에서는 별다른 차이가 없다는 것이다.

한편, (ii)의 욕구3은 처음부터 구체적인 대상을 목표로 하며, 이것은 (i)의 욕구2와 동일한 기능을 하며, 장소운동3은 장소운동2와 동일한 성격을 갖는 것으로 보인다. 『동물의 운동에 관하여』 701a 31 이하에서 언급한 '음료수 사례'는 (i)의 과정을 함축하는 것으로 보인다. 그러나 그곳에서 아리스토텔레스는 욕구를 장소운동의 즉각적인 원인으로 인정하지만, 그는 (i)의 경우에서 볼 수 있는 두 가지 종류의 욕구를 구분하지 않으며, 또한 그것들의 본질적인 차이점을 고려하지 않는다. 목표로 삼는 대상의 추구와 관련하여, 우리는 감각의 불분명함과 욕구의 불분명함을 구분할 필요가 있다. 예를 들어, 우리가 1미터 밖의 물건과 10미터 밖의 물건을 볼 때, 전자는 좀 더 명확하게 보이고, 후자는 불명확하게 보일 것이다. 그러나 이것은 목표를 시각적인 대상으로서 고려하는 경우이고, 욕구의 측면에서 보면 가까운 거리에 뚜렷하게 보이는 대상에 대한 쾌락이나 먼 거리에 희미하게 보이는 대상에 대한 쾌락이나 사실상 동일하다고 해야 할 것이다. 다시 말해서, 그 두 가지 쾌락은 지각 주체에게 동일하게 느껴지리라는 것이다.

　욕구가 쾌락적인 것을 목표로 한다고 아리스토텔레스가 말할 때, 그는 구체적인 목표를 염두에 두었다고 할 수 있다. 그는 감각적 지각의 명확성이나 불명확성이 쾌락이나 고통의 정도 차이와 어떤 상관성을 갖는가는 고려하지 않았다. 다만 그는 대상에 대한 지각에서 얻어지는 쾌락이나 고통이 욕구의 대상으로서 추구되거나 회피된다고 이야기하고 있을 뿐이다. 지금까지 우리는 장소운동에서 욕구가 어떤 역할을 하는가를 살펴보았다. 다음 절에서는 아리스토텔레스가 욕구 능력과 장소운동 능력을 동일시하는 듯이 보이는 『영혼에 관하여』 III.9-10에 대해 논의한다.

3.2 장소운동 능력의 특징

　『영혼에 관하여』 III.9에서, 아리스토텔레스는 운동을 촉발하는 영혼에 대한 질문을 제기한다(432a 19; 432b 13-14). 처음에 그는 세 가지 가능한 대안을 제안한다. 그것은 (i) 지금까지 언급된 능력 가운데 하나이거나, 또는 (ii) 지금까지 언급되지 않았던 단일한 능력이거나, 또는 (iii) 지금까지 이야기했던 능력 전체를 아우르는 것이다(432a 19-22. 비교: 『동물의 부분에 관하여』 645b 5). 아리스토텔레스는 "원동자는 하나이며, {그것은 바로} 욕구대상이다."라고 주장하며, 따라서 (i)을 답변으로 제시한다는 것이 분명해 보인다(433a 22). 그러나 이 주장을 좀 더 명확히 살펴볼 필요가 있다.

아리스토텔레스의 제안을 고려할 때, III.9의 논의는 영혼의 능력들이 개별적으로 장소운동을 유발할 수 있다는 견해에 대한 논의에 집중될 것으로 기대된다. 그는 실제로 영혼의 능력들을 개별적으로 다루는 듯이 보인다(432b 15-433a 8). 그러나 위에서 이미 보았듯이, 아리스토텔레스는 그것들을 개별 능력으로 다루지 않고, 오히려 하위 능력들을 포괄하는 통합적인 능력으로 다룬다. 그는 각각의 능력을 장소운동의 근원으로 볼 수 있느냐고 묻는다. 그리고 그 질문에 대해 영양섭취혼을 예로 들어, 그는 장소운동이 (ㄱ) 항상 어떤 목적을 지향하는 운동이기 때문에, 그리고 (ㄴ) 욕구와 환타시아를 동반하기 때문에, 영양섭취혼을 장소운동의 근원이라 할 수 없다고 말한다.

그러나 이 두 가지 이유는 모두 그의 주장을 뒷받침할 만한 근거로 보이지 않는다. 먼저 (ㄱ)이 적절한 근거가 아닌 이유는, II.3에서 그는 생물의 영혼들이 항상 어떤 목적을 지향한다고 분명히 말했으며 (415b 15-22), 사실상 영양섭취혼의 대표적인 기능인 영양섭취 작용이나 생식 작용도 분명히 특정한 목적을 지향하기 때문이다. 아리스토텔레스에게 있어서는 심지어 식물의 영혼도 목적을 지향한다는 의미에서의 목적원인이다. 또한 (ㄴ)이 적절한 근거가 아닌 이유는 장소운동 동물들만 욕구와 환타시아를 갖는 것이 아니라 고착동물들도 갖기 때문이다(434a 3-5). 그런 이유들이 적절한 근거가 아니라는 것을 아리스토텔레스가 알았던 것 같지는 않다. 그러나 그는 만약 영양섭취혼이 장소운동의 근거라면, "식물들도 {장소}운동을 할 수 있으며, 그런 운동을 위한 어떤 {육체}기관을 가질 것이다."라고 말함으로써(432b 18-19), 그런 이유들을 적절한 근거라고 주장할 가능성을 거부한다. 또한 그는 "마찬가지로 감각기관도 {장소운동을 유발하지} 않는다. 왜냐하면 많은 생물이 감각을 갖지만, 고정되어 있으며, 평생 '움직이지 않기' 때문이다."라고 말함으로써, 감각지각혼이 장소운동의 근거가 아니라는 점을 분명히 한다(432b 19-21).

앞에서 우리는 감각지각혼, 특히 원거리 감각이 장소운동 동물의 특징임을 보았다. 그렇다면 그것이 장소운동의 근거라고 할 수 있는가? 그러나 아리스토텔레스는 원거리 감각도 장소운동의 근거가 아니라고 말한다. 그런 뒤에 그는 가장 중요한 것이 목적 지향적인 운동이라고 말하면서, 장소운동에 필요한 육체기관들을 적절하게 제공하는 능력이 그런 근거일 것이라고 말한다(『동물의 운동에 관하여』 702a 17-19). 더 나아가 아리스토텔레스는 사고 능력이 장소운동의 근거라는 견해도 거부하는데(『영혼에 관하여』 432b 26-31), 그는 장소운동에 '대상을 추구하거나 회피하는' 능력이 필요하다는 점에 주목한다. 그는 (i) 계산적 또는 사변적 이성은 장소운동을 유발하는데, 대상을 추구하거나 회피할 것에 대한 실질적인 '아무런 일도' 하지 않는다고 지적한다(432b 26-29. 비교: 433a 1-2). 한편, 그는 '아무런 일도'라는 표현이 다소 지나치다고 생각했는지, (ii) 계산적 이성은 때때로 장소운동으로 이끌어진다는 것을 인정하는 한편, 모든 사색이 장소운동을 야기하는 것은 아니라고 말한다(432b 29-31).

이런 진술들의 문제점은 아리스토텔레스가 여기에서 영혼을 개별적인 또는 독립적인 것으로 일관되게 다루지 않는다는 것이다. 여기에서 개별적인 또는 독립적인 능력들이란 하위 능력들을 포괄하지 않은 하나의 능력을 의미한다. 그러나 아리스토텔레스는 때로는 포괄적인 능력들을 언급하고 때로는 개별적인 능력들을 언급함으로써 혼란을 초래하고 있다는 것이다. 그가 사고 능력을 언급할 때는 하위 능력들을 포함하지 않는 것으로 보인다. 특히, 어떤 장소운동도 사고 능력을 따라 야기되지 않는다고 말할 때, 그는 그것을 욕구 능력 같은 것을 포함하지 않는 개별 능력으로 다루고 있다. 만약 그것을 포괄적인 능력으로 생각했다면, 당연히 그것이 장소운동을 유발한다고 말했을 것이다. 왜냐하면 그는 모든 장소운동이 욕구를 필요로 하며(433a 22-23), 포괄적인 능력으로서의 이성은 당연히 욕구를 포함하기 때문이다. 한편, 사람들이 계산적 이성을 통해 장소운동을 유발한다고 말할 때, 그는 계산적 이성에 욕구 능력을 포함시켜서 말하고 있다.

가설적 필연성의 조건을 제시할 때 그랬던 것처럼, 아리스토텔레스는 다른 경우에도 기본적인 영혼의 능력들을 당연한 것으로 전제한다. 예를 들어, 욕구가 다른 능력들이 전혀 없이도 장소운동을 유발하기에 충분한가라는 질문을 고려할 때(433a 7-8), 하나의 대상을 쾌락적이거나 고통스러운 것으로 제시해 주는 다른 능력을 갖지 않는다면 장소운동을 시작하지도 않을 것이므로, 동물은 최소한 그런 기능을 가진 감각지각 능력을 가져야 한다고 아리스토텔레스는 생각한다.[418] 이와 마찬가지로, 그는 이성의 계산 능력에 대해 이야기하면서 때로는 그것에 욕구를 포함하고 또한 때로는 욕구를 배제하기도 한다. 그러나 욕구가 장소운동을 설명하는 충분한 조건이 되지 못한다고 그가 말할 때, 그는 하위의 능력들에 대한 포괄성을 염두에 두고 있지 않은 것으로 보인다.

> … 욕구가 운동의 결정적인 {요소도} 아니다. 왜냐하면 절제력이 있는 사람들은 욕구와 갈망을 가져도 욕구대로 행동하지 않고 지성을 따르기 때문이다. 그러므로 만약 환타시아 {능력}을 사고의 일종으로 간주한다면, 욕구와 지성의 두 가지는 {장소운동을 유발하는} 원동자들로 보인다. 왜냐하면 {사람들은} 종종 지식과 반대되는 환타시아들을 따르며, {사람을 제외한} 다른 동물들의 경우에는 지성 {능력}과 계산 능력을 갖지 않고 환타시아 {능력}만을 갖기 때문이다. (433a 7-12)

여기에서 아리스토텔레스는 이성적 존재자들의 운동을 다루고 있다. 그는 위 인용문에서 욕구의 유적 형태인 '오렉시스(ὄρεξις)'라는 용어를 사용하지만, 힉스(Hicks)는 그것을 하위의 종들을 가리키는 것으로 읽어야 한다고 말한다.[419] 이성적 존재자들은 사고 능력과 욕구 능력을 모두 갖는다. 아리스토텔레스는 인간의 행동이 갈망에서뿐만 아니라 사고를 거친 희망에 의해서도 야기된다고 생각한다. 따라서 특히 인간의 장소운동에는 희망을 통한 장소운동도 있기 때문

---

418 그러나 그는 지식에 대해 다룰 때만 그것을 다른 능력들로부터 분리된 것으로 다룬다 (『영혼에 관하여』 433a 5-7 참조).
419 『영혼에 관하여』 433a 6에 대한 Hicks의 주석.

에 갈망을 통해 그것이 모두 설명되지는 않는다.

아리스토텔레스의 대비가 욕구에 속하는 갈망과 희망에 대한 것이 아니라 전혀 다른 범주에 속하는 갈망과 사고에 대한 것이기 때문에, 그의 입장이 혼란스럽게 보일 수도 있다. 그러나 『영혼에 관하여』 III.10의 글 하나가 여기에서 도움이 되는 듯하다. 아리스토텔레스는 장소운동을 하는 이성적 동물의 장소운동은 희망과 사고 사이의 어떤 관계를 필요로 하며, 이와 마찬가지로 비이성적인 장소운동에서도 갈망과 어떤 것의 관계가 필요하다고 설명한다. 여기에서 '어떤 것'은 무엇을 가리키는가? 아리스토텔레스는 "만약 환타시아 {능력}을 사고의 일종으로 간주한다면"(433a 10)이라는 조건절을 사용해서, 그런 조건하에서는 욕구와 사고를 운동의 근원들로 볼 수 있다고 말한다(433a 9-12). 즉, 이성적 동물의 장소운동은 희망이라는 욕구와 사고가 필요하며, 비이성적 동물의 장소운동은 갈망이라는 욕구와 사고의 역할을 하는 환타시아 능력이 필요하다는 것이다. 이와 같이 환타시아와 사고는 동일한 위치에 있다(『동물의 운동에 관하여』 700b 19-22).**420** 그러나 만약 우리가 갈망과 환타시아의 관계와 희망과 사고의 관계를 받아들인다면, 우리는 또한 감각지각에 항상 환타시아가 수반된다는 것을 받아들여야 할 것이다. 왜냐하면 장소운동 동물들 중에 사고 능력이 없는 동물들에게서는 감각지각 능력이 사고 능

---

420 그러나 환타시아의 위상에 대한 이런 식의 설명은 문제의 소지가 있다. 왜냐하면 아리스토텔레스는 감각적 환타시아 능력이 모든 동물들에게 공통된다는 입장을 취하기 때문이다(『영혼에 관하여』 434a 6; 433b 29-30). 주지하듯이, 이 진술은 환타시아 능력이 모든 동물들에게서 발견되는 것은 아니라는 모순적으로 보이는 진술을 하는 428a 9-11과 관련하여 고찰할 필요가 있다.

력과 유사한 기능을 수행할 것이기 때문이다. 만약 감각지각이 항상 환타시아를 수반하지 않는다면, 그리고 그럼에도 장소운동이 유발된다면, 우리는 환타시아를 수반하지 않는 갈망이나 감각지각 등과 같은 또 다른 심리적 작용에 대해 고찰할 필요가 있다.

여기에서 우리는 그것이 갈망이든 희망이든, 아리스토텔레스가 욕구 능력을 장소운동에 필요한 능력이라 생각한다는 점을 기억하는 것이 중요하다.

> 원동자는 하나이며, {그것은 바로} 욕구대상이다. 만약 원동자가 지성과 욕구의 두 가지라면, 그것들은 어떤 공통된 형상에 따라 운동을 유발할 것이다. 그러나 지금 그렇듯이, 지성은 욕구 없이 운동을 유발하지는 않는 것으로 보인다. (왜냐하면 희망은 욕구의 {일종이기} 때문이다. 그리고 계산에 따라 운동할 때는 또한 희망에 따라 움직여진다.) 반면에 욕구는 계산과 '반대되는 방향으로' 운동을 유발한다. 왜냐하면 갈망은 욕구의 일종이기 때문이다. (『영혼에 관하여』 433a 22–26. 비교:『동물의 운동에 관하여』 701a 31–b 1)[421]

『영혼에 관하여』 III.10에서, 아리스토텔레스는 동물의 장소운동에 필요한 능력들에 대해 논의한다. 그곳에서 그가 욕구의 필요성을 강조하는 것이 마치 그가 욕구 능력을 장소운동의 유일한 근원으로 간주하는 듯한 인상을 주기도 한다. 그러나 지금까지 보았듯이, 그것은 장소운동의 유일한 근원이 아니다. 왜냐하면 그것은 감각지각, 환타시아, 사고 등과 같은 영혼의 다른 능력들이 없이는 장소운동을 유발

---

421 Charles(1984), p.89 참조.

하지 못하기 때문이다.

간단히 말해서, 갈망은 가장 기초적인 형태의 욕구 능력이라 할 수 있다. 그것은 이성적 동물은 물론이고 비이성적 동물에게도 속하기 때문이다. 그러나 동물의 장소운동이 모두 갈망 때문에 유발된 것은 아니다. 이성적인 동물, 즉 인간의 경우에는 이성적인 계산 능력도 가지며, 따라서 인간의 행동은 이성이 관여된 욕구 때문에 유발된 것일 수도 있다. 이와 같이 이성이 관여된 욕구, 또는 이성적인 계산이 가미된 욕구가 앞에서 살펴보았던 희망이다. 이성적인 계산이 관여되지 않은 욕구는 욕구와 사고 사이의 갈등이 필요 없으며(『동물의 운동에 관하여』 701a 28-30), 따라서 행동으로 이어지는 데 걸리는 시간이 더 짧을 것이다. 무엇보다 중요한 점은 욕구가 관여되지 않은 장소운동이란 없다는 점이다. 즉, 감각지각이나 환타시아나 사고는 욕구를 관여하지 않고는 장소운동으로 이어질 수 없다는 것이다. 아리스토텔레스는 간혹 욕구를 통칭하는 오렉시스(ὄρεξις)를 장소운동 능력과 동일시하는 듯이 말하기도 하지만, 그것은 단지 그것이 모든 장소운동에서 발견된다는 의미로 이해해야 한다.[422]

아리스토텔레스가 욕구 능력을 장소운동의 유발에 가장 중요한 능력으로 간주하는 이유가 무엇인가? 그는 모든 동물이 감각지각 능력

---

[422] 그러나 이것은 물론 아리스토텔레스가 동물의 모든 운동에 욕구가 관여된다는 것을 의미하지는 않는다. 이 설명은 자발적 운동(ἐκουσίους κινήσεις)으로 제한되어야 한다. 아리스토텔레스는 잠을 자거나 잠을 깨는 것과 같은 비자발적인 운동(οὐχ ἑκουσίους)은 환타시아와 욕구의 통제하에 있지 않다고 생각한다(『동물의 운동에 관하여』 703b 8-11). 그럼에도 불구하고 『영혼에 관하여』와 『동물의 운동에 관하여』에서 그는 모든 종류의 자발적인 운동이 장소운동은 아니지만 모든 종류의 장소운동이 자발적인 운동임을 승인하는 한편, 그 반대의 경우는 승인하지 않는다.

을 갖는다고 말하지만, 장소운동 동물에게는 다섯 가지 감각을 모두 허용하는 반면에, 장소운동을 하지 않는 동물에게는 근거리 감각 또는 접촉 감각인 촉각과 미각의 두 가지 감각만을 허용한다. 따라서 동물이 감각지각 능력을 가졌다는 것이 그 동물의 장소운동 능력을 보장하지는 못한다. 특히, 장소운동 능력은 근거리 감각이 아니라 원거리 감각을 필요로 한다. 그리고 욕구 능력이 장소운동에 가장 근본적이고 중요한 능력이라고 하지만, 그것만으로는 장소운동을 유발시키기 어렵다. 결과적으로『영혼에 관하여』III.9-10에서 욕구 능력을 장소운동의 유일한 근원이라는 아리스토텔레스의 말을 문자 그대로 받아들이기는 어렵다. 욕구 능력이 하위 능력들을 배제한 개별적인 능력(비교: 433a 22 이하)이라는 표현은 기껏해야 그것이 모든 장소운동에 관여하는 공통된 능력이라는 의미로 이해된다. 그리고 욕구 능력은 장소운동 능력과 동일시될 수 없다. 왜냐하면 욕구 능력을 갖지만 목적 지향적인 장소운동을 하지 못하는 동물들도 있기 때문이다. 만약 욕구 능력이 장소운동이라면, 아리스토텔레스는 지금 당장은 장소운동을 하지 못하는 동물이라 할지라도 언젠가는 장소운동을 할 것이라고 말할 것이다. 왜냐하면 그는 어떤 능력을 가진 것은 방해되지 않는 한 그것이 가진 능력을 분명히 실현하리라고 생각하기 때문이다.

아리스토텔레스 자신이 말하듯이, 결코 실현되지 않는 능력을 갖는다는 것은 있을 수 없는 일이며, 그것은 결국 그 능력을 갖고 있지 않다는 것과 동일한 말이다(『형이상학』1047b 3 이하 참조). 이러한 논의를 통해, 우리는 욕구 능력이 장소운동 능력이 아니라고 결론 내릴 수 있다. 끝으로, 상당히 중요하고도 고민스러운 한 가지 문제는 장소운동 능력과 사고 능력의 위계를 설정하는 문제이다. 즉, 사고가 장소운동의 필요조건으로 간주될 때, 사고 능력은 장소운동 능력보다 하위의 능력으로 간주되어야 하는가 하는 문제이다. 이에 대한 답변은 그렇지 않다는 것이다. 최종 목적이 장소운동이라면, 그것을 위해 이용되는 다른 모든 능력들은 그 최종 목적보다 하위의 것으로 간주된다. 따라서 최종 목적인 장소운동을 위해 감각지각 능력과 욕구 능력, 그리고 사고 능력 등이 필요하다면, 그것들은 모두 장소운동 능력보다 하위의 능력으로 간주되는 것이 적절해 보인다. 한편, 이성적인 삶, 이성을 활용한 삶이 인간의 궁극적인 삶이라고 한다면, 그리고 그것을 위해 장소운동 능력이 필요하다면, 사고 능력 외의 모든 능력들이 그보다 하위의 능력들로 간주되어야 할 것이다.

고착동물에 대한 아리스토텔레스의 생물학적 저술들의 논의에 따르면, 그는 고착동물에게 모든 형태의 장소운동을 부정하는 것이 아니며, 육체 내부의 장소운동을 일부 허용한다는 것을 알 수 있었다. 또한 그는 그것들에 제한된 의미에서 외부의 장소운동을 허용하기도 했다. 따라서 장소운동 능력이 없다고 말해지는 고착동물이 엄밀하게 말하자면 장소운동을 전혀 못 하는 것은 아니었다. 무엇보다도 중요한 점은, 아리스토텔레스가 장소운동 능력을 언급하는 것은 목적지향적인 장소운동과 밀접하게 관련된다는 것이다. 달리 말해서, 고착동물이 장소운동 능력을 갖지 않는다는 것은 그것이 장소운동 능력이 없다고 말해지는 원거리 감각과 육체기관을 갖지 않는다는 것이며, 무엇보다도 그것의 운동이 무규정적인 운동, 즉 정해진 목적이 없다는 의미로 이해된다.

비록 아리스토텔레스가 욕구 능력을 장소운동 능력으로 파악하지만, 우리는 그것이 상당히 느슨한 표현이었다는 결론에 도달했다. 여기에서 우리가 주목할 점은, 첫째, 감각지각이나 환타시아 등과 같은 하위의 다른 능력들은 물론이고, 사고와 같은 상위 능력을 포괄하지 않은 욕구 능력은 결코 장소운동을 유발할 수 없다는 것이다. 둘째, 욕구 능력이 하위 능력들을 포괄한다 할지라도, 그것은 장소운동을 하지 않는 동물들이 왜 목적 지향적이지 않은 운동을 하는지 설명하지 못한다. 만약 욕구 능력이 장소운동 능력과 동일시된다면, 고착 동물들도 장소운동을 할 수 있을 것이다. 왜냐하면 그것들도 분명히 욕구 능력을 갖기 때문이다. 따라서 아리스토텔레스가 『영혼에 관하여』 II.3에서 소개하는 영혼의 장소운동 능력은 분명히 다른 능력들과 구분되는 그 나름대로의 특징과 역할을 갖는 능력이라고 할 수 있다. 지금까지 우리는 장소운동이 무엇이고, 그것을 유발하는 데 영혼의 어떤 능력이 필요한가의 문제를 중점적으로 살펴보았다. 아리스토텔레스는 환타시아가 장소운동을 유발하는 데 아주 중요한 역할을 한다고 말하므로, 그 질문들에 대해 좀 더 완성된 답변을 제시하기 위해서는 우리가 이 장에서 다루지 않은 환타시아에 대한 논의가 더 필요하다. 이제 환타시아의 의미와 역할에 대해 살펴보자.

제5장

영혼의 측면 (2): 환타시아

아리스토텔레스는 때때로 환타시아의 작용이 욕구의 유발과 밀접한 관련이 있다고 강조하며,[423] 따라서 그러한 환타시아의 역할을 충분히 고려하지 않고서는 동물의 장소운동에 대한 설명이 완성될 수 없다고 말하는 듯이 보인다(『영혼에 관하여』 433b 28-30; 『동물의 운동에 관하여』 702a 17-19).[424] 그러나 그의 주장을 (i) 환타시아가 예외 없

---

[423] 아리스토텔레스의 원전에서 '환타시아'가 언급된 부분들에 대해서는 Rees(1971), pp.501-502 참조. 한편, White(1985, p.484)는 "환타시아라는 단어가 플라톤의 대화록들에서 단지 7회 언급되며, 그 이전의 그리스 문헌에서는 발견되지 않는다."라고 지적하고, 또한 "아리스토텔레스가 분명히 그 단어를 규칙적으로 사용했을 뿐만 아니라 그것의 의미를 자세하게 논의했던 최초의 작가였다."라고 강조한다.

[424] 환타시아 개념의 의미와 역할에 대해서는 유원기(2004), pp.293-315와 유원기(2005b), pp.63-92 참조. 그리고 그 개념과 '상상력'이란 현대적 개념과의 비교 논의는 유원기(2005c), pp.25-44 참조. 아리스토텔레스의 환타시아 개념에 대한 해외 연구는 Nussbaum(1978, Essay 5), Schofield(1978), White(1985), Wedin(1988, 특히 II장과 IV장), Frede(1992b), Turnbull(1994), Caston(1996), Papachristou(2013) 등이 있으며, 대부분의 학자가 『영혼에 관하여』를 중심으로 환타시아 개념을 연구하는 반

이 모든 동물의 장소운동에 필요한 조건임을 의미하는 것으로 받아들여야 하는 것인지, 또는 (ii) 그것이 어떤 종류의 장소운동에는 반드시 필요하지만 다른 경우에는 그렇지 않다는 것을 의미하는 것인지는 즉각적으로 분명하지 않다.[425] 따라서 우리는 이 장에서 (i)과 (ii)의 두 가지 해석들 가운데 어떤 것이 그의 주장에 함축되어 있는가를 검토할 것이다.

먼저 해석 (i)을 그 주장에 대한 올바른 해석으로 받아들이는 데는 두 가지 어려움이 있다. 첫째는 아리스토텔레스가 때때로 환타시아 능력을 갖지 않는 어떤 동물이 있다는 것을 인정하는 듯이 보인다는 것이다. 그리고 둘째는 특히 『동물의 운동에 관하여』 6-7장의 몇 부

면, González(2006)는 예외적으로 아리스토텔레스의 『수사학』에 드러난 환타시아의 의미와 기능을 논의한다. 참고로 Silverman(1991)은 플라톤의 환타시아 개념을 논의하며, Watson(1988)은 플라톤과 아리스토텔레스의 '환타시아' 개념으로부터 중세의 '이마기나치오(Imaginatio)' 개념까지 논의한다.

[425] 필자는 환타시아 개념과 관련하여 제기될 수 있는 11가지 의문점을 다음과 같이 제시하고, 그 가운데 일부에 답변한 바 있다(유원기, 2004, 특히 pp.299-301). 그것들은 (1) 환타시아는 청각이나 기타 다른 감각과는 관련이 없고, 오직 시각적인 것인가, (2) 환타시아는 참과 거짓을 판단하는 명제적 판단(propositional judgement)인가 또는 좋고 나쁜 것만을 구별하는 비이성적 판단인가, (3) 환타시아는 감각이나 욕구처럼 그 자체의 독특한 기능을 수행하는 독립된 영혼 능력인가, (4) 환타시아는 감각지각을 통해 받아들여진 자료를 환타스마(φάντασμα)들로 변화시키거나 수정하는 기능을 하는가, (5) 환타시아와 감각지각은 상호 의존적인가, (6) 환타시아와 욕구는 상호 의존적인가, (7) 아리스토텔레스는 감각적 환타시아와 이성적 환타시아라는 두 가지 종류의 환타시아만 인정하는가 또는 또 다른 환타시아가 있는가, (8) 환타시아의 능력을 갖지 않는 동물이 있는가, (9) 환타시아는 사유의 일종이라 할 수 있는가, (10) 동물을 운동하게 만드는 선행 조건은 욕구와 지성으로 충분한가, 아니면 반드시 환타시아를 필요로 하는가, (11) 환타시아는 반드시 욕구보다 선행하는 심리적 작용인가 등이다. 이것들은 환타시아 개념에 대한 논의에서 일반적으로 해소되거나 답변되어야 하는 문제점들로 필자의 2004년 논문(초고는 1999년에 〈한민족 철학자 대회〉 고전철학 분과에서 발표되었음)에 기술했던 바 있다. 필자가 제기한 일부 문제에 대한 논의는 장영란(2004), pp.29-54 참조.

분에서, 그가 감각지각과 사고가 환타시아를 관여시키지 않고 개별적으로도 욕구를 유발할 수 있다는 것을 인정하는 듯이 말한다는 것이다. 만약 이 두 가지 가운데 하나라도 아리스토텔레스가 인정한다는 것이 사실로 입증된다면, 위의 주장을 통해 그가 진정으로 의도했던 해석은 (ii)라고 해야 하며, 반면에 그가 두 가지 모두를 인정하지 않는다면, 위 주장에 대한 올바른 해석은 (i)이라고 해야 한다. 아리스토텔레스의 『동물의 운동에 관하여』에 대한 주석서에서, 너스바움은 동물의 장소운동에서 환타시아의 필요성을 자세히 논의하는데, 그녀는 감각지각과 사고가 환타시아와 아주 밀접한 관계를 갖고 있으며, 그러한 인지 능력들이 환타시아를 관여시키지 않고 욕구를 유발할 가능성은 전혀 없다고 본다.[426] 따라서 그녀는 위 주장에 대한 해석은 (i)이라고 생각한다.

이 장에서 우리는 두 가지 질문에 초점을 맞출 것이다. 첫째, 동물의 장소운동에서 환타시아의 역할은 무엇인가? 그리고 둘째, 그것은 장소운동의 유발에 항상 관여하는가? 첫 번째 질문에 너스바움은 아리스토텔레스의 환타시아 개념은 하나의 대상을 '어떤 종류의 대상(an object of a certain sort)'으로 제시하는 역할을 한다고 주장한다. 즉, 환타시아는 대상을 '5센티미터 크기의 대상', '빨간색의 대상' 등으로 제시한다는 것이다. 그러나 아리스토텔레스에게 있어서, 동물의 욕구가 유발되는 것은 그 동물이 먼 곳에 있는 대상을 5센티미터 크기의 대상이라거나 또는 빨간색의 대상으로 인지하기 때문이 아니라 그것을 쾌락적이거나 고통스러운 대상으로 인지하기 때문이다. 즉,

---

[426] Nussbaum(1978), 특히 pp.232-269.

아리스토텔레스는 동물이 대상을 쾌락적인 것으로 지각하면, 동물의 내부에서는 욕구가 유발되고, 거의 즉각적으로 그것을 향해 운동할 것이라고 생각했다는 것이다.

아래에서 우리는 먼저 환타시아가 하나의 대상을 '어떤 종류의 대상'으로 제시한다는 너스바움의 규정이 본질적으로 틀린 것은 아니지만, '쾌락이나 고통의 대상으로 제시'한다는 것으로 좀 더 구체적으로 수정될 필요가 있다고 주장할 것이다. 그런 뒤에 우리는 환타시아의 필요성에 대한 적절한 해석이 (i)이 아니라 (ii)라는 것을 보게 될 것이다. 즉, 너스바움의 주장과는 달리, 아리스토텔레스는 환타시아를 장소운동에 절대적으로 필요한 조건으로 생각하지 않았다는 것이다. 아래에서 우리는 유충과 같은 일부 동물이 환타시아를 갖지 않는다는 아리스토텔레스의 간헐적인 주장을 먼저 살펴볼 것이다.

이 질문은 동물의 장소운동에 있어서 대상을 쾌락적이거나 고통스러운 것을 제시한다는 환타시아의 역할이 무엇인가라는 질문과 다시 관련된 질문이다. 만약 대상을 쾌락적이거나 고통스러운 것으로 인지하는 능력은 장소운동에 반드시 필요한 능력이며, 따라서 유충이 환타시아 능력이 없이 이와 같은 역할을 하는 다른 어떤 능력을 갖는다면, 그것은 움직일 수 있을 것이다. 실제로 아리스토텔레스는 특히 동물의 후각의 경우에는 환타시아 능력이 없이도 대상을 쾌락적이거나 고통스러운 것으로 지각할 수 있다고 생각하는 것으로 보인다. 만약 이것이 사실이라면, 이것만으로도 너스바움의 주장을 거부하기에 충분한 근거가 되겠지만, 우리는 아리스토텔레스가 동일한 견해를 사고의 경우에도 적용하는 듯이 보인다고 주장할 것이다. 즉, 인간은 환타시아가 없이도 대상을 쾌락적이거나 고통스러운 것으로 식별하거나 또는 오히려 좋거나 나쁜 것으로 판단할 수 있다는 것이다.

1. 장소운동과 환타시아

『영혼에 관하여』 II.3에서, 아리스토텔레스는 영혼의 능력들에 대한 목록과 (상위 능력이 하위 능력을 포괄하는) 그것들의 상호 관계에 관심을 보였다. 그러나 그는 환타시아를 그 목록에 포함시키는 것을 주저하면서 그 문제를 나중에 다루겠다고 약속하면서 논의를 마무리했다(414b 14-15). 이 약속은 그가 다른 인지 능력들을 비교하는 III.3에서 지켜진다. 그곳에서 새로운 논의를 시작하면서, 아리스토텔레스는 우리가 영혼을 규정하는 두 종류의 특징, 즉 (i) 장소운동과 (ii) 사고와 이해와 감각지각에 대해 논의하겠다고 말한다(427a 18-20). 그러나 그는 (i)에 대해서는 아무런 이야기를 하지 않고, (ii)와 환타시아의 연관성에 집중한다. 웨딘(Wedin)이 지적하듯이, III.3에서 아리스토텔레스는 환타시아의 대상들에 대해서는 이야기를 하지 않고 오히려 지각의 대상들과 관련하여 그것이 유발된다는 것에 대해서만 이야기한다.[427] 그곳에서, 그는 각각의 활동에서 환타시아가 구체적으로 어떤 역할을 하느냐는 문제보다 동물의 전반적인 활동에서 그것의 공통된 특징이 무엇이냐는 문제에 관심을 갖고 있는 듯이 보인다.

비록 『영혼에 관하여』 III.10-11과 『동물의 운동에 관하여』 6-8에서, 그가 장소운동에서 환타시아의 역할이 중요하다고 종종 강조하

---

[427] Wedin(1988), p.26. 비교: Frede(1992b), p.281.

지만, 그가 정확히 어떤 종류의 역할을 염두에 두고 있는지는 즉각적으로 분명하지 않다. 따라서 우리는 먼저 장소운동에서 환타시아가 어떤 역할을 하는가의 문제를 주로 살펴볼 것이다. 한편, 환타시아가 동물의 장소운동에 항상 관여하는가의 문제도 즉각적으로 분명하지 않다. 이 문제의 어려움은 아리스토텔레스가 어떤 장소운동도 환타시아가 없이는 가능하지 않다고 말하기도 하고, 그것이 절대적으로 필요한 것은 아니라고 말하는 듯이 보이기도 한다는 데서 제기된다. 우리는 환타시아의 필요성에 대해 서로 모순되는 듯이 보이는 진술들을 『영혼에 관하여』와 특히 『동물의 운동에 관하여』에서 찾아볼 수 있다. 이 진술들을 먼저 살펴보자.

1.1 비일관적인 진술들

아리스토텔레스는 『영혼에 관하여』 III.9-10에서 욕구와 장소운동이 밀접하게 관련된다는 점을 분명히 한다. 그는 III.10에서 다음과 같이 말한다.

> 그러므로 이미 말했던 것처럼, 일반적으로 동물은 욕구 능력을 {갖는} 한에 있어서 스스로 움직일 수 있다.[428] {동물은} 환타시아가 없이는 욕구 능력을 {갖지 않는다}. 모든 환타시아는 계산적이거나 또는 감각적이다.

---

[428] 아리스토텔레스는 『영혼에 관하여』 433b 27-30에서 이와 관련된 이야기를 하는데, 그가 이미 말했던 것은 "욕구를 갖는 한, 동물은 움직일 수 있다."라는 것이며, "스스로 움직인다."라는 주장은 없었다. 이미 보았듯이, 아리스토텔레스의 자기운동자에 관한 논의는 『자연학』 253a 14 이하에 나타난다.

후자는 다른 동물들이 공유하는 것이다.**429** (433b 27-30)

위 인용문에서 아리스토텔레스는 환타시아가 욕구의 필요조건이고, 또한 욕구가 장소운동의 필요조건이라고 말한다. 그는 욕구가 장소운동의 필요조건임을 이전에 언급했던 적이 있으나, 환타시아와 욕구의 관계, 또는 환타시아와 장소운동의 관계에 대해 어디서도 논의한 적이 없었기 때문에 여기에서 환타시아를 욕구의 필요조건으로 언급하는 것은 갑작스럽다. 이제 환타시아는 모든 욕구의 필요조건이고, 따라서 모든 장소운동의 필요조건으로 이해된다(비교:『영혼에 관하여』 423b 15-17).**430** 이와 동일한 형태의 설명이『동물의 운동에 관하여』에서도 제시된다.

이런 이유에서 다른 어떤 것이 방해하지 않는다면, 그것은 앞으로 움직여야 한다고 생각함**431**과 거의 동시에 움직인다. 감정들은 육체부분들을,

---

429 Hett(1936)은 이 인용문의 마지막 문장을 "This latter all other living creatures share besides man(인간을 제외한 모든 생명체들이 공유하는 후자)"라고 번역하나, 이 번역은 오류의 여지가 있다. 왜냐하면 감각적 환타시아는 모든 동물들이 공유하는 반면, 계산적 감각적 환타시아는 인간만이 갖기 때문이다.

430 아리스토텔레스는 이 구절에서 마치 환타시아와 욕구가 서로 무관하게 각각 동물의 장소운동을 유발할 수 있다고 말하는 것처럼 보인다. 언뜻 보면, 이 발언은 위 인용문의 내용과 비일관적으로 보이지만, 이 발언에 심각한 비중을 둘 필요는 없다. 왜냐하면 III.9-10에서 아리스토텔레스는 어떤 장소운동도 욕구가 없이 유발되지는 않는다고 분명히 말하기 때문이다. 다시 말해서, 아리스토텔레스는 모든 동물이 어떤 형태의 것이든 반드시 욕구를 가지며, 그것이 없이는 장소운동이 가능하지 않다고 말하기 때문에, 욕구가 없이 환타시아만으로는 장소운동이 유발될 수 없다는 결론이 나온다. 따라서 너스바움도 동의하듯이(Nussbaum, 1978, p.221), 우리는『영혼에 관하여』 423b 15-17을 "환타시아와 욕구가 장소운동의 충분조건들은 아닐지라도 그것들이 '함께(jointly)' 필요조건들임에는 분명하다."라고 읽어야 한다.

욕구는 감정들을, 환타시아는 욕구를 준비한다. 그리고 환타시아는 사고나 감각지각을 통해 유발된다. (702a 15-19)

이 인용문은 장소운동의 발생 과정을 상세히 설명하고 있다. 여기에서 아리스토텔레스는 사고나 감각지각으로 인해 환타시아가 유발되고, 환타시아로 인해 욕구가 유발되며, 또한 욕구로 인해 감정들이 유발되고 이러한 감정들이 장소운동에 적합한 육체기관을 준비함으로써 마침내 장소운동이 발생한다고 말한다. 그는 욕구를 장소운동의 유발에 직접적인 원인이라고 말한다(701a 34). 특히 주목할 것은 환타시아가 사고 또는 감각지각으로 인해 유발된다고 말해진다는 점이다. 아리스토텔레스의 이 주장은 환타시아를 사고에 관련된 환타시아와 감각지각에 관련된 환타시아라는 두 종류를 구분하고 있는 것으로 볼 수 있으며, 이 해석은 아리스토텔레스가 모든 동물에게 속한 감각적 환타시아와 이성적 존재에게만 속한 계산적 환타시아로 구분하는 『영혼에 관하여』의 진술과 일치한다(『영혼에 관하여』 433b 29-30; 434a 6-7). 이처럼 욕구는 감각지각과 관련된 환타시아나 사고와 관련된 환타시아에 의해 유발된다는 것이다. 다시 말해서, 감각지각이나 사고가 환타시아를 유발하지 않고는 욕구가 유발될 수 없다는 것이다.

431 여기에서 아리스토텔레스는 '생각의 주체'가 누구인지 분명히 밝히지 않는데, '생각'이 인간에게만 가능하다는 점에서 이 인용문의 내용이 인간에게만 적용된다고 생각할 수도 있다. 그러나 그는 장소운동이 이성적인 인간은 물론이고 비이성적인 일부 동물의 특징으로 보고 있으며, 따라서 인용문의 끝부분에서 환타시아가 '사고나 감각지각'을 통해 유발된다는 말을 '(사고 능력을 가진) 인간이나 (사고 능력을 갖지 않은 인간 이외의) 다른 동물'을 지칭하는 것으로 보는 것이 적절해 보인다.

그렇다면 환타시아를 유발하지 않는 감각지각이나 사고는 없다는 것인가? 그리고 그런 감각지각이나 사고가 욕구를 유발하는 경우는 결코 없다는 것인가? 사실상 아리스토텔레스는 몇몇 부분에서 감각지각이나 사고가 환타시아 없이도 욕구를 유발하는 경우도 있다는 것을 인정하는 듯이 보인다. 즉, 환타시아를 관여하지 않고 '감각지각과 욕구' 또는 '사고와 욕구'만으로 장소운동을 유발할 수 있음을 인정하는 듯이 보인다는 것이다.

왜냐하면 어떤 것이 환타시아나 사고를 어떤 목적을 위해 실제로 이용할 때면 언제나 그것은 자신이 욕구하는 것을 즉각적으로 수행하기 때문이다.[432] 왜냐하면 욕구 작용은 물음이나 사고를 대신하기 때문이다. "나는 (음료수를) 마셔야 한다."라고 갈망[433]이 말할 때, 감각이나 환타시아나 사고가 "(음료수가) 여기 있다."라고 말하고, (나는) 즉시 (음료수를) 마신

---

[432] 필자가 여기에서 '어떤 것'과 '그것' 등으로 옮기는 것을 너스바움(1978, pp. 41~42)은 전자의 경우는 생명체 일반 또는 사람을 의미하는 'creature'로, 후자는 사람을 가리키는 'he'로 느슨하게 옮기고 있다. 그리스어 문법에서는 동사를 통해 주어의 수와 인칭을 알 수 있기 때문에 주어가 종종 생략되므로 주어가 정확히 무엇을 가리키는가를 파악하는 것이 어려운 경우가 있다. 위 각주에서 말했듯이, 인용문에 '사고'가 언급된다는 점에서 주어를 인간으로 보는 것이 자연스러워 보이기는 하지만, 인간은 물론이고 동물도 장소운동을 하기 때문에 여기에서 아리스토텔레스가 반드시 인간만을 가리키고 있다고 말하기는 어렵다. 이 인용문의 주어는 인간을 비롯하여 장소운동을 하는 모든 동물을 통칭하는 것으로 이해해야 한다. 더구나 같은 인용문에서 아리스토텔레스는 생물 전체를 통칭하는 '조이온(ζῷον)'이라는 단어를 사용한다는 점에서 그런 이해가 적절해 보인다. 또한 여기에서 '조이온'은 맥락상 인간을 비롯한 모든 장소운동 동물을 가리키는 것이므로, '동물'로 이해하는 것이 적절하다.

[433] 주지하듯이, 아리스토텔레스는 갈망(ἐπιθυμία), 욕망(θυμός), 희망(βούλησις)을 욕구(ὄρεξις)라는 유(類)에 포함되는 종(種)으로 보고 있다. 이와 관련해서는 『영혼에 관하여』 414b 2~3과 『동물의 운동에 관하여』 700b 17~22 참조.

다.[434] 이런 방식으로 동물들은 움직이고 행동한다. 운동의 직접적인 이유는 욕구이며, 이것은 감각지각을 통해 또는 환타시아와 사고를 통해 생성된다.[435] (701a 29-36, 비교: 701b 16-17)

여기에서 아리스토텔레스는 환타시아만이 아니라 감각지각과 사고가 각각 개별적으로 욕구를 유발한다고 말하고 있다. 이 인용문은 장소운동에서 환타시아의 절대적 필요성을 거부하는 것으로 읽히며, 따라서 이전에 인용한 두 구절(『영혼에 관하여』 433b 27-30과 『동물의 운동에 관하여』 702a 15-19)과 내용상으로 모순된 주장을 제시하고 있다. 위 인용문은 환타시아가 항상 감각이나 사고를 통해 유발된다고 주장하는 듯이 보였던 『동물의 운동에 관하여』 702a 15-19의 내용과도 상충한다.

좀 더 자세한 논의가 필요하긴 하지만, 위 인용문(701a 29-36)에 언급된 '음료수 마시기' 사례는 감각지각과 환타시아, 그리고 사고가 각각 '음료수'라는 대상을 제시하여 욕구를 유발할 수 있는 능력들로 소개하고 있다. 아리스토텔레스는 『동물의 운동에 관하여』의 한 부분에

---

434 여기에서 '마시다'로 옮기는 그리스어 'ποτεός'와 'πίνω' 등은 술이나 물을 비롯한 음료 일반을 마시는 것을 의미하며, 괄호 안의 '음료수' 등을 언급한 것은 이해를 돕기 위해 필자가 첨가한 것이다.

435 이 문장은 어떤 대상을 지향하는 욕구가 '감각지각을 통해서(δι᾽ αἰσθήσεως)' 또는 '환타시아와 사고가 (함께) 작용함으로써(διά φαντασίας καὶ νοήσεως)' 발생한다는 것으로 이해된다. 그러나 이렇게 읽게 되면, 그 문장의 내용은 '감각지각, 환타시아 또는 사고'가 서로 관련되지 않고 개별적으로 작용한다고 말했던 앞의 문장들과 다르며, 사실상 그 문장은 이전의 주장들을 약화시키거나 부정하는 것으로 해석된다. 그러므로 인용문의 문장들을 일관되게 만들기 위해서는 '환타시아와 사고(φαντασίας καὶ νοήσεως)'의 'καὶ'를 'ἤ(또는 ἤ διά)'로 대체하고, '환타시아 또는 사고'로 읽어야 한다.

서 환타시아를 감각지각과 사고와 동일한 종류의 인지 능력으로 분류하고, 그것의 역할을 다음과 같이 설명한다.

> 왜냐하면 (환타시아와 감각지각과 사고는) 내가 다른 곳에서 논의했던 것처럼 서로 다르지만, 그것들이 모두 구분을 한다는 점에서 환타시아와 감각지각은 모두 사고와 동일한 위치를 차지하기 때문이다. (700b 19-22. 괄호 안의 글은 필자가 첨가한 것이다.)

환타시아가 구분을 하는 능력이라는 아리스토텔레스의 규정을 어떻게 이해해야 하는가? 그가 염두에 두고 있는 구분이란 어떤 것인가? 이제 이 질문들에 대해 살펴보자.

1.2 환타시아의 의미와 기능

여기에서 우리는 환타시아(φαντασία)의 의미와 기능을 자세히 검토하고, 이를 통해 그 번역이 적절한지, 그리고 우리가 주의할 점이 무엇인지를 살펴볼 것이다. 먼저 환타시아에 대한 아리스토텔레스의 논의는 여러 가지 점에서 혼란스러운데, 가장 우선적인 혼란은 '환타시아'라는 그리스어 단어에 대한 번역에서 시작된다. 그것은 종종 상상(imagination)으로 옮겨지는데,[436] 현대적으로 상상은 심상(mental image, 정신적인 상)이나 잔상(after-image)을 의미하지만,[437] 현존하

---

[436] 유원기(2005c), p.30.
[437] Ishiguro(1966, p.153)는 근대 이후로 '상상(력)'이 다양한 의미로 이해되었을 뿐만 아니라 "상상한다는 것이 무엇인가?"라는 철학적 문제가 아니라 "상상력이 어떻게 작용

는 외적 대상을 지각함으로써 얻어지는 즉각적인 감각 자료라는 의미는 포함하지 않는다.[438] 다시 말해서, '상상'이라는 현대 번역어는 아리스토텔레스가 사용하는 '환타시아'의 의미를 온전히 담고 있지 않다.[439] 무엇보다도 아리스토텔레스는 감각지각의 실질적인 작용이 없을 때는 물론이고 그러한 실질적인 작용이 없을 때에도 환타시아가 있을 수 있다고 생각하는 것으로 보인다(『영혼에 관하여』 428b 26-29).[440] 그는 III.3에서 환타시아를 '우리에게 환타스마를 야기하는 것'(428a 1-2)이자 감각지각 작용의 결과로서 야기되는 일종의 운동(κίν

하는가?"라는 심리학적 문제로 이해했기 때문에, "철학적 탐구의 순수성을 보존"하려는 열망을 가졌던 철학자들이 상상의 문제에 크게 관심을 갖지 않았다고 말한다(유원기, 2005c, p.25에서 재인용). 현대의 "상상력 개념에 대해 제기되는 문제들은 그것이 a) 감각적인가 또는 지성적인가, b) 동물적인가 또는 이성적인가, c) 감정적인가(affective) 또는 인지적인가(cognitive), d) 수동적인가 또는 능동적인가, e) 의지적인가 또는 아닌가, f) 회화적(pictorial, 그림)인가 또는 기술적(descriptional, 진술)인가, g) 재생적인가 또는 창조적인가, h) 항상 거짓인가 또는 아닌가 등"이 있다(유원기, 2005c, p.26 참조; a-d의 문제들은 Scruton, 1994, p.345에서 가져온 것이다).

[438] Modrak(1986), p.47 각주 1; Schofield(1979), p.105.

[439] 유원기(2005c), p.25에 따르면, "환타시아와 상상력은 대상에 대한 경험 또는 관찰을 통해 얻어진 상을 그 대상이 사라진 뒤에 떠올리는 능력을 지칭한다는 공통점을 지닌다. 그러나 아리스토텔레스의 환타시아는 대상이 사라진 뒤에만 작용하는 것이 아니라 대상이 현존하는 상태에서도 작용하는 능력이라는 점에서 현대의 상상력 개념과 근본적인 차이를 지니며, 또한 그것은 단순히 상을 제시하는 데서 그치는 것이 아니라 좋다거나 싫다는 감정을 수반한다는 점에서도 다르다. 특히, 감정을 수반한다는 사실은 장소운동을 유발하는 데 필요한 요소들 가운데 하나로서 환타시아가 수행하는 역할을 분석하는 데서 분명하게 드러난다." 한편, White(1985, p.484)는 오늘날 환타시아가 종종 상상(imagination)으로 옮겨지지만, 환타시아에는 상상 개념이 함축하는 모방(imitation)이나 유사성(resemblance)의 의미 또는 시나 과학 분야의 특별한 통찰력 등의 의미가 담겨 있지 않으며, 또한 상상을 '내부 감각(inner senses)'의 일종이나 '뇌에 위치한 특정한 능력(a specific faculty located in the brain)'으로 탐구하는 것도 아리스토텔레스에게 생소했을 것이라 지적한다.

[440] 비교: Nussbaum(1978), p. 223; Modrak(1987), p. 88; Frede(1992b), p.285.

ησις)으로 정의하며,**441** 또한 그는 "시각이 가장 주된 감각이므로, 환타시아는 화오스(φάος, 빛)로부터 그 이름을 얻게 된다. 왜냐하면 빛이 없이는 볼 수 없기 때문이다."(429a 2-4)라고 말함으로써, 환타시아가 시각과 밀접한 관련이 있음을 밝힌다.

한편, 스코필드(Schofield)의 어원학적인 설명에 따르면, '환타스마(φάντασμα)'는 "'분명히 하다(make apparent)', '보이게 만들다(또는 드러내다, make show)', '제시하다(present)'를 의미하는" 동사 '환타조(φαντάζω)'에서 파생하였고, 환타스마의 근본적인 의미는 "종종 실재하지 않음을 강하게 함축하는" '현상(appearance)'이나 '제시(presentation)'의 의미를 갖는다.**442** 그리고 그는 '나타나다(appear)'를 의미하는 '화이네스싸이(φαίνεσθαι)'**443**라는 동사와 관련된 환타시아도 '환타조'에서 파생했다고 말한다.**444** 이러한 정의에 따르면, 환타스마는 현상을 의미하는 한편, 환타시아는 그런 현상을 나타나게 만

---

441 『영혼에 관하여』 428b 10-17; 429a 1-2; 『잠과 깸에 관하여』 459a 18-19.

442 Schofield(1979), pp.119-120. 비교: Modrak(1987), p.82. Modrak에 따르면, '환타스마(φάντασμα)'라는 단어의 일상적인 용법은 근본적으로 '순수하게 정신적인 재현'과 '외부 대상에 의해 지각하는 자 내부에 생긴 현상'을 모두 가리킨다. 이와 관련해서는 Frede(1992b), p.280; Ross(1949), pp.142-143도 참조. 환타스마에 대한 더 자세한 논의는 Nussbaum(1978), pp.241-255와 Modrak(1987), pp.82-87 참조. Nussbaum(1978, p. 244)과 Modrak(1987, p.84 각주 20)은 모두 플라톤이 '환타스마'라는 단어를 '감각적 현상'만을 가리키는 의미로 사용했다고 지적한다.

443 Schofield(1979), p.103. 그러나 이러한 견해와 달리, Nussbaum(1978, p.222과 pp.241-246)을 비롯한 몇몇 학자들은 '환타시아'의 어원을 '환타조'가 아니라 '화이네스싸이'에서 찾는 한편, "환타스마를 상(象, image)으로 읽고, 환타시아가 상을 재생(representation)하는 역할을 한다는" Schofield의 주장에 일부 동의하면서도, "환타시아를 그런 용도로 사용하는 것은 아리스토텔레스의 "이론에 핵심적인 것 같지는 않다."라고 지적한다." 이와 관련된 더 자세한 논의는 유원기(2005b), pp.66-67 참조.

444 Schofield(1979), pp.105-106 각주 11.

드는 능력으로 이해된다.**445** 그러나 환타스마와 환타시아가 이처럼 현상과 관련된다 할지라도, 그 현상이 환영(phantom)과 비실재적인 현상을 가리키는 것인지, 아니면 현존하는 사물에 대한 실재적인 현상을 가리키는 것인지에 대해서는 논의의 여지가 있다.**446**

『영혼에 관하여』에서 아리스토텔레스는 때때로 심상(mental imagery)이나 재현(representation, 표상)을 의미하는 용어로 환타스마를 사용하는 것으로 보인다.**447** 또한 그는 꿈이나 기억과 같은 경우에 이 용어를 사용하는데, 이것은 환타스마가 심적 재현의 역할과 관련된다

---

445 유원기(2005b, pp.65−66)에 따르면, Frede는 "영어의 사이트(sight)라는 한 단어가 "시각 능력(the capacity to see), 시각 작용(the seeing), 그리고 시각 대상(what is seen)"을 모두 지칭하듯이, 종종 환타시아도 "능력(capacity), 작용 또는 과정, 그리고 소산물(product) 또는 결과", 즉 "(i) 상(象)을 떠올리는 능력(the capacity to experience an appearance), (ii) 상이 나타나고 있는 과정(the ongoing appearance itself), 그리고 (iii) 나타난 상(what appears)" 등의 다양한 의미로 사용되고 있음을 지적한다." 이 내용은 Frede(1992b), p. 279에 제시되어 있으며, 이와 관련하여 Hicks(1907), 428a 2에 대한 주석과 『영혼에 관하여』 III.3의 구절들에 대한 Rees(1971, p.497 이하)의 분석을 비교해 볼 필요가 있다. 한편, Frede(p.280)는 "환타시아의 경우, 아리스토텔레스는 종종 환타스마로 그 소산물을 지칭하기도 하며, 때로는 능력을 가리키는 데 환타스티콘이라는 단어를 이용하기도 한다."(432a 31)라고 말한다. Nussbaum(1978, p.222)이 "환타시아에 관한 아리스토텔레스의 논의에는 정통적인 이론이 없다."라고 평가하는 이유가 아마도 아리스토텔레스가 환타시아나 그와 관련된 용어들을 이처럼 다양한 방식으로 사용하기 때문일 것이다. 이와 반대로, 아리스토텔레스의 환타시아에 대한 전반적인 연구를 수행했던 Wedin(1988, p.23)은 『영혼에 관하여』 III.3이 "상상 자체에 대해 체계적인 설명을 제공해 주고 있다."라는 견해를 강하게 제시한다. 이것은 III.3이 바로 "환타시아에 대한 정통적인 이론"을 보여주는 부분이라는 주장으로 볼 수 있다.

446 Frede(1992b), p.280. 비교: 유원기(2005b), p.67 참조. Nussbaum(1978, p.223)은 "아리스토텔레스에게서 통합적이고 일관된 환타시아 이론을 찾아볼 수 없으며, 환타시아에 대한 그의 언급은 단지 다양한 관찰을 모아놓은 것에 불과하다고 주장한다."

447 예: 『영혼에 관하여』 431a 17; 431b 2 이하; 432a 8−9 등. Hicks(1907), 428a 1에 대한 주석; Schofield(1979), p.104를 볼 것. 비교: Nussbaum(1978), pp.222−223.

는 것을 보여준다. 왜냐하면 잠을 자는 동안에는 감각이 작용하지 않으며, 따라서 꿈속에 나타나는 것이 일차적으로는 감각에 기초한 것이라 할지라도 그것은 외부 대상의 현존을 필연적으로 전제하지 않는 심상임에 틀림없을 것이기 때문이다. 그리고 현존하는 외부 대상을 인지하는 감각들과 달리, "기억은 과거의 것과 관련된다. 누구도 어떤 것이 현존하고 있을 때 그것이 현존하고 있음을 기억한다고 말할 수는 없을 것이다"(『기억에 관하여』 449 이하). 물론 기억의 대상인 과거의 환타스마(즉, 심상)란 기억 속에 재현되고 있는 대상이 현재 존재하지 않음을 함축한다.

환타스마를 심적 재현으로 이해하는 것은 기억의 경우에도 적절해 보인다(예: 『꿈에 관하여』 458b 10 이하). 예를 들어, 늑대 한 마리가 어슬렁거리며 움직이기 시작하는 것이 전날 사냥해서 먹고 남은 고기를 기억하고 그것을 다시 찾아가기 때문일 수도 있다(『기억에 관하여』 456a 24-26). 일반적으로 늑대가 사냥을 시작하는 것은 원거리의 먹이를 포착하고 그 먹이를 잡아먹기 위해 움직이는 것이지만, 전날 잡았던 먹이를 기억하는 경우에는 시각과 같은 원거리 감각이 직접적인 운동의 원인이 아니다. 아리스토텔레스는 기억이나 꿈이 감각을 통해 얻어진 최초의 재료들 또는 정보들이 없이는 가능하지 않지만,[448] 현존하고 있는 대상들에 대한 감각지각의 작용이 없는 상태에서도 기억이나 꿈이 발생할 수 있다는 입장을 취하고 있는 것으로 보인다(예: 449b 24 이하). 그런 경우에 환타스마는 지각된 대상들에 대

---

[448] 비교: 『잠과 깸에 관하여』 456a 25-26; 『꿈에 관하여』 461a 24 이하; 『기억에 관하여』 450a 26 이하.

한 정보를 어느 정도 갖고 있을 수는 있지만, 현존하는 대상들이 있는 경우에 얻을 수 있는 정보와 질적으로나 양적으로 동일한 정보를 갖고 있지는 않을 것이다. 모드락(Modrak)은 환타시아가 (i) "외부의 대상을 왜곡된 형태로 재현"하거나 또는 (ii) 그런 대상을 전혀 재현하지 않을 수도 있다는 점에서, 감각지각과는 다르다고 말한다.[449] 간단히 말해서, "환타시아는 외부 대상이 감각기관을 자극한 직접적인 결과가 아닐 수도 있다. 그러나 감각지각(αἴσθησις)은 반드시 그래야만 한다."[450]라는 것이다. 위에서 이미 보았듯이, 아리스토텔레스의 환타시아 개념의 특징들로서 모드락이 제시하는 (i)과 (ii)는 아리스토텔레스의 용법을 올바르게 설명하고 있는 것으로 보인다.

그렇다면 지금 이 순간 멀리 떨어져 있는 토끼를 잡기 위해 들판을 가로질러 달려가고 있는 늑대의 경우는 어떤가? 이 경우에 대해, 늑대가 전날 사냥에서 토끼를 보았던 것을 기억하기 때문에 지금 토끼를 잡기 위해 달려간다고 말하는 것은 전혀 설득력이 없어 보인다. 늑대는 토끼를 보거나 냄새를 맡거나 또는 움직이는 소리를 듣자마자 즉각적으로 잡기 위해 달리기 시작한다. 『영혼에 관하여』 III.3,

---

449 Modrak(1986), p.52. 비교: Modrak(1987), p.82 이하. 이와 비슷한 관점에서, Schofield(1979, p.106과 p.115)는 환타시아가 우리로 하여금 '비전형적인 경험들(non-paradigmatic experiences)'을 파악하게 해주는 영혼의 독특한 능력으로 간주한다. 그는 "'비전형적인 경험들'을 '이러저러한 방식으로 성공적인 감각지각의 전형적인 경우를 닮았다고 생각될 수 있으나, 그것의 핵심적인 특징들 가운데 하나 또는 여러 가지를 분명히 결여하여 의심스럽거나 조심스럽거나 또는 어정쩡한 현상들(phainetai)을 유발하는 꿈처럼 아주 다양한 경험들과 불분명하거나 혼란스러운 감각자료의 해석"이라고 정의한다. 이러한 스코필드의 주장은 환타시아가 "우리로 하여금 감각적 제시나 유사-감각적 제시(quasi-sensory presentations)를 전반적으로 파악하게 해주는 포괄적인 능력"이라고 보는 사람들에 대한 반론으로 볼 수 있다.

450 Modrak(1986), p.51.

428b 18 이하에 따르면, 아리스토텔레스는 실질적인 감각지각이 작용하고 있는 동안에도 환타시아가 작용할 수 있다고 생각한다. 기억이나 꿈과 같은 경우에는 실질적인 감각지각이 동물의 운동을 유발하는 것이 아니며 감각지각이 대상을 포착하는 작용을 하지 않아도 된다. 한편, 앞에서 말했듯이, 기억의 경우에 동물은 그것이 목표로 하는 대상이나 장소를 향한 방향을 설정하는 데 감각지각을 사용하지만, 감각지각이 동물의 운동을 시작하는 데 반드시 필요한 것은 아니다. 이와 같이 아리스토텔레스는 감각지각과 관련된 환타시아의 두 가지 경우, 즉 (i) 실질적인 감각지각이 작용하는 경우에도 작용하는 환타시아와 (ii) 기억이나 꿈처럼 감각지각의 작용하지 않는 경우에 작용하는 환타시아도 인정하는 것으로 보인다.

감각지각과 환타시아, 그리고 사고를 동일한 선상에 위치시키면서,[451] 아리스토텔레스는 환타시아, 감각지각, 그리고 사고의 본질적인 특징들을 비교했던 『영혼에 관하여』 III.3을 염두에 두고 있는 것으로 보인다. 감각지각과 환타시아를 비교하는 자리에서, 그는 감각지각이 "정확히 그것의 대상과 관련하여 기능하기 때문에"(428a 11-13) 항상 참인 반면에,[452] 환타시아는 "환타시아의 작용에서 정확성의 실수가 있을 수 있기 때문에"(428a 14) 참일 수도 있고 거짓일 수도 있다고 생각한다.[453] 아리스토텔레스가 생각하는 기능이란 외부 대상의 제시를 의미하는 반면, 그가 생각하는 실수란 외부 대상을 왜곡하거나 불충분하게 제시하는 것 또는 재현하는 것을 의미하는 것으로

---

451 위에 인용했던 『동물의 운동에 관하여』 700b 19-22 참조.
452 비교: 『영혼에 관하여』 418a 10 이하; 427b 11-12; 428b 18-19.
453 428a 15; 428a 17-18; 428b 2-3.

보인다. 나중에 그는 대상이 지금 이 순간 현존하고 있다고 해서 환타시아가 그 대상을 정확하게 재현하리라는 것을 반드시 함축하지는 않는다고 말한다.

『영혼에 관하여』 II.6에서 아리스토텔레스는 세 가지 종류의 대상을 구분하는데, 처음 두 가지는 본질적인 대상들(καθ' αὑτά)이라고 말해지며, 세 번째 것은 우연적인 대상(κατὰ συμβεβηκός)이라고 말해진다. 본질적인 대상은 단일한 감각에 의해 지각된 대상(즉, 고유 감각 대상) 또는 하나 이상의 다수 감각들에 의해 지각된 대상(즉, 공통 감각 대상)이다. 공통 감각 대상들에는 운동, 수, 형체, 크기 등이 포함된다. 반면에, 우연적인 대상은 성질이 아니라 사물이나 실체로 지각된 대상을 말한다. 대상들의 차이점에 대한 설명에서, 아리스토텔레스는 디아레스의 아들로 보였던 흰 대상을 예로 제시한다(428a 20–23). 예를 들어, 어떤 대상을 흰 것으로 보는 것은 시각의 본질적인 대상이다. 그러나 먼 곳에 있는 어떤 대상을 디아레스의 아들로 보는 것은 시각의 우연적인 대상이다. 왜냐하면 그 흰 대상이 비너스상으로 밝혀지거나 또는 벽에 그려진 의미 없는 그림으로 밝혀질 수도 있기 때문이다. 아리스토텔레스는 대상의 흰색이 아무런 오류가 없이 눈에 흰색으로 보이리라는 자신의 믿음에 의존하고 있다. 다시 말해서, 그는 감각이 어떤 본질적인 대상들을 지각할 때는 결코 어떤 실수도 범하지 않으리라는 점을 확신하고 있다는 것이다(아래에 인용하는 428b 18–29 참조). 이 견해가 아리스토텔레스로 하여금 흰 대상을 검은 대상으로 보는 것이 감각지각의 오류일 수 없으므로 그것을 검은 것으로 제시하는 다른 어떤 인지 능력이 있음에 틀림없다고 생각하게 만들고 있다. 더 나아가 그는 대상을 잘못 제시하는 오류가 바로 환타시아로

말미암아 발생한다고 생각하고 있다.[454]

이런 견해는『영혼에 관하여』III.3, 428b 18-25에서 좀 더 분명히 드러난다. 그러나 우리는 이러한 아리스토텔레스의 설명과 II.6에서 제시된 설명에는 중요한 차이점이 있다는 점에 주목할 필요가 있다.[455] 아리스토텔레스는 II.6에서 공통 감각 대상들을 촉각과 시각 등의 대상들로 다루면서 그것들은 오류의 여지가 없다고 생각한다. 그러나 그는 III.3에서는 그것들이 오류의 여지가 있다고 주장한다. 그의 주장을 살펴보자.

{첫째} 고유{대상}들에 대한 감각은 참이거나 또는 최소한의 거짓일 {가능성}이 있다. 둘째, 그 {대상}들에 대한 우연적인 {감각이} 있으며, 바로 여기에 오류의 가능성이 있다. 왜냐하면 흰 {대상을 감각하는 데는} 오류가 없지만, 그 흰 것이 이것인가 다른 것인가 하는 데는 오류가 있기 때문이다. 셋째, 고유대상들에 우연적으로 속하는 공통된 것들과 우연적인 것들에 대한 {감각이 있다}. 내가 의미하는 것은, 예를 들어, 운동과 {공간적} 크기이다. 이것들과 관련해서는 감각에 의한 오류가 가장 많다. 실질적인 감각에 의해 발생하는 운동은 세 가지 감각 {가운데 어느 것}에 의해 발생하는가에 따라 달라진다. 첫 번째 경우에는 감각이 현존할 때 참이며, 다른 것들의 경우에는 감각이 현존하든 현존하지 않든 관계없이 거짓이다. 그리고 감각 대상이 멀리 떨어져 있을 때는 특히 그렇다. (428b 18-29)

454 비교: Ross(1949), pp.142-143.
455 비교: Hicks(1907), 428b 18에 대한 주석.

위 인용문의 마지막 구절에서, 아리스토텔레스는 거리가 환타시아로 하여금 대상을 잘못 제시하게 만드는 요소들 가운데 하나일 수도 있다고 주장한다. 예를 들어, 먼 거리에서 여자처럼 보였던 대상을 가까이서 보니 남자임이 밝혀졌다면 환타시아는 대상을 잘못 제시한 것이며, 반면에 그 대상을 가까이서 보니 여자임이 밝혀졌다면 환타시아가 대상을 옳게 제시한 것이다(428a 14-15. 비교: 428b 2 이하의 '태양'의 사례 참조).[456] 또한 아리스토텔레스는 다른 곳에서 시간의 간격이 그런 요소들 가운데 하나일 수 있다고 말한다(『기억에 관하여』 449b 24-30). 그러나 비록 그가 그런 요소들을 환타시아가 대상을 잘못 제시하는 데 대한 이유들로 간주하지만, 그것들이 항상 환타시아로 하여금 대상을 잘못 제시하도록 만들지는 않으리라고 생각할 수도 있다. 환타시아가 멀리 떨어져 있는 대상들을 올바르게 제시할 수도 있기 때문이다.

그와 반대로, 가까운 곳에 있는 외부 대상들이 지금 이 순간 현존하고 있는 경우에도 환타시아가 그것에 대해 잘못된 정보를 제공하는 것도 가능하다. 만약 그렇다면, (시간적일 수도 있고 공간적일 수도 있는) 그러한 인과적 거리는 대상들을 잘못 제시하도록 만들 수도 있

---

456 환타시아의 참과 거짓에 대해 이야기할 때, 즉 환타시아가 대상을 옳게 또는 잘못 제시하는 것에 대해 이야기할 때, 우리는 그것이 반드시 명제적 판단 또는 이성적 판단을 함축한다고 생각해서는 안 된다. 주지하듯이, 그런 종류의 판단은 이성적 능력을 필요로 하지만, 환타시아는 이성을 갖지 않은 동물에게도 가능하기 때문이다(예: 410b 23-24. 비교: 427b 15-16; 432a 10-11). 이런 방식의 이해는 Turnbull(1994), p.323, 그리고 출간되지 않은 Cooper의 논문 'Aristotle on the Ontology of the Senses'에 대한 너스바움(Nussbaum, 1978, p.334)의 인용 참조. 비교: Rees(1971), 특히 pp.498-500.

고 그렇지 않을 수도 있다. 그러나 위의 인용문에서 아리스토텔레스는 대상들이 언제 잘못 제시되는가에 대해 분명히 말하지 않는다. 결과적으로, 비록 아리스토텔레스는 그것들이 거의 항상 있는 그대로 나타나리라고 말하지만, 어떤 경우에 또는 어떤 기준에 의해 본질적인 대상들이 감각들에 올바르게 지각되는가를 판단하기도 어렵다.

지금까지 우리는 대상의 제시(presentation) 또는 재현(representation)에 대해 논의했는데, 그런 논의가 필요한 이유는 무엇인가? 이 질문과 관련하여, 감각지각이 대상을 어떤 방식으로 제시하는가를 먼저 살펴보자. 『영혼에 관하여』 III.2에서 아리스토텔레스는 감각지각의 구별 또는 식별 기능을 언급하면서, 뜨거움과 차가움 또는 흰색과 검은색과 같은 감각적 성질들의 구별을 예로 든다.

각각의 감각은 감각 대상의 주체의 감각이다. 그것은 감각기관이 감각기관인 한에 있어서 그 안에 내재하며, 감각 대상의 주체의 차이점들을 {식별한다}. 예를 들어, 시각은 흰색과 검은색을, 미각은 단맛과 쓴맛을 식별한다. 이것은 다른 경우들에 있어서도 마찬가지이다. 우리는 흰색과 단맛, 그리고 각각의 감각 대상을 각각의 것과 관련하여 식별하는데, {그것들이} 다르다는 것을 무엇에 의해 지각하는가? 필연적으로 감각에 의한 것이다. 왜냐하면 그것들은 감각 대상들이기 때문이다. (426b 9 이하, 비교: 431a 20-431b 1)

감각지각으로 인해, 동물은 상반자들(즉, 상반된 것들)을 구별할 수 있다. 위 인용문에서 감각지각의 대상들로 언급된 상반자들은 감각적 성질들이다. 서로 다른 감각들은 서로 다른 성질들을 대상으로 한다. 예를 들어, 흰색과 검은색과 같은 색깔들은 시각의 대상들이며, 단맛과 쓴맛과 같은 맛은 미각의 대상들이다. 각각의 감각은 한 가지 이상의 상반된 성질들을 구별한다(비교: 418a 14). 위 인용문에서 아리스토텔레스는 대상들의 제시가 반드시 사물들이나 실체들의 제시를 의미한다고 생각하는 것처럼 보이지는 않는다. 사실상 그는 그런 제시가 공통 감각 대상들에 포함되며, 따라서 그것은 하나의 감각이 아니라 다수의 감각에 의한 작용이라고 생각한다. 이와 같이 각각의 감각은 그것에 적절한 상반자들을 구별함으로써 감각적 성질을 동물에게 제시한다.

환타시아와 사고는 어떤가? 동물은 그것들을 통해 감각지각을 통해 하는 것과 동일한 종류의 구별을 하는가? 만약 그렇지 않다면, 그것들은 어떤 종류의 구별을 하는가? 다시 말해서, 환타시아와 사고가 감각 경험에 토대를 두고 있다는 것을 인정할 때, 그것들도 대상들을 단것이나 쓴 것, 또는 뜨거운 것이나 차가운 것으로 제시하는가? 아리스토텔레스는 환타시아를 통해 사고에 대해 설명하는 『영혼에 관하여』III.7-8에서 그 질문을 다룬다.

그러나 감각 대상들인 {공간적} 크기들을 제외한 어떤 사물들도 분리되어 존재하지 않으므로, 사고 대상들은 감각 대상들의 형상들 안에, 즉 추상적으로 말해지는 것들 안에, 그리고 감각 대상들의 성향과 영향받음 안에 내재한다. 그렇기 때문에, 아무것도 감각되지 않았다면, 아무것도 배우거나 이해할 수 없다. 그리고 숙고할 때는 반드시 어떤 환타스마들**457**을 동

---

457 이 책에서 사용된 용어의 일관성을 위해, 유원기 역주(2001), p.234의 인용문에 언급

시에 숙고해야 한다. 왜냐하면 심상들은 질료가 없다는 점을 제외하고는 감각상들과 유사하기 때문이다. (432a 4-9)

환타스마들(φαντάσματα), 즉 숙고의 대상인 심상들에 "질료가 없다(πλὴν ἄνευ ὕλης)"는 말은 그것이 달콤함이나 씁쓸함처럼 추상화된 형태의 감각적 성질들을 표현하는 것으로 이해할 수 있다. 환타시아가 "우리 안에 환타스마를 발생하게 해주는 것"이란 아리스토텔레스의 말은 그것이 바로 우리 안에 그런 추상적인 성질들을 제시해 주는 능력임을 말해주는 것으로 보인다. 그렇다면 환타시아는 그런 환타스마들을 누구에게 제시해 주는 것인가? 환타시아 능력이 비이성적인 동물들에게도 속한다는 점을 고려한다면, 환타스마는 반드시 사고의 대상만을 일컫는 것이 아니다. 따라서 환타스마는 단지 환타시아의 대상이라는 것을 의미할 뿐이고, 환타스마가 추상화된 형태의 감각적 성질이라는 말을 마치 환타스마를 갖기 위해서는 인간의 추상화 능력과 같은 고도의 능력이 필요하다는 말로 이해할 필요는 없다. 최소한 여기에서 우리는 환타시아와 사고가 추상화된 형태의 감각적 성질을 대상으로 한다는 사실을 알 수 있다.[458]

된 '심상'이란 번역어를 '환타스마'라는 원어 발음으로 대체한다.

[458] 비교: Ross(1961), 432a 1-3과 432a 3-6에 대한 각주. 그러나 그는 사고가 "다양한 도덕적 덕 등의 개념들과 같은 고도의 추상화를 통해 파악될 수 있는 개념들"을 조작할 수도 있다는 점에서 그것들을 구분하는 것으로 보인다.

1.3 장소운동에 있어서 환타시아의 역할

감각지각, 환타시아, 그리고 사고가 모두 대상의 제시와 관련된다는 아리스토텔레스의 견해는 그것들이 질적 변화를 야기한다고 그가 말하는 『동물의 운동에 관하여』 701b 16-19에서 찾아볼 수 있다. 그러나 감각지각과 달리, 환타시아와 사고는 외부 대상의 현존을 전제하지 않지만, 그럼에도 불구하고 그것들이 제시하는 대상들은 육체 내부에 실질적인 변화를 산출한다.[459] 앞에서 우리는 이성적인 동물의 경우에 어떤 것을 생각하는 것이 항상 행동으로 이어지지는 않으며, 그의 행동이 비이성적인 욕구(갈망)의 작용에 의해 방해될 수도 있다는 것을 보았다(『영혼에 관하여』 433a 1-4). 그렇지만 이것은 사고가 육체적 영향받음을 유발하는 두려움이나 쾌락과 같은 감정을 동반하지 않는다는 말은 아니다(427b 21-24; 『동물의 운동에 관하여』 701b 19 이하). 사고는 그런 감정들을 동반한다. 그러나 사고가 '항상' 감정을 동반한다고 아리스토텔레스가 생각했는가는 분명하지 않다. 한편, 환타시아와 관련하여, 그는 "우리가 단순히 상상만 할 때, 우리는 무섭거나 고무적인 장면을 담은 그림을 바라보는 사람들처럼 아무런 영향을 받지 않은 채로 있다."라고 말한다(『영혼에 관하여』 427b 23-24).

『동물의 운동에 관하여』 702a 17-19를 자세히 검토한 뒤에, 그것을 『영혼에 관하여』 413b 22-24와 414b 3-5에 언급된 쾌락과 고통과 같은 감정들에 대한 진술을 비교해 보면, 아리스토텔레스는 두 가

---

[459] 『동물의 운동에 관하여』 701b 19 이하. 비교: 703b 18-20; 『영혼에 관하여』 429a 23-24.

지 유형의 영향받음, 즉 환타시아로 인한 영향받음과 욕구로 인한 영향받음, 또는 달리 말해서, 욕구의 유발과 관련된 영향받음과 장소운동에 필요한 적절한 육체기관들의 배열과 관련된 영향받음을 염두에 두고 있는 것으로 보인다. 그는 이 문제를 어디에서도 명시적으로 다루지 않는다. 그러나 만약 우리의 해석이 맞는다면, 그것은 아리스토텔레스가 왜 장소운동을 하지 않는 동물들이 환타시아와 욕구 능력을 갖고 있음에도 불구하고 목적 지향적인 장소운동을 할 수 없다고 생각하는가에 대한 또 다른 단서를 우리에게 준다고 할 수 있다. 장소운동은 그에 필요한 적절한 육체기관들의 배열을 위한 어떤 영향받음들을 필요로 한다. 그러나 아리스토텔레스는 장소운동을 하지 않는 동물들이 원거리 감각들을 갖지 않는다는 점 이외에도, 그것들의 무목적적인 환타시아가 장소운동에 필요한 육체기관들을 배열하는 데 필요한 감정들을 유발하지 못한다고 말하고자 했을 가능성이 있다. 만약 그렇다면, 아리스토텔레스는 다른 운동에서 환타시아에 부여했던 것과는 다른 특별한 어떤 역할을 장소운동에서 환타시아에 부여하고자 했던 것으로 볼 수 있을 것이다.[460]

여기에서 우리가 제기할 질문은 만약 욕구가 장소운동의 직접적인 이유라면(『동물의 운동에 관하여』 701a 34-35), 욕구의 직접적인 이유는 무엇인가라는 질문이다. 『영혼에 관하여』 III.7에서 아리스토텔레스는 (장소운동을 위한 적절한 육체기관들을 배열하는) 욕구를 유발하기 위

---

460 따라서 필자는 아리스토텔레스가 장소운동에 대한 설명에서 환타시아에 부가적인 어떤 기능을 부여하고자 했다고 생각하는 모드락에 동의하지만, 그것의 기능이 "욕구를 특정한 대상에 초점을 맞추도록 하는 것"이라는 규정에는 동의하지 않는다(Modrak, 1986, p.59 이하; 1987, pp.95-99).

해 대상을 좋거나 나쁜 것으로 인지하는 능력을 반드시 가져야 한다고 분명히 말한다(『영혼에 관하여』 431b 10-12. 비교: 『동물의 운동에 관하여』 702a 15-19). 다시 말해서, 하나의 대상을 좋거나 나쁜 것으로 보는 것은 동물이 도대체 왜 움직이는가 하는 질문과 밀접하게 관련된다. 그러나 대상을 쾌락적이거나 고통스러운 것으로 인지하는 것은 비이성적인 동물이나 이성적인 동물에게 공통적으로 속한 능력이지만, 대상을 좋은 것이나 나쁜 것으로 인지하는 것은 이성적 존재자들에게만 속한 능력이다. 따라서 감각지각 능력만을 지닌 비이성적인 동물들은 대상들을 단지 쾌락적이거나 고통스러운 것으로 지각한다(『영혼에 관하여』 431b 2-9. 비교: 431a 8 이하 참조).

　욕구가 어떤 대상에 대한 욕구임에는 의심의 여지가 없다. 그러므로 우선적으로 동물은 하나의 대상을 어떤 감각적 성질을 가진 대상으로 제시하는 능력을 반드시 가져야 한다. 그러나 그런 성질을 지각하는 것으로는 동물들로 하여금 운동하게 만들기에 충분하지 않다. 무엇보다 중요한 것은 그 대상들을 쾌락적이거나 고통스러운 것으로 제시하는 부가적인 능력을 반드시 가져야 한다는 것이다. 하지만 성질을 지각하는 작용과 대상을 쾌락적이거나 고통스러운 것으로 인지하는 작용이 두 가지 서로 다른 영혼의 능력에서 나오는지, 아니면 하나의 동일한 능력에서 나오는지 아직 분명하지 않다. 앞에서 인용한 『동물의 운동에 관하여』 701a 29-36의 '음료수 마시기' 사례에서, 아리스토텔레스는 물과 같은 음료수가 (인간을 비롯한) 동물의 운동을 야기하는 목적이라고 생각한다. 그러나 동물이 물을 물로 간주하기 때문에 운동하는 것이 아니다. 물론 인간이나 동물이 운동하기 위해서는 우선적으로 자신에게 대상을 제시하는 능력을 갖고 있어야 한다. 그러나 그것만으로는 동물의 운동을 유발하기에 충분하지 않다. 만약 동물이 어떤 대상을 그런 대상으로만 지각한다면, 그것을 목적으로 삼는 운동이 시작되지 않는다는 것이다. 무엇보다 중요한 것은 그 대상이 추구할 만한 가치를 갖는 것으로 간주되어야 한다는 것이다. 다시 말해서, 그 대상이 쾌락적인 것으로 지각됨으로써 욕구할 만한 목적으로 간주될 때, 동물이 그것을 추구하기 위한 운동을 시작한 것이다.

그렇다면 대상을 쾌락적인 것이나 고통스러운 것으로 해석하는 능력은 무엇인가? 아리스토텔레스는 감각적 성질들을 쾌락(ἡδονή)과 고통(λυπή)이라는 감정을 포함한 대상들로 해석하는 능력을 환타시아에 부과하는 듯 보인다. 환타시아와 그런 감정들을 처음으로 연결시킨 부분은 아리스토텔레스가 영혼의 다양한 능력과 그 능력들의 상호 관계에 대해 논의하는 『영혼에 관하여』 413b 22-24에서 찾아볼 수 있다. 그곳에서 그는 감각지각이 환타시아와 욕구를 동반한다고 주장하고 나서, '환타시아'라는 단어가 있던 자리에 '쾌락과 고통'이라는 단어를 대체해 넣고 같은 이야기를 반복한다. 따라서 이 단락은 아리스토텔레스가 환타시아와 쾌락과 고통 같은 그런 감정이 밀접하게 관련된다고 생각하고 있음을 보여준다고 할 수 있다.

또한 414b 3-6의 내용도 그런 해석을 뒷받침한다. 이 단락에서 아리스토텔레스는 환타시아를 언급하지도 않고, 대상을 쾌락적인 것이나 고통스러운 것으로 제시하는 것만으로도 충분히 욕구가 유발된다고 말하고 있다. 만약 이 두 구절, 즉 413b 22-24와 414b 3-6을 이런 방식으로 해석한다면, 우리는 『영혼에 관하여』 433b 28-29와 『동물의 운동에 관하여』 702a 15-19도 동일한 의미를 담고 있는 것으로 해석할 수 있다. 이 두 곳에서도 아리스토텔레스는 쾌락과 고통을 언급하지 않고, 환타시아가 욕구의 필요조건이라고 말한다. 일반적으로 감각지각은 환타시아를 유발하고, 환타시아는 다시 욕구를 유발한다. 그러나 욕구는 어떤 대상을 그런 크기와 색깔과 촉감 등을 가진 대상으로 해석함으로써 추구하는 것이 아니라, 그 대상을 쾌락적인 것이나 고통스러운 것으로 해석함으로써 추구하게 된다는 것이다. 만약 동물이 외부 대상을 지각함에 있어서 대상을 쾌락적인 것과 고통스러운 것으로 식별하는 능력을 갖지 못한다면, 욕구가 유발되지 않을 것이다. 이 결론은 아리스토텔레스의 다양한 진술들을 토대로 하여 도출된 설득력 있고 생각해 볼 만한 가치가 있는 (필자가 보기에 '강력한') 하나의 해석이며, 사실상 이런 주장을 하는 아리스토텔레스의 직접적인 발언은 그의 저술에서 발견되지 않는다. 아리스토텔레스가 대상을 쾌락적인 것과 고통스러운 것으로 해석하는 능력을 환타시아에 부여했다는 그의 명시적인 진술을 찾을 수는 없다는 것이다. 그러나 우리가 위에서 제시한 해석은 몇 가지 장점을 갖고 있다. 특히, 장소운동에 대한 그의 설명에 따르면, 욕구를 유발하기 위해서는 쾌락과 고통이라는 감정들이 반드시 있어야 하는데, 이 해석이 바로 이런 그의 견해를 강력하게 뒷받침해 준다.[461]

이미 언급했듯이, 욕구만으로는 그런 감정들이 유발되지 않으며, 욕구의 역할은 욕구할 만하다고 판단된 대상을 목표로 삼는 것이지, 그것 자체가 어떤 대상을 해석하는 역할을 하는 것은 아니다. 다시

---

[461] 비교: Turnbull(1994, p.319)은 환타시아를 전적으로 "수동적이거나 표상적인 형상"으로 규정하는데, 필자의 해석에 따르면 환타시아는 그가 거부하는 "능동적이거나 식별하는 능력"으로 이해되어야 한다는 것이다.

말해서, 욕구가 그런 감정들을 유발하는 것이 아니라 그런 감정들이 욕구를 유발한다는 것이다. 따라서 욕구가 어떤 대상을 욕구할 만한 목표로 삼기 전에, 그 대상이 목표로 삼을 것인지 아닌지를 판단하는 해석이 있어야 하며, 아리스토텔레스가 이런 역할을 환타시아에 부여하고 있다는 것이다. 그러나 이것은 환타시아가 대상을 쾌락적이거나 고통스러운 것으로 해석하는 유일한 능력이라고 말하는 것은 아니다.

아리스토텔레스가 그런 역할을 감각지각이나 사고와 같은 다른 인지 능력들에 허용했을 수도 있다는 것이 전혀 불가능한 생각은 아니기 때문이다. 만약 아리스토텔레스가 대상을 쾌락적인 것이나 고통스러운 것으로 해석하는 역할을 감각지각이나 사고 가운데 하나 또는 둘 모두에게 부여했다면, 환타시아만이 욕구를 유발한다는 말은 잘못된 주장일 것이다. 만약 쾌락과 고통이 욕구의 유발을 위한 필요조건이며, 따라서 아리스토텔레스가 감각지각이나 사고 가운데 하나 또는 둘 모두에게도 그런 역할을 부여했다면, 환타시아 외에도 감각지각이나 사고도 욕구를 유발할 수 있을 것이며, 그렇게 되면 결국 환타시아가 없이도 욕구가 유발될 수 있다는 결론이 나온다.

지금까지 필자는 동물의 장소운동에 초점을 맞출 때, 환타시아는 대상을 단순히 달콤한 것이나 녹색의 것 등으로 제시하는 것이 아니라 쾌락적이거나 고통스러운 것으로 제시해야 한다고 주장했다.[462] 아리스토텔레스가 이런 역할을 환타시아에만 부여했는가에 대해서는 더 자세한 논의가 필요하다. 만약 그런 역할을 환타시아에만 부

---

462 환타시아가 대상을 달콤한 것이나 녹색의 것 등으로 제시할 수도 있으나, 중요한 것은 그것이 장소운동과 관련하여 대상을 쾌락적이거나 고통스러운 것으로 해석하는 역할도 한다는 것이다.

여했다면, 우리는 최소한 환타시아가 장소운동에 있어서 절대적으로 필요한 조건이라는 너스바움의 주장을 받아들일 수밖에 없을 것이다. 아래 (4)와 (5)에서는 환타시아의 역할에 대한 너스바움과 모드락의 견해를 각각 좀 더 자세히 살펴볼 것이다.

1.4 환타시아에 대한 너스바움의 견해

너스바움은 아리스토텔레스가 감각지각과 환타시아의 밀접한 관계를 강조하는 『영혼에 관하여』432a 31과 『꿈에 관하여』459a 15 이하(비교: 428b 11-429a 2) 등에 초점을 맞춘다. 예를 들어, 459a 15 이하에서 아리스토텔레스는 환타시아와 감각지각은 동일한 능력이지만, 그것들의 존재(εἶναι)가 다르다고 말한다. 너스바움은 이 내용을 "두 가지 작용이 동일한 능력에 기초한다는 것이 아니라 두 가지 능력이 동일하다는 것이며, 하나로 추적 가능한 작용들이 어떤 설명에서는 다른 하나로 추적될 수 있다."라는 의미로 이해한다.[463] 다시 말해서, 아리스토텔레스는 환타시아와 감각지각을 하나의 동일한 능력으로 간주하지만 어떤 작용에 초점을 맞추느냐에 따라 다른 방식으로 기술된다고 생각한다는 것이다. 이렇게 해서 그녀는 아리스토텔레스의 환타시아가 '심상(image)'이 아니라 '나타나는 것(appearing)' 또는 '-로서 보는 것(…seeing as)'을 의미한다고 결론짓는다.[464] 즉,

---

463 Nussbaum(1978), p.235. 그녀는 동일한 능력이지만 존재가 다르다는 아리스토텔레스의 표현에 대한 사례들로 『형이상학』1066a 33; 『영혼에 관하여』425a 25; 425b 25, 『기억에 관하여』450b 21 등을 제시한다.

464 이 규정에 대해서는 Ishiguro(1966), pp.176-177 참조. 이것은 상상력(imagination)

환타시아가 감각을 통해 얻어진 자료를 해석하는 역할을 한다는 것이다. 다시 말해서, 그녀는 감각지각의 역할이 대상을 제시하는 것이고, 환타시아의 역할이 그것을 해석하는 것이며, 이렇게 함으로써 환타시아가 동물의 모든 장소운동에 관여한다고 말해질 수 있다고 본다.

너스바움은 동물이 장소운동을 하기 위해서는 동물에게 대상을 제시하는 능력과 그렇게 제시된 대상을 욕구될 것으로 또는 욕구되지 않을 것으로 해석하는 능력이 필요하다는 점을 분명히 한다.[465] 그러나 그녀는 감각에 의해 지각된 외부 대상이 단지 그 자체의 성질을 전혀 갖지 않은 대상으로 제시되는 반면에, 환타시아는 그것의 성질을 x나 y로 해석한다고 생각하는 것으로 보인다. 그녀는 이와 같은 x와 y를 감각적 성질들로 이해하고 있다. 그녀는 환타시아의 역할을 '대상을 어떤 종류의 것으로 보는 것'으로 규정짓고, 이것이 그 대상을 추구의 대상이나 회피의 대상임을 함축한다고 생각한다.[466] 그러나 환타시아에 대한 그녀의 규정은 아리스토텔레스가 그것에 부여하고자 했던 역할을 충분히 보여주지 못한다. 왜냐하면 예를 들어 동물이 하나의 대상을 '어떤 크기의 대상으로 보는 것'[467]은 그 동물이 왜 장소운동을 하는가를 설명하지 못하기 때문이다.

반복해서 강조했듯이, 아리스토텔레스에게는 쾌락이나 고통이라

에 대한 현대적인 개념 규정 가운데 하나로서, Nussbaum(1978, p.230)은 "'…로서 봄(seeing as)'이란 표현을 언급했던 것은 비트겐슈타인이지만, 그것을 상상력의 기능으로 적용한 것"이 바로 Ishiguro였다고 말한다(유원기, 2005b, p.68 각주 22 참조).

465 Nussbaum(1978), p.232. Nussbaum(1983), p.137도 참조.
466 Nussbaum(1978), p.246.
467 Nussbaum(1978), p.249.

는 감정이 없이는 어떤 장소운동도 유발되지 않는다. 즉, 아리스토텔레스에게 욕구는 쾌락적인 어떤 것에 대한 욕구이다. 다시 말해서, 동물의 욕구는 하나의 대상을 단순히 3센티미터 길이의 대상이나 빨간색의 대상 등으로 본다고 해서 유발되는 것이 아니며, 그 대상을 쾌락적인 것이나 고통스러운 것이라고 봄으로써 유발되는 것이기 때문이다. 그런 감정으로 해석되지 않은 감각적 성질들을 지각하는 것은 동물의 운동으로 이어지지 않는다. 따라서 동물이 쾌락적인 것이나 고통스러운 것을 추구하기 위해서는 대상을 쾌락적인 것이나 고통스러운 것으로 제시하는 어떤 능력을 가져야만 한다. 그렇기 때문에, 앞 절에서 주장했듯이, 우리는 환타시아의 역할이 대상을 단지 어떤 종류의 것이라고 느슨하게 인지하는 것이 아니라 그 대상을 쾌락적인 것이라거나 고통스러운 것처럼 구체적인 대상으로 인지한다고 봐야 한다.

주지하듯이, 환타시아에 대한 너스바움의 규정은 그것의 역할을 감각지각의 역할과 구별하기 위한 것이다. 따라서 그녀는 동물의 장소운동이 유발되기 위해서는 두 가지 능력이 모두 필요하다고 주장하며, 이렇게 해서 환타시아가 장소운동에 절대적으로 필요한 조건이라고 결론 내리게 된다. 환타시아의 역할이 대상을 쾌락적인 종류의 것이나 고통스러운 종류의 것으로 해석하는 것이라고 가정할 때,[468] 그녀의 주장은 다음과 같이 구성될 수 있을 것이다. 첫째, 감각지각이 작용할 때, 그것은 대상을 욕구에 제시한다. 그러나 그것 "자체만으로는 대상을 제시하여 동물로 하여금 운동하도록 만들기에

---

468 주지하듯이, 너스바움은 환타시아를 이런 식으로 해석하지 않는다.

는 불충분하다."[469] 따라서 장소운동이 유발되기 위해서는 대상을 쾌락적이거나 고통스러운 것으로 해석하는 어떤 능력이 있어야 한다. 감각지각과 환타시아 능력을 모두 갖는 동물의 경우에 있어서, 만약 감각지각의 역할이 감각적 성질을 가진 대상을 있는 그대로 제시하는 것이라면, 환타시아는 그 대상을 쾌락적인 것이나 고통스러운 것으로 해석하는 것이다. 한편, 감각지각이 작용하지 않을 때, 장소운동에서 환타시아는 대상을 단순히 제시하는 역할만 하는 것이 아니라 쾌락적인 것이나 고통스러운 것으로 해석하는 역할도 한다. 이처럼 환타시아는 이중적인 역할을 수행한다는 것이다.[470]

그러나 너스바움의 주장이 아무리 타당해 보인다 할지라도, 그것은 두 가지 중요한 점을 희생함으로써 가능하다. 첫째, 그것은 장소운동을 하는 일부 동물들이 환타시아를 갖지 않는다는 아리스토텔레스의 견해와 상충한다.[471] 만약 그가 정말로 이런 견해를 갖고 있었다면, 환타시아는 욕구와 장소운동을 유발하는 데 절대적으로 필요한 것이 아니라는 것은 분명하다. 왜냐하면 그런 동물들은 환타시아가 없이 감각지각 능력만을 갖고 있음에도 불구하고 여전히 장소운동을 할 수 있기 때문이다. 둘째, 결과적으로 그것은 또한 아리스토텔레스가 감각지각과 사고 가운데 하나 또는 둘 모두가 환타시아를 갖지 않고도 욕구를 유발할 수 있다고 생각했을 가능성을 부정한다. 이런 문제들은 아래의 2절에서 논의될 것이다. 그에 앞서 환타시아에 대한 모드락의 견해를 살펴보자.

---

[469] Nussbaum(1978), p.256.
[470] Nussbaum(1978), pp.259-260.
[471] 비교: Nussbaum(1978), p.236.

1.5 환타시아에 대한 모드락의 견해

모드락(Modrak)은 장소운동에서 환타시아는 행위주체로 하여금 "만족스러운 대상"을 선택할 수 있게 해주는 역할을 수행한다고 주장한다.[472] 그녀는 다음과 같은『동물의 운동에 관하여』의 글을 인용한다.

> 나는 입을 것이 필요하다. 외투가 입을 것이다. 나는 외투가 필요하다. 내가 필요한 것을 나는 만들어야 한다. 나는 외투가 필요하다. 나는 외투를 만들어야 한다. 그리고 "나는 외투를 만들어야 한다."라는 결론이 행위이다. 그리고 그는 처음의 것으로부터 행위한다. 만약에 외투가 있어야 한다면, 반드시 그것이 있어야 하고, 그것이 있다면, 또 저것이 있어야 한다. 그리고 그는 이것을 즉시 행동으로 옮긴다. (701a 17-22)

이미 보았듯이, 동물의 운동을 야기하기 위해서는 쾌락적인 것과 고통스러운 것이 먼저 구별되어야 하며, 동물은 쾌락적인 것을 추구하고 고통스러운 것을 회피한다. 욕구는 바로 쾌락적인 것을 추구하는 능력이자 고통스러운 것을 회피하려는 능력이다. 따라서 동물의 욕구가 어떤 대상을 추구할 것이고 어떤 대상을 회피할 것인가를 결정하기 전에, 그 대상이 쾌락적인 것이나 고통스러운 것으로 지각되어야 하며, 따라서 동물이 그런 능력도 가져야만 한다는 것은 분명하다. 대상을 쾌락적인 것이나 고통스러운 것으로 해석하는 능력이 주

---

[472] Modrak(1987), p.96.

어진 대상을 항상 올바르게 해석해야 하는 능력으로 이해될 필요는 없다.[473] 만약 고통스러운 것을 쾌락적인 것으로 잘못 해석했다면, 그것을 인지하는 즉시 추구하는 동작을 멈추고 회피하는 동작을 취할 것이기 때문이다.

모드락은 이 설명에는 여전히 무언가가 빠져 있다고 생각한다. 즉, 동물로 하여금 이 대상을 선택하는 반면에, 다른 대상을 선택하지 않게 만드는 어떤 것에 대한 부가적인 설명이 있어야 한다는 것이다. 여기에서 이것 대신 저것을 선택한다고 할 때, '이것'과 '저것'은 상반된 가치를 갖는 것들을 의미하는 것이 아니라 동등한 가치를 갖는 것들을 의미한다. 위 인용문에서는 인간에 의한 이성적 선택의 사례를 보여주고 있는데, 그 선택은 좋은 것이나 나쁜 것(또는 쾌락적인 것이나 고통스러운 것) 가운데 하나를 선택하는 것이며, 동일하게 좋은 것들이나 동일하게 쾌락적인 것들 가운데 하나를 선택하는 것이 아니다. 외투를 만들어야겠다는 결론에 도달하게 된 과정은 입을 것에 대한 욕구에서 시작된다. "나는 춥다. 나를 따뜻하게 해줄 어떤 것이 필요하다. 외투가 그런 어떤 것이다. 따라서 나는 외투를 만들어야 한다."라는 식의 설명에는 외투를 선택하는 데 있어서 어떤 이성적인 과정이 필요한 듯이 보인다. 그러나 위의 사례를 반드시 이성적인 판단 과정으로 볼 필요는 없다.

내가 춥다고 느끼는 것과 입어야 할 어떤 것을 추구하는 과정을 비이성적인 과정으로 다음과 같이 재구성해 볼 수 있을 것이다. "나는

---

473 앞에서 보았듯이, 아리스토텔레스는 감각지각이 대상을 항상 올바르게 인지하는 반면에, 환타시아는 대상을 올바르게 인지할 수도 있고 잘못 인지할 수도 있다고 생각한다.

춥다. 추운 것은 고통스러운 것이며, 회피해야 할 것이다. 따라서 나를 따뜻하게 해줄 어떤 것이 필요하다."라는 식의 표현으로 바꾸어 볼 수 있을 것이다. 또한 "내가 필요한 것을 나는 만들어야 한다."라는 것이 이성적인 판단이나 결정으로 보인다면, "내가 쾌락적인 것으로 느끼는 것을 나는 추구한다."라는 비이성적인 욕구로 표현할 수 있을 것이다. 결국 여기에서는 이성적인 성찰 과정이 없이, 단순히 고통스러운 것을 회피하고 쾌락적인 것을 추구하는 비이성적인 선택 과정이 진행되는 것으로 볼 수 있다. 그러나 아리스토텔레스는 동물들이 왜 쾌락적인 것을 추구하는가에 대한 고찰이 필요하다고 생각했던 것 같지는 않다. 내가 어떤 것에 대해 쾌락적이라고 느낄 때, 그것을 추구하려는 결정에 어떤 이성적인 과정이 필요하지는 않다. 쾌락을 주는 대상에 대한 추구는 즉각적이고 본능적이라 할 수 있기 때문이다. 그렇기 때문에 여기에서 '나'는 이 쾌락적인 것이 정말로 쾌락적인 것일지에 대해 생각해 볼 필요조차 없다. 사실상 내가 추위를 피할 수만 있다면, 즉 고통을 피할 수만 있다면, 외투를 선택하든 또는 더 따뜻한 다른 어떤 옷을 선택하든 관계없다.

만약 '나'라는 의인적인 대명사가 혼란스럽다면, 늑대를 예로 들어 보자. 추위를 느끼는 늑대에게 추위는 고통스러운 것이고 따뜻함이 쾌락적인 것이며, 따라서 늑대는 추위를 피하기 위해 따뜻한 어떤 장소를 욕구할 것이다. 이러한 비이성적인 늑대의 결정 과정에 반드시 이성적인 요소가 개입된다고 생각할 필요는 없다. 또한 따뜻한 어떤 장소가 동굴이든 또는 산속의 버려진 집이든 관계없다. 그것들이 동등한 가치를 갖는다면, 즉 그것들이 모두 따뜻함을 제공한다면, 늑대의 욕구는 그 가운데 어떤 것을 선택할 것인가의 문제로 인해 갈등하

지는 않을 것이다. 하지만 모드락은 그런 문제가 발생하리라고 생각하는 듯이 보인다.[474]

환타시아는 지각이나 사고와는 다른 방식으로 욕구를 특정한 대상에 집중하게 하는 것으로 보인다. 환타시아는 행위주체의 선택을 설명하는 "다른 어떤 것"을 제공한다. 배고픈 동물이 음식을 찾아 헤매다가 그것의 욕구를 각각 충족시켜 줄 만한 먹음직한 과일 두 개를 발견했다고 가정하자. 그 동물은 그 가운데 하나를 선택해서 먹을 것이다. 그 동물이 그것을 보지 않았다거나 배가 고프지 않았다면 그것을 먹지 않았으리라는 것이 분명하지만, 그것이 선택한 과일 조각이 특별히 그런 요소들로 인해 결정되지는 않는다. 어떤 이유에서든 특정한 과일 조각이 그것에게 다른 것보다 더 매력적이었다. 아마도 그것의 어떤 모양들이 특별히 쾌락적인 감각들을 불러일으켰을 것이다. 또는 아마도 그것의 향기가 본질적으로 쾌락적인, 달콤한 과즙의 지각을 만들어냈을 것이다. (비교: 『니코마코스 윤리학』 1174b 15-1175a)

모드락은 동물의 장소운동이 쾌락적인 것으로 해석된 대상을 목표로 한다는 점을 인정한다. 다른 곳에서 그녀는 "동물이 움직이기 위해서는 욕구가 유발되어야 하고, 특정한 대상에 집중해야 한다."라고 말하지만, 동물로 하여금 대상에 집중하도록 하는 것이 환타시아의 독특한 역할이라고 생각한다.[475] 두 가지 쾌락적인 대상 가운데 하나

---

474 Modrak(1987), pp.96-97. 비교: Modrak(1986), p.59.
475 Modrak(1986), p.59.

를 선택하는 데 환타시아가 관련된다고 그녀가 주장하는 이유가 바로 이것으로 보인다.

여기에서 모드락은 두 가지 쾌락적인 또는 좋은 대상에 대해 논의하고 있으며, 따라서 선택의 문제가 그녀에게 고찰해야 하는 문제로 대두되는 것이다. 그러나 우리는 그런 능력이 동물의 장소운동 전반에 대한 아리스토텔레스의 설명에서 문제가 될 수 있는가를 질문해야 한다. 주지하듯이, 『니코마코스 윤리학』 III.3에서 아리스토텔레스는 비이성적인 동물들(1111b 122 이하)이나 어린아이들(비교: 1111a 26-1111b 10)에게 선택 능력을 인정하지 않는다는 입장을 분명히 한다. 더구나 그곳에서 선택에 대한 아리스토텔레스의 논의는 좋은 것과 나쁜 것과 관련된다(1111a 3 이하). 즉, 선택은 이성적인 인간에게만 적용되는 문제이며, 동물에게는 적용되지 않는다는 것이다. 하지만 환타시아와 관련된 논의는 이성적인 인간만이 아니라 비이성적인 동물에게도 적용되며, 따라서 '선별(selection)' 능력에 대한 모드락의 논의는 '선택(choice)' 능력에 대한 아리스토텔레스의 논의와 동일한 것으로 보기 어렵다. 왜냐하면 모드락은 선택 능력을 비이성적인 동물에게도 부여하고 있으며, 그러한 선택은 두 개의 쾌락적인 대상 가운데 하나를 선택하는 것이기 때문이다. 엄격하게 말하자면, 아리스토텔레스에게 있어서 동물이 쾌락적인 것을 선택하고 고통스러운 것을 회피하는 것은 그것의 선별이나 선택 능력이 아니라 구분 또는 식별 능력으로 인한 것이다.[476] 두 대상 가운데 하나를 선택하는 것과

---

[476] 여기에서 선별 또는 선택은 둘 중의 하나를 고르는 것이라는 의미로 사용하며, 구분 또는 식별은 하나와 다른 하나가 다르다는 것을 인지하는 것이며, 둘 중의 하나를 반드시 고르라는 의미는 아니다.

두 대상을 식별하는 것은 분명히 서로 다른 기능이다.[477]

배고픈 동물이 왜 이 과일 대신에 저 과일을 선택하느냐는 모드락의 질문에 아리스토텔레스는 이 과일이 그 동물에게 쾌락적인 것으로 나타나고 저 과일이 고통스러운 것으로 나타나기 때문이라고 답변할 것이다. 사실상 이것이 아리스토텔레스가 제시할 수 있는 최선의 답변이다. 다시 말해서, 아리스토텔레스에게는 똑같이 쾌락적인 것으로 나타난 과일 가운데 어떤 하나를 선택하는가에 대한 문제는 제기되지 않으며, 또한 이 과일이 좀 더 쾌락적인 것으로 느껴지고 저 과일이 좀 덜 쾌락적인 것으로 느껴지는가에 대한 문제도 제기되지 않는다.[478]

위 인용문에서 보듯이, 모드락이 염려하는 것은 환타시아와 욕구의 관계를 통해 욕구가 특정한 대상에 집중하는 이유를 설명하지 못하는 듯이 보이기 때문이다. 따라서 그녀는 "동물의 욕구를" 자극하

---

477 아리스토텔레스가 생각하는 식별 능력에 대해서는 유원기(2000), pp.99-100 참조 (일부 수정함). "동물들이 가지는 감각지각 능력은 근본적으로 구분 능력으로서(『영혼에 관하여』 427a 18 이하; 432a 15 이하; 『동물의 운동에 관하여』 700b 19-22), 우선적으로는 차가운 것과 뜨거운 것, 달콤한 것과 쓴 것 등을 구분하는 능력을 말한다 (『영혼에 관하여』 414b 6-9; 426a 27-b 16). 그러나 차가움이나 뜨거움과 같은 감각이 즉각적으로 어떤 운동으로 이어지지는 않는다. 즉, 한여름의 차가움이나 한겨울의 뜨거움은 오히려 추구하거나 회피하는 행동이 아니라 단순히 유지하려는 행동으로 이어질 수도 있기 때문이다. 또한 차가운 것에서 좋은 느낌(쾌락)을 갖게 되면 추구하려 하거나 또는 싫은 느낌(고통)을 갖게 되면 추구하려 할 것이다. 이처럼 감각주체가 어떤 대상에게서 쾌락을 느끼면 그것은 추구의 대상이 되고, 고통을 느끼면 그것은 회피의 대상이 된다."

478 사실상 두 가지 대상이 똑같이 쾌락적인 것이라면, 어떤 것을 선택하느냐 하는 것은 아무 의미가 없으며, 또한 그것들이 똑같이 쾌락적인 것이 아니라면 동물이 어떤 것을 선택할 것인가는 명백할 것이다. 따라서 이것은 의사 문제 또는 사이비 문제 (pseudo-problem)로 보인다.

고 "그것을 특정한 방향으로 보내는" 어떤 능력을 동물이 가져야 한다고 생각한다.**479** 그렇기 때문에 그녀는 환타시아가 특정한 대상에 대한 정보를 제공하는 역할은 물론이고 욕구를 그 대상에 집중하게 만드는 역할도 수행해야 한다고 생각하게 된다. 그러나 아리스토텔레스에게 있어서 "특정한 방향"은 욕구 자체의 성질에 부여되는 것이며, 따라서 동물로 하여금 특정한 대상으로 이끄는 다른 어떤 능력이 필요하지 않다. 다소 아쉬운 것은 그가 대상들이 왜 또는 어떻게 해서 쾌락적이거나 고통스러운 것으로 나타나는가에 대해서는 설명하지 않고, 다만 대상들이 쾌락적인 것으로 나타나는가 또는 고통스러운 것으로 나타나는가에 따라 각각 그 대상들을 추구하거나 회피한다고 생각하고 있다는 점이다.

아리스토텔레스에게 있어서 욕구는, 다른 인지 능력들을 통해 쾌락적인 것으로 식별된 어떤 대상이 그것에 쾌락적인 것으로 나타나면 단순히 그것을 추구하는 역할을 할 뿐이다(비교: 『영혼에 관하여』 414b 6). 그는 욕구가 쾌락적인 것이나 그렇지 않은 것을 선택하는 데 주저하리라고 생각하지 않는다. 사실상 아리스토텔레스에게 있어서 욕구가 왜 쾌락적인 것을 추구하고 고통스러운 것을 회피하는가를 묻는 것은 왜 "자연이 목적이 없이는 어떤 것도 만들지 않으며 필요한 것을 결코 남겨두지 않는가?"(432b 21-22) 또는 왜 "자연은 헛된 일을 하지 않는가?"(434a 30)를 묻는 것과 마찬가지이다. 그러나 그는 존재하는 모든 동물이 "가장 좋은 것과 그것에 버금가는 것들의 궁극

---

479 Modrak(1986), p.59.

적인 것"(『자연학』 195a 23-25)을 본성적으로 추구할 뿐이며,[480] 그 동물들이 왜 그런 식으로 행동하는가에 대해 질문하는 것이 필요하다고 생각하지 않는다. 다만 아리스토텔레스는 욕구가 쾌락적인 것을 '본성적으로' 추구하며, 그것은 동물의 생존을 보장하기 위한 것이라고 말할 것이다.[481]

2. 환타시아 없는 감각지각과 사고

아리스토텔레스에게 있어서 식물과 동물의 차이는 전자가 영혼의 영양섭취 능력만을 소유하는 반면에, 후자는 그 외에도 몇 가지 부가적인 능력들(예: 감각지각 능력, 욕구 능력 등)을 갖는다는 것이며, 이와 비슷하게 장소운동을 하는 동물과 그렇지 않은 동물의 차이는 그 동물들이 갖는 영혼의 능력들 때문이다. 이전 장에서, 우리는 아리스토텔레스가 그러한 두 종류의 동물들이 모두 감각지각 능력을 갖는다고 말하면서도, 그 동물들에게 서로 다른 종류의 능력을 부여한다는 것을 보았다. 즉, 모든 동물들은 기본적으로 촉각과 미각 능력을 갖지만, 장소운동을 하는 동물들의 감각지각 능력은 시각, 청각, 후각 능력들도 함축하는 반면에, 장소운동을 하지 않는 동물들의 감각지각 능력은 그와 같은 세 가지 능력을 함축하지 않는다.

한편, 욕구 능력의 소유는 장소운동 능력과 밀접하게 관련되지만,

---

480 비교: 『영혼에 관하여』 434a 31-32; 『동물의 운동에 관하여』 700b 24 이하.
481 비교: Charles(1984), p.86 이하.

장소운동을 하지 않는 동물들도 욕구 능력을 갖는다는 점을 고려하면 그것이 장소운동의 충분조건은 아니라는 것을 알 수 있다. 또한 우리는 동일한 종류의 능력을 가짐에도 불구하고, 어떤 것은 상위 능력을 갖고 다른 어떤 것은 그렇지 않기 때문에 서로 다른 능력들을 갖는 서로 다른 종류의 동물들이 있다는 것을 보았다. 상위 능력에 포함된 하위 능력(들)은 상위 능력을 제대로 수행하기 위해 집중된다. 예를 들어, 장소운동 능력에 포함된 하위 능력들은 장소운동 능력이 최상으로 실현되고 그럼으로써 동물이 그것의 생존을 유지할 수 있는 방식으로 작동하는 성향이 있다. 이와 마찬가지로, 서로 다른 종류의 동물들에 속한 환타시아는 그것들이 장소운동 능력을 갖는가 또는 갖지 않는가에 따라 서로 다른 역할을 수행하리라고 우리는 기대하게 된다.

환타시아와 관련하여, 우리는 주로 두 가지 문제에 관심을 갖게 된다. 첫째는 장소운동을 하는 동물과 장소운동을 하지 않는 동물들을 비롯한 모든 동물들이 환타시아를 갖는가 하는 것이고, 둘째는 그것이 모든 장소운동에 관여하는가 하는 것이다. 이제 우리는 일부 동물들이 환타시아를 갖지 않는다고 그가 말하는 것으로 보이는 잘 알려진 진술들을 검토할 필요가 있다.

2.1 환타시아 능력이 없는 장소운동 동물

아리스토텔레스는 선행하는 어떤 논의도 없이 『영혼에 관하여』 III.10, 433b 29-30에서 상당히 갑작스럽게 두 종류의 환타시아, 즉 감각적 환타시아와 계산적(또는 숙고적) 환타시아를 언급한다.

{동물은} 환타시아 없이는 욕구 능력을 {갖지 않는다}. 모든 환타시아는 계산적이거나 또는 감각적이다. 후자는 모든 동물들이 공유하는 것이다.[482]

아리스토텔레스는 이어지는 장(chapter)인 III.11에서 두 종류의 환타시아에 대해 다음과 같이 설명을 덧붙인다.

감각적 환타시아(αἰσθητική φαντασία)는 이미 말했던 것처럼 모든 동물들이 갖는 반면에, 숙고적(βουλευτική) {환타시아}는 계산적 {동물들만}이 갖는다. 왜냐하면 이것을 할 것인가 또는 저것을 할 것인가를 {결정하는} 것은 계산적 기능이기 때문이다. (434a 6-8)

위 인용문에 언급된 '모든 동물들'은 그리스어 '알로이스 조이오이스(ἄλλοις ζῴοις)'의 번역어인데, 햄린(Hamlyn)은 일반적으로 '다른'으로 옮겨지는 '알로이스'의 본래적인 의미를 살려 '다른 동물들'로 옮기는 한편,[483] 스미스(Smith, 1931)와 헷(Hett, 1936)은 '알로이스 조이오이스'는 물론이고 433b 29-30의 '알라 조이아(ἄλλα ζῷα)'도 '다른 동물들'이 아니라 '모든 동물들'로 옮긴다.[484] 그들의 번역은 큰 차이를 함축한다. 햄린의 번역을 따라 "감각적 환타시아는 이미 말했던 것처

---

[482] 이 책에서 사용된 용어의 일관성을 위해, 이 인용문과 다음 인용문에서는 유원기 역주(2001), pp.244-245에 나타난 '상상'이란 번역어를 '환타시아'라는 원어 발음으로 대체한다.

[483] 『영혼에 관하여』 434a 6에 대한 Hamlyn(1993), p.72와 Shields(2016), p.70의 번역 참조.

[484] 433b 29-30에 대한 Smith(1931)의 설명 참조.

럼 다른 동물들이 갖는 반면에…"로 번역하면 감각적 환타시아는 일부 동물들만이 갖는 능력으로 해석되지만, 스미스의 번역에 따르면 감각적 환타시아는 모든 동물들이 공통적으로 갖는 능력으로 해석되기 때문이다. 그런데 아리스토텔레스가 감각적 환타시아를 감각지각 능력을 가진 모든 동물의 능력으로 생각하는 반면에, 계산적 환타시아는 이성적 존재자에게만 부여한다는 점을 고려할 때(특히, 433b 29-30; 434a 6-7 참조), 스미스와 헷의 번역처럼 '알로이스 조이오이스'를 '모든 동물들'을 가리키는 것으로 옮기는 것이 적절해 보인다.

그러나 이 결론을 받아들이는 경우에 제기될 수 있는 두 가지 문제점을 검토해 볼 필요가 있다. 첫째, 동물들 가운데는 장소운동을 하는 동물도 있지만 장소운동을 하지 않는 것으로 보이는 동물도 있으며, 따라서 감각적 환타시아가 모든 동물의 능력이라는 것은 장소운동을 하지 않는 동물들도 그것을 갖는다는 것을 의미한다. 아리스토텔레스가 장소운동을 하지 않는 동물들에게 무규정적 환타시아를 부여하기도 한다는 점을 고려할 때, 우리는 먼저 감각적 환타시아와 방금 언급된 무규정적 환타시아가 동일한 것을 가리키는가 또는 그렇지 않은가를 먼저 확인해야 한다. 그리고 둘째, 감각적 환타시아가 모든 동물의 능력이라는 번역을 받아들인다면, 우리는 환타시아를 갖지 않는 동물의 존재를 아리스토텔레스가 인정하지 않았다고 봐야 한다. 아리스토텔레스가 실제로 환타시아를 갖지 않는 동물의 존재를 부정했는가?

아리스토텔레스는 때때로 장소운동을 하는 동물들 가운데 일부 동물들이 환타시아 능력을 갖지 않는다고 말하는 듯이 보인다. 이 문제에 대해 아리스토텔레스가 정확히 어떤 견해를 가졌는가를 밝히는 것은 중요하다. 왜냐하면 실제로 환타시아를 갖지 않는 동물의 존재를 부정한다면, 이것은 햄린의 번역을 거부할 근거가 될 뿐만 아니라 환타시아가 장소운동을 야기하는 데 항상 관여한다는 너스바움의 주장도 거부할 근거가 되기 때문이다.[485]

끝으로, 아주 소수의 {동물만이} 계산(λογισμόν)과 추론적 사고(διάνοιαν)를 한다. 사멸적인 {생물}들 가운데 계산 {능력}을 갖는 것들은 나머지 {능력들을} 모두 갖지만, 그 각각의 {능력}을 갖는 {생물}들이 모두 계산 {능력을} 갖는 것은 아니며, (1) 어떤 {동물들은} 심지어 환타시아마저 갖지 않는 반면에, (2) {다른 동물들은} 그것만으로 살아간다. 숙고적 지성(θεωρητικού νού)에 대해서는 다른 설명이 {필요하다}. 지금까지 보았듯이, 각각의 {능력}에 대한 가장 적절한 설명이 영혼에 대한 가장 적절한 설명임이 분명하다. (『영혼에 관하여』 415a 8-11. 숫자는 필자가 붙인 것이다.)

여기에서 아리스토텔레스는 계산 능력을 갖는 이성적 동물과 그런 능력을 갖지 않는 비이성적 동물을 대비하여 말하고 있기 때문에, (1)과 (2)도 그와 동일한 종류의 대비일 수도 있으리라 기대하게 된다. 만약 그렇다면, 이성적 동물이 비이성적 동물과 구분되는 기준은 이성적 능력의 소유 여부이므로, (1)에서 언급되는 '환타시아'와 (2)에서 언급되는 '그것'이 모두 계산적 환타시아를 가리키고 있다고 보아야

---

[485] Nussbaum(1978), pp.232-269.

할 것이다.[486] 그러나 (2)의 '–만으로(μόνη)'라는 표현이 그런 해석을 어렵게 만든다. 왜냐하면 (2)를 "계산적 환타시아만으로 살아간다."로 해석하는 경우에 그 의미가 분명하지 않기 때문이다. 아마도 우리는 (2)를 "감각적 환타시아는 없이 계산적 환타시아만으로 살아간다."라는 의미이거나 또는 "다른 어떤 능력도 없이 계산적 환타시아만으로 살아간다."라는 의미로 이해할 수 있을 텐데, 아리스토텔레스가 이 두 가지 의미 가운데 어떤 것도 인정하지 않을 것으로 보이기 때문이다. 즉, 이성적 동물도 감각지각 능력을 갖는 한에 있어서 분명히 감각적 환타시아를 갖는다는 것이 분명하며, 또한 아리스토텔레스는 동물이 생명을 갖는 한에 있어서 최소한 한 가지 능력, 즉 생존을 유지하는 데 필수적인 영양섭취 능력은 갖는다고 생각하기 때문에 다른 어떤 하위 능력도 갖지 않고 계산적 환타시아만을 갖는다고 주장할 리가 없다는 것이다. 그는 상위의 능력이 하위의 능력들을 포괄한다고 생각하기 때문에, 어떤 것이 상위의 능력이라면 그것에 속하는 하위의 능력들이 분명히 있을 것이며, 따라서 계산적 환타시아를 갖는다면 그보다 하위의 능력으로 이해되는 감각적 환타시아를 분명히 가질 것이다. 따라서 계산적 환타시아만으로 살아가는 동물들이 있다는 것으로 읽히는 (2)는 분명히 과장된 표현으로 보아야 할 것이다.

이런 해석이 올바른 해석이라면, (2)의 주체는 이성적인 동물이 아

---

[486] Nussbaum(1978, p.236)은 로스(1961, 413b 33에 대한 주석 참조)의 견해를 따라 '사멸적인 존재자들(φθαρτά)'에는 "식물들도 포함될 수 있으며, 따라서 이 글은 환타시아를 갖지 않는 동물들이 있다고 아리스토텔레스가 믿었다는 증거로 사용되어서는 안 된다."라고 말한다.

니라 비이성적인 동물, 그리고 그 가운데서도 특히 장소운동을 하지 않는 동물을 가리키는 것으로 볼 수 있다. 왜냐하면 그것이 이성적인 동물이라면, 그것이 생존에 필요한 기본적인 하위 능력(들)을 갖는다고 허용할지라도, '–만으로'라는 단어가 무엇을 의미하는지 알기 어렵기 때문이다. 다시 말해서, 만약 그것이 이성적 동물을 염두에 둔 것이고, (2)의 환타시아가 계산적 환타시아를 언급하는 것이라면, (2)는 아리스토텔레스의 견해와 완전히 다르다. 왜냐하면 아리스토텔레스는 분명히 감각적 환타시아가 없이 계산적 환타시아만을 갖는 이성적 동물의 존재를 인정하지 않기 때문이다. 우리가 '–만으로'라는 단어를 사용할 때, 우리는 '어떤 것이 또는 어떤 사람이 없이?'라고 묻곤 한다. 즉, '어떤 것이 없이 환타시아만으로?'라고 묻게 된다는 것이다. '감각적 환타시아가 없이 계산적 환타시아만으로'라는 생각은 아리스토텔레스에게서는 인정될 수 없는 생각이다(예: 434a 2-5). 이미 여러 차례 강조되었듯이, 그에게는 하위 능력들을 갖지 않는 이성적 능력이란 있을 수 없으며, 따라서 하위 능력인 감각적 환타시아가 없이 상위 능력인 계산적 환타시아만 있을 수도 없다는 것이다. 따라서 이성적인 동물과 비이성적인 동물을 대비하고 있다는 점에 주목하여 (2)가 맥락상 '감각적 환타시아가 없이 계산적 환타시아만으로'라고 해석되리라 기대했던 것과는 달리, 우리는 그것을 '계산적 환타시아가 없이 감각적 환타시아만으로'라고 해석하는 것이 더 적절하다는 결론에 도달하게 된다. 즉, (2)의 '그것만으로'를 '감각적 환타시아만으로'라는 의미로 해석하게 된다는 것이다.

한편, (1)에서 언급되는 환타시아를 처음에 생각했던 것처럼 계산적 환타시아로 해석하는 것이 과연 적절한가에 대해서는 논의의 여

지가 있다. 이성적인 동물만이 계산적 환타시아를 갖는 반면에, 비이
성적인 동물은 그것을 갖지 않으므로, 그런 해석이 문제가 되지는 않
는다. 하지만 (1)에 언급된 '환타시아'와 (2)에 언급된 '그것'을 동일한
것으로 보는 경우에는 문제가 발생한다. 이미 보았듯이, (2)의 '그것'
은 결코 계산적 환타시아일 수 없으며, 감각적 환타시아로 해석할 수
밖에 없다. 따라서 (1)의 환타시아도 감각적 환타시아로 보는 것이 일
관적이다. 그러나 그렇게 해석한다면, (1)은 감각적 환타시아도 갖지
않는 동물을 아리스토텔레스가 인정했다고 보아야 한다. 만약 실제
로 그가 그런 동물을 인정했다면, (1)의 해석이 적절한 대안이겠지만,
만약 그렇지 않다면 그것은 적절한 대안이 아닐 것이다. 그러나 아래
에서 보듯이, 그는 감각적 환타시아를 갖지 않는 동물이 있다는 사
실을 인정하는 것으로 보이며, 따라서 우리가 (1)의 환타시아와 (2)의
'그것'을 모두 '감각적 환타시아'로 해석하는 것이 적절하다는 결론에
도달하게 된다.

실제로 아리스토텔레스는 공공연히 일부 동물들에게 감각적 환타
시아 능력을 인정하길 거부한다. 그는 『영혼에 관하여』 III.3에서 다음
과 같이 말하고 있다.

> 만약 {그것들이} 실질적인 작용에 있어서 같다면, 모든 동물들이 환타시
> 아를 갖는 것이 가능할 것이다. 그러나 개미나 벌 또는 굼벵이는 {환타시
> 아를 갖지} 않는 것으로 여겨진다. (428a 9–11)[487]

위 구절을 어떻게 읽을 것인가에 대해서는 논란이 있다. 일부 학자
들은 그 구절을 "그것은 개미들과 벌들에게서는 발견되지만, 굼벵이

에게서는 발견되지 않는 것으로 여겨진다(δοκεῖ δ᾽ οὔ, οἷον μύρμηκι ἢ μελίττῃ, σκώληκι δ᾽ οὔ).”라고 읽는 반면에,[488] 다른 학자들은 그것을 위 인용문에 번역한 것처럼 읽는다.[489] 한편, 힉스(Hicks)는 아리스토텔레스가 위에 언급된 동물(곤충)들에게 모두 환타시아를 거부한다고 보지만, 그가 거부하는 것은 “모든 종류의 환타시아가 아니라, 그가 여기에서 정의하려고 하는 성숙한 능력으로서의 환타시아”라고 주장한다.[490] 힉스는 위 인용문의 동물들을 ‘불완전한 동물들’, 즉 아리스토텔레스가 『영혼에 관하여』 III.11에서 다소 불명확한 종류의 환타시아를 갖는다고 말해졌던 ‘불완전한 동물들’로 간주하는 것으로 보인다. 그러나 힉스가 그렇게 보았다면, 그는 여기에서 오류를 범한 것이다. 왜냐하면 위 인용문의 동물들은 여기저기로 이동할 수 있는 능력을 가진 장소운동 동물들이 분명하기 때문이다. 예를 들어, 벌은 먼 곳을 볼 수 있는 눈과 같은 원거리 감각과 욕구 등을 갖고 있으며 (『동물의 부분에 관하여』 683a 29–30), 또한 먼 곳의 목표를 향해 이동할 수 있다. 따라서 위 인용문에 언급된 동물들을 『영혼에 관하여』 III.11에서 논의했던 ‘장소운동을 하지 못하는 동물들’로 간주하는 것은 결코 적절하지 않다.

---

[487] 이 책에서 사용된 용어의 일관성을 위해, 유원기 역주(2001), p.214의 ‘상상’이란 번역어를 ‘환타시아’라는 원어 발음으로 대체한다.

[488] Hamlyn(1993, p.54), Ross(1961, 428a 11에 대한 각주), Nussbaum(1978, p. 236), 그리고 Schofield(1979, p.115 각주 35)는 이렇게 읽는다.

[489] 예를 들어, 이 구절에 대한 Smith(1931)와 Hett(1957)의 번역 참조.

[490] Hicks(1907), 428a 10에 대한 주석, 그리고 415a 10과 434a 1에 대한 주석도 참고할 것. 이 책에서 사용되는 용어의 일관성을 위해, 필자는 그가 ‘상상(imagination)’으로 번역한 것들을 ‘환타시아’로 대체한다.

이와 관련하여 로스(Ross)는 433b 31-434a 10을 언급하면서, 아리스토텔레스가 모든 동물들에게 감각적 환타시아를 부여했으나,[491] 그럼에도 불구하고 그는 아리스토텔레스가 "알(egg)과 동일한(answer to) 것으로 인식하는" 굼벵이에게는 환타시아를 부정했을 것이라고 말하는 것으로 보인다.[492] 한편으로는, 아리스토텔레스가 벌에게 환타시아를 인정했음을 보여주는 증거는 있으나,[493] 위 인용문에 언급된 것처럼 그가 개미에게 환타시아를 부정했음을 거부할 수 있는 직접적인 문헌이나 다른 어떤 증거는 없다. 아리스토텔레스는 개미와 벌이 차이가 있다고 말하면서도(『동물의 부분에 관하여』 678a 14-18), 때때로 개미를 벌과 동일한 집단에 분류하는 것으로 보인다(예: 650b 24-27; 683a 3-7).[494] 개미가 벌만큼이나 지적인 존재자이며, 따라서 환타시아 능력을 필요로 하는 기억 작용을 할 수 있다는 주장을 우리가 받아들여야 하는 것인지 분명하지 않다(비교: 『형이상학』 919b 19-25).

만약 우리가 힉스(Hicks)의 견해를 받아들인다면, 일부의 장소운동 동물들에게 거부된 환타시아는 감각적 환타시아가 아니라 계산적 환타시아라고 볼 수도 있을 것이다. 다른 한편으로, 우리가 로스의 견해를 받아들인다면, 그 두 가지 환타시아를 일부 장소운동 동물들에게 거부할 것인가의 문제는 굼벵이가 어떻게 이해되는가에 달려

---

[491] 비교: Ross(1961), 413b 22-23에 대한 주석.

[492] Ross(1961), 428a 11에 대한 주석.

[493] 아리스토텔레스가 벌에게 기억 능력을 부여하는 『형이상학』 980a 28-980b 25와 그 능력을 "환타스마를 갖는" 능력으로 정의하는 『기억에 관하여』 451a 15 이하를 함께 읽을 필요가 있다.

[494] 비교: Schofield(1979), p.115 각주 35와 p.126 각주 55; Hicks(1907), 428a 10에 대한 주석.

있다. 이미 언급했듯이, 사실상 로스는 굼벵이를 아마도 숨을 쉬면서 장기기관이 수축하거나 팽창하는 것과 같이 육체 내부의 원초적인 장소운동은 할 수 있지만, 여기저기 돌아다니는 장소운동 능력은 갖지 못하는 알(egg)로 이해하는 듯이 보인다(『동물의 부분에 관하여』 665b 2-5). 그는 아리스토텔레스가 장소운동을 하지 못한다고 말해지는 동물들에게 부여하는 원초적인 유형의 장소운동, 즉 목적이 없이 공간에서 움직이는 장소운동을 염두에 두고 있지 않다고 본다.

한편, 로스는 아리스토텔레스가 굼벵이를 알과 비교하면서 소개하는 『동물연구지』 489b 12-13과 『동물의 생성에 관하여』 733a 1-2를 언급한다. 그러나 아리스토텔레스가 모든 굼벵이에게 환타시아 능력을 부여하길 거부한다 할지라도, 그것들이 알처럼 움직임이 없으리라는 데 동의하지는 않을 것이다. 어쨌든 아리스토텔레스가 고착동물이라 말해지는 굼벵이와 같은 일부의 동물에게도 장소운동 능력을 부여한다는 것은 분명해 보인다. 『동물연구지』 489b 16-17에서 아리스토텔레스는 "굼벵이들 가운데 어떤 것들은 처음부터 운동 능력을 가지며, 다른 것들은 움직이지 않는다."라고 분명히 밝히고 있기 때문이다. 또한 굼벵이들에게 초점을 맞추고 있는 『동물연구지』 V.19에서, 아리스토텔레스는 같은 굼벵이라 할지라도 어떤 경우에는 장소운동을 할 수 있으나 번데기와 같은 유충 상태에는 하지 못한다고 말한다(551b 1-5). 이와 같이 굼벵이에게 환타시아를 거부하는 듯이 보이는 것은 그것이 장소운동을 할 수 있는가 또는 하지 못하는가의 문제와는 관련이 없다. 만약 그렇다면, 그리고 아리스토텔레스가 장소운동 능력을 가진 굼벵이와 같은 일부 장소운동 동물들의 환타시아 능력은 최소한 거부하고 있으므로, 그가 환타시아를 장소운동에 절

대적으로 필요한 조건으로 간주한다는 너스바움의 주장은 받아들일 수가 없다는 결론이 나온다.[495]

아리스토텔레스는 장소운동에 환타시아가 필요하다는 것을 강조한다. 따라서 너스바움의 주장을 거부하는 것은 당연히 아리스토텔레스의 주장이 지닌 신뢰성에 의문을 제기하게 된다. 비록 이 단계에서는 아리스토텔레스가 왜 일부 동물들이 환타시아 없이도 장소운동을 할 수 있다고 생각하는지 분명하지 않지만, 최소한 그가 그 동물들에게 환타시아를 부정하고 있다는 것은 분명하다. 지금까지 보았던 우리의 논의에 따르면, 모든 동물이 감각지각 능력을 갖는 한에 있어서 환타시아를 갖는다고 아리스토텔레스가 때때로 주장하지만, 그럼에도 그는 그런 주장에 예외가 있을 가능성에 대한 여지를 남겨두고 있다고 할 수 있다.[496]

우리는 여전히 '굼벵이 사례'가 제시된 구절에 대한 또 다른 해석을 검토해볼 필요가 있다. 앞에서 보았듯이, 아리스토텔레스가 장소운동이 기억으로부터, 즉 환타시아의 작용으로부터 시작될 수 있음을

---

495 너스바움의 주장은 근본적으로 『영혼에 관하여』 432b 15와 433b 26-30 등의 구절에 의존한다.

496 Hicks(1907, 415a 10에 대한 각주)는 아리스토텔레스가 모든 동물이 환타시아 능력을 갖는다고 생각했던 것은 아니라는 주장을 뒷받침하는 다른 증거들을 제공한다. 비교: "어떤 동물도 믿음을 갖고 있지 않지만, 많은 동물들이 환타시아는 갖고 있다(τῶν δὲ θηρίων οὐθενὶ ὑπάρχει πίστις, φατασία δ' ἐν πολλοῖς)."(428a 21)라는 문장과 "어떤 동물들은 환타시아는 갖지만, 이성은 갖지 않는다(τῶν δὲ θηρίων ἐνίοις φαντασία μὲν ὑπάρχει)."(428a 23)라는 문장에서, '어떤(ἐνίοις)'과 '많은(πολλοῖς)'은 환타시아가 모든 동물에게서 보편적으로 발견되는 것이 아니라는 사실을 함축한다. '환타시아'라는 용어가 보존된 지각 대상들로 제한된다면, 모든 동물이 환타시아를 갖는 것이 아닐 수도 있다는 해석은 옳다. 그러나 433a 11 이하와 434a 4 등에서 모든 감각지각에 함축된다고 말해졌던 것은 이런 의미에서의 환타시아가 아니다.

인정한다고 보는 힉스의 번역을 그대로 받아들이기는 어렵다. 왜냐하면 개미가 기억을 할 수 있다는 것을 인정한다면, 그것이 환타시아를 가질 수 있다는 것을 또한 인정해야 하기 때문이다. 더구나 벌이나 개미가 모두 눈을 갖고 있으며, 따라서 분명히 아리스토텔레스는 그것들이 목적을 지향하는 장소운동을 할 수 있음을 인정할 것이다. 한편, 다른 곳에서 그는 구체적으로 어떤 동물인지 언급하지는 않으면서 다만 일부 동물들이 기억 능력을 갖지 못한다고 말한다는 점을 고려할 때(『기억에 관하여』 450a 14 이하; 『형이상학』 980a 28-29), 그가 환타시아 능력을 갖지 않는 일부 동물들을 염두에 두고 있다고 볼 수 있다. 그러나 이것은 아리스토텔레스가 환타시아를 일부 동물들에게 부여하길 거부한다는 주장을 뒷받침할 만한 결정적인 증거는 아니다. 직접적인 증거는 오히려 눈이나 다른 원거리 감각들을 갖지 않는 굼벵이와 같은 것이 원거리 감각들을 갖지 않음에도 불구하고 장소운동을 할 수 있다는 사실이다.

『동물의 생성에 관하여』 715b 17-20에서 아리스토텔레스가 제시하는 고착동물, 즉 장소운동을 하지 않고 한곳에 머물러 존재하는 고착동물의 사례는 껍질을 가진 원생생물인 유각 아메바(testacean) 종류뿐만 아니라 그가 구체적으로 언급하지 않은 몇몇 종류의 다른 동물들도 포함한다.[497] 굼벵이는 외부 대상에 매달려서 사는 고착동물

---

[497] 『동물의 생성에 관하여』는 성별에 대한 논의에서 시작되며, 본문의 내용과 관련된 단락은 다음과 같다. "그러나 유각 아메바와 다른 어떤 것에 매달려 사는 동물들과 마찬가지로, 움직이지 않는 그러한 모든 동물들의 성질이 식물의 성질과 닮은 한에 있어서, 그것들은 식물들과 마찬가지로 성별이 없으나 {성별이라는} 그 단어는 단지 유사성과 유비를 통해 그것들에 적용될 뿐이다"(715b 17-20).

이 아니기 때문에, 그가 굼벵이를 그것들과 같은 종류의 것으로 분류할 것인지는 분명하지 않다. 그러나 굼벵이는 시각, 청각, 후각 같은 원거리 감각들을 갖지 않기 때문에, 그것의 장소운동은 목적을 갖지 않는 무규정적인 운동임이 틀림없어 보인다. 만약 그렇다면, 굼벵이는 장소운동을 하지 않는 동물들 가운데 한 종류이며, 『영혼에 관하여』 III.1에 따르면 그것은 최소한 무규정적인 또는 불분명한 유형의 환타시아를 갖고 있음이 틀림없다. 다시 말해서, 그곳에서 아리스토텔레스는 장소운동을 하지 않는 동물들이 확정적인 또는 목적적인 장소운동 능력은 갖지 못하기 때문에 다만 무규정적인 환타시아를 가질 뿐이라고 주장한다.

한편, 우리는 그것들의 무규정적인 운동이 원거리 감각의 결핍을 의미한다는 사실을 이미 보았다. 그러나 최소한 촉각과 같은 감각을 갖는 굼벵이의 환타시아가 그러한 감각지각 능력과 함께 욕구를 유발하는 작용을 할 가능성이 아직 완전히 배제되지는 않는다. 그것은 원거리 감각을 결여하며, 따라서 특정한 대상을 목표로 고정하지 못한다. 만약 그렇다면 아리스토텔레스가 굼벵이에게 부여하길 거부하는 환타시아는 동물로 하여금 먼 곳에 있는 구체적인 목표를 향해 움직이도록 하는 데 필요한 원거리 감각과 결합된 그런 종류의 환타시아일 것이다. 따라서 그가 감각적 환타시아를 확정적인 장소운동을 하지 못하는 굼벵이에게 부여하길 거부하는 것은 감각적 환타시아[498]와 무규정적인 환타시아를 구분하기 때문일 수도 있다. 즉, 그가 굼

---

498 별도로 언급하지는 않으나, 감각적 환타시아에 대한 규정은 계산적 환타시아에도 적용된다.

벵이에게 감각적 환타시아를 부여하길 거부하면서도 여전히 무규정적인 환타시아는 부여하고 있다는 것이다. 이 해석에 따르면, 환타시아가 장소운동의 유발에 항상 필요하다는 주장이 아리스토텔레스가 굼벵이에게 환타시아를 부여하길 거부한다는 사실로 인해 반드시 거부되지는 않는다.

이처럼 우리는 어떤 종류의 환타시아가 거부되는가를 분명하게 밝혀야 한다. 감각적 환타시아는 동물로 하여금 먼 곳에 있는 대상들을 지각하게 해주는 원거리 감각들과 관련된다. 적절한 감각기관들을 결여하기 때문에, 굼벵이의 환타시아는 먼 곳의 대상을 재현하지 못하며, 그 대상을 향해 운동하지 않는다. 다시 말해서, 이 해석에 따르면, 아리스토텔레스가 굼벵이에게 환타시아를 거부한다고 해서, 그로 인해 환타시아가 장소운동의 유발에 항상 관련된다는 주장이 반드시 거부되는 것은 아니다. 그 주장의 거부는 대상을 즉각적으로 쾌락적인 것이나 고통스러운 것으로 재현하는 감각지각 또는(그리고) 사고에 대한 논의를 통해 여전히 뒷받침될 수 있다. 사실상 후각의 경우에 대한 논의는 환타시아가 장소운동의 유발에 항상 관련된다는 주장의 거부로 제시될 수 있다.

2.2 환타시아 없는 감각지각

여기에서 우리는 감각에 대해 앞에서 논의했던 내용을 기억할 필요가 있다. 아리스토텔레스는 촉각이 음식을 위한 감각이라는 의미에서 가장 우선적인 감각이라고 생각한다(『영혼에 관하여』 414b 6-9). 한편, 시각, 후각, 청각과 같은 원거리 감각들은 분명히 음식의 획득과 관련되기는 하지만(비교:『감각과 감각 대상에 관하여』436b 19-437a 3; 441b 24 이하), 영양섭취와 직접적으로 관련되지는 않는다(『영혼에 관하여』414b 9-10). 원거리 감각들을 갖지 않는 동물들도 여전히 생존할 수 있고, 따라서 그것들이 생존을 위해 절대적으로 필요한 것은 아니기 때문에, 아리스토텔레스는 그것들이 생존이라는 의미에서의 존재(being)를 위한 것이라기보다는 존재의 안위를 의미하는 복지(well-being)를 위한 것이라 말한다. 그러나 그는 원거리 감각들이 공간적으로 운동할 수 있는 동물들에게 반드시 필요하다고 말함으로써(『영혼에 관하여』434b 23-27), 원거리 감각들이 공간적으로 운동할 수 있는 동물들의 생존을 위해 반드시 필요하다는 것을 인정한다. 촉각이나 미각과 같은 접촉 감각들을 포함한 동물과 인간의 다섯 가지 감각은 모두 구별을 하는 능력이다. 예를 들어, 촉각은 서로 다른 촉각적인 성질들을 구별하며(418a 14-18), 시각은 다양한 색깔들을 구별하며(418a 26 이하), 청각은 소리의 높낮이와 종류 등을 구별한다(420a 26 이하).

『영혼에 관하여』의 한 부분에서, 아리스토텔레스는 그런 감각지각작용과 사고작용을 비교한다. 그는 다음과 같이 말한다.

따라서 감각지각은 '단순한 말이나 생각'[499]과 유사하다. 그러나 {대상이} 쾌락적이거나 고통스러울 때, {영혼은 그 대상을} 추구하거나 회피하며,

---

[499] '단순한 말이나 생각', 즉 'τῷ φάναι μόνον καὶ νοεῖν'의 의미는 앞의 설명보다는 뒤따르는 설명을 통해 이해할 수 있다. 어떤 것을 감각할 때, 그것은 '즉시' 추구나 회피의 대상이 된다. 이런 의미에서 감각지각은 별생각 없이 던지는 말이나 복잡한 사고과정을 거치지 않은 생각과 유사하다고 할 수 있을 것이다.

{이것은 대상에 대한} 일종의 긍정이나 부정이다. 또한 쾌락이나 고통은 좋거나 나쁜 것에 대해 감각적 매개체를 '실제로 사용하는' 것이다. 이것은 회피이거나 또는 욕구가 실제로 작용하는 것이며, {이것들은} 욕구 능력이나 회피 능력과 서로 다르지 않고, 또한 감각 능력과도 다르지 만, {그것들의} 존재는 다르다. (431a 8-14. 비교: 414b 1 이하)

욕구가 발생하기 전에 대상을 쾌락적이거나 고통스러운 것으로 인지하는 어떤 능력이 있어야 한다. 욕구는 쾌락적인 것을 목표로 하여 추구하는 것이므로(414b 6), 욕구를 가진 동물은 쾌락을 추구하고 고통을 회피한다. 위 인용문은 감각지각이 대상을 쾌락적이거나 고통스러운 것으로 구별하는 작용을 하는 것처럼 말하고 있으며, 환타시아에 대한 언급은 나타나지 않는다. 여기에서 아리스토텔레스는 장소운동으로 이어지는 과정에 필요한 세 가지 작용, 즉 (i) 쾌락과 고통을 느끼는 것, (ii) 일종의 긍정과 부정을 하는 것, (iii) 추구하는 것과 회피하는 것을 언급하고 있다. (iii)은 분명히 욕구의 역할로 말해진다. (i)과 (ii)에 대해, 아리스토텔레스는 그것들이 하나의 동일한 작용을 가리킨다고 생각하는 듯하다. 즉, 쾌락을 느낀다는 것은 일종의 긍정을 하는 것으로 이해된다는 것이다. 만약 (i)의 능력이 감각지각에 부여된다면, 감각지각은 환타시아를 반드시 관련시키지 않고도 즉각적으로 욕구를 유발하고, 또한 궁극적으로 장소운동을 유발할 수 있을 것으로 보인다. 예를 들어, 개가 하나의 사물을 볼 때, 개는 그 사물을 하얗거나 검은 대상으로 보고, 또한 쾌락적이거나 고통스러운 것으로 본다면, 환타시아를 필요로 하는 단계가 절대적으로 필요하지 않다는 것이다. 실제로 아리스토텔레스는 후각의 경우에는 이런 견해를 유지하는 것으로 보인다.

이제 이 경우를 좀 더 자세히 살펴보자. 근본적으로 동물들이 감각 지각을 통해 지각하지 않을 때 환타시아가 작용한다고 말하는 것은 환타시아가 하나의 대상을 쾌락적인 것이나 고통스러운 것으로 지각할 때 감각지각이 항상 함께 작용한다고 생각할 필요가 없다는 것을 의미한다(『감각과 감각 대상에 관하여』 482a 5 이하). 아래의 논의에서 우리는 바로 이것이 아리스토텔레스의 견해라는 사실을 확인하게 될 것이다. 그는 "후각의 구별하는 특징은 소리나 색깔의 경우보다 덜 명백"하며(421a 8-9), 또한 미각과 같은 근거리 감각보다도 덜 명백하다고 말한다(421a 30-421b 2). 왜냐하면 사람의 경우에 냄새를 구별하는 능력은 한계가 있으며, 사실상 다른 동물들의 능력보다 열등하기 때문이다(421a 9-26). 냄새를 명확히 구별하기가 어렵다는 것은 아리스토텔레스에게도 고민스러운 일이다. 왜냐하면 냄새를 명확히 구별하기 어렵다면, 우리는 냄새를 통해 대상들을 구별할 수 없을 뿐만 아니라 심지어 냄새를 어떤 감각기관으로 지각하는가를 규정하기도 어렵기 때문이다.[500]

그러나 아리스토텔레스는 냄새의 대상들을 맛의 대상들과 비교함으로써 그 문제의 해결 방법을 발견한다. 그는 냄새와 맛은 동일한 종류의 성질을 갖기 때문에 동일한 이름으로 불릴 수 있는 대상들을 갖고 있다고 생각한다. 즉, 그것들의 대상들은 모두 달콤하다거나 쓰다거나 시다는 식으로 말해질 수 있다는 것이다.[501] 『감각과 감각 대

---

[500] 이 문제에 대한 논의는 Johansen(1998), pp.226-228 참조.
[501] 『감각과 감각 대상에 관하여』 443b 9 이하. 비교: 『영혼에 관하여』 421a 27 이하; 426a 14-19.

상에 관하여』5장에서, 아리스토텔레스는 냄새를 '본질적으로 쾌락적이거나 고통스러운 것'과 '우연적으로 쾌락적이거나 고통스러운 것'으로 구분한다. 그는 다음과 같이 말한다.

… 어떤 종류의 냄새들은 맛들과 유사하다. 이런 종류의 냄새들에는 쾌락적인 것과 쾌락적이지 않은 것이 우연적으로 속한다. 맛들은 영양물의 성질들이기 때문에, 이것들과 연결된 냄새들은 동물들이 먹이에 대한 욕구를 갖는 한 적당하다. … 다른 종류의 냄새들은 본질적으로 적당한 냄새들, 즉 꽃의 냄새들로 이루어진다. 왜냐하면 이것들은 먹이로서 동물들을 조금도 자극하지 못하며, 또한 욕구에도 아무런 기여를 하지 못하기 때문이다. 그것(욕구)에 대한 그것들의 작용이 조금이라도 있다면, 그것은 오히려 정반대이다. … 이런 종류의 냄새들은 오직 인간만이 감각한다. 전에 말했듯이, 이런 종류의 냄새들은 인간에게만 감각되며, 예를 들어, 맛들과 관련된 다른 종류의 것들은 다른 동물들에게만 지각된다. 그리고 이런 종류의 냄새들에 대한 쾌락 여부는 맛에 달려 있기 때문에, 그런 냄새들은 다양한 맛들만큼이나 많은 종류들로 나뉜다. 그러나 우리는 앞에서 말했던 종류의 냄새에 대해 이것을 말할 수는 없다. 왜냐하면 그것의 성질은 본질적으로 적당하거나 또는 적당하지 않기 때문이다. (443b 19-444a 8)

두 번째 종류의 냄새를 먼저 살펴보자. 이런 종류의 냄새는 지각자(perceiver, 즉 지각주체)의 상태와 무관하게 본질적으로 쾌락적이거나 고통스럽다. 다시 말해서, 지각자가 배가 고프든 또는 고프지 않든, 그것은 대상들을 쾌락적이거나 쾌락적이지 않은 것(또는 고통스러운 것)으로 지각한다. 따라서 그것들은 동물의 영양섭취와 직접적으로 관련되어 있지 않다. 예를 들어, 지각자는 장미의 냄새를 맡음으로써 쾌락적인 느낌을 갖게 되는데, 그것은 지각자가 환타시아와 같은 다른 어떤 능력을 갖기 때문에 그런 것이 아니라 냄새 자체가 쾌락적인 것이기 때문이다. 그러나 꽃 냄새를 맡음으로써 야기되는 이런 종류의 쾌락적인 느낌은 욕구에 "아무런 기여를 하지" 못한다. 이것은 그것들에 대한 지각이 장소운동으로 이어지지 않는다는 의미로 볼 수 있다. 아리스토텔레스는 이런 종류의 냄새에 대한 감각은 다른 동물들에게는 가능하지 않고 인간에게만 특이하다고 말하는데(444a 4 이하), 그 이유를 뇌의 구조 때문이라고 설명한다(444a 29-31).

다른 한편으로, 아리스토텔레스는 모든 장소운동 동물이 지각하는 또 다른 종류의 냄새에 대해 언급한다. 이런 종류의 냄새는 영양섭취에 대한 지각자의 욕구 상태에 따라 쾌락적이거나 고통스러울 수 있다. 즉, 지각자가 배고픔을 느낄 때, 그 냄새들이 지각자에게 쾌락적인 것으로 제시된다. 아리스토텔레스는 지각자의 후각 작용과 그로 인해 야기되는 장소운동의 관계에 대해 분명하게 말하지 않는다. 그러나 그가 호흡하지 않는 동물들 가운데 하나로 분류하는 물고기에 대한 설명에서, 그는 그런 동물도 후각을 갖고 있으며, 따라서 먼 곳에 있는 먹이를 찾을 수 있다고 말한다. 즉, 이런 종류의 냄새들은 동물의 욕구를 야기하며, 이 욕구는 장소운동에 필요한 육체기관들을 배열한다는 것이다. 그의 말을 들어보자.

그러나 호흡을 하지 않는 동물들이 후각을 갖고 있음은 분명하다. 왜냐하면 물고기와 모든 곤충들은 먹이와 멀리 떨어져 있을 때에도, 그것들은 영양분과 관련된 종류의 냄새로 인해 먼 곳에 있는 적절한 먹이에 대한 아주 정확한 후각을 갖고 있기 때문이다. 벌의 경우가 바로 그런 것이며, … 작은 개미들의 경우에도 그렇다. (444b 7-12. 비교: 『영혼에 관하여』 421b 19 이하)

이 인용문에는 원거리 감각이 동물로 하여금 실질적인 장소운동을 하기 전에 어떤 예측을 가능하게 해준다는 의미가 함축되어 있다. 이전 장에서 논의했듯이, 하늘을 나는 독수리는 먼 곳에 있는 대상을 향해 움직이기 전에 그것이 쾌락적인 것인지 또는 아닌지를 미리 알아야 한다. 이처럼 장소운동은 지각자의 욕구를 전제하며, 또한 지각자의 욕구는 먼 곳에 있는 대상을 포착하고 그것을 쾌락적이거나 고통스러운 것으로 구별하는 능력을 전제한다. 독수리가 그 목표 또는 대상이 쾌락적이거나 고통스러우리라 예측하지 않는다면, 그것을 추구하지도 않고 또한 회피하지도 않을 것이다. 그리고 그 예측은 지각자의 상태와 밀접하게 연결되어 있다. 즉, 지각자가 먼 곳에 있는 대상을 쾌락적인 것으로 보는가 또는 그렇지 않은가는 그것이 지각자의 굶주린 상태를 만족시키는 데 얼마나 기여를 할 것인가, 그리고 지각자가 얼마나 굶주린 상태에 있는가에 달려 있다.

위에서 보았듯이, 아리스토텔레스는 본질적으로 쾌락적이거나 고통스러운 냄새와 우연적으로 쾌락적이거나 고통스러운 냄새의 두 가지를 염두에 두고 있다. 본질적으로 쾌락적인 장미의 냄새는 장소운동을 위한 욕구를 반드시 야기하지 않는 반면에, 다른 종류의 냄새는 굶주린 상태에 있는 동물의 욕구를 야기할 것이다. 전자의 경우는 동물이 환타시아를 갖지 않고도 감각지각만으로 대상을 쾌락적인 것으로 지각한다는 것을 보여주는 분명한 사례이다. 그러나 이런 종류의 냄새, 즉 감각지각만을 통해 쾌락적인 것으로 지각된 냄새가 장소운동으로 이어지는 욕구의 유발에 어쨌든 기여한다는 것을 보여주지 않는다면, 이 경우는 환타시아가 모든 경우에 필요하다는 주장을 거부하는 절대적인 사례라고 할 수 없다. 사실상 그런 사례들을 보여준다는 것은 상당히 어렵다. 예를 들어, 어떤 사람이 정원의 멀리 있는 장미를 보고, 그것을 꺾어 책상 위에 놓인 화병에 꽂고 싶다는 욕구를 갖고, 그 장미를 향해 움직인다고 가정해 보자. 비록 본질적으로 쾌락적인 냄새가 지각된다 할지라도, 이 사례는 장소운동에 환타시아가 항상 필요하지는 않다는 것을 보여주기에는 충분하지 않다.

지각자의 상태에 따라 쾌락적이거나 고통스러운 것으로 지각되는 냄새의 경우는 어떤가? 그것은 환타시아가 장소운동에 항상 필요하지 않다는 것을 보여주는 사례인가? 이 질문은 감각지각 자체가 대상을 쾌락적이거나 고통스러운 것으로 지각하는가에 대한 질문이다. 동물은 그 상태에 따라 대상을 쾌락적이거나 고통스러운 것으로 지각한다. 먹이 냄새는 지각자의 굶주린 상태에 일치하며, 따라서 지각자는 먹이가 쾌락적인 것으로 지각되는 한에 있어서 즉각적으로 그 먹이를 구하기 위해 움직인다. 행위주체가 욕구를 갖지 않는다면 대상을 향해 움직이지 않으리라는 점을 고려한다면, "동물이 먹이에 대한 욕구를 갖는다."(『감각과 감각 대상에 관하여』 443b 23–24)라는 아리스토텔레스의 말은 욕구의 존재가 어느 정도는 대상을 쾌락적이거나 고통스러운 것으로 지각하는 데 어느 정도 영향을 미친다는 의미로 이해된다. 이런 맥락에서 요핸슨(Johansen)은 앞에 인용했던 443b 19–444a 8에 대해 다음과 같이 말한다.

이 구절은 어떤 냄새가 맛과 관련하여 '쾌락적이다'라고 말해진다는 것을 보여주므로, 냄새와 맛의 비유를 강화한다. 냄새는 맛과 비유하여 단순히 '쓰다', '달콤하다' 등으로 말해지지 않는다. 그것들은 상응하는 맛이 쾌락적이거나 또는 쾌락적이지 않은가에 따라 '쾌락적이다'라거나 '쾌락적이지 않다'라고 말해진다. 맛이 쾌락적일 때는 항상 냄새가 쾌락적이다. 맛을 가진 대상을 먹이로 먹거나 마시고 싶을 때 맛이 쾌락적이기 때문에, 냄새를 가진 대상을 먹거나 마시고 싶을 때는 항상 냄새도 쾌락적이 된다. 만약 달콤한 어떤 것을 먹고 싶기 때문에 우리가 달콤한 냄새를 쾌락적이라고 보게 된다면, 우리는 달콤한 냄새도 쾌락적이라고 보게 될 것이다.[502]

요핸슨의 이해에 따르면, 우리는 맛과 관련하여 어떤 것을 단순히 달콤하거나 쓴맛을 느끼는 것이 아니라 그것을 쾌락적이거나 쾌락적이지 않은 것으로 느낀다. 그는 '달다'와 '쓰다'는 것을 '쾌락적이다'와 '고통스럽다(쾌락적이지 않다)'로 간주하는 듯이 보인다. 이렇게 해서, 만약 어떤 것을 달거나 쓴 것으로 지각하는 것이 또한 그것을 쾌락적이거나 고통스러운 것으로 지각하는 것이라면, 욕구를 유발하는 데 환타시아와 같은 다른 심리적 작용이 필요하지 않을 것이다. 왜냐하면 마음속에서 외부 대상의 모습을 재현하고, 그런 뒤에 그것을 쾌락적이거나 고통스러운 것으로 해석하는 것이 욕구를 유발하기에 충분하기 때문이다. 따라서 냄새와 맛의 경우는 쾌락적이거나 고통스럽게 느끼는 것이 환타시아에만 속한 특이한 작용이라고 주장할 이유가 없음을 함축하는 것으로 보인다. 결과적으로, 위에 인용한 『영혼

---

502 Johansen(1998), p.229.

에 관하여』431a 8-14를 해석함에 있어서, 우리는 아리스토텔레스가 환타시아의 역할을 강력하게 주장하고 있다고 가정할 필요가 없게 된다. 다시 말해서, 동물은 욕구의 유발에 환타시아가 반드시 필요하다고 주장할 수 없다는 것이다.

그러나 아리스토텔레스가 시각과 청각의 경우에도 위와 동일한 종류의 분석을 적용하길 원하는지 분명하지 않다. 사실상 우리는 그가 그랬다는 것을 뒷받침할 만한 결정적인 증거를 갖고 있지 않다. 위에서 인용한 431a 8-14에서 보듯이, 아리스토텔레스는 감각지각 작용과 사고작용을 대비하면서, "쾌락이나 고통을 느끼는 것은 그 자체로서 좋거나 나쁜 것에 대한 감각적인 수단을 갖고 행동하는 것이다." 라고 말한다. 만약 우리가 이것을 "사고가 어떤 대상을 좋거나 나쁜 것으로 인지하듯이, 감각지각은 그것을 쾌락적이거나 고통스러운 것으로 인지한다."라는 의미로 이해한다면, 아리스토텔레스는 환타시아의 개입을 인정할 여지를 두지 않는 것처럼 보인다. 그러나 지금까지 보았듯이, 후각에 대한 분석은 환타시아가 장소운동의 유발에 항상 필요하지는 않다는 것을 보이기에 충분한 사례이다. 이제 사고의 경우를 살펴보자. 사고에 대한 논의에서, 대상들을 사고에 재현하는 역할을 하는 환타시아가 반드시 필요하다는 것은 부정하기 어렵다. 그러나 필자는 사고 자체가 대상들을 쾌락적이거나 고통스러운 것으로, 또는 오히려 좋거나 나쁜 것으로 해석한다는 것을 보일 것이다.

2.3 환타시아 없는 사고

환타시아가 사고에 항상 필요하다고 주장하는 사람들은 "영혼은 환타스마가 없이는 결코 생각하지 않는다."라는 『영혼에 관하여』의 문장에 초점을 맞춘다(431a 17). 이런 맥락에서, 예를 들어, 너스바움은 아리스토텔레스가 환타시아를 "어떤 대상에 대한 단순한 사고들이 실질적인 지각이 없는 상태에서 어떻게 운동을 야기하기에 충분한가를 설명하기 위해" 사용한다고 주장한다.[503]

비록 때때로 (예를 들어, 『동물의 운동에 관하여』 7에서 '음료수 마시기'의 삼단논법과 같은 경우에) 그는 지각이나 사고가 각각 행동을 산출하기 위해 욕구와 함께 작용할 수 있다고 주장하지만, 그가 고려했던 견해는 여분의 요소가 운동의 설명에 언급되어야만 하며, 또한 욕구대상이 근본적으로 감각을 통해 제시되든 또는 사고를 통해 제시되든 상관없이 동물로 하여금 그 대상을 인지하게 만드는 단일한 능력(또는 지각 능력의 특별한 측면)이 있어야 한다는 것으로 보인다. 더 나아가 심지어 이론적인 사고조차도 환타시아의 어떤 작용과 동시적으로 진행되어야 하는 것으로 보인다.[504]

이미 언급했듯이, 너스바움은 환타시아를 감각지각과 밀접하게 연결한다.[505] 이렇게 해서, 감각지각을 갖는 동물은 환타시아도 갖기 때문에, 결과적으로 그녀는 415a 10 이하와 428a 10 이하에 제시된 아리스토텔레스의 발언들, 즉 어떤 동물들은 환타시아를 갖지 않는다고 제안하는 것으로 보이는 발언들에 대한 문자 그대로의 이해를 거부하게 된다. 더구나 그녀는 감각지각이 없는 경우에 심상들이

---

503 Nussbaum(1978), p.239.
504 Nussbaum(1978), pp.240-241.
505 Nussbaum(1978), 특히 pp.234-236.

사고하는 영혼의 유일한 대상들이라고 생각하며, 따라서 환타시아가 욕구를 유발하기 위해 항상 감각지각과 사고의 작용에 필요하다는 결론에 도달한다. 그러나 후각에 대한 우리의 논의에서 보았듯이, 이 결론 가운데 감각지각에 대한 절반은 옳지 않다. 그리고 아래의 논의에서 우리는 사고와 관련한 그녀의 나머지 절반도 옳지 않다는 것을 확인하게 될 것이다.

먼저 우리는 사고작용에 환타시아가 전제되어야 한다는 것이 무엇을 의미하는가를 살펴보아야 한다. 성찰하기 위해서는 사고의 대상들이 필요하다는 것은 분명하다. 이와 마찬가지로, 모든 심상은 근본적으로 감각지각에 의해 제시된 대상들을 필요로 한다. 그러나 앞에서 보았듯이, 감각지각이 작용하지 않고 환타시아만이 욕구를 유발하기 위한 모든 작용을 다하는 경우가 있다. 그런 경우에, 우리는 환타시아 이전에 감각지각의 선행 작용, 즉 환타시아에 대상들을 제시하는 작용이 전제되어야 한다는 것을 부정하지는 않지만, 감각지각의 실질적인 작용이 현재 진행되고 있지 않을 때 환타시아 자체가 작용한다고 말한다. 이와 마찬가지로, 환타스마를 사고하는 영혼에 제시하는 역할을 하는 환타시아가 사고에 필요하지만, 현존하는 감각지각의 작용이 없이 사고만이 홀로 환타시아에 의해 제시된 환타스마를 성찰하는 경우를 생각해 볼 수 있다. 다음의 도식이 지금까지 우리가 논의했던 내용에 대한 이해에 도움이 될 것이다.

(i) (현재 작용하는) 감각지각−욕구−장소운동

(ii) (현재 작용하는) 감각지각−환타시아−욕구−장소운동

(iii) (현재 작용하지 않는 감각지각) 환타시아−욕구−장소운동

(iv) (현재 작용하지 않는 감각지각) (현재 작용하는 환타시아) 사고—욕구—장소운동

(v) (현재 작용하지 않는 감각지각—현재 작용하지 않는 환타시아) 사고—욕구—장소운동

(i)은 냄새에 대한 논의의 결과로 제시된다. '냄새'의 경우는 환타시아를 필요로 하지 않고 감각지각만으로도 장소운동을 위한 욕구를 유발할 수도 있음을 보여준다. (ii)는 『영혼에 관하여』 III.3에서 제시된 주장, 즉 감각지각이 현재 작용하고 있는 상태에서 환타시아가 어떤 역할을 하는가에 대한 아리스토텔레스의 논의를 보여준다. 이것은 감각지각이 대상들을 제시하고 환타시아가 그렇게 제시된 대상들을 해석하는 식으로, 감각지각과 환타시아가 각각 서로 다른 역할을 수행하고 있음을 보여준다.[506]

한편, (iii)은 꿈이나 기억과 같은 경우들을 설명한다. 그런 경우에 우리는 감각지각이 외부 대상에 대한 정부를 수집하는 역할을 수행했음을 부정하지는 않는다. 다만 그것이 꿈을 꾸거나 기억을 하는 순간에는 작용하지 않고 있음을 의미한다. (iv)는 아마도 성찰을 하는 경우로 이해할 수 있다. 즉, 이 경우에는 감각지각에 의해 받아들여진 자료를 환타시아가 재현하고 그 결과적인 자료를 사고에 전달하는 것으로 볼 수 있다. (iv)의 환타시아는 자료를 제공하는 역할은 물론이고, 아마도 그 자료를 쾌락적이거나 나쁜 것으로 구별하는 역할

---

[506] 이것은 감각지각과 환타시아의 역할이 중첩되지 않고 각각 서로 다른 역할을 수행함을 보여준다.

을 수행할 수도 있다. 끝으로, (v)도 성찰의 경우지만 이 경우에는 사고가 환타시아의 역할도 함께 수행하고 있음을 보여준다. 이 경우에는, 최초에 정보를 제공하는 환타시아의 역할이 필요하지만, 성찰하는 순간에는 감각지각의 실질적인 작용이 이루어지지 않고 있다는 것을 의미한다. (iii)의 환타시아가 지각된 자료를 다룸에 있어서 감각지각의 실질적인 작용을 필요로 하지 않듯이, (v)의 사고도 이전에 환타시아에 의해 제공되었던 자료에 대해 성찰함에 있어서 환타시아의 실질적인 작용을 필요로 하지 않는다. (iv)와 (v)의 차이는 환타시아의 개입 여부인데, 환타시아가 실질적으로 작용하지 않는 (v)의 경우에는 사고가 환타시아가 기존에 했던 모든 역할을 수행하리라 생각할 수 있다. 아리스토텔레스는 "사고하는 영혼에게 환타스마들은 그것이 마치 지각의 내용처럼 (그리고 그것이 그것들을 좋은 것이나 나쁜 것으로 긍정하거나 부정할 때, 그것은 그것들을 회피하거나 추구한다)"(『영혼에 관하여』431a 15-16).

이 견해는 다음 인용문에서 또다시 확인할 수 있다. 『영혼에 관하여』III.7에서 감각지각과 비교를 통해, 아리스토텔레스는 '사고'와 '쾌락과 고통의 감정'의 관계를 설명한다.

따라서 사고 능력은 형상들을 환타스마들 안에서 생각하며, 추구될 것과 회피될 것이 그것을 위해 결정되듯이, 환타스마들이 있을 때는 심지어 감각 밖에서도 {그것은} 움직여진다. 예를 들어, 봉화가 불타오르는 것을 감각하고, 움직이는 것을 볼 때, {그것이} 전쟁과 관련되었다는 것을 인식한다. 그러나 때로는 영혼 안에 있는 환타스마들 또는 사고상들을 통해, 마치 {현재} 보고 있는 것처럼, {영혼은} 앞으로의 일을 현재와 관련하여 계산하고 숙고한다. 또한 {영혼이 어떤 것을} 말할 때, {감각지각}의 경우에는 {대상이} 쾌락적이거나 고통스럽다고 {말하는} 것과 마찬가지로, 이 경우에는 추구하거나 회피하며, 행동의 경우에는 대체로 그렇다. (431b 2-9)

사고에 대한 아리스토텔레스의 설명은 감각지각에 대해 그가 이전에 했던 논의와 유사하다. 그는 계산과 숙고를 이성 능력의 작용들로 간주한다. 그리고 감각지각의 경우에 지각 대상들이 필요하듯이, 이성적인 성찰의 경우에도 환타스마나 사고상이 그것의 대상으로 필요하다. 우리는 아리스토텔레스가 위 인용문에서 환타스마나 사고상이 이성적 능력에 제시되어야 한다고 말하고 있다는 점에 주목해야 한다. 이 발언들은 성찰을 하고 있을 때 환타시아의 실질적인 작용이 항상 필요하지는 않음을 함축한다. 환타스마들이 이성적 동물들에게 추구와 회피의 대상들로 제시된다.[507] 위 인용문에서, 아리스토텔레스는 지각하는 과정에서 '대상을 좋거나 나쁜 것이라 선언하는' 것은 감각지각인 반면에, 사고하는 과정에서는 그것이 계산과 숙고라고 분명히 말한다.

우리는 앞에서 아리스토텔레스가 쾌락이나 고통의 느낌을 긍정이나 부정의 판단에 비유하는 것을 보았다. 지각이나 사고는 어떤 대상을 '쾌락적이거나 고통스러운 것' 또는 '좋거나 나쁜 것'으로 선언하며, 욕구는 즉각적으로 그것을 추구하거나 회피한다. 이와 마찬가지로 지각에서 미각이나 후각과 같은 감각 작용들이 일종의 판단을 하듯이, 사고에서 계산과 숙고는 '판단이나 명제의 형태'를 취한

---

507 그러나 이것은 필연적으로 감각지각이 현재 작용되지 않음을 의미하지는 않는다.

다.[508] 하지만 아리스토텔레스는 계산과 숙고에서 필요한 대상들이 환타스마나 사고이며, 따라서 이미 언급했듯이, 그는 환타스마를 지성적인 영혼에 제시하는 환타시아의 작용이 이미 진행되고 있었을 가능성을 배제하지 않는다. 이런 방식을 통해, 아리스토텔레스는 환타시아 개념을 반드시 포함하지 않고도 감각지각과 사고를 쾌락적이거나 쾌락적이지 않은 것을 구별하는 능력들로 제시할 수 있게 된다.

다른 곳에서, 아리스토텔레스는 어떤 사고작용에서는 환타스마들이 없을 수도 있다고 말한다.

> {환타시아는 우리 안에} 자리 잡고 있으며, 또한 감각지각과 유사하기 때문에, 그리고 동물들은 지성을 갖고 있지 않고, 사람들의 지성은 영향받음($\pi\acute{\alpha}\theta\epsilon\iota$)이나 질병이나 잠으로 인해 감춰지기 때문에, 동물들은 {환타시아}를 통해 빈번하게 운동하게 되는 것이다. (429a 5-8)[509]

여기에서 아리스토텔레스는 동물의 운동이 환타시아를 통해 유발되는 경우를 상정하고 있다. 동물은 사고 능력을 갖지 않기 때문에, 그리고 인간의 경우에는 질병이나 잠과 같은 생리적인 상태로 인해 사고가 제대로 작용하지 않기 때문에, 환타시아가 대신 작용해야 하는 경우가 있다. 어떤 사람은 질병으로 인해 환각을 가질 수도 있다. 그러나 이 말을 할 때, 아리스토텔레스는 그런 사례가 사람들이 환타시아에 의존하는 이유보다는 사람들이 그것을 이용하는 이유를 설명

---

508 Hicks(1907), 431b 8에 대한 각주.
509 아리스토텔레스가 "이성적인 과정이 없이 환타시아를 갖는 동물들도 있다."라고 말하는 『영혼에 관하여』 III.3, 428a 23-24도 참조.

할 수 있다고 생각하는 것으로 보인다. 여기에서 그는 사고 능력을 가진 이성적 동물들에게만 속하는 계산적 환타시아가 아니라 감각지각과 관련된 감각적 환타시아에 대해 논의하고 있다. 위 인용문에서 아리스토텔레스는 동물의 감각지각과 유사하기 때문에, 또는 인간의 지성이 제대로 작동하지 않기 때문에, 환타시아가 감각지각이나 사고의 역할을 대신할 수 있다는 주장을 분명히 제시하고 있다. 아리스토텔레스가 환타시아 없이는 어떤 판단도 있을 수 없다고 주장하는 구절(427b 15; 431b 7-9)과 "영혼은 환타스마 없이는 결코 사고하지 못한다."라고 주장하는 구절(431a 17)은 이성적인 능력을 통해 판단할 때 환타스마가 사고에 필수적인 요소들임을 분명히 보여주고 있다. 그러나 환타스마들이 사고의 유일한 대상이라고 결론 내리기는 아직 이르다.

지금까지의 논의를 통해 보았듯이, 환타시아가 감각지각이나 사고와 동일한 위상을 지닌다고 『동물의 운동에 관하여』에서 아리스토텔레스가 말할 때, 그는 사고와 마찬가지로 감각지각에도 일종의 판단 능력을 부여하려 한다. 주지하듯이, 감각지각과 사고의 판단(또는 명제적) 능력은 '쾌락적이거나 고통스러운' 감정이나 '좋거나 나쁘다'는 판단에 대한 긍정이나 부정이다. 이것은 동물들이 지각적 대상들(즉, 감각적 성질들)이나 사고의 대상들(즉, 환타스마들과 사고들)과 같은 대상들을 필요로 할 뿐만 아니라, 그것들이 대상을 좋거나 고통스러운 것으로 해석하는 후각이나 촉각 또는 계산이나 숙고 등과 같은 능력을 갖고 있음을 함축한다. 이런 의미에서, 아리스토텔레스는 감각지각, 환타시아, 그리고 사고가 구별을 한다는 점에서 동일한 위상을 갖는다고 말한다. 이런 선상의 해석은 『동물의 운동에 관하여』의 다른 부분들⁵¹⁰에서 논의된 다른 능력들과 관련하여 아리스토텔레스가 이용하는 환타시아 개념과도 일관된 것으로 나타난다.

지금까지의 논의를 정리하면서 이 장을 마무리하자. 우리는 아리스토텔레스가 환타시아를 욕구와 장소운동에 절대적으로 필요한 조건으로 간주하느냐는 질문에 초점을 맞추었다. 그리고 우리는 이 질문에 부정적인 답변을 제시했다. 우리의 우선적인 탐구는 욕구의 유발에 필요한 조건들이 무엇이냐는 질문으로 시작되었다. 욕구를 유발하기 위해서는 두 가지 조건, 즉 대상을 제시해야 하고, 또한 그것을 쾌락적인 것이나 고통스러운 것으로 해석해야 한다는 것이다. 사실상 대상의 제시는 대상을 어떤 종류의 것으로 재현하는 것이다. 즉, 빨간 공을 볼 때, 우리는 우선적으로 그것을 빨간색이나 둥근 모양으로 지각한다. 이런 이유에서 너스바움은 환타시아가 하나의 대상을 어떤 종류의 것으로 제시하는 능력으로 이해한다. 그러나 우리는 대상이 쾌락적인 것이나 고통스러운 것으로 해석되지 않는 한, 욕구가 그것을 추구하기 위해 유발되지는 않는다는 결론에 도달했다. 따라서 우리는 환타시아의 역할이 단순히 하나의 대상을 어떤 종류의 것으로 제시하는 것이 아니라 쾌락적이거나 고통스러운 것으로 제시하는 것이라고 주장했다.

또한 우리는 환타시아가 항상 욕구의 유발에 관여한다는 너스바움의 주장을 살펴보았다. 아리스토텔레스가 일부 동물의 경우에는 환타시아 능력이 없다고 주장하는 것이 너스바움의 주장을 거부하는 데 도움이 되지는 않는다. 그럼에도 우리는 그가 감각적 환타시아와

---

510 예를 들어, 700b 19-22; 701a 29-b 1; 701 b 16 이하 등 참조.

무규정적 환타시아를 구분했다는 사실을 확인했다. 무규정적인 환타시아는 그것이 장소운동을 하든 또는 하지 않든 모든 동물에게 속하며, 따라서 그것이 반드시 장소운동과 관련되지는 않는다는 것이 분명하다. 그리고 감각적 환타시아는 모든 장소운동 동물에게 속하며, 그것은 장소운동의 유발과 관련된다. 따라서 우리는 아리스토텔레스가 대상을 쾌락적이거나 고통스러운 것으로 제시하면서도 환타시아를 필요로 하지 않는 경우들을 상정하는가를 살펴보았다.

이와 관련하여, 우리는 특히 두 종류의 냄새에 대한 아리스토텔레스의 논의에서, 냄새를 맡을 때 감각지각이 욕구를 유발하기 위해 반드시 환타시아를 필요로 하지는 않는다는 것을 보았다. 그렇지만 그가 다른 원거리 감각들에 대해서도 이와 동일한 견해를 유지하는가는 아직 불분명하다. 더구나 사고에 대한 그의 논의는 사고가 환타시아의 실질적인 작용이 없이도 욕구를 유발할 수 있다는 해석의 여지를 남겨두고 있다. 그렇지만 환타시아가 이미 오래전에 사고하는 영혼에 환타스마들을 재현하는 능력으로 참여했을 수도 있음을 부정하기는 어렵다. 여기에서, 우리의 논의가 최소한 네 가지 장소운동 능력, 즉 장소운동을 유발하는 네 가지 심리적 능력들의 묶음을 제안했음을 기억할 필요가 있다. 지금까지 우리는 영혼과 관련된 동물의 심리적인 측면에 대해 살펴보았으며, 이제 이와 관련하여 동물의 육체적인 또는 생리적인 측면을 살펴보자.

제6장

육체의 측면: 쉼퓌톤 프뉴마

우리는 제4장과 제5장에서 동물의 장소운동을 유발하는 데 필요하다고 아리스토텔레스가 생각했던 영혼의 능력들을 살펴보았고, 또한 그가 네 종류의 장소운동 능력을 염두에 두고 있음을 알게 되었다. 이제 그가 소개하는 쉼퓌톤 프뉴마(σύμφυτον πνεῦμα, 이후로는 '프뉴마'로 표기)라는 물질적 요소가 장소운동에서 수행하는 역할에 대한 논의를 통해 영적 또는 심리적 측면과 대비되는 육체적 또는 생리적 측면을 살펴보자.[511] 제3장에서 보았듯이, 기능론적 해석을 지지

---

[511] 아래에서 보겠지만(Peck, 1953, p. 111 참조), 그리스어 '프뉴마(πνεῦμα)'에 상응하는 적절한 영어 단어를 찾는 데 어려움이 있기 때문에, 이 책에서 언급되는 Peck, Solmsen, Nussbaum, Freudenthal 등을 비롯한 많은 학자들은 그것을 번역하지 않고 음차하여 'pneuma'로 옮긴다. 그 이유는 아리스토텔레스에게 있어서 그 단어가 후대에 와서 흔히 이해되는 것과 달리 단순히 '숨(호흡)'이나 '공기'만을 의미하는 것이 아니라고 생각되기 때문이다. 한편, Beare(1906, p. 94, note. 1)도 그런 어려움을 인지하고 있지만, 그는 쉼퓌톤 프뉴마를 '타고난 기운(connatural spirit)'으로 옮기고

하는 학자들은 아리스토텔레스가 기능적 상태에 대한 '다수 실현 가능성(multiple realisability)' 또는 '형성 유동성(compositional plasticity)'을 인정할 것이라는 입장을 취한다. 즉, 어떤 기능을 수행하는 생물의 육체기관들이 아무런 손실 없이 그 기능을 정상적으로 수행하는 한에 있어서, 그 육체기관들이 어떤 종류의 물질(또는 비물질)로 구성되었든 상관없이 그것들을 그 생물의 육체기관들로 인정하고 또한 그 생물을 그 생물로 인정하리라는 것이다.[512] 사람을 예로 들자면, 어떤 사람의 폐가 심하게 손상되어 플라스틱이나 금속이나 다른 어떤 것으로 만든 폐로 대체하고, 그 폐가 이전의 폐와 조금도 다름없이 동일한 기능을 수행하는 경우, 그것은 이전의 폐와 동일한 폐로 인정할 것이고, 또한 그 사람은 이전과 동일한 사람으로 인정하리라는 것이다.

아리스토텔레스는 생물들이 동일한 어떤 기능을 수행하는 경우에라도 그것들의 종에 따라 서로 다른 육체기관들을 갖고 있다는 사실을 인정한다(『동물연구지』 497b 3 이하. 비교: 『생성과 소멸에 관하여』 321b 17-322a 16). 특히, 그는 동물의 혈액 또는 그와 유사한 물질(예: 『동물의 생성에 관하여』 726b 2 이하), 동물의 심장 또는 그와 유사한 육체기관(예: 『동물의 운동에 관하여』 703a 14-16; 『동물의 생성에 관하여』

있으며(『잠과 깸에 관하여』에 대한 그의 옥스퍼드판 번역본 456a 11 참조), 그 용어에 대한 스토아학파의 용법에 대한 논문에서 Long(1996, p. 229)은 그것을 '지성적 숨(intelligent breath)'이라 언급한다. 이처럼 '쉼퓌톤 프뉴마'란 용어의 한 가지 의미를 적시하기 어렵기 때문에, 이 책에서도 우리는 새로운 번역어를 사용하지 않고 '프뉴마'로 옮긴다. 여기에서 타고난 또는 선천적 프뉴마를 의미하는 '쉼퓌톤 프뉴마'는 동물에 의해 호흡된다고 말해지는 '프뉴마'나 아리스토텔레스가 간혹 '프뉴마'라고 부르는 일반적인 공기와도 구분되어야 한다. 이 내용은 아래에서 논의될 것이며, 다른 용도로 사용되는 프뉴마에 대해서는 그 의미를 명확히 보일 것이다.

512 Nussbaum(1978), 특히, p.82 이하 참조.

781a 20 이하), 어떤 동물의 폐 또는 다른 동물의 아가미(예:『호흡에 관하여』476a 22 이하), 동물의 입 또는 식물의 뿌리(『동물의 걸음에 관하여』705b 7–9) 등이 동일하거나 또는 최소한 유사한 기능들을 수행하고 있음을 종종 언급한다. 그가 말하는 유사한 부분들, 즉 유사한 육체기관들이란 무슨 의미인가? 기능론자들이 주장하는 것처럼, 아리스토텔레스는 종적으로 다른 생물들의 육체기관들이 서로 다른 재료들로 만들어졌음에도 불구하고 동일한 방식으로 기능한다고 말하는 것인가? 이 질문에 답변하기 위해서는 먼저 종적으로 다른 생물들 내부에서 동일한 종류의 기능을 수행하는 육체기관들의 구성 요소들에 대해 아리스토텔레스가 어떻게 생각하고 있는가를 검토할 필요가 있다.

이 장에서 우리는 아리스토텔레스에 대한 기능론적 해석이 어떤 점에서 부적절한가를 살펴볼 것이다. 이를 위해, 우리는 먼저 그가 생물학적 저술들에서 설명하는 프뉴마의 특징이 무엇이고, 생식과 감각지각에서 프뉴마가 어떤 역할을 하는가를 논의한다. 아리스토텔레스가 프뉴마에 대해 체계적으로 논의한 적이 없다는 것이 그 개념에 대한 논의의 약점으로 종종 지적된다.[513] 프뉴마의 역할에 대한 그의 언급이 충분한 논의 없이 제시되고 있다는 점은 부정할 수 없다. 그러나 아래의 논의에서 우리는 최소한 두 가지 사실, 즉 (i) 프뉴마가 생물의 다양한 활동을 설명하는 중요한 물질적 또는 생리적 요소라는 사실과 (ii) 그것이 영혼의 능력들과 밀접한 관계를 갖는다는 사실을 알 수 있을 것이다.

---

[513] 예: Nussbaum(1978), p.143.

이러한 일반적인 사항들은 아래 2절의 논의, 즉 아리스토텔레스가 프뉴마를 ⓐ 성별, 동물의 종들, 동물의 육체 부분들, 그리고 심지어 동물의 삶과 죽음을 구분하는 차별화 요소(differentiating factor)로서 소개할 뿐만 아니라 ⓑ 욕구와 관련하여 장소운동을 설명하기 위해서도 그 개념을 사용한다는 점에 대한 논의를 통해 더 확실해질 것이다. 이에 대한 논의를 통해, 우리는 프뉴마가 생물에게 '필수적인 물질적 요소'라는 사실, 즉 그것이 없이는 생물이 영혼의 또는 생명의 능력들을 실현하지 못한다는 사실을 알게 될 것이다. 이를 통해, 필자는 아리스토텔레스가 생각했던 영혼의 능력들과 프뉴마의 관계는 기능론자들이 생각했던 것보다 훨씬 더 밀접하다고 주장할 것이다. 즉, 아리스토텔레스는 영혼의 능력들이 프뉴마 안에서만 또는 프뉴마를 통해서만 실현되며, 프뉴마 외의 다른 물질적 요소에서는 실현되지 않는다고 생각한다는 것이다.[514] 또한 우리는 아리스토텔레스가 영혼의 장소운동 능력이 반드시 프뉴마를 통해 실현되어야 한다고 생각하지만, 그럼에도 불구하고 그가 존재론적 환원론을 주장하지는 않는다는 사실을 확인할 수 있을 것이다.

1. 쉼퓌톤 프뉴마 개념

학자들은 아리스토텔레스가 '프뉴마'를 동물의 다양한 운동들을 설

---

[514] 우리는 이 장에서 생물의 구체적인 생명 활동을 토대로 기능론에 대한 반대 견해를 제시하며, 이 과정에서 독자의 기억을 돕기 위해 앞의 제4장에서 논의했던 내용을 일부 반복하게 될 것이다.

명하는 데 반드시 필요한 개념으로 생각한다는 점에 주목한다.[515] 이 절에서 우리는 유성생식과 감각지각에 있어서 프뉴마의 특징들에 대한 그의 설명을 분석함으로써, (i) 프뉴마는 물질적 또는 생리적 실체이며, (ii) 그것은 동물만이 갖는 것이며,[516] 또한 (iii) 그것은 동물의 생명 활동과 밀접한 관계가 있다는 것을 알게 될 것이다. 특히, (iii)은 생리적 물질과 영혼 능력의 관계를 어떻게 해석할 것인가의 문제와 관련하여 아래 2절에서 더 논의될 것이다.

1.1 프뉴마의 특징

정액의 성질에 대해 설명하는 『동물의 생성에 관하여』 II.2에서, 아

---

515 아리스토텔레스가 '프뉴마' 개념을 통해 동물의 생성을 설명하는 부분에 대한 논의는 Balme(1992), 특히 pp.160-164; Preus(1970), pp.1-52; Preus(1975), pp.48-107 참조. 이와 관련된 아리스토텔레스의 저술은 『동물의 생성에 관하여』 특히 II권 3장 이하 참조. 더 자세한 서지 사항은 Freudenthal(1995), p.106, 각주 2와 3 참조. 한편, Beare(1906, p.336)는 감각지각에 있어서의 프뉴마의 역할에 대해(비교: Peck, 1942, pp.589-593), 우리가 만약 쉼퓌톤 프뉴마의 모든 속성과 기능들을 발견할 수 있다면, (아리스토텔레스의 관점에서) 우리는 감각지각의 가장 깊은 곳에 있는 비밀들을 꿰뚫어 볼 수 있을 것이라고 말한다(Peck, 1942, p. 593 참조). 이 견해는 아리스토텔레스가 "『꿈에 관하여』의 한 구절에서, 피는 감각기관들로부터의 감각인상들과 꿈속에서 핵심적인 감각 능력에 이르기까지 영향을 주는 일정한 역할을 수행한다."라고 지적한 Johansen(1998, p.92)에 의해 암묵적으로 반박된다. 왜냐하면 만약 Johansen의 지적이 옳다면, 프뉴마가 감각지각의 모든 비밀을 드러내지는 못할 수도 있기 때문이다. 한편, Nussbaum(1978, pp.143-164)은 프뉴마가 동물의 장소운동에서 중요한 역할을 수행한다고 말한다(비교: Peck, 1942, p.576 이하; Peck, 1953, pp.117-118; Freudenthal, 1995, pp.134-137). Nussbaum(1978, p.143)은 Jaeger와 Düring도 이런 견해를 가졌다고 말한다. 프뉴마에 대한 해외 연구는 Peck(1953), Solmsen(1957), Nussbaum(1978, Essay 3), Freudenthal(1995, 특히 III장), Berryman(2002), Bartoš and King(eds.)(2020, 13-14장 참조) 등이 있다.

516 아리스토텔레스는 호흡을 하지 않는 동물들도 프뉴마를 갖는다고 생각한다(Balme, 1992, p.161).

리스토텔레스는 정액이 '프뉴마와 물'의 합성물이고 프뉴마가 '뜨거운 공기(θερμὸς ἀήρ)'라고 말한다(736a 1). 공기가 뜨거운 것과 젖은 것의 합성물이라고 말해진다는 점을 고려할 때(비교: 『생성과 소멸에 관하여』 311a 13 이하), 밤(Balme)이 말하는 것처럼 프뉴마는 공기가 이미 갖고 있는 열보다 더 뜨거운 열을 갖는다고 봐야 할 것이다.[517] 그러나 프뉴마에 대한 그런 규정을 얼마나 비중 있게 받아들여야 하는가에 대해서는 논란의 여지가 있다. 그것을 논의의 출발점으로 삼은 밤은 프뉴마가 근본적으로 대기 중의 공기이지만, 동물 내부에 있는 생기열(vital heat)의 영향으로 인해 대기 중의 공기와 '순수성의 수준(levels of purity)'이 다를 뿐이라고 주장한다.[518] 또한 그는 아리스토텔레스가 '동물의 열과 불을 동일시'하고 그것들이 정도(degree)의 차이만 갖는다고 생각했다고 말한다.[519] 따라서 밤은 동물의 열이 다른 열과 완전히 다를 이유가 없으며, 또한 생성열(또는 생식열, generative heat)이 동물의 다른 열과 다를 이유도 없다고 말한다.

더 나아가 그는 비록 모든 프뉴마가 열을 포함하지만, 정액의 프뉴마에 있는 열은 그것이 생성열이라는 점에서 다르다고 주장한다. 이렇게 해서 그는 정액의 프뉴마가 다른 육체 부분들에 있는 프뉴마보다 더 순수하다고 생각하는 것으로 보인다. 밤은 프뉴마를 "아주 물질적이지 않거나, 더 순수하거나 또는 더 우월한" 것으로 규정하는데, 그 의미가 아주 명확하지는 않다.[520] 그는 동일한 종류의 물질이

---

517 Balme(1992), p.162.
518 Balme(1992), pp.163-164, 그리고 p.71도 참조.
519 Balme(1992), p.164.
520 Balme(1992), p.163. 그는 아리스토텔레스가 프뉴마를 '더 신성한(diviner)' 것이라

육체의 어느 부분에 있는가, 그리고 그것이 가진 생기열이 어느 정도인가에 따라 더 순수하거나 더 우월하다고 말해질 수 있다는 주장을 이런 식으로 표현하고 있는 것으로 보인다. 그러나 프뉴마와 생기열에 대한 이러한 밤의 해석은 여러 가지 점에서 비판된다.[521]

프뉴마에 대한 아리스토텔레스의 논의는 분명히 혼란스럽다. 그러나 좀 더 분명하게 말해질 수 있는 몇 가지 점은 있다. 프뉴마에 대한 한 논문에서, 펙(Peck)은 프뉴마의 두 가지 중요한 특징에 주목한다. 그에 따르면, 첫째 그것은 대기의 공기와 구분되어야 하는 타고난 또는 내재적인 공기이며, 둘째 그것은 물질적 또는 질료적인 것이다.[522] 이미 언급했듯이, 밤(Balme)은 프뉴마가 근본적으로 대기 중의 공기 또는 들이마신 공기, 즉 동물의 열과 어떤 방식으로든 작용하게 될 때 다양한 순수성의 수준을 갖게 되는 공기라고 생각한다. 그러나 만약 그의 생각이 옳다면, 호흡하지 않는 동물들은 그 내부에 프뉴마를 가질 수 없을 것이다. 그런데 아리스토텔레스는 분명히 그런 동물들도 프뉴마를 갖는다고 말한다.[523] 이 한 가지 사실만으로도 그가 말하는 쉼퓌톤 프뉴마가 단순히 동물이 외부로부터 들이마신 공기가 아니라 태어나서 죽을 때까지[524] 동물 내부에 존재하는 타고난 선

표현할 때, 그것을 "아주 물질적이지 않거나, 더 순수하거나 또는 더 우월한"이라는 의미로 이해하면 되리라고 생각한다.

521 예를 들어, Freudenthal의 비판(1995, pp.109‑111)은 밤이 '불과 생기열'을 동일시한다는 점에 집중한다. 그러나 밤은 프뉴마와 대기 중의 공기도 동일시하는데, 이 주장도 논란의 여지가 있다(아래 참조).

522 Peck(1953), pp.111‑121.

523 『동물의 생성에 관하여』 741b 37 이하. 『잠과 깸에 관하여』 456a 11 이하; 『젊음과 늙음에 관하여』 475a 28 이하; 『동물의 부분에 관하여』 659b 14‑19; 669a 1‑2 등도 참조. 비교: Johansen(1998), p.250.

천적인 공기라고 말해야 할 것이다. 더구나 배아가 형성되는 바로 그 순간에 생명이 시작된다고 할 때, 아리스토텔레스가 (배아에서 가장 먼저 형성되는) 심장에 프뉴마가 위치한다고 강조하는 것은, 그것이 '여성으로부터 또는 배아 그 자체로부터' 이전됨을 함축한다.[525]

한편, 아리스토텔레스가 프뉴마를 정액의 구성 요소라고 말할 때,

---

524 '태어나서 죽을 때까지'라고 말하는 이유는 프뉴마를 갖지 않은 동물은 더 이상 생존이 불가능하기 때문이다.

525 Peck(1953), p.117. 아리스토텔레스는 프뉴마가 남성의 정액에 들어 있다고 말하지만, 여성의 생리액(생리혈)에 대한 그의 견해는 분명하지 않다. 그럼에도 우리는 태아의 프뉴마가 남성에게서 나오거나 또는 남성과 여성 모두에게서 나온다고 말할 수 있다. 그러나 아리스토텔레스는 정액이 그것의 습한 성질 때문에 녹거나 증발하기 때문에 정액에서는 배아의 형성에 공헌하는 실질적인 어떤 것도 나오지 않는다고 말하며(『동물의 생성에 관하여』 737a 8-11, 비교: 730b 11-15), 따라서 우리는 프뉴마가 여성에게서 나온다는 결론을 내릴 수 있다. 그리고 이 해석은 여성이 질료 제공자라는 아리스토텔레스의 규정과 정합성이 있어 보인다. 하지만 이 해석은 옳지 않다. 주지하듯이, 아리스토텔레스는 어떤 변화도 무로부터 시작될 수 없다고 생각하는데, 이 표현은 단적으로 변화를 부정하는 것으로 읽힐 수도 있다. 아리스토텔레스는 『자연학』 I.5(『생성과 소멸에 관하여』 I.2-3; 『동물의 생성에 관하여』 724a 14 이하; 733b 24 이하도 참조)에서 무로부터 아무것도 생성될 수 없다는 파르메니데스의 견해에 동의한다. 그리고 그와 동시에 그는 존재했던 것이 완전히 소멸된다는 견해를 거부한다. 아리스토텔레스가 이런 견해를 일관되게 유지했다면, 정액이 증발했을지라도 그 후에 물질적인 무엇인가가 여전히 남아 있어야만 한다. 다시 말해서, 정액은 남성으로부터 나온 어떤 질료를 생리액 안에 남겨두지 않고 그 생리액에 영혼만을 전해줄 수는 없다는 것이다. 즉, 남성의 정액이 증발했을지라도 여성의 생리액 안에는 물질적인 어떤 것이 남았을 것이다. 반면에, 만약 그것이 질료 없이 영혼만을 전해줄 수 있다면, 아리스토텔레스는 그 자신이 인정하고 싶어 하지 않는 영혼과 육체의 분리 가능성을 어쩔 수 없이 인정해야만 한다. 따라서 그는 정액의 증발을 질료의 완전한 소멸이나 완전한 사라짐을 의미한다고 말할 수 없으며, 결론적으로 배아의 형성에 공헌하는 어떤 질료, 즉 정액으로부터 나온 어떤 질료가 남아 있다고 해야 할 것이다. 그러나 아리스토텔레스는 정액의 질료가 배아의 형성에 관여된다는 주장을 받아들이지 않으며, 따라서 배아 형성과 관련한 그의 이론이 정확히 무엇이고, 어떻게 정합적으로 만들어질 수 있는가에 대해 더 많은 논의가 필요해 보인다(예: 『동물의 생성에 관하여』 716a 5 이하; 729a 9-10; 736a 24 이하; 특히, 730b 9 이하 참조).

그는 분명히 그것을 '일종의 물질적인 공기'로 간주하고 있다. 다시 말해서, 그것은 대기 중의 공기와 동일한 것으로 간주되어서는 안 된다는 것이다. 왜냐하면 그는 그것이 공기·불·흙·물과 같은 다른 단순요소들보다 '더 신성하다'고 생각하기 때문이다. 이 주장과 관련된 내용은 다음과 같다.

> 우리가 아는 한에 있어서, 영혼의 모든 능력은 이른바 원소들과 다르고 또한 그것들보다 더 신성한 어떤 물리적 실체와 관련된다. 그리고 다양한 영혼은 가치의 측면에서 서로 다르며, 그것들과 관련된 다양한 실체도 서로 다른 성질을 갖고 있다. 이 모든 경우에 정액은 그것이 생식할 수 있도록 유발하는 것, 즉 뜨거운 물질이라고 알려진 것을 그 내부에 포함한다. 그것은 불도 아니고 그와 비슷한 다른 물질도 아니며, 정액이나 거품 같은 물질로 둘러싸인 프뉴마, 그리고 프뉴마 내부에 있는 자연적 물질이며, 또한 이 물질은 행성들에 속한 원소와 비슷하다. 그렇기 때문에 불은 어떤 동물도 생산하지 않으며, 또한 우리는 불의 영향하에 있는 액체나 고체 형태의 어떤 동물도 보지 못한다. 반면에 태양의 열과 동물의 열은 생성에 영향을 미치며, 정액을 통해 작용하는 동물의 열뿐만 아니라 아마도 있을 다른 자연적 잔여물도 그 내부에 생명의 원리를 갖는다. 이런 종류의 고찰은 동물 내부의 열이 불이 아니며, 불에서 그것의 근원이나 원리를 얻지도 않음을 보여준다. (『동물의 생성에 관하여』 736b 29–737a 8)

이 인용문은 여러 가지 측면에서 중요하다. 그것은 (1) 프뉴마의 신성함을 강조함으로써 프뉴마와 영혼이 밀접한 관계를 갖고 있고, (2) 영혼 능력들에 위계가 있듯이 그와 상응하는 질료들에도 위계도 있으며, (3) 정액의 프뉴마가 생기열을 담고 있고, 또한 (4) 이 열이 불의 열과 다르고, 자연의 다른 존재자를 생성하는 태양의 열과 유사한 동물의 생성열이라고 말해주기 때문이다(아래 참조).

아리스토텔레스는 프뉴마가 행성들을 구성하는 원소와 유사한 종류의 물질이라고 말한다.[526] 『천체에 관하여』에서 에테르는 생성되지 않고, 파괴되지 않고, 변질되지 않고, 원운동을 하고, 무게를 갖지 않는다고 규정된다(270a 13 이하). 이처럼 이러한 물질로 구성된 천구 또는 천체는 영원하며, 증가하거나 축소되지 않으며, 노화되지도 않고 변질되지도 않으며 또한 변형되지도 않는다(270b 1-2). 그런데 어떤 점에서 이러한 천체의 구성 요소가 프뉴마와 유사하다는 것인가? 아리스토텔레스가 『천체에 관하여』에서 에테르를 (공기, 흙, 불, 그리고 물과 같은) 단순요소들과 다른 원소로 다루는 이유는 그것들이 서로 다른 원소들이기 때문이지 단순히 그 원소들의 순수성의 수준이 다르기 때문이 아니다.[527] 즉, 에테르는 다른 단순요소들과 공통된 어떤 특징도 공유하지 않는 듯이 보인다는 것이다.

그러나 프뉴마는 다른 단순요소들 가운데 특히 공기나 불과 많은

---

[526] 주지하듯이, 단순요소들(simple bodies)과 대비되는 것이 무엇이고, 에테르(aither)와 유사하다고 말해지는 더 신성한 것에 대해 아리스토텔레스가 무슨 생각을 갖고 있는가에 대해서는 논란이 되고 있다. 예를 들어, Peck은 "그 '뜨거운 물질'이 물론 불이 아니라 정액이 담고 있는 프뉴마이다."라고 주장하며(Peck, 1942, p.582), Nussbaum(1978, p.162)과 Preus(1970, 특히 pp.35-36)도 이 견해에 동의한다. 한편, 이 견해는 "에테르와 비교될 수 있는 것은 생성열이지 프뉴마가 아니다."라고 주장하는 밤에 의해 정면으로 거부되는데(Balme, 1992, p.163), 이 견해는 Freudenthal(1995, pp.118-119)이 지지한다.

[527] Freudenthal(1995), p.116. 그(p.109)는 '더 신성한'이 순수성의 정도 차이를 말한다는 Balme(1992, p.163 이하)의 해석을 비판한다.

유사성을 갖는 것으로 보인다. 즉, 프뉴마가 '뜨거운 공기'라는 아리스토텔레스의 정의는 프뉴마가 불이나 공기 또는 두 가지 모두와 공통된 어떤 속성을 갖고 있음을 함축한다. 따라서 만약 프뉴마와 단순요소들이 공통된 '어떤 속성'을 갖는다 할지라도, 그 '어떤 속성' 자체가 에테르는 아니다. 또한 그것은 단순요소들 가운데 하나도 아니다. 왜냐하면 단순요소들의 공통된 속성들 가운데 어떤 것(들)을 갖는다고 해서 프뉴마가 그 원소들과 같은 것이 되지는 않기 때문이다. 그러나 프뉴마와 에테르에 대한 아리스토텔레스의 유비는 동물의 활동에서 보여주는 프뉴마의 역할을 검토할 때 분명해진다. 그것은 바로 프뉴마가 생성열을 포함하며(『동물의 생성에 관하여』736a 1-2; 732a 19-20), 또한 변질되지 않는다는 것이다(『동물의 운동에 관하여』703a 24-25).

1.2 영혼과 프뉴마의 관계

『동물의 운동에 관하여』에서 소개된 프뉴마 개념과 관련하여, 펙(Peck)과 너스바움(Nussbaum)은 아리스토텔레스가 그것을 '간극 채우기(gap-filler)'의 용도로 생각했다고 말한다. 즉, 그것은 물질적인 어떤 것으로서 그것이 없이는 동물의 장소운동이 충분히 설명되지 않는다는 것이다. 그러나 그런 개념을 통해 어떤 종류의 간극이 채워질 수 있는지 즉각적으로 분명하지 않다.

펙은 『동물의 생성에 관하여』에 대한 자신의 번역서(1942년 출간)에 덧붙인 〈부록(Appendix B)〉에서, 프뉴마가 운동의 '기관' 또는 '도구', 즉 한편으로는 비물질적이고 심리적인 영혼의 능력인 욕구와 다른 한편으로는 물질적이고 육체적인 팔다리의 간극을 메우는(bridge) 것이라고 말한다.[528] 더 나아가 그는 이렇게 말한다.

프뉴마는 에테르와 마찬가지로 비물질적인 원동자와 물질적인 대상들 사이에서 매개체 역할을 한다. 이미 보았듯이, 부동의 원동자는 에테르로 구성된 하늘과 천체를 움직이며, 천체는 다시 지상의 것들을 움직이다. 즉, 천체는 원소들이 서로 변형되게 하며, 또한 그것들은 생성(γένεσις)과 소멸(φθορά)을 야기한다. 또한 비물질적인 영혼(ψυχή)은 프뉴마를 움직이고, 프뉴마는 다시 변화(ἀλλοίωσις, 변질)를 야기하며, 그럼으로써 (i) 육체의 팔다리를 움직이거나 또는 (ii) 배아를 성장시키는 운동을 야기한다.[529]

근본적으로 펙이 말하는 것은 프뉴마가 육체의 다양한 부분들에 운동을 부여하는 영혼의 도구라는 것이다. '메운다(bridge)'와 '매개체(intermediary)'라는 그의 표현들이 무슨 의미인지 즉각적으로 명확하지 않다. 사실상 그의 설명은 이른바 '도구적 이원론(instrumental dualism)', 즉 '영혼은 육체로부터 분리되어 파악될 수 있는 비물질적인 실체로서, 육체의 일부를 도구로 사용하여 육체에 운동을 부여하

---

[528] Peck(1942), p.579.
[529] Peck(1942), p.589. 비교: Peck(1953), pp.118-119. 아리스토텔레스의 도구적 견해는 네덜란드 학자인 Nuyens에 의해 제시되었는데, 그는 Nussbaum(1978, pp.148-150)과 Ackrill(1981, p.72) 등에 의해 소개된 바 있다. 아크릴에 의하면, Nuyens는 아리스토텔레스의 사고 발전에서 영혼과 육체의 관계에 대한 세 단계, 즉 이원론(dualism), 도구론(instrumentalism), 그리고 질료형상론(hylomorphism)을 상정한다. 이 가운데 도구론은 과도기적 이론으로서, 그 이론은 질료형상론보다 영혼을 더 독립적인 것으로 간주하지만, 영혼과 육체를 이원론보다 더 밀접하게 연결한다(Ackrill, 1981, p.72).

는 것'이라는 견해처럼 들린다.[530] 만약 펙이 실제로 이러한 도구적 이원론 또는 도구론을 염두에 둔 것이라면, 아리스토텔레스는 이른바 데카르트의 송과선(pineal gland) 문제, 즉 육체로부터 분리된 비물질적인 영혼이 어떻게 영혼과 아무런 공통점을 갖지 않은 육체에 변화를 야기할 수 있느냐는 문제를 갖게 된다. 이런 견해를 제시하고 10여 년이 지난 1953년에, 펙은 한 논문에서 프뉴마를 다른 방식으로 기술한다. 즉, 그는 프뉴마가 심장에 자리 잡은 영혼에 의해 야기된 '운동들'을 심장으로부터, 또는 프뉴마를 포함하고 또한 심장이 그것에 부여한 '운동들'을 포함하는 정액으로부터 밖으로 전달하고 전파하는 매개체(vehicle)라고 말한다.[531] 이 말은 프뉴마가 육체의 다양한 부분들을 변화시키기 위해 영혼이 사용하는 도구가 아니라 영혼이, 즉 영혼의 다양한 작용들이 실현되는 물질적 실체라는 의미로 이해될 수 있을 것이다.

너스바움은 펙의 두 번째 해석을 지지한다.[532] 그녀는 아리스토텔레스가 프뉴마를 물리적 또는 생리적으로 실현되는 욕구의 예시로 사용함으로써, 영혼과 육체에 대한 그의 질료형상론적 설명을 완성한다고 주장한다. 이미 보았듯이, 아리스토텔레스는 실제로 프뉴마를 '영혼의 직접적인 매개체(the immediate vehicle of the soul)'로 본다(『호흡에 관하여』 474a 30-b 1. 비교: 『영혼에 관하여』 433b 18). 그러나 감각지각이 감각기관에서 실현되는 것과 마찬가지로, 프뉴마를 영혼이 실현되는 기관으로 볼 수도 있을 것이다.[533] 아리스토텔레스는 영혼이

---

530 Nussbaum(1978), p.149.
531 Peck(1953), p.119.
532 Nussbaum(1978), pp.146-164.

들어 있지 않은 얼굴이나 살 같은 것은 없다는 동음이의 원리(homo-nymy principle)로부터, 프뉴마와 물로 구성된 정액에는 반드시 영혼이 있어야 한다는 결론을 도출한다.[534] 만약 우리가 이 견해를 일반화할 수 있다면, 영혼이 프뉴마 안에 있다는 주장, 즉 영혼이 프뉴마 안에서 스스로를 실현한다는 주장을 승인하리라 볼 수 있을 것이다.

우리는 '도구'와 관련된 아리스토텔레스의 표현을 영혼이 육체 내부에 변화를 '야기한다'는 의미로 반드시 이해할 필요는 없을 것이다.[535] 우리는 제3장에서 생물의 영혼과 육체의 관계가 분리된 실체들로서의 영혼과 육체의 관계를 말하는 것이 아니라 생물의 영혼과 생물의 육체의 관계를 말하는 것이라는 것을 이미 보았다. 즉, 도끼로 나무를 자르는 경우에서처럼, 영혼이 프뉴마를 통해 육체의 변화를 야기하는 비물질적 실체가 아니라는 것이다. 아리스토텔레스가 영혼을 일종의 촉발하는 힘으로 간주하는 것은 사실이다. 즉, 생물은 영혼이 없이 어떤 기능을 수행할 수는 없다. 그러나 '영혼을 통한 생물의 활동'이라는 아리스토텔레스의 표현은 영혼의 활동이 생물의 활동이라는 의미로 이해되어야 할 것이다. 생물의 활동은 영혼과 육체가 결합된 활동이지, 육체로부터 분리된 영혼의 독립적인 활동이 아니라는 것이다. 뒤에서 곧 보겠지만, 그는 욕구가 중간이라는 이유에서(『동물의 운동에 관하여』 703a 4 이하) 심장 내부의 프뉴마를 중간 부

---

533 『영혼에 관하여』 415b 17-18.
534 『동물의 생성에 관하여』 734b 19 이하. 아리스토텔레스는 다른 많은 곳에서 이런 주장을 한다. 예를 들어, 『기상학』 390a 10-17; 『영혼에 관하여』 412b 12-24와 412b 27-413a 2; 『형이상학』 1035b 23-25와 1036b 31-33 등 참조.
535 Nussbaum(1978), p.150.

분이라고 주장하는데, 우리는 이 주장을 프뉴마가 생물의 육체에 변화를 야기하기 위해 사용하는 어떤 것이 아니라 영혼이 스스로를 실현하는 장소로 사용한다는 의미로 이해해도 좋을 것이다.

1.3 프뉴마와 생기열[536]

사실상 동물의 생성에서 영혼에 대한 프뉴마의 우선적인 관계는 그것이 영혼을 부모(특히, 남성)에게서 자손에게로 전달하는 운반체 또는 매개체로 사용된다는 것이다. 그러나 아리스토텔레스는 때때로 프뉴마가 아니라 생기열이 영혼 전달자의 역할을 한다고 말한다. 따라서 생기열과 프뉴마의 역할을 구분하는 것이 중요해 보인다. 그러나 여기에서 동물의 다양한 활동들에 대해 자세히 논의하기는 어려우며,[537] 따라서 필자는 생기열과 프뉴마의 관계에 초점을 맞출 것이다.

아리스토텔레스는 모든 생물, 즉 동물과 식물이 모두 비슷하게 자연적인 열을 갖는다고 확고하게 믿는다(『동물의 부분에 관하여』 650a 1-6). 또한 그는 『젊음과 늙음에 관하여』의 여러 부분에서 생물의 생명이 생물 내부의 생기열의 존재와 밀접하게 관련된다고 주장한다. 즉, 생물이 생존하기 위해서는 어느 정도의 열을 필요로 한다. 이 열의 정도가 다양하다는 것은 분명하다. 왜냐하면 최소한 생물의 죽음

---

536 Freudenthal(1995, p.74)은 『물질적 실체에 대한 아리스토텔레스의 이론(*Aristotle's Theory of Material Substance*)』이라는 제목의 책에서, 생기열의 성격과 역할에 대해 자세하게 분석하고, 아리스토텔레스에게 있어서 생기열은 영양섭취, 감각지각, 장소운동, 환타시아, 그리고 심지어 사고에 이르는 영혼의 모든 작용들의 기저에 있는 생리적 요소라고 결론 내린다.

537 Freudenthal(1995), pp.7-105 참조.

이 생존하는 데 필요한 체온보다 낮은 경우에 발생한다고 말해지기 때문이다.[538] 그리고 식물을 비롯한 모든 생물에게 열은 '생물의 영양 섭취와 주변의 공기 공급'에 의해 영향을 받을 수 있다(『젊음과 늙음에 관하여』 특히 470a 21-b 2 참조). 다시 말해서, 영양분의 섭취가 증가하면 체온이 올라가며, 육체 내부에는 그러한 체온을 조절하는 무엇인가가 있다. 만약 그런 조절 장치가 없다면, 동물의 영양분 섭취는 생물의 육체 내부에 열을 계속 높이게 될 것이다(470a 23-25).

아리스토텔레스는 생물 내부의 과도한 열이나 냉기가 먹이의 소화나 영양분, 그리고 주변의 공기에 의해(470a 5 이하 참조) 또는 다른 경우에는 물에 의해(478a 31-33) 산출된 상반된 효과들에 의해 조절된다고 생각한다. 그러나 열과 공기의 관계에 대한 설명에서, 그는 식물 주변에 있는 대기의 공기와 호흡하는 동물 내부의 들이마신 공기의 차이점을 명확히 구분하지 않는다. 아리스토텔레스는 호흡하는 동물의 경우에 냉각 기제는 공기나 물처럼 외적인 것이어야 하며, 반면에 호흡하지 않는 동물의 경우에 (그리고 아마도 식물의 경우에도) 쉼퓌톤 프뉴마가 체온을 낮춰주는 역할을 하는 냉각 기제라고 분명히 말하고 있다(『동물의 부분에 관하여』 668b 35 이하). 이 말은 호흡하는 동물이 호흡하지 않는 동물보다 더 뜨겁기 때문에, 호흡하는 동물의 경우에는 부가적인 여분의 냉각 기제를 외부에서 얻어야 한다는 의미로 볼 수 있다(비교: 『호흡에 관하여』 475b 19 이하; 『기상학』 379b 22-25).

---

[538] 예: 『젊음과 늙음에 관하여』 469b 5 이하; 470a 5 이하; 474a 25 이하; 474b 10 이하; 478b 32 이하.

아리스토텔레스가 영양섭취 능력뿐만 아니라 생식능력을 영양섭취혼이라는 동일한 영혼의 능력으로 간주하는 것을 고려할 때, 그는 열이 생식에 있어서 어떤 역할을 한다는 것을 예견했었을 수도 있다. 사실상 앞의 인용문에서(『동물의 생성에 관하여』 736b 29-737a 8), 그는 생기열(the vital heat)과 생식열(the generative heat)을 동일한 것으로 간주하고 있었다. 그곳에서 그는 동물의 생기열과 태양의 열에 대한 유비를 제시하면서, 그것들이 모두 불의 열과 다르다고 말했다.[539] 장소운동 동물들의 생식에 대해 고찰하면서(비교: 『동물의 생성에 관하여』 715a 25-27), 아리스토텔레스는 동물들이 두 가지 성별을 가지며, 그 가운데 남성은 형상을 제공하고 여성은 질료를 제공함으로써 생식에 관여한다고 말한다.[540] 즉, 배아는 남성의 정액과 여성의 생리액이 혼합되는 과정(concoction)에서 형성되며,[541] 생리액은 열을 통해 배아 내부에서 형성된다는 것이다(『형이상학』 1040b 8-10).

『동물의 생성에 관하여』 I.21에서, 아리스토텔레스는 배아 형성에

---

539 Freudenthal(1995), p.110 참조.

540 『동물의 생성에 관하여』 716a 5 이하; 729a 9-10. 아리스토텔레스는 어떤 장소운동 동물들은 그들의 부모에 의해(즉, 유성생식에 의해) 생산되고, 어떤 장소운동 동물들은 썩은 질료에서(즉, 자연발생적으로) 생산된다고 말한다. 자연발생적으로 생산되는 동물들과 관련하여, 그는 "그 가운데 어떤 것들, 즉 살아 있는 동물들로부터 형성되지 않는 무혈동물들과 (예를 들어, 숭어류와 민물고기, 그리고 또한 장어류 등과 같은) 일부 유혈동물들은 유충으로 태어난다. 그리고 이 모든 것들은 본성적으로 혈액을 거의 갖고 있지 않은데, 그럼에도 그것들은 유혈동물들이며, 또한 육체기관들의 원리가 되는 혈액을 담고 있는 심장을 갖고 있다(762b 21-26)."라고 말한다.

541 '혼합 과정(concoction)'은 한 대상의 자연적이고 고유한 열이 그에 상응하는 수동적 성질, 즉 주어진 어떤 대상의 적절한 질료를 완성하는 과정으로 정의된다(『기상학』 379b 18-20). 이 문제에 대한 아리스토텔레스 자신의 정의와 논의는 『기상학』 IV.2-3 참조. 비교: Peck(1942), pp.lxiii-lxx; Freudenthal(1995), pp.22-23; Lloyd(1996), pp.83-103.

대한 여성의 기여가 남성의 기여와 같지 않다는 점을 분명히 한다.[542] 만약 그것들이 같다면, 여성은 혼자서도 자손을 생산할 수 있을 것이다. 그런데 그렇지 않기 때문에, 여성은 질료에 운동을 부여하고 그것의 성질을 결정하는 어떤 근원 또는 원리를 필요로 한다(『동물의 생성에 관하여』 730a 28-30). 이처럼 여성은 이러한 역할을 수행할 남성을 필요로 한다. 남성은 생기열, 즉 운동력을 포함하는 프뉴마와 물로 구성된 정액을 여성에 제공함으로써 배아의 형성에 기여한다(736a 1-2; 732a 19-20).[543] 한편, 자연발생의 경우에 대해 아리스토텔레스는 내재적 열을 포함하는 질료가 최소한 영양섭취혼, 즉 영양섭취 능력을 갖고 있다고 생각한다. 그는 이렇게 말한다.

동물과 식물은 흙과 물에서 생성된다. 흙에는 물이 있고 물에는 프뉴마가 있으며, 모든 프뉴마에는 생기열이 있기 때문이다. 따라서 어떤 의미에서는 모든 것들이 영혼으로 가득하기 때문이다. 그러므로 이러한 공기와 생기열이 어떤 것에 의해 갇힐 때 생물들은 재빠르게 형성된다. 그것들이 갇혀서 질료를 포함한 액체가 열을 얻게 되면, 거품 같은 것이 발생한다. 이렇게 형성된 대상이 종적으로 더 가치가 있느냐 없느냐 하는 것은 그것이 생기의 원리를 갖느냐의 여부에 달려 있다. 또한 이것은 생산이 이루어지는 매개체와 포함된 질료에 달려 있다. (762a 19-22)[544]

---

542 아리스토텔레스가 나중에 제시하는 두 성별이 다른 이유는 남성의 자연적 열이 여성의 것보다 우월하기 때문이다(『동물의 생성에 관하여』 765a 4 이하; 775a 4 이하).
543 Peck(1942, lix)은 생기열과 프뉴마를 동일시한다. 그러나 위에 인용했던 『동물의 생성에 관하여』 736b 30-737a 8에서 특히 736b 35-37의 두 문장 참조.
544 비교: 『생성과 소멸에 관하여』 318b 29; 321b 9; 『호흡에 관하여』 471b 2 이하.

성별의 구분이 없는 생물들은 자연발생적으로, 즉 무성생식을 통해 자손을 생산한다. 따라서 이 부류에 속한 식물과 일부의 동물은 외부와 단절되어 갇혀 있는 상태에서도 그것들의 영혼을 실현할 수 있어야 한다. 그것들은 그런 능력을 갖지 않고서는 자손을 생산할 수 없다.

이처럼 아리스토텔레스는 두 종류의 생식열, 즉 유성생식을 하는 동물의 내적인 열(즉, 동물의 열)과 무성생식을 하는 식물이나 일부 동물의 외적인 열(즉, 태양의 열)을 구분하고 있다. 앞에서 보았듯이, 이 두 경우에 대한 설명에서 그는 생명을 생기열의 존재와 밀접하게 연결 짓는다. 즉, 이 열이 없이는 어떤 생명도 존재할 수 없다는 것이다. 그렇지만 이런 열을 갖고 있는 동물이 모두 유성생식을 하는 것은 아니다. 이미 보았듯이, 자연발생의 경우에 식물과 일부 동물이 외부의 열이 필요하다고 아리스토텔레스는 말한다. 그러나 외적인 열을 필요로 한다는 말이 동물이 내적인 열을 전혀 갖고 있지 않다는 의미는 아니다. 모든 동물은 생존하기 위해 반드시 내적인 열을 어느 정도 갖고 있어야 한다.

여기에서 우리가 고려할 두 가지 질문이 아직 남아 있다. 첫째는 식물을 포함한 모든 생물이 생식하기 위해서는 프뉴마를 필요로 하는가,[545] 그리고 둘째는 그것이 생기열과 동일시될 수 있는가 하는 질문이다. 만약 후자에 대한 답변이 긍정적이라면, 전자에 대한 답변도 긍정적이어야 한다는 결론이 나온다. 하지만 후자에 대한 답변

---

[545] 식물의 자기운동은 Coren(2019c), 33-62; 식물과 동물의 자기운동 비교는 특히 pp.37-43 참조.

이 부정적이라 해서, 전자에 대한 답변이 반드시 부정적이어야 하는 것은 아니다. 왜냐하면 유성생식의 경우에 정액 내부의 프뉴마가 영혼을 다음 세대로 전달하듯이, 아리스토텔레스는 프뉴마를 생기열의 매개체나 용기로 간주할 수도 있기 때문이다. 이미 보았듯이, 정액은 프뉴마와 물로 구성되지만, 생기열을 내부에 포함하지 않은 프뉴마가 여성으로 하여금 자손을 생산하도록 만들 수는 없다는 것은 분명하다. 어쨌든 프뉴마가 열의 매개체(또는 용기 또는 그릇, vehicle)라는 것은 분명해 보인다. 만약 그렇다면, 식물도 프뉴마를 갖는다는 것을 의심할 이유가 없다. 아리스토텔레스가 식물을 생물에 포함하며, 식물은 열을 가지므로, 식물도 열을 갖는다는 것은 분명하다. 그리고 우리의 경험에서도 분명하게 관찰되듯이, 식물도 꽃을 피워 열매를 맺고 씨앗을 통해 새로운 식물을 생산한다는 점에서 생식 작용을 하는 것은 분명하다.[546] 식물이 살아 있고 생식을 하는 한에 있어서, 식물은 생기열을 가지며, 그 열을 프뉴마라는 용기에 담아 다음 세대로 전달한다. 그러나 아리스토텔레스는 프뉴마와 생기열의 정확한 관계에 대해 분명히 정리하지 못하고 있는 것으로 보이며, 결과적으로 그것들 가운데 정확히 어떤 것이 영혼의 매개체인지, 그리고 그가 그것들을 하나의 동일한 것으로 간주하는지의 문제가 분명하게 드러나지

---

[546] "익는다는 것은 일종의 혼합 과정이다. 왜냐하면 우리는 과일의 영양분이 혼합될 때 그것이 익었다고 말하기 때문이다. 그리고 혼합은 일종의 완성이므로, 과일의 씨앗들이 또 다른 씨앗들이 들어 있는 과일을 생산할 수 있을 때, 익는 과정이 완성되는 것이다. 이것이 '익다'라는 단어가 과일에 적용될 때의 의미이다. … 종기와 가래 등의 경우에, 익는 과정은 그 내부의 습기가 자연적인 열에 의해 환합되는 과정이다. …"(『기상학』 380a 11 이하. 비교: 『동물의 부분에 관하여』 650a 2-7). 식물의 생기열에 대해서는 Freudenthal (1995), pp.70-73 참조.

않는다(『동물의 생성에 관하여』743b 35-744a 5).**547**

1.4 감각지각에서 프뉴마의 역할

『동물의 생성에 관하여』II.6의 감각지각 과정에 대한 설명에서, 아리스토텔레스는 프뉴마가 외부 대상의 지각과 관련된다고 말한다.

눈의 감각기관은 다른 감각기관들과 마찬가지로 어떤 관 위에 위치한다. 그러나 촉각기관과 미각기관은 단지 몸 그 자체이거나 또는 동물의 몸의 일부인 반면에, 후각기관과 청각기관은 외부의 공기와 연결된 관들이며, 쉼퓌톤 프뉴마로 가득하다. 이 관들은 심장에서부터 뇌 주변까지 이어지는 작은 혈관들에서 끝난다.**548**

『영혼에 관하여』II.12에서, 아리스토텔레스는 외부의 대상에 대한 지각이 육체에 변화를 야기하며, 따라서 대상에 대한 과도한 지각은 감각기관을 손상시킬 것이라고 말한다(424a 24-32). 접촉 감각들의 경우에, 외부 대상과 감각기관의 접촉은 어떤 매질 또는 매개체(medium)도 없는 직접적인 접촉이다(422a 16 이하).

그렇다면 원거리 감각의 경우는 어떤가? 위 인용문에서는 동물이 외부 대상을 지각하는 경우에 프뉴마가 어떤 종류의 역할을 하는가

---

547 비교: Annas(1992), p.18. 이와 같이 일부 주석가들은 단순히 쉼퓌톤 프뉴마나 생기열이 영혼을 배아로 전달하는 것이라고 느슨하게 말한다(예: Nussbaum, 1982, p.159).

548 Johansen(1998), p.91에서 재인용.

에 대해 명확하게 말해주지 않는다. 위 인용문에서는 감각기관에 의해 수집된 정보가 관(통로)을 채우고 있는 프뉴마를 통해 심장에 도달한다고 말하는 것으로 보인다.[549] 아리스토텔레스는 후각과 청각의 경우에 프뉴마가 외부의 공기와 연결된다고 생각한다. 물론 외부의 공기는 동물이 지각하는 감각적 성질 자체가 아니라 매질 또는 매개체이며, 동물은 그것을 통해 감각적 성질을 지각한다. 따라서 청각도 외부의 공기를 흔들어 우리의 귓속에 변화를 유발하는 소리에 의해 설명될 수 있다. 매질의 현실태가 지각 주체의 현실태의 원인이 된다는 점을 고려할 때, 매질도 어떤 변화를 겪는 것으로 보인다.[550]

위의 인용문에서, 아리스토텔레스는 관들이 심장과 뇌까지 이어지는 혈관들에서 끝난다고 말했다.[551] 한편, 그는 관(통로) 자체가 감각기관에서 심장(또는 그와 유사한 부분)까지 이어지는 것들이라고 말한다(『동물의 생성에 관하여』 781a 20). 어쨌든 이 진술은 감각기관을 통해 지각된 정보가 결국 어떻게 심장에 변화를 유발하고 또한 동물의 장소운동으로 이어지는가를 암묵적으로 설명하는 것으로 보인다. 관 속에 들어 있는 매질을 통해 지각된 외부 대상은 프뉴마의 변화를 야기하고, 프뉴마는 다시 심장에 변화를 야기하는 것으로 보인다. 동물은 대상을 쾌락적인 것 또는 고통스러운 것으로 지각한다. 그리고 동물이 대상을 지각한다는 것은 항상 육체적 변화를 수반한다. 즉, 그

---

549 Johansen(1998), p.91. 여기에서 '관'으로 번역하는 '포로이(poroi)'라는 용어에 대한 아리스토텔레스의 불명확한 용법에 대해서는 Beare(1906), p.86 각주 1 참조.
550 Johansen(1998), p.131.
551 Beare(1906), p.335 참조. 그는 여기에서 '혈관'으로 번역한 그리스어 φλέβια가 아리스토텔레스에게 있어서 때로는 '신경'으로, 그리고 때로는 '정맥(핏줄)'을 의미하며, 또한 어떤 번역어가 정확한지 결정하는 것이 항상 가능하지는 않다고 말한다.

것이 쾌락과 고통이라는 감정들을 가질 때, 심장의 프뉴마는 뜨거워지거나 차가워지고, 또한 심장에 들어 있는 액체에 작용한다. 결과적으로 그 액체가 증발하고, 그로 인해 맥박이나 호흡이 발생한다(『호흡에 관하여』 479b 16-480a 15). 여기에서 아리스토텔레스의 설명은 상당히 생리적 또는 기계적으로 들린다. 사실상 그는 지각에서 장소운동의 유발에 이르는 과정을 항상 그런 식으로 설명한다. 그러나 그는 그런 식으로 설명되는 동물의 장소운동은 줄이 달린 인형의 기계적 운동과 전혀 다르지 않다는 점을 깨닫고 있다. 따라서 아래에서 보듯이, 아리스토텔레스는 프뉴마에 '부동의 원동자'라는 명칭을 부여함으로써, 동물의 장소운동과 줄 인형의 기계적 운동을 구분하기 위해 노력한다.

2. 장소운동에서 프뉴마의 역할

생식과 감각지각에서의 프뉴마에 대한 앞의 논의는 아리스토텔레스가 그것을 생물에게만 속하고 또한 영혼의 능력들과 밀접한 관계를 갖는 물질적 실체로 생각하고 있음을 분명히 보여준다. 아래에서, 우리는 동물의 장소운동을 집중적으로 논의하는 『동물의 운동에 관하여』의 설명을 통해, 프뉴마가 동물이 생명 활동을 수행하기 위해 반드시 필요한 조건이라는 아리스토텔레스의 이론을 다시 한번 확인하게 될 것이다. 또한 우리는 아리스토텔레스가 영혼의 활동들이 '오직 프뉴마 안에서만' 실현될 수 있다는 입장을 취하고 있다는 것을 보게 될 것이다. 이러한 점들은 특히 다음과 같은 두 가지 사실을 통해 뒷받침된다. 즉, 그것들은 아리스토텔레스가 프뉴마를 동물들을 구분하는 차별화 요소이자 동물들의 육체기관들을 구분하는 차별화 요소로 이용하고 있다는 사실, 그리고 『동물의 운동에 관하여』 10장에서 그가 프뉴마의 역할을 욕구의 역할과 유비적으로 설명하고 있다는 사실을 통해 뒷받침된다.

2.1 『동물의 운동에 관하여』의 집필 의도

『동물의 운동에 관하여』를 시작하면서, 아리스토텔레스는 이 저술이 "날기, 수영하기, 걷기 등과 같은 다양한 종류의 운동에 대한 공통된 원인"에 대한 논의라고 말한다(698a 4-7). 그리고 그는 곧 장소운동이 유발되는 생리적 과정을 검토한다. 이 과정에서 아리스토텔레스는 소우주에 적용되는 것이 대우주에도 적용되며, 그 역도 또한 같다는 가설에 의존하고 있음을 종종 보여주는데, 사실상 이 가설은 그가 신뢰하는 것들 가운데 하나이다(예: 『자연학』 252b 25-29).[552] 프뉴마라는 개념에 대한 그의 발견은 다음과 같은 두 가지 근거에 토대를 두고 있는 것으로 보인다. (i) 우주의 운동에 부동의 원동자가 있듯이, 생물이 장소운동을 하기 위해서는 그것의 운동에도 부동의 근거가 있어야 하며(비교: 『동물의 운동에 관하여』 700a 6-11), 그것은 무생물의 운동과는 구분되어야 한다(700a 12 이하). 또한 (ii) 심리적인 과정들, 즉 영혼의 과정들이 있는 곳에는 반드시 그에 상응하는 생리적인 과정들이 있어야 한다(『동물의 운동에 관하여』 특히 701b 33 이하).

---

[552] 비교: 252a 29-30; 『동물의 운동에 관하여』 698a 8-14; 698b 8-15; 699a 22-27.

앞에서 우리는 (외부의 어떤 것에 의해서도 움직여지지 않으면서 스스로 움직이는 듯이 보이는) 동물에 대한 아리스토텔레스의 관찰이 그로 하여금 동물 내부에 부동의 원동자를 포함하고 있음에 틀림없다는 결론으로 이끌어지는 과정을 살펴보았다. 그러나 이 결론은 즉각적으로 위의 (ii)를 함축하지 않는다. 오히려 (ii)는 생물이 영혼과 육체로 구성되며, 영혼은 육체로부터 분리된 존재자가 아니라는 그의 믿음과 관련된다. 즉, 생물이 운동하기 위해서는 영혼이 반드시 육체 안에 존재해야만 한다는 것이다. 그러나 영혼이 이처럼 '육체 안에 존재'해야 한다는 것이 프뉴마라는 개념을 함축하지도 않는다. 즉, 만약 '육체 안에 존재'한다는 것이 단지 영혼이 어떤 구체적인 육체가 아니라 아무런 육체 안에서나 실현된다는 것을 의미한다면, 아리스토텔레스는 그가 구체적인 역할을 부여하는 구체적인 물질적 실체인 프뉴마와 욕구를 굳이 연결할 필요가 없었을 것이다. 한편, (ii)만으로는 프뉴마의 필요성이 요구되지 않는다. 왜냐하면 만약 영혼이 부동의 원동자로 규정되지 않는다면, 아리스토텔레스가 그런 구체적인 역할을 담당하는 물질적 실체를 필요로 하지 않았을 것이기 때문이다. 이처럼 프뉴마라는 개념은 (i)과 (ii) 가운데 하나가 아니라 둘 모두에 의해 도달된다. 다시 말해서, 그것들 가운데 하나로는 욕구에 상응하는 특정한 물질적 실체가 필요하다는 결론으로 이어지지 않는다는 것이다.

『동물의 운동에 관하여』 6장에서, 아리스토텔레스는 이 저술의 나머지 부분이 "영혼이 어떻게 육체를 움직이는가?", 그리고 "동물의 운동 근원은 무엇인가?"라는 두 가지 문제를 다룰 것이라고 말한다 (700b 9-10). 여기에서 주목할 것은 그가 이 두 가지 문제들을 별개의 문제들로 간주하는 듯이 보인다는 점이다(비교: 700b 4-6). 앞에서 말한 바 있듯이, 아리스토텔레스의 표현 방식은 영혼이 육체에 영향을 미치고 또한 육체가 영혼에 영향을 미친다고 보는 데카르트의 이원론적인 상호작용론처럼 들린다는 것은 부정할 수 없다. 그러나 제4장에서 보았듯이, 아리스토텔레스가 그러한 이원론을 받아들인다고 보는 것은 잘못이다. 영혼의 수동성과 관련하여, 그의 입장은 영혼이 육체를 매개체나 용기로서의 육체와 관련된다는 것이다. 즉, 영혼은 다른 어떤 것에 의해서도 직접적으로 움직여지지 않으며, 그것이 우연적으로나마 움직여진다는 것은 그것이 (육체가 없이 존재할 수 없다는 의미에서) 육체 안에 존재하는 것이기 때문이다(예:『자연학』259b 17 이하). 또한 그처럼 육체 안에 존재한다는 것은 영혼이 별개의 존재자로서 육체 안에 존재한다는 의미로 받아들여져서는 안 된다.

여기에서 우리는 제3장에서 논의했던 내용을 다시 한번 정리할 필요가 있다. 그곳에서 우리는 『자연학』9권에서 제기한 질문, 즉 어떤 의미에서 생물이 (스스로 움직이는) 자기운동자(self-mover)인가에 대한 질문에, 아리스토텔레스는 그것이 (다른 어떤 것에 의해서도 움직여지지 않고 다른 것을 움직이는) 부동의 원동자 부분과 (다른 것에 의해 움직여진) 피동의 운동자 부분을 갖기 때문이라고 답변했었다. 그런 부분들을 갖는다는 것은 외부의 어떤 것에 의해서도 움직여지지 않고 스스로를 움직이는 자기운동자가 되기에 충분한 내적 조건이다. 강제된 변화의 경우에, 일반적으로 변화의 근원은 외적인 반면에, 자동운동의 경우에 근원은 생물의 내부에 있다는 것이 분명하다. 그러나 아리스토텔레스는 영혼을 갖지 않은 생물은 있을 수 없다고 생각한다.

이것이 의미하는 바는, 생물이 생물인 한에 있어서, 외부의 원동자가 항상 육체를 움직여서 영혼이 없어도 될 정도의 일은 발생할 수가 없다는 것이다. 생물(또는 자기운동자)의 피동의 운동자 부분은 정의상 움직여진 것이며, 따라서 그것은 어떤 변화를 겪을 수밖에 없는 반면, 부동의 원동자 부분(또는 영혼) 그 자체는 다른 것을 움직이게 만들 때에도 운동하지 않는다. 아리스토텔레스에게 있어서 운동하는 것은 반드시 연장성을 가지며, 따라서 운동하지 않는 부동의 원동자 부분과 동일시되는 영혼은 비물질적이라고 말할 수 있을 것이다(『영혼에 관하여』특히 403a 3-25).[553] 그렇기 때문에 운동의 근원으로서의 영혼은 분명히 육체 안에 존재하며, 이처럼 영혼을 가진 육체를 그 자체로서 살아 있는 존재자, 즉 생물이라고 말할 수 있는 것이다.[554]

비록 아리스토텔레스는 "영혼이 어떻게 육체를 움직이는가?"라는 문제를 제기하지만, 그는 심리학적인 과정과 생리적인 과정이 시간 차이가 있는 인과적인 관계가 아니라 동시적인 관계로 생각하는 듯이 보인다. 즉, 그것들의 관계는 "하나가 다른 것에 의해"의 관계가 아니라 "하나와 다른 것이 함께"의 관계이다.[555] 따라서 아리스토텔레스는 (다른 것을) 움직이는 것과 (다른 것에 의해) 움직여지는 것이 사실상 하나이지만 단지 존재(εἶναι, being)에 있어서 다를 뿐이라고 말한다.

---

553 비교: 407a 3 이하;『자연학』240b 8 이하.

554 우리가 '육체 안에 존재하는 영혼(embodied soul)'이라고 표현하든 '영혼을 가진 육체(ensouled body)'라고 표현하든, 우리는 영혼과 육체라고 하는 두 가지 요소로 이루어진 하나의 복합체인 생물을 가리키는 것이지, 영혼과 육체가 서로 분리되고 동떨어져 존재할 수 있음을 함축하는 것은 아니다. 이 책에서 계속 강조하듯이, 이것이 바로 아리스토텔레스가 생각했고 말하고자 했던 내용이다.

555 이 논의와 관련된『동물의 운동에 관하여』의 내용들에 대한 Nussbaum(1978), pp.151-153의 해석 참조.

그리고 운동을 야기할 수 있는 것의 현실태는 움직여질 수 있는 것의 현실태와 다르지 않다. 왜냐하면 그것은 둘 모두의 완성임에 틀림없기 때문이다. 왜냐하면 어떤 것이 운동을 야기할 수 있는 것은 그것이 이것을 할 수 있기 때문이고, 그것이 하나의 원동자인 것은 그것이 능동적이기 때문이다. 그러나 … 하나에서 둘의 간격과 둘에서 하나의 간격이 동일하고, 오르는 길과 내리는 길이 하나이듯이, 둘 모두의 현실태는 하나이지만, 그것들이 된다는 것은 하나가 아니다. 움직이는 것과 움직여지는 것의 경우도 비슷하다. (『형이상학』 1063a 28-34)

따라서 아리스토텔레스는 동물의 장소운동에서도 운동하는 것은 동물 전체이지만, 그것의 운동은 두 가지 방식으로, 즉 심리적(또는 영혼과 관련된) 용어들과 생리적 용어들을 통해 각각 기술될 수 있다고 생각한다. 그는 이런 맥락의 주장을 감각지각 능력과 감각기관의 관계를 설명하는 과정에서도 제시한다(『영혼에 관하여』 424a 24 이하; 425b 26 이하). 영혼의 감각지각 능력을 통해 기술되는 활동은 육체의 감각기관을 통해서도 기술될 수 있다. 만약 그렇다면, 생물의 육체 부분들의 관계에 대한 아리스토텔레스의 논의는 영혼과 육체가 함께 움직인다는 것을 강조하는 것으로 이해할 수 있을 것이다. 이것은 비록 영혼이 물질적인 것이 아니기 때문에, 영혼과 육체의 관계를 두 개의 물질적 원소들의 관계와 동일한 방식으로 설명할 수는 없을지라도, 결합을 통해서만 획득될 수 있는 목표를 향해 원소들이 결합하여 작용하는 것과 마찬가지라는 것을 의미한다.[556] 이제 아리스토텔

---

556 Easterling(1966), p.157.

레스가『동물의 운동에 관하여』에서 욕구와 프뉴마의 특징과 기능에 대한 논의를 통해 의도한 결론이 무엇인지 살펴보자.

2.2 부동의 원동자로서의 프뉴마

동물의 장소운동에 대한 아리스토텔레스의 논의는 동물이 외부의 어떤 것에 의해서도 움직여지지 않고서도 그것의 운동을 시작하는 듯이 보인다는 관찰을 설득력 있게 설명하려는 시도에서 시작되었다(『자연학』251b 29 이하). 그러나 그는『자연학』과『영혼에 관하여』에서 동물을 구성하는 내적 부분들이라는 개념을 통해 그 문제를 해결하려 했지만,『동물의 운동에 관하여』에서 그는 이전의 논의가 전혀 만족스럽지 않다고 생각하는 듯이 보인다. 그렇다면 그가 이전에 충분히 말하지 못했다고 생각하는 것, 그리고 그가 여기에서 더 첨가하여 말하고자 하는 것이 무엇인가? 이미 말했듯이,『동물의 운동에 관하여』의 주요 문제는 영혼이 육체를 어떻게 움직이는가의 문제이다.

『동물의 운동에 관하여』1-5장에서, 아리스토텔레스는 종종 우주의 내부에 부동의 원동자가 있듯이, 자기운동자의 내부에도 부동의 원동자가 있음에 틀림없다는 결론을 이끌어낸다. 이 내용에 대한『자연학』의 논의를 알고 있는 사람은 이미 중요한 이야기는 그곳에서 다 제시되었기 때문에, 그에 대해 새롭게 더 할 이야기는 없다고 생각할 것이다. 그러나『동물의 운동에 관하여』의 논의를 자세히 살펴보면, 아리스토텔레스는 다른 곳에서 살펴보았던 '비물질적인' 부동의 원동자가 아니라 '물질적인' 부동의 원동자를 찾으려 한다는 것을 알 수 있다. 예를 들어, 아리스토텔레스는『동물의 운동에 관하여』1장에서 동물에게 분명히 비물질적인 부동의 원동자가 필요하다고 강조하고 (698a 7-11), 뒤이어 동물의 관절들이 다른 어떤 것에 의해서도 움직여지지 않음에도 불구하고 다른 어떤 것을 움직이는 부동의 원동자들이라고 말한다(698a 11 이하. 비교: 702a 21-702b 11). 또한 그는 2장에서 단단한 표면이 물질적인 부동의 원동자라는 그의 견해를 받아들일 것을 우리에게 설득하려 한다(698b 8 이하). 그리고 나머지 장들에서도 그는 물질적인 부동의 원동자의 필요성에 대해 동일한 주장을 제시한다. 마침내 10장에 이르러서는 이전의 모든 논의가 프뉴마를 동물의 장소운동에 필요한 부동의 원동자라고 주장하기 위한 노력이었음이 드러난다. 그런데 아리스토텔레스는 그런 물질적 요소를 도대체 왜 필요로 하는가? 그리고 프뉴마가 물질적인 부동의 원동자라는 것이 정확히 어떤 의미인가? 아래에서 우리는 이 두 가지 물음에 답변하기 위해 노력할 것이다.

2.2.1 힘의 토대로서의 프뉴마

『동물의 운동에 관하여』 10장에서 언급한 프뉴마에 대한 논의를 살펴보면, 물질적 실체가 부동의 원동자라는 아리스토텔레스의 규정이 처음에 생각했던 것만큼 그렇게 놀랍게 들리지는 않는다. 그는 프뉴마에 대해 다음과 같이 설명한다. 프뉴마는 (i) 동물들이 힘을 끌어내는 곳이고(예: 703a 9-10; 703a 18-19; 『잠과 깸에 관하여』 456a 15-23), (ii) 심장(또는 다른 어떤 동물들의 경우에는 그와 유사한 부분)에 위치하고(703a 14-16), (iii) (다른 것에 의해) 움직여짐으로써 (다른 것을) 움직이고(703a 11-14. 비교: 703a 4-7), (iv) 제약 없이 확장되고 축소되고 밀고 당길 수 있고(703a 19-23), (v) 그 자체가 변화함으로써 다른 것들의 변화를 유발하지 않고(703a 24-25), 그리고 (vi) 불의 성질을 가진 것보다 가볍고 그 반대의 것, 즉 흙의 성질을 가진 것보다 가볍다(703a 23-24. 비교:『생성과 소멸에 관하여』311a 13 이하). 이것이 사실상 우리가『동물의 운동에 관하여』에서 얻을 수 있는 프뉴마에 대한 모든 정보이다. 물질적인 부동의 원동자로서의 프뉴마에 대한 논의와 관련하여, 우리는 위 규정들 가운데 특히 (i)과 (v)에 초점을 맞출 것이다.

『동물의 운동에 관하여』1장에서, 아리스토텔레스는 아래팔을 움직일 때 팔꿈치 관절이 정지해 있듯이(698b 1 이하), 동물이 장소운동을 할 때 육체의 한 부분이 움직이면 다른 부분은 정지해 있어야 한다는 사실에 주목한다(698a 16-17). 또한 그는 관절이 육체의 부분들로 하여금 그런 식으로 움직일 수 있게 해준다고 말한다(698a 16-21). 관절에 관한 중요한 사항은 그것이 두 부분, 즉 움직여지는 부분과 정지해 있는 부분을 모두 아우르고 있다는 것이다(698a 21 이하; 702a 21-32). 관절은 두 부분이 만나는 끝점 또는 극단이다. 그리고 각각의 관절은 하나의 운동이 끝나고 다른 운동이 시작되는 부분이다. 아리스토텔레스는 시작되는 운동이 어쨌든 관절에 의해 시작된다고 생각하며, 이 관절을 또 다른 부분을 움직이면서 또한 정지해 있는 부동의 원동자로 간주한다(예: 698b 8-15; 699a 27 등). 외부에 존재하는 부동의 원동자가 필요하다고 주장한 뒤에, 그는『동물의 운동에 관하여』4장에서 동물의 내부에 부동의 원동자가 있어야만 한다고 주장한다.

그러나 동물의 경우에는 이런 의미에서 움직이지 않는 어떤 것이 있어야 하며, 또한 이곳에서 저곳으로 움직이는 실제 동물들, 즉 (그것들의 한 부분은 정지해 있고 한 부분은 운동하고 있으므로) 스스로 움직이는 것들의 경우에도, 움직여진 부분이 움직일 때 그것의 팔다리 가운데 하나를 움직이듯이, 움직여진 부분이 스스로를 지탱하기 위해 기댈 수 있는 어떤 것이 있어야 한다. 왜냐하면 한 부분은 말하자면 정지해 있는 또 다른 부분에 기대어 스스로를 지탱하기 때문이다. (700a 6-11. 비교: 700a 17-20)

그러나 운동의 근원이라는 점 외에, 부동의 원동자의 또 다른 역할은 정확하게 무엇인가? 『동물의 운동에 관하여』 2-3장에서는 저항 (resistance)의 제공이 부동의 원동자의 역할로 제시된다.

동물의 내부에 움직이지 않는 어떤 것이 분명히 존재하듯이, 그것이 움직이려면, 움직여지지 않는 어떤 것, 즉 움직이는 것이 움직여지는 것에 기대어 스스로를 지탱하는 어떤 것이 동물의 외부에 존재해야 한다. 왜냐하면 … 거북이 진흙탕에서 걷고 사람이 모래 위에서 걸을 때 그들이 앞으로 나가지 못하듯이, 땅이 정지해 있지 않기 때문에 걷지 못하고, 공기나 바다가 저항을 제공하지 못하기 때문에 날거나 수영하지도 못할 것이기 때문이다. (698b 12-18)

여기에서 아리스토텔레스는 동물의 외부에 있는 저항을 제공하는 (예를 들어, 표면, 공기, 또는 바다와 같은) 부동의 원동자에 관심을 두고 있다. 그는 동물이 외부의 저항력뿐만 아니라 내부의 저항력도 필요로 하며, 또한 이것이 동물이 무생물과 다른 점이라고 말한다(698a 11-17). 물질적인 부동의 원동자에 대한 이런 특징들은 위에서 설명했던 프뉴마의 특징들과 관련된다. 그중에서 힘의 토대로서의 프뉴마라는 표현이 시사하는 것은,『동물의 운동에 관하여』1-4장에서 언급된 부동의 원리에 대한 아리스토텔레스의 주장이 그 이후의 장들에서 프뉴마에 대한 이론을 정립하기 위한 토대를 제공하기 위한 것이었다는 것이다.

아리스토텔레스에게 있어서, 일반적으로 감정들은 그것들이 쾌락적인가 또는 고통스러운가에 따라 심장에 각각 열기와 냉기를 동반한다.[557] 영혼이나 육체 가운데 하나가 아니라 전체로서의 동물이 쾌락적인 어떤 것을 감각할 때면 심장, 더 정확히 말하자면, 심장(또는 그와 유사한 부분)에 있는 프뉴마가 뜨거워지고, 결과적으로 심장이 팽창한다. 반대의 경우에는 프뉴마가 차가워지고, 심장이 수축된다. 이처럼 풍선의 팽창과 수축이 그 안에 들어 있는 공기의 온도 변화에 따라 변화를 겪는 공기의 성질 때문이듯이, 심장의 팽창과 수축은 프뉴마의 성질 때문이다. 앞에서 언급했듯이, 아리스토텔레스는 모든 동물이 프뉴마에서 힘을 끌어낸다고 주장한다. 그러나 프뉴마가 힘의 근원이라는 말의 의미는 무엇인가? 동물은 어떻게 프뉴마에서 힘을 얻는가?

그리스 신화에 나오는 하늘을 떠받치고 있는 아틀라스 신에 대한『동물의 운동에 관하여』3장의 논의에서(699a 27 이하), 아리스토텔레스는 움직이는 것과 움직여지는 것은 모두 어떤 힘을 분명히 갖는다고 말한다. 그러나 만약 그것들의 힘이 동일하다면, 그것들은 움직이지 않고 정지해 있을 것이다. 따라서 어떤 것이 움직이기 위해서는

---

[557] 『동물의 운동에 관하여』 701b 13 이하; 701b 33 이하; 702b 21 - 25; 703a 14 이하.

움직이는 부분의 힘이 움직여지는 부분의 힘보다 더 커야 한다. 아리스토텔레스는 동물의 경우에 움직이는 부분과 움직여지는 부분은 관절에 의해 연결된다고 말한다(698a 16 이하). 앞에서 보았듯이, 그가 관절을 소개하는 이유는 관절로 연결된 두 부분이 서로 다른 유형의 운동을 산출할 수도 있다는 것을 말하고 싶었기 때문일 것이다. 예를 들어, 우리는 팔을 똑바로 들어 올리더라도 손목의 관절 때문에 손을 왼쪽이나 오른쪽으로 움직일 수 있다(698a 18-21). 이런 의미에서 관절의 역할은 표면, 바다, 공기 등과 같이 저항을 제공하는 것이다.

아리스토텔레스는 폐나 심장에 포함된 프뉴마가 관절과 마찬가지 방식으로 동물에게 저항을 제공한다고 생각한다(700a 19-25. 비교: 698b 12-15). 동물의 어떤 부분들은 폐나 심장에 기대어 그것들을 지탱함으로써 운동을 시작할 수 있게 된다. 손의 손목 관절이나 팔의 팔꿈치 관절이 움직이지 않듯이, 프뉴마는 관절과 비슷한 역할을 한다. 아리스토텔레스는 다른 곳에서 동물로 하여금 스스로 움직이게 하는 그런 강력한 힘이 프뉴마, 즉 이 경우에는 숨 또는 호흡으로 번역되는 프뉴마를 참는 데서 나온다고 말한다.

> 힘이 없이 어떤 운동이나 어떤 활동을 하는 것이 불가능하며, 또한 프뉴마를 참는 것, 즉 호흡하는 생물의 경우에는 외부로부터 흡입되는 프뉴마를 참는 것, 그리고 호흡하지 않는 생물의 경우에는 타고난 프뉴마를 참는 것은 힘을 산출한다. … (『잠과 깸에 관하여』 456a 16-23. 비교: 『동물의 생성에 관하여』 737b 29-738a 1)

아리스토텔레스는 남성들이 사정하기 전에 숨을 참는다는 이야기

(718a 2-3), 출산이 쉬운가 어려운가 하는 것은 여성(산모)이 분만할 때 숨을 얼마나 잘 참는가에 달려 있다는 이야기(775b 1-2) 등을 전해 준다.[558] 폐나 심장의 프뉴마가 서로 다른 육체의 부분들 사이에 위치한 관절과 비슷한 역할을 한다는 의미에서, 우리는 그것들을 부동의 원동자라고 말할 수 있을 것이다. 그렇다면『동물의 운동에 관하여』의 이전 장들(1-4장)에서 제시되었던 '관절'에 대한 설명의 목적은 생물의 육체의 생리적인 체계 내에 부동의 원동자의 역할을 해주는 중심이 필요하다는 것을 주장하기 위한 것이었다고 볼 수 있다.

그러나 프뉴마가 생물의 부동의 원동자라는 아리스토텔레스의 주장을 설명하는 한 가지 방식이라 할지라도, 그것이 동물과 줄 인형(즉, 꼭두각시)을 구분하는 차별화 요소가 되기에는 불충분해 보인다. 왜냐하면 분명히 줄 인형도 관절의 역할을 하는 부분들을 갖는다고 볼 수 있기 때문이다. 즉, 줄 인형이 생물의 힘줄과 뼈 대신에 줄과 막대기로 연결된다 할지라도, 저항을 제공하는 부동의 원동자들이라는 의미에서의 관절들을 갖는 것처럼 보이기 때문이다(아래 참조). 만약 그렇다면, 동물과 줄 인형의 운동에 근본적인 차이점이 없어 보인다. 그러나 아리스토텔레스는 그것들의 차이를 프뉴마라는 개념을 통해 구분하길 원했던 것이 분명해 보인다(『동물의 운동에 관하여』701b 10 이하). 따라서 우리는 동물의 장소운동에서 프뉴마가 어떤 역할을 하는가에 대해 아직 더 살펴보아야 한다.

---

[558] 이와 관련된 더 많은 아리스토텔레스의 원전 자료에 대해서는 Clark(1975), pp.203-204 참조.

2.2.2 프뉴마의 한 방향 운동과 그 중요성

아리스토텔레스는 다른 곳에서 프뉴마를 "키네인 메 알로이오세이(κινεῖν μὴ ἀλλοιώσει)"라고 규정한다(『동물의 운동에 관하여』703a 24-25). 이 표현의 의미가 즉각적으로 분명하지는 않다. 너스바움은 그것을 "질적 변화를 겪지 않으면서 운동을 부여하는"으로 번역한다.[559] 그러나 그것은 또한 "질적 변화에 의해 운동을 부여하지는 않는"이라는 의미도 갖는다. 전자는 프뉴마 자체가 어떤 질적 변화도 겪지 않는다는 의미인 반면에, 후자는 프뉴마가 그것이 영향을 받은 질적 변화로 말미암아 운동을 부여하지는 않는다는 의미이다. 따라서 후자는 프뉴마가 어떤 종류의 질적 변화도 겪지 않는다는 것을 반드시 의미하지는 않는다. 프뉴마 자체가 질적 변화를 겪지 않는다는 해석에 대해 더 논의하기 전에, 먼저 이러한 해석의 가능성을 제시해 준 구절을 살펴보자.

> 동물의 운동은 작은 운동이 발생할 때 움직이도록 되어 있는 줄 인형과 비슷하다. … 이제 줄 인형과 수레에는 어떤 질적 변화도 발생하지 않는다. 왜냐하면 만약 내부의 바퀴가 더 작아졌다가 다시 더 커지게 되면, 그 운동은 여전히 순환적일 것이기 때문이다. 그러나 동물의 경우에는 부분들이 열기 때문에 팽창하고 냉기 때문에 수축하고, 또한 질적 변화를 하듯이, 동일한 부분이 더 커지고 또한 더 작아지며, 또한 겉모습을 바꾸는 능력을 갖는다. 질적 변화는 심상들과 감각지각들과 개념들에 의해 야기된다. {따뜻하거나 차갑거나} 쾌락적이거나 두렵다고 생각된 형상은 실

---

[559] Nussbaum(1978), p.52.

제의 그것 자체와 비슷한 것으로 보이기 때문이다. 그렇기 때문에 우리는 다만 어떤 것을 생각하는 것만으로도 몸서리를 치고 두려워한다. 이 모든 것이 감정들과 질적 변화들이다. 그리고 육체의 부분들이 변화할 때, 어떤 것들은 더 커지고 어떤 것들은 더 작아진다. … 더구나 열기나 냉기 또는 다른 어떤 감정의 영향으로 인해 심장 부분에 질적 변화가 발생할 때, 그것이 감지할 수 없을 정도로 아주 작은 부분이라 할지라도, 그것은 몸서리를 치고, 몸을 떨고, 또한 그 반대의 것들뿐만 아니라 얼굴을 빨갛게 만들거나 창백하게 만듦으로써 몸에 상당히 큰 차이를 산출한다. (『동물의 운동에 관하여』 701b 2-32)

A가 B를 움직이고, B가 C를 움직이는 등의 경우와 같이 기계적인 표현 방식을 통해 설명되는 일련의 운동의 전형적인 사례로써 배아의 형성을 설명하는 『동물의 생성에 관하여』의 한 부분에서, 아리스토텔레스는 다시 '줄 인형'에 대한 유비를 사용한다(734a 3-18; 741b 6 이하). 위 인용문에서, 그는 줄과 막대기로 만들어진 인형의 줄을 풀거나 당김으로써 인형을 움직이는 경우를 설명한다. 그는 줄 인형의 기계적 운동이 힘줄과 팔다리 등을 통해 산출되는 동물의 장소운동과 비슷하다고 생각한다(『동물의 운동에 관하여』 701b 3-10). 또한 동물과 줄 인형은 중심 부분에서 발생한 작은 변화가 먼 거리에 크고도 다양한 변화들을 산출하는 공통점도 갖는다(비교: 701b 24-28). 우리는 이것을 돌을 매단 긴 줄을 돌리는 사례를 통해 설명할 수 있을 것이다. 이 사례에서, 줄을 잡은 사람의 손 가까이에 있는 줄은 작은 원을 그리겠지만, 손에서 멀어지면 멀어질수록 그 줄은 더 큰 원을 그린다.

그럼에도 불구하고, 아리스토텔레스가 위 인용문에서 말하듯이, 동물의 장소운동과 줄 인형의 운동에는 큰 차이가 있다. 그것은 바로 동물과 달리, 줄 인형은 어떤 질적 변화(ἀλλοίωσις)도 겪지 않는다는 것이다. 그러나 위 인용문에서 그는 '알로이오시스(ἀλλοίωσις)'를 색깔이나 온도의 변화로 말하기보다 더 커지거나 작아지거나, 팽창하거나 수축하는 등의 변화를 말한다. 그는 수레에 대해서도 그런 변화를 거부한다. 왜냐하면 수레의 바퀴들은 더 커지거나 작아지지 않기 때문이다. 그러나 그는 동물이 더 커지거나 더 작아질 수 있는 육체 부분을 갖는다는 점에서 동물에게는 질적 변화를 인정한다. 즉, 커지거나 작아지는 그런 육체 부분이 동물의 질적 변화를 이끌어 낸다는 것이다.

그런데 아리스토텔레스는 왜 이것이 중요한 사항이라고 생각했는가? 그가 우리에게 말하고자 하는 것은 무엇인가? 위 인용문의 마지막 구절에서, 그는 작은 부분의 작은 질적 변화가 몸 전체에 상당히 큰 차이를 산출할 수 있다고 말했다. 여기에서 '작은 부분'이 어떤 부분을 염두에 둔 것인지 아리스토텔레스는 밝히지 않지만, 아마도 그것은 심장의 한 부분이거나 또는 심장 그 자체를 의미할 것이다. 그는 열기나 냉기가 심장 주변에 팽창이나 수축을 야기하며, 또한 팽창과 수축이 다시 얼굴을 빨갛게 만들거나 몸서리를 치게 만드는 등의 질적 변화를 산출한다고 말했다. 아리스토텔레스가 심장 주변의 팽창과 수축을 강조한 것은 두 가지 이유, 즉 통제 원리가 몸에서 가장 중요한 부분에 있어야 하기 때문이며(702a 32–b 11), 또한 심장이 배아에서 가장 먼저 형성되는 부분이자 가장 중요한 부분이라고 말해지기 때문이다(『동물의 생성에 관하여』 735a 21–25). 즉, 아리스토텔레스는 동물의 내부에 존재하는 제일원리와 동물의 본성 전체의 목적을 포함하는 육체의 부분이 필연적으로 가장 먼저 형성된다고 믿으며(742a 37-b 1), 따라서 가장 먼저 형성되는 심장이 가장 중요하다는 것이다. 이처럼 심장(또는 다른 동물의 경우에는 그와 유사한 부분)은 성장과 운동의 제일원리이므로 배아가 형성될 때 가장 먼저 형성되는 부분이며, 또한 동물이 죽을 때는 가장 먼저 작동을 멈추는 부분이다(739 b 32 이하; 742a 16-b 37). 또한 심장은 감각의 근원이며(743b 25-32), 동물의 본질적인 성질을 포함한다(『젊음과 늙음에 관하여』 478b 32-34). 이처럼 아리스토텔레스는 심장을 동물의 핵심적인 부분으로 간주하며, 또한 모든 근본적인 생명 활동들이 그곳에서 시작된다고 생각한다. 따라서 아리스토텔레스가 프뉴마를 심장(또는 그와 유사한 부분)에 존재한다고 보는 것은 생명의 시작 단계에서부터 그것이 중요한 역할을 수행한다는 점을 강조하기 위한 것으로 보인다(『동물의 운동에 관하여』 703a 15-16. 비교: 703b 23-29).

한편, 『동물의 운동에 관하여』에서 아리스토텔레스는 장소운동을 유발하는 데 동물의 모든 육체 부분에 영혼이 있을 필요는 없다고 말한다(703a 36-37). 왜냐하면 뼈, 힘줄, 골수, 살 등과 같이 동물의 육체를 구성하는 구성 요소들이 아주 잘 배열되어 있어서, '어떤 통제 원리'가 장소운동을 시작하면 장소운동에 필요한 육체의 부분들이 적절하게 움직이기 때문이다(703a 30-b 2). 여기에서 '어떤 통제 원리'란 쉼퓌톤 프뉴마를 가진 심장의 내부에 위치한다고 말해지는 영혼을 가리키는 것으로 보인다. 위에서 보았듯이, 프뉴마가 몸 전체에 퍼져 있다고 말해지지만, 아리스토텔레스는 심장에 있는 프뉴마와 다른 곳에 있는 프뉴마를 구분하는 것으로 보인다. 또한 그가 심장의 프뉴마를 영혼과 밀접한 관계가 있다고 생각하는 것은 분명하다.

그러나 물질적인 프뉴마는 영혼이 없이 어떤 것의 통제 원리가 될 수는 없을 것이다. 만약 어떤 것이 영혼을 갖지 않은 몸이라면 그것은 죽은 육체나 절단된 부분일 텐데, 아리스토텔레스는 그런 것을 육체라고 말하거나 또는 육체의 일부라고 말하지 않는다. 아리스토텔레스는 영혼을 통해 잘 통제되고 배열된 몸은 법률을 통해 잘 통치되는 도시를 닮았다고 생각한다. 철사와 막대기를 끈으로 연결하여 만든 꼭두각시인형을 사람이 조절하듯이, 심장 부분에 있는 프뉴마의 역할은 힘줄과 뼈와 살과 팔다리 등으로 구성된 동물을 조절하는 것이다.

풍선 안의 공기가 가열되거나 냉각될 때 각각 풍선이 팽창하거나 수축하듯이, 프뉴마는 심장이나 심장 주변을 팽창시키거나 수축시킨다. 그러나 이제 프뉴마가 최소한 뜨거워지거나 차가워지는 등의 질적 변화를 겪으며, 결과적으로 동물의 힘줄과 팔다리의 운동을 시작하는 심장을 팽창시키거나 수축시킨다는 것이 분명해졌을 것이다. 다시 말해서, 프뉴마는 정의상 '뜨거운 공기'이며, 따라서 아리스토텔레스는 그것이 어느 정도의 열을 획득하거나 상실한다는 것을 분명히 인정할 것이다. 하지만 그것이 그 자체의 열을 몸의 다른 부분들에 직접 전달하는 것은 아니며, 몸의 부분들이 팽창과 수축을 함으로써 전달한다. 그러나 아리스토텔레스는 부동의 원동자와 움직여진 원동자의 관계는 일방적인 관계라고 말한다.[560]

---

[560] Gill(1991), p.255.

비록 마지막 원동자가 항상 스스로 움직임으로써 운동을 부여하지만, …
이제 운동함에 있어서 최초의 원동자가 움직여지지 않는 것을 방해할 것
은 아무것도 없다. 또한 마지막 행위주체는 스스로 행동을 겪음으로써 행
동하지만, 행동함에 있어서 최초의 행위주체가 영향을 받지 않는 것을 방
해할 것은 아무것도 없다. 왜냐하면 만약 사물들이 동일한 질료를 갖지
않는다면, 행위주체는 영향을 받지 않으면서 행동할 것이며, 따라서 치
료 기술은 치료되는 것에 의해 어떤 방식으로도 영향을 받지 않으면서 건
강을 산출할 것이기 때문이다. 그러나 행동함에 있어서 음식 자체는 어
떤 방식으로 영향을 받는다. 왜냐하면 행동함에 있어서 그것은 동시에 가
열되거나 냉각되거나 또는 다른 방식으로 영향을 받는다. 이제 치료 기술
은 근원과 상응하며, 반면에 음식은 마지막에 인접한 원동자에 상응한다.
(『동물의 생성에 관하여』 324a 30–b 13. 비교: 『자연학』 258a 18–22)

프뉴마는 다른 어떤 행위주체에 의해 질적 변화를 겪지만 그것이
겪는 질적 변화를 다른 행위객체에게 전달하는 것이 아니라 전혀 다
른 종류의 변화를 전달한다는 점에서, 그것은 특이한 성질을 갖는다.
즉, 그것은 다른 행위주체에 의해 뜨거워지거나 차가워지며, 그렇게
함으로써 질적 변화를 겪지만, 그것이 심장이나 심장 주변에 전달하
는 운동은 그것의 팽창과 수축 같은 양적 변화이다. 이처럼 프뉴마는
그것이 겪는 질적인 변화가 아니라 전혀 새로운 종류의 변화인 양적
변화를 심장에 전달한다는 점에서, 그것을 부동의 원동자로 볼 수 있
다는 것이다.

앞의 절에서, 프뉴마가 관절과 같은 의미에서 부동의 원동자로 규
정할 때, 동물의 운동과 인형의 운동을 구분하는 차별화 요소로서의

타당성에 의문의 여지가 있다고 말했다. 그러나 이 절에서 보았듯이, 동물에게 있어서 프뉴마의 중요성은 그것이 겪은 것과 다른 종류의 운동을 전달하는 성질을 갖는다는 점에서 찾아야 할 것이다.

3. 차별성의 원리로서의 프뉴마

동물의 물질적 또는 생리적 구성 요소들(특히, 살과 혈액)에 대한 논의를 통해, 로이드(Lloyd)는 생물들이 그것들이 우연히 갖는 질료 이외의 다른 것을 갖지 않는다는 것을 보이려고 노력한다.[561] 이렇게 해서, 그는 영혼과 육체에 대한 아리스토텔레스의 질료형상론적 구분을 '다수 실현 가능성' 또는 '형성 유동성'으로 보려고 하는 기능론적 해석을 거부한다. 그는 생물의 활동을 이해하기 위해서는 우리가 살이나 뼈와 같은 생물의 구성 요소들의 성질뿐만 아니라 그 구성 요소들을 구성하는 (단순요소들과 같은) 원소들도 분석해야 한다고 옳게 주장한다.[562] 실제로 아리스토텔레스는 『생성과 소멸에 관하여』 II.7에서 육체 부분들의 근본적인 구성 요소들을 '뜨거움과 차가움'과 '습함과 건조함'이라는 근본적인 상반자들의 쌍을 통해 설명한다(『생성과 소멸에 관하여』 334a 22). 그러나 그 이후의 장들에서, 그는 생물들뿐만 아니라 지상의 모든 존재자들이 네 가지 단순요소들로 구성된다고 주장한다(334a 31-335a 22).

561 Lloyd(1992), p.39.
562 Lloyd(1992), pp.45-46.

단순요소들이 각자 나름대로의 특징을 갖고 있다고 아리스토텔레스가 믿는다는 점에는 의심의 여지가 없다. 즉, 불은 뜨거움과 건조함의 특징을, 공기는 뜨거움과 습함의 특징을, 물은 차가움과 습함의 특징을, 그리고 흙은 차가움과 건조함의 특징을 갖는다는 것이다 (330b 4-5). 만약 아리스토텔레스에 대한 기능론적 해석이 옳다면, 아리스토텔레스는 불 이외에 다른 종류의 질료도 뜨거움과 건조함의 특징을 갖는다고 생각했을 것이다. 즉, 아리스토텔레스는 네 가지 이상의 단순요소를 생각했거나, 또는 어쨌든 불의 특징을 가진 다른 모든 종류의 요소를 불과 동일한 것으로 간주했으리라는 것이다. 그러나 이런 선상의 논의는 설득력이 없어 보인다. 왜냐하면 아리스토텔레스는 지상의 존재자들을 구성하는 단지 네 종류의 근본적인 원소들만을 인정했기 때문이다.

생물의 활동을 설명할 때, 아리스토텔레스는 프뉴마라는 요소가 생물에게만 고유한 질료라고 소개한다(비교: 『동물의 생성에 관하여』 736 29-737a 8). 그러나 로이드는 그 요소가 있다는 사실을 인지했음에도 불구하고,[563] 자신의 논문에서 논의하는 살과 혈액, 그리고 생물 전체의 생리적인 구성 요소들에 대해 그것이 중대한 역할을 한다는 점을 경시한다. 따라서 그의 주장은 기능론을 적절히 반박할 수 있을 정도로 충분히 강하지 못하다. 사실상 아리스토텔레스는 기능론에 우호적인 듯이 보이는 발언을 한다. 즉, 그는 모든 동물이 혈액을 갖는 것은 아니며, 어떤 동물들은 그와 유사한 액체를 가질 수도 있다고 말하기 때문이다. 기능론은 이런 진술을 증거로 삼아 아리스

---

563 Lloyd(1992), p.46.

토텔레스가 이른바 형성 유동성을 인정한다고 주장하게 된다.[564] 따라서 혈액과 그와 유사한 액체의 근본적인 구성 요소가 무엇인지를 보이지 않는 한, 그의 주장은 기능론의 공격에 취약할 수밖에 없다. 그러나 아래의 논의에서 우리는 그것들의 근본적인 구성 요소가 프뉴마의 양과 밀접한 관계가 있다는 것을 보일 것이다. 이 논의는 P라는 원소와 동일한 특징을 갖는 Q라는 또 다른 원소의 존재 가능성을 생각하지도 않았으며, 그는 어떤 원소가 P의 특징을 갖는다면 그것이 P라고 생각했지 Q라고 생각하지는 않았다는 것이다.[565]

아리스토텔레스는 생물이 영혼을 갖는다는 점에서, 그것을 무생물과 구분한다(『자연학』 255a 6 이하). 그리고 그는 생물이 갖는 다양한 영혼의 능력으로 인한 기능들과 행동들을 통해 생물의 종들을 구분한다. 동물은 특히 그것들의 감각지각 능력 때문에 식물과 다르고, 장소운동 동물은 그것의 장소운동 능력 때문에 장소운동을 하지 않는 고착동물과 다르다. 영혼의 능력들이 육체 내부에 존재하는 것이 본질적이라는 것을 아리스토텔레스가 강조하고자 한다면, 그는 그

---

564 Nussbaum(1978), p.82 이하; Nussbaum and Putnam(1992), p.35 각주 17 참조.

565 Cohen(1992, p.69)은 생물의 영혼과 육체의 본질적 관련성을 네 가지 단순요소들을 통해 규정하려는 시도는 '너무 과도한(gone too far)' 방법이라고 말한다. 왜냐하면 "그 원소들은 생물의 질료형상론적 결합의 질료라고 하기에는 너무 멀고, 또한 그것들은 심지어 잠재적으로 살아 있지도 않기 때문이다." 그러나 우리가 이미 보았듯이, 아리스토텔레스는 네 가지 단순소소와 프뉴마의 결합이 생물을 네 가지 단순요소들로만 구성된 인형과 같은 인공물과 구분하는 근본적인 특징으로 보고 있음은 분명하다(『동물의 운동에 관하여』 701b 2 이하). 더구나 그는 프뉴마의 양이 서로 다른 육체 기관들, 서로 다른 동물의 종들, 그리고 그들의 생명과 죽음과 밀접하게 관련된다고 생각한다(아래 참조). 따라서 특히 프뉴마라는 특정한 물질적 요소에 대한 논의가 없이는 생물이 무엇인지, 그것이 어떻게 해서 살아 있는지, 왜 어떤 동물들은 서로 다른 육체기관들을 갖는지 등을 설명할 수 없다.

것들이 실현되는 물질의 종류가 다르다고 말해야 할 것으로 기대된다.[566] 사실상 아리스토텔레스가 프뉴마를 차별화 요소로 삼아 다양한 종류의 동물(『동물의 생성에 관하여』 732b 15 이하),[567] 서로 다른 성별(765b 7 이하),[568] 그리고 동물의 서로 다른 육체 부분(741b 37 이하; 『동물의 부분에 관하여』 647b 31-648a 28)[569]으로 구분하는 것이 바로 그런 사실을 강조하고자 함이라고 볼 수 있다. 서로 다른 육체 부분이나 서로 다른 동물은 프뉴마의 순수성, 온도, 그리고 양에 따라 달라진다(비교: 특히, 732b 26 이하; 『동물연구지』 521a 4 이하).

한편, 아리스토텔레스는 혈액으로 동물들의 차이점을 설명하기도 한다.

혈액은 옅거나 짙거나, 맑거나 탁하거나, 차갑거나 따뜻할 수 있다. 그리고 그것은 같은 동물의 서로 다른 부분들에서 다를 수 있다. 방금 설명되었던 특징들과 관련하여, 윗부분의 혈액이 아랫부분의 혈액과 다른 동물들이 있다는 사례들이 알려져 있다. 그리고 물론 한 동물의 혈액은 다른 동물의 혈액과도 다르다. (『동물의 부분에 관하여』 647b 29-36)

---

566 비교: Lloyd(1992), pp.44-45.
567 비교: 『호흡에 관하여』 475b 6 이하; 『동물연구지』 521a 4-6.
568 비교: 『동물연구지』 521a 23-32; 『동물의 부분에 관하여』 648a 28 이하. 또한 Rist(1989), p.131, 그리고 pp.246-249도 참조.
569 이제 분명해졌겠지만, 아리스토텔레스가 여기에서 관심을 갖고 있는 프뉴마의 정도나 수준은 Balme이 생각했던 수준들과 다르다. 즉, 아리스토텔레스가 생각하는 것은 타고난 프뉴마이고, Balme이 생각하는 것은 들이마신 프뉴마, 즉 들이마신 공기이다.

이 인용문을 통해, 우리는 아리스토텔레스가 혈액과 관련해서도 그것의 순수성, 온도, (그리고 아마도 양) 등에 따라 동물의 종이 구분될 수 있을 뿐만 아니라, 심지어 동일한 종에 속한 동물들의 서로 다른 능력들도 혈액을 통해 구분될 수 있다고 생각했음을 알 수 있다. 여기에서 소개된 차별화 요소는 '정의에 열'을 포함한다고 말해지는 혈액이다(『동물의 부분에 관하여』649b 25-26). 아리스토텔레스는 혈액이 육체 전체를 구성하는 질료이며, 또한 그것의 상태가 개체와 종을 구분하는 기준이라고 말한다(651a 14). 로이드(Lloyd)가 지적하듯이, 아리스토텔레스는 혈액에 영혼의 다양한 기능을 부여하기도 한다.[570]

아리스토텔레스는 『동물의 부분에 관하여』II.2에서는 혈액으로 동물의 다양한 육체 부분들의 차이를 설명하지만, 『동물의 생성에 관하여』II.1에서는 혈액의 양으로 동물의 다양한 종적 차이를 설명한다. 더 나아가 그는 혈액의 양과 온도를 밀접하게 연결시키며, 이 두 가지를 통해 동물의 차이를 설명하기도 한다(732b 32 이하 참조). 현재 우리가 논의하는 내용에 따르면, 서로 다른 동물들과 서로 다른 육체 부분들을 구분하는 차별화 요소는 혈액이지 우리가 앞에서 살펴보았던 프뉴마가 아니라고 결론을 내려야 할 것으로 보인다. 그러나 그 프뉴마와 혈액은 사실상 상관 개념들이다.

무엇보다도 혈액(또는 혈액과 유사한 액체)의 옅음이나 짙음은 그 안에 들어 있는 프뉴마의 양과 관련된다(735b 8-37). 아리스토텔레스는 더 뜨거운 혈액이 더 옅거나 더 맑으며, 더 완전한 것이 본성적으로 더 뜨겁고 더 많은 습기를 갖는다고 생각한다(732b 31-32. 비교: 『동

---

[570] Lloyd(1992), p.44.

물연구지』 521a 4-6과 23-32). 우리는 앞에서 습기에 열을 가해서 결과적으로 습기가 증발하는 혼합 과정에 대해 언급한 바 있는데, 아리스토텔레스는 유혈동물의 경우에 혈액이, 그리고 무혈동물의 경우에 혈액과 유사한 물질이 바로 그러한 혼합 과정을 거치는 액체라고 말한다(648a 20-22). 즉, 그러한 액체가 열에 의해 혼합 과정을 거쳐서 프뉴마로 변한다는 것이다.

이렇게 프뉴마로 변화된 혈액은 동물의 생명을 유지하고 성장하는 데 필요한 영양분을 공급할 뿐만 아니라 다양한 육체 부분들의 형성에 기여한다.[571] 여기에서 우리는 프뉴마가 냉각 효과를 수행하기도 한다고 말했던 이전의 논의를 상기할 필요가 있다. 그렇다면 동물이 더욱더 많은 프뉴마를 가질수록 동물의 체온은 낮아질 것이고 동물이 가진 혈액은 더 짙어질 것이다. 생존할 수 있을 만큼 충분한 체온을 갖지 못하는 동물이 오래 생존하지 못하리라는 것은 당연할 것이다. 그러나 그렇다고 해서, 즉 냉각 효과를 지닌 프뉴마를 적게 갖는다고 해서, 동물의 혈액이 반드시 따뜻해지고 또한 동물이 반드시 더 오래 생존하는 것은 아니다. 중요한 것은 프뉴마의 열 또는 온도가 얼마나 적절한가 하는 것이다. 만약 프뉴마의 열이 너무 많거나 너무 적으면, 동물은 생존하지 못할 것이기 때문이다(『호흡에 관하여』 474b 10 이하). 따라서 아리스토텔레스가 더 완전한 동물이 다른 것들보다 더 뜨겁다고 말할 때, 그가 의미하는 것은 그 동물이 자연적으로 갖는 열의 정도가 다른 것보다 더 뜨겁다는 것이다. 예를 들어, 지성적인 존재자들은 자신들의 체온을 조절하기 위해 더 많은 프뉴마를 필

---

571 Peck(1953), p.115.

요로 한다(비교:『동물의 부분에 관하여』647b 29 이하). 이와 같이 프뉴마의 적절한 양은 생물의 생명과 죽음에 직접적으로 연결되어 있다.

비록 아리스토텔레스가 '심장과 유사한 부분'이나 '혈액과 유사한 부분' 등과 같이 '유사한 부분'이라는 표현을 종종 사용하지만, 최소한 그는 프뉴마와 유사한 어떤 물질을 언급한 적도 없고, 또한 심지어 그런 가능성을 생각했던 것 같지도 않다. 즉, 혈액이 혼합 과정을 거칠 때, 그것은 '프뉴마와 함께 제공된다'거나 또는 '프뉴마화된다'라고 표현되는데, 이것은 혈액에 프뉴마가 들어 있다는 의미이다.[572] 결과적으로 프뉴마의 양과 혈액의 양은 서로 상관성을 갖는다. 지금까지 우리의 논의에 따르면, 프뉴마의 양과 혈액의 양이 갖는 상관성이라는 것이 서로 다른 동물들을 구분하고, 그것들이 어떤 영혼 능력들을 갖는가를 결정하는 아주 중요한 요소로 보인다. 그러나 생물들의 차별화 요소는 혈액보다는 프뉴마라고 말해야 한다. 왜냐하면 동물 가운데는 혈액을 가진 유혈동물만 있는 것이 아니라 혈액을 갖지 않은 무혈동물도 있는 반면에, 프뉴마는 모든 생물에 공통되기 때문이다.

아리스토텔레스는 육체 부분들의 근본적인 구성 요소가 프뉴마라고 생각한다. 다시 말해서, 무엇보다 중요한 점은 그가 프뉴마 이외의 다른 어떤 물질적인 요소에도 프뉴마에 부여하는 것과 동일한 특징이나 역할을 부여하려는 생각을 하지 않았다는 것이다. 만약 프뉴마가 그와 동일한 역할을 수행하는 다른 요소로 대체될 수 있다고 그가 생각했었더라면, 육체 부분들과 유사한 것들을 언급했던 것처럼 프뉴마와 유사한 요소를 언급했었으리라는 것이다. 그러나 그가 결

---

[572] 이 주장과 관련된 논의는 Freudenthal(1995), pp.121-124 참조.

코 그런 식으로 말한 적이 없다는 것은 분명하다. 따라서 이제 우리는 아리스토텔레스가 프뉴마라는 생물의 근본적인 구성 요소에 대해서는 형성 유동성을 수용하지 않는다고 결론 내릴 수 있을 것이다. 여기에서 우리의 의도는 P라는 물질과 그와 전혀 다른 Q라는 물질에서 아무런 손실 없이 동일한 심리적 상태가 실현될 수 있다고 주장하는 기능론 자체에 의문을 제기하려는 것이 아니라 과연 아리스토텔레스가 하나의 동일한 영혼의 능력이 다양한 물질 속에서 아무런 손실 없이 실현될 수 있다고 생각했거나 또는 최소한 그런 가능성을 염두에 두었느냐를 판단하려는 것이다. 지금까지 보았듯이, 아리스토텔레스는 프뉴마가 다른 종류의 물질과 대체될 가능성을 결코 인정하지 않았다.

우리는 아리스토텔레스가 말하는 심리적 활동들 또는 능력들을 '기능들(functions)'이라고 부를 수 있을 것이다. 그러나 그것들은 형성 유동성을 허용하는 '물질의 기능적 상태들'은 아니다.[573] 아리스토텔레스에게 있어서 쉼퓌톤 프뉴마는 우리 주변의 공기가 아니라 영혼을 가진 생물에게만 속하는 것이다. 이와 마찬가지로 영혼의 기능들은 그러저러한 과정을 거치는 적절한 질료와 무관하게 수행될 수 있는 그런 것이 아니다. 아리스토텔레스는 심리학적 과정들이 그와 상응하는 생리적 과정들을 수반해야 한다고 생각했을 뿐만 아니라 그런 과정들을 거치는 질료가 그 나름의 특별한 성질을 갖는 프뉴마와 같은 구체적인 질료여야 한다고 생각한다. 특히, 프뉴마가 구체적인 질료여야 한다는 견해는 프뉴마를 다른 질료로 대체하는 경우에, 어

---

[573] Nussbaum(1978), p.146.

떤 질료도 프뉴마가 수행했던 기능을 수행할 수 없고, 또한 동물을 생존하게 할 수 없으리라는 것이다. 그래서 아리스토텔레스는 영혼이 육체 안에 있다고 말하면서도, 그것이 임의적인 어떤 육체가 아니라 '그런 어떤 종류의 육체'라고 말하거나(『영혼에 관하여』 414a 19-20), 또는 영혼이 이미 질료의 잠재태에 있는 것 안에서(즉, 적절한 질료 안에서) 실현될 수 있다고 말하는 것이다(특히, 414a 25-28). 이것은 특정한 물질적 요소가 아니고서는 영혼의 능력들이 실현될 수 없다는 의미로 이해되며, 따라서 아리스토텔레스의 질료형상론이 다수 실현 가능성 또는 형성 유동성을 함축한다고 해석하려고 하는 기능론의 시도는 실패하게 된다.[574]

4. 프뉴마와 욕구

동물의 장소운동에 있어서 프뉴마의 역할에 대한 아리스토텔레스의 명시적인 설명은 『동물의 운동에 관하여』 10장에서 제시되는데, 그는 다음과 같이 이야기를 시작한다.

운동의 원인에 대한 설명에 따르면, 욕구는 중간의 것이며, 움직여짐으로써 운동을 부여한다. 그러나 생물에게는 이런 종류의 어떤 물질적 요소가 있어야만 한다. 움직여지지만 운동을 본성적으로 시작하지 못하는 것은 외부의 힘에 의해 영향을 받으나, 원동자는 필연적으로 어떤 능력이나 힘

---

574 예: Nussbaum(1978), p.148.

을 가져야 한다. 모든 동물들이 쉼퓌톤 프뉴마를 가지며, 이것에서 힘을 끌어낸다는 것은 분명하다. (703a 4-10)

이 인용문에서는 두 가지 중요한 사항이 제시된다. 아리스토텔레스는 (i) 욕구(ὄρεξις)와 프뉴마(πνεῦμα)를 모두 움직여진 원동자들(κινοῦσι κινούμενα)로 간주하며, (ii) 욕구라는 개념의 발견에서 출발하여 프뉴마 개념에 도달한다는 것이다. 이제 여기에 함축된 의미를 자세히 살펴보자.

4.1 움직여진 원동자들로서의 프뉴마와 욕구

영혼들 또는 영혼의 능력들은 육체로부터 분리되어 독립적으로 존재할 수 없으며, 항상 육체 내에서 실현될 수밖에 없다. 이처럼 영혼과 육체가 어떤 방식으로든 연관성을 갖기 때문에 그 연관성이 강조되는 것은 당연하며, 이런 맥락에서 보자면 위의 (i)에서처럼 아리스토텔레스가 영혼의 능력인 욕구(ὄρεξις)와 물질적인 요소인 프뉴마(πνεῦμα)를 연결하기 위해 노력하는 것도 이해할 만하다. 그러나 욕구와 프뉴마가 (i)에서 규정되듯이 모두 움직여진 원동자들인가 하는 것은 검토가 필요한 별개의 문제이다. 그런데 여기에는 프뉴마와 관련된 또 다른 하나의 문제가 제기된다. 그것은 바로 아리스토텔레스가 다른 곳에서 프뉴마를 부동의 원동자로 규정했다는 점이다. 물론 하나의 동일한 행위주체가 동일한 의미에서 부동의 원동자인 동시에 움직여진 원동자일 수는 없다. 따라서 프뉴마가 욕구와 더불어 움직여진 원동자라는 아리스토텔레스의 규정은 혼란스럽다. 그가 프뉴마를 움직여진 원동자라고 말하는 이유는 무엇인가? 프뉴마에 대한 그러한 상충된 규정들이 화해될 수 있는가? 욕구에 대한 아리스토텔레스의 규정을 통해, 이 질문들에 대한 답변을 자세히 살펴보자.

동물의 사냥 과정을 고려할 때, 우리는 동물이 시각이나 후각 같은 감각지각을 이용하여 먹잇감을 포착하며, 그 먹잇감을 잡고자 하는 욕구를 지니며, 마침내 그 먹잇감을 향해 이동하는 과정을 생각해 볼 수 있다. 이처럼 감각지각에 의해 움직여지고 장소운동을 촉발한다는 점에서 욕구 능력은 감각지각 능력과 장소운동 능력의 중간에 위치한다고 할 수 있으며, 따라서 아리스토텔레스가 욕구를 움직여진 원동자라고 부르는 의미를 이해할 만하다. 한편, 『동물의 운동에 관하여』에서, 그는 욕구는 물론이고 욕구를 유발하는 데 필요한 감각지각, 환타시아, 사고 등이 모두 프뉴마 안에서(또는 프뉴마를 통해) 실현된다고 생각한다. 즉, 프뉴마가 (거의?) 모든 영혼 능력의 실현에 관여된다는 것이다. 하지만 그렇다 할지라도 프뉴마가 움직여진 원동자라는 의미가 무엇인지 아직 분명하지 않다. 왜냐하면 장소운동을 유발하는 데 필요한 영혼 능력들의 실현 순서는 비교적 명확해 보이지만, 프뉴마의 변화를 관찰하는 것이 가능하다고 해서, 그리고 또한 그것의 작용을 실제로 관찰한다고 해서 영혼 능력들의 실현 순서가 추리되지는 않기 때문이다.

여기에서 중요한 것은 욕구를 움직인다고 말해지는 것이 무엇이든, 그것은 내부의 육체 부분들이나 다른 심리적 작용들이 아니라 외부의 대상이라고 말해진다는 점이다(『동물의 운동에 관하여』 700b 23-25; 703a 7-8). 물론 외부의 대상과 욕구의 관계는 어떤 사람이 의자를 밀치는 경우에서처럼 인과적인 관계는 아니다. 이렇게 주장하는

데는 두 가지 이유가 있다. 아리스토텔레스는 대상에 대한 지각과 실질적인 장소운동의 시작 사이에 시간적 간격이 없다고 생각하며(702a 15-21. 비교: 702b 26 이하), 또한 그는 영혼이 육체 안에 존재하지 않고는 연장성을 갖는 어떤 것에 대해서도 변화를 야기할 수 없다고 생각하기 때문이다(703a 1-3).

아리스토텔레스는 종종 욕구의 대상을 장소운동의 근원이라고 소개하지만, 어떤 사람이 힘으로 의자를 끌어당기는 것처럼 욕구가 장소운동을 야기하는 것은 아니기 때문이다.[575] 물론 이런 문제가 제기되는 것은, 철학적 논의에서 육체 내부에 존재하지 않고 분리되어 독립적으로 존재하는 영혼의 가능성을 인정하는 경우도 있기 때문이다. 따라서 영혼에 대한 논의에서, 우리는 그 영혼이 육체 내부에 있는 것인지 또는 육체와 분리되어 있는 것인지를 먼저 명확히 해야 한다. 더 나아가 우리가 현재 논의하고 있는 아리스토텔레스의 욕구 개념과 관련해서는, 그것이 육체의 어떤 부분에 있다는 것인지를 정확하고도 구체적으로 명시해야 혼란을 줄일 수 있다.

앞에서 보았듯이, 아리스토텔레스는 욕구가 프뉴마 안에 존재한다고 분명하게 말한다. 다시 말해서, 그는 감각기관들을 감각지각 능력이 실현되는 육체 부분들로 생각하듯이, 프뉴마를 욕구가 실현되는 육체적 또는 생리적 요소로 간주하고 있다는 것이다. 따라서 아리스토텔레스가 욕구의 작용과 프뉴마의 작용을 모두 움직여진 원동자로서의 역할로 규정하는 것이 설득력을 가지려면, 그것들이 하나의 동일한 작용을 한다는 것이 밝혀져야 한다. 즉, 욕구나 프뉴마가 독립

---

[575] 예: 『영혼에 관하여』 433b 5 이하; 『동물의 운동에 관하여』 700b 23 이하; 701b 33 이하.

적인 어떤 작용을 하는 것이 아니라, 욕구가 프뉴마 안에서 작용을 하는 경우에 그것들이 하나의 동일한 작용을 한다고 말해질 수 있다는 것이다. 이제 이런 기초적인 내용을 염두에 두고, 욕구와 프뉴마에 대해 좀 더 자세히 살펴보자.

『동물의 운동에 관하여』에 따르면,[576] 장소운동의 유발은 다음과 같은 과정을 필요로 한다. 먼저 영혼 능력들의 작용을 살펴보면, (i) 감각을 통해 대상을 쾌락적이거나 고통스러운 것으로 지각하고,[577] (ii) 추구하거나 회피하려는 욕구를 갖고, (iii) 추구와 회피를 위한 실질적인 장소운동 능력이 촉발된다. 그리고 영혼의 각 작용에 상응하는 프뉴마의 작용을 살펴보면, 프뉴마가 (i) 가열되거나 냉각되고, (ii) 팽창하거나 수축하고, (iii) 장소운동에 필요한 육체 부분들을 적절히 배열하고 실질적인 장소운동을 실행한다. (i)부터 (iii)에 이르는 모든 육체적 또는 생리적 과정에 프뉴마가 관여하는데, 그것은 심장에 있는 프뉴마뿐만이 아니라(703a 14-16), 온몸에 퍼져 있는 다른 육체 부분의 프뉴마도 관여된다(703a 18-19). 프뉴마는 온몸에 아주 잘 퍼져 있어서 몸 전체를 관장하며, 또한 육체 부분들이 적재적소에 잘 배열되어 있어서 동물의 능력을 적절하게 실현할 수 있게 된다(703a 28 이하).

심장에 있는 프뉴마가 뜨거워지거나 차가워지면, 심장이 팽창하거나 수축하고 몸 전체에 퍼져 있는 프뉴마가 육체기관들을 자극하여 실질적인 운동을 시작할 수 있게 한다. 이와 같은 운동의 전개 과

---

576 『동물의 운동에 관하여』 702a 17-19; 701b 16 이하; 701b 33 이하도 참조.
577 동물이 대상을 다소 느슨한 의미에서 어떤 하나의 대상으로 지각하는가, 또는 좀 더 구체적인 의미에서 쾌락과 고통의 대상으로 지각하는가에 대해서는 환타시아의 기능에 대한 위 논의 참조.

정은 기능론자가 묘사하는 입력과 출력의 관계처럼 보이기도 한다(제4장 참조). 그러나 아리스토텔레스는 사실상 (i)에서 (iii)에 이르는 영혼 능력의 과정과 프뉴마의 과정이 동시에 발생한다고 말하며, 또한 영혼 능력의 모든 작용이 프뉴마라는 물리적 또는 생리적 요소 안에서 실현된다고 말한다. 그리고 외부의 대상과 관련하여 볼 때 욕구가 움직여진 원동자라는 그의 규정은, 그가 욕구 능력을 다른 영혼의 능력들과 분리되거나 독립된 능력으로 보는 것이 아니라 하위 능력들을 포괄하는 능력으로 보고 있음을 시사한다. 그는 장소운동의 유발에 필요한 영혼의 능력들이 우리가 흔히 생각하는 '원인과 결과'의 관계라고 보지 않는다. 즉, 그는 기능론에서 주장하는 것처럼 심리학적 활동들이 인과적 관계를 갖는다고 생각하지 않는다는 것이다.

동물이 장소운동을 시작하기 위해서는 운동을 촉발하는 추동력이 필요하다는 것은 분명하다. (i)에서 (ii)를 거쳐 (iii)으로 나아가는 장소운동 과정을 고려할 때, 동물은 아마도 프뉴마를 가열하거나 냉각시키는 어떤 것, 즉 감각지각의 대상을 필요로 할 것이다. 우리는 여기에서 두 가지 점에 주목할 필요가 있다. 첫째는 쾌락적이거나 고통스러운 감정이 감각지각, 환타시아, 또는 사고를 통해 (1차적이거나 또는 2차적인 의미에서, 즉 직접적인 인상이거나 또는 간접적인 상상이라는 의미에서) 외부 대상을 제시함으로써 얻어진다는 것이며, 둘째는 쾌락과 고통이라는 심리적 활동이 가열과 냉각이라는 생리적 활동과 동일시된다는 것이다. 만약 그렇다면, 첫 번째 경우에는 외부의 대상이 촉발하는 힘, 즉 운동의 근원일 것이다. 그러나 그것이 지각자를 어떻게 움직인다고 말해지는지 또는 어떤 의미에서 그것이 운동의 근원 또는 원인인지 분명하지 않다.

펄리(Furley)는 외부의 대상보다는 개인의 욕구가 그런 원인이라고 생각한다.[578] 외부의 대상이 지각자 또는 지각 주체를 직접 밀거나 끌어당겨 움직이게 만드는 것이 아님은 분명하다. 그것은 동물이 그 것을 욕구할 때만 욕구의 대상이 될 수 있다. 그러나 우리는 이전의 논의를 통해 이 문제를 좀 더 명확히 해볼 필요가 있다. 먼저 동물이 대상을 쾌락이나 고통의 대상으로 지각하거나 인지할 때에 비로소 그 대상은 '추구와 회피의 대상(διωκτὸν καὶ φευκτόν)'이 된다. 또한 욕구의 대상이 있다 할지라도, 욕구 주체가 배가 고프거나 목이 마르 거나 또는 다른 어떤 욕구가 발생할 때 그것을 욕구하게 된다. 따라 서 운동의 근원은 외부의 대상 자체가 아니라 욕구하는 동물에 의해 쾌락적이거나 고통스러운 것으로 해석된 대상이라 할 수 있다.

여기에서 우리는 이러한 해석이 아리스토텔레스가 대상을 운동 의 근원이라고 말할 때 염두에 두었던 의미가 맞는지 생각해 볼 필요 가 있다. 우리는 영혼이 두 사건 간의 관계를 함축하는 근대적 의미 의 원인 개념과 동일한 의미에서의 작용원인이 아니며,[579] 또한 원인 들이 결과들에 반드시 선행하는 것도 아니라는 것을 잘 알고 있다.[580] 그러나 아리스토텔레스가 영혼이 생물의 몸 안에 어떤 결과를 산출 하는 작용원인이라고 생각했다는 것도 분명히 옳다. 따라서 문제는 무엇이 그런 결과를 산출하느냐 하는 것이다. 이 질문이 제기되는 이 유는 개체의 욕구가 운동의 근원이라고 말하는 것은 그저 느슨하게 영혼이 운동의 근원이라고 말하는 것과 별반 차이가 없어 보이기 때

---

[578] Furley(1996), p.64. Smith and Jones(1986), 특히 pp.238-239 참조.
[579] Lear(1988), pp.30-31.
[580] Allan(1965), p.1.

문이다. 만약 그것이 아리스토텔레스의 생각이었다면, 그는 어떤 외부의 대상을 근원이라고 말할 필요가 없었을 것이다. 왜냐하면 욕구 자체가 어떤 것에 대한 욕구이기 때문이다.

그러나 이것은 분명히 아리스토텔레스가 의도했던 결론이 아니다. 『영혼에 관하여』 III.10에서, 그는 외부의 대상을 부동의 원동자라고 부른다(433b 5 이하). 그것을 부동의 원동자라고 부르는 이유는 그것이 욕구됨으로써 동물 내부에 운동을 유발하기 때문이다. 다시 말해서, 그것은 힘으로 또는 그 자체로서 동물 내부에 운동을 유발하는 것이 아니라 "사고 또는 환타시아"에 의해 파악됨으로써 유발하기 때문이다.[581] 따라서 동물의 영혼이 작용원인이라는 것은 그것이 없이는 동물이 장소운동을 할 수가 없다는 의미를 갖는다. 그리고 동물은 영혼으로 인해 구체적인 목표를 위한 대상을 욕구할 수 있다.

욕구의 대상에 대한 아리스토텔레스의 관심은 외부 대상이 없었더라면 생물이 생존에 필요한 욕구 충족이 불가능했으리라는 믿음에서 비롯된 것으로 보인다. 생물의 궁극적인 목표가 생존이라는 점을 고려할 때, 외부 대상의 존재는 그것의 욕구만큼이나 중요해 보인다. 욕구의 대상이 지각 주체에 의해 쾌락적이거나 고통스러운 것으로 지각되지 않았더라면, 그것은 지각 주체의 최종적인 원인이 아니었을 것이다.[582] 물론 욕구의 대상은 환타시아나 사고에 존재하는 것,

---

[581] 『영혼에 관하여』 433b 11-13. 비교: 『형이상학』 1072a 26-27; 『동물의 운동에 관하여』 700b 35-701a 1.

[582] 아리스토텔레스가 욕구가 아니라 외부의 대상을 제일원동자로 기술하는 것은 그가 느슨한 목적이 아니라 구체적인 어떤 목적을 향해 진행하는 동물의 장소운동을 염두에 두고 있음을 함축한다. 즉, 그는 (i) "나는 배가 고프다. 나는 (어떤 종류의 밥이든) 밥을 먹고 싶다."와 같이 아무 밥이나 괜찮다는 식의 느슨한 목적이 아니라 (ii) "나는

즉 환타시아에 의해 제시되거나 재현된 대상 또는 사유된 대상일 수도 있다. 그러나 아리스토텔레스는 무엇보다 대상이 획득 가능한 것이어야 한다고 강조하는데,[583] 이것은 대상이 현실에 실제로 존재해야 한다는 것을 의미한다.

외부 대상의 필요성은 개체의 생존과 관련된다. 달리 말하자면, 대상은 그것이 개체의 목표를 충족시키는 한에 있어서 최종적인 원인(aitia)이다. 아리스토텔레스는 때때로 영혼을 생물의 최종적인 원인이라고 말한다(『영혼에 관하여』 415b 15-22). 그것은 생물이 자신의 생존을 위한 능력을 갖는다는 의미이다. 그러나 이 능력은 욕구 능력과는 구분되어야 한다. 물론 동물은 자신의 생존을 위해 무언가를 욕구하는 능력을 갖는다는 것은 분명하다.

앞에서 우리는 상위의 영혼 능력이 하위의 능력들을 포괄한다는 주장을 보았는데, 이것은 개체가 가진 모든 영혼 능력들이 생존을 위한 것임을 보여준다. 즉, 생물이 지닌 한두 가지의 능력만이 필요한 것이 아니라 모든 능력이 필요하다는 것이다. 영혼에 대한 아리스토텔레스의 설명은 생물이 어떻게 또는 왜 그러저러한 능력을 갖게 되었는가에 대해 말하지 않고, 다만 생물이 그저 그러저러한 능력을 갖고 있다고 말한다는 점에서 다소 실망스러워 보일 수도 있다. 그럼에

배가 고프다. 나는 갈비탕을 먹고 싶다."와 같이 갈비탕이라는 구체적인 목적이 포함된 과정을 생각하고 있다는 것이다. (i)은 불확정적인(즉, 무목적적인) 운동으로 이어지는 반면에, (ii)는 확정적인(즉, 목적적인) 운동으로 이어진다. 비록 (ii)의 운동은 아마도 이성적인 인간의 운동이며, 비이성적인 동물이 할 수 있는 종류의 운동이 아니라는 반론이 제기될 수도 있지만, 아리스토텔레스는 그런 반론에 동의하지 않을 것이다. 『동물의 운동에 관하여』 701a 16-25를 보면, 실제로 그는 그런 구분에 대해 별다른 관심을 갖지 않는 것으로 보인다.

583 『동물의 운동에 관하여』 700b 24-25. 비교: 701a 23-25; 『영혼에 관하여』 433b 15.

도 우리는 아리스토텔레스의 논의를 통해, 외부 대상 자체의 단순한 존재가 동물에 영향을 미치는 것이 아니라, 동물 자체가 그것을 욕구할 만한 것으로 제시하는 능력을 갖고 있다는 사실을 알게 되었다. 이런 의미에서, 영혼이 형상원인이라고 말하는 것은 최소한 생물이 생물의 목적인 생존에 필요한 먹이를 찾아 돌아다니는 능력을 갖는다고 말하는 것이다.[584]

위에서 보았듯이, 동물이 욕구 능력을 갖는다는 것을 아리스토텔레스가 확신하게 된 것은 그가 장소운동을 하는 동물을 관찰했기 때문이다. 그는 종종 소우주에 적용되는 것은 대우주에도 적용된다는 소우주와 대우주의 유비를 사용하지만, 그것은 어떤 면에서 보면 논리적 비약이기도 하다.[585] 그러나 동물의 욕구 능력에 대한 추론에서, 그는 그런 비약을 필요로 하지 않는다. 그가 필요로 하는 것은 동일한 조건들에 대한 서로 다른 반응들이나 서로 다른 조건들에 대한 동일한 반응들이다. 일반적으로 동물들은 멀리 떨어져 있는 먹이를 향해 움직이지만, 때때로 먹이를 보고 움직이지 않는 경우도 있다. 이처럼 동일한 조건들에 서로 다른 반응들을 보이는 동물들이 있다는 관찰만으로도, 우리는 먹이가 동물의 장소운동을 촉발하는 힘이라 아니라는 결론을 내릴 수 있다. 즉, 동물들이 실제로 움직이기 위해서는 배고픔을 느끼거나 또는 먹이를 추구하거나 회피하려는 욕구와 같은 어떤 내적 조건 또는 상태가 필요하다는 것이다. 그럼에도

---

584 비교: 다양한 원인의 위계를 설정하려는 아리스토텔레스의 시도는 『동물의 부분에 관하여』 639b 11-16 참조.

585 비교: 『자연학』 252b 25-29; 『동물의 운동에 관하여』 698a 8-14; 698b 8-15; 699a 22-27.

불구하고 물론 외부에 존재하는 먹이가 없이는 동물의 굶주림 상태가 실제로 충족될 수는 없다.

한편, 아리스토텔레스는 욕구를 부동의 원동자라고 부르기도 하는데, 그 의미는 다음과 같은 그의 진술을 통해 살펴볼 수 있다. 『동물의 운동에 관하여』에서, 그는 "만약 우리가 우주의 운동을 제외한다면, 생물들이 다른 모든 것의 운동에 책임이 있을 것이다."라고 말한다(701b 11 이하). 이것은 생물이 절대적인 의미에서 부동의 원동자, 즉 다른 어떤 것에 의해서도 움직여지지 않지만 다른 모든 것을 움직일 수 있는 우주 전체의 제일원동자라는 의미에서 부동의 원동자가 아니라, 가까이 있는 움직여진 운동자, 즉 피동의 운동자와 관련하여 고찰할 때 부동의 원동자라 할 수 있다는 것이다. 이렇게 본다면, 즉 외부의 대상으로부터 받는 영향을 제외한다면, 프뉴마 내부에 존재하는 욕구가 부동의 원동자라 말해질 수 있다는 것이다. 욕구는 어떤 것에 대한 욕구이며, 그것은 외부의 대상과 관련해서만 충족될 수 있다. 다시 말해서, 외부의 대상이 존재하는 것은 동물이 그것에 욕구를 갖기 때문이 아니라는 것이다. 이런 의미에서, 외부 환경에 존재하는 욕구의 대상과 관련해서 고찰할 때, 프뉴마[586] 내부에 존재하는 욕구는 부동의 원동자라 할 수 없다. 이처럼 동물의 운동을 외부 대상과 관련하여 고찰하면, 그것은 움직여진 피동의 운동자이지만, 그것이 장소운동에 대한 직접적인 원인, 즉 욕구를 가지므로 그것은 스스로 움직이는 자기운동자라 할 수 있는 것이다(701a 33-35). 한편, 욕구와 프뉴

---

[586] 필자는 아리스토텔레스가 욕구의 운동성에 대해 말할 때, 이미 육체를 지닌 욕구를 염두에 두었다고 생각한다. 왜냐하면 그는 모든 영혼의 능력들 자체가 어떤 종류의 운동도 하지 않는다는 입장을 확고하게 취하고 있기 때문이다.

마를 움직여진 피동의 운동자들로 규정하고, 프뉴마의 존재를 동물의 욕구 능력으로부터 도출하려는 아리스토텔레스의 시도는 그가 그것들의 본질적인 관련성을 염두에 두고 있다는 사실을 반영한다.

4.2 위에서 아래로의 설명

이제 위에서 인용한 『동물의 운동에 관하여』 703a 4-6의 두 번째 사항에 함축된 의미를 살펴보자. 그곳에서, 아리스토텔레스는 장소운동에는 욕구를 포함한 영적인 또는 심리적인 과정이 있으며, 따라서 그에 상응하는 물질적 요소, 즉 쉼퓌톤 프뉴마가 있어야만 한다는 자신의 믿음을 보여준다(703a 4-6). 그런데 우리는 여기에서 프뉴마의 존재가 욕구 능력을 설명하는 데 충분하다는 것이 그의 생각인가를 묻게 된다.

아리스토텔레스가 프뉴마를 모든 생물에 속하는 것으로 생각하는 점을 고려할 때, 그가 동물의 장소운동을 설명하기 위해 그 개념을 도입하는 이유가 즉각적으로 분명하지 않을 수도 있다. 그러나 그는 『동물의 운동에 관하여』에서 그 개념을 동물의 장소운동과 줄 인형의 운동을 구분하는 차별화 조건으로 생각했음을 보여준다(701b 2 이하). 먼저 그 차별화의 조건은 동물과 줄 인형의 물질적 차이에 기초하는 듯이 보인다. 그러나 아리스토텔레스가 그것들의 물질적 차이를 강조하는 이유는 결국 생물만이 갖는 영혼의 능력마저 설명하기 위한 것이다(비교: 703a 4 이하). 질적 변화의 생리적 차이를 설명하는 자리에서, 그는 그것이 '감각지각, 환타시아, 개념' 등의 능력들과 관련된다고 말한다(701b 16-17). 즉, 그는 질적 변화가 영혼의 능력들 때문이므로, 그런 질적 변화를 할 수 있는 것은 그런 영혼의 특징을 갖는 다는 것을 의미한다고 생각한다. 이렇게 해서, 아리스토텔레스는 자동인형과 같은 모든 구조물 또는 조직체가 영혼의 능력들을 갖는 것은 아니라는 것을 분명히 한다. 따라서 만약 어떤 것이 그런 생리적 특성을 갖지 않는다면, 그것은 영혼의 능력들도 갖지 않는다고 할 수 있다. 사실상 이런 선상의 해석은 영혼이 연민을 느끼고 두려워하고 욕구한다고 말하는 것은 불합리하며 생물이 하나의 전체로서, 즉 영혼과 육체의 통합체 또는 결합체로서 그렇게 한다고 말해야 한다는 아리스토텔레스의 견해와 일치한다(예: 『영혼에 관하여』 408b 1-17).

위에서 보았듯이, 프뉴마는 동물의 다양한 활동들에 관여한다. 즉, 그것은 먹이의 소화(위장의 프뉴마), 지각된 자료의 전달(관 속의 프뉴마), 후손에게 영혼 전달(정액의 프뉴마), 장소운동에 필요한 육체 부분들의 배열(심장의 프뉴마) 등에 관여한다. 또한 그것의 양은 성별, 동물의 육체 부분, 동물의 종 등을 구분하는 중요한 차별화 요소이다. 게다가 아리스토텔레스가 그것을 욕구와 밀접하게 연결시키는 것이 분명하므로, 동물의 욕구 능력을 생리적 용어들로 설명하는 어떤 것이 있다면, 그것은 바로 '프뉴마'라는 물질적인 요소일 것이다. 따라서 너스바움(Nussbaum)과 리스트(Rist)가 지적하듯이,[587] 아리스토텔레스가 장소운동의 목적 지향성과 프뉴마를 연결시키고 싶어 했다고 생각하는 것은 합리적으로 보인다. 그러나 장소운동 동물들뿐만 아니라 모든 동물이 쉼퓌톤 프뉴마, 즉 타고난 프뉴마를 가졌다는 사실을 고려할 때, 우리는 그것의 목적 지향성이 장소운동에서

---

[587] Nussbaum(1978), p.146과 p.160 이하; Rist(1989), p.131 이하.

그것의 역할에만 관련된다고 생각해서는 안 된다. 위에서 말했듯이, 장소운동 외에도 다른 여러 가지 종류의 운동이 있기 때문이다.

그런데 만약 그렇다면, 모든 동물이 프뉴마를 가짐에도 불구하고, 왜 어떤 동물들은 목적을 위한 장소운동을 하고, 다른 동물들은 그렇지 않은가에 대해 아리스토텔레스는 어떻게 설명할 수 있는가? 그가 영혼의 다양한 능력을 통해 동물의 다양한 종을 설명했듯이, 그는 물질적인 또는 생리적인 용어들을 통해, 즉 프뉴마의 온도와 양을 통해 종의 다양성을 설명할 수 있을 것이다. 예를 들어, 어떤 동물들의 무목적적인 장소운동은 그것들의 혈액 속에 장소운동에 요구되는 프뉴마의 양이 불충분하기 때문이라고 설명될 수 있을 것이고, 반면에 장소운동 동물들의 목적 지향적 장소운동은 프뉴마의 충분한 양으로 설명될 수 있을 것이다.

그러나 우리가 처음에 제기했던 문제는, 어떤 동물이든 장소운동을 수행하는 데 필요한 프뉴마의 양을 갖고 있다면, 그 동물이 장소운동을 수행할 수 있겠느냐는 것이었다. 생물에 대한 물리론적 설명의 문제는, 만약 그것이 순수하게 물질적인 구성 요소들만으로 설명될 수 있다면, 목적 지향성을 포함하는 행동을 어떻게 설명할 수 있느냐 하는 것이다. 이런 문제에도 불구하고, 어떤 비물질적이고 독립적인 실체가 생물의 구성 요소가 아니라고 부정하면, 우리는 어쩔 수 없이 그것의 행동을 물질적인 구성 요소들만으로 설명해야 하고, 또한 우리는 어쩔 수 없이 물리론자가 될 수밖에 없는 듯이 보인다. 한편으로는 그 설명 요소를 죽은 물질이 아니고 생명력의 일종을 갖는 것으로 보게 되면, 우리는 일종의 물활론, 즉 "물질이 일종의 생명력을 부여받았다는 견해"를 받아들일 수밖에 없을 것이다.[588]

사실상 프뉴마에 대한 스토아학파의 개념이 이런 식으로 이해될 수 있을 것이다. 스토아 철학자들도 프뉴마에 핵심적인 역할을 부여한다. 그들은 (i) 생물이 태어날 때 타고난 '따뜻한 공기(warm air)'를 갖는다고 생각하며, (ii) 다양한 생명 활동을 프뉴마를 통해 설명하고, 또한 존재자들의 위계와 차이를 서로 다른 장력(tension)의 정도 차이로 설명한다.[589] 그리고 그들은 (iii) 쾌락과 고통이라는 감정이 팽창과 수축을 가져온다고 설명한다. 쾌락과 고통 같은 그런 감정들은 영혼의 비이성적인 운동 또는 영혼 내부의 위약함으로 설명된다.[590] 스토아 철학자들은 영혼 자체가 팽창하거나 수축하는 것이라고 생각한다. 그러나 영혼과 동일시된 프뉴마는 임의적인 프뉴마가 아니라 "프뉴마 프쉬키콘(pneuma psuchikon), 즉 영혼의 프뉴마로 기능하는 데 요구되는 장력의 정도를 가진 구체적인 단계의 프뉴마"라고 설명된다.[591] 이렇게 해서, 스토아 철학자들은 서로 다른 동물들의 종적 차이점을 오직 물리론적이고 생리적인 용어들을 통해 설명한다. 이처럼 그들은 심리적 활동도 물질적인 구성 요소들과 구조들을 통해 설명될 수 있다고 믿었던 것으로 보인다.[592]

욕구와 프뉴마의 관계에 대한 아리스토텔레스의 설명을 스토아학파의 관점에서 보면, 욕구의 상태와 프뉴마의 상태를 동일시할 수도

---

588 Verdenius(1983), p.101. 비교: Rist(1989), p.131.

589 프뉴마에 대한 스토아학파의 개념은 Long and Sedley(1987), 특히 47A-T; Annas(1992), pp.37-70 참조. 스토아학파의 논의와 관련된 자세한 서지 사항은 그들의 참고문헌 목록에서 찾아볼 수 있다.

590 비교: Annas(1992), pp.103-113; Long and Sedley(1987), 65A.

591 Annas(1987), p.53. 예: Long and Sedley(1987), 47N.

592 Long and Sedley(1987), 45A-H와 해당 단편들에 대한 그들의 주석 참조.

있을 것으로 보인다. 즉, 만약 우리가 심장에 있는 프뉴마가 뜨거운가 차가운가를 관찰할 수 있다면, 즉 그것의 온도를 측정할 수 있다면, 우리는 동물이 쾌락적인 상태에 있는지 또는 고통스러운 상태에 있는지 알 수 있을 것이다. 이와 마찬가지로 심장의 팽창과 수축 정도 등을 관찰함으로써 행동 주체의 욕구 상태를 파악할 수도 있을 것이다. 그러나 이러한 설명은 아리스토텔레스에게 적용되지 않는다. 아리스토텔레스는 생물의 물질적인 측면만을 고찰하는 것으로는 생물이 왜 그런가를 충분히 설명할 수 없으며, 반드시 심리적인 측면(즉, 영혼의 측면)도 고찰해야 한다는 입장을 분명히 한다. 그는 만약 물질적인 구성 요소들만으로 생물을 구성할 수 있다면, 무덤에서 살아 나오는 사람이 분명히 있으리라고 말할 것이다. 이 견해에 반대되는 증거는 앞의 제4장에서 살펴보았던 '죽은 육체와 살아 있는 육체를 구분하고 또한 형상의 중요성을 강조하는 동음이의 원리'이다. 이미 보았듯이, 아리스토텔레스는 생물의 변화가 영혼이나 육체 가운데 하나만으로는 결코 설명될 수 없다는 점을 명확히 한다(예: 『영혼에 관하여』 408b 1 이하). 또한 그는 영혼의 능력에 대해 논의할 때 항상 그에 상응하는 육체의 부분이나 생리적인 요소를 제시하기 위해 노력한다(『동물의 운동에 관하여』 703a 4-6). 아리스토텔레스는 프뉴마 자체가 영혼이라고 생각하지 않는다. 그는 다만 그것을 욕구 능력과 밀접하게 연결시키고자 할 뿐이다. 그러나 그는 동물이 욕구 능력을 갖는다는 사실로부터 프뉴마의 존재가 필요하다는 결론에 도달한다.[593]

아리스토텔레스가 생물에 관심을 가질 때, 그는 식물이 왜 영양섭

---

593 예: Burnyeat(1992), 특히 pp.22-23; Frede(1992), p.97 이하.

취와 생식능력만을 가져야 하느냐고 묻지 않는다. 그는 단지 그것의 활동을 수행하기 위해 그것이 어떤 육체 부분들을 가져야 하느냐고 물을 뿐이다. 더구나 그에게 동물의 활동은 임의적인 활동이 아니라 목적을 위한 활동으로서,**594** 개체의 생존과 종의 보존을 목적으로 하는 활동이다. 이와 마찬가지로 장소운동 동물이 왜 특정한 목적을 향해 움직이느냐고 묻는 것은 그것이 왜 장소운동 능력을 갖느냐고 묻는 것이 아니라 그 능력이 무엇을 위한 것이고 그 능력에 필요한 육체 부분들과 구조들이 어떤 것들이 있느냐고 묻는 것이다(『동물의 부분에 관하여』 662a 33-b 14). 주지하듯이, 아리스토텔레스는 모든 동물이 아니라 일부 동물에게만 장소운동 능력을 부여하며, 그 능력이 목적 지향적인 운동을 가능하게 해준다고 생각한다. 일부 동물이 그런 능력을 가졌다는 것을 확인한 뒤에, 그는 그런 능력을 설명하는 데 필요한 물질적인 또는 생리적인 요소를 찾으려 한다. 장소운동 능력을 실현 또는 발휘하기 위해서는 그 능력이 반드시 육체 안에 존재해야 하기 때문이다(『영혼에 관하여』 414a 19 이하).

비록 이와 같은 '위에서 아래로의 설명'을 아리스토텔레스가 허용한다 할지라도, 여전히 믿지 못하는 사람이 있을 것이다. 왜냐하면 '생물이 오직 물질적인 구성 요소들만을 통해 설명될 수 없다고 주장하는 것'과 '그럼에도 불구하고 그것을 물질의 상태와 동일시하거나 또는 물질의 상태를 통해 설명하는 것이 가능해 보인다는 인상을 배제하는 것'은 별개의 문제이기 때문이다. 즉, 앞에서 보았던 우리의

---

594 Furley(1996), pp.74-76 참조. 비교: Sorabji(1964, p.293 이하)는 동물의 육체 부분들의 기능이 생존만이 아니라 다른 좋은 것들을 위한 것이기도 하다고 주장한다.

논의에 따르면, 만약 우리가 심장에 있는 프뉴마의 정확한 양이나 온도 등을 조사할 수 있다면, 우리는 쾌락적이거나 고통스럽게 느끼는 상태를 프뉴마의 상태와 동일시하거나 또는 후자를 통해 전자를 설명할 수 있을 듯이 보인다는 것이다. 왜냐하면 쾌락이나 고통의 감정은 '항상' 프뉴마의 가열이나 냉각을 동반하기 때문이다.

그러나 우리는 만약 A가 B와 동일시될 수 있다면, B도 A와 동일시될 수 있어야 한다는 것이 동일시 이론의 핵심이라는 점에 주목해야 한다. 만약 아리스토텔레스가 쾌락과 고통이라는 감정이 예를 들어 오직 환타시아 때문이라면, 그는 심장 내부에 있는 프뉴마의 상태 유형과 환타시아의 상태 유형과 동일시된다는 것을 인정하고, 또한 자신이 유형 동일시 이론을 지지한다는 것을 인정해야만 한다. 그러나 위 제5장에서 우리는 쾌락과 고통이라는 감정이 감각지각인 사고에 의해서도 유발될 수 있다는 것을 이미 확인했다. 또한 우리는 아리스토텔레스가 사실상 네 가지 종류의 장소운동 능력을 염두에 두고 있다는 것을 보았다. 즉, 장소운동은 (i) 감각지각과 욕구, (ii) 감각지각과 환타시아와 욕구, (iii) 환타시아와 욕구, 또는 (iv) 사고와 욕구의 결합을 통해 유발될 수 있다는 것이다. 따라서 비록 우리가 프뉴마의 상태를 조사할 수 있다 할지라도, 우리는 욕구를 유발한 감정이 감각지각인지, 환타시아인지, 또는 사고인지 알 수가 없다는 것이다. 이와 동일한 이유에서, 프뉴마의 팽창이나 수축도 욕구와 즉각적으로 동일시될 수가 없다. 왜냐하면 그것을 유발하는 데 관여된 영혼의 능력들이 어떤 것들인지 알 수가 없기 때문이다. 이와 마찬가지로, 우리가 동물의 장소 이동을 관찰할 때, 우리는 (i)-(iv) 가운데 어떤 종류의 장소운동 능력이 관여되었는지도 알 수가 없다.

결론적으로 말하자면, 처음에는 특정한 유형의 영혼 능력이 실현되기 위해서는 '프뉴마'라고 불리는 물질적인 요소의 특정한 변화가 요구된다는 아리스토텔레스의 주장이 유형 동일시 이론을 주장하는 듯이 보이지만, 그가 그 반대의 경우는 인정하지 않으므로 그 주장을 유형 동일시 이론으로 간주할 수 없다. 우리는 환원론에 반대하는 그의 반환원론(anti-reductionism)에 대해서도 그와 비슷한 방식으로 설명할 수 있다. 네 가지 종류의 장소운동 능력은 심리적인 것에 대한 물질적인 환원에 반대할 수 있는 아리스토텔레스의 근거가 프뉴마의 상태에 대한 이야기가 (i)-(iv) 가운데 어떤 종류의 장소운동 능력을 언급하는지 설명할 수 없다는 그의 신념에 의존하고 있음을 보여준다. 즉, 어떤 하나의 물질적 작용으로 다양한 심리적 작용들을 모두 완전히 설명할 수 없으므로, 영혼과 육체에 대한 아리스토텔레스의 견해를 환원론으로 볼 수 없다는 것이다.

아리스토텔레스는 어떤 특정한 방식으로 기능하는 동물의 육체기관(비록 그 육체기관이 다른 종류의 동물에게서는 다른 구조를 가질 수도 있지만)이란 무엇인가, 또는 좀 더 일반적으로 어떤 종에 속한 동물이란 무엇인가의 문제가 동물의 프뉴마라는 근본적인 물질적 요소와 밀접하게 연결되어 있다고 생각한다. 주지하듯이, 그에게 육체기관의 구조는 생존에 필요한 행동을 수행할 수 있는 능력과 연결되어 있다. 그리고 동물은 영혼으로 인해 그런 능력을 갖는다.

이 장에서 우리가 제기했던 문제는, 그런 능력이 프뉴마라는 생리적 요소 이외의 다른 곳에서도 실현될 수 있다고 아리스토텔레스가 생각했느냐 하는 것이었다. 그가 생물의 활동을 설명하기 위해 프뉴마라는 요소를 제시했다는 것은 분명하다. 예를 들어, 아리스토텔레스는 동물이 장소운동을 하기 위해서는 가열되거나 냉각되거나, 또는 팽창하거나 수축되는 성질을 가진 프뉴마를 가져야 한다고 생각한다. 그가 그런 성질을 프뉴마에 부여하는 것은 경험적인 결론이 아니라 개념적인 또는 논리적인 결론으로 보인다. 왜냐하면 그는 생물의 활동을 설명하기 위해 그런 물질적 개념을 끌어내기 때문이다. 즉, 그는 프뉴마라는 요소를 직접 관찰했던 것이 아니라 생물의 활동을 설명하는 데 그런 성질을 가진 요소를 필요로 했다는 것이다. 예를 들어, 동물의 장소운동에 대한 관찰을 통해서, 그는 동물이 먼 거리에 있는 대상을 감각하는 능력, 좋아 보이는 것을 욕구하는 능력, 장소운동을 하는 능력 등을 갖고 있다고 추론한다.

이러한 추론으로부터, 그는 다시 그런 능력들을 실현하는 데 어떤 종류의 물질적인 요소가 필요한가를 추론한다. 이런 과정에서 아리스토텔레스는 프뉴마라는 물질적인 요소의 필요성을 추론해 냈지만, 물론 그 요소를 반드시 그런 이름으로 부를 필요는 없었다. 그러나 프뉴마가 다른 이름으로 불렸을 수도 있다는 가능성을 인정한다고 해서, 아리스토텔레스가 프뉴마 이외의 다른 물질적인 요소에서 영혼의 능력들이 실현될 수 있다고 생각했다는 것은 아니다. 위에서 여러 차례 강조했듯이, 그는 프뉴마가 가진 성질과 동일한 성질을 가진 다른 물질적인 요소가 있을 가능성을 인정하지 않았다. 아리스토텔레스는, 어떤 동물의 경우에는 동일한 기능을 수행하지만 다른 구조를 갖거나 다른 물질로 구성된 감각기관을 가질 수도 있다는 것을 인정하지만, 그것의 궁극적인 구성 요소, 즉 네 가지 단순요소들과 프뉴마에 대해서는 그런 가능성을 결코 허용하지 않았다는 것이다.

근본적으로 영혼에 관한 고대 그리스 철학자들의 관심은 사물의 존재 방식을 설명하려는 데서 비롯되었다. 쉽게 추측할 수 있듯이, 그들이 경험적으로 관찰했던 것은 변화(또는 운동)를 하는 사물과 그런 변화(또는 운동)를 하지 않는 사물이었을 것이다. 변화함으로써 기존의 모습을 잃는 사물의 운동을 '생성'이라 하고, 변화하지 않고 동일한 모습으로 유지되는 사물의 운동을 '존재'라 한다면, 그들이 관심을 가졌던 것이 바로 '생성'과 '존재'에 대한 것이었다. 달리 말하자면, '영혼'이라는 개념은 바로 그러한 사물의 변화와 불변, 즉 생성과 존재를 설명하는 설명 요소였다는 것이다.

소크라테스 이전 철학자들은 대체로 영혼이 물질적인 요소로 구성되었다고 보았던 반면에, 플라톤의 경우는 한편으로는 물질적인 육체와 더불어 소멸되는 영혼을 인정하면서도, 다른 한편으로는 육체의 죽음 이후에도 소멸되지 않고 불멸하는 영혼도 인정했다. 하지만 그들은 모두 영혼을 운동의 근원 또는 원인으로 보았다는 공통점을 가지며, 게다가 플라톤은 특히 영혼 자체의 운동성을 주장하기에 이르렀다. 아리스토텔레스도 영혼을 운동의 근원으로 보기는 하지만, 그는 영혼 자체의 운동성을 인정하지 않고 다만 그것을 '자기운동자'의 운동을 야기하는 원인으로 간주하고 있다는 점이 플라톤과 다르다.

그러나 '자기운동자'에 대한 아리스토텔레스의 진술들 가운데는 모순되어 보이는 내용들이 있으며, 따라서 제1장에서 우리는 아리스토텔레스가 자기운동자의 존재를 인정하는가, 그리고 그것의 운동을 어떤 방식으로 설명하는가의 문제를 탐구하였다. 그리고 우리는 이 문제들에 답변하는 과정에서 다음과 같은 아리스토텔레스의 견해를 확인할 수 있었다.

 (i) 움직이는 모든 것은 다른 어떤 것에 의해 움직인다.

 (ii) 생물은 자기 외의 다른 어떤 것에 의해 움직여지지 않고 자신의 운동을 시작한다.

 (iii) 생물은 다른 어떤 것에 의해서도 움직여지지 않으면서 다른 것을 움직이는 부분과 다른 어떤 것에 의해 움직여지는 부분, 즉 부동의 원동 부분과 피동의 부분이라 불리거나 영혼과 육체라 불리는 두 부분을 갖는다.

 (iv) 영혼은 다른 어떤 것에 의해서도 움직여지지 않지만, 그것이 육체에 내재함으로써 우연적으로 움직여질 수도 있다.

 (v) 영혼은 육체를 움직이게 하는 원인이자 원리이다.

 (vi) 생물의 육체는 영혼을 가져야만 한다.

 (vii) 죽은 육체는 결코 육체가 아니다.

아리스토텔레스에 따르면, 지구상의 모든 것이 궁극적으로는 우주의 제일원동자에 의해 움직여지므로, (i)의 '다른 것'은 외부의 원동자를 가리킨다. 한편, (ii)는 스스로 움직이는 자기운동자의 존재를 인정하므로, (i)은 근본적으로 (ii)를 부정할 수밖에 없다. 이처럼 (i)과 (ii)가 서로 모순되어 양립할 수 없다면 그 가운데 하나를 선택하고 다른 하나를 버리는 것이 그가 선택할 수 있는 유일한 대안으로 보인다. 그러나 여기에서 그는 (i)과 (ii)를 모두 인정하고 있으며, 따라서 어떤 식으로든 해결되어야 할 심각한 문제가 제기된다. (iii)은 생물이 '전체로서' 운동을 시작하는 데 어떤 외적 원동자의 도움을 필연적으로 요구하지는 않음을 주장함으로써, 말하자면 (i)의 부담 속에서 (ii)를 허용받기 위한 설명 장치라고 할 수 있을 것이다.

그러나 아리스토텔레스가 (iii)을 토대로 하여 (i)을 부정한다는 지적은 그가 생물의 운동을 궁극적으로는 제일원동자와 연결되는 환경과의 관련성을 강조하고 있는 『자연학』 VIII.2, 253a 11−20과 6, 259b 6−17에 의해 거부된다. 다른 한편으로, 그 구절들은 (iii)을 또한 함축하기 때문에 (ii)를 부정하는 결정적 증거로 받아들여질 수도 없다. 따라서 필자는 아리스토텔레스가 (i)과 (ii)를 중재하는 견해를 선택하고 있다고 주장했다. 즉, 그가 한편으로는 생물의 운동에 특별한 지위를 부여하기 위해 노력하고, 다른 한편으로는 그와 동시에 외부의 원동자들이 필요하다는 주장을 유지한다는 것이다.

사실상 (i)은 단지 (ii)와 모순되어 보이는 것이 아니라, 생물을 비롯한 모든 자연물이 갖는 운동의 근원으로 정의된 본성(또는 자연) 개념과도 모순되어 보인다. 이와 관련된 논의의 핵심은, 아리스토텔레스가 (iii)을 소개한 것은 자기운동이 (i)에서 완전히 벗어난다고 주장하려는 것이 아니라 생물의 운동(즉, 자기운동)과 무생물의 운동(즉, 자연운동)을 구별하려는 것이었다는 점이다. 즉, 아리스토텔레스는 (iii)이 (i)이 아니라 (ii)를 만족시킨다고 생각한다는 것이다. 실제로 그는 (iii)을 생물에게만 가능한 자기운동의 특징으로 간주한다. (iv)-(vii)은 생물 또는 자기운동자의 내적 운동자들의 특징과 상호 관계에 대해 설명하고 있다. 이것들이 어떤 의미를 담고 있는가에 대한 질문은 결과적으로 아리스토텔레스가 소개하는 영혼과 육체의 질료형상론을 어떻게 이해할 것인가에 대한 질문으로 집약된다.

아리스토텔레스의 질료형상론이 생물은 물론이고, 단순요소들로 구성되는 인공물에도 적용되며, 따라서 그가 인공물이 갖는 형상과 질료의 관계가 분명히 우연적이라는 이유에서 생물의 영혼과 육체의 관계도 우연적이라고 생각했을 가능성이 있으리라는 의견이 즉각 제시될 수도 있다. 그러나 이 의견은 인공물의 경우를 통해 생물을 이해했으리라는 추측으로서, 아리스토텔레스가 그와는 정반대로 생물의 경우를 통해 인공물을 이해하기 위한 시도를 했을 가능성은 완전히 배제하고 있다. 하지만『자연학』 II.1의 논의에서 보듯이, 아리스토텔레스는 자연물의 본성을 형상과 질료라는 두 가지 측면으로 이해할 수 있다고 보는 것이지 인공물이 본성을 갖는다고 생각하지는 않으며, 인공물이 본성을 갖는 듯이 보이는 것은 인공물의 본성 때문이 아니라 그것을 구성하는 자연물인 단순요소들의 본성이라는 점을 분명히 한다(193a 10-16). 그러므로 결론적으로 그가 인공물에 대한 이해를 그대로 생물에 적용하려고 했다는 추리는 적절하지 않아 보인다. 아리스토텔레스가 실제로『동물의 운동에 관하여』에서 동물의 장소운동을 설명하기 위해 줄 인형의 장소운동을 예로 들었던 경우가 있다. 하지만 여기에서 그는 프뉴마 개념을 언급하면서, 그것이 오직 생물에게만 속하는 물질적 요소라고 소개한다. 따라서 우리는 자연물과 인공물이 존재론적인 단계에서 이미 차이점을 갖는다고 말할 수 있다.

이처럼 아리스토텔레스는 프뉴마가 동물이 동물이기 위해 반드시 가져야 하는 필수불가결한 물질적 요소라고 말한다. 하지만 그는 동물이 어떤 물질적인 요소들로 이루어졌기 때문에 그것의 어떤 능력들을 갖는 것이 아니라 사실상 그 정반대라고 생각한다. 즉, 동물이 그러저러한 요소들로 구성되는 이유는 그것이 그러저러한 능력들을 갖기 때문이라고 생각한다. 이렇게 함으로써 그는 『영혼에 관하여』와 『형이상학』 VII권에서 영혼에 우선성을 부여한다.

그러나 우리는 종종 아리스토텔레스가 그럼에도 불구하고 독자로 하여금 자신의 이야기를 오도하지 않기를 기대하는 듯한 모습을 본다. 그는 때때로 심리적인 측면을 이야기하면서 육체적인 측면을 경시하거나 잊지 말라고 경고한다. 이런 성향은 특히 자기운동 전반의 문제에 대해 논의하는 『자연학』 VIII권과 자기운동 가운데 특히 장소운동에 초점을 맞추고 있는 『동물의 운동에 관하여』에서 잘 드러나고 있다. 그렇기 때문에, 아리스토텔레스는 『영혼에 관하여』에서 소개하고 논의하는 영혼과 육체라는 개념들을 『자연학』 VIII권에서는 부동의 원동 부분과 피동의 부분으로, 그리고 『동물의 운동에 관하여』에서는 심리적인 요소와 육체적인 요소로 다룸으로써, 동물의 운동에 대한 논의에서 두 가지 측면을 모두 반드시 고려해야 한다는 것을 분명히 보여준다. 그는 영혼 그 자체가 육체는 아니며, 그럼에도 영혼이 없는 육체나 육체가 없는 영혼은 있을 수 없다고 명확히 밝힌다.

영혼과 육체는 존재론적으로 서로 분리된 두 개의 존재 또는 실체가 아니지만, 영혼은 육체가 없이는 결코 그것의 능력을 실현할 수 없으며, 육체는 영혼이 없이는 그것이 가져야 할 능력을 갖지 못한다고 표현된다.

위에서 우리는 동물의 장소운동에서 발생하는 심리적 작용과 육체적 작용에 대한 아리스토텔레스의 언급과 논의에 초점을 맞춰 살펴보았다. 우리는 제4장에서 다양한 영혼의 능력들에 대한 그의 논의가 그 능력들이 임의적이고도 개별적으로 실현되는 것이 아니라 궁극적으로 생물의 생존이라는 목적을 위해 총체적으로 실현되어야 한다는 것을 보이기 위한 것임을 살펴보았다. 모든 동물은 기본적으로 영양섭취 능력과 근거리 감각들(미각과 촉각), 그리고 욕구와 환타시아 능력을 가지므로, 장소운동을 하지 못하는 고착동물들도 당연히 그런 능력들을 갖는다. 반면에 모든 장소운동 동물은 그 외에도 먼 곳의 대상을 포착하는 데 필요한 원거리 감각들(시각, 청각, 후각)과 장소운동 능력을 갖는다. 이성적인 동물의 경우는 그런 능력들 외에도 그것의 특징인 사고 능력도 갖는다.

한편, 위 제1장에서 보았듯이, 아리스토텔레스는 자연운동과 자기운동을 구분하는데, 단순요소들의 자연운동은 한 방향의 운동 능력을 가졌음을 가리키는 반면에, 생물의 자기운동은 양방향의 운동 능력을 가졌음을 가리킨다. 이처럼 무생물과 생물은 서로 다른 운동 능력을 가짐으로써 서로 다른 운동을 하지만, 그것들이 그런 운동을 하는 것은 운동과 정지의 근원으로 규정되는 본성(또는 자연)을 갖기 때문이며, 따라서 그것은 모두 본성적인 또는 자연적인 운동이다. 자연물의 본성적인 운동은 자연물이 그런 운동을 할 본성을 갖고 있음을 의미하지만, 그것은 외부의 방해물이 없거나 또는 외부의 적절한 조건이 제공되어야 한다는 것이 전제되어야 한다. 외적 조건이 충분히 갖추어지고 방해물이 없을 때, 불은 위로 향한 그것의 본성적인 운동을 하고 흙은 아래로 향한 그것의 본성적인 운동을 할 것이다. 그러나 동물의 경우는 맛있는 먹이가 근처에 있다 하더라도 그것을 먹으려 다가갈 수도 있고 또한 다가가지 않을 수도 있다. 이처럼 단순요소들은 한 방향의 운동을 하는 반면에, 동물들은 양방향의 운동을 한다. 그리고 단순요소들의 본성적인 운동은 외부의 조건에 많이 의존하는 반면에, 동물의 본성적인 운동은 외부의 조건에 의존하지만 그 외에 굶주림과 같은 그것의 내적 상태에도 의존한다.

펄리(Furley)는 영혼과 부동의 원동자를 동일시하려 노력했던 아리스토텔레스와 관련하여 다음과 같이 말한다. "동물의 영혼이라는 개념이 부동의 원동자라는 것을 유지하려 애쓸 가치가 있는지 나는 모르겠다. 문제는 외부의 대상들 자체가 동물의 자발적 운동의 충분조건이 아니라는 것이다. 그러나 그것들이 영혼에 어떤 영향을 미치는 것은 분명하지만, 그 영향이 운동이라고 불릴 수 있음을 아리스토텔레스가 거부한다는 것은 고집이기 때문이다."[595] 아리스토텔레스가 동물의 영혼을 부동의 원동자로 보기 위해 고집하는 이유를 잘 모르겠다고 펄리가 말하는 이유는, 아리스토텔레스가 왜 한편으로는 자기운동을 우주의 제일원동자와 관련하여 고려하고, 다른 한편으로는 그것을 무생물의 운동과 구분하는가를 제대로 이해하지 못했기 때문이다. 위에서 보았듯이, 외부의 조건들은 자기운동은 물론이고 자연

---

[595] Furley(1980), p.65.

운동을 유발하는 충분조건이 아니다. 따라서 "외부의 대상들 자체가 동물의 자발적 운동의 충분조건이 아니라는 것이다."라는 펄리의 지적은 동물의 운동과 무생물의 운동이 지닌 차이점을 설명하지 못한다. 오히려 문제는 동물들이 스스로를 움직이는 본성을 가질 뿐만 아니라 외부의 조건들도 적절히 제공되었다 할지라도, 동물들이 움직이지 않을 수가 있다는 것이다. 동물의 운동 능력은 그것의 본성으로도 설명되며, 이것이 바로 동물의 영혼을 부동의 원동자로 설명할 수 있는 좋은 이유라 할 수 있다.

자기운동자에 대한 아리스토텔레스의 이론이 설득력이 있는 것은 오직 그것이 모든 자연물의 운동 원인인 궁극적인 제일원동자의 영향하에 있음을 인정할 때이다. 반대로 자기운동자의 존재와 제일원동자의 존재를 인정하는 것이 모순으로 간주된다면, 우리는 처음부터 심각한 상황에 처하게 되는 것이다. 우리는 아리스토텔레스가 절대적인 의미에서 자기운동자의 존재를 인정하는 것이 아니라는 사실을 이미 확인했다. 우주의 제일원동자와 관련하여 고려할 때 무생물과 생물이 모두 피동의 운동자들이며, 아리스토텔레스의 질료형상론이 모든 자연물에 공통적으로 적용된다는 우리의 주장에 기초함으로써, 이제 우리는 무생물의 경우는 형상을 통해, 그리고 생물의 경우는 영혼을 통해 그것들의 본성을 설명할 수 있다는 결론을 내릴 수 있을 것이다. 다만 우리가 반드시 기억해야 할 것은, 그것들이 모두 물질이나 육체가 전제된다는 것을 인정해야만 한다는 것이다.[596]

아리스토텔레스는 생물에게만 존재하는 프뉴마에 특별한 역할을

---

596 Lloyd(1992), pp.52-53 참조.

부여하므로, 생물에 대한 그의 견해를 논의하기 위해서는 그것을 자세히 검토해야 한다는 것은 분명하다. 이와 관련하여 우리가 장소운동을 예로 든 이유는 그것이 프뉴마는 물론이고 다양한 심리적 능력들의 필요성을 잘 보여주기 때문이다. 그러나 동물의 장소운동에 초점을 맞추는 것은 논란이 되는 한 가지 문제에 대한 중요한 해결책이 되어주는 한편, 최소한 두 가지 다른 문제를 미해결된 채로 남기게 된다. 먼저 장소운동의 유발은 다양한 심리적 능력이 필요하므로, 장소운동과 프뉴마의 관계에 대한 분석은 장소운동 자체는 물론이고 그것의 유발에 필요한 심리적 능력들이 작용하기 위해서는 육체적 변화를 필요로 한다는 것을 보여준다. 이것은 감각지각이나 사고[597] 등의 작용에는 육체적 변화가 없다는 주장에 반대되는 결론이다.[598]

남겨진 문제들 가운데 하나는 영혼과 육체와 관련된 동물의 장소운동에 대한 분석이 식물에 어떻게 적용될 수 있는가 하는 문제이다.

[597] 감각지각 작용에 동반되는 육체적 변화가 있다는 주장은 위에서 살펴보았던 Burnyeat(1992)의 주장을 약화시키며, 사고작용과 관련해서는 최소한 장소운동의 유발에 참여하는 사고작용에는 육체적인 변화가 발생한다는 것이다. 어떤 기능의 실현이나 작동을 위한 육체기관 또는 상응하는 육체기관이 없다고 주장되는 능동지성의 문제는 여기에서 더 자세히 다루지 않는다. 그러나 아리스토텔레스가 육체적인 변화를 동반하지 않는 어떤 사고작용이 있다는 것을 인정했다고 보기는 어렵다. 이와 관련된 논의는 제3장의 2.1 '이원론적 해석'과 3 '현대적 해석에 대한 아리스토텔레스의 입장' 참조. 특히, 제3장 3절에서는 아리스토텔레스가 반기능론, 반환원론, 그리고 반이원론의 입장을 견지하고 있음을 보았다.

[598] 이와 관련된 논의를 간단히 정리해 보자. 우리는 아리스토텔레스가 감각지각(예: 후각), 환타시아, 그리고 사고가 대상을 쾌락적이거나 고통스러운 것으로 해석하는 역할을 한다고 생각한다는 것을 제5장에서 논의했고, 또한 동물이 쾌락적이거나 고통스럽게 느낄 때는 심장에 있는 프뉴마가 뜨겁거나 차갑게 되며, 동물이 욕구를 느낄 때는 프뉴마가 팽창하거나 수축한다고 생각한다는 것을 제6장에서 논의했다. 이러한 논의를 토대로, 우리는 장소운동의 유발에 관여되는 심리적 작용들이 실현될 때는 항상 육체적 변화가 발생한다는 결론에 도달했다.

이것은 부분적으로 다루어지긴 했으나 아직 그다지 명확하지 않으며, 예를 들어, 아리스토텔레스가 동물의 장소운동에 대해서와 마찬가지 방식으로 식물의 영양섭취나 생식의 경우에 대해 환원론적 설명을 피할 수 있느냐는 문제가 여전히 제기될 수 있다. 또 다른 문제는 인간의 행위에 대한 도덕적 책임의 문제이다. 즉, 만약 자기운동 능력이 모든 생물에게 적용된다면, 다른 동물들도 자신들의 운동에 책임이 있음에도 불구하고 인간만이 행위에 대한 책임을 져야 한다고 말해질 수 있는가의 문제가 제기될 수 있을 것이다.

프뉴마가 영혼의 능력들이 실현되기 위한 본질적인 물질적 요소라는 우리의 해석은 프뉴마 개념에 대한 아리스토텔레스의 실질적인 언급들에 기초한 것이다. 그럼에도 불구하고 그의 진정한 의도를 정확히 파악하기는 어렵기 때문에, 이 해석에 대해서는 여전히 논란이 제기될 수 있을 것이다. 영혼과 육체의 질료형상론적 구분에 대한 올바른 해석이 무엇인가에 대해 지난 2,400여 년 동안 지속적으로 논란이 될 수밖에 없었던 근본적인 이유가 바로 그의 의도에 대한 이러한 불명료함에서 비롯되었다. 그 불명료함은 아리스토텔레스의 시대에는 이해되고 우리 시대에는 이해되지 않는 어떤 것 때문일 수도 있고, 또는 그의 표현이 우리가 기대하는 것만큼 충분히 명료하지 않기 때문일 수도 있다. 불명료함을 근본적으로 해소할 방법은 없지만, 우리가 가능한 많은 증거들을 모으고, 그것들을 일관되고 설득력 있는 방식으로 해석함으로써, 그의 의도에 조금 더 가깝게 다가갈 수는 있을 것이다.[599] 이 책에서 지금까지 우리가 논의한 것이 바로 그를 좀

---

599 이 책의 주제와 직접적인 관련이 적어서 충분히 논의되지 않은 몇 가지 주제가 있

더 이해하고 그에게 좀 더 가까이 다가가려는 노력의 일환이었다.

다. 그 가운데 첫 번째는 아리스토텔레스가 인정했던 자기운동이 무엇인가에 대한 것인데, 이 문제는 네 가지 운동인 생성과 소멸, 질적 운동, 양적 운동, 장소운동 가운데 그가 장소운동만을 자기운동으로 인정했다는 Berryman(2002)의 주장과 관련하여 제기된다. 두 번째는 아리스토텔레스의 질료형상론이 부분과 전체에 대한 현대적 논의에서 어떤 용도로 이용되고 있으며, 또한 그것이 얼마나 설득력이 있는가에 대한 구체적인 논의이다. 이와 관련하여 Evnine(2016)이나 Jaworski(2005, 2014, 2016, 2020)가 활발하게 논의를 진행하고 있는데, 질료형상론에 대한 그들의 해석과 적용의 타당성을 검토해 볼 필요가 있다. 세 번째는 식물의 자기운동(예: Coren, 2019a와 2019c)과 식물의 생기열(예: Freudenthal, 1995) 등에 관련된 논의이다. 이 문제는 특히 자기운동에 관한 아리스토텔레스의 견해가 동물에만 적용되는 것이 아니라 생물 전반에 걸쳐 일관적이고 완성된 이론인가를 평가하기 위해 필요한 논의이다. 비록 식물에 관한 그의 저술이 남아 있지 않지만, 다른 생물학적 저술들에 제시된 진술들을 통해 최소한의 논의는 가능할 것으로 보인다. 이에 대한 논의는 아리스토텔레스의 심신이론에 대한 이 책의 결론을 재확인하고 강화하기 위해서도 필요하다. 이 주제들은 다른 기회에 논문의 형태로 논의될 것이다.

| 참고문헌 |

강성훈(2015), 「플라톤은 심신이원론자였는가?」, 『철학』 제124집, pp. 1-25.

김선영 옮김(2013), 『정념론』, 데카르트 지음, 서울: 문예출판사.

김주일 옮김(2012), 『파이드로스』, 플라톤 지음, 서울: 이제이북스.

박종현 옮김(2009), 『법률』, 플라톤 지음, 파주: 서광사.

박종현 · 김영균 역주(2000), 『티마이오스』, 플라톤 지음, 파주: 서광사.

손병석(2006), 「아리스토텔레스의 질료 · 형상설에 대한 심신 가치론적 고
　　　찰」, 『철학』 제87집, pp. 33-63.

송대현(2011), 「아리스토텔레스의 『동물운동론』 10장에서 sumphuton
　　　pneuma」, 『철학논집』 제24집, pp. 1-28.

오지은(2012), 『아리스토텔레스의 자기운동 개념에 관한 연구』, 박사학위논
　　　문, 고려대학교.

유원기 역주(2001), 『영혼에 관하여』, 아리스토텔레스 지음, 서울: 궁리.

유원기 역해(2013), 『필레보스 (또는 즐거움에 관하여)』, 플라톤 지음, 대구: 계
　　　명대학교 출판부.

_____ (2018), 『크리톤, 변론, 향연』, 플라톤 지음, 대구: 계명대학교 출판부.

유원기 옮김(2004a)『아리스토텔레스의 아이들』, 리처드 루빈스타인 지음, 서울: 민음사.

_____ (2004b), 『자연이라는 개념』, R.G. 콜링우드 지음, 서울: 이제이북스.

_____ (2005), 『목적론』, 앤드류 우드필드 지음, 대구: 계명대학교 출판부.

_____ (2015), 『쉽게 쓴 서양고대철학사』, 아리스토텔레스 지음, 파주: 서광사.

_____ (2015), 『어느 물질론자의 마음 이야기』, 데이비드 암스트롱 지음, 서울: 지만지.

_____ (2019), 『플라톤의 철학』, 크리스토퍼 로위 지음, 파주: 서광사.

유원기 외(2016), 『아리스토텔레스』, 서울: 21세기북스.

유원기(1999), 「아리스토텔레스의 심신론은 기능주의인가?」, 『철학연구』 제47집, pp. 245-264.

_____ (2000), 「아리스토텔레스의 목적론과 선택(prohairesis) 개념의 문제」, 『철학연구』 제51집, pp. 91-114.

_____ (2002), 「아리스토텔레스 자연철학에 있어서의 자동운동(self-motion)의 문제」, 『철학』 제73집, pp. 53-74.

_____ (2003a), 「인간의 본성과 영혼의 역할」, 『철학사상』 제4집, pp. 29-52; (2004), 「아리스토텔레스의 인간본성론」, 『신학과 철학』 제6호, pp.1-13에 재수록.

_____ (2003b), 「아리스토텔레스의 심신이론과 현대 심리철학」, 『철학』 제76집, pp. 105-127.

_____ (2004c), 「아리스토텔레스의 감각지각 이론에 있어서의 프뉴마의 역할」, 『철학』 제78집, pp. 51-74.

_____ (2004d), 「장소운동에 있어서 '환타시아(phantasia)'의 역할」, 『철학연구』 제89집, pp. 293-315.

_____ (2005a), 「아리스토텔레스의 아이티온(Aition)」, 『서양고전학연구』 제24집, pp. 303-329.

_____ (2005b), 「아리스토텔레스의 환타시아 개념에 대한 재음미」, 『미학』 제44집, pp. 63-92.

_____ (2005c), 「환타시아 또는 상상력에 관하여」, 『철학사상』 제7집, pp. 25-44.

_____ (2006), 「영혼의 불멸성에 관한 폼포나치의 견해」, 『중세철학』 제12호, pp. 139-172.

_____ (2007a), 「변화의 원리에 관한 아리스토텔레스의 견해」, 『강원인문논총』 제18집, pp. 149-178.

_____ (2007b), 「폼포나치의 영혼 불멸성 이론과 현대 심리철학」, 『서양고전학연구』 제28집, pp. 211-241.

_____ (2009a), 『자연은 헛된 일을 하지 않는다: 아리스토텔레스의 자연철학』, 파주: 서광사.

_____ (2009b), 『아리스토텔레스의 정치학: 행복의 조건을 묻다』, 파주: 사계절출판사.

_____ (2010), 「행복의 목적론」, 『동서철학연구』 제56집, pp. 381-400.

_____ (2013a), 「아리스토텔레스의 심신이론에서 이원론적 해석의 가능성?」, 『중세철학』 제19집, pp. 5-34.

_____ (2013b), 「여성의 위상에 관한 아리스토텔레스의 견해」, 『철학연구』 제126집, pp. 159-190.

_____ (2014), 「아리스토텔레스의 본성 개념과 공동체의 목적」, 『서양고전학연구』 제 53집, pp. 95-119.

_____ (2015), 「아리스토텔레스의 목적론적 자연관이 지닌 의미와 한계」, 『대동철학』 제70집, pp. 31-53.

_____ (2017), 「플라톤의 철학에서 여성의 본성과 역할」, 『동서철학연구』 제83집, pp. 357-380.

_____ (2021), 「아리스토텔레스의 철학에서 '쾌락(ἡδονή)'과 '고통(λύπη)'의 의미와 역할」, 『동서철학연구』 제100집, pp. 205-227.

이재경(2003), 「토마스 아퀴나스는 심신이원론자인가?」, 『신학과 철학』 제5호, pp. 1-11.

이태수(2002), 「아리스토텔레스의 감각이론과 기능주의」, 『철학사상』 제14호, pp. 3-33.

장영란(2004), 「아리스토텔레스의 판타시아 개념의 분석과 비판」, 『철학연구』 제65집, pp. 29-53.

전헌상(2015), 「아리스토텔레스의 판타시아론: 『영혼론』 3권 3장을 중심으로」, 『철학사상』 제55집, pp. 111-137.

편상범(2017), 「아리스토텔레스 윤리학에서 과정, 활동, 그리고 즐거움」, 『철학사상』 제66집, pp.3-33.

Ackrill, J.L. (1965) 'Aristotle's Distinction Between Energeia and Kinesis', in R. Bambrough (ed.) *New Essays on Plato and Aristotle*, London: Routledge & Kegan Paul, N.Y.: The Humanities Press, pp. 121-41.

_____ (1972-3) 'Aristotle's Definitions of *Psuche*', *Proceedings of the Aristotelian Society* 73, pp. 119-133, reprinted in J. Barnes, M. Schofield, and R. Sorabji (eds.) (1979), vol. 4, pp. 65-75. 쪽 번호는 Barnes, Schofield, and Sorabji 참조.

Annas, J. (1981) *An Introduction to Plato's Republic*. Oxford University Press.

_____ (1992) *Hellenistic Philosophy of Mind*. University of California Press.

Anscombe, E. and Geach, P.T. (ed. & tr.) (1954) *Descartes: Philosophical Writings*. Middlesex: Thomas Nelson.

Baker, G. and Morris, K.J. (1996) *Descartes' Dualism*. London and New York: Routledge.

Barnes, J. (1971-2) 'Aristotle's Concept of Mind', *Proceedings of Aristotelian Society* 72, pp. 101-114, reprinted in J. Barnes, M. Schofield, and R. Sorabji (eds.) (1979), vol. 4, pp. 32-41. 쪽 번호는 Barnes, Schofield, and Sorabji 참조.

Barnes, J. (ed.) (1984) *The Complete Works of Aristotle*. The Revised Oxford Translation. 2 vols. Princeton: Princeton University Press.

_____ (ed.) (1995) *The Cambridge Companion to Aristotle*. Cambridge University Press.

Barnes, J., Schofield, M., and Sorabji, R. (eds.) (1979) *Articles on Aristotle*. Vol. 4. London: Duckworth.

Bartoš, H. and King, C.G. (eds.) (2020) *Heat, Pneuma, and Soul in Ancient Philosophy and Science*. Cambridge University Press.

Beare, J.I. (1906) *Greek Theories of Elementary Cognition*. Oxford: Clarendon Press.

Beavers, A.F. (1988) 'Motion, Mobility, and Method in Aristotle's Physics', *Review of Metaphysics* 42, pp. 357−374.

Benardete, S. (2008) *The Bow and the Lyre*. Rowman & Littlefield Publishers.

Berryman, S. (2002) 'Aristotle on *Pneuma* and Animal Self−Motion', *Oxford Studies in Ancient Philosophy* Vol. 23, pp. 85−97.

Block, I. (1961) 'The Order of Aristotle's Psychological Writings', *American Journal of Philology* 82, pp. 51−77.

Block, N. (1978) 'Troubles with Functionalism', in C.W. Savage (ed.) *Perception and Cognition, Minnesota Studies in the Philosophy of Science*, vol. 9, Minnesota: University of Minnesota Press, pp. 261−325, reprinted in N. Block (ed.) (1980), Vol. 1, pp. 268−305. 쪽 번호는 Block 참조.

Block, N. (ed.) (1980) *Readings in the Philosophy of Psychology*. Vol. 1, Cambridge, MA: Harvard University Press.

Bostock, D. (1982) 'Aristotle on the Principles of Change in Physics I', in M. Schofield and M. Nussbaum (eds.) (1982), pp. 179−196.

_____ (1986) *Plato's Phaedo*. Oxford: Clarendon Press.

_____ (1994) *Aristotle: Metaphysics Books Z and H*. Oxford: Clarendon Press.

Boyd, R. (1980) 'Materialist without Reductionism: What Physicalism Does Not Entail', in N. Block (ed.) (1980), Vol. 1, pp. 67−106.

Bremmer, J. (1983) *The Early Greek Concept of the Soul*. Princeton

University Press.

Burnet, J. (1914) *Greek Philosophy*. London and Basingstoke: Macmillan Press.

_____ (1957) *Early Greek Philosophy*. 3rd ed. New York: Merridian Books.

Burnyeat, M.F. (1992) 'Is an Aristotelian Philosophy of Mind still Credible?', in Nussbaum and Rorty (eds.) (1992), pp. 15-26.

_____ (1995) 'How Much Happens When Aristotle Sees Red and Hears Middle C? Remarks on De Anima, 2. 7-8', in Nussbaum and Rorty (eds.) (1992), pp. 421-434.

Campbell, D.R. (2020) 'The Soul's Tomb – Plato on the Body as the Cause of Psychic Disorders', *Apeiron* 55:1, pp. 119-139.

_____ (2021) 'Self-Motion and Cognition: Plato's Theory of the Soul,' *The Southern Journal of Philosophy* 59:4, pp. 523-544.

Carter, C. (2019) *Aristotle on Earlier Greek Psychology - The Science of Soul*. Cambridge University Press.

Caston, V. (1992) 'Aristotle and Supervenience', *The Southern Journal of Philosophy* 31, pp. 107-135.

_____ (1996) 'Why Aristotle Needs Imagination', *Phronesis* 41, pp. 20-55.

_____ (1997) 'Epiphenomenalisms, Ancient and Modern', *Philosophical Review* 106:3, pp. 309-363.

_____ (2006) 'Aristotle's Psychology', in M. Gill and P. Pellegrin (eds.) *A Companion to Ancient Philosophy*, Wiley-Blackwell, pp. 316-346.

Charles, D. (1984) *Aristotle's Philosophy of Action*. London: Duckworth.

_____ (1988) 'Aristotle on Hypothetical Necessity and Irreducibility', *Pacific Philosophical Quarterly* 69, pp. 1-53.

_____ (1991) 'Teleological Causation in the *Physics*', in L. Judson (ed.)

Aristotle's Physics: A Collection of Essays, Oxford: Clarendon Press, pp. 101−128.

_____ (2009) 'Aristotle on Desire in Action', in D. Frede and B. Reis (eds.) (2009), pp. 291−308.

_____ (2021) *The Undivided Self: Aristotle and the 'Mind-Body' Problem*. Oxford University Press.

Charlton, W. (1970) *Aristotle's Physics: Books I and II*. Oxford: Clarendon Press.

_____ (1983) 'Prime Matter: a Rejoinder', *Phronesis* 28, pp. 197−211.

_____ (1987) 'Aristotle on the Place of the Mind in Nature', in Gotthelf and Lennox (eds.) (1987), pp. 408−423.

Cheng, W. (2019) 'Aristotle's Vocabulary of Pain', *Philologus* 163:1, pp. 47−71.

Cherniss, H. (1935) *Aristotle's Criticism of Presocratic Philosophy*. Baltimore: The Johns Hopkins Press.

Churchland, P.M. (2013) *Matter and Consciousness*. 3rd ed. The MIT Press.

Clark, S.R.L. (1975) *Aristotle's Man*. Oxford: Clarendon Press.

Claus, D.B. (1981) *Toward the Soul − An Inquiry into the Meaning of Psyche Before Plato*. Yale University Press.

Clutton−Brock, J. (1995) 'Aristotle, the Scale of Nature, and Modern Attitudes to Animals', *Social Research* 62:3, pp. 421−440.

Code, A. (1987) 'Soul as Efficient Cause on Aristotle's Embryology', *Philosophical Topics* 15, pp. 357−367.

_____ (1991) 'Aristotle, Searle, and the Mind−Body Problem', in Lepore, E. and Van Gulick, R. (eds.) (1991) *John Searle and His Critics*. Wiley−Blackwell, pp. 105−113.

Code, A. and Moravcsik, J. (1992) 'Explaining Various Forms of Living', in Nussbaum and Rorty (eds.) (1992), pp. 129−145.

Cohen, S.M. (1992) 'Hylomorphism and Functionalism', in Nussbaum and Rorty (eds.) (1992), pp. 57−73.

Cohoe, C. (2013) 'Why the Intellect Cannot Have a Bodily Organ: De Anima 3.4', *Phronesis* 58:4, pp. 347−377.

_____ (2018) 'Why the View of Intellect in De Anima I.4 is Not Aristotle's Own', *British Journal for the History of Philosophy* 26:2, pp. 241−254.

Cooper, J.M. (1982) 'Aristotle on Natural Teleology', in Schofield and Nussbaum (eds.) (1982), pp. 197−222.

_____ (1996) 'Reason, Moral Virtue, and Moral Value', in Frede and Striker (eds.) (1996), pp. 81−114.

Cooper, J.M. and Hutchinson, D.S. (eds.) (1961) *The Collected Dialogues of Plato including the Letters.* Princeton University Press.

Copleston, F. (1962) *A History of Philosophy, Vol. 1: Greece and Rome From the Pre-Socratics to Plotinus.* Image Books.

Corcilius, K. (2011) 'Aristotle's Definition of Non−rational Pleasure and Pain and Desire', I. Miller, *Aristotle's Nicomachean Ethics: A Critical Guide*, Cambridge University Press, pp. 117−143.

_____ (2015) 'Faculties of the Soul in Ancient Philosophy', in D. Perler (ed.) (2015) *The Faculties.* Oxford University Press, pp. 19−50.

Corcilius, K. and Gregoric, P. (2013) 'Aristotle's Model of Animal Locomotion', *Phronesis* 58:1, pp. 52−97.

Coren, D. (2019a) *Aristotle on Animal Self-Motion.* PhD Thesis. University of Colorado.

_____ (2019b) 'Aristotle against (unqualified) Self−motion: *Physics* vii 1.α 241b35−242a49 and β241b25−242a15', *Ancient Philosophy* 39:2, pp. 363−380.

_____ (2019c) 'Aristotle on Self−Change in Plants', *Rhizomata* 7:1, pp. 33−62.

Crane, T. (2001) *Elements of Mind: An Introduction to the Philosophy of Mind*. Oxford: Oxford University Press.

Dales, R. (1997) *The Problem of the Rational Soul in the Thirteenth Century*. Brill Academic Publishers.

Davis, M. (2011) *The Soul of the Greeks: An Inquiry*. University Of Chicago Press.

De Groot, J. (2014) *Aristotle's Empiricism: Experience and Mechanics in the Fourth Century BC*, Parmenides Publishing.

De Hann, D.D. (2017) 'Hylomorphic Animalism, Emergentism, and the Challenge of the New Mechanist Philosophy of Neuroscience', in *Scientia et Fides* 5:2, pp. 1–30.

De Koninck, T. (1994) 'Aristotle on God as Thought Thinking Itself', *Review of Metaphysics* 47:3, pp. 471–515.

Dodds, E.R. (1951) *The Greeks and the Irrational*. University of California Press.

Durrant, M. (ed.) (1993) *Aristotle's De Anima in Focus*. London and New York: Routledge.

Easterling, H.J. (1966) 'A note on de Anima 413a 8–9', *Phronesis* 11, pp. 159–162.

Edinger, E.F. (1999) *The Psyche in Antiquity: Early Greek Philosophy: From Thales to Plotinus*. Inner City Books.

Everson, S. (1997) *Aristotle on Perception*. Oxford: Clarendon Press.

Everson, S. (ed.) (1991) *Companions to Ancient Thought 2: Psychology*. Cambridge University Press.

Evnine, S.J. (2016) *Making Objects and Events: A Hylomorphic Theory of Artifacts, Actions, and Organisms*. Oxford University Press.

Falcon, A. (2021) "Commentators on Aristotle", *The Stanford Encyclopedia of Philosophy*, Edward N. Zalta (ed.), URL = ⟨https://plato. stanford.edu/archives/win2021/entries/aristotle-commentators/⟩.

Fazzo, S. (2013) 'Heavenly Matter in Aristotle, Metaphysics Lambda 2', *Phronesis* 58:2, pp. 160−175.

Feser, E. (2006) *Philosophy of Mind*. London: Oneworld Publications.

_____ (2019) *Aristotle's Revenge: the Metaphysical Foundations of Physical and Biological Science*. Editiones Scholasticae.

Frede, D. & Reis, B. (eds.) (2009) *Body and Soul in Ancient Philosophy*. Berlin: Walter de Gruyter.

Frede, D. (1992a) 'Accidental Causes in Aristotle', *Synthese* 92:1, pp. 39−62.

Frede, D. (1992b) 'The Cognitive Role of *Phantasia* in Aristotle', in Nussbaum and Rorty (eds.) (1992), pp. 279−295.

Frede, M. (1992) 'On Aristotle's Conception of the Soul', in Nussbaum and Rorty (eds.) (1992), pp. 93−107.

Frede, M. and Striker, G. (eds.) (1996) *Rationality in Greek Thought*. Oxford: Clarendon Press.

Freeland, C.A. (1992) 'Aristotle on the Sense of Touch', in Nussbaum and Rorty (eds.) (1992), pp. 226−248.

_____ (1994) 'Aristotle on Perception, Appetition, and Self−Motion', in Gill and Lennox (1994), pp. 35−63.

Freudenthal, G. (1995) *Aristotle's Theory of Material Substance*. Oxford: Clarendon Press.

Frey, C. (2015) 'Two Conceptions of Soul in Aristotle', in Ebrey (ed.) (2015), pp. 137−162.

Furley, D.J. (1978) 'Self−Movers', Originally appeared in Lloyd and Owen (eds.) (1978), pp. 165−179, reprinted in Rorty (ed.) (1980), pp. 55−68, in Gill and Lennox (eds.) (1994), pp. 3−14. 쪽 번호는 Rorty 참조.

_____ (1996) 'What Kind of Cause is Aristotle's Final Cause?', in Frede and Striker (eds.) (1996), pp. 59−79.

Furth, M. (1988) *Substance, Form, and Psyche: An Aristotelian Metaphysics*. Cambridge University Press.

Gallop, D. (tr.) (1975) *Plato's Phaedo*. translated with notes. Oxford: Clarendon Press.

Ganson, T. (1997) 'What's Wrong with the Aristotelian Theory of Sensible Qualities?', *Phronesis* 42, pp. 263–282.

Gerson, L. (2004) 'The Unity of Intellect in Aristotle's De Anima', *Phronesis* 49, pp. 348–373.

Gill, M.L. (2005) 'Aristotle's Metaphysics Reconsidered', *Journal of the History of Philosophy* 43:3, pp. 223–241.

_____ (1989) *Aristotle on Substance*. Princeton: Princeton University Press.

_____ (1991) 'Aristotle on Self–Motion', in Judson (ed.) (1991), pp. 243–265, reprinted in Gill and Lennox (eds.) (1994), pp. 15–34. 쪽 번호는 Judson 참조.

Gill, M.L. and Lennox, J.G. (eds.) (1994) *Self-Motion: From Aristotle to Newton*. Princeton: Princeton University Press.

Gonzalez, F.J. (1991) 'Aristotle on Pleasure and Perfection', *Phronesis* 36, pp. 141–159.

González, J.M. (2006) 'The Meaning and Function of Phantasia in Aristotle's Rhetoric III', *Transactions of the American Philological Association* 136:1, pp. 99–131.

Gotthelf, A. (1970) 'Aristotle's Conception of Final Causality', *Review of Metaphysics* 30, pp. 226–54, reprinted in Gotthelf and Lennox (eds.) (1987), pp. 204–242. 쪽 번호는 Gotthelf and Lennox 참조.

Gotthelf, A. and Lennox, J.G. (eds.) (1987) *Philosophical Issues in Aristotle's Biology*, Cambridge: Cambridge University Press.

Graeser, A. (1978) 'On Aristotle's Framework of Sensibilia', in G.E.R. Lloyd and G.E.L. Owen (eds.) (1978) *Aristotle on Mind and the*

Senses, Cambridge: Cambridge University Press, pp. 69−98.

Graham, D.W. (1987) 'The Paradox of Prime Matter', *Journal of the History of Philosophy* 25:4, pp. 475−490.

Granger, H. (1990) 'Aristotle and the Functionalist Debate', *Apeiron* 23, pp. 27−49.

_____ (1994) 'Supervenient Dualism', *Ratio* 7, pp. 1−13.

Grube, G.M.A. (1964) *Plato's Thought*. Boston: Beacon Press.

Guthrie, W.K.C. (1950) *The Greek Philosophers*. London: Mathuen & Co. Ltd.

_____ (1957) *In the Beginnings*. London: Mathuen & Co. Ltd.

_____ (1971) *The Greeks and Their Gods*. Bacon Press.

Guttenplan, S. (ed.) (1994) *A Companion to the Philosophy of Mind*. Oxford and Cambridge Mass.: Blackwell.

Hackforth, R. (tr.) (1972a) *Plato's Phaedo*. translated with an introduction and commentary. Cambridge University Press.

_____ (tr.) (1972b) *Plato's Phaedrus*. translated with an introduction and commentary. Cambridge University Press.

Hamlyn, D.W. (1993) *Aristotle's De Anima Books II and III*. Reprinted with new materials. Oxford: Clarendon Press.

Hardie, W.F.R. (1964) 'Aristotle's Treatment of the Relation Between the Soul and the Body', *Philosophical Quarterly* 14:54, pp. 53−72.

_____ (1976) 'Concepts of Consciousness in Aristotle', *Mind* 85, pp. 388−411.

Hardie, R.P. and Gaye, R.K. (tr.) (1930) *Physica*. in W.D. Ross (ed.) (1930) *The Works of Aristotle, Vol.II*. Oxford University Press.

Hartman, E. (1977) *Substance, Body, and Psyche: Aristotelian Investigations*. Princeton: Princeton University Press.

Heil, J. (2004) *Philosophy of Mind: A Contemporary Introduction*. 2nd ed. Oxford: Oxford University Press. New York & London:

Routledge.

_____ (2018) 'Hylomorphism: What's Not to like?', *Synthese* 198, pp. 2657−2670.

_____ (2019) *Philosophy of Mind: A Contemporary Introduction*. 4th ed. Routledge.

Heinaman, R. (1990) 'Aristotle and the Mind−Body Problem', *Phronesis* 35, pp. 83−102.

Henry, D. (2011) 'Aristotle's Pluralistic Realism', *The Monist* 94:2, pp. 197−220.

_____ (2015) 'Aristotle on the Cosmological Significance of Biological Generation', in Ebrey (ed.) (2015), pp. 110−118.

Hett, W.S. (tr.) (1936) *Aristotle: On the Soul, Parva Naturalia, On Breath*. Cambridge, Mass.: Harvard University Press and London: William Heinemann Ltd.

Hicks, R.D. (tr.) (1907) *Aristotle: De Anima*. Cambridge University Press.

_____ (tr.) (1959) *Diogenes Laertius: Lives and Opinions of Eminent Philosophers*. Vol.1, Cambridge Mass.: Cambridge University Press and London: William Heinemann Ltd.

Hobbes, T. (1914) *Leviathan*. Introduction by Lindsay, London: J. M. Dent & Sons Ltd.

Hocutt, M. (1974) 'Aristotle's Four Becauses', *Philosophy* 49 pp. 385−399.

Hussey, E. (1993) *Aristotle's Physics Books III and IV*. New impression with corrections and additions. Oxford: Clarendon Press.

Irwin, T.H. (1988) *Aristotle's First Principles*. Oxford: Clarendon Press.

_____ (1991) 'Aristotle's Philosophy of Mind', in S. Everson (ed.) (1991), pp. 56−83.

Ishiguro, H. (1966) 'Imagination', in B. Williams and A. Montefiore (eds.) *British Analytical Philosophy*. London: Routledge & Kegan Paul, New York: The Humanities Press, pp. 153−178.

Jaeger, W. (1936) *The Theology of the Early Greek Philosophers*. Eugene: Wipf & Stock Publishers.

Jaworski, W. (2005) 'Hylomorphism and the Mind—Body Problem', *American Catholic Philosophical Association* 78, pp. 179—192.

_____ (2014) 'Hylomorphism and the Metaphysics of Structure', *Res Philosophica* 91, pp. 179—201.

_____ (2016) *Structure and the Metaphysics of Mind - How Hylomorphism solves the Mind-Body Problem*. Oxford University Press.

_____ (2020) 'Hylomorphism and the Construct of Consciousness', *Topoi* 39:5, pp. 1125—1139.

Jiminez, E.R. (2015) *Aristotle's Concept of Mind*. Cambridge University Press.

Joachim, H.H. (1922) *Aristotle: On Coming-to-be & Passing-away*. Oxford: Clarendon Press.

Johansen T.K. (2012) *The Powers of Aristotle's Soul*. Oxford: Oxford University Press.

_____ (1998) *Aristotle on Sense-Organs*. Cambridge University Press.

_____ (2006) 'In Defense of Inner Sense: Aristotle on Perceiving that One Sees', *Proceedings of the Colloquium on Ancient Philosophy* 21, pp. 235—276.

_____ (2015) 'The Two Kinds of End in Aristotle: the View from the *De Anima*', in D. Ebrey (ed.) (2015), pp. 119—136.

Judson, L. (ed.) (1991) *Aristotle's Physics: A Collection of Essays*, Oxford: Clarendon Press.

Julian, B. (2015) 'The Source of Life: Activity, Capacity, and Biology in Aristotle's Account of Soul', PhD Thesis. Boston University.

_____ (2020) 'Aristotle's Considered Definition of Soul', *Ancient Philosophy* 40:2, pp. 329—348.

Kahn, C.H. (1966) 'Sensation and Consciousness in Aristotle's Psychology',

Archiv für Geschichte der Philosophie 48, pp. 43-81, reprinted in Barnes, Schofield, and Sorabji (eds.) (1979), pp. 1-31.

      (1992) 'Aristotle on Thinking', in Nussbaum and Rorty (eds.) (1992), pp. 359-380.

Kalderon, M.E. (2015) *Form without Matter: Empedocles and Aristotle on Color Perception*. Oxford University Press.

Kelsey, S. (2010) 'Hylomorphism in Aristotle's Physics', *Ancient Philosophy* 30, pp. 107-124.

Kenny, A. (1993) *Aquinas on Mind*. New York: Routledge.

Kim, J. (1989) 'The Myth of Nonreductive Materialism', *Proceedings and Addresses of the American Philosophical Association* 63 (3), pp. 31-47, reprinted in R. Warner and T. Szubka (eds.) *The Mind-Body Problem*, Oxford and Cambridge Mass.: Blackwell, 1994, pp. 242-260. 쪽 번호는 Warner and Szubka 참조.

      (1993) *Mind and Supervenience*. Cambridge: Cambridge University Press.

      (1998) *Mind in a Physical World*. Cambridge: Cambridge University Press.

King, R.A.H. (1996) *Aristotle on Life and Death*. PhD Thesis. Cambridge University.

Kirk, G.S., Raven, J.E., and Schofield, M. (1983) *The Presocratic Philosophers*. 2nd ed. Cambridge: Cambridge University Press.

Kirwan, C. (1993) *Aristotle's Metaphysics Books Γ, Δ, E*. 2nd ed. Oxford: Clarendon Press.

Korobieli, G. and Lo Presti, R. (2021) *Nutrition and Nutritive Soul in Aristotle and Aristotelianism*. De Gruyter.

Kosman, A. (1987) 'Animals and Other Beings in Aristotle', in Gotthelf and Lennox (eds.) (1987), pp. 360-391.

      (1992) 'What does the Maker Mind Make?', in Nussbaum and

Rorty (eds.) (1992), pp. 343-358.

Lange, L. (1983) 'Woman is Not a Rational Animal: On Aristotle's Biology of Reproduction', S. Harding and M. B. Hintikka (eds.) (1983) *Discovering Reality*. Springer. pp. 1-15.

Lear, J. (1988) *Aristotle: The Desire to Understand*. Cambridge University Press.

Lennox, J.G. (2001) *Aristotle: On the Parts of Animals*. Oxford: Oxford University Press.

_____ (2009) 'Aristotle on Mind and the Science of Nature', In M. Rossetto, M. Tsianikas, G. Couvalis and M. Palaktsoglou (eds.) *Greek Research in Australia*. Flinders University, pp. 1-18.

Lloyd, G.E.R. (1968) *Aristotle: The Growth and Structure of His Thought*. Cambridge University Press.

_____ (1992) 'The Relationship of Psychology and Zoology', in Nussbaum and Rorty (eds.) (1992), pp. 147-167, reprinted with *Postscript* in Lloyd (1996), pp. 38-66. 쪽 번호는 Lloyd 참조.

_____ (1996a) 'The Master Cook', in Lloyd (1996), pp. 83-103.

_____ (1996b) 'The Varieties of Perception', in Lloyd (1996), pp. 126-137.

_____ (1996c) *Aristotelian Explorations*. Cambridge University Press.

Lloyd, G.E.R. and Owen, G.E.L. (eds.) (1978) *Aristotle on Mind and the Senses*, Cambridge: Cambridge University Press.

Long, A.A. (1996) *Stoic Studies*. Cambridge University Press.

Long, A.A. and Sedley, D.N. (1987) *Hellenistic Philosophers*. Vol.1. Cambridge University Press.

Lorenz, H. (2008) 'Plato on the Soul', in G. Fine (ed.) (2011), pp. 243-266.

Lovibond, S. (1991) 'Plato's Theory of Mind', in S. Everson (ed.) (1991), pp. 35-55.

Lowe, M. (1978) 'Aristotle's De Somno and His Theory of Causes',

Phronesis 23, pp. 279-291.

_____ (1983) 'Aristotle on Kinds of Thinking', *Phronesis* 28, pp. 17-30.

Lycan, W. (2013) 'Is Property Dualism Better Off Than Substance Dualism?', *Philosophical Studies* 164:2, pp. 533-542.

Manning, G. (2013) 'The History of "Hylomorphism"', *Journal of the History of Ideas* 74:2, pp. 173-187.

Manning, R. (1985) 'Materialism, Dualism and Functionalism in Aristotle's Philosophy of Mind', *Apeiron* 19:1, pp. 11-23.

Mansion, S. (1978) 'Soul and Life in the De Anima', in Lloyd and Owen (eds.) (1978), pp. 1-20.

Marinescu, R.I. (2021) 'Plato on Self-Motion in Laws X', *Rhizomata* 9:1, pp. 96-122.

Marmodoro, A. (2007) 'The Union of Cause and Effect in Aristotle', *Oxford Studies in Ancient Philosophy* 32, pp. 205-232.

Maslin, K.T. (2001) *An Introduction to the Philosophy of Mind*. Malden: Blackwell Publishers.

Matson, W.I. (1966) 'Why Isn't the Mind-Body Problem Ancient?', in P.K. Feyerabend and G. Maxwell (eds.) (1966) *Mind, Matter, and Method: Essays in Philosophy and Science in Honor of Herbert Feigl*. University of Minnesota Press, pp. 92-101.

Matthen, M. (1989) 'The Four Causes in Aristotle's Embryology', *Apeiron* 22:4, pp. 159-179.

Matthews, G. (1992) 'De Anima, 2.2-4 and the Meaning of Life', in Nussbaum and Rorty (eds.) (1992), pp. 185-193.

Maudlin, T. (1986) 'De Anima, 3.1: Is Any Sense Missing?' *Phronesis* 31, pp. 51-67.

Mayr, E. (1997) *This is Biology: The Science of the Living World*. Cambridge Mass. & London: The Belknap Press of Harvard University Press.

_____ (2004) *What Makes Biology Unique?* Cambridge University Press.

McInerny, D. (1996) 'The Accuracy of Aristotle's Definition of the Soul', *Thomist* 60:4, pp. 571−593.

McMullin, E. (ed.) (1978) *The Concept of Matter in Modern Philosophy.* Revised edition. University of Notre Dame Press.

_____ (ed.) (1965) *The Concept of Matter in Greek and Medieval Philosophy.* University of Notre Dame Press.

Mele, A.R. (1984) 'Aristotle on the Proximate Efficient Cause of Action', *Canadian Journal of Philosophy* 10, pp. 133−155.

Menn, S. (2002) 'Aristotle's Definition of Soul and the Programme of the De Anima', *Oxford Studies in Ancient Philosophy* 22, pp. 83−139.

Merlan, P. (1946) 'Aristotle's Unmoved Movers', *Traditio* 4, pp.1−30.

Meyer, S.S. (1994) 'Self−Movement and External Causation', in Gill and Lennox (eds.) (1994), pp. 65−80.

Mikalson, J.D. (2005) *Ancient Greek Religion.* Blackwell Publishing.

Miller, F.D. (2010) 'Aristotle's Philosophy of Soul', *The Review of Metaphysics* 59, pp. 309−337.

Modrak, D.K.W. (1986) 'Φαντασία Reconsidered', *Archiv für Geschichte der Philosophie* 68:1, pp. 47−69.

_____ (1987) *Aristotle: The Power of Perception.* Chicago and London: The University of Chicago Press.

_____ (1990) 'Aristotle The First Cognitivist?', *Apeiron* 23:1, pp. 65−75.

_____ (1991) 'The Nous−Body Problem in Aristotle', *Review of Metaphysics* 44:4, pp. 755−774.

Moravcsik, J.M.E. (1974) 'Aristotle on Adequate Explanations', *Synthese* 28, pp. 3−17.

_____ (1975) '*Aitia* as Generative Factor in Aristotle's Philosophy', *Dialogue* 14, pp. 622−38.

_____ (1991) 'What Makes Reality Intelligible? Reflections on Aristotle's

Theory of *Aitia*', in L. Judson (ed.) (1991), pp. 31−47.

Moss, J. (2012) *Aristotle on the Apparent Good: Perception, Phantasia, Thought, and Desire.* Oxford University Press.

Nussbaum, M.C. (1978) *Aristotle's De Motu Animalium.* Princeton: Princeton University Press.

_____ (1983a) 'Aristotelian Dualism: Reply to Howard Robinson', *Oxford Studies in Ancient Philosophy* 1, pp. 197−207.

_____ (1983b) 'The Common Explanation of Animal Motion' in P. Moraux and J. Wiesner (eds.) *Zweifelhaftes Im Corpus Aristotelicum*, München: Walter de Gruyter, pp. 116−156.

Nussbaum, M.C. and Putnam, H. (1992) 'Changing Aristotle's Mind', in Nussbaum and Rorty (eds.) (1992), pp. 27−56.

Nussbaum, M.C. and Rorty, A.O. (eds.) (1992) *Essays on Aristotle's De Anima.* Oxford: Clarendon Press.

Oderberg, D.S. (2005) 'Hylemorphic Dualism', *Social Philosophy & Policy* 22:2, pp. 70−99.

Olshewsky, T.M. (1976) 'On the Relations of Soul to Body in Plato and Aristotle', *Journal of the History of Philosophy* 14:4, pp. 391−404.

_____ (1995) 'Self−Movers and Unmoved Movers in Aristotle's Physics VII', *Classical Quarterly* 45, pp. 389−406.

O'Meara, D.J. (1987) "Remarks on Dualism and the Definition of Soul in Aristotle's De Anima", *Museum Helveticum* Vol. 44, pp. 168−174.

Ostenfeld, E. (1987) *Ancient Greek Psychology and the Modern Mind-Body Debate.* Aarhus: Aarhus University Press.

Palmer, R. (1959) *Living Things: An Introduction to Biology.* London: George & Unwin Ltd.

Papachristou, C.S. (2013) 'Three Kinds or Grades of *Phantasia* in Aristotle's De Anima', *Journal of Ancient Philosophy* 7:1, pp. 19−48.

Peck, A.L. (1942) *Aristotle: Generation of Animals*. Cambridge, Mass.: Harvard University Press and London: William Heinemann Ltd.

_____ (1937) *Aristotle: Parts of Animals*. Cambridge, Mass.: Harvard University Press and London: William Heinemann Ltd.

_____ (1953) 'The Connate Pneuma', in E.A. Underwood (ed.) *Science, Medicine and History: Essays on the Evolution of Scientific Thought and Medical Practice*, Oxford University Press, 1953. pp. 111-121.

Philippe, M.D.T. (1971) 'Φαντασα in the Philosophy of Aristotle', *The Thomist* 35:1, pp. 1-42.

Polansky R. (2007) *Aristotle's De Anima*. Cambridge University Press.

Politis, V. (2001) 'Aristotle's Account of the Intellect as Pure Capacity', *Ancient Philosophy* 21, pp. 375-402.

Preus, A. (1970) 'Science and Philosophy in Aristotle's *Generations of Animals*', *Journal of the History of Biology* 3:1, pp. 1-52.

_____ (1975) *Science and Philosophy in Aristotle's Biological Works*. Hildesheim and New York: Olms.

Price, A.W. (1996) 'Aristotelian Perceptions', *Proceedings of the Boston Area Colloquium in Ancient Philosophy* 12, pp. 285-309.

Priest, S. (1991) *Theories of the Mind*. Houghton Mifflin Company.

Putnam, H. (1967) 'The Nature of Metal States', in W.H. Capitan and D.D. Merrill (eds.) (1967) *Art, Mind, and Religion*, Pittsburgh: University of Pittsburgh Press, pp. 37-48, reprinted in Block (ed.) (1980), pp. 223-233. 쪽 번호는 Block 참조.

_____ (1975) 'Philosophy and Our Mental Life', in H. Putnam *Mind, Language and Reality*, vol. 2, Cambridge University Press, pp. 291-303, reprinted in Block (ed.) (1980), pp 134-143. 쪽 번호는 Block 참조.

Rabinoff, E. (2015) 'Aristotle on the Intelligibility of Perception', *The*

Review of Metaphysics 68:4, pp. 719−740.

Ravenscroft, I. (2005) *Philosophy of Mind*. Oxford University Press.

Rees, D.A. (1962) 'Aristotle's Treatment of φαντασια', *The Society for Ancient Greek Philosophy Newsletter* 61, pp. 1−16, reprinted in J.P. Anton and G.L. Kustas (eds.) *Essays in Ancient Greek Philosophy*, Vol. II, Albany, New York: State University of New York Press, 1971, pp. 491−504. 쪽 번호는 Anton and Kustas 참조.

Rhodes, P.J. (2010) *A History of the Classical Greek World: 478 - 323 BC*. Wiley−Blackwell.

Rieu, D.C.H. (1992) *Homer: The Odyssey*. Revised translation. Penguin Books.

Rist, J.M. (1989) *The Mind of Aristotle: A Study in Philosophical Growth*. University of Toronto Press.

Robinson, D.N. (1989) *Aristotle's Psychology*. New York: Columbia University press.

Robinson, H. (1983) 'Aristotelian Dualism', *Oxford Studies in Ancient Philosophy* 1, pp. 123−144.

_____ (2014) 'Modern Hylomorphism and the Reality and Causal Power of Structure: A Skeptical Investigation', *Res Philosophica* 91:2, pp. 203−214.

Robinson, H.M. (1974) 'Prime Matter in Aristotle', *Phronesis* 19, pp. 168−188.

Robinson, T.M. (1995) *Plato's Psychology*. Toronto: University of Toronto Press.

Rohde, E. (1925) *Psyche, the Cult of Souls & Belief in Immortality Among the Greeks*. 8th ed. tr. by W.B. Hillis. London; Kegan Paul and New York: Harcourt.

Rorty, A.O. (ed.) (1980) *Essays on Aristotle's Ethics*. Berkeley and Los Angeles: University of California Press.

Ross, G.R.T. (1906) *Aristotle: De Sensu and De Memoria.* Cambridge University Press.

Ross, W.D. (1924) *Aristotle's Metaphysics.* 2 vols. Oxford: Clarendon Press.

_____ (1936) *Aristotle's Physics. A Revised Text with Introduction and Commentary.* Oxford: Clarendon Press.

_____ (1949) *Aristotle.* 5th ed. London: Methuen and New York: Barnes & Noble.

_____ (1955) *Aristotle's Parva Naturalia.* Oxford: Clarendon Press.

_____ (1961) *Aristotle's De Anima.* Oxford: Clarendon Press.

Rossi, G. (2018) 'The Causal Structure of Emotions in Aristotle: Hylomorphism, Causal Interaction between Mind and Body, and Intentionality', M.D. Boeri *et al.* (eds.) (2018) *Soul and Mind in Greek Thought. Psychological Issues in Plato and Aristotle.* Springer. pp. 177–198.

Ryle, G. (1949) *The Concept of Mind.* The Mayflower Press.

Sandstad, P. (2016) 'Aristotle on Exceptions to Essences in Biology', in B. Strobel and G. Wöhrle (eds.) (2016) *Angewandte Epistemologie in antiker Philosophie und Wissenschaft.* Wissenschaftlicher Verlag Trier, pp. 69–92.

Scheiter, K.M. (2012) *Emotion, Imagination, and Feeling in Aristotle.* PhD Thesis. University of Pennsylvania.

Schiller, J. (1975) 'Aristotle and the Concept of Awareness in Sense Perception', *Journal of the History of Philosophy* 13:3, pp. 283–296.

Schofield, M. (1978) 'Aristotle on the Imagination', in G.E.R. Lloyd and G.E.L. Owen (eds.), pp. 99–130, reprinted in J. Barnes, M. Schofield, and R. Sorabji (eds.) (1979), vol. 4, pp. 103–132, and, also, in M.C. Nussbaum and A.O. Rorty (eds.) (1992), pp. 249–

277. 쪽 번호는 Barnes, Schofield, and Sorabji 참조.

Schofield, M. and Nussbaum, M. (eds.) (1982) *Language and Logos*, Cambridge: Cambridge University Press.

Scruton, R. (1994) *Modern Philosophy*, London: Sinclair−Stevenson.

Searl, J.R. (1994) *The Rediscovery of the Mind*. Cambridge Mass. & London: The MIT Press.

Shields, C. (1988) 'Soul and Body in Aristotle', *Oxford Studies in Ancient Philosophy* 6, pp. 103−138.

_____ (1990) 'The First Functionalist', in J−C. Smith (ed.) *Essays on the Historical Foundations of Cognitive Science*, Dordrecht, Boston, & London: Kluwer Academic Publishers, 1990, pp. 19−33.

_____ (2007) 'The Peculiar Motion of Aristotelian Souls', *Aristotelian Society Supplementary Volume* 81:1, pp. 139−161.

_____ (2016) *Aristotle: De Anima*. Oxford: Clarendon Press.

Silverman, A. (1991) 'Plato on *Phantasia*', *Classical Antiquity* 10:1, pp. 123−147.

Sisko, J. (1996) 'Material Alteration and Cognitive Activity in Aristotle's De anima', *Phronesis* 41, pp. 138−157.

_____ (1999) 'On Separating the Intellect from the Body: Aristotle's De Anima, iii.4, 429a20−b5', *Archiv für Geschichte der Philosophie* 81, pp. 249−267.

_____ (2000) 'Aristotle's Nous, and the Modern Mind', *Proceedings of the Boston Area Colloquium in Ancient Philosophy* 16, pp. 177−198.

Skemp, J.B. (1978) 'ὄρεξις in *De Anima* III 10', in G.E.R. Lloyd and G.E.L. Owen (eds.) (1978), pp. 181−189.

Slakey, T.J. (1961) 'Aristotle on Sense−Perception', *The Philosophical Review* 70, pp. 470−484, reprinted in M. Durrant (ed.) (1993), pp. 75−89. 쪽 번호는 Durrant 참조.

Smith, J.A. (tr.) (1931) 'De Anima', in W.D. Ross (1931) *The Works of*

Aristotle. Vol. 3. Oxford Clarendon Press.

Smith, P. and Jones, O.R. (1986) *The Philosophy of Mind*. Cambridge: Cambridge University Press.

Smyth, H.W. (1956) *Greek Grammar*. Revised by G. M. Messing. Cambridge Mass.: Harvard University Press.

Smythies, J.R. and Beloff, J. (eds.) (1989) *The Case for Dualism*. Charlottesville: University Press of Virginia.

Snell, B. (2013) *The Discovery of the Mind*. 2nd ed. tr. by T.G. Rosenmeyer. Angelico Press.

Solmsen, F. (1957) 'The Vital Heat, the Inborn Pneuma, and the Aether', *Journal of Hellenic Studies* 57, reprinted in Solmsen (1968), pp. 605-611. 쪽 번호는 Solmsen 참조.

_____ (1960) *Aristotle's System of the Physical World*. Ithaca, New York: Cornell University Press.

_____ (1961) 'Greek Philosophy and the Discovery of the Nerves', *Museum Helveticum* 18, pp. 150-197, reprinted in Solmsen (1968), pp. 356-582. 쪽 번호는 Solmsen 참조.

_____ (1968) *Kleine Schriften*, Vol. I, Hildesheim: Georg Olms.

Sorabji, R. (1964) 'Functions', *Philosophical Quarterly* 14, pp. 289-302.

_____ (1971) 'Aristotle on Demarcating the Five Senses', *The Philosophical Review* 80, pp. 55-79, reprinted in Barnes, Schofield, and Sorabji (1979), pp. 76-92.

_____ (1972) *Aristotle On Memory*. Brown University Press.

_____ (1974) 'Body and Soul in Aristotle', in *Philosophy* 49, pp. 63-89, reprinted in Barnes, Schofield, a~ Sorabji (eds.) (1979), vol. 4, pp. 42-64, and reprinted again in Durrant (ed.) (1993), pp. 197-216. 쪽 번호는 Barnes, Schofield, and Sorabji 참조.

Strawson, P.F. (1959) *Individuals*. London and New York, Routledge.

Suppes, P. (1974) 'Aristotle's Concept of Matter and Its Relation to Modern

Concepts of Matter', *Synthese* 28:1, pp. 27−50.

Swinburne, R. (2009) 'Substance Dualism', *Faith and Philosophy* 26:5, pp. 501−513.

Teichman, J. (1974) *The Mind and the Soul*. London: Routledge & Kegan Paul, New York: Humanities Press.

Tracy, T.J. (1986) 'Two Views of Soul: Aristotle and Descartes', *Illinois Classical Studies* XI, pp. 247−264.

_____ (1969) *Physiological Theory and the Doctrine of the Mean in Plato and Aristotle*. The Hague & Paris: Mouton.

Tredennick, H. (1933) *Aristotle: Metaphysics*. Vol.1. Cambridge, Mass.: Harvard University Press and London: William Heinemann Ltd.

_____ (1935) *Aristotle: Metaphysics*. Vol.2. Cambridge, Mass.: Harvard University Press and London: William Heinemann Ltd.

Trott, A. (2012) 'The Human Animal: The Natural and the Rational in Aristotle's Anthropology', *Epoché* 16:2, pp. 269−285.

Tulkin, D. (2000) 'Aristotle's Theory of Sense Perception', *Episteme* XI, pp. 19−34.

Tuozzo, T.M. (1994) 'Conceptualized and Unconceptualized Desire in Aristotle', *Journal of the History of Philosophy* 32:4, pp. 525−549.

Turnbull, K. (1994) 'Aristotle on Imagination: *De Anima* iii 3', *Ancient Philosophy* 14, pp. 319−334.

Verdenius, W.J. (1983) 'Hylozoism in Aristotle', in L.P. Gerson (ed.) (1983), *Graceful Reason*, Toronto: Political Institute of Mediaeval Studies, pp. 101−114.

Vesey, G.N.A. (1965) *The Embodied Mind*. London: George Allen and Unwin.

_____ (1968) 'Agent and Spectator', in *The Human Agent*, Royal Institute of Philosophy Lectures vol. 1, London, Melbourne, and Toronto: Macmillan & New York: St Martin's Press, pp. 139−159.

Voss, S.H. (tr.) (1989) *René Descartes: The Passions of the Soul.* Hackett.

Wardy, R. (1990) *The Chain of Change.* Cambridge: Cambridge University Press.

Wataru, A. (2011) 'Aristotle's Natural Philosophy: A Contrast with Early Greek and Modern Science', *International Journal of Science in Society* 2:2, pp. 237-245.

Waterlow, S. (1982) *Nature, Change, and Agency in Aristotle's Physics.* Oxford: Clarendon Press.

Watson, G. (1988) *Phantasia in Classical Thought.* Galway University Press.

Wedin, M.V. (1988) *Mind and Imagination in Aristotle.* New Haven and London: Yale University Press.

_____ (1994) 'Aristotle on the Mind's Self-Motion' in Gill and Lennox (eds.)(1994), pp.81-116.

White, K. (1985) 'The Meaning of Phantasia, in Aristotle's De Anima, III, 3-8', *Dialogue* 24, pp. 483-505.

Wicksteed, P.H. and Cornford, F.M. (1929) *Aristotle: The Physics.* Vol. 1. Cambridge, Mass.: Harvard University Press & London: William Heinemann Ltd.

_____ (1934) *Aristotle: The Physics.* Vol. 2. Cambridge, Mass.: Harvard University Press & London: William Heinemann Ltd.

Wilkes, K.V. (1978) *Physicalism.* London and Henley: Routledge and Kegan Paul and New York: Humanities Press.

Williams, B. (1978) *Descartes: The Project of Pure Enquiry.* Penguin Books.

_____ (1986) 'Hylomorphism', *Oxford Studies in Ancient Philosophy* 4, pp. 189-199.

Witt, C. (1987) 'Hylomorphism in Aristotle', *Journal of Philosophy* 84:11, pp. 673-679, reprinted in Witt, C. (1989) *Apeiron* 22:4, pp. 141-

158. 쪽 번호는 Witt (1989) 참조.

_____ (1989) *Substance and Essence in Aristotle: An Interpretation of Metaphysics VII-IX*. Cornell University Press.

_____ (2012) 'Gender Essentialism: Aristotle or Locke', in J. Greco, and R. Groff (eds.) (2013) *Powers and Capacities in Philosophy: The New Aristotelianism*. Routledge, pp. 308–318.

Yaqub, A.M. (2012) 'On the Problem of the Intellective Soul in Aristotle', *Analysis and Metaphysics* 11, pp. 14–29.

Yoo, Weon-Ki (2018) "Yi I's Understanding of Human Beings as Viewed from Ibn Sina's Perspective," *Journal of Confucian Philosophy and Culture* vol. 29, pp. 41–62.

Zeller, E. (1881) *A History of Greek Philosophy*. Vol.II. translated by S.F. Alleyne, London: Longmans.

_____ (1896) *Outlines of Greek Philosophy*. translated by S.F. Alleyne and E. Abbott, London: Longmans.

Zucca, D. (2018) 'The Method of Aristotle's Inquiry on φαντασία in De Anima', *Méthexis* 30, pp. 72–97.

| 인명 찾아보기 |

Swayze 138

T

Tredennick 45
Turnbull 303, 357, 376, 384

V

Vlastos 218

W

Wardy 54, 66, 95, 97
Waterlow 54, 66, 70, 73~74, 121~
      122, 196~197
Watson 358
Wedin 32, 39, 54~55, 303, 357,
      361, 370
White 357, 368
Wilkes 32, 39, 203, 227, 232
Williams 203, 228~229, 232

■ 저자 소개

유원기

충청남도 천안에서 1964년 출생. 서강대학교(BA, 1990)를 졸업하고, 영국의 글라스고우대학교(MPhil, 1994)와 브리스톨대학교(PhD, 1999)에서 아리스토텔레스를 전공했으며, 고대 그리스철학과 한국철학의 비교를 위해 성균관대학교(PhD, 2011)에서 성리학(퇴계와 율곡)을 전공했다. 특히, 자연과 인간의 구성과 본성을 밝히는 연구에 초점을 맞추고 있으며, 주요 저서로는 『아리스토텔레스의 정치학-행복의 조건을 묻다』(2009), 『자연은 헛된 일을 하지 않는다-아리스토텔레스의 자연철학』(2009), 『조선 성리학 논쟁의 분석적 탐구-사단칠정론과 인심도심론』(2018) 등이 있다. 그 외 아리스토텔레스의 『영혼에 관하여』(2001), 플라톤의 『필레보스(또는 즐거움에 관하여)』(2013)와 『소크라테스의 변론, 크리톤, 향연』(2018) 등의 원전 번역서를 비롯하여 우드필드의 『목적론』(2005), 암스트롱의 『어느 물질론자의 마음 이야기』(2015), 로위의 『플라톤의 철학』(2019) 등의 번역서, 그리고 동서양 철학에 관한 다수의 논문이 있다. 현재 계명대학교 철학과 교수이다.

아리스토텔레스의
심리철학

대우학술총서 642

1판 1쇄 찍음 | 2023년 3월 27일
1판 1쇄 펴냄 | 2023년 4월 10일

지은이 | 유원기
펴낸이 | 김정호

책임편집 | 박수용
디자인 | 이대응

펴낸곳 | 아카넷
출판등록 | 2000년 1월 24일(제406-2000-000012호)
주소 | 10881 경기도 파주시 회동길 445-3
전화 | 031-955-9511 (편집) · 031-955-9514 (주문)
팩시밀리 | 031-955-9519
www.acanet.co.kr

© 유원기, 2023

Printed in Paju, Korea.

ISBN 978-89-5733-847-6 94160
ISBN 978-89-89103-00-4 (세트)

이 책은 대우재단의 지원을 받아 연구 및 출간되었습니다.